Freud, Sigmund

Jahrbuch für psychoanalytische und psychopathologische Forschungen

4. Band

Freud, Sigmund

Jahrbuch für psychoanalytische und psychopathologische Forschungen

4. Band

Inktank publishing, 2018

www.inktank-publishing.com

ISBN/EAN: 9783747762189

JAHRBUCH

FÜR

PSYCHOANALYTISCHE UND PSYCHOPATHOLOGISCHE FORSCHUNGEN.

HERAUSGEGEBEN VON

PROF. DR. E. BLEULER IN ZÜRICH UND PROF. DR. S. FREUD IN WIEN.

REDIGIERT VON

DR. C. G. JUNG,
PRIVATDOZENTEN DER PSYCHIATRIE IN ZÜRICH.

IV. BAND.

I. HÄLFTE.

LEIPZIG UND WIEN.
FRANZ DEUTICKE.
1912.

Inhaltsverzeichnis

der ersten Hälfte des vierten Bandes.

Zusendungen an die Redaktion sind zu richten an Dr. C. G. Jung, Küsnacht-Zürich.

Anmerkung der Redaktion: Die zweite Hälfte von Jones: Einige Fälle von Zwangsneurose, wird erst im IV. Band, 2. Hälfte, erscheinen.

Das autistische Denken.

Von Prof. E. Bleuler.

Eines der wichtigsten Symptome der Schizophrenie ist ein Vorwiegen des Binnenlebens mit aktiver Abwendung von der Außenwelt. Die schwereren Fälle ziehen sich ganz zurück und leben einen Traum; in den leichteren finden wir geringere Grade der gleichen Erscheinung. Dieses Symptom habe ich Autismus[1]) genannt. Das

[1]) Bleuler, Dementia praecox oder Gruppe der Schizophrenien. Aschaffenburgs Handbuch der Psychiatrie. Wien, Deuticke, 1911. — Zu einem ziemlich großen Teil deckt sich der Autismus mit dem Jungschen Begriff der Introversion, womit das Nachinnenwenden der Libido bezeichnet wird, die sich normaliter ihre Objekte in der Realität suchen sollte. Autistische Strebungen können sich indes auch nach außen richten; so, wenn ein schizophrener Weltverbesserer die Gesellschaft umgestalten will und überhaupt beständig nach außen wirksam zu sein strebt, wenn das kleine Mädchen ein Stück Holz in ein Kind umphantasiert, wenn man Objekte beseelt, oder wenn man sich aus einer Kraft oder einer abstrakten Vorstellung einen Gott schafft.

Der Aufsatz war vor dem Erscheinen der Jungschen Arbeit „Über die zwei Arten des Denkens" (dieses Jahrbuch, III., S. 124, 1911) geschrieben. Der Autor bezeichnet das, was ich logisches oder realistisches Denken nenne, als gerichtetes Denken, das autistische als Träumen oder Phantasieren. „Ersteres arbeitet für die Mitteilung mit sprachlichen Elementen, ist mühsam und erschöpfend, letzteres dagegen arbeitet mühelos, sozusagen spontan mit den Reminiszenzen. Ersteres schafft Neuerwerb, Anpassung, imitiert Wirklichkeit und sucht auch auf sie zu wirken. Letzteres dagegen wendet sich von der Wirklichkeit weg, befreit subjektive Wünsche und ist hinsichtlich der Anpassung gänzlich unproduktiv" (S. 136). Das Wesentliche deckt sich mit meiner Auffassung. Immerhin bestehen einige Unterschiede, von denen ich nur die folgenden anführen will: Auch das autistische Denken kann nach meiner Ansicht gerichtet sein, und man kann auch, ohne die Begriffe in Worte zu fassen, gerichtet und realistisch (logisch) denken, ebenso, wie man autistisch in Worten denken kann. Es verdient auch hervorgehoben zu werden, daß gerade die Worte und ihre Assoziationen oft eine sehr wichtige Rolle im autistischen Denken spielen.

schizophrene Traumleben hat nun eine bis jetzt ungenügend bekannte Form des Gedankenganges, ich möchte fast sagen, besondere Denkgesetze; und bei genauerem Zusehen ergibt sich, daß die nämliche Abweichung vom Gewöhnlichen die meisten schizophrenen Denkfehler überhaupt bedingt und namentlich die Wahnideen entstehen läßt. Wir finden diese Mechanismen außerdem tätig im gewöhnlichen Schlaftraume, im Tagtraume des Hysterischen wie des Gesunden, in der Mythologie und dem dazu gehörenden Aberglauben und in anderen Abweichungen des Denkens von der Realität. Vom Traume des Jungen, der auf dem Steckenpferde General spielt, durch den Dichter, der im Kunstwerk seine unglückliche Liebe abreagiert oder in eine glückliche verwandelt, bis zum dämmerigen Hysterischen und zum Schizophrenen, der halluzinatorisch seine unmöglichsten Wünsche erfüllt sieht, gibt es alle Übergänge auf einer Skala, die im wesentlichen nur quantitative Unterschiede zeigt.

Die paranoide Patientin B. S. in Jungs Dementia praecox[1]) ist die Schweiz, sie ist auch die Kraniche des Ibykus; sie ist Besitzerin der ganzen Welt und einer siebenstöckigen Banknotenfabrik; sie ist auch Doppelpolytechnikum und Sokratesvertretung. Einem Explorauden erklären wir bei jeder Gelegenheit so deutlich als möglich, daß wir ihn für geisteskrank halten und unser Gutachten in diesem Sinne abgegeben haben. Er aber behauptet bei jeder Gelegenheit ebenso bestimmt, wir hätten ihn als gesund begutachtet und ihm dies auf jeder Visite gesagt, folglich müssen wir ihn entlassen. Ein Coiffeurlehrling hat das Telephon und den Telegraphen und die Dampfmaschine und eine Menge anderer Dinge erfunden, die schon lange vor ihm auf der Welt waren. Eine Frau empfängt die Besuche ihres Bräutigams, Jesu Christi, und ist zugleich der liebe Gott.

Das alles erscheint zunächst als voller Unsinn und ist es auch vom Standpunkt der Logik aus. Sehen wir aber genauer zu, so finden wir in jedem Falle verständliche Zusammenhänge: die wesentlichen Gedanken ordnen sich affektiven Bedürfnissen, d. h. Wünschen und eventuell auch Befürchtungen unter, die Patientin ist die Kraniche des Ibykus, weil sie als frei von Schuld und Fehle gelten möchte; sie ist die Schweiz, weil sie frei sein sollte. Die Ideen des Querulanten, des Erfinders, der Braut Christi, drücken erfüllte Wünsche direkt aus. So bilden die Wahnideen des Schizophrenen nicht einen zufällig zu-

[1]) Jung, Die Psychologie der Dementia praecox. Halle, 1907, Marhold.

sammengetragenen Haufen, nicht ein regelloses „Wahnchaos", wie es bei oberflächlicher Betrachtung scheinen mag, wenn sie auch nicht wie die des Paranoikers systematisiert sind im Sinne eines logischen Gebäudes, das nur da und dort eine falsche Prämisse oder einen falschen Schluß im Fundament und unter den Bausteinen hat; sie sind vielmehr in jedem einzelnen Falle der Ausdruck eines oder mehrerer bestimmter Komplexe, die in ihnen ihre Erfüllung erreichen oder sich mit den Widersprüchen der Umgebung abzufinden suchen. In den Details allerdings finden wir eine Menge anderer unlogischer Zusammenhänge, die nicht oder doch nicht direkt durch die Komplexe bedingt sind: Gedankengänge mit ganz zufälligem Zusammenhang, die äußerlich die Form der logischen Entwicklung annehmen, Klangassoziationen, Identifikationen verschiedener Begriffe, Hypostasierung von Symbolen usw.

Nehmen wir einen andern Fall. Ein Katatoniker, der in der Pflegeanstalt freien Ausgang hat, geht eines Tages in einen Gasthof, betritt das erste beste Zimmer und legt sich ins Bett. Er erwartet eine Prinzessin, die mit ihm die Vermählung feiern wird, und protestiert lebhaft gegen alle Einwendungen und gegen die Gewalt, die man anwenden muß, um ihn aus seinem Hochzeitsbett in die Anstalt zurückzubringen. Unser Patient hat Dinge, die ein Gesunder etwa in einer Märchensituation wünschen möchte, wo eine gütige Fee ihm Erfüllung zugesagt hätte, als reell gedacht und, was ebenso wichtig ist, er hat vollständig ignoriert, daß er ein unansehnlicher armer Teufel ist und obendrein Insasse einer Pflegeanstalt, daß die Prinzessinnen so wenig wie andere Leute sich von einem Tag auf den andern ohne Formalitäten verheiraten können, daß der ärmliche Landgasthof zu der gewünschten Situation recht unpassend war, daß man ihn, wenn er keine Beweise für seine Behauptungen bringen konnte, im Gasthof nicht dulden werde, usw. Der nämliche Patient beschreibt jahrelang eine Unmenge Papier mit Zahlen. Für jeden Tag, den wir ihn zurückhalten, hat er Anspruch auf eine hohe Entschädigung. Sein Guthaben für jeden Tag setzt sich aus einer größeren Anzahl von Posten zusammen, von denen jeder einzelne so groß ist, daß er ihn nicht in gewöhnlichen Zahlen ausdrücken kann. Jede seiner klein geschriebenen Zahlen füllt eine Zeile aus; die Zahl darf aber nicht in gewöhnlichem Sinne gelesen werden, sondern sie bedeutet nur die Stellen derjenigen Zahl, die in Berechnung kommen soll, also nach unserer Ausdrucksweise zehn hoch jene unlesbar große Zahl. Eine Eins mit 60 Nullen symbolisiert ihm also ein Guthaben

1*

von einer Dezillion Stellen. Mit diesen Wahnideen erfüllt sich der Patient seine Wünsche nach Liebe, nach Macht und unheimlichem Reichtum, spaltet aber alle die Unmöglichkeiten ab, die der Wunscherfüllung im Wege stehen, z. B. den Umstand, daß die ganze Erde diesen Reichtum nicht tragen könnte; es nützt nichts, ihn auf die Hindernisse aufmerksam zu machen, obschon der Mann sonst ganz intelligent war und es in gewisser Beziehung jetzt noch ist.

Im ersteren Falle mit der Prinzessin sucht der Kranke seinen Wunsch noch mit der Wirklichkeit in Verbindung zu bringen, er präpariert sich für die Hochzeit. Im zweiten Beispiel begnügt er sich mit der Buchführung, ohne seine Forderungen geltend zu machen; ob er denkt, daß ihm die Zukunft sein Guthaben wirklich bringe oder nicht, weiß er wohl selbst nicht. Viele Kranke aber gehen noch weiter: der Wunsch ist ihnen aktuelle Wirklichkeit: da ist einer der Gemahl der Himmelskönigin, der Schöpfer des Himmels und der Erde; ein Widerspruch mit der Wirklichkeit wird nicht gefühlt; der Patient macht auch keinen Versuch, im Sinne seiner Idee auf die Außenwelt einzuwirken. Solche Kranke leben, abgesehen von den einfachen Verrichtungen, wie Essen und Schlafen, nur noch in ihrer idealen Welt und fühlen sich unter Umständen darin glücklich.

Das autistische Denken ist also ein tendenziöses. Es spiegelt die Erfüllung von Wünschen oder Strebungen vor, Hindernisse denkt es weg, und Unmöglichkeiten denkt es in Möglichkeiten und Realitäten um. Der Zweck wird dadurch erreicht, daß der Strebung entsprechende Assoziationen gebahnt, entgegenstehende gehemmt werden, also durch den uns von der Wirkung der Affekte her geläufigen Mechanismus. Zur Erklärung des autistischen Gedankenganges bedarf es keines neuen Prinzipes. Es ist auch selbstverständlich, daß wir hier die Affektivität im Spiele sehen, denn eine Tendenz, eine Strebung ist ja nur die zentrifugale Seite des nämlichen Vorganges, den wir von der intrazentralen Seite her als Affekt bezeichnen.

Es gibt deshalb auch keine scharfen Grenzen zwischen autistischem und gewöhnlichem Denken, indem sich sehr leicht in das letztere autistische, d. h. affektive, Direktionen eindrängen.

Nicht nur der Manische überschätzt sich infolge seiner krankhaft gesteigerten Euphorie, nicht nur der Melancholiker bildet sich Kleinheitsideen infolge seiner Depression, sondern auch der Gesunde zieht entsprechend seiner Gemütslage und seinen Zu- und Abneigungen nur zu oft falsche Schlüsse. Die laienhaften Ansichten über die Irrenanstalten sind geradezu autistische, dem Gruseln vor den Geisteskrankheiten und dem Eingesperrtsein und ähnlichen Affekten entsprechend. Sogar in der Wissenschaft ist das, was man gern glaubt, bald bewiesen, und Gegengründe dazu werden leicht ignoriert. Was einem nicht in den Kram paßt, wird abgelehnt, auch wenn die Ablehnungsgründe objektiv nicht den mindesten Wert haben. Was gescheite Leute in guten Treuen gegen die Einführung der Eisenbahnen, gegen die Hypnose und Suggestionslehre, gegen die Abstinenz, gegen die Freudschen Lehren für Einwendungen gemacht haben, das sind ganz interessante Beiträge zur Tragikomödie des menschlichen Geisteslebens. Um die groben Sophismen, die jahrhundertelang das Dasein Gottes bewiesen, umzustürzen, mußte ein Kant auf die Welt kommen.

Wenn sich auch im Autismus alle Tendenzen ausdrücken können, so besteht doch ein großer Unterschied zwischen den positiven und den negativen Strebungen, die wir am besten an Hand der Affekte unterscheiden. Zwar haben auch die negativen Affekte die Tendenz, sich zu behaupten und das Auftauchen ihnen entsprechender Vorstellungen zu begünstigen, das nicht entsprechender zu hemmen; ja, es kann sich der Traurige so sehr in seinen Schmerz verbohren, daß er noch mehr Schmerz sucht; aber im ganzen geht unser Streben doch dahin, sich möglichst viel Lust zu verschaffen und sich von der Unlust, wenn sie da ist, möglichst bald zu befreien, und vor allem suchen wir unter gewöhnlichen Umständen nicht die Unlusterlebnisse, sondern die der Lust. Ein Gesunder wird sich in normaler Stimmung nicht leicht ein trauriges Märchen ausdenken, in dem er sich als Held fühlt.

So kommt es ganz von selbst, daß das autistische Denken im großen und ganzen praktisch ein Suchen nach Lustvorstellungen und ein Vermeiden von schmerzbetonten Gedanken ist, und es wird begreiflich, daß Freud[1]) einen ganz ähnlichen, nur etwas engeren Begriff unter dem Namen der Lustmechanismen beschreiben konnte.

Das autistische Denken in unserem Sinne wird von zwei Prin-

[1]) Formulierungen über die zwei Prinzipien des psychischen Geschehens. Jahrbuch für Psychoanalyse. Wien, Deuticke, 1911, Band III. — Ich möchte den Ausdruck „Lustmechanismen" auch deswegen nicht akzeptieren, weil das Handeln und Denken im Sinne der Realität ebenfalls eine Äußerung von Lustmechanismen ist. Was Freuds Lustmechanismen (wie unser autistisches Denken) von der Realfunktion unterscheidet, ist das, daß sie Lust nicht durch gefühlsbetonte Erlebnisse selbst, sondern durch Vorstellungen von solchen erzeugen.

zipien regiert, die bei den negativen Affekten einander widersprechen, bei den positiven gleichsinnig wirken:

I. Jeder Affekt hat das Bestreben, sich zu erhalten; er bahnt die ihm entsprechenden Vorstellungen, verleiht ihnen ein übertriebenes logisches Gewicht, und er hemmt die widersprechenden und setzt sie in ihrer Bedeutung herab. So kann der Fröhliche viel leichter fröhliche Ideen assimilieren als traurige, und umgekehrt.

II. Wir sind so eingerichtet, daß wir das Angenehme, also auch lustbetonte Vorstellungen, zu erwerben und festzuhalten streben, das Unangenehme aber vermeiden. Unlustbetonte Vorstellungen begegnen deshalb so gut wie äußere unangenehme Erlebnisse einer Abwehr, die sie unter Umständen in statu nascendi oder auch, wenn sie schon ins Bewußtsein getreten sind, verdrängen kann. Trotzdem eine starke Affektbetonung an sich jede Vorstellung ceteris paribus erinnerungsfähiger und bewußtseinsfähiger (was nicht ganz das gleiche ist) macht, werden viele stark unlustbetonte Vorstellungen[1]) gerade, weil sie unlustbetont sind, durch Wirkung dieses zweiten Mechanismus vergessen respective unterdrückt.

Freud hat nun bloß die letzteren Mechanismen ins Auge gefaßt. Ich glaube aber, daß der Begriff nur in der weiteren Fassung ein genetisches Ganzes darstellt. Auf genau den nämlichen Wegen wie die Lustmechanismen wirken die Affekte überhaupt. Die Depression schafft Kleinheitswahn so gut wie die Euphorie Größenwahn. Der depressive Schizophrene hat nicht mehr alle Erfindungen gemacht, sondern er ist an allem Unglück schuld. er ist ein Haifisch, bringt alle Leute um; er wird nicht erhöht, sondern den anderen Patienten zum Zerstückeln hingeworfen. Die irgendwie körperlich bedingte Angst führt im Schlaf und im Fieber zu schreckhaften Halluzinationen. Der Verfolgungswahn schafft nicht nur negative Gefühle, sondern er bildet sich unter Mitwirkung von solchen, die schon bestehen, wie weiter unten ausgeführt werden soll. Das alles sind Vorgänge, die sich nur auf langen hypothetischen Umwegen mit dem Lustprinzip, dagegen leicht und ganz direkt mit der Affektwirkung überhaupt in Verbindung bringen lassen. So bleibt der Gegensatz unvollständig, wenn man dem

[1]) Es betrifft das namentlich bestimmte Klassen, die ich allerdings noch nicht charakterisieren möchte. Einfache unangenehme Erlebnisse, ein Beinbruch u. dgl. unterliegen der Verdrängung nicht so leicht. Dagegen die ambivalenten und diejenigen, die unser Selbstgefühl verletzen, die unsere Person herabsetzen, Gewissenskonflikte bringen u. dgl.

Realitätsprinzip nur das Lust- und Unlustprinzip und nicht alles autistische Denken in unserem weiten Sinne entgegenstellt.

Wenn das autistische Denken Vorstellungen hervorzubringen sucht, die einer innern Tendenz, der momentanen Stimmung oder irgend welchen Strebungen entsprechen, so braucht es keine Rücksicht auf die Wirklichkeit zu nehmen; ob etwas wirklich, möglich, denkbar sei, ist für diese Vorgänge gleichgültig; sie haben zur Realität nur insofern Beziehung, als sie ihnen Vorstellungsmaterial geliefert hat und noch liefert, an das die autistischen Mechanismen anknüpfen, oder mit dem sie operieren.

So kann das autistische Denken alle möglichen Tendenzen und Triebe, die in einem Menschen stecken, zum Ausdruck bringen. Weil in ihm die die Realitätsverhältnisse reproduzierende Logik nicht maßgebend ist, können die verschiedensten Wünsche nebeneinander bestehen, ganz gleichgültig, ob sie sich widersprechen, und ob sie vom Bewußtsein verworfen werden oder nicht. Im realistischen Denken, in unserem Leben und Handeln werden eine große Zahl von Trieben und Wünschen zugunsten der subjektiv wichtigen ignoriert, unterdrückt; viele derselben kommen uns kaum je zum Bewußtsein. Im Autismus kann alles zum Ausdruck kommen. Wieder Kind zu sein, um unbefangen genießen zu können, und ein reifer Mann zu sein, dessen Wünsche nach Leistungsfähigkeit, Machtfülle, großer Lebensstellung erreicht sind; unendlich lange zu leben und dieses mühsame Dasein mit dem Nirwana vertauscht zu haben; die Frau, die man liebt, zu besitzen und sich die Freiheit zu wahren; heterosexuell und homosexuell sich zu betätigen usw. usw. solche Widersprüche können nebeneinander, ja, im nämlichen autistischen Gedanken zum Ausdruck kommen.

Auch dem rechtlichsten Menschen kommen in irgend einer Form etwa unrechte Strebungen zum Bewußtsein. Wenn man einen Haufen Geld sieht, so taucht — und sei es auch nur in der Form eines Witzes — die Idee auf, sich den Reichtum anzueignen. Andere verbrecherische Tendenzen, ein Wunsch z. B., daß verunglücken möchte, wer uns irgendwie im Wege steht, sei es eine sonst geliebte Person oder eine gleichgültige, fehlt wahrscheinlich niemandem, wenn auch solche Regungen nicht direkt zum Bewußtsein zu kommen brauchen. Es scheint sogar, daß gerade unterdrückte Triebe sich im Autismus mit besonderer Stärke in den Vordergrund drängen. Es ist deshalb nicht zu verwundern und ist weder für den Analysierten noch für den

Analysierenden ein Zeichen schlechter Moral, wenn wir die Sexualität mit ihren Perversitäten regelmäßig im Autismus finden[1]). Es ist auch Tatsache, daß in der Regel bestimmte Triebrichtungen im Vordergrund stehen und die anderen überwuchern und ins Schlepptau nehmen, und daß besonders oft erotische Komplexe und in zweiter Linie andere, deren Erfüllung aus inneren und äußeren Gründen am unmöglichsten ist, und die im realen Leben am wenigsten abreagiert werden können, das Übergewicht bekommen.

Da im autistischen Denken nicht wie im realistischen eine dominierende Idee die anderen unterdrückt oder doch sich völlig unterordnet, so können bei der Produktion einer und derselben autistischen Vorstellung viel leichter als sonst verschiedene Strebungen mitwirken. So ist manches Traumbild, manche Wahnidee ein mixtum compositum, nicht nur wegen der Menge und Verschiedenheit ihrer Bestandteile („Verdichtung"), sondern auch insofern, als sie zugleich verschiedene Komplexe ausdrücken. Die Hyperdeterminierung, wie Freud das letztere Phänomen genannt hat, wird hier zu einer selbstverständlichen Erscheinung. Auch sie ist aber nicht etwas, das bloß dem autistischen Denken angehörte. Auch das realistische Denken ist unendlich viel komplizierter, als es nach den psychologischen Lehrbüchern scheinen möchte; durch eine kleine Anzahl von Determinanten ist eine Assoziation höchstens dann eindeutig bestimmt, wenn wir die Möglichkeiten künstlich beschränken, wie etwa durch Stellung einer mathematischen Aufgabe. Aber auch hier sind bekanntlich Entgleisungen viel häufiger, als uns angenehm ist.

Die zweite Konsequenz der Ignorierung der Realität ist die, daß die logischen Gesetze auch im Denkmaterial nur insoweit Geltung haben, als sie dem Hauptzwecke, der Darstellung unerfüllter Wünsche als erfüllter, dienen können. Die inhaltlichen Widersprüche sind noch viel krasser und zahlreicher als die affektiven, die wir ja in geringerem Grade schon vom normalen Leben aus kennen. Der nämliche Patient kann Mann und Weib sein, er ist der Sohn und der Mann und der Vater seiner Mutter und identifiziert sich schließlich noch mit dieser selbst; eine Patientin ist die Frau ihres irdischen Geliebten, zugleich aber auch die des Heilandes und wieder der Heiland selbst, der zur Rechten Gottes sitzt, und auch Gott selbst. Wenn solche Widersprüche nebeneinander

[1]) Die „homosexuelle Komponente" hat in den meisten Fällen von Schizophrenie, die ich genauer (analytisch) kenne, eine große Wichtigkeit.

bestehen können, so darf es nicht auffallen, wenn der Autismus alles irgendwie gebotene Denkmaterial, und wenn es noch so unrichtig ist, zu benutzen vermag, und wenn er beständig mit unvollkommen gedachten Begriffen operiert und Begriffe, die nur eine objektiv recht nebensächliche Komponente gemeinsam haben, füreinander eintreten läßt, so daß die Ideen in den gewagtesten Symbolen ausgedrückt, und daß diese Symbole oft verkannt und im eigentlichen Sinne aufgefaßt werden, wobei das eine Ding für das andere auftritt, und es zu wirklichen Verschiebungen kommt[1]). Der Patient möchte aus Eifersucht wegen der Mutter dem Vater den Tod wünschen; auf dem Wege über „Erzeuger" identifiziert er auch in diesem Zusammenhang den Vater mit der Mutter und sieht nun diese als tot. Die Liebe wird nach bekannter Analogie mit dem Feuer symbolisiert, das der Schizophrene wieder als real auffaßt und in Halluzinationen des Gebranntwerdens, d. h. in wirkliche Empfindungen umsetzt.

Merkwürdig ist auch, wie weit der Autismus von den zeitlichen Verhältnissen absehen kann. Gegenwart und Vergangenheit und Zukunft mengt er rücksichtslos durcheinander. Vor Jahrzehnten für das Bewußtsein erledigte Strebungen sind in ihm noch lebendig; Erinnerungen, die dem realistischen Denken längst unzugänglich geworden sind, werden wie frische benutzt, vielleicht sogar mit Vorliebe, weil sie weniger auf Widerspruch mit der Aktualität stoßen. Gegenüber der Wirklichkeit, also im realistischen Denken, sind eine Menge von Erlebnissen erledigt; es gibt keinen logischen Grund mehr, sie im Handeln oder Denken zu berücksichtigen. Erinnerungen haben aber ihren Gefühlston, der oft gerade durch den Gegensatz gegen die Wirklichkeit noch erhöht wird, und dieser Gefühlston verwandelt sehr leicht die Vorstellung „wenn mein Vater noch lebte" ganz unmerklich in die andere: „mein Vater lebt". Freud sagt, das Unbewußte sei zeitlos, das möchte ich nicht unterschreiben; aber in bezug auf das autistische Denken ist der Ausspruch insofern richtig, als es die zeitlichen Verhältnisse ganz ignorieren kann, aber nicht ignorieren muß.

Der Gegensatz zwischen den beiden Funktionen ist aber auch hier kein absoluter. Der Autismus verschmäht natürlich Begriffe und Zusammenhänge, die die Erfahrung gegeben hat, durchaus nicht, aber er benutzt sie nur insofern, als sie seinen Zwecken nicht wider-

[1]) Vom realistischen Denken werden Symbole auch benutzt, aber unter normalen Umständen nur mit dem beständigen Bewußtsein, daß sie einen andern Begriff vertreten.

sprechen; was ihm nicht paßt, ignoriert er oder sperrt er ab (der verstorbene Geliebte wird so vorgestellt, wie er in Wirklichkeit war, aber daß er gestorben ist, wird nicht vorgestellt). Umgekehrt beeinflussen autistische Mechanismen auch unseren Erhaltungstrieb; die Ziele unseres Handelns werden durch die antezipierte Lust und Unlust oder, was dasselbe ist, durch die Lust- und Unlustbetonung von Zielvorstellungen bestimmt; wir erstreben das, was uns angenehm oder nützlich oder gut erscheint.

In der bisherigen Beschreibung des autistischen Denkens bin ich insofern einseitig gewesen, als ich die Direktion desselben durch unsere Strebungen als wesentlich vorausgesetzt habe. Für die pathologischen Fälle wird man allerdings auch kaum je einem andern autistischen Denken begegnen. Man kann sich aber vorstellen, daß diese Direktive zurücktritt. Wenn die Sonne mit Flügeln dargestellt wird, weil sie sich am Himmel bewegt, oder gar mit Füßen, wie die meisten Wesen, die wir sich fortbewegen sehen, so kann man allerdings auch ein affektives Bedürfnis konstruieren, das der Erklärung der Bewegung oder das der Darstellung. Das erstere entspricht noch einem allgemeinen, mit Affekt betonten Trieb, das letztere allerdings ist nur unter bestimmten Umständen vorhanden. Es erscheint geradezu gezwungen, hier affektive Direktionen im nämlichen Sinne wie die bisher beschriebenen anzunehmen. Es liegen da direkt keine Wünsche und keine Befürchtungen der Gedankenrichtung zugrunde, sondern nur momentane Bestrebungen, die man ebensogut wieder aufgeben könnte. Auch wenn z. B. ein Kind, das gehört hat, daß der Magen die Küche des Körpers sei, sich eine Küche, wie diejenige seiner Puppe, in seinem Leib vorstellt, die von einem Koch mit weißer Zipfelmütze und grauer Kutte besorgt wird, so können wir der affektiven Direktion keine wesentliche Bedeutung mehr zuschreiben. Solche Vorstellungen können von der Pathologie benutzt werden, aber niemals selbständig pathologische Symptome erzeugen. Dagegen haben sie große Bedeutung in der Mythologie des Einzelnen wie der Völker. Diese rein intellektuelle Seite des autistischen Denkens ist noch zu wenig studiert. Die ganze Darstellung bedarf in dieser Richtung noch einer wichtigen Ergänzung, die ich zurzeit nicht liefern kann. Bis jetzt ist nur Jung auf dieses Thema eingegangen; ich verweise auf sein Kapitel „Über die zwei Arten des Denkens" im dritten Bande dieses Jahrbuches S. 124.

Je nach dem Boden, auf dem das autistische Denken arbeitet, finden wir es in bezug auf den Grad der Abweichung von der Realität in zwei verschiedenen Ausprägungen, die nicht scharf voneinander geschieden sind, aber in ihrer typischen Gestaltung doch recht große Unterschiede zeigen; die wesentliche Differenz liegt darin, daß in einem Fall auch sonst feststehende Begriffe dissoziiert und in willkürlicher Weise neu gebildet werden können, im andern nicht. Außerdem ist in der schwereren Form die Zahl der autistischen Operationen im Verhältnis zu den realistischen eine viel größere. Der Autismus des wachen Normalen knüpft an die Wirklichkeit an und operiert fast nur mit normal gebildeten und feststehenden Begriffen. Nur die Mythologie, in deren Wesen es liegt, sich aus Raum und Zeit hinaus zu begeben, behandelt auch die Begriffe in äußerst freier Weise. Der Schlaftraum und der ausgesprochene Autismus der Schizophrenie sind vollständig unabhängig von der Wirklichkeit und benutzen und schaffen Begriffe, die aus beliebigen Eigenschaften zusammengesetzt sein und von Augenblick zu Augenblick sich beliebig ändern können. Diesem Umstand ist es zu verdanken, daß Schlaf und Schizophrenie einen sonst ganz undenkbaren Unsinn komponieren können, während die übrigen autistischen Produkte jedem Normalen sofort verständlich sind, so daß er sich ohne Schwierigkeiten hineindenken kann.

Statt ganzer Begriffe und Gegenstände führt uns der Traum oft nur diejenigen Bestandteile derselben vor, die er nötig hat. Sogar die eigene Person wird oft nicht vollständig gedacht; man weiß oft nicht, in welcher Stellung, ob stehend oder liegend usw. man war; Kleider schafft sich der Träumende selten, auch wenn er sich nicht unbekleidet denkt. Die Traumpersonen sind meist zusammengesetzt aus Eigenschaften verschiedener Personen. In der Dementia praecox kann der Arzt in seiner wirklichen Rolle gedacht werden und zugleich vom nämlichen Patienten als der Pfarrer X und der Schuster X und dann oft noch als die Geliebte des Kranken. Die Diana der Epheser ist eine andere als die in Athen. Apollo ist eine einheitliche Persönlichkeit, aber es gibt auch einen Apollo, der nur Wärme und Licht spendet, und einen andern, der sengt und tötet; ja, einen weiblichen Apollo kannte man. Ganz so mit den Sachen und Sachvorstellungen und ebenso mit abstrakten Begriffen. Begriffe treten füreinander ein, weil sie irgend eine, oft nebensächliche Komponente gemeinsam haben; so kommt es zu einer konfusen Symbolbildung. Auch dem Normalen verständlich ist es noch, wenn die Liebe und eventuell auch der Geliebte durch sichtbare und brennend fühlbare Glut dargestellt wird. Manche andere Symbole sind viel schwerer zu verstehen.

In den nämlichen Fällen wird dann auch viel vollständiger von Realität und Logik abgesehen. Ein Traum, ein schizophrenes Delir kann auch in bezug auf die Ideenverbindungen vollkommen unsinnig sein und die gröbsten Widersprüche nebeneinander stellen, während die autistischen Phantasien der Hysterischen und der Pseudologen und der Gesunden mit Ausnahme vereinzelter logischer Sprünge ganz vernünftig und verständlich erscheinen können.

Das die Wirklichkeit nur verzerrt wiedergebende Vorstellungsmaterial des traumhaften und des schizophrenen Autismus ist der Dissoziation in den Assoziationen der beiden Zustände zu verdanken, auf deren Natur ich hier nicht eintreten kann[1]).

Aber es ist doch zu bemerken, daß Zustände hochgradiger Unaufmerksamkeit Dissoziationen hervorbringen können, die wir im einzelnen von den beiden genannten Störungen nicht zu unterscheiden vermögen, und daß die Mythologie, die doch wohl nur zu einem kleinen Teil auf Traumideen zurückzuführen sein kann, mit den tollsten Symbolismen und Begriffszerreißungen arbeitet.

Wir können also jetzt noch schizophrenen und traumhaften Autismus in dieser Beziehung nicht prinzipiell von den übrigen Formen trennen, aber quantitativ besteht doch ein so großer Unterschied, daß die beiden Gruppen uns als wesentlich verschieden erscheinen[2]).

Eine besondere Stellung nehmen die Wahnbildungen der organischen Geisteskrankheiten ein. Wir sehen hier eine ganz

---

[1]) Vgl. Freud, Traumdeutung, und Bleuler, Dementia praecox in Aschaffenburgs Handbuch der Psychiatrie, beides bei Deuticke, Wien.

[2]) Jung und Freud sind geneigt, auch die Dissoziation bei der Schizophrenie und beim Traume durch Affektwirkung zu erklären. Das schlechte Denkmaterial wäre dann auch schon beim wachen Gesunden vorhanden und würde nur vom autistischen Mechanismus mit Vorliebe benutzt; oder es würde durch die Bedürfnisse des Autismus selbst geschaffen, während wir lieber annehmen, daß im Schlafe und in der Schizophrenie eine primäre Dissoziation vorhanden sei, die die abnorm starke — autistische — Wirkung der Affekte ermögliche. Für die Freud-Jungsche Ansicht spricht, daß recht weitgehende Dissoziation sich schon bei Gesunden findet, z. B. in der Mythenbildung und bei abgelenkter Aufmerksamkeit; für unsere Ansicht ließe sich verwerten, daß die Störungen der Dementia praecox und des Traumes doch recht viel weiter gehen als die beim Unaufmerksamen, und daß wir die Assoziationsstörung der Schizophrenie auch da nachweisen können, wo wir keine Wirkung des Affektes oder der Unaufmerksamkeit sehen.

exzessive Affektwirkung, indem die manischen Zustände ausgesprochenen Größenwahn, die depressiven ausgesprochenen Kleinheitswahn produzieren. Die Reduktion der Zahl der gleichzeitig möglichen Vorstellungen und Assoziationen (die hier mißverständlich auch etwa Dissoziation genannt wird) erlaubt aber, daß diese Wahnideen zum Unterschied von denen des Manisch-depressiven ins Unsinnige gehen, wodurch sie häufig große Ähnlichkeit mit dem schizophrenen Wahn bekommen. Doch fehlen auch in dem fertigen Wahne die Unterschiede nicht, so daß man in den Durchschnittsfällen die beiden Krankheitsgruppen auch am Wahn erkennen kann. Es ist aber sehr schwierig, den Unterschied allgemein zu charakterisieren. Für uns ist wichtig, daß bei den organischen Krankheiten eine eigentliche Auflösung der Begriffe nicht vorkommt, daß die Zerspaltung der Persönlichkeit und namentlich die Absperrung von der Außenwelt fehlt, so daß es nur selten zu einem wirklichen Autismus kommt.

Bei den Idiotieformen spielt der Autismus bezeichnenderweise keine große Rolle; wir sehen hier in dieser Beziehung die gleichen Variationen, wie bei Gesunden, auf ein niedrigeres intellektuelles Niveau herabgesetzt. Schwierigkeiten können nur gegenüber dem höheren Blödsinn entstehen, dessen unklare Begriffsbildungen den zerrissenen Begriffen der Schizophrenie gleich sein können und deswegen auch z. B. Identifikationen ganz verschiedener Dinge erlauben.

Den Autismus der mannigfaltigen epileptischen Zustände kann ich aus Mangel an genügender Erfahrung nicht beschreiben.

Die autistischen Gedanken können flüchtige Episoden von wenigen Sekunden Dauer sein, sie können aber auch das ganze Leben ausfüllen und die Wirklichkeit fast ganz verdrängen wie beim verblödeten Schizophrenen, der nur in seinen Träumen lebt und sich füttern und kleiden läßt. Dazwischen gibt es alle Übergänge. Sei nun die autistische Welt ein zusammenhängendes Ganzes, oder bestehe sie nur aus einzelnen flüchtigen Gedanken, aus isolierten Wahnideen und Sinnestäuschungen, die dann und wann das realistische Denken unterbrechen, so ist sie, soweit sie zum Bewußtsein kommt, für die Kranken eine Realität, deren Verhältnis zur Wirklichkeit nicht allgemein zu beschreiben ist. In einem hysterischen Dämmerzustande wird meist die direkte Wahrnehmung der Außenwelt ganz konsequent im Sinne des Autismus umgedichtet: die Patientin befindet sich im Himmel, im Verkehre mit Heiligen, und alle Sinneseindrücke, die dem widersprechen, werden im Sinne der Grundidee umillusioniert oder dann gar nicht apperzipiert. — Der Schizophrene mischt meist beide Welten in unlogischer Weise durcheinander; wo ihm Widersprüche zum Bewußtsein kommen, ist ihm die Welt des Wahnes die dominierende, diejenige, der die größere Realität zukommt, und nach der er zunächst handelt. Wenn allerdings seine Energie nachgelassen hat, erlangen meist die dauernden und konsequenten Einflüsse der Umgebung wieder ein objektives — nicht subjektives — Übergewicht: der Kranke paßt sich in vielem an den umgebenden Organismus einer Anstalt an und nimmt mit der Wirklichkeit, mit Verpflegung dritter Klasse und mit sehr untergeordneten Arbeiten vorlieb, in seinem Innern aber ist er Kaiser von Europa geblieben, um den die ganze Welt sich dreht, und für ihn ist diese Kaiserwürde nach wie vor das Wichtige, dem gegenüber das Bißchen Anstaltsleben überhaupt nicht in Betracht gezogen werden kann. In sehr vielen Beziehungen, wenn auch gar nicht bei jedem (innern oder äußern) Erlebnis verwischen sich beim Schizophrenen die Grenzen von realer und autistischer Welt so sehr, daß man oft den bestimmten Eindruck bekommt, für die Kranken bestehe dieser Gegensatz nicht mehr. Wenn auch affektiv die autistische Welt vorgezogen wird, so empfinden sie den logischen Unterschied nicht mehr, genau wie manche Schizophrene ihre Schlafträume verifizieren, auch wenn sie wissen, daß es sich nur um Traumerlebnisse handelt.

Außerhalb der Schizophrenie hat der Autismus ein etwas anderes Verhältnis zur Wirklichkeit. Auch der Pseudologe denkt sich mehr oder weniger willkürlich ein Märchen und äußert dasselbe, zum Teil unter Anregung von bestimmten äußeren Situationen; er benutzt es z. B., um sich Geld zu erschwindeln. Er denkt sich dabei in seine Fabel so hinein, daß er „seine Lügen selber glaubt", sich oft längere Zeit nicht gegenwärtig ist, daß er eine ihm nicht zukommende Rolle spielt, aber, sobald er will, oder wenn die Umstände es mit sich bringen, z. B. bei einer Untersuchung, ist er imstande, in allen Beziehungen die Unrichtigkeit der Fiktion einzusehen.

Die meisten normalen Menschen haben, namentlich in der Jugend, irgend ein Märchen gesponnen; sie wußten es aber immer von der Wirklichkeit zu trennen, wenn sie sich auch so gut in die geträumten Situationen hineindachten, daß sie entsprechende Affekte empfanden. Das ist normaler Autismus. Das Spiel der Phantasie an sich kann autistisch oder realistisch sein. Die Neukombination von der Wirklichkeit entsprechenden Ideen nach Analogie der realen Zusammenhänge führt zu neuen Erkenntnissen, die wir, wenn sie eine gewisse Bedeutung haben, Erfindungen oder Entdeckungen nennen. Dieser Vorgang ist nicht autistisch. Was man aber gewöhnlich unter dem Spiele der Phantasie versteht, sieht in einem oder vielen Punkten von der Wirklichkeit ab und benutzt dafür willkürliche Voraussetzungen, es ist autistisch. Je mehr der Wirklichkeit nicht entsprechende Voraussetzungen und Zusammenhänge in einen Gedankengang aufgenommen sind, um so autistischer ist dieser. Es gibt also Grade des autistischen Denkens und Übergänge zum realistischen, aber nur in dem Sinne, daß in einem Gedankengange autistische und realistische Begriffe und Assoziationen in numerisch verschiedenen Verhältnissen vorkommen können. Ein ausschließlich autistisches Denken in lauter Begriffen, die auf autistischem Wege neu gebildet wären und nirgends nach logischen Gesetzen verbunden würden, gibt es natürlich nicht.

Hysterische können, wie Pseudologen, zeitweise an ihr Märchen glauben, ohne gerade in einem Dämmerzustande zu sein; aber die Trennung von Wirklichkeit und autistischer Vorstellung ist bei ihnen meist eine recht scharfe zum Unterschiede von der Pseudologia phantastica. Der hysterische Autismus geht ohne Grenzen nach der einen Seite in das normale Tagträumen, nach der andern in den hysterischen Dämmerzustand über.

Der Dichter, der wirkliche Dichter wenigstens, tut das gleiche. Er reagiert seine Komplexe, seine affektiven Bedürfnisse mehr oder weniger bewußt in einer künstlerischen Produktion ab.

In die meisten Spiele der Kinder mischt sich Autismus in ähnlicher Weise ein wie in die Schöpfungen des Dichters. Dem kleinen Mädchen sind ein paar Lumpen ein Kind; der Knabe auf dem Steckenpferde mit seinem hölzernen Säbel lebt seine Macht- und Kampfinstinkte aus usw. Dichter und Kind legen meist mehr Realität in ihre Phantasieschöpfungen hinein, als man zunächst zu glauben geneigt ist. Die Lumpen werden wirklich geliebt, wie wenn sie das Kind wären, das sie vorstellen; und Kleist wurde in Tränen aufgelöst gefunden, nachdem er seine Penthesileia hatte umkommen lassen.

Am besten kennt der Normale den Autismus und das autistische Denken aus dem Schlaftraume. Auch da gibt es keinen Zusammenhang mit der Wirklichkeit und keine intellektuellen Rücksichten auf das Mögliche.

Merkwürdig ist die mythologische Realität. Auch da, wo sie Gedanken enthält, die vom Standpunkte der Logik aus als kompletter Unsinn erscheinen, findet sie bei den Meisten wirklichen Glauben; ja hervorragende Geister haben ihre Realität bei Konflikten über die der sinnlichen Welt gestellt. Von da aus gibt es alle Übergänge durch die Auffassung als Symbol, hinter dem mehr oder weniger Wirkliches steckt, und durch die Anerkennung etwa im Sinne einer bloß poetischen Wahrheit hindurch bis zur völligen Ablehnung.

Die autistische Abwendung von der Realität ist oft eine aktive. Sie wird im Schlaftraume, wo sie am ausgesprochensten ist, wohl durch die Schlafmechanismen selbst bewirkt. Bei der Schizophrenie und beim hysterischen Dämmerzustand ist sie eine Teilerscheinung des autistischen Mechanismus selbst. Der Schizophrene will sich nicht nur etwas seinen Wünschen Entsprechendes denken, er will sich auch von der Wirklichkeit, die ihn ärgert und reizt, aktiv abwenden. Dieses Streben findet seinen Ausdruck im Negativismus und in der äußeren Abschließung von der Umgebung, die bei manchen schweren Schizophrenen so auffallend ist. Der Widerwille gegenüber der Außenwelt und gegenüber äußeren Reizen sperrt die Gedanken der Kranken von den Vorstellungen der Realität und manchmal sogar von den von ihr herrührenden Sinnesempfindungen ab, wie anderseits die Lust an bestimmten irrealen Vorstellungen die Psyche diesen zuwendet.

Viele nicht negativistische Schizophrene wenden ihr bewußtes Streben der Realität zu; die autistische Gedankenwelt drängt sich ihnen aber auf in Form von Halluzinationen, Wahnideen, Automatismen und ähnlichen Symptomen, die aus dem Unbewußten aufsteigen.

Eine gewisse Abwendung von der Realität besteht natürlich auch im Wunschtraume des Gesunden, der sich Luftschlösser baut; sie ist da wohl meistens eine Art Willensakt; man will sich einer bestimmten Phantasie hingeben, von der man weiß, daß sie nur eine Phantasie ist, aber sobald die Wirklichkeit es erfordert, wird die Einbildung wieder gebannt.

Ohne einen deutlichen Grad von Abwendung von der Außenwelt möchte ich das Spiel der nämlichen Mechanismen nicht Autismus nennen. Wenn also der Manisch-Depressive seinen Stimmungen entsprechende Wahnideen bildet, so ist das eine pathologische Übertreibung der Affektwirkung und den affektiven Denkfehlern der Gesunden analog, aber noch nicht Autismus in unserem Sinne. Ob man trotzdem das affektive Denken auch hier noch als autistisches bezeichnen will, mag dahingestellt sein.

Wollte man diese Frage bejahen, so wäre dann der Begriff des autistischen Denkens weiter als der des Autismus.

Das Verhältnis des autistischen Denkens zu dem realistischen ist ein in vielen Beziehungen gegensätzliches.

Das realistische Denken repräsentiert die Wirklichkeit, das autistische stellt sich vor, was einem Affekt entspricht, unter gewöhnlichen Umständen also das, was angenehm ist. Die realistischen Funktionen haben den Zweck, eine richtige Erkenntnis der Umgebung zu schaffen, das Wahre zu finden. Die autistischen wollen affektbetonte (meist lustbetonte) Vorstellungen hervorbringen und die mit einem entgegengesetzten Affekt betonten verdrängen. Die realistischen Mechanismen regulieren unsere Beziehungen zur Außenwelt; sie dienen dazu, das Leben zu erhalten, sich zu nähren, anzugreifen und sich zu verteidigen; die autistischen schaffen direkt Lust durch Herbeiführung lustbetonter Vorstellungen und halten Unlust ab durch Absperrung der Vorstellungen, die mit Unlust verbunden sind. Es gibt also eine autistische und eine realistische Befriedigung seiner Bedürfnisse. Wer sich autistisch befriedigt, hat weniger oder gar keinen Grund mehr zu handeln und auch weniger Kraft dazu; die gesunden und die schizophrenen Träumer sind bekannte Beispiele dafür. Beherrscht das autistische Denken einen Menschen gar vollständig, so erscheint dieser nach außen apathisch, stuporös.

Die Gegensätzlichkeit der beiden Funktionen kommt besonders deutlich darin zum Ausdrucke, daß sie einander in gewissem Grade hemmen. Wo die Affekte momentan oder in der Anlage die Oberhand haben, wird das logische Denken unterdrückt und gefälscht im Sinne des Autismus. Umgekehrt hindert die realistische Überlegung beim normalen Menschen das Überwuchern des Autismus. Auch da, wo autistische Ideen ausgesponnen werden, wird doch beim Gesunden eine möglichst reinliche Trennung durchgeführt und ihr Einfluß auf das Handeln beschränkt oder ganz unterdrückt.

Ist das logische Denken auf irgend eine Weise geschwächt, so bekommt das autistische relativ oder absolut die Oberhand. Wir können diese Fälle etwa in vier Gruppen teilen:

1. Dem Kinde fehlt die Erfahrung, die notwendig ist zur Handhabung der logischen Denkformen und zur Kenntnis der Möglichkeiten in der Außenwelt. Wenn es Phantasie besitzt, bekommt diese im Sinne des Autismus leicht das Übergewicht.

2. In Thematen, die unseren Kenntnissen und un-

serer Logik überhaupt nicht oder nicht genügend zugänglich sind, oder wo der Affektivität an sich die Entscheidung zufällt, muß die Logik naturgemäß zurücktreten: In den Fragen „der letzten Dinge“, der Weltanschauung, der Religion, der Liebe.

3. Wo aus irgend einem Grunde die Gefühle eine ihnen nicht zukommende Bedeutung erlangen, tritt die Logik relativ zurück: in starken Affekten und in der neurotischen Disposition respektive der Neurose.

4. Wo der Zusammenhang der Assoziationen gelockert ist, verlieren diese natürlich ihre Bedeutung: im Traume des Gesunden, in der Schizophrenie.

Ein ganz besonderes Verhältnis zum Autismus hat der Sexualtrieb. Es ist schon Diogenes aufgefallen, der allerdings nur an das physische Bedürfnis dachte, daß dieser allein autistisch befriedigt werden könne. Es gibt Onanisten, Schizophrene, Neurotiker, denen der physische und psychische Auterotismus einen Ersatz für die normale Sexualbefriedigung bietet, ja, solche, die nur im Auterotismus die eigentliche Befriedigung finden. Alle anderen Triebe und Komplexe können in Wirklichkeit nicht autistisch befriedigt werden; mag man sich das reichlichste Mahl im Schlaf- oder Tagtraume noch so lebendig ausmalen, der Hunger wird dadurch auf die Dauer nicht gestillt. Das wird neben dem Umstande, daß die Sexualität eben der ungleich mächtigste Trieb des Kulturmenschen ist, ein wichtiger Grund sein, warum das autistische Denken wenigstens in den pathologischen Fällen so vorwiegend erotischen Komplexen dient[1]). Natürlich begünstigen außerdem die Schranken, die der Ausübung sexueller Akte gestellt sind, ein autistisches Ausleben.

In gewisser Beziehung ergänzen auch die beiden Funktionen einander. Da, wo die Wirklichkeit unsere Wünsche nicht erfüllt, stellt sie uns der Autismus als erfüllbar oder erfüllt dar. So hat die Ethik des sozial lebenden Menschen mit Notwendigkeit den Begriff der Gerechtigkeit und das gefühlsmäßige Bedürfnis geschaffen, daß Lust und Leid nach Maßgabe des Verdienstes verteilt werden. In der Natur,

---

[1]) Nach Freud ist die Sexualität beim Menschen zunächst eine ganz auterotische, und es bedarf einer besonderen Entwicklung, daß die Libido sich nach außen, auf Objekte, wirft. Ich muß dies nicht nur deshalb ablehnen, weil eine derartige Entwicklung in der Phylogenese unmöglich wäre, sondern namentlich deshalb, weil mir die Beobachtung der kleinen Kinder das Gegenteil zu zeigen scheint.

im Schicksale, in allem, was nicht von unserer menschlichen Ordnung abhängt, sehen wir aber nichts von dieser Gerechtigkeit. Die Lücke füllt die Religion aus, die Belohnung und Strafe nach unseren Prinzipien der Gerechtigkeit verteilt, aber im Jenseits, wohin das realistische Denken mit seiner Kritik nicht hinkommen kann.

Der individuelle Erhaltungstrieb mußte bei dem in die Zukunft denkenden Menschen Furcht vor dem Tode oder, positiv ausgedrückt, Wunsch nach todlosem Leben erzeugen; auch diese Wünsche erfüllt die Religion. Das Kausalitätsbedürfnis, einer der wichtigsten Stimuli unseres realistischen Denkens, kann an vielen Punkten nicht befriedigt werden, die uns gerade als besonders wichtig erscheinen: die Mythologien füllen die Lücke aus.

Logische Bedürfnisse sind es, die bewirken, daß die Begriffe da, wo sie ungenügend sind, gern durch autistische Zutaten ergänzt werden; die Sonne ist ein Mann, der in seinem Wagen über den Himmel fährt. Die Krankheit ist ein selbständiges Wesen, das auf bestimmten Zauber reagiert usw. Je schärfer aber auf höheren Kulturstufen das Denken wird, um so mehr ersetzen der Wirklichkeit genauer entsprechende Vorstellungen das Denken in solchen Bildern und Symbolen, die nur zu oft im eigentlichen Sinne gedacht werden, und die mißverständlich leicht für Realitäten gehalten werden.

Bei Freud steht das autistische Denken in so naher Beziehung zum Unbewußten, daß die beiden Begriffe dem Fernerstehenden leicht ineinander fließen. Wenn man aber, wie ich, unter dem Unbewußten alle diejenigen Tätigkeiten versteht, die den gewöhnlichen psychischen in allen Beziehungen gleich sind, außer daß sie nicht bewußt werden, so muß man die beiden Begriffe weit auseinanderhalten. Autistisches Denken kann im Prinzip ebensogut bewußt wie unbewußt sein. Die unlogischen Auseinandersetzungen der Schizophrenen und der Traum sind Äußerungen bewußten autistischen Denkens. In der Symptombildung der Neurosen und in vielen schizophrenen Vorgängen ist aber die autistische Arbeit eine ganz unbewußte. Bei den Neurosen kommen ihre Resultate in Form der verschiedensten neurotischen Symptome zum Vorschein, bei der Schizophrenie als primordiale Wahnideen, als Halluzinationen, Gedächtnistäuschungen, Zwangsantriebe usw. Im ganzen ist natürlich das autistische Denken häufiger unbewußt, das realistische vorwiegend bewußt, weil das bewußte Denken im wesentlichen unsere Beziehungen zur Außenwelt zu regeln hat.

2*

Das autistische Denken erreicht seine Ziele gar nicht immer vollständig. Oft hat es seine Widersprüche in sich. Manche unserer Vorstellungen, und zwar gerade der stark gefühlsbetonten, also der am meisten zu autistischem Denken anregenden, sind ambivalent (d. h. von negativen und positiven Gefühlen zugleich begleitet). Was man erstrebt, hat auch seine unangenehme Seite. Der Geliebte hat seine Fehler, er hat z. B. alle gewünschten persönlichen Eigenschaften, aber nicht das Vermögen, das man wünscht, oder umgekehrt. Die Frau, die ihren Gatten nicht liebt oder gar verabscheut, hat doch positive Gefühle gegen ihn, z. B. weil er der Vater ihrer Kinder ist. Der Wunsch, die Vorstellung, der Mann möchte tot sein, bringt also auch schwere negative Gefühle mit sich, die sich in verschiedener Weise, durch Verdrängung des ganzen Vorstellungskomplexes, durch Angstgefühle und vielerlei Krankheitssymptome äußern können. Am schlimmsten scheinen in dieser Beziehung die Gewissenskonflikte zu wirken. Es ist begreiflich, ich möchte geradezu sagen, verzeihlich, wenn eine Frau, die von ihrem Gatten nur Roheit zu erfahren hat, gelegentlich den Wunsch aufkommen läßt, wenn er nur nicht mehr da wäre, und es ist selbstverständlich, daß ihr ihre autistischen Funktionen einmal mehr oder weniger bewußt im Wachen oder im Traume diesen Wunsch als erfüllt darstellen, erfüllt mit oder ohne ihr Zutun. Auch solche Vorgänge führen wieder zu Unlustgefühlen, zu Gewissensqualen, deren Ursprung ihre Träger oft gar nicht kennen, weil alles im Unbewußten abgelaufen ist. Während man sich im realistischen Denken Vorwürfe und Reue schafft über ein begangenes Unrecht, erzeugt das autistische Denken die gleichen Qualen im Zusammenhange mit einem nur vorgestellten Unrecht; und diese „eingebildeten" Leiden sind oft um so schlimmer, als ihnen die Logik nicht beikommen kann, teils, weil es sich um eine autistische, von der Logik unabhängige Funktion handelt, teils weil der Ursprung dem Träger nicht bekannt ist. Wenn ein Kranker nicht weiß, warum er sich ängstigt, so kann er sich nicht beweisen, daß er sich mit Unrecht ängstigt.

Selbstverständlich muß der Autismus, der unsere Wünsche als erfüllt darstellt, auch zu Konflikten mit der Umgebung führen. Man kann die Wirklichkeit ignorieren, sie macht sich aber immer wieder bemerklich. Unter nicht pathologisch zu nennenden Umständen beachtet der Autistische die Hindernisse, die der Erfüllung eines Wunsches entgegenstehen, ohne den Wunsch als Halluzination oder als Wahn zu realisieren, nicht, er denkt etwa zu optimistisch und wird deshalb im Leben scheitern, oder er läßt sich durch das Leben, das ihm nichts bietet von dem, was man in erster Linie erstrebt, abstoßen und zieht sich auf sich selbst zurück. Unter pathologischen Umständen muß die Natur der Hindernisse durch autistisches Denken umgestaltet werden, wenn dieselben nicht vollständig ignoriert werden können. Während der Autismus durch Erfüllung der Wünsche zunächst zu expansivem Wahne führt, muß die Wahrnehmung der Hindernisse auf den oben skizzierten Wegen Verfolgungswahn erzeugen.

Der Autismus ist oft selbst der Träger der Konflikte, die die Affektwirkungen in uns schaffen. Ein Ereignis bei einem Normalen sei schmerzbetont. Der Schmerz hat, wie jeder andere Affekt, die Tendenz, sich durchzusetzen, das Ereignis zu überdauern, auch auf andere Erlebnisse zu irradiieren, kurz, eine andauernde, schmerzliche Stimmung zu schaffen. Diese wird, abgesehen von der angenommenen Usur durch die Zeit, auf die Weise überwunden, daß neue Erlebnisse ihre Affekte durchsetzen. Dabei macht eine Freude allerdings den Schmerz vergessen, oder sie kann ihn mildern, aber nur solange sie selbst besteht. Das unangenehme Ereignis bleibt bei diesen Vorgängen erinnerungsfähig, wie jede andere Erfahrung. Anders, wenn die autistische Abwehr gegen den Schmerz in Aktion tritt, sie sperrt ihn meist, zusammen mit der schmerzbetonten Vorstellung, vom Bewußtsein ab. Ob es möglich ist, auf diesem Wege einen Affekt ganz aus der Welt zu schaffen, weiß ich nicht. Jedenfalls kommen unter normalen wie namentlich unter pathologischen Umständen eine Menge solcher abgesperrter Affekte wieder zum Vorschein, und Wirkungen von ihnen sehen wir auch, ohne daß der Affekt als solcher dem Träger bewußt wird (in der Mimik, in krankhaften Symptomen). Daraus ersehen wir, daß wenigstens in vielen Fällen die betreffenden Affekte nur vom Bewußtsein abgespalten, nicht unterdrückt sind, und es ist dann selbstverständlich, daß die allen Affekten innewohnende Tendenz, von der Seele Besitz zu nehmen, nicht fehlt. Die „Verdrängung" muß also (immer?) durch die autistischen Mechanismen unterhalten werden, und umgekehrt kommen in den Erscheinungen des Autismus die verdrängten Affekte oder ihre Wirkungen zum Vorschein. Der Schizophrene oder auch der schlafträumende Gesunde glaubt fälschlich einen Nahestehenden gestorben und ist darüber untröstlich. Irgendwann ist in ihm einmal die Idee vom Tode des Betreffenden in der Form eines Wunsches aufgetaucht, aber sofort, gewöhnlich, bevor sie nur ins Bewußtsein kam, unterdrückt worden, denn sie ist zu schmerzlich. Nun taucht sie im

Autismus wieder auf und schafft dem Patienten mit der Erfüllung des Wunsches einen Schmerz, den er hatte vermeiden wollen.

Manchmal schafft das autistische Denken, indem es einen Wunsch erfüllt, einen Symptomenkomplex, den wir als Krankheit bezeichnen. Der Bruch mit der Geliebten wird verdrängt und dafür ein Zusammenleben mit derselben halluziniert. Ein Ganserscher Delirium oder ein Faxensyndrom, d. h. eine unbewußte Simulation, können sowohl auf autistischem Wege wie auf dem des realistischen Denkens zustande kommen. — Immerhin wäre es dem bewußten Willen ohne Benutzung der, wenn einmal entfesselt, spontan weiterwirkenden Affektmechanismen nicht möglich, ein kompliziertes Krankheitsbild so konsequent und so lange festzuhalten, wie es oft beim Ganserschen Syndrom geschieht. Auch entspricht der Ausbruch eines solchen Delirs gar nicht immer den Intentionen der ganzen Psyche, sondern nur einer mehr oder weniger unterdrückten Teilstrebung, deren Realisierung manchmal mehr Schaden als Nutzen bringt.

Auch in anderen Fällen liegt es im Zwecke des Autismus, eine Krankheit zu schaffen. Diese soll z. B. dem Patienten erlauben, sich den Anforderungen der Wirklichkeit, die ihm zu schwer sind, zu entziehen (Flucht in die Krankheit). Das autistische Bedürfnis setzt sich dann manchmal gegen die bewußten Tendenzen des Patienten durch, der in Wirklichkeit durch die Krankheit schwer geschädigt werden kann. Wenn die Abweichung vom Normalen nicht ganz so weit geht, ermöglicht es der Autismus einem Menschen, zu schwärmen, statt zu handeln[1]), sich mit unfruchtbaren Dingen abzugeben, Pläne zu schmieden, die man nicht ausführen kann und deswegen nicht ausführen muß, unlösbaren Problemen nachzuhängen, bei denen eine Entscheidung irrelevant oder überhaupt nicht zu fällen ist.

Macht eine schon bestehende eigentliche Krankheit, z. B. eine latente Schizophrenie dem Patienten den normalen Zusammenhang mit der Wirklichkeit unmöglich, so werden ähnliche Auswege gefunden; und es ist mir sicher, daß ein Teil der Symptome gerade der Schizophrenen Versuche sind, sich mit Krankheit und Wirklichkeit abzufinden; mißglückte „Heilungsversuche" hat sie Freud genannt. Im Sinne der Patienten glücken allerdings manche solche Versuche, indem die Kranken sich von der Außenwelt zurückziehen und die halluzinatorische Erfüllung ihrer Wünsche genießen können.

[1]) „Begreifst du nun, wie viel andächtig schwärmen leichter als gut handeln ist?" (Lessing.)

Alle die verschiedenen Arten von Konflikten, in die der Autismus führt, bilden den Boden, auf dem der Verfolgungswahn erwächst. Er hat im einzelnen natürlich recht viele Wurzeln und wir sind leider noch nicht imstande, weder eine allgemeine Formel zu nennen, die alle seine Entstehungsarten in sich fassen würde, noch alle die einzelnen Momente aufzuzählen, die in den speziellen Fällen an seiner Ausbildung mitwirken[1]). Wir können hier auch nicht auf wichtige Momente, wie die Projektion von Gefühlen und von Ideen auf die Umgebung, eingehen. Sicher aber entsteht der Verfolgungswahn meist (oder immer?) dann, wenn die einer realisierbaren oder namentlich einer autistischen Strebung entgegenstehenden Hindernisse gefühlt werden. Die B. S. ist zwar die freie Schweiz, aber sie bleibt doch in der Irrenanstalt eingesperrt; sie besitzt eine siebenstöckige Banknotenfabrik, bekommt aber keine einzige Note zu sehen. Der Erotomanische kann sich noch so sehr von seiner Prinzessin geliebt glauben, er kommt nie mit ihr zusammen. Wenn solche Patienten das Kausalitätsbedürfnis nicht vollständig verloren haben, so müssen sie diese widrigen Umstände, sei es auf logischem, sei es auf autistischem Wege, als Folge von feindlichen Machenschaften erklären und zu der Idee kommen, verfolgt zu sein. — Daß diese Idee nicht ein bloßer Irrtum bleibt, sondern die Gestalt einer Wahnidee annimmt, dafür sorgen die begleitenden Affekte[2]) der Unzufriedenheit, der Bitterkeit, der Gereiztheit[3]), die sich eben aus dem Widerspruch von Wahrnehmung und Wirk-

[1]) Sein Inhalt wird im einzelnen durch die verschiedensten Zufälligkeiten determiniert, z. B. durch das Zusammentreffen mit irgend einer bestimmten Person. Die Art der Komplexe ist natürlich oft auch richtunggebend; so vermutet Ferenczi (Zentralblatt für Psychoanalyse, I. 1911, S. 559), daß Vergiftungswahn dem Wunsche nach Geschwängertwerden entspringen könne (auch bei Männern). In einem Falle von Dementia senilis bei einer kinderlosen Frau, die sich spät verheiratet hatte, habe ich diesen Zusammenhang deutlich gesehen.

[2]) Auf logischem Wege kommt man nicht zu Wahnideen, sondern — wenn Fehler gemacht werden — zu Irrtümern. (Vgl. Bleuler, Affektivität usw.)

[3]) Es gibt allerdings auch eine Lust des Verfolgtseins, namentlich für den, der sich in eine gewisse Märtyrerrolle hineingelebt hat; sie mag bei der Entstehung und der Erhaltung des Verfolgungswahnes mitwirken. Aber im großen und ganzen ist das Verfolgtsein mit negativen Gefühlen betont, wenn nicht mit depressiven im Sinne der melancholischen Verstimmung. Die rein depressiven Zustände bilden deshalb auch keinen Verfolgungswahn; wenn der Melancholiker glaubt, daß man über ihn zu Gericht sitze, daß man ihm etwas Scheußliches antun wolle, so ist das für ihn keine feindliche Verfolgung, sondern eine verdiente Strafe.

lichkeit ergeben und sich zum Verfolgungswahn verhalten, wie die pathologische Euphorie und Depression zum Größen- und Kleinheitswahne.

Aber auch der ganz Autistische, der seine Wünsche erfüllt sieht und z. B. halluzinatorisch mit seiner Geliebten verkehrt, kann sich dabei nur selten ganz befriedigt fühlen. Um genießen zu können, bedarf man nicht nur der wirklichen oder halluzinatorischen angenehmen Sinnesreize, sondern auch einer genügenden euphorischen Stimmung oder der Fähigkeit, angenehme Reaktionen zu bilden. Es scheint nun, daß der Prozeß der Dementia praecox an sich die Bildung solcher positiven Gefühlstöne oft erschwere, sonst müßten die „Lustmechanismen" viel häufiger zur Ekstase oder sonst zu einem ganz hohen Glücksgefühl führen, wenn man auch zugeben muß, daß eben auch eine gewisse schöpferische Fähigkeit dazu gehört, sich ein vollkommenes halluzinatorisches Paradies zu schaffen; diese Fähigkeit kann nicht jeder besitzen, der schizophren wird. Auch die körperlichen Bedürfnisse und Hinfälligkeiten müssen oft dem autistischen Glück im Wege stehen. Es wird ja nicht möglich sein, sich dieselben auf die Dauer autistisch vom Halse zu schaffen, wenigstens sehen wir im Traume den Hunger oder das Bedürfnis zu urinieren, sich immer wieder melden, nachdem sie halluzinatorisch befriedigt worden sind, und die beste Suggestion wird einen dauernden, organisch bedingten Schmerz nur temporär beseitigen.

Aber auch das restlose Erreichen ersehnter Ziele macht selten glücklich. Schon in der Wirklichkeit verhält es sich so. Wer sich als Höchstes dachte, 100.000 Mark zu erwerben, ist nur ganz ausnahmsweise zufrieden, wenn er das erreicht hat, und das erträumte Glück kann das Geld überhaupt nicht bringen. Die Ehe oder der als Ideal ersehnte Gatte zeigt auch unangenehme Seiten, wenn man ihn einmal hat. Sollte es mit den halluzinatorischen Befriedigungen viel besser sein? Bei der sexuellen Liebe kommt aber noch ein wichtiger Umstand in Betracht: ihre Ambivalenz. Die Erotik hat (namentlich bei Frauen) auch eine starke negative Gefühlskomponente, die sich bekanntlich unter normalen wie unter pathologischen Umständen sehr leicht als Angst äußert.

Aus all dem wird es verständlich, daß trotz einer weitgehenden halluzinatorischen Befriedigung bei Schizophrenie so oft Verfolgungswahn entsteht; und die letzteren Ausführungen zeigen, warum auch der Geliebte regelmäßig zum Verfolger wird.

Das autistische Denken ist auch im wachen Leben des Gesunden eine Macht, deren Bedeutung man sich nur schwer klarmacht. Unsere Tagträume scheinen allerdings zunächst nur eine unschuldige Spielerei, sie sind aber gar nicht ohne Einfluß auf unser Handeln, und in der Form von Illusionen machen sie das Leben schöner oder erträglicher, aber auch zugleich gefährlicher. Auch alle echte Kunst wurzelt im Autismus, und wenn auch unlogische Dinge darin keine Rolle spielen dürfen, so ist ihr ein gewisser Grad von Ablösung von der Wirklichkeit notwendig, und das Treibende und Gestaltende sind auch bei ihr die Gefühle[1]). — Die Religion ist eine autistische Bildung. Die Politik wird bei den Massen und auch bei vielen Führern in ihrer Richtung vielfach sehr wenig durch Überlegung, aber sehr viel von Instinkten, von suggestiven und autistischen Psychismen bestimmt. So sind die Grenzen zwischen beiden Denkformen auch dem Gesunden viel zu wenig bekannt, und auch er verliert oft den sicheren Boden der Wirklichkeit, um zu seinem Schaden von autistischen Gebilden genarrt und ins Verderben getrieben zu werden.

Innerhalb des Gesunden richtet der Autismus natürlich viel Schaden an. Die Kreuzzüge und der Dreißigjährige Krieg waren ein recht böser Aderlaß für einen großen Teil der damaligen Kulturvölker, und wenn man im Kloster sich erhalten lassen kann, so kann sich doch das Genus so wenig auf autistischem Weg ernähren wie das Hühnchen im Ei. Es gibt natürlich noch viele andere Formen, unnützen Ideen zu leben oder sich Scheinbefriedigung zu verschaffen, die dem Individuum auf Kosten der Gesamtheit in einzelnen Beziehungen das Leben erleichtern. Es ist so hübsch, sein Mitleid an das phantasierte Gretchen zu verschwenden, das kostet nichts als ein Theaterbillet. Wenn aber das Gretchen im Leben den gleichen Faustschwärmern nahe kommt, so findet es verschlossene Herzen und Beutel und einen pharisäisch kräftigen Fußtritt. Denn es wäre unmoralisch, wie mir eben ein wohltätiger Damenverein in einem bestimmten Falle klargemacht hat, sich mit solchen Personen zu beschäftigen.

* * *

Da das realistische Denken, die Fonction du réel, das Sichabfinden mit den komplizierten Bedürfnissen der Wirklichkeit, durch Krankheit viel leichter gestört wird als das autistische Denken, und dieses geradezu

[1]) Vgl. Bleuler, Freudsche Mechanismen in der Symptomatologie von Psychosen. Psychiatrisch-neurologische Wochenschrift, 1906, Marhold, Halle.

durch Krankheitsprozesse in den Vordergrund gehoben werden kann, nehmen französische Psychologen unter der Führung von Janet an, die Realfunktion sei die höchste, die komplizierteste[1]).

Eine klare Stellung nimmt in dieser Beziehung aber nur Freud ein. Er sagt es direkt heraus, daß in der Entwicklungsreihe seine Lustmechanismen das Primäre seien. Er kann sich den Fall denken, daß der Säugling, dessen reale Bedürfnisse ohne sein Zutun ganz von der Mutter befriedigt werden, und das sich entwickelnde Hühnchen im Ei, das durch die Schale von der Außenwelt abgeschlossen ist, noch autistisch leben. Der Säugling „halluziniert" wahrscheinlich die Erfüllung seiner inneren Bedürfnisse, verrät seine Unlust bei steigendem Reiz und ausbleibender Befriedigung durch die motorische Abfuhr des Schreiens und Zappelns und erlebt darauf die halluzinierte Befriedigung. Dem kann ich nicht folgen. Ich sehe keine halluzinierte Befriedigung des Säuglings, sondern nur eine nach wirklicher Nahrungsaufnahme[2]), und ich muß konstatieren, daß das Hühnchen im Ei nicht mit Vorstellungen von Essen, sondern mit physikalisch und chemisch greifbarer Nahrung sich emporbringt. Ich sehe auch beim etwas älteren Kinde nicht, daß es einen eingebildeten Apfel über einen wirklichen stellen würde; der Imbezille und der Wilde sind währschafte Realpolitiker und der letztere macht seine autistischen Dummheiten, genau wie wir an der Spitze der Denkfähigkeit stehenden Menschen, nur da, wo sein Verstand und seine Erfahrung nicht hinreicht: in seinen Ideen über den Kosmos, die Naturerscheinungen, in der Auffassung von Krankheiten und anderen Schicksalsschlägen und deren Abwehr, und in sonstigen, für ihn zu komplizierten Zusammenhängen. Beim Imbezillen ist das autistische Denken vereinfacht, ganz wie das rea-

[1]) Man spricht in Frankreich auch von einem „sens de la réalité", womit in erster Linie das Unterscheidungsvermögen von Wirklichkeit und Einbildung gemeint wird. Das ist in der Hauptsache etwas ganz anderes, aber es hat natürlich seine Beziehungen insofern zum Autismus, als der extrem Autistische, z. B. der Schizophrene, der hysterisch Dämmerige, seine autistischen Gebilde für Wirklichkeit hält, und daß namentlich beim Schizophrenen der Begriff der Realität so verschoben wird, daß man sich wohl gar nicht fragen kann, ob ein solcher Kranker etwas für im Sinne des Gesunden wirklich hält.

[2]) Das Neugeborene reagiert in allen seinen Bestrebungen auf die Realität und im Sinne derselben; wenn der Saugreflex bei Kontakt des Mundes mit einem andern Gegenstand als der Mamilla auch in Funktion tritt, so ist das gewiß nur einem geringen Unterscheidungsvermögen (ob bewußt, oder unbewußt, lasse ich dahingestellt) zuzuschreiben, wie es in analoger Weise allen Reflexen zukommt und für deren Aufgaben praktisch genügt.

listische. Ich kann nirgends ein lebensfähiges Geschöpf finden oder nur mir denken, das nicht in erster Linie auf die Wirklichkeit reagierte, das nicht handelte, ganz gleichgültig, wie tief es stehe; und ich kann mir auch nicht vorstellen, daß von einer gewissen Einfachheit der Organisation an nach unten hin autistische Funktionen vorhanden sein können. Dazu gehören komplizierte Erinnerungsmöglichkeiten. So kennt die Tierpsychologie (außer einigen wenigen Beobachtungen an höchststehenden Tieren) nur die Realfunktion.

Der Widerspruch läßt sich indes leicht lösen: Die autistische Funktion ist nicht so primitiv wie die einfachen Formen der Realfunktion, aber — in gewissem Sinne — primitiver als die höchsten Formen der letzteren, wie wir sie beim Menschen entwickelt finden. Niedere Tiere besitzen nur die Realfunktion; es gibt aber kein Wesen, das ausschließlich autistisch denkt. Von einer gewissen Entwicklungsstufe an tritt die autistische Funktion zu der realistischen und entwickelt sich von nun an mit ihr.

Wir können in der phylogenetischen Entwicklung einige Etappen herausheben, wenn diese auch, wie selbstverständlich, keine eigentlichen Grenzen gegeneinander haben.

I. Das Erfassen einer einfachen äußeren Situation und das Danachhandeln: Nahrung ergreifen, einen Feind fliehen oder angreifen und dergl. Es handelt sich also hier um nicht viel anderes als Reflexe, die bis zu einer gewissen Differenziertheit und Kompliziertheit gehen können. Gefühle der Lust und Unlust werden sie begleiten, jedenfalls aber kommt hier der Affektivität keine besondere Rolle zu; sie ist nur die mit dem speziellen Vorgang (Nahrung erfassen, Flucht) untrennbar verbundene Veränderung des Allgemeinzustandes[1]).

II. Es werden Erinnerungsbilder geschaffen und bei späteren Funktionen benutzt, aber nur im Anschluß an äußere Reize, bei der Ausübung realistischer Funktionen. Ein selbständiges Denken, einzig in Erinnerungsbildern, ist zunächst wohl ausgeschlossen. Die entwickeltsten Erinnerungsbilder, die wir auf früheren Stufen kennen, sind wohl die der örtlichen Orientierung dienenden; es ist aber nicht anzunehmen, daß sie vereinzelt bleiben.

Hier ist nun bereits die Möglichkeit gegeben, daß allfällige an die Erinnerungen geknüpfte Affekte auf die Auswahl der zu ekphorierenden Engramme einen gewissen Einfluß ausüben. Die Ameise wird den Weg

[1]) Bleuler, Affektivität. Marhold, Halle.

einschlagen, der sie zu Beute geführt hat — gewiß nicht, weil sie nun „denkt", da sei noch etwas zu holen, sondern weil die entsprechende Engrammreihe positiv betonte Gefühle respektive Triebe in sich schließt.

III. Nach und nach werden immer kompliziertere und immer schärfere Begriffe geschaffen und unabhängiger von äußeren Einflüssen benutzt, und

IV. werden die Begriffe ganz ohne Auslösung durch die Außenwelt nach Maßgabe der Erfahrung kombiniert zu logischen Funktionen, zu Schlüssen vom Erlebten aufs Unbekannte, vom Vergangenen aufs Zukünftige; es wird nicht nur ein Abwägen verschiedener Eventualitäten, die Wahlhandlung, ermöglicht, sondern auch ein zusammenhängendes Denken, ausschließlich in Erinnerungsbildern, ohne Zusammenhang mit den eventuellen Sinnesreizen und Bedürfnissen.

Hier erst kann die autistische Funktion auftreten[1]). Da erst kann man Vorstellungen haben, die mit lebhaften Lustgefühlen verbunden sind, Wünsche bilden und sich an ihrer phantasierten Erfüllung ergötzen und die Außenwelt in seiner Vorstellung umgestalten, indem man das Unangenehme derselben nicht denkt (abspaltet) und Angenehmes eigener Erfindung hinzusetzt. Die Irrealfunktion kann also nicht primitiver sein als die Anfänge des wirklichen Denkens, und sie muß sich parallel mit diesem entwickeln. Denn je komplizierter und differenzierter Begriffsbildung und logisches Denken werden, um so genauer wird einesteils ihre Anpassung an die Wirklichkeit, und damit um so größer die Möglichkeit der Loslösung vom Einflusse der Affektivität, aber andernteils wird die Möglichkeit der Wirkung von gefühlsbetonten Engrammen der Vergangenheit und von gefühlsbetonten Vorstellungen, die die Zukunft betreffen, in gleichem Maß erhöht. Die zahlreichen Denkkombinationen ermöglichen eine unendliche Mannigfaltigkeit der Phantasie, während die Existenz unzähliger gefühlsbetonter Erinnerungen aus der Vergangenheit und ebenso affektiver Vorstellungen

---

[1]) Wenn eine allein aufgezogene Hündin (Gérard - Varet, Revue Scientif., 1902, S. 485) wirklich ein Stück Brot wie ein Junges zu wärmen und zu säugen mimt, so ist das vielleicht nur eine Instinktsfunktion, die sich mangels richtiger Gelegenheit am unpassenden Objekt ausläßt, wie wenn das im Zimmer aufgezogene Eichhörnchen die Bewegungen macht, um Nüsse in den harten Boden einzugraben. Das Kind aber, das ein Stück Holz als Baby behandelt, hat bereits die Vorstellung eines Baby.

über die Zukunft geradezu zum Phantasieren drängen. Mit ihrer Entwicklung werden die Unterschiede der beiden Denkarten immer schroffer, diese werden schließlich zu vollen Gegensätzen, die immer mehr und immer schwerere Konflikte hervorzubringen vermögen, und wenn in einem Individuum die beiden Extreme sich nicht ungefähr die Wage halten, so kommt es einerseits zum Träumer, der nur kombiniert, mit der Wirklichkeit nicht mehr rechnet und nicht mehr handeln kann, und anderseits zu dem nüchternen Wirklichkeitsmenschen, der vor lauter Realdenken nur dem Augenblick lebt und nichts vorausberechnet.

Daß nun trotz diesem Parallelismus in der phylogenetischen Entwicklung das realistische Denken als das entwickeltere erscheint, und eine Allgemeinstörung der Psyche regelmäßig die Realfunktion viel stärker trifft, hat mehrere Gründe.

Das Wesentliche der Realfunktion kann man nicht auf die Welt bringen; man muß es größtenteils im individuellen Leben erst erwerben. Die Anlage, viele und scharf begrenzte Begriffe zu bilden, ist eine leere Potentialität, so lange nicht reiche Erfahrung das Material für die Begriffe und ihre Abgrenzung geboten hat; die logische Kombination muß ebenso durch die Erfahrung erworben sein und ein noch so umfassend angelegter Geist kann nicht alle Faktoren einer komplizierten Überlegung in Betracht ziehen, wenn ihm nicht die Erfahrung gezeigt hat, was alles in Betracht kommen kann und was nicht.

Das Realdenken arbeitet also nicht bloß mit einer angeborenen Fähigkeit („Intelligenz"), sondern auch mit Funktionen, die nur durch Erfahrung und Übung des Einzelnen erworben werden können.

Solche Funktionen werden erfahrungsgemäß unendlich viel leichter gestört als im Organismus begründete.

Ganz anders die vom Autismus benützten Mechanismen. Sie werden mit uns geboren. Die Affekte, die Strebungen haben von Anfang an auf unser Geistesleben diejenigen Einwirkungen, die auch das autistische Denken leiten; sie bahnen und hemmen die Gedanken entsprechend ihrer eigenen Richtung und treffen ohne jede Überlegung eine Wahl zwischen verschiedenen Möglichkeiten der Reaktion. Schon lange vor der Vollendung des ersten Jahres lassen sich beim Kind anscheinend komplizierte Affektreaktionen finden. Es reagiert nicht bloß mit Liebe und Liebesbezeigungen auf Liebe, mit Angst oder Weinen auf Drohung, sondern z. B. auch mit Hohn auf Hohn, und dabei findet es oft einen Ausdruck, der auffallend raffiniert erscheint und das wirklich wäre, wenn er auf logischem Wege hätte gefunden werden müssen. Das Kind reagiert aber, sogar ohne Worte zu verstehen, schon auf den Affektausdruck eines andern, und sein eigener Affekt weist ihm ohne Überlegung und ohne Erfahrung, daß man der Liebe Liebe, der Drohung Trotz oder ängstliche Unterwerfung entgegenstellt, und er bringt automatisch nicht nur angeborene Reaktionen in Funktion (schmeicheln, hauen usw.), sondern ordnet auch das geringe Vorstellungsmaterial, das bis jetzt erworben werden konnte, entsprechend seinen Zielen.

Rosegger gibt[1]) von seinem vierjährigen Mädchen folgendes hübsche Beispiel: „Ich fühle mich heute so müde und weiß nicht warum," sagte ich zur Mutter. Redete das Gretchen dazwischen: „Bist schon groß, Vater, und weißt es nicht? Große Leute wissen doch alles." „Kleiner Naseweis!" versetzte ich, „mehr weiß ich schon wie du." „Wir wollen sehen," antwortete das Kind. „Ich will dich fragen. Sage mir einmal, Vater, warum das Bild einen Rahmen hat?" „Weil der Rahmen zum Bilde gehört," war meine Antwort, von der es auch befriedigt schien. Dann blickte es auf einen Blumenstrauß, der vor dem Spiegel stand, und fragte: „Ist der Gott auch in den Blumen?" „Ja freilich, mein Kind." „Warum ist der Gott auch in den Blumen?" „Weil er überall ist." „Ist der Gott auch in den Blumen, die im Spiegel sind?" fragt die Kleine. Ich fürchte, ihr glaubt mir nicht, aber ich versichere, daß das vierjährige Kind aus sich selbst und ganz in dieser Reihenfolge die Fragen stellte und mit der letzten, die einem Philosophen alle Ehre gemacht hätte, mich in die Enge trieb. Wenn Gott überall ist, so sollte ich nun sagen, ob er auch in den Blumen wäre, die gar nicht sind, sondern sich nur spiegeln! Ein helles Auflachen von mir und meinem Weibe war die Antwort. Das Mädel schaute verblüfft drein: was es denn da zu lachen gäbe? Es wollte mich ja auf meine gerühmte Weisheit prüfen. „Also weißt du mehr als ich, Vater?" „Ja, ich weiß, daß du ein loser Schnabel bist." Einen Augenblick besann es sich, ob es den Schnabel auf sich sitzen lassen könne, denn Gretel ist in bezug auf ehrenrührige Bezeichnungen empfindlich: „Schnabel ist keine Schande," sagte sie endlich, „die lieben Vögelein haben auch Schnäbel."

Eine solche Affektreaktion ist auch das Lügen ganz kleiner Kinder. Es gibt sonderbarerweise Erzieher, die sich über derartige Vorkommnisse nicht nur moralisch entrüsten, sondern sich auch verwundern, wie die einfache kindliche Seele so etwas zustande bringe. Wenn aber das Kind gefragt wird, ob es den Apfel genommen habe, und es weiß, daß es Prügel bekommt, wenn es ja sagt, aber keine, wenn es nein sagt, so gibt es darauf zwei Reaktionsformen. Die eine ist die Überlegung, daß es den Apfel gegessen habe, und daß es notwendig sei, dies zu sagen; die andere ist die einfache affektive Reaktion, daß man etwas Un-

[1]) „Das Buch von den Kleinen", Leipzig, 1911, Staackmann, S. 107.

angenehmem aus dem Wege geht. Es wird also ohne besonderes moralisches Training in der Regel seinem Affekte, seinem Instinkte folgen[1], so gut wie es schreit und ausweicht, wenn man ihm eine schmerzhafte, körperliche Operation machen will, wobei es gar nichts hilft, ihm die intellektuelle Überzeugung beizubringen, daß die schmerzhafte Prozedur ihm in der Zukunft nützlich sein werde. Man verwundert sich auch darüber, wenn ein Neger heute einen Diebstahl strikte ableugnet, den er gestern unter anderen Umständen zugegeben hat. Für den Neger ist das kein Widerspruch. Gestern verstand er die Konsequenzen nicht, oder er erwartete für sein Geständnis Verzeihung und eventuell Bewunderung, heute sieht er ein, daß er gestraft werden wird: davon leitet er sein Verhalten ab, und er hat eben so viel Recht, sich über die Verständnislosigkeit der Gegenpartei zu verwundern als der Europäer[2]. Gehen wir zu den Tieren hinunter, so sehen wir, daß z. B. auch Hunde lügen können.

Gleich wie mit den Lügen ist es mit den Ausreden, die sich oft, der affektiven Regung folgend, viel leichter präsentieren als die Wahrheit, und zwar auch bei kleinen Kindern gelegentlich in merkwürdiger Kompliziertheit.

Dieses Verhalten wird verständlicher, wenn man sich klar macht, daß sich die einfache Natur überhaupt ohne affektiven Grund nicht äußert. Die Sprache ist ihr nichts als die Dienerin des Begehrens. Es liegt ihr durchaus ferne, einen Tatbestand objektiv in Worten zu konstatieren. Das kleine Kind spricht sich über das aus, was es interessiert, was positiv oder negativ gefühlsbetont ist[3]. Ver-

---

[1]) Ein zwanzigjähriger Polytechniker, der an kleinen Diebstählen erwischt worden war und zunächst leugnete und sich der Verhaftung tätlich widersetzte, gestand bald darauf ohne Hemmung mehr als nötig war. Auf den Widerspruch aufmerksam gemacht, äußerte er: „Ich glaube, es muß ein ungeheuer gewiegter Verbrecher sein, der das alles eingestehen kann. Wenn man alles sofort gesteht, so ist es ja auch schön, aber man kann es nicht im ersten Moment. Da lehnt sich alles in einem dagegen auf, obschon man später gerne gesteht."

[2]) Klaatsch (Kongreß für Kriminalanthropologie, Köln, Oktober 1911) charakterisiert die Australneger u. a.: Mangelhafter Sinn für Wahrheit. Lügenhaftigkeit aus Unfähigkeit, das Reale zu unterscheiden. Einige Individuen erheben sich darin über die übrigen, die Zauber-Priester-Doktoren. — Man sagt, daß die Weddas nicht lügen. Wenn es auch nur teilweise wahr wäre, so lohnte sich eine genauere Untersuchung des Zusammenhanges dieser merkwürdigen Eigenschaft.

[3]) Einzelne an sich irrelevante Aussprüche erweisen sich etwa als Imitationen von dem, was ihm die Großen vorsagen usw.

langt man von ihm eine Konstatierung ohne einen solchen Zusammenhang, so versagt es leicht. Ausfragen und Verhören von Kindern und Wilden scheitert ja gern daran, daß sie nicht antworten, was den Tatsachen entspricht, sondern das, was ihrem Flair nach der Frager von ihnen erwartet und wünscht. Der Ton der Frage, nicht ihr Inhalt, bedingt hier die Antwort. Wo kleine Kinder eine Aufgabe nicht genügend verstehen, antworten sie meist in den Tag hinein. „Ich weiß es nicht“, bekommt man unter diesen Umständen gar nicht selten zu hören; diese Redensart bedeutet bei Kindern viel mehr „ich mag nicht antworten“. Auf eine Rechenaufgabe antworten sie meist mit einer beliebigen Zahl und wollen nicht verstehen, daß man damit nicht zufrieden ist. Auf die Frage, welche von zwei Linien die größere sei, antworten sie z. B. damit, daß sie den Zwischenraum zwischen den Linien zeigen; gibt man ihnen zwei Schachteln mit der Frage, welche schwerer sei, so greifen sie, ohne zu vergleichen, aufs Geratewohl nach einer derselben und zeigen sie als die schwerere. Solche Reaktionen kommen bei der Schizophrenie wieder vor, sind aber dem normalen Erwachsenen fremd.

Die angeborene Natur der autistischen Denkformen zeigt sich mit besonderer Aufdringlichkeit in der Symbolik. Diese ist überall, von Mensch zu Mensch, von Zeitalter zu Zeitalter, von Rasse zu Rasse, vom Traum zur Geisteskrankheit und zur Mythologie von einer unglaublichen Einförmigkeit. Eine ganz beschränkte Anzahl von Motiven liegt vielen Hunderten von Sagen zugrunde. Immer sind es die nämlichen wenigen Komplexe, die zur Symbolik Anlaß geben, und auch die Ausdrucksmittel sind die nämlichen. Der Vogel, das Schiff, das Kästchen, das die Kinder bringt und die Sterbenden wieder an den geheimnisvollen Ursprungsort zurückträgt, die böse (Stief-)Mutter usw. usw. wiederholen sich immer und besagen überall das gleiche. Die Vorstellung vom Kreislauf des Lebens, der die Alten wieder mit oder ohne Verkleinerung zurück in den Uterus oder an irgend einen andern Ort bringt, wo die Kinder herkommen, gehört jetzt noch zur selbstgemachten Weltanschauung des zwei- bis vierjährigen Kindes, wie sie aus den Mythologien und Sagen früherer Jahrtausende hervortritt. Die ganz anderen Vorstellungen, die die Eltern dem Kinde übermitteln, werden nicht assimiliert und bleiben wirkungslos gegenüber der autistischen Fabulation, ja, diese wird von den Kleinen manchmal in bewußtem Widerspruch gegen die elterliche Autorität festgehalten und ausgebildet.

Symbole, die wir aus längst vergangenen Religionen kennen, finden wir wieder in der Wahnbildung unserer Schizophrenen ohne jeden Zusammenhang mit der untergegangenen Welt. Es wird gewiß auch hier nicht richtig sein, wenn man von angeborenen Ideen spricht; aber wenn man sich mit diesen Dingen beschäftigt, drängt sich doch eine ähnliche Vorstellung immer wieder auf, und jedenfalls gibt es in der autistischen Symbolik eine allen Menschen angeborene Ideenrichtung.

Die Einförmigkeit des autistischen Denkens ist denn auch in der Psychopathologie der Wahnsysteme schon längst aufgefallen. Vielleicht finden wir hier den Schlüssel, der uns auch jene merkwürdige Einförmigkeit der Symbolik erklären wird. Es handelt sich wohl ebenfalls um affektive Mechanismen, wenn sie auch in etwas anderer Weise wirken als diejenigen, die direkt die Wahnrichtung bestimmen. Hier erlauben die Affekte nur ein Denken in ihrem Sinne. Bei der Symbolik werden Affektbetonungen die Assoziationen leiten. Wenigstens sehen wir, daß als Symbole des männlichen Genitales in der Schizophrenie fast ausschließlich, und im Traume mit einer gewissen Vorliebe, Dinge gewählt werden, die nicht nur irgend eine äußerliche Ähnlichkeit mit dem zu Bezeichnenden haben, sondern solche, die zugleich ein gewisses Gruseln erwecken. Der Gefühlston muß also hier das affektive Bindeglied sein. Ob und inwieweit man diese Beobachtung verallgemeinern darf, ist mir noch nicht klar. Mitwirken mag auch, daß das Zunächstliegende überall das nämliche ist. Nirgends z. B. fehlen die verschiedenen Anlässe, die in das Verhältnis von Mutter und Tochter etwas wie Eifersucht und Feindseligkeit hineintragen können, während die intimeren Beziehungen zwischen Vater und Tochter fast nur durch individuelle Schwierigkeiten gestört werden. Feindschaft zwischen Kind und Mutter sieht und sah man aber offenkundig immer bei der Stiefmutter oder der Schwiegermutter, fast nie bei der echten Mutter. Da muß es überall naheliegen, die feindliche Mutter als Stiefmutter oder Schwiegermutter zu bezeichnen.

Das autistische Denken bedarf allerdings auch des Erfahrungsmaterials: um sich Prinz zu träumen, muß man ungefähr wissen, daß ein Prinz einer ist, der alles haben kann, namentlich auch die schönste Prinzessin, und der bestimmt ist, später ein sorgloses Leben als König zu führen. Um sich reich zu träumen, muß man wissen, daß man mit Geld viele gute Dinge kaufen kann usw. Solche Begriffe sind aber so leicht zu erwerben, daß sie in der frühen Kindheit jedes einzelnen schon da sind und kaum durch die schwerste allgemeine Hirnkrankheit ausgelöscht werden können. Schärfere Begriffe und zwingende Zusammenhänge sind dem Phantasieren geradezu hinderlich. Das Kind kann sich noch über die Vorstellung freuen, daß es einmal Prinz werde; dem Erwachsenen bleibt die Unmöglichkeit der Wunscherfüllung gegenwärtig, und er wird höchstens einmal in einer besonderen Laune sagen können: „Wenn ich Prinz wäre, ... " Wichtig ist auch, daß es für die realistische Funktion nur ein richtiges Resultat gibt, während der Autismus die „unbegrenzten Möglichkeiten besitzt" (Jung) und sein Ziel auf die verschiedenste Art erreichen kann. So können uns die Unterschiede bei gutem oder schlechtem Funktionieren auch bei extremem Schwanken nicht groß erscheinen. Während zwischen der falschen und der richtigen Lösung einer Rechnung, zwischen einem falschen und einem richtigen Schluß ein prinzipieller Gegensatz besteht, ist das Märchen eines Kindes und das eines Genies in bezug auf seinen autistischen Zweck und die subjektive Erfüllung des Zweckes gleichwertig. Sind die Begriffe unscharf geworden, die logischen Funktionen ungenügend, so kann das realistische Denken nur noch zu unrichtigen Resultaten kommen, das autistische aber wird durch einen solchen Fehler nicht nur nicht gestört, sondern geradezu gefördert, indem er mehr Denkmöglichkeiten, wie Identifikationen und verifizierte Symbole, erlaubt. So ist die richtige Kombination in Wirklichkeit eine viel höhere Leistung als die bloß wunschgemäße. Die eine ist ein Freudenschießen, bei dem es nur knallen muß; die andere will ein bestimmtes Ziel, und nur dieses, treffen.

Wenn nun das autistische Denken im großen und ganzen als eine der Art schädliche Verirrung erscheinen muß, wie konnte eine phylogenetisch so junge Funktion so große Ausdehnung und Macht erreichen, daß das autistische Denken schon bei vielen Kindern nach dem zweiten Jahr einen großen Teil ihrer psychischen Funktionen beherrscht (Spielen, Wachträumen), daß es bei Erwachsenen so leicht in den Vordergrund tritt, daß es fähig ist, Völker und Klassen in grausamem Vernichtungskampf hintereinander zu hetzen, und daß es bei vielen krankhaften Störungen der Realfunktion sofort die ganze Psyche in Besitz nehmen kann?

Da ist zunächst hervorzuheben, daß die ganze Tierreihe darauf eingestellt ist, Lust zu suchen und Schmerz abzuwehren, der Lusterwerb ist subjektiv geradezu zum Selbstzweck geworden. Das Lustbetonte ist eben im großen und ganzen das dem Individuum oder der Art Nützliche, das Unlustbetonte das Schädliche. Nun kann das Prinzip, auf dem die Existenz der animalischen Wesen und die Organisation ihrer Psyche aufgebaut ist, nicht wohl plötzlich deshalb verlassen werden, weil nun auf einer gewissen Stufe eine Gefahr in der Anwendung eines neuen Prinzips eintritt. Der höhere Organismus muß die Gefahr überwinden oder zugrunde gehen. Es ist auch möglich, daß es schon Hemmungseinrichtungen gibt, die dem Überhandnehmen des Autismus entgegengestellt sind, jedenfalls aber schafft das dringende Bedürfnis des Lebens bei allen gesunden Wesen ein gewaltiges Gegengewicht[1]). Im wesentlichen indessen muß das Genus sich mit der Existenz des Autismus abfinden. Ein gewisser Grad desselben kann leicht ertragen werden, und nur ein Übermaß wird deletär. Nun ist die Abgrenzung zwischen Mäßigkeit und Unmäßigkeit auch hier eine sehr schwierige; der Autismus wird also auch in seinen deletären Formen nie ganz zu überwinden sein. Auch der intelligenteste Kulturmensch ist nie in allen Fällen imstande, sicher zu erkennen, was realistisch gedacht ist, und was Einbildung ist; vieles ist möglich geworden, was zu anderen Zeiten unmöglich schien. Die mäßigen Trinker halten die allgemeine Durchführung der Abstinenz für eine Utopie, die Abstinenten halten die Durchführung einer wirklichen Mäßigkeit für eine Utopie. Unsere Schlüsse entfernen sich eben so weit von dem Material, auf das sie basiert werden, daß Täuschungen alle Augenblicke vorkommen müssen.

So ist nicht anzunehmen, daß durch Auslese je dieses schrankenlose neue Feld der affektiven Betätigung ganz verschlossen werde, und zwar um so weniger, als der Autismus auch so, wie er jetzt ist, einen positiven Wert hat. Der antezipierte Lustreiz zwingt zu Überlegung vor einem Unternehmen, zur Vorbereitung auf dasselbe und

---

[1]) Ein hübsches Beispiel, wie die Schädlichkeit des Autismus durch die Lebenskraft aufgewogen wird, berichtet Nieuwenhuis (Quer durch Borneo, Leyden, 1907, Brill, Bd. II, S. 486): Die Taldajaken auf Borneo stammen von den Bergdajaken ab und haben den Aberglauben ihrer Väter übernommen. Sie sind aber zum Unterschiede von ihren Brüdern im Hochlande durch die Malaria geschwächt. Wenn nun ein ungünstiges Zeichen, z. B. das Erscheinen eines gewissen Vogels, ein Vorhaben als unglücklich bezeichnet, so sind sie um keinen Preis zu bewegen, den Plan doch auszuführen, was auf Reisen oft zu einer Kalamität wird, während ihre kräftigeren Stammesgenossen durch den gleichen Glauben sich nicht am Handeln hindern lassen.

fördert die Energie im Streben. Während die Tiere, namentlich die niedrigeren, mit ihrem geringen Vorstellungsvermögen und ihrem rudimentären Gedächtnis oft merkwürdig wenig Ausdauer in der Verfolgung eines Zweckes besitzen, kann der Mensch sich in der Höhle für die Jagd begeistern, sich Pläne und Waffen voraus schaffen, und diese Tätigkeit geht ohne Grenzen in das eigentliche autistische Denken über. Es wird ja auch in früheren Stadien schon Leute gegeben haben, die im bloßen Plänemachen ihren energielosen Tatendurst gelöscht haben, und wenn die Künstler der paläolithischen Höhlenzeit durch ihre Jagdszenen oder Tyrtäus durch seine Kriegslieder[1]) zur Anspannung der Energie anreizten, so mag es doch auch früher schon, wie jetzt, Naturen gegeben haben, die sich mit autistischem Jagen und Kriegführen begnügten, sei es, daß sie selbst Künstler waren oder nur die Kunst der anderen genossen. Ich glaube, daß dies das beste Beispiel ist, zu zeigen, wo die Grenzen ungefähr sind zwischen schädlichem und nützlichem Autismus, und wie unbestimmt sie sind. Die Kunst, wenn sie anregt und die Lebensenergie steigert, ist nützlich, sie ist schädlich, wenn sie an Stelle der Taten tritt, und wenn das ästhetische Bedürfnis so überhand nimmt, daß man es nicht mehr aushält ohne künstlerische Gestaltung seiner Umgebung.

Ein ähnlicher Nutzen ist das Abreagieren. Es ist in vielen Fällen nicht möglich, unangenehme Erlebnisse in passender Weise nach außen abzureagieren, sich die Geliebte zu erkämpfen, die sich einem andern zugewandt hat, einen Verleumder totzuschlagen, wie es sich gebührt usw. Da aber unser Organismus doch auf Entladung solcher Reize eingerichtet ist, so kann die Reaktion in der Phantasie, im Traum, durch ein Kunstwerk, ihren Nutzen haben. Die Gefahr der Übertreibung ist aber sehr groß, und die Zahl derjenigen, die sich nach einer Enttäuschung aus dem Leben zurückziehen und mit dem innern Abreagieren nicht fertig werden wollen, ist keine kleine.

Ein weiterer Nutzen des Autismus besteht in der ausgedehnten Gelegenheit, die er zum Üben der Denkfähigkeit gibt. Das Kind kann noch viel weniger als der Erwachsene beurteilen, was alles möglich ist, und was nicht. In seinen Phantasien steigert es aber seine Kombinationsfähigkeit so gut wie die Körpergewandtheit in den Bewegungsspielen. Wenn es Soldat oder Mutter spielt, übt es notwendige Vor-

[1]) Es sei auch an die Kriegstänze der Indianer erinnert, die allerdings oft zu einem autistischen Taumel ausarten.

stellungs- und Gefühlskomplexe im gleichen Sinne ein, wie das spielende Kätzchen sich für den Fang von lebenden Tieren vorbereitet. Dort besteht aber die Gefahr, daß man sich nicht im richtigen Moment vom Traume loslösen kann, um den Sprung in die Wirklichkeit zu machen. An dieser Klippe scheitern z. B. die Pseudologen beständig.

Ein ganz geringer Grad von Autismus darf aber auch mit Nutzen ins Leben hinausgetragen werden. Was von den Affekten im allgemeinen gilt, hat auch in dieser speziellen Anwendung ihrer Mechanismen Gültigkeit. Eine gewisse Einseitigkeit ist zur Erreichung mancher Ziele nützlich. Man muß sich sein Ziel als erstrebenswerter vorstellen als es ist, um seine Begierde zu steigern, man darf sich nicht alle Schwierigkeiten und deren Umgehung genau vorstellen, sonst kommt man vor lauter Überlegung nicht zum Handeln und vermindert seine Energie. Eine wirkliche Begeisterung ist undenkbar ohne Autismus, teils als Begleitsymptom, teils als verstärkende Ursache. Wer die Menge hinreißen will, darf nicht alle Vorbehalte fühlen, geschweige denn denken und aussprechen.

So wird wohl das autistische Denken sich auch zukünftig parallel dem realistischen entwickeln und sowohl Kulturwerte schaffen helfen, als Aberglauben und Wahnideen und psychoneurotische Symptome erzeugen.

Resumé.

Es gibt ein Denken, das unabhängig ist von logischen Regeln und an deren Statt durch affektive Bedürfnisse dirigiert wird (autistisches Denken).

Es kommt am ausgesprochensten in der Dementia praecox und im Traum vor, dann in Mythologie und Aberglauben und in den Tagträumen des Hysterischen und des Gesunden, und in der Poesie.

Das autistische Denken kann für seine Zwecke ganz unlogisches Material benutzen; Klangassoziationen, zufälliges Zusammentreffen von beliebigen Wahrnehmungen und Vorstellungen können an Stelle logischer Assoziationen treten. Unvollständig gedachte Begriffe, falsche Identifikationen, Verdichtungen, Verschiebungen, Symbole, die den Wert von Realitäten bekommen, und ähnliche abnorme Psychismen bilden zu einem Teil das Material, das vom autistischen Denken benutzt wird. Normales Material und normale Gedankengänge werden aber, wie selbstverständlich, neben den abnormen durchaus nicht verschmäht.

Das der Realität entsprechende logische Denken ist eine gedankliche Reproduktion solcher Verbindungen, die uns die Wirklichkeit bietet.

Das autistische Denken wird durch die Strebungen dirigiert; im Sinne der Strebungen wird gedacht ohne Rücksicht auf Logik und Wirklichkeit. Die den Strebungen zugrunde liegenden Affekte bahnen nach den bekannten Gesetzen ihnen entsprechende Assoziationen und hemmen widersprechende.

Zu unseren Tendenzen gehört es, nicht nur den von außen kommenden Schmerzen auszuweichen, sondern auch denen, die durch bloße Vorstellungen erzeugt werden. So besteht der Erfolg des autistischen Denkens zunächst hauptsächlich darin, sich angenehme Vorstellungen zu verschaffen, unangenehme zu verdrängen. Wünsche als erfüllt sich zu denken, ist eine Haupttätigkeit des Autismus.

Wo aber eine negative Stimmung vorhanden ist, kann es auch zu negativen autistischen Strebungen kommen. Das ist der Fall einerseits bei melancholischer Verstimmung, und anderseits wenn die Konflikte der autistischen Vorstellungen mit der Wirklichkeit empfunden werden.

In der melancholischen Verstimmung schafft der Autismus depressive Wahnideen, die sich von dem gewöhnlichen depressiven Wahn nur darin unterscheiden, daß sie leicht ganz unsinnig werden.

Das unangenehme Gefühl des Konfliktes autistischer Ideengänge mit der Wirklichkeit führt zu Verfolgungswahn.

Das autistische Denken kann bewußt oder unbewußt sein, ganz wie das logische. In der Dementia praecox aber treten mit einer gewissen Vorliebe fertige Resultate desselben als Halluzinationen, primordiale Wahnideen, Erinnerungstäuschungen ins Bewußtsein. Die Ausarbeitung ist dann im Unbewußten geschehen.

Vielleicht gibt es auch ein autistisch zu nennendes Denken, das mehr logische Bedürfnisse auf unlogische Weise befriedigt (z. B. gewisse Bestandteile der Mythologien und Symbolik), und bei dem die affektive Führung nebensächlich wird.

Das autistische Denken ist nicht eine primitive Denkform. Es konnte sich erst entwickeln, nachdem einmal das Denken mit bloßen Erinnerungsbildern die sofortige psychische Reaktion auf aktuelle äußere Situationen stark überwog.

Das gewöhnliche Denken, die fonction du réel, ist das Primäre und kann so wenig wie das der Realität entsprechende Handeln von einem mit Psyche ausgestatteten Geschöpf, das lebensfähig ist, entbehrt werden.

Daß die Schwächung des logischen Denkens zum Vorwiegen des autistischen führt, ist dennoch selbstverständlich, weil das logische Denken mit Erinnerungsbildern durch die Erfahrung gelernt werden muß, während das autistische angeborenen Mechanismen folgt. Diese können beliebiges Vorstellungsmaterial verwerten nach jedem Wesen innewohnenden Gesetzen.

Daß das autistische Denken eine so große Rolle spielt und nicht durch die Auslese vernichtet ist, wird einerseits davon herrühren, daß es für einen endlichen Verstand unmöglich ist, eine Grenze zu ziehen zwischen realistischer und autistischer Phantasie, und anderseits davon, daß auch der reine Autismus seinen Nutzen hat als Denkübung, ähnlich wie das körperliche Spiel als Übung körperlicher Fähigkeiten.

Immerhin ist uns seine phylogenetische Bedeutung in manchen Beziehungen noch unklar, z. B. in seiner Ausdehnung auf die Kunst.

Beiträge zur Psychologie des Liebeslebens.

II.

Über die allgemeinste Erniedrigung des Liebeslebens.

Von **Sigm. Freud** (Wien).

I.

Wenn der psychoanalytische Praktiker sich fragt, wegen welches Leidens er am häufigsten um Hilfe angegangen wird, so muß er — absehend von der vielgestaltigen Angst — antworten: wegen psychischer Impotenz. Diese sonderbare Störung betrifft Männer von stark libidinösem Wesen und äußert sich darin, daß die Exekutivorgane der Sexualität die Ausführung des geschlechtlichen Aktes verweigern, obwohl sie sich vorher und nachher als intakt und leistungsfähig erweisen können und obwohl eine starke psychische Geneigtheit zur Ausführung des Aktes besteht. Die erste Anleitung zum Verständnis seines Zustandes erhält der Kranke selbst, wenn er die Erfahrung macht, daß ein solches Versagen nur beim Versuch mit gewissen Personen auftritt, während es bei anderen niemals in Frage kommt. Er weiß dann, daß es eine Eigenschaft des Sexualobjektes ist, von welcher die Hemmung seiner männlichen Potenz ausgeht, und berichtet manchmal, er habe die Empfindung eines Hindernisses in seinem Innern, die Wahrnehmung eines Gegenwillens, der die bewußte Absicht mit Erfolg störe. Er kann aber nicht erraten, was dies innere Hindernis ist und welche Eigenschaft des Sexualobjektes es zur Wirkung bringt. Hat er solches Versagen wiederholt erlebt, so urteilt er wohl in bekannter fehlerhafter Verknüpfung, die Erinnerung an das erstemal habe als störende Angstvorstellung die Wiederholungen erzwungen, das erstemal selbst führt er aber auf einen „zufälligen“ Eindruck zurück.

Psychoanalytische Studien über die psychische Impotenz sind bereits von mehreren Autoren angestellt und veröffentlicht worden[1]). Jeder Analytiker kann die dort gebotenen Aufklärungen aus eigener ärztlichen Erfahrung bestätigen. Es handelt sich wirklich um die hemmende Einwirkung gewisser psychischer Komplexe, die sich der Kenntnis des Individuums entziehen. Als allgemeinster Inhalt dieses pathogenen Materials hebt sich die nicht überwundene inzestuöse Fixierung an Mutter und Schwester hervor. Außerdem ist der Einfluß von akzidentellen peinlichen Eindrücken, die sich an die infantile Sexualbetätigung knüpfen, zu berücksichtigen und jene Momente, die ganz allgemein die auf das weibliche Sexualobjekt zu richtende Libido verringern[2]).

Unterzieht man Fälle von greller psychischer Impotenz einem eindringlichen Studium mittels der Psychoanalyse, so gewinnt man folgende Auskunft über die dabei wirksamen psychosexuellen Vorgänge. Die Grundlage des Leidens ist hier wiederum — wie sehr wahrscheinlich bei allen neurotischen Störungen — eine Hemmung in der Entwicklungsgeschichte der Libido bis zu ihrer normal zu nennenden Endgestaltung. Es sind hier zwei Strömungen nicht zusammengetroffen, deren Vereinigung erst ein völlig normales Liebesverhalten sichert, zwei Strömungen, die wir als die zärtliche und die sinnliche voneinander unterscheiden können.

Von diesen beiden Strömungen ist die zärtliche die ältere. Sie stammt aus den frühesten Kinderjahren, hat sich auf Grund der Interessen des Selbsterhaltungstriebes gebildet und richtet sich auf die Personen der Familie und die Vollzieher der Kinderpflege. Sie hat von Anfang an Beiträge von den Sexualtrieben, Komponenten von erotischem Interesse mitgenommen, die schon in der Kindheit mehr oder minder deutlich sind, beim Neurotiker in allen Fällen durch die spätere Psychoanalyse aufgedeckt werden. Sie entspricht der primären kindlichen Objektwahl. Wir ersehen aus ihr, daß die Sexualtriebe ihre ersten Objekte in der Anlehnung an die Schätzungen der Ichtriebe finden, gerade so, wie die ersten Sexualbefriedigungen in Anlehnung an die zur Lebenserhaltung notwendigen Körperfunktionen erfahren

[1]) M. Steiner, Die funktionelle Impotenz des Mannes und ihre Behandlung, 1907. — W. Stekel in „Nervöse Angstzustände und ihre Behandlung", Wien, 1908 (2. Aufl. 1912). — Ferenczi, Analytische Deutung und Behandlung der psychosexuellen Impotenz beim Manne. Psychiat.-neurol. Wochenschrift, 1908.

[2]) W. Stekel, l. c., S. 191 ff.

werden. Die „Zärtlichkeit“ der Eltern und Pflegepersonen, die ihren erotischen Charakter selten verleugnet („das Kind ein erotisches Spielzeug“) tut sehr viel dazu, die Beiträge der Erotik zu den Besetzungen der Ichtriebe beim Kinde zu erhöhen und sie auf ein Maß zu bringen, welches in der späteren Entwicklung in Betracht kommen muß, besonders wenn gewisse andere Verhältnisse dazu ihren Beistand leihen.

Diese zärtlichen Fixierungen des Kindes setzen sich durch die Kindheit fort und nehmen immer wieder Erotik mit sich, welche dadurch von ihren sexuellen Zielen abgelenkt wird. Im Lebensalter der Pubertät tritt nun die mächtige „sinnliche“ Strömung hinzu, die ihre Ziele nicht mehr verkennt. Sie versäumt es anscheinend niemals, die früheren Wege zu gehen und nun mit weit stärkeren Libidobeträgen die Objekte der primären infantilen Wahl zu besetzen. Aber da sie dort auf die unterdessen aufgerichteten Hindernisse der Inzestschranke stößt, wird sie das Bestreben äußern, von diesen real ungeeigneten Objekten möglichst bald den Übergang zu anderen, fremden Objekten zu finden, mit denen sich ein reales Sexualleben durchführen läßt. Diese fremden Objekte werden immer noch nach dem Vorbild (der Imago) der infantilen gewählt werden, aber sie werden mit der Zeit die Zärtlichkeit an sich ziehen, die an die früheren gekettet war. Der Mann wird Vater und Mutter verlassen — nach der biblischen Vorschrift — und seinem Weibe nachgehen, Zärtlichkeit und Sinnlichkeit sind dann beisammen. Die höchsten Grade von sinnlicher Verliebtheit werden die höchste psychische Wertschätzung mit sich bringen. (Die normale Überschätzung des Sexualobjektes von seiten des Mannes.)

Für das Mißlingen dieses Fortschrittes im Entwicklungsgang der Libido werden zwei Momente maßgebend sein. Erstens das Maß von realer Versagung, welches sich der neuen Objektwahl entgegensetzen und sie für das Individuum entwerten wird. Es hat ja keinen Sinn, sich der Objektwahl zuzuwenden, wenn man überhaupt nicht wählen darf oder keine Aussicht hat, etwas Ordentliches wählen zu können. Zweitens das Maß der Anziehung, welches die zu verlassenden infantilen Objekte äußern können und das proportional ist der erotischen Besetzung, die ihnen noch in der Kindheit zuteil wurde. Sind diese beiden Faktoren stark genug, so tritt der allgemeine Mechanismus der Neurosenbildung in Wirksamkeit. Die Libido wendet sich von der Realität ab, wird von der Phantasietätigkeit aufgenommen (Introversion), verstärkt die Bilder der ersten Sexualobjekte, fixiert sich an dieselben. Das Inzesthindernis nötigt aber die diesen Objekten zugewendete Libido, im Unbewußten zu verbleiben. Die Betätigung der jetzt dem Unbewußten angehörigen sinnlichen Strömung in onanistischen Akten tut das Ihrige dazu, um diese Fixierung zu verstärken. Es ändert nichts an diesem Sachverhalt, wenn der Fortschritt nun in der Phantasie vollzogen wird, der in der Realität mißglückt ist, wenn in den zur onanistischen Befriedigung führenden Phantasiesituationen die ursprünglichen Sexualobjekte durch fremde ersetzt werden. Die Phantasien werden durch diesen Ersatz bewußtseinsfähig, an der realen Unterbringung der Libido wird ein Fortschritt nicht vollzogen.

Es kann auf diese Weise geschehen, daß die ganze Sinnlichkeit eines jungen Menschen im Unbewußtsein an inzestuöse Objekte gebunden oder, wie wir auch sagen können, an unbewußte inzestuöse Phantasien fixiert wird. Das Ergebnis ist dann eine absolute Impotenz, die etwa noch durch die gleichzeitig erworbene wirkliche Schwächung der den Sexualakt ausführenden Organe versichert wird.

Für das Zustandekommen der eigentlich sogenannten psychischen Impotenz werden mildere Bedingungen erfordert. Die sinnliche Strömung darf nicht in ihrem ganzen Betrag dem Schicksal verfallen, sich hinter der zärtlichen verbergen zu müssen, sie muß stark oder ungehemmt genug geblieben sein, um sich zum Teil den Ausweg in die Realität zu erzwingen. Die Sexualbetätigung solcher Personen läßt aber an den deutlichsten Anzeichen erkennen, daß nicht die volle psychische Triebkraft hinter ihr steht. Sie ist launenhaft, leicht zu stören, oft in der Ausführung inkorrekt, wenig genußreich. Vor allem aber muß sie der zärtlichen Strömung ausweichen. Es ist also eine Beschränkung in der Objektwahl hergestellt worden. Die aktiv gebliebene sinnliche Strömung sucht nur nach Objekten, die nicht an die ihr verpönten inzestuösen Personen mahnen; wenn von einer Person ein Eindruck ausgeht, der zu hoher psychischer Wertschätzung führen könnte, so läuft er nicht in Erregung der Sinnlichkeit, sondern in erotisch unwirksame Zärtlichkeit aus. Das Liebesleben solcher Menschen bleibt in die zwei Richtungen gespalten, die von der Kunst als himmlische und irdische (oder tierische) Liebe personifiziert werden. Wo sie lieben, begehren sie nicht, und wo sie begehren, können sie nicht lieben. Sie suchen nach Objekten, die sie nicht zu lieben brauchen, um ihre Sinnlichkeit von ihren geliebten Objekten fernzuhalten, und das sonderbare Versagen der psychischen Impotenz tritt nach den Gesetzen der „Komplexempfindlichkeit" und der „Rückkehr des Verdrängten" dann auf, wenn an dem zur Vermeidung des Inzests gewählten Objekt ein oft unscheinbarer Zug an das zu vermeidende Objekt erinnert.

Das Hauptschutzmittel gegen solche Störung, dessen sich der Mensch in dieser Liebesspaltung bedient, besteht in der psychischen Erniedrigung des Sexualobjektes, während die dem Sexualobjekt normalerweise zustehende Überschätzung dem inzestuösen Objekt und dessen Vertretungen reserviert wird. Sowie die Bedingung der Erniedrigung erfüllt ist, kann sich die Sinnlichkeit frei äußern, bedeutende sexuelle Leistungen und hohe Lust entwickeln. Zu diesem Ergebnis trägt noch ein anderer Zusammenhang bei. Personen, bei denen die zärtliche und die sinnliche Strömung nicht ordentlich zusammengeflossen sind, haben auch meist ein wenig verfeinertes Liebesleben; perverse Sexualziele sind bei ihnen erhalten geblieben, deren Nichterfüllung als empfindliche Lusteinbuße verspürt wird, deren Erfüllung aber nur am erniedrigten, geringgeschätzten Sexualobjekt möglich erscheint.

Die in dem ersten Beitrag[1]) erwähnten Phantasien des Knaben, welche die Mutter zur Dirne herabsetzen, werden nun nach ihren Motiven verständlich. Es sind Bemühungen, die Kluft zwischen den beiden Strömungen des Liebeslebens wenigstens in der Phantasie zu überbrücken, die Mutter durch Erniedrigung zum Objekt für die Sinnlichkeit zu gewinnen.

II.

Wir haben uns bisher mit einer ärztlich-psychologischen Untersuchung der psychischen Impotenz beschäftigt, welche in der Überschrift dieser Abhandlung keine Rechtfertigung findet. Es wird sich aber zeigen, daß wir dieser Einleitung bedurft haben, um den Zugang zu unserem eigentlichen Thema zu finden.

Wir haben die psychische Impotenz reduziert auf das Nichtzusammentreffen der zärtlichen und der sinnlichen Strömung im Liebesleben und diese Entwicklungshemmung selbst erklärt durch die Einflüsse der starken Kindheitsfixierungen und der späteren Versagung in der Realität bei Dazwischenkunft der Inzestschranke. Gegen diese Lehre ist vor allem eines einzuwenden: sie gibt uns zu viel, sie erklärt uns, warum gewisse Personen an psychischer Impotenz leiden, läßt uns aber rätselhaft erscheinen, daß andere diesem Leiden entgehen konnten. Da alle in Betracht kommenden ersichtlichen Mo-

[1]) Dieses Jahrbuch, Bd. II, S. 391.

mente, die starke Kindheitsfixierung, die Inzestschranke und die Versagung in den Jahren der Entwicklung nach der Pubertät bei so ziemlich allen Kulturmenschen als vorhanden anzuerkennen sind, wäre die Erwartung berechtigt, daß die psychische Impotenz ein allgemeines Kulturleiden und nicht die Krankheit einzelner sei.

Es läge nahe, sich dieser Folgerung dadurch zu entziehen, daß man auf den quantitativen Faktor der Krankheitsverursachung hinweist, auf jenes Mehr oder Minder im Beitrag der einzelnen Momente, von dem es abhängt, ob ein kenntlicher Krankheitserfolg zustande kommt oder nicht. Aber obwohl ich diese Antwort als richtig anerkennen möchte, habe ich doch nicht die Absicht, die Folgerung selbst hiemit abzuweisen. Ich will im Gegenteile die Behauptung aufstellen, daß die psychische Impotenz weit verbreiteter ist, als man glaubt, und daß ein gewisses Maß dieses Verhaltens tatsächlich das Liebesleben des Kulturmenschen charakterisiert.

Wenn man den Begriff der psychischen Impotenz weiter faßt und ihn nicht mehr auf das Versagen der Koitusaktion bei vorhandener Lustabsicht und bei intaktem Genitalapparat einschränkt, so kommen zunächst alle jene Männer hinzu, die man als Psychanästhetiker bezeichnet, denen die Aktion nie versagt, die sie aber ohne besonderen Lustgewinn vollziehen; Vorkommnisse, die häufiger sind, als man glauben möchte. Die psychanalytische Untersuchung solcher Fälle deckt die nämlichen ätiologischen Momente auf, welche wir bei der psychischen Impotenz im engeren Sinne gefunden haben, ohne daß die symptomatischen Unterschiede zunächst eine Erklärung fänden. Von den anästhetischen Männern führt eine leicht zu rechtfertigende Analogie zur ungeheueren Anzahl der frigiden Frauen, deren Liebesverhalten tatsächlich nicht besser beschrieben oder verstanden werden kann als durch die Gleichstellung mit der geräuschvolleren psychischen Impotenz des Mannes[1]).

Wenn wir aber nicht nach einer Erweiterung des Begriffes der psychischen Impotenz, sondern nach den Abschattungen ihrer Symptomatologie ausschauen, dann können wir uns der Einsicht nicht verschließen, daß das Liebesverhalten des Mannes in unserer heutigen Kulturwelt überhaupt den Typus der psychischen Impotenz an sich trägt. Die zärtliche und die sinnliche Strömung sind bei den wenigsten unter den Gebildeten gehörig miteinander verschmolzen; fast immer

[1]) Wobei gerne zugestanden sein soll, daß die Frigidität der Frau ein komplexes, auch von anderer Seite her zugängliches Thema ist.

fühlt sich der Mann in seiner sexualen Betätigung durch den Respekt vor dem Weibe beengt und entwickelt seine volle Potenz erst, wenn er ein erniedrigtes Sexualobjekt vor sich hat, was wiederum durch den Umstand mitbegründet ist, daß in seine Sexualziele perverse Komponenten eingehen, die er am geachteten Weibe zu befriedigen sich nicht getraut. Einen vollen sexuellen Genuß gewährt es ihm nur, wenn er sich ohne Rücksicht der Befriedigung hingeben darf, was er z. B. bei seinem gesitteten Weibe nicht wagt. Daher rührt dann sein Bedürfnis nach einem erniedrigten Sexualobjekt, einem Weibe, das ethisch minderwertig ist, dem er ästhetische Bedenken nicht zuzutrauen braucht, das ihn nicht in seinen anderen Lebensbeziehungen kennt und beurteilen kann. Einem solchen Weibe widmet er am liebsten seine sexuelle Kraft, auch wenn seine Zärtlichkeit durchaus einem höherstehenden gehört. Möglicherweise ist auch die so häufig zu beachtende Neigung von Männern der höchsten Gesellschaftsklassen, ein Weib aus niederem Stande zur dauernden Geliebten oder selbst zur Ehefrau zu wählen, nichts anderes als die Folge des Bedürfnisses nach dem erniedrigten Sexualobjekt, mit welchem psychologisch die Möglichkeit der vollen Befriedigung verknüpft ist.

Ich stehe nicht an, die beiden bei der echten psychischen Impotenz wirksamen Momente, die intensive inzestuöse Fixierung der Kindheit und die reale Versagung der Jünglingszeit auch für dies so häufige Verhalten der kulturellen Männer im Liebesleben verantwortlich zu machen. Es klingt wenig anmutend und überdies paradox, aber es muß doch gesagt werden, daß, wer im Liebesleben wirklich frei und damit auch glücklich werden soll, den Respekt vor dem Weibe überwunden, sich mit der Vorstellung des Inzests mit Mutter oder Schwester befreundet haben muß. Wer sich dieser Anforderung gegenüber einer ernsthaften Selbstprüfung unterwirft, wird ohne Zweifel in sich finden, daß er den Sexualakt im Grunde doch als etwas Erniedrigendes beurteilt, was nicht nur leiblich befleckt und verunreinigt. Die Entstehung dieser Wertung, die er sich gewiß nicht gerne bekennt, wird er nur in jener Zeit seiner Jugend suchen können, in welcher seine sinnliche Strömung bereits stark entwickelt, ihre Befriedigung aber am fremden Objekt fast ebenso verboten war wie die am inzestuösen.

Die Frauen stehen in unserer Kulturwelt unter einer ähnlichen Nachwirkung ihrer Erziehung und überdies unter der Rückwirkung des Verhaltens der Männer. Es ist für sie natürlich ebensowenig günstig, wenn ihnen der Mann nicht mit seiner vollen Potenz entgegentritt, wie wenn die anfängliche Überschätzung der Verliebtheit nach der Besitzergreifung von Geringschätzung abgelöst wird. Von einem Bedürfnis nach Erniedrigung des Sexualobjektes ist bei der Frau wenig zu bemerken; im Zusammenhange damit steht es gewiß, wenn sie auch etwas der Sexualüberschätzung beim Manne Ähnliches in der Regel nicht zustande bringt. Die lange Abhaltung von der Sexualität und das Verweilen der Sinnlichkeit in der Phantasie hat für sie aber eine andere bedeutsame Folge. Sie kann dann oft die Verknüpfung der sinnlichen Betätigung mit dem Verbot nicht mehr auflösen und erweist sich als psychisch impotent, d. i. frigid, wenn ihr solche Betätigung endlich gestattet wird. Daher rührt bei vielen Frauen das Bestreben, das Geheimnis noch bei erlaubten Beziehungen eine Weile festzuhalten, bei anderen die Fähigkeit normal zu empfinden, sobald die Bedingung des Verbots in einem geheimen Liebesverhältnis wiederhergestellt ist; dem Manne untreu, sind sie imstande, dem Liebhaber eine Treue zweiter Ordnung zu bewahren.

Ich meine, die Bedingung des Verbotenen im weiblichen Liebesleben ist dem Bedürfnis nach Erniedrigung des Sexualobjektes beim Manne gleichzustellen. Beide sind Folgen des langen Aufschubes zwischen Geschlechtsreife und Sexualbetätigung, den die Erziehung aus kulturellen Gründen fordert. Beide suchen die psychische Impotenz aufzuheben, welche aus dem Nichtzusammentreffen zärtlicher und sinnlicher Regungen resultiert. Wenn der Erfolg der nämlichen Ursachen beim Weibe so sehr verschieden von dem beim Manne ausfällt, so läßt sich dies vielleicht auf einen andern Unterschied im Verhalten der beiden Geschlechter zurückführen. Das kulturelle Weib pflegt das Verbot der Sexualbetätigung während der Wartezeit nicht zu überschreiten und erwirbt so die innige Verknüpfung zwischen Verbot und Sexualität. Der Mann durchbricht zumeist dieses Verbot unter der Bedingung der Erniedrigung des Objektes und nimmt daher diese Bedingung in sein späteres Liebesleben mit.

Angesichts der in der heutigen Kulturwelt so lebhaften Bestrebungen nach einer Reform des Sexuallebens, ist es nicht überflüssig daran zu erinnern, daß die psychoanalytische Forschung Tendenzen so wenig kennt wie irgend eine andere. Sie will nichts anderes als Zusammenhänge aufdecken, indem sie Offenkundiges auf Verborgenes zurückführt. Es soll ihr dann recht sein, wenn die Reformen sich ihrer Ermittelungen bedienen, um Vorteilhafteres an Stelle des Schädlichen zu setzen. Sie kann aber nicht vorhersagen, ob andere Institutionen nicht andere, vielleicht schwerere Opfer zur Folge haben müßten.

III.

Die Tatsache, daß die kulturelle Zügelung des Liebeslebens eine allgemeinste Erniedrigung der Sexualobjekte mit sich bringt, mag uns veranlassen, unseren Blick von den Objekten weg auf die Triebe selbst zu lenken. Der Schaden der anfänglichen Versagung des Sexualgenusses äußert sich darin, daß dessen spätere Freigebung in der Ehe nicht mehr voll befriedigend wirkt. Aber auch die uneingeschränkte Sexualfreiheit von Anfang an führt zu keinem besseren Ergebnis. Es ist leicht festzustellen, daß der psychische Wert des Liebesbedürfnisses sofort sinkt, sobald ihm die Befriedigung bequem gemacht wird. Es bedarf eines Hindernisses, um die Libido in die Höhe zu treiben, und wo die natürlichen Widerstände gegen die Befriedigung nicht ausreichen, haben die Menschen zu allen Zeiten konventionelle eingeschaltet, um die Liebe genießen zu können. Dies gilt für Individuen wie für Völker. In Zeiten, in denen die Liebesbefriedigung keine Schwierigkeiten fand, wie etwa während des Niederganges der antiken Kultur, wurde die Liebe wertlos, das Leben leer, und es bedurfte starker Reaktionsbildungen, um die unentbehrlichen Affektwerte wieder herzustellen. In diesem Zusammenhange kann man behaupten, daß die asketische Strömung des Christentums für die Liebe psychische Wertungen geschaffen hat, die ihr das heidnische Altertum nie verleihen konnte. Zur höchsten Bedeutung gelangte sie bei den asketischen Mönchen, deren Leben fast allein von dem Kampf gegen die libidinöse Versuchung ausgefüllt war.

Man ist gewiß zunächst geneigt, die Schwierigkeiten, die sich hier ergeben, auf allgemeine Eigenschaften unserer organischen Triebe zurückzuführen. Es ist gewiß auch allgemein richtig, daß die psychische Bedeutung eines Triebes mit seiner Versagung steigt. Man versuche es, eine Anzahl der allerdifferenziertesten Menschen gleichmäßig dem Hungern auszusetzen. Mit der Zunahme des gebieterischen Nahrungsbedürfnisses werden alle individuellen Differenzen sich verwischen und an ihrer Statt die uniformen Äußerungen des einen ungestillten Triebes auftreten. Aber trifft es auch zu, daß mit der Befriedigung eines Triebes sein psychischer Wert allgemein so sehr herabsinkt? Man denke z. B. an das Verhältnis des Trinkers zum Wein. Ist es nicht richtig, daß dem Trinker der Wein immer die gleiche toxische Befriedigung bietet, die man mit der erotischen so oft in der Poesie verglichen hat und auch vom Standpunkt der wissenschaftlichen Auffassung vergleichen darf? Hat man je davon gehört, daß der Trinker genötigt ist, sein Getränk beständig zu wechseln, weil ihm das gleichbleibende bald nicht mehr schmeckt? Im Gegenteil, die Gewöhnung knüpft das Band zwischen dem Manne und der Sorte Wein, die er trinkt, immer enger. Kennt man beim Trinker ein Bedürfnis in ein Land zu gehen, in dem der Wein teuer oder der Weingenuß verboten ist, um seiner sinkenden Befriedigung durch die Einschiebung solcher Erschwerungen aufzuhelfen? Nichts von alledem. Wenn man die Äußerungen unserer großen Alkoholiker, z. B. Böcklins, über ihr Verhältnis zum Wein anhört[1]), es klingt wie die reinste Harmonie, ein Vorbild einer glücklichen Ehe. Warum ist das Verhältnis des Liebenden zu seinem Sexualobjekt so sehr anders?

Ich glaube, man müßte sich, so befremdend es auch klingt, mit der Möglichkeit beschäftigen, daß etwas in der Natur des Sexualtriebes selbst dem Zustandekommen der vollen Befriedigung nicht günstig ist. Aus der langen und schwierigen Entwicklungsgeschichte des Triebes heben sich sofort zwei Momente hervor, die man für solche Schwierigkeit verantwortlich machen könnte. Erstens ist infolge des zweimaligen Ansatzes zur Objektwahl mit Dazwischenkunft der Inzestschranke das endgültige Objekt des Sexualtriebes nie mehr das ursprüngliche, sondern nur ein Surrogat dafür. Die Psychoanalyse hat uns aber gelehrt: wenn das ursprüngliche Objekt einer Wunschregung infolge von Verdrängung verloren gegangen ist, so wird es häufig durch eine unendliche Reihe von Ersatzobjekten vertreten, von denen doch keines voll genügt. Dies mag uns die Unbeständigkeit in der Objektwahl, den „Reizhunger" erklären, der dem Liebesleben der Erwachsenen so häufig eignet.

Zweitens wissen wir, daß der Sexualtrieb anfänglich in eine große Reihe von Komponenten zerfällt — vielmehr aus einer solchen hervorgeht —, von denen nicht alle in dessen spätere Gestaltung aufgenommen werden können, sondern vorher unterdrückt oder anders verwendet werden müssen. Es sind vor allem die koprophilen Triebanteile, die sich als unverträglich mit unserer ästhetischen Kultur erwiesen, wahrscheinlich seitdem wir durch den aufrechten Gang unser Riechorgan von der Erde abgehoben haben; ferner ein gutes Stück der sadistischen Antriebe, die zum Liebesleben gehören. Aber alle solche Entwicklungsvorgänge betreffen nur die oberen Schichten der komplizierten Struktur. Die fundamentellen Vorgänge, welche die Liebeserregung liefern, bleiben ungeändert. Das Exkrementelle ist allzu innig und untrennbar mit dem Sexuellen verwachsen, die Lage der Genitalien — inter urinas et faeces — bleibt das bestimmende

[1]) G. Floerke, Zehn Jahre mit Böcklin. 2. Auflage, 1902, S. 16.

unveränderliche Moment. Man könnte hier ein bekanntes Wort des großen Napoleon variierend sagen: die Anatomie ist das Schicksal. Die Genitalien selbst haben die Entwicklung der menschlichen Körperformen zur Schönheit nicht mitgemacht, sie sind tierisch geblieben, und so ist auch die Liebe im Grunde heute ebenso animalisch wie sie es von jeher war. Die Liebestriebe sind schwer erziehbar, ihre Erziehung ergibt bald zuviel, bald zu wenig. Das, was die Kultur aus ihr machen will, scheint ohne fühlbare Einbuße an Lust nicht erreichbar, die Fortdauer der unverwerteten Regungen gibt sich bei der Sexualtätigkeit als Unbefriedigung zu erkennen.

So müßte man sich denn vielleicht mit dem Gedanken befreunden, daß eine Ausgleichung der Ansprüche des Sexualtriebes mit den Anforderungen der Kultur überhaupt nicht möglich ist, daß Verzicht und Leiden sowie in weitester Ferne die Gefahr des Erlöschens des Menschengeschlechtes infolge seiner Kulturentwicklung nicht abgewendet werden können. Diese trübe Prognose ruht allerdings auf der einzigen Vermutung, daß die kulturelle Unbefriedigung die notwendige Folge gewisser Besonderheiten ist, welche der Sexualtrieb unter dem Drucke der Kultur angenommen hat. Die nämliche Unfähigkeit des Sexualtriebes, volle Befriedigung zu ergeben, sobald er den ersten Anforderungen der Kultur unterlegen ist, wird aber zur Quelle der großartigsten Kulturleistungen, welche durch immer weiter gehende Sublimierung seiner Triebkomponenten bewerkstelligt werden. Denn welches Motiv hätten die Menschen, sexuelle Triebkräfte anderen Verwendungen zuzuführen, wenn sich aus denselben bei irgend einer Verteilung volle Lustbefriedigung ergeben hätte? Sie kämen von dieser Lust nicht wieder los und brächten keinen weiteren Fortschritt zustande. So scheint es, daß sie durch die unausgleichbare Differenz zwischen den Anforderungen der beiden Triebe — des sexuellen und des egoistischen — zu immer höheren Leistungen befähigt werden, allerdings unter einer beständigen Gefährdung, welcher die Schwächeren gegenwärtig in der Form der Neurose erliegen.

Die Wissenschaft hat weder die Absicht zu schrecken noch zu trösten. Aber ich bin selbst gern bereit zuzugeben, daß so weittragende Schlußfolgerungen wie die obenstehenden auf breiterer Basis aufgebaut sein sollten, und daß vielleicht andere Entwicklungsrichtungen der Menschheit das Ergebnis der hier isoliert behandelten zu korrigieren vermögen.

Die Symbolschichtung im Wecktraum und ihre Wiederkehr im mythischen Denken.

Von Otto Rank (Wien).

„Manche Dichter geraten unter dem Malen schlechter Charaktere oft so ins Nachahmen derselben hinein, wie Kinder, wenn sie träumen zu pissen, wirklich ihr Wasser lassen." Jean Paul.

Auf Grund der Forschungen Freuds gilt uns der Traum nicht nur seinem latenten Inhalt nach als Wunscherfüllung (halluzinatorische Befriedigung), sondern sozusagen auch „funktional[1]", indem in gewissem Sinne alle Träume als Bequemlichkeitsträume aufzufassen sind, die der Absicht dienen, den Schlaf fortzusetzen, anstatt auf die Einwirkung eines, sei es äußeren, sei es somatischen oder psychischen Reizes zu erwachen. „Der Wunsch zu schlafen, auf den sich das bewußte Ich eingestellt hat und der nebst der Traumzensur dessen Beitrag zum Träumen darstellt, muß so als Motiv der Traumbildung jedesmal eingerechnet werden und jeder gelungene Traum ist eine Erfüllung desselben" (Traumdeutung, 3. Aufl., S. 170). Es ist darum auch kein Zufall, daß gerade jene Träume, welche die Bequemlichkeitsfunktion am deutlichsten wirksam zeigen, sich meist auch inhaltlich ohneweiters als offenkundige Wunscherfüllungen verraten, wie z. B. die Durstreizträume. Sie können dies aber merkwürdigerweise nur dann offenbaren, wenn die Bequemlichkeitsfunktion scheitert, also das Erwachen die Folge ist, wodurch die spezifische Qualität des Reizes festgestellt werden kann, auf den der Traum reagierte. Nun gibt es verschiedene Arten von Träumen, die fast immer zum Erwachen des

[1]) Über den weiteren Geltungsbereich dieses Begriffes vgl. man die Arbeiten H. Silberers im Jahrbuche I und II.

4*

Schläfers führen und die uns — jede in ihrer Art — direkte Einblicke in den Vorgang der Traumbildung und Traumfunktion sowie ihres gegenseitigen Verhältnisses gestatten, welche sonst nur auf mühseligen Umwegen zu erreichen oder gänzlich verwehrt sind. Trotzdem haben es die Psychoanalytiker bis jetzt versäumt, von dieser schätzenswerten Eigentümlichkeit der Weckträume ergiebigen Gebrauch zu machen. Freud beschränkte sich in seiner umfassenden Darstellung der Gesetze des Traumlebens auf den Nachweis, daß auch die während des Schlafes auftretenden (äußeren und somatischen) Reize, die zum Erwachen führen können, in eine Wunscherfüllung verarbeitet werden, deren andere Bestandteile die uns bekannten psychischen Tagesreste sind. „Die aktuelle Sensation wird in den Traum verflochten, um ihr die Realität zu rauben (S. 170)." Ist jedoch der (somatische) Reiz so groß, daß er nach realer Befriedigung verlangt, so kann der Traum seiner Funktion als Hüter des Schlafes nicht länger gerecht werden, der Träumer erwacht und vermag nun den Reiz abzustellen. In der „Traumdeutung" finden sich einige solcher Beispiele, an denen gezeigt ist, wie gewisse Weckträume, die scheinbar nur Reaktionen auf störende Reize darstellen, doch ihren eigenen Wert als psychische Aktion haben, deren Motiv die Wunscherfüllung und deren Material die Erlebnisse des Vortages abgeben (S. 165). Ein solcher Durstreiztraum, den ich an mir selbst erfahren habe, sei als Einführung in die zu behandelnden Probleme vorangestellt.

Traum Nr. 1.

„Ich bin in der Nacht mehrmals mit heftigem Durstreiz im Halbschlummer so weit erwacht, daß ich mir dunkel bewußt war, ich hätte am Abend vergessen, mir wie gewöhnlich ein Glas Wasser aufs Nachtkästchen zu stellen. Ich sagte mir, die Beschaffung des Wassers sei jetzt mit großen Unannehmlichkeiten verbunden, und schlief also wieder ein. Da träumte mir, ich gehe in einem Kurorte auf der Straße; da kommt ein Mann, der Wasser zu verkaufen hat. Ich frage ihn, was es kostet; er sagt, ein großes Glas 10 Kreuzer, ein kleines 5 Kreuzer; ich sage: Also geben sie mir ein kleines. Er reicht es mir und ich gebe ihm ein 10 Hellerstück (= 5 Kreuzer); er war aber unzufrieden damit, da es so wie 6 Kreuzer hätte kosten sollen (1 Kreuzer nach Wiener Usus ‚Trinkgeld'). Ich trinke es in vollen Zügen aus, merke aber sogleich, daß es ungeheuer salzig und bitter ist[1]) (etwa wie Karlsbader Wasser: Kurort!). Im Gehen komme

[1]) Einen ganz ähnlichen Traum vom „etruskischen Aschenkrug" berichtet Freud (l. c. S. 91).

ich wie an einem Büfett an der Straße vorbei, wo auf einer Tafel (Plakat) der Name ‚Biliner' steht. Ich sage mir: Ach so, das war ein Sauerbrunn, darum hat es so schlecht geschmeckt. Mit dem salzigen und brennenden Geschmack im Schlunde erwache ich nun, habe heftigen Durst, erhebe mich aus dem Bette, hole mir ein Glas Wasser und stürze es auf einen Zug hinunter."

Deutung: Ich war am Abend im Theater, wo ich heftigen Durst verspürte, aber kein Wasser bekommen konnte, obwohl man es dort bezahlen muß (1 Glas 2 Kreuzer = 4 Heller). Ich sah beim Büfett nach, wo verschiedene exotische Getränke standen und angeschrieben waren („Biliner"), die ich alle nicht mochte. Nur Wasser konnte ich nicht bekommen, worüber ich mich einen Moment lang ärgerte, indem ich mir sagte, daß es schon eine Unverschämtheit sei, Wasser überhaupt zu verkaufen, aber eine noch ärgere, nicht einmal dieses herzugeben. Widerwillig trank ich also das schlechte Bier.

Zu Hause legte ich mich offenbar mit nicht völlig gestilltem Durst und unvollkommen abreagiertem Ärger nieder, erwachte dann mehrmals infolge des Reizes, war aber zu bequem, aufzustehen und mir Wasser zu holen. Also trat der Traum in seine Funktionen der Wunscherfüllung und der Hütung des Schlafes und täuschte mir einen erquickenden, wenn auch teuer erkauften Trunk vor (Traumgedanke: die verkaufen das Wasser im Theater so teuer, als ob es ein kostbares Getränk, ein Sauerbrunn, wäre). Aber der Durstreiz ist zu heftig, um mit dieser halluzinatorischen Befriedigung gestillt zu sein. Der Trunk stillt den Durst nicht, er vermehrt ihn im Gegenteil: ich erwache und muß nun wirklich trinken. Die Funktion des Traumes ist gescheitert. Der Traum, der mir die Schlafstörung ersparen sollte, ist zum Wecktraum geworden, der mich zwingt, das Bedürfnis zu befriedigen und mir auf diese Weise das ungestörte Weiterschlafen ermöglicht. Daß das Vergessen des gewohnten Nachttrunkes neben dem Bett eine Symptomhandlung und also Folge des kleinen und eben deshalb nicht abreagierten Ärgers wegen des Wassers im Theater war, halte ich für sehr wahrscheinlich, zumal ich das Wasser auf dem Nachtkästchen fast nie benutze und mir sehr wohl gedacht haben kann, daß ich es diese Nacht um so eher werde entbehren können, als ich doch bei dem heftigen Durstreiz im Theater auch hatte darauf verzichten müssen. Der Traum, der lange genug seiner Funktion treu zu bleiben versucht, belehrt mich dann wie in einer trotzigen Aufwallung eines Besseren. Trotzdem also das somatische Element im Vordergrund des Trauminhaltes steht, ist der nicht zu unterschätzende psychische

Anteil schon im Zusammenhang des Traumes mit dem psychisch motivierten Vergessen gegeben[1]), das gleichsam zu seiner Korrektur den Durstreiz so heftig zu steigern vermag, daß er das Erwachen und damit die Korrektur der Unterlassung herbeiführt[2]). Dieser Fall zeigt aber auch im Sinne der Freudschen Auffassung, wie zum Zwecke der Traumbildung ein gerade nicht aktueller Wunsch geweckt wird (S. 171). Einer der Wünsche, die diesem Traume zugrunde liegen, ist nämlich der, ein lästiges Übel durch einen Kurgebrauch in Karlsbad zu bekämpfen. Daher der mir bekannte und keineswegs angenehme Geschmack des Wassers im Traume, das visuell als „Biliner" dargestellt ist, und der Schauplatz des Traumes in einem Kurort. Das Karlsbader Wasser wird tatsächlich getrunken, ohne den Durst zu löschen und muß teuer bezahlt werden, obwohl es einem keinen Genuß bietet. Doch versteht es die Wunscherfüllungstendenz im Traume das „teuere" Theaterwasser zu einem verhältnismäßig noch billigen Kurmittel zu verwenden.

Hat uns dieser Durstreiztraum gezeigt, in welchem Maße der Wecktraum Einblicke in die Struktur und Tendenz der Traumbildung gestattet, so soll im folgenden auf eine ganz spezielle und uns besonders wertvolle Eigentümlichkeit gewisser Weckträume hingewiesen werden. Sie zeigen uns nicht bloß die Wunscherfüllungstendenz und den Bequemlichkeitscharakter ganz offen, sondern sehr häufig auch eine völlig durchsichtige Symbolik, da nicht selten ein Reiz zum Erwachen führt, dessen Befriedigung in symbolischer Einkleidung im Traume bereits vergeblich versucht worden war. Insbesondere ist dies bei jenen körperlichen Bedürfnissen der Fall, deren unzeitgemäße Befriedigung seit der Kindheitserziehung als anstößig gilt und auch so empfunden wird: also bei den exkrementellen und späterhin in ähnlicher Weise bei den sexuellen. Die letzten führen zu den Pollutionsträumen, die ja in der Regel mit einer unverhüllt sexuellen Situation und dem Erwachen enden. In wie schlagender Weise diese „Weckträume" am Schluß des Traumes „das erregende Organ oder dessen Funktion" im Sinne Scherners unverhüllt darstellen, uns also direkte Einblicke in die Symbol-

[1]) Über den Zusammenhang des Traumes mit Symptomhandlungen vgl. meine Mitteilungen im Zentralblatt für Psa., I. Jahrgang, S. 450 ff., II. Jahrgang, Heft 5 (Februar 1912).

[2]) Ich möchte damit für diesen Traum nicht strikte behaupten, daß die Traumgedanken das körperliche Bedürfnis zu ihren Zwecken hervorgerufen hätten, wie in einem Harndrang-Wecktraum bei Freud (S. 158), daß sie es aber zweifellos bis zu einem gewissen Grade verstärkt und jedenfalls in ihrem Sinne verwendet haben.

bildung und Symbolbedeutung gewähren, habe ich an einzelnen Beispielen zu zeigen versucht[1]). Der eigentümliche Charakter der Pollutionsträume gestattet uns nicht nur gewisse, bereits als typisch erkannte, aber doch heftig bestrittene Sexualsymbole direkt durch die restlose Funktion des Traumes zu entlarven, sondern vermag uns auch zu überzeugen, daß manche scheinbar harmlose Traumsituation nur das symbolische Vorspiel einer grob sexuellen Szene ist, die jedoch meist nur in den relativ doch seltenen Pollutionsträumen zu direkter Darstellung gelangt[2]), während sie oft genug in einen Angsttraum umschlägt, der gleichfalls zum Erwachen führt. Das gleiche gilt nun auch für die von den Reizungen des Darmausganges und der Blase ausgelösten Träume. Denn auch diese meist ängstlichen Träume, das Bett zu beschmutzen, sind den Pollutionsträumen analog zu nehmende Entladungsträume, die wie diese undeutlich beginnen und sich in dem Maße deutlicher fortsetzen, als der Trieb stärker wird. So träumt z. B. eine Frau zur Zeit, als sie wegen einer Darmstörung in ärztlicher Behandlung steht, von einem Schatzgräber, der in der Nähe einer kleinen Holzhütte, die wie ein ländlicher Abort aussieht, einen Schatz vergräbt. Ein zweiter Teil des Traumes hat zum Inhalt, wie sie ihrem Kinde, einem kleinen Mäderl, das sich beschmutzt hat, den Hintern abwischt. Verrät uns dieser Traum unverhüllt den von Freud im Unbewußten aufgedeckten und völkerpsychologisch reichlich belegten Zusammenhang von Gold und Kot[3]), so zeigt ein anderer von

[1]) Ein Traum, der sich selbst deutet. Jahrbuch, II. Bd., 1910. — Zum Thema der Zahnreizträume. Zentralblatt, I. Jhg., S. 408 ff. — Ein Stiegentraum. Mitgeteilt bei Freud, Traumdeutung³, S. 217 ff. — Aktuelle Sexualregungen als Traumanlässe. Zentralblatt, II. Jahrgang, Heft 8.

[2]) Vgl. dazu besonders den „Traum, der sich selbst deutet" (l. c.).

[3]) Zu den von Freud in seiner Abhandlung über: Charakter und Analerotik (Kl. Schr., II., S. 132 ff.) eingestreuten Belegen seien hier einige nachgetragen. Eduard Stucken, der in den „Astralmythen" (Leipzig 1896 bis 1907) mit seinen mythologischen Gleichungen (siehe z. B. S. 262 IV: Exkremente = Rheingold = Sperma) den symbolischen Gleichungen Stekels (Die Sprache des Traumes, 1911) vorausgeeilt ist, hat (S. 266 ff.) einige derartige Überlieferungen zusammengestellt. So das deutsche Märchen vom Goldesel (Tischchen deck dich, Goldesel und Knüppel aus dem Sack, Grimm: Kinder- und Hausmärchen, Nr. 36), der auf das Wort „Bricklebrit" anfängt Gold zu speien von hinten und vorne, daß es ordentlich auf die Erde herabregnet. — Deutlicher noch im Pentamerone (aus dem Neapolitanischen übersetzt von F. Liebrecht, S. 18): „. . . er war aber noch nicht 100 Schritte vorwärtsgekommen, als er auch schon von dem Grauen abstieg und sogleich sagte: „Are cacaurre"; und kaum hatte er den Mund geöffnet, als auch schon Langohr anfing

Dr. Sachs (Zentralbl. f. Psa. 1, 414) mitgeteilter Traum die Verwertung der sprachlichen Zweideutigkeit zum Zwecke der verhüllenden Wunscherfüllung und Befriedigung der Bequemlichkeitstendenz. Der Träumer, der es wegen einer Erkältung vermeiden will, bei Nacht das Bett zu

---

Perlen, Rubine, Smaragde, Saphire und Diamanten, alle so groß wie die Walnüsse, von hinten von sich zu geben. Anton sperrte das Maul weit auf, starrte die herrliche Ausleerung, den prächtigen Abgang und den kostbaren Durchfall des Eseleins an und füllte mit großer Herzenslust seinen Quersack mit den Edelsteinen voll. — „Und wenn dem König Midas", heißt es bei Stucken weiter, „welcher Eselsohren hatte, jeder Bissen, den er aß, zu Gold wurde —, er also Gold spie „hinten und vorne", wie das deutsche Märchen sagt, — so erklärt sich das dadurch, daß er eine Eselsgottheit war, daß er eben Eselsohren hatte." Es ist in der Tat auffällig, daß Midas, dessen Eselsohren als Rest einer ursprünglichen theriomorphen Bildung aufzufassen sind (v. Roschers Lexikon), nach Ovid (Metam. 11, 85 bis 193) seine Gabe, alles durch Berührung mit seinem Körper in Gold zu verwandeln, zunächst dem Wunsch entsprechend, an wertlosen Dingen erprobt und daß ihm erst beim Essen (vgl. Tischchen deck dich und Goldesel) das Törichte seines Wunsches klar wird. — Stucken bringt in diesen Zusammenhang auch die Sage von Ehûd (Richter 3, 12 bis 29), der den Moabiterkönig Eglon bei Überreichung eines Geschenkes in der Sommerlaube mit dem Schwert durchbohrt, „daß der Mist von ihm ging". Die Höflinge sind über das lange Ausbleiben des Königs nicht erstaunt und schämen sich nach ihm zu sehen, da er in der kühlen Kammer zu sitzen pflegte, um seine Notdurft zu verrichten, was Stucken mit seiner Goldeseleigenschaft in Zusammenhang bringt. — Diese Beziehung scheint übrigens so allgemein anerkannt gewesen zu sein, daß sie in einer sprichwörtlichen Redensart ihren gemeinsamen Niederschlag gefunden hat. Eisenmenger führt in seinem „Entdeckten Judentum" (I, S. 550) folgendes hebräische Sprichwort an: „Der Kot der Maulesel Isaaks ist besser als das Silber und Gold des Abimelech". Auch Shakespeare ist dieses alt überlieferte und tiefwurzelnde Gleichnis geläufig, wenn er im „Cymbeline" (III, 6) den Arviragus die beleidigende Bezahlung von seiten Imogens mit den Worten zurückweisen läßt:

„Eh' werde alles Gold und Silber Kot,
Wie's denn auch ist und dem nur kostbar scheint,
Der Kot als Gott verehrt."

Aus dem Alten Testamente ist hier noch zu erwähnen die sonderbare Geschichte von den Philistern (1. Sam., 5 und 6), die „groß und klein heimliche Plage an heimlichen Orten kriegten" (5, 9) wegen Entführung der Bundeslade, und die Plage durch Opferung goldener Ärsche (6, 4; 6, 17) abzuwenden suchen. (Die Hämorrhoiden werden noch bei uns vom Volke als „goldene Ader" bezeichnet.)

Aber nicht nur der Eselskot, sondern der tierische Mist überhaupt, ebenso wie auch gewisse Mineralien, meist Kohlen, werden mit dem Kostbarsten, was der Mensch kennen gelernt hat, in Verbindung gebracht (Gold = Edelsteine im Pentamerone). So wird besonders der Pferdemist in den Sagen oft in Gold verwandelt und daraus erklärt sich auch seine glückbringende Bedeutung, an

verlassen, ist im Traume in scheinbarer Fortsetzung seiner Tagesbeschäftigung bemüht, einen Zeitungsausschnitt (Zeitungspapier!) in ein Buch zu kleben. „Er geht aber nicht auf die Seite, was mir großen Schmerz verursacht.“ Das mit der Zunahme des Stuhldranges erfolgende

---

die schon die alten Völker glaubten. So begegnet dem Kyros, in dem Augenblick, da er den Entschluß faßt, von Astyages abzufallen, ein persischer Sklave, Roßdünger in einem Korbe tragend, was dem Kyros als gutes Vorzeichen ausgelegt wird, da Roßdünger Reichtum und Macht bedeute (Nicol. Damasc. fr. 66 bei Müller III, 400). — In einem Zigeunermärchen (Wlislocki Nr. 42) läßt der Teufel eine Frau mit einem Ziegenbock niederkommen, der alles Gold im Hause auffrißt und es an anderem Ort wieder von sich gibt. — Nach Rochholz (Schweizer Sagen, 174) verwandelt sich ein vom Teufel geschenkter goldener Becher in Pferdemist. Und ebenda (S. 334) heißt es, daß Pferdemist oft bei Hexenmahlzeiten in der Gestalt von Leckerbissen aufgetragen (Essen = Verlegung nach oben; vgl. Midas, Tischlein deck dich) oder als Geschenk von Zwergen zu Gold umgekehrt wird. — Andere Male werden ekelhafte und schädliche Tiere ganz in Gold verwandelt, wie z. B. bei Weckenstedt (Wendische Sagen, Märchen und abergläubische Bräuche, Graz, 1880) derselbe Drache, der aus Kot Gold macht, auch Läuse in Gold verwandelt (S. 389). Daher die Traumregel (Nr. 14, S. 467): Wenn man von Läusen träumt, so wird man viel Geld erhalten. — Geradezu auf den Traum, von dem wir ausgingen, ist jedoch die Regel 8 anwendbar: Wenn man träumt, daß einem jemand einen Topf Unrat über den Kopf ausgießt, so steht einem ein großes Glück bevor.

Eine bedeutende Abschwächung und Entstellung erfährt diese Identifikation des insbesondere mühelos gewonnenen Goldes (Midas, Goldesel) mit dem Esels- und Pferdemist durch Übertragung auf andere Tiere, insbesondere Vögel, bei denen die anstößige Ausscheidung auch als Eierlegen aufgefaßt werden kann. So in der Sage: Die Alrune und der Schneider (Rochholz, Nr. 267). Der arme Schneider legt dem wunderlichen Tier den einzigen Spartaler unter den Bauch und morgens liegen 100 neue Taler auf der Streu. Der Schneider ist nun reich und braucht nicht abends erst Mist stehlen zu gehen, um seinen kleinen Acker düngen zu können. Das Gold gibt er gleich aus, vergißt aber, den erstgelegten Taler zu behalten; die Zauberkraft versiegt, er wird ärmer als zuvor und stirbt Hungers (Essen!). Hierher gehört auch die von Stucken angeführte indische Legende: It is said that a certain king having caused a number of wild birds that vomiked gold to take up their quarters in his own house, afterwards killed them from temptation. — Am deutlichsten zeigt sich die Entstellungstendenz, die aber doch den ursprünglichen Zusammenhang nicht völlig zu verwischen vermag, in der bei Rochholz (II, S. 34) mitgeteilten Sage vom Lädeligugger-Xaveri von Tägerig, der vom Teufel ein sonderbares Tier erhält, dem man alle Abende ein kleines Geldstückchen unterlegen mußte, wie man den Legehühnern immer ein Ei läßt, das dann über Nacht zu einem ganzen Haufen gleicher Münzen anwuchs. Trotz dieses direkten Hinweises auf die Analogie mit dem Eierlegen drängt sich doch der ursprüngliche Zusammenhang in dem Namen des sonderbaren Tieres durch, das „Geldschießer“ genannt wird. Bemerkenswert ist auch, daß der Mann dann an einem langwierigen und

Erwachen, das den Träumer von der Realität des Schmerzes im Unterleib überzeugt und ihn nötigt, seinem Vorsatz: nicht auf die Seite zu gehen, untreu zu werden, ist uns als direkte Bestätigung für die indirekte Darstellungsweise und Sprache des Traumes sehr wertvoll. Der Psychoanalytiker wäre gewiß auch ohne diese direkte Bestätigung im Verlaufe der Traumanalyse zu dieser Deutung gelangt, aber das im Erwachen sich offenbarende Scheitern der Traumfunktion überhebt ihn nicht nur der Deutung dieses Details, sondern beseitigt auch jeden Zweifel an der Zulässigkeit und Richtigkeit des symbolischen Deutungsverfahrens. Erweist sich so der Wecktraum für den Schläfer als unwillkommene Störung, so ist er dem Psychoanalytiker ein willkommener Beweis für die Anwendbarkeit der empirisch gefundenen Symbolbedeutungen auch auf jene Traumgebilde, die nicht zum Erwachen führen und also keinen direkten Einblick in die somatischen Quellen und psychischen Vorgänge der Symbolbildung gestatten.

Wir wollen uns im folgenden mit Ausschaltung aller anderen Weckträume auf eine bestimmte Gruppe, nämlich die mit dem Harndrang in Verbindung stehenden, einschränken. Der sogenannte „Harn-

seltsamen Übel erkrankt „und ebenso eigentümlich und geldfressend waren die Mittel, die ihm die Ärzte dagegen verordneten. So mußte er z. B. täglich 10 Pfund Anken aufessen, also einen ganzen Marktkübel, und dazu eine Flasche Lebertran trinken."

Endlich ist noch als typische Verbindung die von Gold und Kohlen zu erwähnen, die offenbar auch einer Milderungstendenz entsprungen ist. Die Kohle eignet sich zum Ersatze des Kotes zunächst wegen ihrer dunklen Farbe und der als Gegensatzcharakter der Verhüllung dienenden Härte. Ebenso erleichterte diese Verknüpfung die Tatsache, daß die Kohle einmal als völlig wertlos und unverwendbar galt, während wir heute ein kostbares Gut in ihr erblicken, dessen allmähliche Verringerung wir uns vergeblich aufzuhalten bemühen. Eine Reihe solcher Sagen, in denen die Verwandlung von Kohlen in Gold erzählt wird, berichtet Zingerle in seiner Abhandlung: Kohlen und Schätze (Germania, Bd. VI, S. 411). Direkt an die Midassage erinnert eine von Vernalecken (Mythen und Bräuche des Volkes in Niederösterreich, Wien, 1859) mitgeteilte Überlieferung, wonach ein Mädchen alle Kohlen, die es berührte, in Gold verwandelt (Kohlen in Gold auch bei Veckenstedt, S. 359). Daselbst findet sich auch der Hinweis, daß Gold von Schatzkohlen sei auch Griechen und Römern bekannt gewesen.

Auch im Witz, der ja durch die momentane Aufhebung der auf den koprophilen Neigungen lastenden Verdrängung reichlichen Lustgewinn bietet, erscheint häufig der Zusammenhang von Gold und Kot, der übrigens auch in manchen Redensarten, besonders der Geschäfts- und Börsensprache, Niederschlag gefunden hat. (Von einem Kapitalisten, der augenblicklich kein Geld „flüssig" hat, sagt der Fachmann: „er ist verstopft").

reiztraum" ist ein so allgemeines Erlebnis, daß er seit jeher die Aufmerksamkeit nicht nur der Traumforscher auf sich gelenkt hat. Auch ist seine in hohem Maße durchsichtige und stereotype Symbolik längst erkannt und ausführlich beschrieben. Wenn wir uns dennoch der Mühe unterziehen, dieses Gebiet vom psychoanalytischen Standpunkt zu beleuchten, so geschieht es nicht nur zu dem Zwecke, die vielfach angefochtene symbolische Arbeitsweise und Deutungstechnik des Traumes gleichsam vom Material selbst demonstrieren zu lassen, sondern auch weil wir erst auf Grund unserer psychoanalytischen Erfahrungen die bereits der Antike völlig geläufige Tatsache der Symbolik psychologisch verstehen und in ihrer vollen Bedeutsamkeit für das Seelenleben des einzelnen und der Völker würdigen können.

Schon Hippokrates vertrat die Auffassung, daß im Traume eine Umwandlung innerer Sensationen in symbolische Vorgänge stattfinden könne, und nach seiner Meinung bedeutet es eine Störung der Blase, wenn man von Fontänen und Brunnen träumt[1]). Am eingehendsten von allen Traumforschern hat sich R. A. Scherner in seinem Buche: Das Leben des Traumes (Berlin 1861, S. 187 fg.) mit der Symbolik des Harndrangtraumes beschäftigt. Und wenn er auch in der ausschließlichen „Leibessymbolik" befangen den reichen psychischen Anteil am Traumleben und an der Symbolbildung übersieht, so sind uns seine Ausführungen doch gerade bei diesem vom organischen Reiz beeinflußten Material als Vorstudie interessant genug zur Mitteilung.

„Der Harnreiztraum ist eine der allergewöhnlichsten Traumbildungen der Nacht, begleitet stetig die Ansammlung des Harns in der Harnblase und gibt die symbolischen Gebilde dafür. Frauen liefern die ausgebildetsten Formen dieses Traumes, teils wegen ihrer leicht aufregbaren Phantasie, teils wegen der Begünstigung der Harnsammlung in der weiblichen Blase. Die meisten Traumerzählungen der Frauen sind voll symbolischer Schilderungen für diesen organischen Reiz, obwohl bei der bisherigen Unkunde über das Traumleben sie sich des natürlichen Grundes nicht bewußt sind.

„Das allgemeinste Symbol dieses Traumes ist das Wasser, entsprechend der organischen Flüssigkeit der Harnblase. Weil aber die

[1]) Diese sowie eine Reihe anderer interessanter Angaben entlehne ich der kürzlich erschienenen Arbeit von Ellis: Die Welt der Träume, deutsche Ausgabe von Kurella, Würzburg, 1911 (S. 89 ff. und S. 167). — Zum Thema der „vesikalen" Träume vergleiche man noch in desselben Autors: Geschlechtstrieb und Schamgefühl (3. Auflage, Würzburg, 1907) die Ausführungen S. 262 ff.

Harnblase im Zustande größeren oder geringeren Dranges viel Harn enthält, so entspricht dem unmittelbar das allbekannte Bild von der großen Menge des Wassers in Strömen, Flüssen, Teichen, bei Überschwemmungen u. dgl., wobei die Träumerin als Zuschauerin usw. mit interessiert erscheint. Weil sich die Nerven, auf welche der Druck des Wassers in der Harnblase wirkt, in Erregung befinden, sowie weil sie die Neigung haben, den angesammelten Harn zum Ausströmen zu bringen; so ist es zumeist das Bild des brausenden, Wellen schlagenden, hochflutenden, die Ufer zu überschreiten suchenden Wassers, welches die Träumerin zu sehen meint. Und weil endlich der starke Harndrang die entsprechenden Nerven in peinliche und widrige Aufregung versetzt, so ist die Malerei des hochflutenden Wassers stetig von Gefahrszenen begleitet, d. i. die Träumerin steht am Ufer des Stromes oder auf einer Brücke und sieht darin Menschen und Tiere mit den Wellen kämpfen, worüber ihr Gemüt die heftigste Angst erfährt; oder irgend eine ihrer geliebten Personen fällt ins Wasser hinein, bei den Müttern (stehende Form) das Kind. . . . So z. B. im Traum einer alten Dame (S. 192). Diese träumt, sie sehe einen Strom sehr angeschwollen und schon fangen die Wellen an über die Ufer herauszutreten; sie sucht nach ihrer kleinen Tochter (welche beiläufig unter die Erwachsenen zählt), um sie von der durch die Überschwemmung gefährdeten Straße zu holen. Sie findet sie, hebt sie auf und trägt sie zwischen beiden Handtellern, (alles wörtlich nach der Erzählung) ins Zimmer; wie sie aber dort das Kind niedersetzen will, ist es nur ein bißchen Flüssigkeit zwischen den Händen, anstatt des Kindes, was sie sehr verwundert; obzwar sie trotzdem das Gefühl der Freude dabei hat, als ob sie wirklich ihr Kind gerettet hätte. Analyse: die schließliche Auflösung des Kindes „zu Wasser" ist die schon oben behandelte schließliche nackte Objektivierung des wirksamen Nervenreizes und dessen, was damit zusammenhängt; hier also des Wassers in der Blase.

„. . .der rettungslose Untergang ist von der Phantasie adäquat dem sehr dringenden Harnbedürfnis und dem angemessener heftiger Nervenregung gesetzt. . . .

„Sind die Träumerinnen nur Zuschauerinnen bei Gefahrszenen, so zeigt dies geringeren Peindruck des Bedürfnisses, als wenn die Phantasie sie selbst als die in Gefahren Befindlichen malt; der stärkste Harndruck aber zeichnet sich durch den Untergang des in Wassergefahr Schwebenden, sei es der Träumer selbst oder ein von ihm sehr geliebtes Wesen, und steht offenbar in den Gefahrträumen der Mutter das bedrohte Kind der Selbstgefahr der Mutter an Intensität gleich.

„Der gelindere Harndrang weckt nur gleich gelindere Bilder. Man geht in starkem Regen, oder es gießt wie mit Kannen, man ist dabei vor dem Regen geschützt oder nicht; man badet oder watet in seichtem Wasser, gelangt dabei mit dem Körper nur so tief in die Flut, als die Höhe der Blasenlage im menschlichen Körper ist.....

„Die Häufigkeit der Harnreizträume bewirkt es, daß die Phantasie auf diesem Gebiete eine große Mannigfaltigkeit der Darstellung entfaltet. Oft sehen wir im Traume einen Hund über den Platz springen, sein Anlauf von der Zaunecke zeigt deutlich seine symbolische Bedeutung; oder der Junggeselle träumt (wörtlich nach der Traumtatsache), ihm sei plötzlich ein kleines gewickeltes Kind gebracht worden, er lege es zu allem andern unnützen Zubehör auf den Ofen; regelmäßig kommt die Aufwärterin, um es zu nähren; sie tut es, inzwischen begegnet dem Säugling das Allernatürlichste, und der Strahl trifft den Träumer, die Aufwärterin wirft das Glas mit der Milch um und sie fließt heraus.... Auch die Aktion des Biertrinkens steht oft für Harnreiz, inwiefern dem Biertrunke diese Bedürfnisverrichtung zu folgen pflegt (S. 196)....

„...Oder es versetzt uns der Harnreiz mitten in einen fürstlichen Palasthof, worin der Springbrunnen und sein rundes Wasserbassin unser Augenmerk fesselt (rundes Bassin für Blase, springendes Wasser für Entleerung der Blase).

„Bei den Männern schlägt der stärkere Harndrang stets in die Reizung der Geschlechtssphäre und deren symbolische Gebilde über; aber auch bei Frauen begegnet Ähnliches, wegen der unmittelbaren Verbindung von Harn- und Geschlechtsorganen wie beim Manne so beim Weibe....der Harnreiztraum ist oft der Repräsentant des Geschlechtstraumes zugleich“ (S. 192).

Auf die Ähnlichkeit des Harnreiztraumes mit dem sexuellen Reiztraum, die besonders bei einem Vergleich der Pollutionsträume mit den von nächtlichem Bettnässen gefolgten Träumen auffällt, haben dann Moll (Lib. Sex. I, S. 552) und besonders Ellis (Geschl. Trieb, S. 262 f.) hingewiesen, der die Ähnlichkeiten und Unterschiede zwischen sexuellen und vesikalen Träumen ausführlich bespricht. Tatsächlich scheinen in vielen Fällen von der Pubertät an die Pollutionsträume frühere enuretische Träume abzulösen[1]) oder neben solchen einherzugehen, was für die Freudsche Auffassung der Enuresis nocturna als

[1]) Vgl. den Stiegentraum (Traumdeutung, 3. Auflage, S. 219).

einem pollutionsartigen Vorgang spricht (Sex. Theorie, 1905, S. 43 unten). So teilt Alfred Adler, der in seiner „Studie über Minderwertigkeit von Organen" (1907) auf die spätere Symbolik (Schwimmen, Baden, Bootfahren) der ursprünglich enuretischen Träume hingewiesen hat (S. 79), unter seiner interessanten Kasuistik einzelne derartige Fälle mit; von besonderem Interesse ist der eines 26jährigen Mannes (Fall 35, S. 88), der in den nicht seltenen Pollutionsträumen vom Urinieren träumt.

Auf den Zusammenhang des Bettnässens mit vesikalen Träumen hat (nach Ellis) schon A. P. Buchan in seiner 1816 erschienenen Schrift: Venus sine concubitu (p. 47) aufmerksam gemacht. Auch Ries hat in einem Artikel über Enuresis nocturna (Monatschr. f. Harnkrankheiten 1904) darauf hingewiesen. Nach Adler, der dem Thema zuerst von psychoanalytischer Seite näher getreten ist, stellt sich in der Kindheit der Traum des Enuretikers im Sinne Freuds als primitive Wunscherfüllung nach ungebundener Organbetätigung dar (S. 79). Auch Ellis (Träume S. 90) anerkennt den vesikalen Traum in seiner einfachsten Form als Freudschen Wunschtraum von infantilem Typus. Während aber Ellis meint, daß derartige nicht zur Blasenentleerung führende Träume auch bei Personen vorkommen können, die in der Kindheit nicht an Enuresis nocturna gelitten haben (Welt der Träume, S. 89 f.), erlauben die späteren vesikalen Träume Erwachsener nach Adler „die sichere Diagnose überstandener Enuresis" (S. 79). Dies trifft auch bei der Person zu, deren vesikale Träume der folgenden Untersuchung zugrunde liegen. Das heute voll erwachsene, körperlich und psychisch gesunde Mädchen, deren Interesse für ihr eigenes Traumleben ich die Sammlung und offenherzige Mitteilung der schönen Beispiele verdanke, hatte, soweit sich feststellen ließ, in ihrem 5. Lebensjahr noch das Bett genäßt und berichtet aus ihrem 14. Lebensjahr noch einen Traum von rein infantilem Typus (sie glaubt auf dem Topf zu sitzen), der mit Bettnässen endet und mit einem Schamgefühl verknüpft ist, wie wir es sonst nur auf sexuellem Gebiete anzutreffen gewohnt sind. Es ist hier darauf hinzuweisen, daß bei einer großen Anzahl von Menschen die exkrementellen Funktionen viel stärker mit Schamgefühl besetzt sind als die Sexualität, was offenbar mit einer besonders lustvollen frühinfantilen Betätigung dieser erogenen Zonen und der dadurch bedingten energischeren Verdrängungsarbeit zusammenhängt. Wie frühzeitig und hervorragend stolz das Kind dann auf deren Erfolg ist, zeigt der Ausspruch eines kaum dreijährigen Buben, der, wegen seines braven

Verhaltens belobt, sogleich spontan hinzusetzt, er habe auch das Bett nicht naß gemacht und damit das Lob auf diese Leistung einzuschränken sucht. Als man ihn ein andermal fragt, warum er das Bett naß gemacht habe, entschuldigt er sich damit, daß er sagt, er habe geglaubt, daß er das Topferl da habe, was auf einen (Bequemlichkeits-) Traum hinzudeuten scheint. Etwas Ähnliches finden wir auch bei unserer Träumerin, die im Alter von fünf Jahren den gleichen typischen Traum vom Sitzen auf dem Nachttopf hatte und dabei ins Bett näßte, während sie in ihren späteren Träumen oft genug in bezug auf ihre jetzige Zimmerreinheit den alten infantilen Stolz verrät, der sich im erwachsenen Leben als besonders ausgeprägter Ehrgeiz äußert.

Da in der Serie von Harndrangweckträumen, die im folgenden mitgeteilt ist, auch die von Scherner angegebenen Symbole fast vollzählig zu finden sind, so muß hier schon nachdrücklich hervorgehoben werden, daß wir auf Grund unserer psychoanalytischen Einsichten an der organischen, lediglich den Leibreiz und sein Organ widerspiegelnden Symbolbildung Scherners nicht festhalten können, sondern dem psychischen Anteil an der Symbolbildung die ihm gebührende Beachtung schenken müssen. Nicht etwa aus theoretischer Voreingenommenheit, sondern aus der Erfahrung, die uns eines Besseren belehrt hat. Die anscheinend rein aus dem Organreiz hervorgehenden Traumbildungen lassen bei entsprechender Vertiefung den bedeutsamen psychischen Anteil des unbewußten Seelenlebens erkennen, das in den allermeisten Fällen auch hier die Triebkraft für die Traumbildung liefert, während dem aktuellen Vorstellungs- und Erinnerungsschatz sowie den somatischen oder äußeren Reizen nur das Material zum Aufbau der Traumgebilde entstammt. Ja, in manchen Fällen, besonders wo es sich um kompliziertere Träume handelt, sieht man oft deutlich, wie ein nach den Freudschen Mechanismen des Unbewußten aufgebauter und deutbarer Traum durch einen in der typischen Symbolik ausgedrückten Harnreiz unterbrochen und nach der oft noch im Halbschlaf erfolgenden Abstellung des Reizes ruhig weiter geträumt wird. Diese typische Harnsymbolik ist nicht gut denkbar ohne den zumindest in der Kindheit erfahrenen und psychisch verknüpften und überlagerten Blasenreiz. Doch sind die Fälle, in denen er aktuellerweise den Traum im Dienste der Bequemlichkeitstendenz hervorruft, zu unterscheiden von denen, wo er, im Verlaufe eines aus rein psychischen Quellen stammenden Wunschtraumes hervorgerufen, durch sein Übermächtigwerden als Störer wirkt und sich durch die halluzinatorische Befriedigung oder die Warnung vor dem Gewährenlassen nicht abstellen läßt. Ob das zur Symbolisierung verwendete psychische Material infantiler oder aktueller Herkunft ist, ergibt jeweils die Deutung; doch wird entsprechend der infantilen Wurzel dieser Träume in der Enuresis nocturna immer auch ein Anteil vom infantilen Material stammen, rezentes Material aber, wenn es sich darbietet, mit besonderer Vorliebe verwendet werden, weil es der Verleugnung des eigenen Kinderfehlers und des unbequemen Bedürfnisses besonders gut dient; in dieser Absicht wird sehr häufig das Bedürfnis und dessen Verrichtung im Traume einer andern Person zugeschrieben, mit besonderer Vorliebe einem Kinde, was auf den eigenen Rückfall ins Infantile hinweist. Unsere Träumerin, die als Kinderfräulein reichlich Gelegenheit hatte, an ihren kleinen Pfleglingen derartige Vorkommnisse zu erleben und zu rügen, bedient sich natürlich besonders gern dieser rationalisierenden Verhüllung ihres eigenen Bedürfnisses, die in genialer Weise auch in der später zu besprechenden Traumzeichnung im gleichen Sinne verwendet ist.

Mit dem von Scherner gänzlich vernachlässigten, von der Psychoanalyse aber in so weitem und besonderem Ausmaße gewürdigten psychischen Anteil an der Traum- und Symbolbildung hängt es auch zusammen, daß wir bei keinem der mitgeteilten Träume eine vollständige Deutung geben können, sondern uns immer nur auf einzelne für die vorliegende Untersuchung interessante Details beschränken müssen. Denn infolge der vorwiegend psychischen Quellen der Symbolbildung zeigen die meisten vesikalen Träume eine ganze Reihe von Elementen anderer Herkunft, worauf bereits Jung gelegentlich der Analyse eines Urindrangtraumes[1]) hingewiesen hat. Auf Grund der Freudschen Auffassung der Enurese als infantiles Sexualsurrogat konnte Jung zeigen, daß sie auch im Traumleben des Erwachsenen gern als Bekleidungsmaterial für den Drang des Geschlechtstriebes verwendet wird[2]). Die symbolische Durchsichtigkeit und Offenheit in bezug auf den Harnreiz dürfte bei manchen dieser Träume auch damit zusammenhängen, daß sie meist in der Früh auftreten, wo der Schlaf an und für sich nicht mehr tief und außerdem noch durch den Reiz gestört ist; anderseits lassen jedoch die Träume, in deren Verlauf der Reiz erst hervorgerufen wird, vermuten, daß er gerade darum so leicht zum Erwachen führt, weil eben der Schlaf morgens nicht mehr tief genug ist, um ihn überhören zu können. Aus dieser Annäherung an den Wach-

[1]) L'analyse des rêves. L'année psychologique, 1909, p. 165.

[2]) Jahrbuch I, S. 170.

zustand erklärt sich auch das häufige Hineinspielen von Gedanken und Bemerkungen in den Traum, die manchmal schon dem Halbwachbewußtsein angehören[1]), sowie anderseits die Tatsache, daß unsere Träumerin oft im Halbschlaf das Bedürfnis verrichten und dann sogleich wieder einschlafen und weiterträumen kann.

Unsere Untersuchung ermöglicht uns also, die von den alten und neueren Traumforschern, besonders von Scherner, bereits gekannte Tatsache typischer Harndrangsymbole bei psychoanalytischer Deutung der Träume nicht nur zu bestätigen, sondern auch durch das Scheitern der Bequemlichkeitsfunktion vom Traum direkt erweisen zu lassen. Die gebührende Beachtung des wesentlichen psychischen Anteils an der Symbolbildung und der dabei verwendeten Mechanismen gestattet uns aber auch, die allgemein menschliche Bedeutung dieser Symbolik breiter zu fundieren, und nötigt uns damit, sie in den rein psychischen Gebilden der Einzel- und Volksseele, wo sie gänzlich losgelöst vom organischen Faktor erscheint, im selben Sinne anzuerkennen und so wieder ihre im Traumleben erkannte Bedeutung zu stützen und zu vertiefen.

In der folgenden Traumserie, die im Verlaufe eines längeren Zeitraumes gesammelt wurde, sind die typisch wiederkehrenden Symbolelemente durch den Druck ausgezeichnet. Wir beginnen mit einem Beispiele, in welchem die Träumerin die sie im Schlafe störende Empfindung im Traume ihrem kleinen Pflegling zuschreibt, wie sie sie in den nächsten Beispielen auf die der Erziehung zur Zimmerreinheit in hohem Maße bedürftigen Hunde überträgt.

Traum Nr. 2.

„Ich hatte den Robert auf meiner Hand sitzen; er hat fort pisch-pisch und a-a gerufen. Plötzlich hat er mir auf die Hand gewischerlt, mir hat gegraust und ich habe ihn fallen lassen. Ich habe geschimpft, bin darüber aufgewacht und mußte auf die kleine Seite gehen."

Der zirka dreijährige Robert, mit dem sie sich tagsüber beschäftigt hat, ist tatsächlich noch nicht völlig zimmerrein, da er manchmal bei Tage die Hose und bei Nacht das Bett naß macht; die im Traum geschilderte Szene hat sich nie abgespielt, das Grausen deutet aber darauf hin, daß ihr möglicher Eintritt befürchtet worden war. Ander-

[1]) Inzwischen ist im letzten Halbband (III, 2) des Jahrbuches Silberers Arbeit über die Schwellensymbolik erschienen. Man vergleiche dort auch das Eisenbahnfahren als Schwellensymbolik wie in manchen unserer Beispiele.

seits ist anzunehmen, daß die urethral-erotischen Vorgänge[1]) bei dem Kleinen in der Träumerin unbewußterweise die lustvolle Erinnerung an ihre eigenen Urinspielereien geweckt haben, die sich dann im Traum unter dem Drucke der seitherigen Verdrängung nur in der Abwehrform (Grausen) äußern können. Das Schimpfen entspricht einem Affekt des Ärgers, offenbar darüber, daß durch diese unbewußte Lustreproduktion die Blase zur Entleerung angeregt wird und die Träumerin diese Störung des Schlafes mit in Kauf nehmen muß.

Traum Nr. 3.

„Ich ging durch eine schmutzige und sehr kotige Gasse, die wie vom Regen naß war und sah dort ein kleines Kind mit einer alten Frau gehen. Das Kind machte ein schmerzliches Gesicht, als ob es ein körperliches Bedürfnis hätte, und schaute sich öfter um, als hätte es etwas verloren (es hat auch wirklich etwas verloren). Es war, als hätte es sich vor mir geniert auf die Seite zu gehen. Als das Kind schon den Boden schmutzig gemacht hatte und seine Hosen ganz naß geworden waren, dachte ich mir: Warum läßt sie denn das Kind nicht auf die Seite gehen? Dann hat sie ihm doch die Hosen herunter gelassen und ich wachte auf mit dem Bedürfnisse auf die Seite zu gehen."

Wie beim früheren Traum ist auch hier eine Wiederbelebung der eigenen kopro- und urophilen Neigungen im Gefolge der Kinderpflege anzunehmen. Da sich die Träumerin mit ihrem Pflegling identifiziert, so ist ihre Pflegerin im Traume die alte Frau, die in Wirklichkeit jetzt etwa ihrer Mutter entspräche, welche sie als kleines Kind so betreut hat, wie sie selbst jetzt ihren Schutzbefohlenen. Wie im vorigen Traum, so ist auch hier die Lusterweckung durch die Kinderpflege darin angedeutet, daß die Träumerin einem urinierenden Kinde zusieht und dabei selbst zum Urinieren gebracht wird. Anderseits sucht die Bequemlichkeitstendenz den durch die Lustreproduktion einmal geweckten Harndrang erst durch Projizierung auf eine andere Person zu beseitigen und so den Schlaf zu gewährleisten, was ihr allerdings auf die Dauer nicht gelingt. Wie früher der Ärger über das Aufstehenmüssen, so ist auch hier der endliche Entschluß, den Reiz abzustellen, in den Worten ausgedrückt: Ich dachte mir, warum läßt sie denn das Kind nicht auf die Seite gehen. — Führt man die Reduktion der Traumpersonen auf psychische Strebungen der Träumerin konsequent durch, so gelangt man unter Berücksichtigung der typischen Symbolisierung des Genitales als des oder der „Kleinen" zur Auffassung, daß das nasse Kind das feuchte Genitale symbolisiert

[1]) Vgl. J. Sadger: Über Urethralerotik (Jahrbuch II, S. 409 ff.).

(ebenso wie die nasse „Gasse"). Diese Darstellung, der wir noch öfter begegnen werden, zeigt der folgende Traum deutlicher und bereits in Verbindung mit der dazugehörigen sexuellen Phantasie, was deutlich auf den psychischen Ursprung dieser Symbolisierung hinweist, die durchaus nicht im Schernerschen Sinne als Abbildung des Organs aufzufassen ist.

Traum Nr. 4.

„Frau S. hat eine Vorladung bekommen vor die französische Kommission wie zum Unterrichte ihres Kindes und hat mich ersucht, mit dem Mäderl einschreiben zu gehen. Da es schon zu spät zur Einschreibung war, habe ich mich geniert hineinzugehen und habe unten vor dem prächtigen Haus an einem Wasser gewartet, bis das Kind herunterkommt. Ich war froh, daß man sie angenommen hatte. Wir gehen dann weiter und kommen zu einer Art Brunnen (ohne Wasser) am Wasser, wo eine Katze rings herum läuft; das Mädchen streichelt sie und sagt, es ist ihre Katze. Ich sage dann, es ist schade, daß du den Hut nicht auf hast, sonst könnten wir auf die Kärntnerstraße spazieren gehen. Sie wollte zwar so gehen, aber ich sagte, so kannst du nicht gehen, dort ist es zu elegant, da geht man nicht mit bloßem Kopfe. Sie hat es bedauert und wie wir ein Stückchen weiter gehen, fängt es an zu spritzen, erst große Tropfen, und ich sage: ‚Na also, jetzt können wir ohnehin nicht gehen, auch wenn du den Hut hättest, weil es ja regnet.' Ich bin dann aufgewacht und mußte auf die Seite gehen."

Sie hatte längere Zeit vor dem Traume tatsächlich das sechs- oder siebenjährige Mäderl der Frau S. in die Schule begleitet. Der Traum ist jedoch eine offenkundige Prostitutionsphantasie (einschreiben, französisch, Kärntnerstraße, elegant, Vorladung) in der „die Kleine" im Sinne Stekels als Symbol des Genitales erscheint[1]). Ähnlich erscheint

[1]) In einem andern ihrer Träume, der in Indien spielt, heißt es noch deutlicher am Schluß: „Ich bin dann mit meiner Schwester auf einer Bahn bergab gefahren (vgl. Traum Nr. 15) und komme an ein Haus, wo auf indisch Abort darauf steht. Ich gehe hinein, werde aber durch irgend etwas abgehalten: An einer Kasse sitzt nämlich eine Frau (vielleicht sollte das die Klosettfrau sein), der ich erst hätte zahlen sollen. Inzwischen hat sich aber meine kleine Schwester (die in Wirklichkeit schon erwachsen ist) schon vor der Tür ausgemacht. Ich schimpfe sie recht zusammen, besonders da auch ein junger Mann hineinkommt und gerade in die Pfütze tritt. Sie entschuldigt sich aber, indem sie sagt: Ich habe es nicht mehr ausgehalten, worüber ich im Traum sehr lachen mußte. Ich erwachte dann und mußte auf die Seite gehen. Im Wachen mußte ich auch noch darüber lachen, denn der Ausspruch: Ich habe es nicht mehr ausgehalten, waren ja eigentlich meine eigenen Worte und es war ja wirklich auch ‚meine kleine Schwester', die auf die Seite gehen wollte." Die Träumerin deutet damit an, daß ihr diese Umschreibung für das weibliche Genitale bekannt sei.

5*

dann nochmals die Katze als Symbol des Genitales („das Mädchen streichelt sie und sagt, es ist ihre Katze"). Der Regen ist ein typisches Symbol für Urinieren und Harndrang. Der Traum zeigt uns einen unbewußten Sexualwunsch in inniger Verknüpfung mit dem Harndrang, welcher Zusammenhang uns noch beschäftigen wird.

Traum Nr. 5.

Bruchstück aus einem langen und komplizierten Traum: Auf dem Wege zum Bahnhofe begriffen, kann sie sich von einem Hunde (Symbol einer Person), der sie unaufhörlich verfolgt, nicht befreien. Der Hund läuft ihr bis zum Waggon nach, „macht sich die Coupétür auf und will mich nicht weglassen. Ich versuche ihn zwischen der Tür einzuquetschen und er macht sich schon an, so daß eine Pfütze im Coupé war. Ich wache dann auf und muß wirklich auf die kleine Seite gehen, lege mich dann wieder schlafen und träume, daß ich auf einer Wiese ins Wasser gehe, um zu baden . . . . ."

Der Traum, dessen vollständiger Text und Deutung weit über den Rahmen dieser Arbeit hinausginge, soll nur die Übertragung des Harndranges auf den Hund zeigen. Auch in diesem aus allerlei psychischem Material aufgebauten Traum ist der Harndrang gewiß nicht der Traumanlaß gewesen, sondern er wurde im Verlaufe des Traumes geweckt, der nach seiner Abstellung seinen ungestörten Fortgang nahm wie in

Traum Nr. 6,

einem erotischen gefärbten Eifersuchtstraum, an dessen Schluß ein Dackel das Zimmer beschmutzt, worüber sie sich sehr ärgert und aufregt, infolgedessen erwacht und selbst auf die kleine Seite gehen muß.

Es folgt nun eine Reihe von Träumen, in denen gleichfalls der Harndrang zu dominieren und als Traumerreger zu fungieren scheint, wo aber doch der psychische Anteil bald mehr, bald minder deutlich hervortritt und der Traum sich zur bildlichen Darstellung durchaus nicht einer Symbolisierung des Reizes oder seines Organs bedient, sondern nur gewisse zur Funktion gehörige Vorstellungen des Träumers in sprachlicher oder gegenständlicher Einkleidung darstellt.

Traum Nr. 7.

„Ich komme mit einigen Kolleginnen, Studentinnen, von einem Ausfluge zurückkehrend, auf dem unser Wagen im Kot (lehmiger Boden) stecken geblieben ist, zu einer Reihe von Klosetten, wo wir uns die

Schuhe vom Kot reinigen wollen. Ich öffne zu diesem Zweck eines nach dem andern, kann aber keines benutzen, da alle verunreinigt sind und es in ihnen ganz naß ist. Ich erwache also und muß auf die kleine Seite gehen."

Die Deutung dieses Traumes, die nicht vollständig mitgeteilt zu werden braucht, führt bis auf die infantilen kopro- und urophilen Spielereien mit den Schulkolleginnen und Spielgefährtinnen, denen das spätere aus der Verdrängung dieser Neigungen hervorgegangene Reinlichkeitsbedürfnis gegenübergestellt wird. Die nassen Klosette stellen einerseits eine Warnung vor der ehemaligen Enuresis nocturna dar, die sich ja im Anschluß an ein im Traume auf dem Topf oder Klosett verrichtetes Bedürfnis einstellte, anderseits dienen sie als Abschreckung vor der Benutzung des Klosetts der Bequemlichkeitstendenz, welche die Verrichtung des Bedürfnisses zu verhindern oder zu verzögern sucht. Entsprechend dem stärker werdenden Reiz führt jedoch gerade die Unmöglichkeit der Befriedigung im Traume zum Erwachen, womit allerdings die Funktion des Traumes gescheitert, aber dafür die seit der Kindheit gefürchtete Enuresis vermieden ist.

Traum Nr. 8.

Schluß eines Traumes[1]): „Es hat angefangen zu regnen und ich sage: ‚Ich muß laufen, damit ich nicht naß werde.' Bei den anderen war es, als ob sie nicht naß geworden wären, nur bei mir war es so und ich spürte schon, daß ich am Kopfe naß werde. Ich laufe also und laufe und wie ich zu Hause im Zimmer angekommen bin, erwache ich und mußte auf die Seite gehen. — Schon früher ist in dem Traume das Nasse vorgekommen; so wollte ich mir Rosen anstecken und sah, daß sie naß waren; auch, glaube ich, hat es mich im Traume gemahnt, auf die Seite zu gehen, bevor ich nach Hause laufe."

Hier setzt der Traum für den beginnenden Harnreiz den beginnenden Regen, und zwar ganz deutlich im Sinne der Gefahr, naß zu werden, also als Furcht vor der Enuresis. Die Eile (laufen), die Verlegung der Nässe von unten nach oben (Kopf) und das Zimmer, in dem man die Notdurft verrichten kann, zeigen das Sträuben gegen ein enuretisches Vergehen. Das Zimmer vertritt in anderen Träumen

[1]) Leider hat die Träumerin manchmal nur den auf den Harndrang bezüglichen Teil des Traumes notiert, da sie nur für diesen Interesse hatte und auch nur dafür ein solches beanspruchen zu können glaubte. Doch werden uns gerade die wenigen vollständig überlieferten Texte die weitreichende Bedeutsamkeit des psychischen Materials und die sekundäre Funktion des Harndranges aufs deutlichste zeigen.

deutlicher als hier den Stolz auf die erworbene „Zimmerreinheit" (vgl. Beispiel Nr. 14); in diesem Sinne ist auch die Traummahnung zu verstehen, vor dem Nachhausegehen die Notdurft zu verrichten. Die symbolische und so gar nicht reale Bedeutung des Regens offenbart sich hier in der naiven Bemerkung, daß nur die Träumerin naß geworden sei und die anderen Leute nicht.

Neben dieser mit Stolz verbundenen Vermeidung der beschämenden Enuresis erweist sich als zweite bedeutsamere Determinante des Regensymbols die Bequemlichkeitstendenz. Das Regnen stellt, ähnlich wie die anderen typischen Symbole des vesikalen Traumes, nicht wie Scherner meinte, die Funktion oder das Organ dar, sondern besagt im Sinne der Bequemlichkeitstendenz und Wunscherfüllung: Ich uriniere (regne, schiffe, strahle) ja schon, ich brauche also nicht aufzustehen. Daraus erklärt sich auch das beständige Wiederholen der Symbolik (in besonders gehäufter Weise im Beispiel 18), solange der Traum seine Funktion noch nicht aufgegeben hat; es entspricht dem kontinuierlichen Charakter des Dranges und sucht diesen — ähnlich wie den Sexualdrang im Pollutionstraum — so lange durch symbolische Ersatzbildungen zu befriedigen, als es nur möglich ist. Das Aufgeben dieser Tendenz, die einer beständigen Aufrechterhaltung der Verdrängung entspricht, muß das Hereinbrechen der realen Anforderung und damit das Scheitern der Bequemlichkeitsfunktion zur Folge haben. Dieses Festhalten an der Symbolbefriedigung zeigt besonders deutlich der folgende

Traum Nr. 9.

„Ich gehe mit meiner Mutter, die eine Laterne trägt, längs einer Mauer bergab zu einer Unterhaltung. Plötzlich entschließe ich mich, nicht dahin zu gehen und setze meinen Weg allein fort. Ich gehe längs eines von hohen Pappeln umsäumten Wassers und begegne meiner Schwester, die mit einem jungen Manne geht. Ich gehe mit ihr weiter und sage plötzlich: Ich glaube, es fängt an zu regnen. Und schon fängt es auch an zu spritzen. Ich wollte aber noch nicht zurückgehen, da fängt es aber an schrecklich zu gießen. Wir flüchten unter ein Haustor, wo uns erst ein bellender Hund den Eintritt verwehren will, und schauen von dort aus dem Regen zu, in der Erwartung, daß der Platzregen bald aufhören wird. Ich sage: Schau, wie es schüttet, erwache dabei, wollte aber, trotzdem ich es sehr dringend hatte, noch nicht auf die Seite gehen; ich mußte aber doch."

Dieser lehrreiche Traum zeigt uns die Regensymbolik deswegen so deutlich als Wunscherfüllung, weil mit dem stärker werdenden

Harndrang auch die Intensität des Regens (erst stilles Wasser, dann spritzen, gießen, schütten, Platzregen) zunimmt, gleichsam als wollte die Träumerin die mit dem Anwachsen des Dranges näher rückende Bequemlichkeitsstörung durch die immer stärker betonte Intensität des Urinierens beruhigen. Je heftiger der Drang wird, desto stärker uriniert sie (symbolisch), um nur nicht aufstehen zu müssen (dasselbe drückt die später reproduzierte Zeichnung aus). Daß der Bequemlichkeitswunsch in der Tat diesen Traum beherrscht, ergibt sich ja aus der Schlußbemerkung, daß die Träumerin trotz der zum Scheitern der Traumfunktion führenden Dringlichkeit des Bedürfnisses noch immer nicht aufstehen will und also noch im Wachen an der Bequemlichkeitstendenz festhält. Die Nachdrücklichkeit dieses Festhaltens offenbart sich aber bereits im Trauminhalt selbst, wo dem stärker werdenden Harndrang außer der Symbolbefriedigung auch noch zweimal der direkte Bequemlichkeitswunsch entgegengestellt wird. Einmal, wo es beim Beginn des Regens heißt: „ich wollte aber noch nicht zurückgehen" (i. e. aufstehen), und das zweitemal, wo der Drang schon mächtig ist, in der Tröstung, daß der heftige Platzregen bald aufhören werde. Das Festhalten am Symbol ist sehr hübsch und geistreich in dem Unterstellen unter das Haustor, als der „Regen" stark wird, und im Abwartenwollen desselben angedeutet. Die Mutter mit dem Licht geht vielleicht auf frühinfantile Enuresis und ihre Abgewöhnung durch die vorsorgliche Mutter zurück. Die „Schwester" als Genitalsymbol und der junge Mann weisen auf die Erotik.

Ganz ähnlich gebaut und aufzufassen ist der

Traum Nr. 10.

„Auf einem Ausfluge fragte ich zwei Weiber um den Weg, den sie mir auch zeigten. Ich sagte zu ihnen: ‚Mir scheint es wird regnen, es wird ja ganz finster' und sie antworteten: ‚Ja, es scheint so.' — Dann ging ich den Weg, den sie mir gezeigt hatten, und schon fing es plötzlich stark zu regnen an; ich ging zur Station zurück, um nach Hause zu fahren. Auf der Station mußte ich auf den Zug warten, konnte ihn aber nicht erwarten und wachte auf mit dem Bedürfnisse, auf die kleine Seite zu gehen."

Wieder finden wir hier den Beginn eines Regens, und zwar den plötzlichen Beginn eines starken Regens, was im Hinblick auf den kurzen Traum sowie auf das Nichtmehrwartenkönnen auf ein starkes Bedürfnis, respektive auf die als Reaktion auf den Reiz erfolgte Traumbildung hinweist. Das Befragen der Weiber (i. e. Klosettfrauen) um den Weg (nach dem Anstandsort) ist gleichfalls typische Klosettsymbolik. Die Bemerkung: Mir scheint, es wird regnen, klingt wie Ermahnung: Mir scheint, ich muß auf die Seite gehen. Die „Reise" scheint hier wieder deutlich mit dem unangenehmen, aber unvermeidlichen Aufstehenmüssen in Zusammenhang gebracht, wie im nächsten Traum, der ausschließlich in der Reisesymbolik spricht.

Traum Nr. 11.

„Ich befand mich mit K. auf der Reise. Der Zug ist stehen geblieben und er sagte, er müsse schauen gehen, was da draußen los ist, stieg aus, ließ mich allein und kam nicht mehr zurück. Ich blieb mit dem ganzen Gepäck zurück und wartete immer. Der Kondukteur fängt an zu pfeifen, ich denke mir, er ist noch nicht da, und gehe schauen, sehe ihn aber nicht. Der Zug setzt sich schon in Bewegung und da ich allein drin war und Angst hatte weiterzufahren, ohne zu wissen wohin, rief ich einem vorbeikommenden Kondukteur zu: ‚Bitte schnell, stehen bleiben! Ich muß ja noch aussteigen.' Der Zug war aber schon im Fahren und wir sind eine hübsche Strecke gefahren, als ich wieder einen Kondukteur sah und ihm sagte, ich müsse dringend aussteigen. Der Zug ist dann langsamer gefahren, so daß ich ausspringen konnte. Ich erwachte dabei und mußte auf die kleine Seite gehen."

Das Aussteigenmüssen, das zuerst durch die Abwesenheit des Begleiters, dann durch die Bewegung des Zuges verhindert, schließlich aber so eilig und dringlich gemacht wird, vertritt hier deutlich das Aufstehenmüssen, dessen bequeme Verzögerung („wir sind eine hübsche Strecke gefahren") offenbar durch den energischen Entschluß aus dem Bett aufzuspringen endlich überwunden wurde. Daß erst der Begleiter aussteigt, um zu schauen, was draußen los ist (wie die Deutung ergibt, um etwas zu verrichten, wozu gewöhnlich ein Vorwand gebraucht wird), ist ein besonderes Raffinement der Bequemlichkeitstendenz, die den Harndrang und dessen Befriedigung gern einer andern Person zuschiebt, damit der Träumer ungestört weiter schlafen könne.

Wie dieser Traum ausschließlich die Symbolik des Fahrens und frühere Beispiele die Regensymbolik verwendeten, so zeigen die folgenden Träume das Fahren oder Schwimmen auf dem Meer in gleicher Bedeutung.

Traum Nr. 12.

„Ich bin im Meere geschwommen, mit einer Leichtigkeit, über die ich mich gewundert habe (da ich ja in Wirklichkeit nicht schwimmen kann). Ich bin immer weiter hinaus ins hohe Meer geschwommen und hatte Angst unterzugehen. Doch beruhigte ich mich, als ich allmählich wieder ins seichte Wasser und endlich ans Land kam. Ich sollte dann in Begleitung eines Herrn zu dem Feste in den Kurpark gehen, in den man über eine Brücke gelangte. Da er nicht warten wollte, bis ich angezogen war, sollte ich ihm dorthin nachkommen. Ich suchte unter meinen Kleidern nach meinem Portemonnai, um mir das Geld für die Eintrittskarte vorzubereiten. Doch hatte ich kein Kleingeld bei mir und ersuchte eine Dame, mir 10 Heller zu leihen; doch auch sie hatte kein Geld bei sich. Schließlich fand ich aber doch bei mir die 10 Heller und wollte damit über die Brücke zum Feste gehen. Als ich die Brücke betrat, von wo ich das Fest schon sehen konnte, erwachte ich und mußte auf die Seite gehen."

Hier finden wir zum erstenmal die Symbolisierung des Harndranges durch den Aufenthalt im Wasser (schwimmen, ertrinken); das Naßwerden hängt einerseits mit der Angst vor der Enuresis zusammen, wie anderseits die Fülle des Wassers in dem früher dargelegten Sinne der Wunscherfüllung dient. Das Geld für die Eintrittskarte bezieht sich auf den Besuch des Klosetts, in das der Eintritt hier in Wien tatsächlich 10 Heller beträgt, und die Dame vertritt auch hier wieder, zum Teil wenigstens, die Klosettfrau. Das „Fest" werden wir in einem andern Traume ebenfalls an der Stelle finden, wo man das Klosett erwarten würde (vgl. die „Unterhaltung" im Beispiel 9). Es führen von hier Erinnerungen in die Pubertätszeit, wo auf Festen das Entfernen zu einer unaufschiebbaren Besorgung besonders peinlich (vor den Herren) empfunden wurde, und aus der Analyse anderer Träume läßt sich diese Scham auf eine infantile Periode der Ungeniertheit vor den Gespielen zurückführen. Eine Reihe von Elementen des Traumes und seinen Beziehungen zu Erlebnissen bleibt natürlich unerklärt.

Traum Nr. 13.

„Ich bin am Meere auf einem Kahn gefahren. Auf einmal erhebt sich ein großer Wind, das Schiff beginnt zu schaukeln, so daß ich schon mein Kleid eingetaucht hatte und naß war. Vom Kahne hat sich schon ein Floß losgemacht und wir wollten ihm nach, um es zu fangen; da fängt das Schiff sehr stark zu schaukeln an, wir sind hoch in die Höhe gegangen und dann wieder tief hinunter. Wir befanden uns in einer großen Gefahr. Wir waren schon ganz naß und ich habe mir schon die Röcke von rückwärts in die Höhe gehoben. Da wurde in der Ferne ein großes Schiff sichtbar und der Matrose hat hinübergewunken, damit wir hinkommen können. Wie wir schon fast beim Dampfer sind, taucht unser Schiff wieder unter. Ich greife dabei ins Wasser und erwische eine Ansichtskarte mit der Akropolis von Athen. Wir kommen dem großen Schiffe immer näher, steigen endlich aus und in das große hinein. Der Matrose sagt, wir sollen uns rückwärts auf die Bank setzen, da ist es nicht so frei, da erreicht einen das Wasser nicht so. Wir haben uns dann rückwärts gesetzt, wo ein Fräulein in meiner Nähe stand und mich immer anlachte. Ich sage, daß ich da eine Karte gefunden habe aus Athen, wo ich auch war (ich war aber nicht dort) und daß darauf steht: Alba Denk. Ich frage, ob sie vielleicht ihr gehört. Sie sagt ja. Wir sind dann weiter gefahren und das große Schiff hat auch noch furchtbar im Sturme geschaukelt. Plötzlich bin ich aufgewacht und mußte auf die Seite gehen."

Wir finden hier das „Schiffen" am Meer und die große Gefahr des (infantilen) Naßwerdens, vor der man sich zu retten sucht. Das Anwachsen des Sturmes sowie das entsprechende Größerwerden des Schiffes (Umsteigen ins große Schiff) verstehen wir als funktionale Darstellung des wachsenden Reizes (vgl. die Zeichnung) im Sinne der Bequemlichkeits- und Wunscherfüllungstendenz. Das Wort „Denk" deutet die Träumerin als eine Selbstmahnung, daran zu denken, daß sie auf die Seite gehe und nicht das Bett nässe; einem ähnlichen Merkwort werden wir in einem andern ihrer Träume begegnen (Nr. 22). Doch hat die ganze Episode von der Ansichtskarte Beziehungen zu meiner Person, der diese Träume wertvoll sind. Die Verbindung: Alba Denk zeigt den gleichen Rhythmus wie mein Vor- und Zuname; außerdem ist „Denk" die letzte Silbe des Namens der Straße, in der ich wohne, und der gleichfalls denselben Rhythmus aufweist. Beweisend für diese Beziehung wird aber die Tatsache, daß ich der Träumerin von meiner Griechenlandreise eine Ansichtskarte aus Athen (Akropolis) geschickt hatte und darauf meine ständige Wiener Wohnung (Simondenkgasse) als Absenderadresse angegeben hatte. Im Traum gehört diese Karte einem andern Mädchen, der also ihre Eifersucht gilt und die einen, dem meinigen gleichklingenden Namen trägt (Heirat). Doch rächt sie sich dafür, indem sie der andern vorhält, daß sie mit mir in Athen gewesen sei und die gefährliche Seereise mitgemacht habe. Dieses Stück Deutung mag zugleich als Beispiel dienen, wie hochkompliziert auch diese simpeln, scheinbar nur aus dem organischen Reiz hervorgegangenen Traumbildungen aufgebaut sein können. Davon mögen die folgenden Träume einen Begriff geben, ohne daß jedoch deren vollständige Deutung im einzelnen geliefert werden kann.

Traum Nr. 14.

„Ich war in einem Restaurant und habe Champagner getrunken. Ich bestelle nachher noch ein Glas Punsch (es sollte aber Champagner sein).

Da kommt der Kellner mit der Bemerkung zurück, daß vom Punsche keine Flasche offen ist, es ist nur ein „Anpischen" da und stellt ein gefülltes Wasserglas vor mich hin. Ich habe darauf gesagt: ‚Also ja, so lassen's es halt da.'

Ich wache dann im Halbschlafe auf und hatte das Verlangen, auf die kleine Seite zu gehen. Ich wollte jedoch weiter schlafen, da es mir unbequem war, aufzustehen, hatte es aber schon sehr dringend und mußte doch aufstehen, das Bedürfnis verrichten.

Dann legte ich mich wieder nieder und träumte weiter: Ich war von einer Reise zurückgekommen und wollte ein Kabinett bei T. beziehen, wo ich tatsächlich einmal gewohnt hatte. Da es aber nicht zum Einziehen hergerichtet war, lud mich die Dame, die das andere Zimmer bewohnte, ein, bei ihr zu schlafen und auch die paar Tage bei ihr zu bleiben, bis das Zimmer fertig ist. Ich habe es dankend angenommen. (Es kam nun irgend eine Liebeserklärung von ihr, das habe ich aber vergessen.) Am nächsten Morgen wache ich auf und sage, ich möchte doch schauen, ob das Zimmer schon fertig ist, und ging halb gekleidet mit meinen Sachen in das Kabinett. Es war darin eine große Wirtschaft, nicht zusammengeräumt; Malter, Schotter und Bretter sind darin herumgelegen. Da ist das Dienstmädchen gekommen und hat gesagt: ‚Fräulein, Sie wollen jetzt schon einziehen, es ist ja nicht zusammengeräumt. — Ich sagte, ja. — Da kommt ein Rauchfangkehrer, stößt sie weg, sie macht dann die Tür von draußen zu und er klopft dann auch von draußen wieder an. Er bittet vielmals um Entschuldigung, daß noch nicht zusammengeräumt ist, und sagt: ‚Sind Sie nicht böse, Fräulein, ich bin noch nicht dazugekommen, da ich keine Zeit hatte, ich werde schon rein machen und auskehren. Dann hat er sich höflich empfohlen, hat seine Geräte abgelegt und zu arbeiten begonnen. Ich bin wieder zu der Dame zurück und habe sie nochmals ersucht, daß sie mich noch einen Tag dabehalten möchte."

Tagesanknüpfung: Die Träumerin hatte dem kleinen Robert gedroht, wenn er sich noch einmal anpischen (!) wird, so wird sie ihm die Nase hineintauchen und ihn so zimmerrein machen, wie man es jungen Hunden zu tun pflegt[1]). Sie hatte auch geraten, ihm abends nichts mehr zu trinken zu geben. Der Traum zeigt deutlich die Wiederbelebung ihrer eigenen infantilen Neigung zum Bettnässen; denn im Traume trinkt sie eben gerade sehr viel, sagt sich aber dabei schon, daß das zu nächtlichem Harndrang („Anpischen") führen wird. Zu Anpischen fällt ihr außer der Tagesanknüpfung der Badeort Pistyan ein, welches Wort die klangliche Umkehrung des ersten darstellt. Sehr hübsch schildert sie das Wehren der Bequemlichkeits-

[1]) Vgl. den ähnlichen „Traum der sich selbst deutet" (Jahrbuch II), welcher auch die noch zu besprechende Verknüpfung von Pollution und Urindrang zeigt.

tendenz gegen das Aufstehen und in diesem Sinne scheint das erste Traumstück auch zu sagen: siehst du, das kommt davon, wenn du abends so viel trinkst, dann mußt du aufstehen, denn sonst ist ein „Anpisçhen“ da. Die „Rückkehr von der Reise“ stellt die Befriedigung über die Erledigung des unangenehmen Geschäftes und der Rückkehr in das bequeme Bett dar, wie in mehreren anderen Beispielen. Der zweite Teil des Traumes bringt eine erotische (homosexuelle) Wunscherfüllung, die uns zur Annahme nötigt, daß nicht der Harndrang, sondern diese unbewußte erotische Wunschregung die Traumbildung veranlaßt hat. Wäre der Harndrang der Traumerreger, so hätte ja die Träumerin nach Abstellung desselben keine Veranlassung weiter zu träumen. So scheint aber der Mechanismus dieser Traumbildungen der zu sein, daß eine unbewußte erotische Wunschregung sich zunächst auf dem Wege der Regression in der infantilen (Pollutions-) Form der Urethralerotik zu befriedigen sucht, was aber die Blase zur wirklichen Entleerung reizt. Dann kehrt die noch unbefriedigte libidinöse Regung zur homosexuellen Mädchenfreundschaft zurück, um schließlich in dem typisch männlichen Sexualsymbol des Rauchfangkehrers zu einer heterosexuellen Befriedigungsphantasie zu streben. Doch hat der Rauchfangkehrer hier neben seiner männlichen Sexualfunktion des „Auskehrens“ auch noch die, daß er das Zimmer rein (Zimmerrein) macht. Die Träumerin gibt also am Schluß des Traumes ihrem Stolz darüber Ausdruck, daß sie nicht mehr das „Anpischen“ hat, sondern bereits „zimmerrein“ ist.

Der hier vermutete Mechanismus vom primären erotischen Wunsch, der sich zuerst regressiv in der infantilen Form der Exkretionslust zu befriedigen sucht und dann nach erfolgter Harnentleerung, die natürlich für das reife Sexualempfinden keine adäquate Befriedigung mehr darstellt, sich der eigentlich erotischen Wunschphantasie zur Befriedigung zuwendet, läßt sich im folgenden, ebenfalls zweiteiligen Traum an der Hand der Symbolik ein Stück weit im Detail verfolgen und verstehen.

Traum Nr. 15.

1. Ich bin mit einem Mädchen auf einem Schiffe am Wasser gefahren; ganz schmales tiefblaues Wasser mit hohen Rändern, die mit Gras bedeckt waren. Sie hat schlecht gelenkt und das Fahrzeug taucht auf der Seite, wo ich gesessen bin (zur Spitze zu), ins Wasser unter, so daß ich unter Wasser war und sie war oben. Ich bin aber dann, obwohl ich nicht schwimmen kann, hervorgetaucht und sah in der Ferne ein großes Viadukt;

ich dachte mir, daß ich dort Rettung finden werde. Ich habe mich dann wieder auf das Schiff gesetzt und bemerke beim Zurückschauen, daß das Mädchen in einem andern Schiffe ruhig weiterfährt. Wie ich in die Nähe des Viadukts komme, hat sich das Wasser immer mehr gesenkt, bis schon keines mehr da war; ich war froh, daß ich schon wieder auf Grund war. Es war aber nur eine Insel, ein Fleck, wo ich auf die Seite gehen konnte, und dahinter war wieder Wasser. Jetzt sah ich dort auch eine Frau mit einem kleinen Buben wie auf einem Felsen sitzen, die Blumen (wie zum Verkauf) in der Hand hatte. Ich habe gesagt, ich möchte auf die Seite gehen und sagte ihr noch: Schnell, schnell, wo ist das, ich kann nicht mehr weit gehen. Sie hat darauf gesagt, ja, da ist kein Haus, da müssen Sie nach rückwärts gehen und hat mir gezeigt, wo ich auf die Seite gehen soll; und ich bin nach rückwärts gegangen. Da wachte ich dann auf und habe mir noch im Halbschlaf gedacht: Deshalb bin ich ins Wasser gefallen, weil ich habe auf die Seite gehen müssen; das Untertauchen war die Angst, der Drang und Schmerz durch das Verhalten und das war dann die Rettung — ich habe mich aufs Trockene gerettet. Die Rettung hat bedeutet, daß ich aufwachen soll, weil ich auf die Seite gehen muß. Ich habe schon lange im Traum Schmerzen gespürt, konnte aber nicht aus dem Traum erwachen; es sollte gerade an dieser Stelle sein, wo ich auch im Traum schon auf die Seite muß.

Ich bin dann aufgestanden, auf die Seite gegangen, habe mich niedergelegt, sogleich weiter geschlafen und habe wieder geträumt.

II. Dann ist ein Freund K. gekommen und hat gesagt: Wir sind jetzt reisefertig, die Sonne scheint so schön, jetzt müssen wir gehen, jetzt fahren wir nach Venedig. Wir sind dann ein Stückchen auf einem großen Dampfer auf dem Wasser gefahren, der dann anhält und K. sagt: Wir müssen jetzt aussteigen. Es war aber noch nicht das Meer, sondern wie ein Vorfluß. K. führt mich auf einen hohen steilen Berg hinauf, der mit Grün bedeckt war. Ich sagte: Da hinauf sollen wir und habe mich sehr geplagt. Ich sagte dann noch: Ach, gewiß sollen wir da hinauf, damit ich das Meer nicht sehe und nicht seekrank werde. Ich habe K. dann nicht mehr gefunden. Oben komme ich dann zu einem großen Wasser und da waren viele Schiffe, die so ausgeschaut haben wie die Schaukeln und auch so im Kreise angeordnet und oben angehängt waren. Die Sonne hat dabei so schön geschienen. Ich begegne dann einen bekannten Herrn, der mich fragt, was ich da mache und ob ich allein bin. Ich sage: Nein, mein Begleiter kommt gleich nach (das habe ich mir aber nur gedacht, da ich ja nicht wußte, wo K. ist). Ich setze mich dann dort in ein Schiff, das lange gestanden ist; es hat ein bißchen geschaukelt und ist dann ein bißchen gefahren. Der Herr hat sich auch hineingesetzt und wir haben miteinander gesprochen. Dann kommt wieder eine Haltestelle, wo alle aussteigen mußten; es hat geheißen, wir müssen umsteigen. Dann sind wir an eine Stelle gekommen, wo eine Art Tramwayhaus stand, dabei viele Kinder. Dort gingen Schienen bergab wie eine Rutschbahn und Sessel darauf, auf die man sich setzen mußte. Es hat auf einmal furchtbar angefangen zu regnen. Neben mir ist eine Frau gesessen, die genau so einen Hut hatte wie ich; ich dachte mir, sie sitzt vorn und ich werde nicht so naß werden wie sie. Auf einmal läutet es und es geht an. Wir sind über die Schienen hinuntergefahren auf das Meer (erst war es ja oben gewesen und nun war es wieder unten), das riesig groß war. Ich habe ein bißchen Angst bekommen, denn K. ist noch nicht gekommen. Unten treffe ich eine bekannte Dame mit einem älteren Herrn. Ich dachte mir: Die geht mit so einem alten Herrn; sie wird übrigens auch nicht viel jünger sein. Sie fragt mich, wo ich hinfahre, und ich sagte: Nach Rom. Sie sagte, sie fahren nach Venedig. Ich sagte: Da war ich schon voriges Jahr und habe davon erzählt. Er sagte: Sie wagen so allein zu fahren. Ich sagte darauf: ich weiß nicht, wo der Herr so lange bleibt. Wir sind dann lange auf dem Schiff gesessen; er hat Champagner und Speisen auftischen lassen und mich auch eingeladen. Dann hat er erzählt, daß er eine Bekanntschaft hatte und wo er diese Dame kennen gelernt hat. Er ist schon nicht mehr mit ihr gegangen, aber sie ist wieder von ihm schwanger geworden (er gebrauchte dafür einen andern Ausdruck, etwa niedergefallen). Er sagt: Ich bin ihr Freund, sie hat es sehr gut bei mir, wir werden weiter zusammen gehen. Sie sind dann fortgefahren bei schönem Sonnenschein. Ich habe fort auf K. gewartet und gedacht: Ich bin so allein. Dann bin ich erwacht."

Schiff, Wasser, Untertauchen mit dem Fahrzeug und Schwimmen kennen wir schon aus früheren Träumen, ebenso die Gefahr und Rettung „aufs Trockene"; ferner das hier in der Darstellung durchs Gegenteil (Geruch) als Blumenfrau geschilderte, aber doch als Klosettfrau behandelte Weib. Die im Halbschlaf versuchte Erklärung des Traumes ist bei aller Rationalisierung doch sehr lehrreich und eine schöne Bestätigung der keineswegs erkünstelten symbolischen und funktionellen Bedeutung der Traumbilder.

Der Umstand, daß auch hier nach Abstellung des Harnreizes in erotischen Wunschphantasien weiter geträumt wird, weist mit aller Deutlichkeit darauf hin, daß in diesen Träumen eine erotische Wunschregung aus dem Unbewußten in letzter Linie als Traumerreger wirkt, da ja sonst die Psyche keine Veranlassung hätte, nach Abstellung des Reizes unmittelbar weiter zu träumen. Diese sexuelle Regung sucht sich zunächst, entsprechend dem von Freud dargelegten Mechanismus der Traumbildung (Traumdeutung VII), regressiv zu befriedigen, indem sie auf die infantile, seither infolge der Erziehung aufgegebene und auf dem Wege der „organischen" Verdrängung überwundene erogene Ausnutzung der Exkretionsfunktion zurückgreift. Dadurch wird die im Laufe der Nacht gefüllte Blase zur Auslassung des Urins gereizt und die Folge ist die Störung des erotischen Wunschtraumes durch das Aufstehen und die Verrichtung des Bedürfnisses, was die Bequemlichkeitstendenz — auch im Sinne der Wunscherfüllung — solange als möglich zu verhindern sucht. Neben den Unannehmlichkeiten der Schlafstörung und des Aufstehens sowie dem physischen Schmerz, der mit der Retention des Urins verbunden ist, muß dieses Zurückhalten, wie schon in der Kindheit, auch jetzt noch eine angenehme Empfindung im Gefolge haben, da die Träumerin auch bei Tage gern die Verrichtung des kleinen Bedürfnisses unter allerlei rationalistischen Vorwänden bis zum äußersten Moment aufzuschieben sucht. Auch würde sie sonst nicht so häufig Harndrangträume produzieren, die bei ihr, wie festgestellt werden konnte, nicht vom abendlichen Genuß größerer Flüssigkeitsmengen abhängen. Erfährt man überdies, daß die Träumerin auch relativ häufig durch Pollutionsträume im Schlafe gestört wird, ja, daß Harndrang und Pollution oft ineinander übergehen (vgl. Beispiel Nr. 17 und 18), so gewinnt unsere Auffassung an Sicherheit. Im vorliegenden Beispiel wird das besonders deutlich dadurch, daß auf den ersten Teil, der durch seine Regression in die infantile Erotik (vgl. auch das Fahren mit einem Mädchen) den Harndrang immer intensiver werden läßt, ein zweiter Teil folgt, worin mit Verwendung derselben Symbolik gleichsam die psychosexuelle Unterfütterung des Traumes nachgetragen wird. Es wird nur jetzt die ganze Meeres-, Schiff-, Reise- und Regensymbolik im Sinne der erotischen Wunscherfüllung (Hochzeitsreise) verwendet, ähnlich wie im folgenden Beispiel. Wir dürfen daraus schließen, daß auch schon bei der Bildung des ersten Traumteiles die Triebkraft aus dem Sexuellen und Unbewußten beigesteuert, aber zunächst von dem geweckten, gesteigerten und endlich auf Abstellung drängenden Reiz überdeckt wurde und nun zum Vorschein kommt. Wie andere Male die Zweiteilung des Traumes einer logischen Relation Ausdruck gibt, der Traum also gleichsam in ein vorderes Stück und einen Nachsatz zerlegt wird, so erscheint er hier in anderer Richtung in eine obere und untere Hälfte zerspalten, die wir mit Hilfe der gleichen Symbole wieder aufeinanderpassen können. Auf die Detailanalyse können wir uns hier nicht einlassen; es seien nur einige identische oder gegensätzliche Symbolbedeutungen und -verwertungen der beiden Traumstücke angedeutet. In der vesikalen Auffassung der Seereise ist ein Mädchen ihre Begleiterin, was auf die infantilen Urinspielereien hinweist, während in der erotischen Auffassung ein Mann sie geleitet. Dem verschiedenen Sinne dieser Objekte entspricht es, daß die erste Reise schlecht abgeht, mit Gefahr verbunden ist („sie hat schlecht gelenkt"), während die zweite zum Teil wenigstens angenehmer verläuft. Die psychische Identität der beiden Begleitpersonen zeigt sich noch darin, daß auch der Freund gegen die unbewußte

Wunscherfüllungstendenz (Heirat) verschwindet, weil das Mädchen im ersten Teil verschwinden mußte, um die ungenierte Besorgung des Geschäftes zu ermöglichen. Im ersten Teil senkt sich in der Nähe des Viaduktes das Wasser immer mehr, bis es ganz trocken wird und sie auf die Seite gehen kann, dahinter ist aber wieder Wasser. Im zweiten Teil findet sich ein ähnliches Element an der Stelle, wo man von dem Tramwayhäuschen = Klosett wie in Nr. 19) bergab auf das Meer fährt, das zum Teil oben, zum Teil unten liegt und durch den Berg getrennt ist, wie im ersten Traumstück durch die Insel, auf der sie ihre Notdurft verrichten konnte. Die Frau, „die genau so einen Hut hatte" wie die Träumerin, ist natürlich mit ihr auf Grund des Heiratskomplexes (Frau) identisch. Wenn sie dennoch von der Träumerin scharf differenziert erscheint, so liegt das darin, daß sich die Träumerin wohl gerne als verheiratete Frau betrachten möchte (Hochzeitsreise), jedoch ohne die unangenehmen Folgen dieses Schrittes auf sich zu nehmen. Die vielen Kinder bei der Haltestelle deuten ja an, welches Schicksal der Ehefrau sie vermeiden möchte. Sie will die Hochzeitsreise auch mit dem zweiten Herrn, den sie kennen lernt, machen, möchte aber nicht so „naß" werden wie die Frau mit den vielen Kindern, d. h. nicht gravid werden. Zum Überfluß ist dieser Gedanke noch in den Gestalten des älteren Liebespaares kontrastiert; denn da nimmt der freigebige und noble Herr die Verantwortung für die gefallene Geliebte auf sich. Es wird also hier vollkommen deutlich, daß die Symbolik des Naßwerdens im ersten Teil als Befürchtung der Enuresis, im zweiten Teil als Befürchtung der Gravidität aufgefaßt ist[1]). Kennt man außerdem die von Freud aufgedeckte unbewußte Bedeutung des „Rettens" im Sinne des Kindermachens, so ergibt sich die weitere Parallele, daß auch im Rettungssymbol, das im ersten Teil nur der Gefahr des Bettnässens zu gelten scheint, doch — wie der zweite Teil zeigt — bereits die sexuelle Bedeutung mitschwingt, die sich, losgelöst vom Organreiz, als solche offenbart. Indem wir diese Parallelisierung und Differenzierung von vesikalen und Geburtsträumen, die sich oft in weitgehendem Maße der gleichen Symbolik bedienen, zur späteren Besprechung hervorheben, sei darauf hingewiesen, daß diese auf analytischem Wege ermöglichte Wiedervereinigung (Synthese) der beiden Traumschichten zu einem zusammengehörigen Ganzen

[1]) Diese beiden Bedeutungen zeigt auch ein und dasselbe Symbol in dem von Freud gedeuteten Traum seiner Patientin Dora (Bruchstück einer Hysterieanalyse, Kl. Schr., 2. Folge, S. 55 ff.).

den Einwendungen zu begegnen vermag, welche in den vesikalen Träumen das allgemein geforderte erotische Wunschmotiv aus dem Unbewußten sowie überhaupt die psychischen Mechanismen im Sinne Freuds vermissen. Gewiß zeigen nicht alle Fälle so deutlich wie dieser die Zerreißung des erotischen Wunschtraumes durch den infolge der Regression intensiv gewordenen Organreiz und die Verteilung des vesikalen und sexuellen Anteils auf zwei gesonderte Schichten; aber dieses seltene Beispiel läßt uns wenigstens vermuten, daß eine solche Unterfütterung des scheinbar nur vom Organreiz ausgehenden Traumes auch in den Fällen vorhanden und bis zu einem gewissen Grade durch die Einfälle bei der Analyse zu erschließen sein dürfte, wo sie weniger deutlich oder gar nicht im Trauminhalt Ausdruck finden konnte.

Unter den hier entwickelten Gesichtspunkten dürfen wir auch den folgenden, gleichfalls zweiteiligen, Traum betrachten, dessen sexueller Teil leider nicht erhalten ist; doch dürfen wir uns mit Rücksicht auf das vorige ausführlicher besprochene Beispiel mit der bloßen Andeutung begnügen.

Traum Nr. 16.

„Ich bin auf dem Meere gefahren, da fängt es an zu regnen und der Kapitän sagt mir, daß ich aussteigen muß, da wegen des Regens sechs Tage kein Schiff mehr geht. Ich dachte: Gott, was soll ich jetzt machen! Aber er hat mir ein Hotel empfohlen, wo ich gut aufgehoben sein werde. Ich will also aussteigen, erwache aber dabei wirklich und muß aus dem Bette steigen, um auf die kleine Seite zu gehen."

„Ich bin dann gleich wieder eingeschlafen und habe weiter geträumt. Am Morgen dachte ich mir gleich, wie schön das stimmt mit dem Regen, und jetzt glaube ich auch daran, daß in meinem großen Traum (siehe Jahrbuch II) der Regen richtig gedeutet ist."

Der zweite Teil des Traumes, den sie nach dem Einschlafen weiter träumte, aber nicht notiert hat, ist eine offenkundige Verlobungsphantasie, die in ihrem Elternhause spielt, und dies macht es wahrscheinlich, daß diese Seereise, die nach näherer Angabe nach Venedig geht, im zweiten Traum im Sinne einer Hochzeitsreise weitergesponnen und interpretiert (gerechtfertigt) wird, wofür auch das Hotel spräche. Darf man in „funktionaler" Anlehnung an den regressiven Charakter dieser Träume hier eine Umstellung der beiden Traumstücke vornehmen und das zweite voranstellen, so läge dem Traum eine Verlobungs- und Heiratsphantasie zugrunde (Hochzeitsreise, Hotel), wo nur an Stelle des Koitus am Schluß das Urinieren eingesetzt wäre.

Hervorhebung verdient noch die häufig wiederkehrende funktionale Darstellungstechnik dieser Weckträume, die hier besonders deutlich ausgeprägt ist. Das „Aussteigen" aus dem Fahrzeug nimmt im Sinne der Bequemlichkeitstendenz das notwendige Aussteigen aus dem Bett vorweg, das unangenehme Aufstehen wird durch die Unannehmlichkeiten der Seereise symbolisiert. Doch ist zu erwähnen, daß die typischen Seereisen einerseits einer eindrucksvollen Erinnerung an eine solche, anderseits dem Wunsche nach Wiederholung derselben Ausdruck geben und daß sie erst seit dem mächtigen Eindruck des Meeres in den vesikalen Träumen des Mädchens diese Rolle spielen. Doch kommt der Schiffsreise vor allem sprachsymbolische Bedeutung zu, da hierzulande für das Urinieren der Ausdruck „schiffen" gebräuchlich ist, dessen Sinn die Träumerin kennt und der diese in der Sprache festgehaltene Symbolisierung als allgemeines Gebilde kennzeichnet. Auch die typische Regensymbolik, besonders des beginnenden Regens, für den fühlbar werdenden Harndrang, ist sprachlich darin angedeutet, daß der Ausdruck „schiffen", besonders in der Studentensprache, auch auf heftigen Regen angewendet wird.

Die erste deutliche Verschmelzung (Identifizierung) des lustbetonten Urinierens nach entsprechender Retention mit dem Sexualgenuß zeigt der folgende Pollutionstraum.

Traum Nr. 17.

Sie spielt zuerst im Zimmer mit einem Hund, der sich unanständig benimmt, indem er ihr auf den Rücken kriechen will. Dann liegt sie mit dem Hund im Bett und hat eine Pollution, worüber sie furchtbar zornig ist und den Hund hinausjagt; im Bett bemerkt sie, daß es naß ist. In der Küche, wohin sie den Hund gejagt hat, sieht sie bei ihrer Tür eine Lache, in die dann der Hund auch noch hineinwischerlt, so daß sie noch größer wird (vgl. dazu die später besprochene Zeichnung). Dienstmädchen und Herr schlagen deswegen Lärm, sie wacht davon auf und muß auf die kleine Seite gehen.

Tags vorher hatte sie tatsächlich in der Küche vor ihrer Tür eine von vergossenem Wasser herrührende Lache gesehen, was — im Gegensatz zum Traum — den Herrn, der daran achtlos vorbeiging, sowie auch das Dienstmädchen, die sie den ganzen Tag über nicht wegputzte, ziemlich kalt ließ, die Träumerin aber unmäßig geärgert hatte, so daß sie wegen dieser Schlamperei Lärm schlug. Ist uns schon diese affektive Reaktion aus dem infantilen Schuldbewußtsein verständlich (man könnte glauben, sie habe es gemacht), so weist der Hund, der die Lache vergrößert (i. e. eigentlich macht), deutlich darauf hin, daß die Träumerin sie in diesem genanten (von genieren) Sinn aufgefaßt hatte. Daß der Hund das außerhalb ihres Zimmers macht, demonstriert den Stolz auf ihre eigene Zimmerreinheit, wobei natürlich die wirkliche Lache eine entsprechende Anknüpfung für die Lokalisation geboten hat. Die Nässe im Bett verbindet das Bettnässen und das sexuelle Naß (Pollution), wie in einem bei Freud mitgeteilten „Stiegentraum" (Traumdeutung, 3. Aufl., S. 219), und weist damit auf die tiefer wurzelnde Analogisierung der beiden lustvollen Vorgänge hin[1]). Nur tritt hier im Gegensatz zu früher besprochenen Träumen nicht zuerst der Harndrang und dann die sexuelle Phantasie auf, sondern offenbar ist hier der sexuelle Reiz so heftig, daß er sich zunächst ohne den Umweg über die frühinfantile Regression zu befriedigen sucht. Es gilt jedoch für alle diese Fälle die mir auch von Prof. Freud bestätigte Erfahrung, daß die Träumer sich häufig in der Lokalisierung der Pollution täuschen.

Eine Pollution in Verbindung mit dem Harnreiz zeigt auch der

Traum Nr. 18.

„Es war ein Häuschen am Meer und vis à vis ein Ankunftshaus. Es hat geregnet und ich bin mit einem Herrn und seinen Kindern bei Nacht dort hineingeflüchtet, wo wir auch geschlafen haben. Der Herr ist dann aufgestanden und hat sich mit dem einen kleinen Kind, das wie das andre im Hemd war, zum Wasser hinuntergestellt. Ich bin dann auch aufgewacht und der Herr sagt, wir sollen schon aufstehen, ich und das andere Kind. Wie ich in die Höhe schaue, sehe ich dort einen jungen Mann, der herumgesucht hat, und ich wollte aufstehen und ihn fragen, was er hier sucht und ob er nicht Herr W. sei. Ich wollte erst nicht aufstehen, weil es mir unbequem war, bemerke aber dann, daß der Boden in unserem Häuschen wie in einem Schweinestall ganz naß war. Ich will also doch wirklich aufstehen, greife das Kind an und bemerke, daß es ein ganz nasses Hemd hat und kotig ist, sich also angemacht hat. Ich wollte aber noch immer nicht aufstehen; da hat das Kind gesagt, es muß schon auf die Seite gehen und ich habe gesagt, es soll ein bißchen warten. Es hat aber nicht gewartet, sondern ist davongelaufen in die Ankunftshalle. (Häuschen!) Ich bin dann aufgestanden, habe mich durch die Leute durchgedrängt und bin das Kind suchen gegangen. Ich komme auf einen Hof, wo mir ein Misthaufen auffällt und eine Frau die Hühner gefüttert hat; ich frage sie, ob sie nicht ein kleines Kind laufen gesehen hat. Sie sagt: Ja, es ist nach rückwärts

[1]) Auch in ihrem „Traum, der sich selbst deutet" (Jahrbuch II), tritt die Pollution nach einer Reihe infantiler Urinreminiszenzen (Hund, Freundin, kleines Kind, lulu usw.) auf.

gelaufen, und ich habe mir gedacht, die hat ihr gewiß gezeigt, wo da eine Toilette ist. Ich komme dann weiter zu zwei Misthaufen in eine Art Scheune und sehe dort eine Tür und noch eine Tür und schaue, ob da nicht darauf steht Toilette. Auf den Türen ist aber nichts gestanden, ich bin also aufs Geratewohl hineingegangen und dachte, daß es ein Klosett sein wird, wo ich das Mädchen drin finden werde. Wie ich die Tür aufmache, sehe ich drinnen junge Mädchen tanzen; ich denke mir, da ist eine Tanzunterhaltung, wo ist denn aber da der Abort. Ich gehe dann eine Stiege hinauf durch eine andere Tür und nehme dort Wäsche von einem Strick auf den Arm und gehe wieder das Kind suchen. Da blicke ich durch ein Tor (ich habe nicht mehr recht zurückgetroffen) und sehe schon die Stadt (Hamburg) beleuchtet und denke mir, das Kind wird schon dort sein. Ich gehe dann hinaus, habe aber die Kleine nicht mehr gefunden. Dann war ich plötzlich mit K. im Wasser, wir haben verkehrt, aber W. hat mich weggerufen und wir sind auseinander gekommen. Ich war dann plötzlich mitten am dunkelschwarzen Meer in einem großen schwarzen Dampfschiff allein. Ich habe mich fort umgeschaut (wie auf der Straße heimlich nach einer Toilette), habe aber niemand gesehen und dachte, ich müßte da verkommen. Plötzlich hat das Wasser Wellen geworfen, das Schiff ist mit der Spitze ins Wasser hinuntergetaucht und ich hatte schon Angst vor der Gefahr. Wie ich schon ins Wasser komme, habe ich noch tief aufgeatmet und bin dann erwacht, gleichsam um mich vor dem Ertrinken zu retten. Ich mußte auf die kleine Seite gehen."

Auch in diesem Traum, den wir fast ausschließlich von dem immer heftiger und dringender werdenden und in immer raffinierterer Weise beschwichtigten Harndrang beherrscht sehen, taucht schließlich doch, wenn auch nur vorübergehend, der sexuelle Reiz auf und befriedigt sich in einer Pollution. Die typischen Symbole der infantilen Unreinlichkeit sind hier mit einer seltenen Vollständigkeit und Offenheit beisammen. Die Bequemlichkeitstendenz macht sich besonders deutlich bemerkbar und von ganz ausgesuchter Raffiniertheit ist der Ausweg der Träumerin, die endlich, als gar keine Beschwichtigung mehr nützt, doch aufsteht — aber auch nur im Traume. Das Kind, das sich naß macht, ist natürlich sie selbst in der bereits überwundenen Kindheitsperiode der exkrementellen Lustgewinnung und wie sie dieses Entwicklungsstadium in ihrem aktuellen Wachleben längst überwunden hat, so erscheint das Kind auch im manifesten Traumtext als der ihr zur Reinlichkeitserziehung anvertraute Pflegling. Symbolisch vertritt die „Kleine" hier wieder ihr Genitale, das sich ja tatsächlich naß macht (Pollution). Die Wäsche, die sie im Traume vom Strick nimmt, wo sie offenbar zum Trocknen hängt, dient zum Ersatz (Wunschgegensatz) für das benäßte Hemd. Herr W., durch dessen Rufen sie im sexuellen Genuß gestört und wieder zur Verrichtung ihres Bedürfnisses geführt wird, tritt schon zu Beginn des Traumes als Abspaltung vom Vater der Kinder (Herr) auf der Suche nach einem Klosett auf, wie später das Kind und dann die Träumerin selbst auf der Suche nach dem Kind (Rationalisierung) und schließlich auf dem Schiff nach einem Klosett. Die Angst vor der Gefahr wird sich in gleicher Weise auf das Bettnässen wie auf die sexuelle Gefahr (Konzeption) beziehen, durch die man Kinder bekommt und auch das „Retten" wird in gleicher Weise doppelsinnig zu nehmen sein. Auch Hamburg symbolisiert als Hafenstadt Meer und Wasser wie auch den libidinösen Komplex (Jungfernsteg), da sich für die Träumerin erotische Reminiszenzen an diese Stadt knüpfen.

Wenn auch nicht direkt eine Pollution, so doch deutlich sexuelle Beziehungen zeigen die beiden folgenden Beispiele.

Traum Nr. 19,

wo es sich ebenfalls um Liebesabenteuer und Eifersucht handelt. Sie ist die ganze Nacht nicht zu Hause gewesen, kommt früh auf den Hof geschlichen und wird von der Tante angerufen, worauf sie wie zur Ausrede sagt: Ich bin nur heraus auf die Seite gegangen. Dann geht sie ins Haus, zieht sich aus, legt sich nieder und wird vom Sohn der Tante, ihrem Cousin, überfallen. Sie wehrt sich, wacht darüber auf und muß auf die kleine Seite gehen.

Dieser sexuelle Überfall und die Abwehr haben sich tatsächlich in ihrer Pubertätszeit im Hause der Tante ereignet, wo sie auch — im Alter von 15 Jahren — das letzte sie tief beschämende Bettnässen hatte. Der Traum zeigt also deutlich die Verdichtung und Übereinanderlagerung des infantilen und des sexuellen Naßwerdens, sowie die Furcht und Abwehr beiden gegenüber.

Dieselben Traumen aus der Pubertätszeit liegen dem folgenden Traum zugrunde, der einen rezenten Anlaß in ein hübsches sprachliches Symbol kleidet.

Traum Nr. 20.

„Ich war zu Hause und habe mich schlafen gelegt. An der Wand sehe ich einen Nachtfalter (eine Alpe) herumkriechen. Ich habe mich darüber geärgert und mich davor gefürchtet, wie überhaupt vor solchen Tieren, und will ihn wegjagen. Er ist aber nicht weggegangen und da habe ich ihn mit der Hand ein paarmal geschlagen und da ist er auf einmal groß geworden, wie eine Fledermaus und hat ausgesehen wie eine Nachteule. Da habe ich wieder danach geschlagen und es fliegen auf einmal riesig viele, ein ganzer Schwarm, verschieden großer blauer Schmetterlinge auf, ein paar Tausende, die im Licht geglitzert haben. Sie schwärmten um mich herum und ich hatte Angst und deckte mein Gesicht mit einem Taschentuch zu, so daß ich sie aber sehen konnte, denn der Anblick hat mir sehr gefallen. Sie sind immer wieder in die Nähe meines Gesichtes geflogen gekommen und wollten sich hereindrängen. Ich habe sie endlich verscheucht und mich mit der Decke ganz zugedeckt. Dann bin ich eingeschlafen. Noch im Halbschlaf habe ich mir träumend gedacht, jetzt bin ich froh, daß die Schmetterlinge nimmer da sind und ich ruhig schlafen kann.

Ich bin dann aufgewacht, mußte auf die kleine Seite gehen, und habe wieder weiter geträumt.

Ich war bei der Tante und sah den Cousin beim Birnbaum stehen. Wir neckten uns und er hat mich angeschaut. Ich gehe dann hinein, mache aber die Türe nicht ganz zu. Zwei junge Männer, die mich gesehen hatten, kommen durch die Gasse in den Hof und haben durch eine Ritze der Tür hineingeschaut. Wie ich fertig war, bin ich herausgegangen zum Gemüsegarten, wo ich mir eine Rose abpflücken wollte. Inzwischen sind mir aber die auf der Erde liegenden Birnen aufgefallen und unter dem Gemüse die Gurken. Wie ich aber nach den Gurken und Birnen greifen will, sind es lauter Schlangen. Ich bin erschrocken und packte sie bei ihren kleinen Geweihen fest an, um sie zu töten; doch sie sind zerbrochen wie Luftbäckerei und nur die Bröseln sind übrig geblieben."

Die Träumerin hatte am Abend vor dem Traume eine Unterhaltung besucht und war dort Gegenstand der Aufmerksamkeit von seiten vieler Herren gewesen; darunter hatte sich ein auffallend großer besonders um sie bemüht. Die landläufigen physiologischen Erklärungen der Traumphänomene würden nun ohne weiters annehmen, der für das Mädchen ungewohnte und lange intensiv auf ihre Sehnerven einwirkende Anblick des hell erleuchteten Festsaales habe noch im Schlafzustand fortgedauert und in den zahllosen Schmetterlingen Ausdruck gefunden, wie dies z. B. Wundt (Grundzüge der physiolog. Psychologie II. Bd. 2. Aufl., 1880, S. 363) für die subjektiven Sinnesempfindungen behauptet hat. Er sagt: „Eine wesentliche Rolle spielen ferner, wie ich glaube, bei den Traumillusionen jene subjektiven Gesichts- und Gehörsempfindungen, die uns aus dem wachen Zustand als Lichtchaos des dunklen Gesichtsfeldes, als Ohrenklingen, Ohrensausen usw. bekannt sind, unter ihnen namentlich die subjektiven Netzhauterregungen. So erklärt sich die merkwürdige Neigung des Traumes, ähnliche oder ganz übereinstimmende Objekte in der Mehrzahl dem Auge vorzuzaubern. Zahllose Vögel, Schmetterlinge, Fische, bunte Perlen, Blumen u. dgl. sehen wir vor uns ausgebreitet. Hier hat der Lichtstaub des dunklen Gesichtsfeldes phantastische

Gestalt angenommen, und die zahlreichen Lichtpunkte, aus denen derselbe besteht, werden von dem Traume in ebenso vielen Einzelbildern verkörpert, die wegen der Bequemlichkeit des Lichtchaos als bewegte Gegenstände angeschaut werden. Hierin wurzelt auch wohl die große Neigung des Traumes zu den mannigfachsten Tiergestalten, deren Formenreichtum sich der besonderen Form der subjektiven Lichtbilder leicht anschmiegt." Ohne daß wir die Möglichkeit und Berechtigung dieser Auffassung damit bestreiten wollten, möchten wir doch den psychischen Anteil an der Traumbildung hier in den Vordergrund stellen, den uns die in der Traumdeutung bereits etwas geübte Träumerin spontan nahebringt. Ja, sie berichtet den Traum nur, um diese eigene Deutung, die ihr sehr viel Spaß macht, bewundern zu lassen. Sie sagt: Ich hatte heute diesen Traum (wobei sie zunächst nur den ersten Teil erzählt) von den vielen Schmetterlingen, die mich umschwärmten und ich bin gestern abend wirklich von vielen Herren umschwärmt worden, und scherzhaft fügt sie auch gleich hinzu: Es waren gewiß auch viele recht leichte Falter und flatterhafte junge Männer darunter, wovon sie aber ausdrücklich den einen großen, der sich besonders um sie bemühte, ausnehmen möchte. Daß die Falter im Traume gerade zu ihrem Gesicht wollen, scheint in diesem Zusammenhang auf Kußphantasien hinzudeuten und ist möglicherweise auch eine Verlegung nach oben. Denn der eine Falter, der groß und zu einem Vogel wird, erweist sich als unzweifelhaftes Penis- und Erektionssymbol, wenn man den zweiten Teil des Traumes als Ergänzung heranzieht, wo eine ähnliche Verwandlung der Birnen und Gurken in Schlangen stattfindet, die dann beim Angreifen wie Luftbäckerei zusammenfallen, was auf den aus dem Zustand der Erektion in den Normalzustand zurückgekehrten Penis hinweist. Der Umstand, daß diese Symbolik mit der traumatischen Pubertätsszene zusammengebracht wird, legt die Vermutung nahe, daß sie damals das erigierte Glied des erregten Attentäters irgendwie gespürt und so mit dem seltsamen Phänomen der Erektion bekannt geworden war. Auch hier führt der sexuelle Reiz im Zusammenhang mit dem Lichteindruck des Abends („zündeln") zur Blasenentleerung und im zweiten Teil des Traumes kann das Hineingehen ins Zimmer, wo sie etwas besorgt und dabei durch eine Ritze belauscht wird, ebensowohl die Besorgung eines Bedürfnisses, wie etwas Sexuelles (Onanie? abpflücken) bedeuten; gibt doch gerade die Verrichtung der körperlichen Bedürfnisse den Kindern die erste und reichlichste Gelegenheit zur Befriedigung ihrer sexuellen Schaulust.

Seine Herkunft aus sexuellen Komplexen verrät auch der folgende „Harndrang"-Wecktraum.

Traum Nr. 21.

„Ich habe mich gedehnt und geräkelt und unser Dienstmädchen fragte mich, was ich habe. Da kommt der Student von drüben, der das bemerkt haben muß, und ich habe mich wieder so gedehnt. Er sagt: Fräulein, was haben Sie? Und er setzt gleich hinzu: ‚Ich weiß schon, was sie haben, Sie sind zu fett' und greift mir an die Brüste (er hat damit gemeint, es fehlt mir ein Liebhaber). Wie er das sagt, fallen die Kleider von mir ab und ich stehe mit offenem Haar da, das mir den ganzen Körper wie ein Mantel bedeckte und ich spürte, wie es mich am Geschlechtsteil kitzelte. Da sagt er: Ach Fräulein, sind Sie lieb! und fängt mich an zu küssen. Dann sprachen wir vom Zimmer und er sagte, er werde mir ein schönes Zimmer besorgen. Ach, sagte ich, ich fahre bald weg. Er aber erwidert: Also dann, wenn Sie zurückkommen; auch soll es sehr elegant sein. Wenn man so reich ist wie Sie! Ach, sage ich, wenn man auch reich ist! Ich begnüge mich mit einem einfachen Zimmer (in Wirklichkeit wünsche ich mir ein elegantes). Er sagt: ‚Bei meiner Tante wäre eines. Übrigens lassen wir das jetzt gehen,' ruft er plötzlich aus, fällt mir zu Füßen und küßt mir so von unten herauf den Körper. Da habe ich auf einmal bemerkt, daß das Wasser schon bis zu unserem Fenster reichte; es hat wie ein Meer ausgeschaut. ‚Gott,' sage ich, Sie können ja jetzt nicht hinüber gehen in Ihre Wohnung.' Er aber küßt mich fort leidenschaftlich weiter und das Wasser steigt noch höher bis zu den Scheiben. Ich wandte den Körper weg, stieß ihn mit beiden Händen an den Schultern weg und sagte: Bitte, lassen Sie mich los, das Wasser kommt schon. Da wachte ich auf und mußte auf die Seite gehen."

Wieder eine rein sexuelle Szene, die nur am Schluß an Stelle der sexuellen Befriedigung die urethrale bringt, die im Anfang des Traumes überhaupt nicht, später im Kitzel des Genitales, der aber zunächst wohl den sexuellen Reiz bedeutet, dann im Zimmer (zimmerrein; Absteigequartier) und schließlich im Wasser angedeutet ist, das aber nicht ins Zimmer dringt (Zimmer—rein), sondern nur bis zu den Scheiben. Der Schluß macht den Eindruck einer Phantasie von Koitus interruptus, was ja dem sexuellen Sinn der Befürchtung, naß (= gravid) zu werden, voll entspräche. Aus begreiflichen Gründen sind derartige Details der hier mitgeteilten Traumdeutungen nicht zu verifizieren gewesen; doch handelt es sich ja hier immer um die gleichen und allgemeinsten Komplexe, die durch ihre häufige Wiederkehr in verschiedener Einkleidung zu einer derartigen im einzelnen nicht immer beweisbaren Auffassung berechtigen.

Der nächste und letzte Traum dieser Reihe, dessen vollständige Deutung hier nicht einmal annähernd versucht werden kann, soll uns nochmals im Gegensatz zu den relativ einfachen ersten Beispielen die hohe Kompliziertheit dieser „vesikalen" Träume vor Augen führen.

Traum Nr. 22.

„K. ist zu mir gekommen und hat gesagt: Wir fahren auf die Todesinsel. Ich war gar nicht überrascht und bereit mitzufahren, da ich wußte, daß er zur Kur hinfahre. Während ich mich anziehe, erzählt er mir, daß er gestern mit dem Sohn und der Tochter des Herrn P. oben auf der Todesinsel war, wo es sehr schön war. Die Tochter sei ausgerüstet gewesen und hatte ein Gewehr umhängen. Ich habe im Traum das Bild vor mir gesehen, wie sie gegangen ist, mit hohen Schnürstiefeln (Nagelschuhen) und dachte mir (ironisch): Na, die muß aber herzig ausgeschaut haben. Ich dachte mir dabei noch, mir hätte es sicher besser gepaßt, wenn ich das Gewehr gehabt hätte. Wir gingen dann weg zur Haltestelle, die in einer Gasse meiner Heimatstadt lag. Die Gasse ging bergauf und die Wagen von der Insel kamen da heruntergefahren[1]). Erst Elektrische und von der Ferne sahen wir auch einen Einspänner kommen, worauf ein Bub gesessen ist; bei diesem Wagen sagte K. ausdrücklich, der kommt auch von der Todesinsel. Er sagte dann: Wir werden da hier in diesen Wagen einsteigen, da sind wir allein und nicht unter so vielen Leuten. Als er vor uns stehen blieb, kamen aber gleich wieder Elektrische und der Einspänner stand zwischen ihnen, so daß man keinen Zutritt hatte. Wir haben uns darüber geärgert. er dürfte es bemerkt haben und fuhr nach vorn auf den Ring, wo ein Standplatz war. Dort sind wir eingestiegen und der Bub mußte auf den Bock steigen. Wir haben ihm gesagt, daß wir auf die Todesinsel fahren. Wir sind gefahren und kommen dann zu einem breiten Graben. Dort stand eine Art Leiterwagen, in dem ein häßliches krokodil- und schildkrötenartiges Tier von der Größe eines Pferdes eingespannt war. In dem Wagen stand ein langer dürrer, häßlicher Mann. Wir steigen dann aus und wie das Tier uns näher kommen sieht, paßt es schon auf, als wollte es uns fressen. Ich sehe dann auf den Mann und wundere mich, wie der aussieht! Ich fürchte mich auch vor dem Tier. K. erwiderte: Es wird nichts machen, wir gehen nicht in die Nähe. Wie wir dort stehen, fängt der Mann an, sich in dem Schlamm, der sich in dem Graben befand, herumzuwälzen (es war ein Sumpf mit Schilf usw.); er hat sich dabei schmerzlich gewunden und das Tier auch. Dann ist er tot liegen geblieben und ich sage: Der Mann liegt schon tot. Und K. sagt: Ja, das muß so sein. Wir sind dabei selbst schon im Graben gegangen, aber noch auf Sand und Steinen. Dann kam aber schon ein fußhohes Wasser, durch das wir gewatet sind. Da kommt ein dem früheren ähnliches Tier, das ein Haus hatte wie einen Kahn, so daß man nur seinen Kopf heraussah. Ich fürchtete mich wieder und sagte: Da kommt

[1]) Dieses Bild des Herunterfahrens kehrt in diesen Träumen öfter wieder.

wieder so ein Tier. K. sagte: Ich weiß schon, wie man diese Tiere bändigt. Wie es auf mich loskam, nahm es K. beim Kopfe und steckte ihn in die Öffnung seines Hauses hinein, aus dem er nicht so leicht heraus konnte. So waren wir erlöst und sind wieder weiter gegangen. Da sehe ich in der Ferne ein riesig großes Wasser und frage: Ist das noch die Donau? K. sagt: Nein, ein See. Dann gehen wir weiter im Wasser, das uns schon bis zum Hals reichte, als plötzlich viele solche Tiere geschwommen kommen, von denen eines nach mir schnappt und mich beim Arm packt, so daß ich seine Zunge spürte. K. fand jedoch eine Rute im Wasser, mit der er auf die Tiere losschlug, so daß sie schnell fortliefen und wir rasch durch die ganze Menge hindurchkamen. Da habe ich gesagt: Ich kann schon nicht mehr laufen, ich muß auf die Seite. Aber nur schnell, hat K. gesagt, dort drüben kann man schon gehen. Wir kamen auch wirklich bei einem Haus an (vom Wasser direkt kam man in ein Vorhaus) und da sagte K.: Pardon, ich muß da hineingehen. Es waren mehrere Türen nebeneinander und ich habe mir gedacht: Ich gehe auch hinein (K. hat mich direkt dazu aufgefordert). Ich gehe dann in die dritte Tür daneben hinein, sehe aber, daß es nur für Männer ist. Ich habe mich aber niedergeknutscht und das Geschäft verrichtet, da ich mir dachte, es wird doch momentan niemand kommen, da sind ja nicht so viele Leute. Ich bin auch gleich heraus und wartete auf K., sehe aber dann die mittlere, zweite Tür zurückgeschlagen und auf der innern Seite stand: Saal Dr. Merk. Ich dachte mir, was soll das bedeuten, gewiß heißt das, da darf nur der Dr. Merk hinein. Da kam K. heraus, ich schaute mich um und sah zwei alte Frauen im zweiten Raum und dachte mir: Ach, das ist gewiß für Damen und die eine von ihnen sagte mir es auch. Ich erwiderte ihr: Ich danke, ich brauche es nicht mehr. Dann sind wir weggegangen. Ich bin aufgestanden und mußte auf die Seite gehen.

Dann legte ich mich wieder nieder und träumte weiter: Ich kam von der Reise zurück und wohnte bei L. Ich kam hin und sagte: Ich komme wieder. Ich sah die Stiegen naß, über die es so heruntergeronnen ist; auch sind Blumenstöcke darauf gestanden und Vögel sind herumgeflogen. Ich dachte, was das wohl für Vögel seien. Ich habe dann einen kleinen Zeisig gefangen und geküßt. . . . .“

Der Traum zeigt zu Beginn eine Eifersuchtsszene, indem die Träumerin an Stelle des verspotteten Fräuleins P. den Ausflug auf die Todesinsel mit Herrn K. macht, ähnlich wie im Beispiel Nr. 13 die Reise nach Athen, um das fingierte Fräulein „Alba Denk“ zu übertrumpfen. Merkwürdigerweise enthält auch dieser Traum einen Namen, den die Träumerin wie das „Denk“ dahin deutet, daß „Merk“ sie mahne, darauf zu merken, daß sie das Bett nicht naß machen soll. Doch ist mit Rücksicht auf die Beziehung des „Denk“ zu meiner Person und auf die Klangähnlichkeit des Dr. Merk mit meinem Namen darauf zu schließen, daß auch hier Gedanken auf meine Person zugrunde liegen, obwohl die Träumerin diese Vermutung ablehnt und höchstens gelten lassen will, sie habe sich vorgehalten, den Traum für mich zu „merken". Herr K., der ihr den Hof macht (ihre Heimat, gemeinsame Fahrt, Hochzeitsreise), hatte ihr am Abend gesagt, daß er vom Arzt (Dr. Merk, Krankensaal, Klinik) wegen eines Leidens an die See geschickt wurde, was sie offenbar mit Rücksicht auf die lange Trennung sehr verstimmt hatte, und ihre Eifersucht rege machte, da sie im Traume K. Ausflüge mit anderen Mädchen vorwirft und schließlich selbst mit ihm reist (Wunscherfüllung). Die Mitteilung von seinem Leiden muß aber auch einen uneingestandenen Todeswunsch gegen ihn geweckt haben, der im Trauminhalt deutlichen Ausdruck gefunden hat (der sterbende Mann; Saal Dr. Merk). Wie sonst das Wasser in der zweifachen Bedeutung des Urins und des Fruchtwassers (Sexualakt, Konzeption, Geburt), so tritt es hier in der doppelten Bedeutung von Urin und Totenfluß (Styx) auf[1]). Deswegen erscheint auch die Sexualität (Hochzeitsreise) nicht in positivem Sinne, sondern in der Abwehrform der Angst (vor den häßlichen Tieren). Diese und ähnliche Tiere bedeuten, wie wir aus verschiedenen anderen Beispielen wissen, bei der Träumerin regelmäßig Sexualtiere, wie auch der folgende Geburtstraum zeigt, der sich auch sonst in dem bereits angedeuteten Sinne der gleichen Symbolik bedient wie die vesikalen Träume.

Traum Nr. 23.

„Ich stehe mit Herrn K. und noch einem andern jungen Mann am Ufer eines großen Wassers, aus dem plötzlich ein großes häßliches Tier (wie ein Affe mit dem Maul eines Frosches) kommt und mich in einen Abgrund hinunterstürzen will. Die beiden stehen dabei, ohne mir zu helfen. Endlich hat doch der junge Mann mit dem Stock danach geschlagen, so daß es tief untergetaucht ist, und hat zu mir gesagt, er wird mich retten, indem er mich hinüber ans andere Ufer bringt. Er nahm mich dann auf den Rücken und trug mich durchs Wasser[2]), wofür ich ihm unsäglich dankbar war, da ich

[1]) Vgl. in Stekels Buch: Die Sprache des Traumes (Bergmann 1911) die Kapitel über die Todessymbolik.

[2]) In einem hochkomplizierten zweiteiligen Traum aus ganz anderer Zeit kehrt die gleiche Phantasie in ganz ähnlicher Einkleidung wieder. Im zweiten Teil wird sie, nachdem sie in einem Kur- oder Wallfahrtsort einen Sauerbrunn getrunken und sich verirrt hat, von einem jungen Mönch dadurch „gerettet", daß er sie auf seinem Rücken über das Meer trägt. Sie hat die Empfindung, als befriedige er sich dabei sexuell und spürt am Genitale Nässe (Pollution). Dann setzt er sie zu Boden und es tritt ein zweiter junger Mann (wie im obigen Traum Nr. 23) auf, der sie wieder aus der Gewalt des Mönches erretten will, mit dem sie aber doch schließlich weiter geht. Da beginnen in der Wallfahrtskirche die

mir schon früher voll Verzweiflung gedacht hatte, wie ich denn da hinüberkommen sollte. Zum Dank habe ich ihn dann drüben leidenschaftlich geküßt und spürte im Traum, wie er den Kuß erwiderte. Ich sage dann aber, daß ich zurück muß, weil K. auf mich wartet. Er sagt, das ist schwer; er habe nur drei Kronen bei sich, das Durchwaten koste aber 9; der Eildampfer gar 26 Kronen. Ich sage, ich habe auch noch einen Gulden und etliche Kreuzer bei mir, was er aber für zu wenig erklärt. Plötzlich habe ich ein Kind (von dem ich mir im Wachen dachte, es sei gewiß von dem Kuß gekommen). Er sagt, ein Mönch wird mich hinübertragen und sich das Kind vorn anbinden. Ich setze mich also dem Mönch auf den Rücken und wie er ins Wasser hineingeht, wache ich auf. Ich gehe auf die Seite, habe aber kein so dringendes Verlangen, daß ich sagen könnte, es hätte mich geweckt."

In diesem interessanten und für die Differentialdiagnose von vesikalen und Geburtsträumen so wertvollen Beispiel finden wir die gleiche Symbolik wie in allen bisher mitgeteilten Träumen. Aber nicht nur aus der Schlußbemerkung der Träumerin ergibt sich, daß hier der Harndrang in noch geringerem Maße als Ursache des Traumes anzusehen ist, sondern auch aus der Analyse, die den Traum als Geburtstraum entlarvt. Dazu wird einiges Material bereits genügen. Vor allem spricht die im Traum erfolgende Geburt des Kindes, das offenbar aus dem Wasser (Geburtswasser) kommt, diese Bedeutung des Traumes ziemlich unverhüllt aus. Die Zensur bedient sich aber dafür zur Verhüllung dieses anstößigen (peinlichen) Inhalts der Einkleidung in die infantile Sexual-

---

Glocken zu läuten, von deren Lärm geweckt, sie bemerkt, daß sie das Läuten an der Wohnungstür im Schlafe und im Traume gestört hatte. Es ist spät morgens und sie geht wie gewöhnlich vor dem Aufstehen auf die Seite, ohne besonderen Drang, der ja auch nicht das Wecken aus dem Traume verursacht hatte. — Dagegen erinnert sie später einen früheren ersten Traum derselben Nacht (sehr zeitlich am Morgen), wo sie mit einem verheirateten Mann ein Rendezvous am Wasser hat, dann mit ihm ins Hotel geht und dort „das erste war, daß sie vom Stubenmädchen Wasser für die beiden Rosen verlangte (eine rote und eine weiße), die er mir überreicht hatte". Im Hotel wird sie von ihrem Bruder überrascht, der mit ihrem Begleiter Händel beginnt und an ihm zum Mörder wird. Dann liegt sie mit der Mutter im Bette und sieht die Polizei kommen, die den Bruder verhaften will. „Ich sage der Mutter, daß ich fortfahren möchte. Dann liege ich mit dem Bruder im Bette und sehe Blut (vgl. die rote Rose). Dann stehe ich auf und er legt sich zur Mutter ins Bett (wie sie selbst früher mit dem verheirateten Mann aus ihrer Heimat: dem Vater), wobei ich mir dachte: Nein, so was, der schläft bei der Mutter. Dann erwachte ich und mußte auf die Seite." — Einige Stunden später wird sie durch das Läuten aus dem zuerst mitgeteilten Traum geweckt. Wir erkennen hier leicht lauter infantile Sexualphantasien (Inzest), die zuerst regressiv zum Harndrang und Erwachen, dann in aktueller Einkleidung zur Rettungsphantasie und Pollution führen.

theorie, die den Geschlechtsakt durch den Kuß ersetzt. An dieser Theorie hatte die Träumerin tatsächlich bis zu ihrem 15. Lebensjahre festgehalten und frischt die seither überwundene infantile Anschauung zum Zwecke der Traumverhüllung auf. Weiß man, daß ihr am Vorabend der ihr unbekannte junge Mann des Traumes auf der Straße in auffälliger Weise nachgegangen war und daß sie zur selben Zeit auf ihren Verehrer K. wegen einer pekuniären Differenz schlecht zu sprechen war, so verstehen wir den Traum als eine Entführungsphantasie mit der sie sich dem neugewonnenen Verehrer zu- und von K. abzuwenden sucht. Diese Phantasie scheint außer dem Geschlechtsverkehr (auf seinem Rücken im Wasser reiten)[1]) und der daraus folgenden Geburt des Kindes (aus dem Wasser) auch in leiser Andeutung auf die Hochzeit (Reise) anzuspielen (Mönch = Priester; sie hat auch etwas Geld bei sich = Mitgift). Das böse, häßliche Tier, von dem sie der hilfreiche Entführer befreit, ist eine Darstellung des ihr zurzeit abstoßend erscheinenden K., der sie in den Abgrund stürzen will. Ihre erotische Neigung zu dem nur flüchtig auf der Straße gesehenen jungen Mann wird auch bestätigt durch ihre eigene spontane Deutung, das Durchs-Wasser-Tragen und -Waten besage vielleicht, daß sie sich gedacht habe: der würde für mich durchs Feuer gehen (und mich nicht so schlecht wie K. behandeln), was eine hübsche auf die Enuresis (Zündeln) zurückweisende Darstellung durchs Gegenteil auf Grund des anderweitig bereits bedingten Traummaterials (Geburtswasser) ist. Das Rettungssymbol entspricht hier völlig im Freudschen Sinne dem Geburtskomplex wie im folgenden und letzten Beispiel, das wir gekürzt wiedergeben und das uns eine andere Differenzierungsform des Geburtstraumes vom Harndrangtraum veranschaulichen soll.

Traum Nr. 24,

der aus derselben Zeit der Mißhelligkeiten mit K. stammt und die Abneigung gegen ihn, die sie sich nicht voll einzugestehen vermag, deutlich widerspiegelt. Es ist dies im ersten, von der Träumerin leider nicht notierten Teil des Traumes der Fall, der bloß ungern und flüchtig erzählt wurde und von dem ich mir nur gemerkt habe, daß er eine Pollution enthielt, die der Träumerin mit großer Nässe verbunden schien, sowie eine deutliche Abneigung gegen Herrn K. verriet. Der

[1]) Vgl. einen in vielen Details ähnlichen Traum bei Jung: Ein Beitrag zur Psychologie des Gerüchtes (Zentralblatt für Psa. I. Bd., 1911, S. 81 ff.).

weitere auf meinen Wunsch aufgezeichnete Teil des Traumes beginnt auch mit den Worten:

„Ich lief ihm (K.) also davon und ging an einen Hafen, wo sehr viele Schiffe standen. Ich stieg in eines der Schiffe ein und bemerke zu meiner Überraschung, daß ein bekannter Herr A. (auf den eben K. im ersten Traum eifersüchtig war) auch einsteigt. Er wundert sich, daß ich auch da bin, und fragt mich, wohin ich fahre. Ich sage nach Amerika. Er staunte noch, daß ich eine so weite Reise unternehme, und dann kam es zur Fahrt. Das Meer war so schön blau, die Fahrt herrlich und wir amüsierten uns köstlich, als das Schiff plötzlich zu schaukeln begann. Ich hatte große Angst, hielt mich bei A. an und dachte mir, das ist gewiß die Strafe Gottes, weil ich K. so im Bösen verließ. Das Schiff hatte rückwärts ein Rettungsboot angehängt und ich hoffte darin gerettet zu werden, aber das Wasser fing an immer höher zu steigen, die Schiffe gingen schon unter und alle waren ertrunken. Da sah ich am Land eine Bahnstation und meinte, wir können da hinüberspringen und sind dann gerettet. A. wollte mich am Arm nehmen und mit mir hinüberspringen, ich hüpfte aber allein hinüber und fühlte mich so glücklich, daß wir gerettet waren. Auf der Seite, wo wir uns befanden, war alles so schön grün und von ferne sah man ein herrliches Haus allein im Grünen stehen. Herr A. sagte, das sei das Südbahnhotel und machte mir auf dem Weg zu dem Haus einen Liebesantrag. Wir mußten über eine Brücke gehen. Er freute sich schon sehr auf das Beisammensein und küßte mich leidenschaftlich. Bevor wir zu dem Hause kamen, wachte ich auf."

Wir haben hier wieder eine in die typische Symbolik gekleidete Entführungs-(Rettungs-)phantasie mit Liebesantrag, Hochzeitsreise, Hotel, Küssen, die knapp vor der Pollution abbricht, welche bereits im ersten hier nicht mitgeteilten Vortraum erfolgt war. Da dieser leider nicht erhalten ist, läßt sich nicht mehr feststellen, inwieweit er dem Sexualempfinden der Träumerin adäquater war und darum eher zur Pollution führte. Das Retten aus dem Wasser entspricht, wie die Pollution im ersten Teil und die Hotelphantasie am Schluß, gleichfalls einem nur anders eingekleideten Geschlechtsakt und das Schaukeln des Schiffes möchten wir in diesem Zusammenhange als die dazugehörige Rhythmik (die bei der Pollution intendiert und vielleicht andeutungsweise auch ausgeführt worden war) ansehen. Die Angst entspricht der von K. abgelösten und verdrängten Libido, da sie auf die Strafe Gottes für das Benehmen gegen ihn zurückgeführt wird, wie im vorigen Traum als ängstliche Empfindung, wie sie über „das große Wasser" (Amerika; Sehnsucht) wieder zu K. zurückkommen werde.

* * *

So unvollständig, mangelhaft und hypothetisch die Traumanalysen auch oft im einzelnen bleiben mußten, so glauben wir doch nicht nur aus der Häufung der gleichen stets wiederkehrenden Symbole, sondern auch aus der Eigenart mancher der mitgeteilten Beispiele die Bedeutung und den psychischen Sinn der Symbolik im Wecktraum aufgezeigt zu haben. Durch seine Funktion als Ersatz und Verhüter der infantilen Enuresis sowie als Gewährer der urethralen Befriedigung (Pollution) verrät uns der Traum oft genug den Sinn der zur verhüllten Darstellung dieser Regungen und Vorgänge dienenden Symbole. Als besonderes Ergebnis dieser Untersuchung möchten wir aber die auf Grund der gleichen Symbolverwendung ziemlich weitgehende Ähnlichkeit der vesikalen und der sogenannten „Geburtsträume" hervorheben, die doch wieder, wie insbesondere die beiden letzten Beispiele gezeigt haben, bis zu einem gewissen Grade scharf differenzierbar sind[1]). Wenn wir im Folgenden diese beiden Bedeutungen der gleichen Symbole in schematischer Sonderung wiedergeben, so soll damit nicht gesagt sein, daß das Symbol entweder die eine oder die andere Bedeutung in einem speziellen Falle haben müsse, sondern daß es wahrscheinlich in der Regel beide und vermutlich noch eine Anzahl anderer Bedeutungen haben dürfte. Obwohl in den sogenannten Geburtsträumen die andere Male nur vesikal gebrauchte Symbolik rein sexuell verwertet erscheint, zeigen uns doch die mitgeteilten Beispiele, wie dasselbe Symbol gleichsam in zwei verschiedenen Schichten eines und desselben Traumes diesen beiden Bedeutungen entsprechen kann.

Die gleichen Symboldarstellungen, die im infantilen Sinne dem vesikalen Traume zugrunde liegen, erscheinen im rezenten Sinne in exquisit sexueller Bedeutung: Wasser = Urin = Sperma = Geburtswasser[2]); Schiff = „schiffen" (urinieren) = Fruchtbehälter (Kasten); naß werden = Enuresis = Koitus = Gravidität; schwimmen = Urinfülle = Aufenthalt des Ungeborenen; Regen = Urinieren = Befruchtungssymbol; Reisen (Fahren—Aussteigen) = Aufstehen aus dem Bett = geschlechtlich verkehren („fahren", Hochzeitsreise). Urinieren = sexuelle Entleerung (Pollution). Diese entwicklungsmäßige psychische

[1]) Scherner kennt infolge der Vernachlässigung des psychischen Anteils an der Symbolbildung diese Differenzierung allerdings nicht und nimmt also häufig auch exquisite Geburtsträume als „Harndrangträume".

[2]) Wir können hier eine der von Stekel (Die Sprache des Traumes, 1911) aufgestellten „symbolischen Gleichungen" aus dem Material heraus direkt bestätigen.

Schichtung, die ein ursprünglich im infantilen Sinne gebrauchtes Symbol späterhin mit der exquisit sexuellen Bedeutung verschmilzt und überlagert, ist aber nur möglich, weil das Unbewußte nur eine Art von Lust kennt (Libido) und die im Kindesalter erfahrene Exkretionslust im weitesten Sinne (auch Enuresis usw.) einfach gleichsetzt der später erfahrenen sexuellen Lust.

Die im Traumleben des Individuums aufgedeckte Symbolik ist jedoch, wie wir bereits seit geraumer Zeit wissen und zu unserer Überraschung, aber auch zur großen Befriedigung, erkannt haben, keineswegs der Willkür des Träumers und seiner Psyche überlassen, sondern kehrt in gesetzmäßiger Form und Bedeutung im unbewußten Seelenleben der anderen Individuen gegenwärtiger und längst vergangener Zeiten wieder, so daß wir sie als völkerpsychologisches Gebilde ansehen und würdigen dürfen. Es setzt sich aber diese typische Ausdrucksweise des Unbewußten nicht nur über die Einzelseelen, Zeiten, Weltteile und Völker, sondern auch über die damit aufs innigste verknüpfte Sprache hinweg, die einmal diesem psychischen Symbolbild auch lautlichen Ausdruck verleiht, ein andermal bloß bildlichen. So wird aber die Symbolik, ähnlich wie man das von der Musik behauptet hat, zu einer weit auseinander liegende Rassen, Gebiete und Kulturperioden verbindenden und einander seltsam annähernden Zeichensprache. Es wird daher nicht verwundern, wenn wir zu der kleinen Auslese aus dem völkerpsychologischen Beweismaterial für unsere Symbolik die disparatesten psychischen Gebilde, wie Mythen, Märchen, Sagen der Kulturvölker und die Überlieferungen der Naturvölker, ebenso heranziehen wie Glaube, Brauch und Sprache, ja selbst den unscheinbaren und geringgeschätzten Witz der Beachtung in diesem Sinne würdig finden.

Aus dem reichen Schatz dieser dem unbewußten Seelenleben eigentlich entstammenden psychischen Bildungen kann im Folgenden nur ein geringer Bruchteil in skizzenhafter Aneinanderreihung geboten werden, der nur einen Begriff von der weitreichenden und allgemeingültigen Symbolik zu geben vermag, durch deren breite Fundierung und psychologisches Verständnis es uns anderseits erst möglich geworden ist, eine Reihe volkskundlicher Überlieferungen von einer neuen, bisher wenig beachteten Seite würdigen und verstehen zu lernen.

Wenn wir den Reigen mit dem Witz eröffnen, so geschieht es nicht nur deshalb, weil er das relativ einfachste und zugleich offenkundigste Phänomen dieser Art ist, sondern auch, weil wir erkannt zu haben glauben, daß die ungeheuere Zahl von exkrementellen Witzen uns Lust auf Kosten der seit der Kindheit verdrängten kopro- und urophilen Neigungen auf dem Wege des psychischen Ersatzes (Sublimierung) verschafft. Es kann sich ja in diesen wissenschaftlichen Blättern nicht darum handeln, durch eine vollzählige Sammlung dieser zum großen Teil zotigen, manchmal aber in recht ergötzlicher Weise menschliche Schwächen empfindlich treffenden Geschichten den Leser abzustoßen oder zu belustigen. Doch sei es gestattet, wenige charakteristische Beispiele anzuführen, von denen jedes in seiner Art uns etwas sagt. Daß der Witz dabei, ganz wie der Traum[1]), die sprachliche Zweideutigkeit ganz besonders bevorzugt, braucht wohl kaum ausdrücklich erwähnt zu werden. Das erste Beispiel mag uns die typische Regensymbolik vorführen, die überhaupt zu den verbreitetsten und durchgehendsten psychischen Bildungen gehört. Direkt wie ein Gegenstück zu manchem der mitgeteilten Regenträume klingt ein Witz, der einer in Wien bereits zur mythischen Figur gewordenen Parvenuesgattin zugeschrieben wird. Sie soll für ihr Pferdegespann verschiedene Geschirre haben; ein elegantes für Nachmittagsspazierfahrten auf dem Ring oder in den Prater und ein schlechteres für nächtliche Fahrten vom und zum Theater oder Ball. Wie besorgt sie um das schöne Geschirr ist, weiß die Anekdote darin anzudeuten, daß sie bei Beginn eines Regens dem Kutscher zurufen läßt: „Johann, holen Sie das Nachtgeschirr, es tröpfelt.“ Von derselben Trägerin einer ganzen Reihe ähnlich anstößiger Anekdoten erzählt man eine andere Geschichte, die dem mitgeteilten Traum Nr. 13 vom Champagner und „Anpischen“ voll entspricht. Bei einer bis in die frühen Morgenstunden dauernden Festlichkeit ist sie an einem Tische sitzend ein wenig eingenickt und wird in zarter Weise von ihrem Nachbar durch geräuschvolles Einschenken des Champagners in ihr Glas halb geweckt. Sie glaubt sich bereits zu Hause in ihrem Bett und indem sie das Geräusch auf ihren sein erstes und dringendstes Morgengeschäft verrichtenden Gatten bezieht, fragt sie, seinen Namen flüsternd: Was, du stehst schon auf? — Auch in dieser von einem boshaften Witzbold ausgeklügelten Situation wird der Champagner mit dem „Anpischen“ identifiziert und zum Überfluß ist das Ganze noch in eine Art traumhafte Einkleidung gebracht. Es ist

[1]) Vgl. Freud, Der Witz und seine Beziehung zum Unbewußten, 2. vermehrte Auflage. Fr. Deuticke, 1912.

vielleicht nicht überflüssig zu erwähnen, daß der Träumerin diese Witze, die nur in gewissen Kreisen gemacht und kolportiert werden, völlig unbekannt sind. Daß ihre Entstehung aber nicht bloß auf eine gewisse Gesellschaftsschichte, Rasse oder Sprache beschränkt ist, mag der folgende englische Scherz zeigen, dessen Kenntnis ich einer gelegentlichen Mitteilung von Ernest Jones verdanke. Eine auf die frühere Königin von England bezügliche Scherzfrage, die sich wieder des Wortgleichklangs und der Zweideutigkeit bedient, lautet: When does the Queen reign (rain) over China? — Antwort: When she sits on her chamber pot. — Eine direkte Einkleidung des Enuretikertraumes findet sich in einem südslawischen Schwank mit dem Titel: „Vor Schrecken"[1]).

„Der Pascha nächtigte beim Begen. Als der Morgen tagte, da lag noch der Beg und mochte nicht aufstehen. Fragt der Beg den Pascha: „Was hat dir geträumt?" — „Ich träumte, auf dem Minaret wäre noch ein Minaret gewesen." — „Uf, das wäre," wundert sich der Beg. „Und was hast du noch geträumt?" — „Ich träumte," sagt er, „auf diesem Minaret stünde ein Kupferbecken, im Becken aber wäre Wasser. Der Wind weht, das Kupferbecken wiegt sich. Ja, was hättest du getan, wenn du dies geträumt hättest?" — „Ich hätte mich vor Schrecken sowohl bepißt als beschissen." „Und siehst du, ich habe mich bloß bepißt." — Die beiden übereinander getürmten Minarete sind als Symbol des männlichen Gliedes, das Becken als Glans sowie als Harnblase und das Wasser als Urin so deutlich in dem auf grobe Wirkungen berechneten Schwank ausgedrückt, daß jeder weitere Kommentar unnötig ist.

Als Abschluß dieser Gruppe sei eine ganz ausgezeichnete Darstellung wiedergegeben, die sich in dem oben angedeuteten Sinne, mit Hinwegsetzung über das Verständigungsmittel der Sprache, bloß der bildhaften Symboldarstellung bedient. In dem ungarischen Witzblatt „Fidibusz" erschienen vor längerer Zeit eine Reihe genialer Traumzeichnungen, die Dr. Ferenczi in Budapest entdeckt und Herrn Professor Freud zur Verfügung gestellt hat, der mir in liebenswürdiger Weise eines der Blätter zur Veröffentlichung überlassen hat, auf welchem eine ganze Serie der mitgeteilten symbolischen Traumdarstellungen verwertet ist. Es führt den Titel:

---

[1]) Mitgeteilt von F. S. Krauß (Anthropophyteia, Band V, S. 293, Nr. 697). Den Hinweis darauf verdanke ich Herrn Prof. Ernst Oppenheim in Wien.

Traum der französischen Bonne.

(A francia bonne álma.)

7*

Dr. Ferenczi fügt dem Bild kurz hinzu:

„Schönes Beispiel dafür, daß das Symbol nicht aus der Sprache, sondern die Redewendungen vom Symbol abstammen. Im Ungarischen gibt es keinen Ausdruck für Harnlassen, der ans Schiffen erinnert, doch denkt sich der Zeichner den Urintraum voll mit Schiffen."

Es könnte fast so anmuten, als hätte der Zeichner nicht nur das reale Leben unserer Träumerin als Kinderfräulein wiedergeben wollen und als wüßte er genau, daß gerade dieser Beruf zur Wiederbelebung der infantilen Lustquellen besonders geneigt ist, sondern als wäre er auch in ihr psychisches Leben so tief eingedrungen, daß er die gleiche Symbolik so meisterhaft darzustellen vermag, wenn wir nicht eben daran wären, ihrem typischen allgemeinmenschlichen Charakter auf die Spur zu kommen. Die ersten zwei Bilder des Traumes entsprechen unserem 3. Beispiel, wo die Frau mit dem der Harnentleerung bedürftigen Kind durch eine nasse Gasse geht und die Träumerin sich wundert, warum sie denn das Kind nicht auf die Seite lasse. Dem dem Stärkerwerden des Harndranges entsprechend stetigen Anwachsen und Steigen des Wassers sind wir in mehreren Beispielen begegnet, ebenso dem entsprechend größer werdenden „Schiff" im Traum 13, wo die Träumerin aus einem kleineren Boot auf ein Dampfschiff umsteigt und in Nr. 24, wo das große Schiff ein kleines Boot angehängt hat. Auch den hohen, gefahrdrohenden Seegang finden wir im 6. Bilde in dem die Segel füllenden und Wogen bildenden Wind angedeutet. Die geniale Konzeption des Zeichners ging aber, wie das letzte Bild zeigt, auf die für den Mechanismus der Traumbildung hochbedeutsame Bequemlichkeitsfunktion. Denn die Bonne hört in ihren Schlaf hinein das Geschrei des vom Harndrang geweckten Kindes und die Bequemlichkeitstendenz täuscht ihr vor, daß sie das Kind bereits urinieren lasse. Je näher nun die Gefahr rückt, daß sie durch das entsprechend der Zunahme des Harndranges immer stärker werdende Gebrüll geweckt werde, desto mehr und mehr läßt sie das Kind urinieren, damit es doch endlich befriedigt werde und ihr Schlaf ungestört bleibe. Der Traum besagt also eigentlich — wie auch das mißmutige Gesicht der Bonne auf Bild 3 und 4 andeutet: — Du ekelhafter Fratz, so „schiff" doch, soviel du willst, nur laß mich schlafen. Es ist nun tatsächlich, wie Dr. Ferenczi treffend bemerkt, höchst beachtenswert, daß dieses symbolische Bild in der ungarischen Sprache keinen Ausdruck gefunden hat, daß also der Zeichner, selbst wenn wir annehmen wollten, daß ihm diese Sprachbrücke bekannt gewesen sei — keineswegs ihre Kenntnis, aber doch das richtige Verständnis für seinen witzigen Einfall bei seinen Lesern voraussetzen konnte[1]). Es erweist sich hier tatsächlich die unbewußte Symbolbildung als der primäre, ihr sprachlicher Ausdruck als ein sekundär möglicher aber nicht notwendiger Vorgang. Dürfen wir einen Schritt weit über das vom Zeichner Beabsichtigte hinausgehen, also gewissermaßen seine Leistung auch in einem Punkt im Sinne einer Deutung betrachten, so können wir wohl auf Grund unserer Erfahrung am realen Traumleben die ganze Situation auf die Träumerin reduzieren, die, selbst vom Harndrang im Schlafe gestört, ihn durch Identifizierung mit dem Kinde in ihre eigene Kindheit zurückprojiziert, woraus sich vermutlich auch die ungeheure Größe des Wassers (im Vergleich zur kindlichen Kleinheit) hier wie in einigen unserer Beispiele erklären mag[2]). Auch erkennen wir leicht, daß die auf erotische Wirkung berechnete weibliche Figur des letzten Bildes der beim Leser durch das Thema geweckten Sexualempfindung Objekt und Abfuhr bietet[3]).

Ehe wir uns von dem auf allgemeine Wirkung berechneten Witz dem weiteren in Sage und Mythus wiedergespiegelten Symbolmaterial zuwenden, sei noch als Übergang an ein paar kleinen unscheinbaren Beobachtungen auf die auffällige Konstanz und immerwährende spontane Wiederkehr der wenigen primitiven Menschheitssymbole hingewiesen, die insbesondere die Identifizierung des Regens oder des großen Wassers mit dem Urinieren betreffen. So wird mir von verläßlicher Seite die Beobachtung an einem $1^1/_2$jährigen, kaum der Sprache mächtigen Kind mitgeteilt, welches beim Fenster gehalten den Beginn eines Regens sieht und dazu bemerkt: Himmi wawa (wawa war die ihm geläufige Bezeichnung für urinieren). Einer freundlichen Mitteilung des Herrn Dr. Karl Weiß in Wien verdanke ich die Beobachtung an einem $2^1/_2$jährigen Mäderl, das beim ersten Anblick eines Teiches verwundert fragt: „Wer hat das große Pischpisch gemacht?“ Ein

[1]) Dr. Ferenczi teilt mir auf meine Anfrage freundlichst mit, daß die ungarischen Ausdrücke für urinieren etwa „wässern“ und „harnen“ bedeuten und daß das Wort „schiffen“ in Ungarn selbst unter den deutsch Sprechenden wenig geläufig ist.

[2]) So konnte ich einmal auf der Straße ein kleines Mädchen beobachten, das sich zur Befriedigung eines kleinen Bedürfnisses direkt in eine große Lache setzte, als wollte es dieselbe als seine Leistung in Anspruch nehmen.

[3]) Die anderen Traumzeichnungen würden zeigen, daß der Zeichner — wie ja bei jedem derartigen auf erotische Wirkungen berechneten Witzblatt selbstverständlich — der sexuellen Komponente immer entsprechende Anhaltspunkte zu bieten sucht.

12jähriger Junge, der seine starken kopro- und urophilen Neigungen zum Verdruß seiner Eltern und Erzieher in dem häufigen und aufdringlichen Gebrauch der diesem Kreise angehörigen obszönen Worte verrät[1]), sagt, als er das Geräusch eines beginnenden Platzregens hört: „Der Josef geht auf die kleine Seite." Josef ist ihr Kutscher, ein kräftiger, riesenhafter Kerl, der ihm durch seine übermenschlichen Organe und Leistungen riesig imponiert und dem er darum auch diese Fülle und Kraft des Harnstrahles am ehesten zutraut, wobei gewiß auch der Eindruck vom Strahlen der Pferde mitgewirkt haben mag. Ein andermal findet er es in einem Briefe an einen Kollegen mitteilenswert, daß unlängst zu seiner und seiner jüngeren Brüder größten Erheiterung, eben als sie im Begriffe waren zu einem gemeinsamen Urinieren in den Garten zu gehen, plötzlich ein heftiger Regen einsetzte. Als er die Sage vom Raub der Proserpina las, worin erzählt wird, daß Dis in der Nähe einer sizilianischen Stadt in die Erde gefahren und an dieser Stelle plötzlich ein See entstanden sei, legt er sich dieses Wunder ganz rationalistisch aus, indem er bemerkt, er werde halt dabei „gewischerlt" haben. — Ganz in der gleichen Weise erklärt eine von F. Boas (Indianische Sagen, S. 174) mitgeteilte Sage der Tlatlasikoalaindianer die Entstehung der Seen und Flüsse durch das Wasserabschlagen eines Menschen. In einer andern Sage (S. 238) entsteht beim Harnen einer Frau ein großer Fluß, und ähnlich bewirkt in der „Edda" (übersetzt von Gering, S. 362) Geiröds Tochter Gjalp das Anschwellen des Flusses Wimur.

Auf Grund dieser symbolischen Verknüpfung lassen sich aber

[1]) Derselbe Junge fragt mich einmal mit überlegener Miene, ob ich wisse, warum das Klosett mit 00 bezeichnet werde, und sagt mir, als ich auf seine Auskunft neugierig gemacht es verneine, er habe jüngst in Münchhausens Seeabenteuern gelesen, wie der Held nach seinem eigenen Bericht den Untergang des leck gewordenen Schiffes dadurch verhindert habe, daß er sich mit seinem Allerwertesten 00 auf das Loch setzte und so das Eindringen des Wassers verhinderte. — Die beiden Nullen faßt der Junge als Symbol der Nates auf und will darin auch die Signatur des Wortes Popo (nach Weglassung der beiden P) erkennen, wie er überhaupt eine besondere Neigung besitzt, dieses Wort oder Bestandteile desselben aus allen möglichen anderen Buchstaben- und Wortfolgen mit verblüffender Geschwindigkeit herauszusehen. — Man vergleiche dazu unsere euphemistische Redensart: Setz dich auf deine vier Buchstaben (Popo). — Hierher gehört auch die lustige, in einem Bande der „Anthropophyteia" abgedruckte Geschichte von dem Manne, der von einem entblößten Hintern träumt, aber eine falsche Nummer in die Lotterie setzt, weil er die Nulle in der Mitte nicht entsprechend eingesetzt hatte (er setzt 77 statt 707).

auch gewisse pathologisch erscheinende Sonderbarkeiten perverser und geisteskranker Individuen verstehen. So findet sich bei Krafft-Ebing (Psychopath. sex., 9. Aufl., S. 80) der Fall (30) eines Studenten der Medizin, der vor Mädchen sein Glied entblößte, die Flüchtenden dann verfolgte, an sich drückte und mit Urin besprengte, was für ihn offenbar im infantilen Sinne lustbetont und ein Ersatz des sexuellen Aktes war. Derselbe Patient klagte über „perverse Antriebe“, z. B. sein Geld ins Wasser zu werfen, im strömenden Regen umherzulaufen. Sein Bruder litt an epileptischen Krämpfen. (Über die gleiche Symbolik bei Epilepsie[1]) und Dementia praecox vgl. später.) Ein anderer Patient Krafft-Ebings mit ähnlichen Urinperversionen hat einen unwiderstehlichen Drang zur Marine. Auf diese Zusammenhänge mit der Berufswahl haben Adler (l. c.) und Sadger (Über Urethralerotik, Jahrb. II) ausführlich hingewiesen.

Dem Mythus, der Sage, dem Volksglauben und der Sprache ist die Analogisierung von Regen und Harn völlig vertraut. So bemerkt Ehrenreich (Die allg. Mythologie, Leipzig 1910, S. 140) bezüglich des Regens, daß er „auffallend häufig als Exkret (Harn, Schweiß, Speichel) eines himmlischen Wesens gefaßt“ werde. So sehen beispielsweise die Antillenbewohner im Regen den Harn und Schweiß ihres Zemes (Ahnengottheiten), wie gleichfalls Ehrenreich (Die

[1]) Siehe auch Evang. Marci 9, 17 ff. „Einer aber aus dem Volke sprach: Meister, ich habe meinen Sohn hergebracht zu dir, der hat einen sprachlosen Geist. Und wo er ihn erwischt, so reißt er ihn und schäumt und knirscht mit den Zähnen und verdorret. Ich habe mit deinen Jüngern geredet, daß sie ihn austrieben und sie können es nicht. Er antwortete ihm aber und sprach: O, du ungläubiges Geschlecht, wie lange soll ich bei euch sein? Wie lange soll ich mich mit euch leiden? Bringet ihn her zu mir. Und sie brachten ihn her zu ihm. Und alsobald, da ihn der Geist sah, riß er ihn und fiel auf die Erde, und wälzte sich und schäumte. Und er fragte seinen Vater: Wie lange ist es, daß ihm dieses widerfahren ist? Er sprach: Von Kind auf; und oft hat er ihn ins Feuer und Wasser geworfen, daß er ihn umbrächte [„er fällt oft ins Feuer und oft ins Wasser“. Evang. Matth. 17, 15]. Kannst du aber was, so erbarme dich unser und hilf uns. Jesus aber sprach zu ihm: Wenn du könntest glauben. Alle Dinge sind möglich, dem, der da glaubet. Und alsobald schrie des Kindes Vater mit Tränen und sprach: Ich glaube, lieber Herr, hilf meinem Unglauben. Da nun Jesus sah, daß das Volk zulief, bedrohete er den unsaubern Geist und sprach zu ihm: Du sprachloser und tauber Geist, ich gebiete dir, daß du von ihm ausfahrest, und fahrest hinfort nicht in ihn. Da schrie er, und riß ihn sehr, und fuhr aus. Und er ward, als wäre er tot, daß auch viele sagten: Er ist tot. Jesus aber ergriff ihn bei der Hand, und richtete ihn auf, und er stand auf.“

Mythen und Legenden der südamerikanischen Urvölker, 1905, S. 15) bemerkt. Daraus erklärt sich auch die häufige Anschauung, daß die himmlischen Lichtkörper urinieren (siehe Schwartz: Sonne, Mond und Sterne, S. 30 fg.). Beweisend für die völkerpsychologische Grundlage der in unseren Träumen verwerteten Symbolisierung des Urinierens durch Regnen ist ein Hinweis Goldzihers (Der Mythos bei den Hebräern, S. 89) auf die etymologische Abkunft des arabischen Gewitter- und Regengottes, dessen Name, Kuzah, von der Bedeutung urinieren abgeleitet ist, welches (speziell in bezug auf Tiere) dem entsprechenden Verbum eigen ist. „Das Regnen ist hier im Mythos als ein Urinieren aufgefaßt, was Kennern der mythologischen Phraseologie nicht fremdartig klingen wird. Dieser Umstand regt dazu an, das hebräische Wort bûl = Regen, dann Regenmond, in Verbindung zu bringen mit arabisch bâla, jabûlu, was urinieren bedeutet."

Auf Grund dieser Symbolik läßt sich vielleicht auch das über die ganze Erde verbreitete mythische Motiv der „magischen Flucht" verstehen, das ist die Verfolgung durch einen Feind, die durch übernatürliche Hindernisse verzögert zur schließlichen Errettung des angstvoll Flüchtenden führt. Seit Laistner (Das Rätsel der Sphinx, Berlin 1889) die Auffassung geltend gemacht hat, daß eine Reihe mythologischer Motive sich als Darstellungen unverstandener Alptraumerlebnisse verstehen ließen, ist die Ableitung dieser ängstlichen Verfolgungen aus dem Traumleben fast allgemein anerkannt[1]). So heißt es bei Wundt (Völkerpsychologie, II. Band, Teil 2, S. 109 fg.): „Bei allen diesen sei es selbständig entstandenen, sei es zugewanderten Motiven der Bedrohung durch verfolgende Feinde und Ungeheuer und der wunderbaren Rettung spielt übrigens der Angsttraum und seine Lösung, dessen Bedeutung auch für die Vorstellung von Ungeheuern bereits früher betont wurde, wiederum eine unverkennbare Rolle." Auf Grund unserer Kenntnis der allgemein-menschlichen Symbolik sind wir vielleicht imstande, wenigstens ein Detail dieser „magischen Flucht" zu verstehen und damit dem zugrunde liegenden Angsttraum einen speziellen Inhalt zuzuerkennen. Die magische Flucht wird gewöhnlich durch drei zauberkräftige Dinge bewirkt (die 15 verschiedenen über die ganze Erde verbreiteten Varianten hat Ed. Stucken in seinen

[1]) Ehrenreich (l. c., S. 149): „Bei den Nordamerikanern bilden die Traummythen den integrierendsten Bestandteil der Mythologie . . . . Bei den Pima und Yuma bilden die Träume nach ihrer eigenen Angabe sogar die einzige Quelle der Mythologie."

„Astralmythen" S. 606 zusammengestellt; vgl. dazu auch die beigegebene Tafel 3): durch einen Wetzstein oder Messer, das sich beim Zurückwerfen in einen steilen Berg verwandelt, den der Verfolger erst übersteigen muß, mittels eines Kammes, aus dem ein undurchdringlicher Wald wird, und vermöge eines Tropfens Fischöl, das zu einem ungeheuern See anwächst, der die weitere Verfolgung unmöglich macht und so die Rettung bewirkt. Nun kennen wir den kleinen Tropfen, der sich rasch in ein großes Wasser verwandelt, aus der Harndrangsymbolik und dürfen also diese bereits als Angsttraum anerkannte mythische Motivgestaltung als ängstlichen Wecktraum ansehen, der die Beschmutzung des Schlafenden glücklich verhütet. Daß dieser Traum gern (wie z. B. bei Boas, S. 267 u. fg.) einem weiblichen Wesen zugeschrieben wird, steht nicht nur in völliger Übereinstimmung mit der bereits von Scherner gemachten Beobachtung, daß Frauen eher zu derartigen Träumen neigen, sondern weist uns auch, wenn wir die Vorgeschichte dieser Flucht in Betracht ziehen, auf das dem ganzen Traum zugrunde liegende erotische Motiv, dessen Verfolgung uns jedoch zu weit von unserem Thema abbrächte. Unsere Auffassung von dem mit unheimlicher Schnelle anwachsenden Tropfen Fischöls als Urinsymbol (auch in einem Fall Krafft-Ebings vertritt das Öl den Urin) wird aufs Schlagendste bestätigt durch die bereits erwähnte Version bei Boas, wo die Flucht des Mädchens dem Manne durch den — Nachttopf angezeigt wird, was sonst absolut keinen Sinn haben könnte. Durch diesen überraschenden Beweis ermutigt, dürfen wir mit Rücksicht auf die dem Mythus zugrunde liegende sexuelle Verfolgung des Mädchens durch den brünstigen Mann auch die anderen „zauberkräftigen" Elemente der magischen Flucht im sexualsymbolischem Sinne auffassen. Der Wetzstein und das Messer sind typische Penissymbole, deren wunderbares und rasches Anwachsen uns aus zahlreichen einwandfreien Analysen als Bilder der Erektion geläufig sind[1]) und der „Wald" kann in diesem Zusammenhange nichts anderes als die Schamhaare symbolisieren. Ehe man diese Deutung als willkürlich und gesucht zurückweist, beachte man noch, daß wieder auf Grund dieser Auffassung, und nur auf Grund derselben, ein sonst unverstandenes Detail einen guten Sinn bekommt. Wie früher der Nachttopf als Rudiment der ursprünglichen Bedeutung isoliert in der Sage steht, so erklärt sich auch aus unserer Deutung, warum bei der zweiten Wunderhandlung

[1]) Bei Beziehung der mythologischen Traumerzählung auf einen Mann wäre man versucht, an die durch Harndrang hervorgerufenen Morgenerektionen zu denken.

gerade ein Kamm zum Wald werden muß, wenn man diesen als symbolische Darstellung des Haarwaldes auffaßt. Diese Bedeutung des „Waldes“ können wir aber nicht nur aus Traumanalysen (vgl. Freud: Bruchstück einer Hystericanalyse, Kl. Schr. II, S. 88)[1]), sondern auch direkt aus verwandten mythologischen und dichterischen Bildern (der „Liebesgarten“ und alle ihm entsprechenden Bilder) als allgemeinmenschliche bestätigen. Es sei nur eine finnische Überlieferung (Stucken S. 335) erwähnt, wo Wipuns Behaarung grotesk-gigantisch als Bewaldung beschrieben wird, wie auch sonst in den Kosmologien, welche die Welt aus einem Menschen entstehen lassen, die Behaarung desselben zur Bewaldung wird. Auch in Ovids Darstellung von der Verwandlung des Atlas in ein Gebirge entsteht aus den Haaren der Wald (Metam. 4, 657). Dem Motiv der „magischen Flucht“ liegt also ein sexueller Angsttraum zugrunde (sexuelle Verfolgung), der regressiv zum vesikalen Wecktraum wird, ganz wie in den angeführten wirklichen Träumen, wobei die fortwährende Verzögerung der Verfolgung und damit des Erwachens der Bequemlichkeitstendenz entspricht. Unterstützend mag in diesen Fällen gewiß die physiologische Tatsache mitwirken, daß ängstliche Empfindungen leicht zu Harn- und Stuhldrang führen, obwohl es für den Traum noch zweifelhaft ist, ob in ihm die (sexuell bedingte) Angst den Harndrang weckt oder der Harndrang die ängstliche Empfindung (das Bett zu benässen) im Verlauf seines Anwachsens steigert.

In diesem Sinne hat Laistner (II, 232 u. fg.) eine Reihe von Überlieferungen aufgefaßt, indem er ausführt: „Schweiß ist nicht das einzige Naß, wodurch sich ein Angstzustand verrät oder das dem Alptraum gemäß wäre (vgl. I, 45); es ist der vom Alp geplagten Menschheit nicht zu verdenken, wenn sie aus Rache die eigenen Schwächen ihm aufbürdete und keine Verantwortung für die Spuren seines Besuches übernahm. Sie erfand sogar einen Zauber, ihn an seiner angeblichen Schwäche zu fassen (Wolf: Niederl. Sag., S. 346, Nr. 251; Lütolf, S. 118).... Offenbar sitzt in krankhaft veränderten Ausscheidungen der Alp selber oder wenigstens ein Stück von ihm; das nämliche Mittel, das ihn hindert, an jungen Ziegen zu saugen (oben S. 174 f.), wird deshalb in Mecklenburg angewandt, um Kindern die Unreinlichkeit

[1]) Dazu auch Riklin, Wunscherfüllung und Symbolik im Märchen, S. 37: „der Wald auf dem sogenannten Venusberg beim Weibe.“ Vgl. dazu den „Berg“ bei der „magischen Flucht“. Einige Überlieferungen, in denen ein zauberkräftiges Instrument dem Vater die Flucht der von ihm sexuell verfolgten Tochter anzeigt, hat Riklin (l. c. S. 80 f.) mitgeteilt.

abzugewöhnen (Wuttke, Der deutsche Volksaberglaube, § 540)." So erklärt sich die Vorstellung, daß „der Alp netzt (vgl. I, 49): wo der Scherber steht, wird es naß am Boden; die Gongers auf Silt hinterlassen einen Floß salzigen Wassers in der Stube; der griechische Kalikantsaros pißt in die Herdasche und in alle offenen Gefäße und wäscht sich mit dem darin vorgefundenen Wasser den Körper. Wenn nun der Wilde Jäger sich gleichfalls wäscht und die Wilde Jägerin zu eben diesem Zweck ihr eigenes Wasser nimmt (Jahn, S. 17, Nr. 19; Bartsch 1, 7. 19, Nr. 8. 23, 2; Kristensen, Jyske Folkemnider 4, 146, Nr. 210), so scheint dieser Zug, dem wir hier nicht weiter nachgehen können, mit dem von den netzenden Hunden in Zusammenhang zu stehen, und wiewohl die Auffassung, es habe eine naturmythische Zubildung zur Lursage vom Wilden Jäger stattgefunden, durchaus zulässig wäre, müssen wir uns doch bedenken, sie einzuräumen. Völlig zu der unreinlichen Gewohnheit des Kalikantsaros stimmt das Betragen der Hunde in vogtländischen Sagen; es hat sich einer vor der wilden Jagd in einen Graben versteckt, aber jeder der vorbeirasenden Hunde hält bei ihm an und hebt das Bein auf, so daß seine Kleider noch lange ganz unbrauchbar waren (Eisel S. 121, Nr. 313). Und ganz Übereinstimmendes wird aus Pommern gemeldet (Hofer in Pfeiffers Germ. 1, 103). Auch an eine schwäbische Sage ließe sich denken. Bei Ellwangen geht der Geist eines Jägers um; ein junger Bursche rief ihn einst bei seinem Spottnamen Hosenflecker und forderte zu trinken, er sei durstig, da erschien der Jäger im höchsten Zorn mit einem Fäßlein, aus dessen Spundloch ein feuriges Naß sich ergoß, und warf dann den Jungen mit solcher Wucht in den Graben, daß er in der Frühe übel zugerichtet nach Hause wankte (Birlinger 1, 13, Nr. 11).... Wenn Pferde krank und schweißtriefend im Stalle gefunden werden, so heißt es, der Alp habe sie geritten: aus der Erschöpfung, in welcher der Mensch vom Alptraum zu erwachen pflegt, wird auf ein Alperlebnis des erschöpften Tieres geschlossen; die Sage weiß dann vom Schaum des Schimmels, den der wilde Jäger reitet, zu berichten, er habe sich in Gold verwandelt (Jahn S. 12, Nr. 12)...."

Haben wir so die für den Harndrang- und den ihm parallel geschichteten Geburtstraum charakteristische Symbolbildung als allgemeinmenschliche erkannt, so dürfen wir sie endlich auch in einem bedeutsamen und weitverbreiteten völkerpsychologischen Gebilde wiedererkennen, das sich uns im Verlaufe unserer Untersuchung wiederholt aufdrängen mußte. Der herabströmende Regen, das stete Anschwellen des Wassers, die damit verbundene Gefahr, die Rettung in einem der Größe des Wassers entsprechenden Schiff: all das drängt zur Auffassung, daß auch die Flutsagen mit einer tiefreichenden Schichte ihrer Bedeutung in diesen psychischen Zusammenhang einzureihen sind. Es kann sich hier nicht um eine eingehende Untersuchung all dieser durch Zeit und Raum so weit getrennten Überlieferungen bei Kultur- und Naturvölkern handeln, welche dem Gestaltungs- und Bedeutungswandel dieses zum Teil hochkomplizierten Mythus im einzelnen nachgeht. Wir kennen heute bereits gegen 200 verschiedene Flutsagen, die rein stofflich schon eine eigene Bearbeitung erfordern würden. Wir wollen uns hier damit begnügen, das ungeheuere Material auf Grund der erkannten Symbolik schematisch zu sondern und von den ziemlich gut voneinander zu lösenden Schichtungen zwei dem Unbewußten angehörige und darum bis jetzt nicht beachtete besonders hervorzuheben. Wir betonen aber dabei nachdrücklich, daß wir die anderen Bedeutungen keineswegs zu leugnen oder in ihrer Geltung zu beeinträchtigen suchen, sondern sie für diesmal nur als längst und allgemein bekannt beiseite lassen. Dazu gehört z. B. die späte ethisch-religiöse Tendenz, die dem ursprünglichen Mythus — wie manche Parallelen bei den Naturvölkern zeigen — völlig abgeht und die sich charakteristisch bis in die Rationalisierung des Namens erstreckt, die aus der Sintflut, d. h. der großen Flut (sint = groß, ungeheuer) eine „Sündflut" als Strafe Gottes gemacht hat. Auch wollen wir die Berechtigung der ethnographischen Deutung, welche die Sage als Erinnerung an ein verheerendes Naturereignis auffaßt, hier nicht näher prüfen, obwohl dieser Standpunkt, den für die babylonisch-biblische Sage noch Eduard Sueß (Das Antlitz der Erde, Bd. 1, S. 25 ff.) vertreten hat, von den Mythologen bereits aufgegeben ist, welche diese Überlieferungen als echtes mythisches Gut betrachten. So hält auch Wundt (l. c. S. 457) es für „wenig wahrscheinlich, daß bei irgend einer dieser Sagen die geschichtliche Erinnerung an ein einzelnes Naturereignis im Spiel gewesen sei, wie dies vielfach angenommen worden ist". Wir stehen somit auf mythischem Boden, in dessen Bereich das symbolische Denken Geltung besitzt. Wenn wir nun wirklich die Sagen von der großen, verheerenden Flut, aus der ein Menschenpaar oder ein Mensch (eben der Träumer) durch Rettung in einem schwimmenden Kasten (Schiff) heil hervorgeht, mit der in den Harndrangträumen erkannten Symbolik besser zu verstehen glauben, so bestärkt uns in diesem anscheinend recht kühnen Unternehmen ein höchst beachtenswerter Umstand. Das gewaltige Material der Flutsagen ist ein ziemlich disparates und ungleichwertiges: Neben ganz einfachen schmuck- und tendenzlosen Berichten, wie sie sich besonders bei Naturvölkern finden, kennen wir hochkomplizierte Bildungen, wie beispielsweise den biblischen Bericht, die in eine ganze Schöpfungsgeschichte eingekleidet sind. Dazu kommen noch eine Reihe von anderen Überlieferungen, die nicht unter dem Namen der Flutsagen gehen, aber von den Mythologen mit Recht der gleichen Gruppe zugerechnet werden, weil sie die gleichen Elemente wie die Flutsagen, wenn auch in anderer Einkleidung, enthalten. Solche Überlieferungen sind insbesondere: der Aussetzungsmythus (Wundt: Truhenmärchen) und die Verschlingungssagen. Nun stimmt es auffällig mit unseren Wecktraumanalysen überein, daß diese beiden den Flutsagen analogen Mythengruppen sich als symbolische Darstellunstellungen des Geburtsvorganges erweisen. Für die Verschlingungsmythen wäre dieser Nachweis an Hand des reichhaltigen von Frobenius (Das Zeitalter des Sonnengottes, Berlin 1904, Bd. 1) gesammelten Materials leicht im Detail zu erbringen. Doch mag hier eine schematische Inhaltsangabe und Deutung dieser meist als Walfischsagen eingekleideten Überlieferungen hinreichen. Der Held wird entweder als Knabe oder Erwachsener (manchmal auch mit seiner Mutter, seinen Brüdern usw.) von einem ungeheuern Fisch verschlungen, ganz wie in der biblischen Jonasage, und schwimmt eine Zeitlang im Fischbauch auf dem Meere. Zur Stillung des Hungers beginnt er häufig das Herz des Fisches abzuschneiden, entzündet ein Feuer in seinem Innern und wird endlich von dem Ungetüm ans Land gespien oder gelangt durch Aufschlitzen des Bauches ins Freie. Frobenius hat diese zahlreichen und mannigfach variierten Überlieferungen, besonders mit Rücksicht darauf, daß dem Helden meist infolge der großen Hitze im Innern des Tieres das Haar (Strahlen) ausfällt, als Sonnenuntergangs- respektive Aufgangssymbole betrachtet. Diesen himmlischen Ursprung des Mythos hat jedoch bereits Wundt (l. c. 244) abgewiesen, indem er den menschlichen Inhalt der Vorstellungen betonte (S. 262) und ihre Beziehungen zum Truhenmärchen und zur Flutsage hervorhob. Auf Grund unserer Kenntnis der Traumsymbolik und der infantilen Sexualtheorien[1]) kann uns die Bedeutung dieses Verschlingungsmythos als

[1]) Dazu gehören: Die Befruchtung durch Verschlucken, das Gebären durch Aufschneiden des Bauches (Rotkäppchen), durch Ausspeien (Kronos) und auf dem Wege eines Exkrementes (vgl. Frobenius, S. 90, 92, 125). Ich verweise auf meine: „Völkerpsychologische Parallelen zu den infantilen Sexualtheorien" (Zentralblatt für Psychoanalyse, II. Jahrgang. 1912, Heft 7/8.).

infantile Auffassung der Schwangerschaft (Aufenthalt im Mutterleib) und des Geburtsvorganges kaum zweifelhaft sein; manche der Überlieferungen symbolisieren den Geburtsvorgang mit aller detaillierten Deutlichkeit (vgl. Beispiel F. S. 66 bis 68 u. v. a. bei **Frobenius**) und meist spielt in der Geschichte überdies auch eine Schwangere eine Rolle. Der Aufenhalt im „Bauch“ und die Ernährung im Mutterleib kann wohl nicht deutlicher geschildert werden und nur die Verblendung allem gegenüber, was mit der Sexualität in Verbindung steht, konnte diese Bedeutung des Mythus bis jetzt übersehen. Der ursprünglich feindliche und dann zum „Retter“ gewordene Fisch ist in der Flutsage zum bergenden Schiff (das lautlich merkwürdigerweise der Umkehrung von Fisch entspricht) und im Aussetzungsmythus zum schützenden Kasten oder Körbchen geworden, symbolisiert aber überall in gleicher Weise den bergenden Mutterschoß (vgl. dazu auch die interessanten Geburtsphantasien einer Dementia-praecox Kranken, die S. Spielrein im diesem Jahrb. III, S. 367 fg. analysiert hat; z. B. „Schiffsgefahr“ = Abortus usw.). In der indischen Flutsage ist es beispielsweise ein Wunderfisch der die Arche Manus dem rettenden Berge zuführt (Wundt S. 176). Für den Aussetzungsmythus habe ich den Nachweis der Geburtsbedeutung im Detail zu erbringen gesucht in meiner Arbeit über den „Mythus von der Geburt des Helden“ (Deuticke 1909), wo ich bereits andeutete (S. 71 Anmerk.), daß die Flutsagen nichts anderes zu sein scheinen als der universelle Ausdruck des Aussetzungsmythus[1]), der die feindliche Aussetzung (Geburt) des Helden meist durch den Vater im Kästchen ins Wasser und seine wunderbare Rettung durch hilfreiche Tiere (vgl. den rettenden Fisch) oder gutherzige Menschen zum Inhalt hat. In der Sintflutsage ist die ganze Menschheit in einem Vertreter zum Helden geworden, der zürnende Vater erscheint als der himmlische und auch hier erfolgt die Rettung (i. e. Wiedererzeugung) des Menschengeschlechtes aus der großen Gefahr. Ja, die biblische Aussetzungssage von Moses bietet insofern das direkte Gegenstück zur biblischen Flutsage von Noah, als der verpichte Kasten, in dem Noah auf dem Wasser schwimmt,

[1]) Die Flutsagen werden auch aus rein mythologischen Gründen mit den Aussetzungs- und Verschlingungsmythen in Parallele gesetzt, z. B. von **Wundt**, **Frobenius** u. v. a., weil die Übereinstimmung in den einzelnen Elementen, namentlich den symbolischen Details, zu auffällig ist. Wir suchen diese Zusammengehörigkeit hier von der psychologischen Seite zu erweisen und zugleich zu verstehen.

im Alten Testament mit demselben Worte (tebah) bezeichnet ist wie das Gefäß, in dem der kleine Moses ausgesetzt wird (Jeremias: Das Alte Testament im Lichte des alten Orients, 2. Aufl. Leipzig 1906, S. 250). Flutsage und Aussetzungsmythus bedienen sich also ebenso der gleichen Symbolik wie der vesikale Harnreiz und der sexuelle Geburtstraum und die zwei Formen oder Bedeutungsschichten der Flutsagen entsprechen vollauf bis ins Detail der in unseren Traumbeispielen aufgedeckten Übereinanderlagerung von vesikaler und sexueller Symbolik. Zum Unterschied von dem vorwiegend sexualsymbolisch eingekleideten Verschlingungs- und Aussetzungsmythus, der die Geburtsgeschichte und den Familienroman betont, ist in der Flutsage der Hauptakzent auf die große stets anwachsende und gefahrdrohende Wassermenge gelegt, was wir eben mit dem vorwiegend vesikalen Anteil bei dieser Sagengruppe in Zusammenhang bringen. Unter den Flutsagen selbst gibt es dann, wie bereits erwähnt, wieder solche, die fast nur den vesikalen Traum widerspiegeln (die einfachen und schmucklosen mancher Naturvölker), andere, die über diese primitive (infantile) Schichte die spätere sexuelle gelagert zeigen (wie der biblische Bericht), der ja eine vollständige Wiedergeburt des Menschengeschlechtes enthält. Die ethisch-religiöse Tendenz wird uns in diesem Bericht als dritte oberste Schichte verständlich, die der sexuellen Schichtung widerspricht und als Niederschlag ihrer Verdrängung anzusehen ist, indem ja die Strafe der Sintflut wegen der sexuellen Ausschweifungen und der damit verbundenen Vermehrung (Geburten) der Menschen verhängt wird[1]), ähnlich wie in der biblischen Sintbrandsage[2]), der Zerstörung Sodoms und Gomorrhas. Hier zweigt dann der Weg in eine andere psychische Schichte ab, die einen Hauptanteil der Triebkraft für die Mythenbildung liefert. Dieser anstößige und sträfliche Sexualverkehr erweist sich bei eingehender Untersuchung nicht nur, wie das Alte Testament deutlich zeigt, fast immer als ein inzestuöser (oder als sonst speziell verbotener und anstößiger; Lotsage), sondern auch dem Aussetzungsmythus liegt ja der gleiche zum Familienroman ausgebildete Komplex

[1]) Genesis, Kapitel 6: „Da sich aber die Menschen beginneten zu mehren auf Erden, und zeugten ihnen Töchter; da sahen die Kinder Gottes nach den Töchtern der Menschen, wie sie schön waren, und nahmen zu Weibern, welche sie wollten."

[2]) Auch bei der Sintflut wird das verderbliche Naß warm gedacht. Die Sanhedrinstelle spricht von „heißem Wasser", wie die Sintflut im Koran. — Der Prophet des babylonischen Exils nennt die Sintflut mê Nô'ăch, das Wasser Noahs.

zugrunde. Und so werden wir uns nicht wundern, wenn die Sintflutsage, wie im biblischen Bericht, auf die völlige Vernichtung des „sündhaften“ Menschengeschlechts ausgeht und dann der oder die einzig übriggebliebenen Menschen das neue Geschlecht notwendigerweise durch Inzestverbindungen wieder erschaffen müssen, wie noch deutlich in der Sintbrandsage von Lot und seinen Töchtern; andere Male erscheint diese Wiederkehr des verdrängten (bestraften) Inzests verdeckt oder symbolisch eingekleidet (vgl. dazu die erwähnten „Völkerpsychologischen Parallelen zu den infantilen Sexualtheorien“). Diese Wiederkehr des Inzests löst sich dann bei weiterer Analyse in eine einfache Rechtfertigung der Inzestphantasien durch Schaffung einer Situation, in der ihre Durchsetzung nicht nur erlaubt, sondern im Interesse der Erhaltung des Menschengeschlechtes geradezu gefordert wird. Diese ganze psychosexuelle Phantasiebildung von infantilen Zeugungstheorien (Inzest) und Geburtsauffassungen ist aber im Wecktraum wie in den ihm entsprechenden Mythenbildungen unterfüttert von der frühinfantilen und regressiv wiederbelebten Harnerotik, mit deren Verdrängung die psychische Schichtung einsetzt. Das ist aber individuell und entwicklungsgeschichtlich gegeben durch die Einschränkung der natürlichen Verrichtungen auf gewisse Zeiten und unter Schamempfindung (vgl. noch unser „auf die Seite gehen“). Daher entsteht auch die große, verderbliche Flut, aus der dann das neue Menschengeschlecht hervorgeht, aus einem ungeheueren Regen, den wir als typisches Urinsymbol bereits kennen, und der in anderen Überlieferungen mit sexueller Symbolbedeutung als das die Mutter Erde befruchtende Naß, als Sperma, erscheint (vgl. Völkerpsycholog. Parallelen zu den inf. Sex. Theorien). Diese Zurückführung der Flutsagen in einer ihrer tiefsten Schichtungen auf den vesikalen Traum ist jedoch nicht, wie böswillige Kritiker vielleicht gern möchten, eine mutwillige Erfindung der Psychoanalytiker, sondern drängt sich bei vorurteilsfreier Prüfung des Materials auch anderen Forschern auf. Und wenn auch erst psychoanalytische Ergebnisse und Methodik die breite allgemeinmenschliche Fundierung dieser Auffassung anzubahnen vermögen, so finden sich doch Andeutungen derselben bereits bei einzelnen Mythologen. So bringt Stucken (l. c. S. 264 Anmerkg.) auf Grund einer esthnischen Überlieferung die Flutsagen mit dem Urinieren in Verbindung und ähnlich spricht W. Schultz[1]) mit Hinweis auf vereinzelte Überlieferungen von einem Ursprung der

[1]) Das Geschlechtliche in gnostischer Lehre und Übung (Zeitschrift für Religionspsychologie, Band V (1911), Heft 3, S. 85, Anmerkung 1).

Sintflut aus dem cunnus. Einer Verknüpfung, die sich mit typischer Wiederkehr in unseren nächtlichen Träumen, in Glaube, Sprachgebrauch und Witz, in Sagen- und Mythenbildung der Kultur- und Naturvölker sowie in den seltsam ähnlichen Produktionen der Gemüts- und Geisteskranken in gleicher Weise findet, muß wohl ein sehr allgemeiner und allermenschlichster Inhalt zugrunde liegen. In wie disparaten psychischen Gebilden sich diese gleiche Beziehung immer wieder verrät, sei schließlich noch an der Gegenüberstellung dreier grundverschiedener Gestaltungen des gleichen Komplexzusammenhanges gezeigt. In seiner Studie über „die Sexualität der Epileptiker" (Jahrb. I) hat Maeder unter anderem den sehr interessanten Fall eines mit Koprophagie und Urolagnie behafteten Patienten mitgeteilt, der eine Reihe der typischen „infantilen Sexualtheorien" aufweist. So glaubt Patient, daß im Urin der Samen enthalten ist. (Zahlreiche Patientinnen sagen, sie dürfen weder Urin noch Milch trinken, sonst werden sie schwanger.) Der Urin ist für ihn der Anteil des Mannes an der Schöpfung eines neuen Lebewesens. Der „Brunzel" werde bei der Annäherung mit der Frau eingeführt, das „Brunzeln" selbst sei der wichtigste Akt. Am nächsten Tage ist der Boden der Zelle ganz naß: „ich habe mich hingelegt und laufen lassen; das verbreitet das Leben, eine Zeugung hat stattgefunden". In diesem Stadium erlebt er regelmäßig die Sintflut, die er selbst, als Gott, durch Urinieren macht. Er betont gern: Sündflut, er hat gesündigt. Eine Jugendfreundin tritt regelmäßig als Eva auf. Die Epilepsie sei auch eine Buße für die Sünde" (S. 146). Wir sehen hier nicht nur, daß der Geisteskranke den vesikalen Traum, den wir träumen, in Handlung umsetzt, ihn zu realisieren sucht, weil er für ihn lustvoll ist, sondern wie er ihn, ganz wie in unserer zweiten Traumschichte, sexualisiert. Aber nicht nur die Zeugung symbolisiert ihm der Akt, sondern direkt, in völliger Analogie zu der Traumsymbolik, auch den Geburtsvorgang. „Einmal trifft man ihn nackt auf dem Boden der Zelle, in seinem Urin badend, „es habe eine Entbindung stattgefunden" (S. 145). Diesem pathologischen Ausdruck der Symbolbedeutung und dem von ethischer Tendenz durchdrungenen biblischen Bericht stellen wir eine naive Sage der amerikanischen Naturvölker und schließlich ein Detail aus einer hochwertigen mythischen Erzählung der Antike gegenüber. Es klingt fast wie eine ironisierende Umkehrung der biblischen Flutsage, wo die Arche „am siebenzehnten Tage des siebenten Monats" sich auf dem Gebirge Ararat niederläßt, wenn in einer Mythe aus Heiltsuk (Frobenius I, 299) Mann und Frau auf dem Gipfel eines Berges ein Boot bauen. „Der junge Mann wundert sich, wie dies wohl zum Meere hinabkommen würde. Die Frau beruhigt ihn aber. Sie laden Nahrungsmittel in das Boot. Dann setzen sie sich hinein — oben auf dem Berggipfel. Dann fing aber die Frau an zu harnen und aus ihrem Harn entstand ein großer Fluß. Auf dem Fluß begaben sie sich fort."

Endlich besitzen wir noch eine für unsere Beweisführung sehr wertvolle Überlieferung der Antike, welche die aufgedeckten Beziehungen wie in einem Brennpunkt zusammenfaßt. In der bekannten Herodotischen Version der Kyrossage (I, 107 u. ff.) wird ein Traum des später von Kyros seiner Königswürde beraubten Astyages berichtet, welcher seine Tochter Mandane betrifft. „Einst sah er sie im Traum, wie so viel Wasser von ihr ging, daß seine ganze Stadt davon erfüllt und ganz Asien überschwemmt wurde." In der weniger bekannten Ktesianischen Version der Sage wird dieser Traum psychologisch getreuer der mit dem zukünftigen Kyros bereits schwangeren Mandane selbst zugeschrieben[1]), die vielleicht in noch deutlicherer vesikaler Symbolik träumt, „es sei so viel Wasser von ihr gegangen,

[1]) Daß der Traum bei Herodot dem Vater zugeschrieben wird, erscheint uns keineswegs als willkürliche Variante, denn in dem der Sage zugrunde liegenden Familienroman ist es regelmäßig der leibliche Vater des noch ungeborenen Knaben, dem ein verhüllter Traum Gefahr und Verderben vom Sohne prophezeit. Aus dem ganzen mythischen Material und dem psychologischen Zusammenhang ist dieser dem Astyages zugeschriebene Traum als symbolisch eingekleideter Inzest mit der Tochter aufzufassen, die er wie andere ähnlich gesinnte Väter keinem Manne gönnt und strenge bewachen läßt. Das zur Welt gebrachte Kind ist dann tatsächlich sein eigener Sohn, wie in den meisten verwandten Überlieferungen und seine Aussetzung erfolgt dann, wie in einer Reihe anderer Sagen, um die eingetretenen Folgen des Inzests zu vertuschen. Der Kreis der Beweisführung in diesem Sinne wird geschlossen durch die einander ergänzenden und deutenden Berichte des Herodot und Ktesias. Nach dem ersten ist Kyros ein Sohn von Astyages Tochter, nach dem zweiten nimmt er aber nach Besiegung des Astyages dessen Tochter, also seine Herodotische Mutter, zur Frau und tötet ihren Mann, der bei Herodot als sein Vater auftritt. Wie der Traum Cäsars vom Geschlechtsverkehre mit der Mutter von den Magiern als Ankündigung von der Besitzergreifung der Mutter Erde rationalistisch ausgelegt wird, so darf man hier umgekehrt den Traum von dem durch eine ungeheuere Flut benäßten cunnus der Tochter seinem latenten Inhalt nach als Geburtstraum auffassen, dem speziell der Geschlechtsakt zwischen Vater und Tochter zugrunde liegt, der aber bereits auf die gleiche Besitzergreifung der Mutter (ganz Asien, Mutter Erde) durch den Sohn hindeutet, weswegen dieser eben von dem eifersüchtigen Vater ausgesetzt wird, aber doch seinem für ihn sieg- und ruhmreichen Schicksal nicht entgeht. (Vgl. dazu: Der Mythus von der Geburt des Helden, 1909.)

daß es einem großen Strome gleich geworden, ganz Asien überschwemmt habe und bis zum Meere geflossen sei". Dieser so überraschend an die Flutsagen anklingende Traum ist seinem manifesten Inhalt nach ein unzweideutig vesikaler Traum, da ja das Wasser aus dem cunnus fließt. Und doch wird derselbe Traum im Zusammenhang der Sage seinem latenten, dem Träumer selbst unbewußten Gehalt nach als Geburtstraum gedeutet und aufgefaßt. Astyages legt nämlich diesen Traum den Traumdeutern unter den Magiern vor, die daraus schließen, daß die (bei Herodot noch unvermählte, bei Ktesias bereits schwangere) Tochter einen Sohn gebären werde, dessen Herrschaft sich — wie das Wasser — über ganz Asien erstrecken und dem König selbst Verderben bringen werde. Die mythische Überlieferung kennt also hier selbst noch die doppelsinnige Schichtung des Traumes, die wir auf Grund unserer individuellen Traumanalysen aufdecken konnten.

Psychologische Analyse eines Paranoiden.

Von Sch. Grebelskaja.

Krankengeschichte.

Des Patienten Vater war immer etwas sonderbar, verschlossen, aber intelligent und arbeitsam. Die Mutter war debil, ist an Phthise gestorben. Ein Bruder des Vaters soll Selbstmord begangen haben. Eine Schwester des Patienten litt an Dementia praecox, eine andere ist imbezill. Ein Bruder und eine Schwester sind gesund und intelligent.

Patient ist 1869 geboren. Schon als Kind war er etwas reizbar. In der Schule war er fleißig, machte die Primar- und Sekundarschule durch, las auch sehr viel. Schon in der Schule klagte er den Lehrern, die Schüler lachten ihn aus, besonders während des Turnens. Er hatte keine Kameraden, zog sich zurück, spielte wenig. Mit 16 Jahren ging er in die Lehre zu einem Mechaniker, weil ihm dieser Beruf am meisten imponierte, bekam aber so starkes Heimweh nach dem Vater (wie er mir angab), daß er schon nach 14 Tagen die Stelle verließ. Er wurde nun Kellner und arbeitete als solcher in verschiedenen Städten der Schweiz, Frankreichs und Englands. Auch dieser Beruf machte ihm aber keine Freude und er entschloß sich, mit dem Vater zusammen das Geschäft (Hutfabrik) weiterzuführen. Er übernahm eine ziemlich selbständige Stellung, wobei es ziemlich gut ging. Das Verhältnis zum Vater war in dieser Zeit besonders gut; der Patient lernte sehr viel von ihm. Im Jahre 1897 machte er die Bekanntschaft eines jungen Mädchens, mit dem er sich bald verlobte. Patient meinte aber, der französische Zug in ihrem Charakter (sie hatte französisches Blut), paßte nicht gut zu seiner ruhigen Familie. Er verdächtigte sie bald der Untreue und löste nach einiger Zeit die Verlobung. Er fühlte sich nun von allen Leuten gekränkt, wurde stark nervös. Mit besonderer Liebe und mit Erfolg gab er sich dem Schießsport hin. Inzwischen war er immer verstimmt, mißtrauisch, verlor Schlaf und Appetit.

Als er einmal abends im Jahre 1900 nach Hause ging, wurde er angerempelt und, als er anfing zu schimpfen, auch noch durchgeprügelt. In der Finsternis erkannte er den Täter nicht, war aber überzeugt, daß das ein gewisser D. sei, der mit ihm in der Sekundarschule zusammen war, wo D. der beste Turner war. Er verklagte den Betreffenden, hatte aber nachher keine Ruhe. Der vermeintliche Täter und seine Freunde wurden vom Patienten verdächtigt, daß sie ihn immer verspotteten, daß sie Hilferufe nachahmten, die er beim Überfall ausgestoßen habe. Es sei ein Komplott gegen ihn; man schikaniere ihn; besonders in der Nacht machten sie sich im gegenüberliegenden Restaurant über ihn lustig, machten Anspielungen auf die Begebenheiten jener Nacht, alles laut, damit er es hören solle. Daraufhin drohte er einem von den Kameraden des D., „ihn kaput zu machen", zog sogar seinen Revolver heraus, den er in der letzten Zeit immer trug, um sich vor den Feinden zu schützen. Auf die Klage dieses O. wurde Patient ärztlich untersucht und mit der Diagnose „Paranoia" wegen Gemeingefährlichkeit der Anstalt überwiesen. Hier ergab sich, daß er sich von allen verfolgt fühlte; wenn jemand schrie, hustete, lachte, so bezog er alles auf sich. Auch hörte er Stimmen.

Als aber der Patient sich etwas beruhigt hatte und versprach, keine Waffen mehr zu tragen, wurde er auf Zusehen hin entlassen.

Nach einiger Zeit hatte er sich freiwillig in eine andere Anstalt aufnehmen lassen, um sich den Verfolgungen zu entziehen. 1903 wurde er von der Polizei wieder in die Anstalt gebracht, weil er wiederum gemeingefährlich wurde. Er meinte, man wolle ihn töten. Einmal hatte er sich aus dem Fenster stürzen wollen, um sich vor den Feinden zu retten. Er bildete sich ein, daß die Leute ihn schikanieren, seine Gedanken erraten, ihn lebend sezieren wollen, seinen Körper auf verschiedene Art schwächen.

Status praesens bei der Aufnahme.

Klein, schmächtig, mit einem gewissen scheuen und argwöhnischen Ausdruck steht oder geht Patient auf der halbruhigen Abteilung umher mit gesenktem Kopfe, stets sichtlich innerlich beschäftigt, wenn er nicht schreibt oder seine Erfindungen konstruiert. Den Ärzten gegenüber macht er sich beständig durch allerlei Mitteilungen bemerkbar, teils über seine Erfindungen, seine Freilassung, seine erwiesene Gesundheit, über Beobachtungen von allerlei seiner Meinung nach unsauberen Ungehörigkeiten auf der Abteilung, etwa auch einmal über allerlei Beschwerden. Dabei ist Patient durchaus nicht harmlos und man hat sich sehr zu hüten, was man mit ihm spricht. Er gerät leicht in Aufregung. So warf er einmal plötzlich einen Wärter zu Boden und hat manchmal mit Totschlag gedroht. Es ist begreiflich, daß unter solchen Bedingungen auch die Analyse ihre Schwierigkeiten hatte. Denn abgesehen von den sehr wechselnden und für die Produktivität sehr maßgebenden Launen, gab Patient allerdings viel Auskunft, aber nur im Gebiete seiner Kompensation, war im übrigen in allen Komplexbeziehungen so abgesperrt oder empfindlich, daß man oft nicht weiter kam.

Patient ist gut orientiert, die Intelligenz gut, besonders aber das Gedächtnis. Der Gesichtsausdruck ist steif, die Affektivität schwach, aber doch noch erhalten.

Beziehungswahn: Wenn zwei Leute sprechen, so spricht man über ihn; wenn jemand lacht, so lacht man ihn aus; wer hustet, macht eine Anspielung auf seine Lungenkrankheit; wer schreit, ahmt seine Hilfeschreie beim Überfall nach.

Verfolgungswahn: Man will ihn aus der Welt schaffen, man will ihn vergiften, man errät seine Gedanken zu Probezwecken, man schikaniert ihn, man behält ihn in der Anstalt, weil er eine wichtige Persönlichkeit ist.

Größenideen: Er sei der beste Erfinder von Luftschiffen, er würde 100.000 Franken bekommen für seine Erfindungen. Er sei intelligenter als alle Ärzte. Seine Gedanken sind von großem Werte für die ganze Medizin. Er schreibt eine Menge Aufsätze über wissenschaftliche Themata. Neulich verfaßte er eine „Dissertation", die doch „sicher viel intelligenter" ist als die von vielen Ärzten.

Er hat Halluzinationen des Gehörs und Gesichts. Äußert eine Menge hypochondrischer Klagen, er verspüre ein Brandgefühl im Kopfe, ein Leerwerden der Lunge. Manchmal bläht man seine Lunge auf. Man ruft Pollutionen bei ihm hervor. Das bewerkstelligen die Inspiratoren durch Feuerwirkung.

Es handelt sich also um eine paranoide Form der Dementia praecox.

Analyse.

Patient gibt gern Auskunft, aber nur so lange man seine Komplexe nicht berührt. Sobald man etwas tiefer in seine Psychologie eingehen will, bekommt er Sperrungen, zeigt großen Widerstand und wird sogar hie und da etwas negativistisch. So ist die Analyse nach fast dreimonatiger Arbeit noch sehr lückenhaft. Er hat vieles abgesperrt, hat sich mit seiner ganzen Persönlichkeit den Erfindungen hingegeben, so daß man mit großer Mühe die Determination seines Unbewußten mit seinen bewußten Ideen und Phantasien in Einklang bringen kann.

Das auslösende Moment für seine Krankheit war der Überfall. Er wurde geprügelt von einem kräftigen Mann, zu dem er, wie er meint, früher gewisse Beziehungen hatte. Er benahm sich wie ein kleines Kind, schrie und bat um Hilfe. Selbstverständlich sprechen wir dieses Ereignis nicht als die Krankheitsursache an, sondern als ein Moment, das seine größten Konflikte zur Auslösung gebracht hat. Der Überfall hat ihm einen objektiven Beweis für seine im Innern schlummernden Konflikte gegeben, er bekam dadurch eine Möglichkeit, seine ihn schon vorher beherrschenden Komplexe nach außen zu projizieren. Und so brach seine Krankheit aus.

Komplex der Sexualität.

Beim Assoziationsexperiment bekam ich unter noch weiter zu schildernden kritischen Assoziationen auch folgende, die mich veranlaßte, den Onaniekomplex bei ihm zu vermuten, dessen Vorhandensein ich dann bestätigte.

Finger — Krankheit,
Hand — Schlaf,
Schlaf — Reinlichkeit,
Zahlen — 5.

Was meinen Sie mit Finger — Krankheit?

„Viele Ärzte wollen immer die Onanie als Krankheitsursache herstellen, es ist aber gar nicht wahr. Ich habe noch nie in meinem Leben onaniert, aber viel darüber gelesen und mit meinen Freunden davon gesprochen."

Haben Sie die Freunde direkt um die Onanie gefragt?

„Nein, niemals, ich habe nur ein solches Gespräch mit ihnen geführt. Wenn die Krankheiten von der Onanie abzuleiten wären, so müßten verheiratete Personen viel mehr an Krankheiten leiden, denn Onanie und geschlechtliche Erhitzung sind dasselbe und müssen daher auch dieselben Folgen haben. Von jeher hatte ich auch jünger ausgesehen, als ich bin, wahrscheinlich eine Folge von „oh - ua - nie, wie Dr. Sch."

Auf die Frage, was dieses Wort eigentlich bedeuten sollte, gab er folgendes an:

„Bei mir hat jedes Wort nicht eine, sondern viele Bedeutungen, deshalb verstehen viele Ärzte meine Fragen nicht, weil sie sich in den Grund der Idee nicht vertiefen können. Ich habe das Wort gebraucht, um zu zeigen, daß es einen andern Sinn hat; es soll heißen, daß Dr. Sch. onaniert habe, oder überhaupt alle Ärzte. Es heißt: oh-na-nie-wie Dr. Sch., noch nie onaniert, wie Dr. Sch., deshalb sehe ich jung aus, nicht wie Dr. Sch., wie man mir sagte."

Ich wiederholte wiederum die Assoziation Finger — Krankheit, dann sagte er:

„Das ist etwas . . . Krankheit kann ja in jedem Glied entstehen, auch in einem Finger.“

Was bedeutet Hand — Schlaf?

„Als Kind hatte ich immer Angst, meine Geschlechtsorgane anzufassen; ich glaubte, daß nur ich das tue. Ich hatte überhaupt große Angst, als Kind, nachher wußte ich, daß alle meine Freunde onaniert haben, trotzdem sie Verhältnisse hatten und ich keines.“

Haben Sie als Kind onaniert?

„Nein, darüber gebe ich überhaupt keine Auskunft.“ In diesem Zusammenhange bemerkte er: „Bei uns in der Familie ist man sehr reinlich, besonders der Vater.“ Nur er legte einen Makel auf die ganze Familie. „Besonders peinlich war mir der Gedanke, wenn das der Vater wüßte, ihm gegenüber möchte ich rein sein.“ Er hat sich viel mit Ganzwaschungen zu Hause abgegeben, achtete besonders auf die Reinlichkeit seines Körpers, wurde überhaupt ein Anhänger des Naturheilverfahrens, weil doch Bäder und Waschungen von allem heilen, „rein“ machen können. Er klagte, er leide deshalb so in der Anstalt, weil er diese Ganzwaschungen nicht weiter fortsetzen könne. Als Kind sah er besonders gern zu, wenn andere Knaben urinierten, um zu sehen, ob sie auch solche Organe haben wie er. Er hat wahrscheinlich die Phantasie gehabt (es läßt sich aber nicht deutlich durch die Analyse nachweisen), daß seine Geschlechtsorgane durch die Onanie verunstaltet werden, „des Blutes und der Gewebesäfte entzogen“.

In einer andern Sitzung, wo wir wieder über die Onanie sprachen, erzählte er mir folgendes:

„In den Büchern steht, daß Onanie schädlich ist, während Dr. Sch. gesagt hat, die Pollutionen seien nicht gefährlich. Ich habe die Pollutionen immer mit dem Traum. Die Träume handeln immer von geschlechtlichen Sachen, aber von abnormen.“

Wen sehen Sie im Traum?

„Verschiedene Personen, aber immer in merkwürdiger Stellung.“ (Ist etwas verlegen, reibt die Hände.)

In was für einer Stellung?

„Ja, es ist so dumm, ich kann es gar nicht sagen. Über solche Kleinigkeiten braucht man gar nicht zu sprechen.“

Ich kann ihn nicht dazu bringen, meine Frage zu beantworten. Sie wird indirekt doch beantwortet in der Analyse seiner Gesichtshalluzinationen (siehe unten).

Was sind das für Personen, die Sie sehen?

„Ich sehe sie mehr im Bilde als im Traume, es sind diejenigen, mit denen ich in ‚sinnlicher‘ Verbindung stehe, nein in ‚übersinnlicher‘. Das sind zuerst Dr. Sch., Prof. B. und Dr. J., früher waren es auch D. (der ihn überfallen hat), A. (dessen Freund) und noch andere. Es ist eine sinnliche Verbindung mit einer verheirateten Person. Meine Pollutionen entstehen dadurch, daß ich mit noch einem Patienten sinnlich vereinigt bin, der vielleicht noch im wachen Zustande sich befindet und sexuell erregt ist; diese Erregung wird auf sinnlichem Wege auf mich übertragen, und wenn ich schlafe, so träume ich von demselben und bekomme eine Pollution. Die Verbindung mit dem Patienten wird vermittelt durch das Gehirn von Prof. B., indem wir beide mit Prof. B. in Verbindung stehen."

Sind Sie auch mit Frauen in sinnlicher Verbindung?

„Nein, niemals, nur mit Männern und meistens mit Ärzten."

Und Ihr Vater, hat er auch Beziehungen zu dieser Vereinigung?

„Nein, nie, was denken Sie auch!"

Patient ist ganz entrüstet über meine Frage, beleidigt für seinen Vater, er fängt gleich an Schweizerdeutsch zu sprechen, aber scheinbar unbewußt, denn wie ich ihn darauf aufmerksam machte und ihm sagte, er könne schon Schweizerdeutsch sprechen, ich verstehe ihn, entschuldigt er sich und sagt, er habe gar nicht gemerkt, daß er nicht mehr Hochdeutsch spreche. Diese Reaktion auf meine Frage ließ mich vermuten, daß diese, wie er sagte „sinnliche" mit der Erklärung „geistige" Verbindungen mit seinen Verfolgern (es sind alle die Personen, die die Hauptfiguren in seinen Verfolgungsphantasien sind) wirklich sinnlich und gar nicht bloß geistig sind; vielleicht ist beides richtig. Sie sind „geistig", weil sie ja nur seine unbewußten Phantasien, seine Wünsche, seine gefühlsbetonten Vorstellungen, kurzum seine ganze Individualität, seine Psyche darstellen, aber diese „Verbindungen" sind auch sinnlich, denn es sind seine verdrängten sexuellen Gefühle und Wünsche. Wenn das nicht der Fall wäre, woher käme die außergewöhnliche Empörung über meine Frage, ob der Vater auch in „sinnlicher" Verbindung mit ihm stünde? Das beweist, daß auch der Vater irgendwie mit seinen sexuellen Komplexen zusammenhängt. Ebenso weist daraufhin das Schweizerdeutschreden. Immer, wenn ich auf seine verdrängten Komplexe zu sprechen kam, wurde er negativistisch, bekam Sperrungen und ging unbewußt vom Hochdeutschen zum Schweizerdeutschen über. Der Vater ist sein Ideal von Kindheit auf. In seinem ganzen Benehmen, wenn er vom Vater spricht, erinnert er an ein Kind, das in voller Bewunderung dem Vater gegenübersteht:

„Mein Vater ist der erhabenste Mann in der Gemeinde," sagte Patient; „er kann alles, er weiß alles. Sehen Sie, Fräulein Doktor, diesen Anzug hat er selbst genäht, wenn Sie sehen könnten, wie fein er nähen kann, wenn ich ihn sehen könnte, ihm in seinem Alter helfen könnte, wir haben doch so gut zusammengelebt."

Der Vater ist das Ideal der jungen Seele. Mit dem Wachsen der Kritik wechselt das Objekt der ersten Verehrung, der Vater wird nicht mehr als vollkommen betrachtet. An seine Stelle treten andere Autoritäten. Nur bleiben die letzteren in diesem Stadium der infantilen Übertragung stehen, sie „verkriechen" sich in diese Erlebnisse; ihre Psyche erstarrt, statt sich weiter zu entwickeln. Der große Komplex, der den Kranken in jungen Jahren beherrscht, der seine ganze Psyche einnimmt und sie gefühllos, interesselos für alles andere im Leben macht, ist die Grundveranlassung, daß er keine neuen Assoziationen anknüpft, weil die Aufmerksamkeit für die Realität in gewissem Sinne fehlt; der Kranke verharrt daher in diesem Stadium der infantilen Verehrung, oder, wenn er sich eine Zeitlang davon befreit, kehrt er doch bald wieder zu seiner infantilen Einstellung zurück. Die Beziehungen des Patienten zu seinem Vater lassen sich bis in die früheste Jugend verfolgen:

„Ich erinnere mich noch jetzt sehr genau, wie mir mein Vater mal das ‚Leder gegerbt' hatte, ich weiß es noch jetzt ganz deutlich, was ich für Gefühle hatte, ich hatte noch keine Hosen an, sondern ein Röckchen, muß also noch ganz klein gewesen sein."

Was für Gefühle hatten Sie dabei?

„Ja, daran mag ich mich gar nicht mehr erinnern, jedenfalls sah ich nachher bis vor kurzem ganz deutlich sein Gesicht vor meinen Augen mit demselben Ausdruck wie damals."

Sehen Sie oft den Vater?

„Nein, wenn ich an den Vater denken will, kommt der ‚Inspirator' und gibt mir entweder in den Gedanken Dr. Sch. ein oder zeigt mir sein Bild, und oft so abnorm."

Um den nächsten Abschnitt der Analyse verständlich zu machen, müssen wir folgendes vorausschicken: Dr. Sch. spielt die wichtigste Rolle in seinem Wahnsystem. Er ist sein größter Verfolger. Die Stimmen sagen ihm: Dr. Sch. habe sein Leben von Geburt an „somnambulisch ausstudiert". Er will den Patienten lebendig begraben, seinen Körper verfaulen lassen, er schwäche ihn, er rufe bei ihm Pollutionen hervor. Wenn er an den Vater denken will, muß er an Dr. Sch. denken. Dr. Sch. tritt in gewisser Beziehung an Stelle des Vaters. In welcher Beziehung?

Mit Liebe ist in der Regel auch Haß verbunden. Wie Bleuler sagt, den Begriff der Ambivalenz erläuternd[1]). Die Ambivalenz, welche

[1]) Psychiatr.-Neurol. Wochenschr., Nr. 18—21, 1910.

der nämlichen Idee zwei gegenteilige Gefühlsbetonungen gibt und den gleichen Gedanken zugleich positiv und negativ denken läßt. Er liebt seinen Vater; die andere Komponente des Affektes, der Haß gegen den Vater, wird ihm aber nicht bewußt. Warum aber muß er an Dr. Sch. denken, wenn er an den Vater denken will? Dr. Sch. haßt er bewußt, er möchte ihn töten und würde das vielleicht tun, wenn er frei wäre. Ist dies nicht vielleicht der Ausdruck des in der Beziehung zu seinem Vater fehlenden Hasses? Identifiziert er nicht die beiden Persönlichkeiten zum Komplex „Vater"?

Diejenigen Gefühle, die wir, dank der Erziehung, dem Vater gegenüber nicht empfinden können, verlegt man gerne auf eine andere Person und so entgeht man dem Konflikt. Um den Konflikten auszuweichen, vertieft sich der eine in die Wissenschaft, um, wie Freud sagt, „die Leidenschaft in Wissensdrang umzuwandeln"[1]), um ein Ausleben der Komplexe zu ermöglichen und damit ihre Wirkung zu dämpfen. Der andere flüchtet sich in die Krankheit, wie Jung in seiner Schrift „Inhalt der Psychose" gezeigt hat. Unser Patient schafft sich ein Surrogat in der Persönlichkeit von Dr. Sch., um diejenigen Gefühle ausleben zu können, die in seiner Seele von Kindheit auf gewurzelt haben.

Bemerkenswert ist folgende Vision, die seine homosexuellen Tendenzen klar vor Augen führte:

„Dr. Sch. wird mir immer nur als sein Geschlechtsorgan gezeigt. Sein Glied war ganz ausgedorrt und vertrocknet gezeigt, er ist auch schon sehr alt."

Wie alt ist er?

„80 Jahre, nein 50 oder 60 bloß."

Patient hat sich versprochen. Wie ich ihn darauf aufmerksam mache, sagt er, 80 beziehe sich auf seinen Vater; er muß immer denken, wie der alte Mann jetzt noch arbeiten muß und keine Hilfe vom Sohne haben kann. — Dieses Versprechen ist charakteristisch. Es deutet den verdrängten Komplex an, die Identifizierung des Dr. Sch. mit dem Vater. 80 ist nämlich annähernd das Alter seines Vaters.

Weder im Wahnsystem des Patienten noch in seinen Halluzinationen haben wir weibliche Personen zu verzeichnen. Aus der Anamnese wissen wir, daß er verlobt war; aber seine Braut ließ ihn kalt. Die einzigen Gefühle, die er für sie hatte, waren die der Eifersucht.

---

[1]) Eine Kindheitserinnerung des Lionardo da Vinci.

Er beschuldigt sie, sie liebe ihn nicht mehr, sie verkehre mit anderen, sie achte mehr auf andere Männer wie auf ihn.

Wieviel daran wahr ist, konnte ich leider nicht erfahren. Das eine weiß ich, daß sie als sehr anständiges Mädchen gilt. Nach Ferenczi[1]) spielt in der Psychologie der „Paranoia“ der unbändige Eifersuchtswahn öfter eine große Rolle. Die Leute sind nicht imstande, heterosexuell zu lieben. Diesen Mangel an Gefühlen projizieren sie nach außen, indem sie behaupten, man liebe sie nicht; auch finden sie darin eine Entschuldigung für ihre mangelnde Liebe. In einem Falle Ferenczis war der Mann eifersüchtig auf den Arzt, den er liebte, und so brachte er seine Phantasien nach außen, indem er seinen Wunsch, mit dem Arzte umzugehen, in die Beschuldigung der Frau gegenüber umwandelte, sie habe mit ihm Umgang gepflogen. Unserem Patienten werden auch die Geschlechtsorgane des Direktors und des Dr. J. gezeigt, die Stimmen, wenn sie von Geschlechtsorganen sprechen, nennen sogar die Organe bloß Prof. B., Dr. J. Wenn ein Patient als geschlechtskrank gilt, so sagen ihm die Stimmen: „Er sei krank am Prof. B.“

Patient erzählt weiter:

Die Spezialität von Dr. J. sei, Geschlechtsorgane auszupressen, hypnotisch zu beeinflussen, Pollutionen hervorzubringen. Dr. J. wird auch von den Stimmen genannt: der junge Dr., der junge Dr. Sch. Eine Stimme sagte mir, ich dürfe nicht länger leben als Dr. J.

Er identifiziert sich hier selbst mit Dr. J. Das ist nur konsequent, da Dr. Jung der junge Dr. Sch. und Dr. Sch. sein Vater ist.

„Naturell scheich immer die Geschlechtsorgane von anderen Patienten, auch um zu vergleichen.“

„Ja, sonst, um zu sehen. Ich lebte immer in der Angst, ich werde krank, meine Geschlechtsorgane werden schwach, verunstaltet.“

Daher entwickelt sich der Trieb, seine Geschlechtsorgane mit anderen zu vergleichen. — In einer der folgenden Sitzungen erzählt mir Patient:

„Noch bevor ich mich in die Anstalt K. aufnehmen ließ, sagten mir die Stimmen, daß verschiedene Personen in mich eindringen. Es ist eine Art Inkarnation, vollständige körperliche Verbindung.“

Mit wem?

„Ja mit allen. Zuerst kommen D., A. und O. (A. und O. sind die Freunde von D., der ihn überfallen hat), dann Dr. Sch., Prof. B. und Dr. J. Zuerst drang in mich A. ein, er war derjenige, der in mich hineindrang.

---

[1]) Dr. S. Ferenczi, Über die Rolle der Homosexualität in der Pathogenese der Paranoia. Jahrbuch, III. Band.

Dieses Hineindringen war so merkwürdig, ich spürte es am ganzen Leib, es schauerte mich förmlich."

Interessant daran ist folgendes: Erstens sind diejenigen Personen, die in ihn hineindringen, auch seine Verfolger, zweitens war er der passive Teil dieser Phantasie. In seinem Curriculum vitae, das er abgefaßt hat, sagte er: „Ich war in England in einem Hause angestellt als Mädchen für alles." Wir sehen oft bei homosexuellen Männern die Vorliebe für weibliche Beschäftigungen. Er hat sich übrigens nie manifest homosexuell betätigt.

Ein anderes Mal sagten ihm die Stimmen:

„D. ist derjenige, der mich stärken kann, der mich gesund machen kann."

Folglich fühlt er sich schwach, krank. D. ist aber diejenige Person, die ihn seiner Ansicht nach geprügelt hat. Sicher ist es nicht nachgewiesen, aber Patient glaubt, daß es D. gewesen sei, und das ist das wichtigste.

Warum wird derjenige, mit dem er in seinem „Unbewußten" in „geistiger" Verbindung steht, dessen Geschlechtsorgane ihm gezeigt werden, mit dem seine Stimmen sich immer beschäftigen, bewußt zum Verfolger und sogar zum Urheber des Attentates? Wie wir aus der Vorgeschichte wissen, wurde er geprügelt und benahm sich dabei wie ein kleines Kind, er schrie und rief um Hilfe. Nach dem Ereignis bekam er gleich Stimmen. Gegenüber, im Restaurant, wo der D. mit seinen Freunden war, hörte er immer, wie sie ihn nachahmten und schrien: „Hilfe, Hilfe!"; auch in der Nacht hörte er dasselbe, wie wenn ein kleines Kind Schläge bekommt und schreit.

„Die Stimmen beschäftigten sich nun immer damit, sie verhöhnten mich, sie hielten mich für feige, für ängstlich, vielleicht eines guten Schützen unwürdig."

Jetzt verstehen wir, warum dieses Ereignis solche Folgen für ihn hatte. Schon früher fühlte er sich in der Familie wie in der Schule zurückgesetzt, er hielt sich von allen fern, hing nur am Vater.

„In der Familie galt überhaupt nur der Bruder J., der konnte alles, der verdiente am meisten Geld."

In der Primarschule schon war Patient, wie mir ein Lehrer sagte „immer finster, spielte nie mit seinen Kameraden". Er war sonst ein mittelmäßiger Schüler, zeigte keine besondere Begabung. Was er aber nicht konnte, das wollte er. Als 13jähriger bewunderte er zum ersten Male denselben D. beim Turnen. Er sagte mir, der D. sei der beste Turner gewesen. Er näherte sich dem D. etwas, hatte aber nie den Mut, mit ihm in ein freundschaftliches Verhältnis zu treten.

„Ich konnte nie sprechen in seiner Gegenwart, trotzdem ich es gern möchte."

Als Patient aus dem Auslande zurückkehrte, hatte der D. schon eine gute Stelle und einen Kreis von Freunden. Patient kam oft in ihre Gesellschaft, fühlte sich aber da nie wohl. „Ich kam immer mit Kopfschmerzen nach Hause, wenn ich mit ihnen war." So viel weniger wollte er doch nicht sein. Seine Männlichkeit mußte er doch behaupten, wo es ihm möglich wär: Er widmete sein ganzes Interesse dem Sport. Dadurch bewies er sich seine Männlichkeit. Durch die Prügelszene wurde er mit einem Ruck infantil gemacht. Damit brach das Fundament seiner künstlich aufrecht erhaltenen Männlichkeit ein. Jetzt fühlt er noch mehr, daß er nichts im Leben leisten kann, er hört die Stimmen, die ihn verhöhnen, die ihn nachahmen, wie er um Hilfe schrie, ähnlich den Stimmen Schrebers. Die Stimmen verhöhnten mich, meinen Mangel an männlichem Mut[1])."

Unserem Patienten fehlte auch der männliche Mut, überhaupt der Mut zum Leben und so flüchtete er sich in die Krankheit, zu diesem „Blitzableiter aller Konflikte". In der Krankheit ist er der beste Erfinder, er macht wunderbare Luftschiffe und Grammophone. Die Stimme, die ihn verhöhnt, ist vorwiegend die Stimme von D. Mit demselben ist er aber auch in „geistiger" Verbindung, er möchte dem D. gleich sein; D. war doch in der Schule derjenige, der alles besaß, was dem Patienten fehlte. Er war groß, kräftig, guter Gesellschafter, hatte viel Umgang mit Weibern (wie mir Patient entrüstet erzählte). Es entstand der Wunsch, sich ihm zu nähern, Patient hatte aber den Mut dazu nicht, er konnte nie sprechen in seiner Gegenwart. Dazu kam noch das Ereignis mit dem Überfall. Und nun beginnt Patient diesen D. zu hassen; er wird von ihm verfolgt, mißhandelt, D. sei sein größter Feind, er habe ein Komplott gegen ihn angezettelt. Freud[2]) sagt über den Haß Schrebers gegen Flechsig „Der Ersehnte wurde jetzt zum Verfolger, der Inhalt der Wunschphantasie zum Inhalte der Verfolgung. Dem Satze: Ich liebe ihn (Flechsig; bei unserem Patienten D.) widerspricht der Verfolgungswahn, indem er

[1]) Schreber, Denkwürdigkeiten eines Nervenkranken, S. 107.

[2]) Psychoanalytische Bemerkungen über einen autobiographisch beschriebenen Fall von Paranoia (Dementia paranoides). Jahrbuch, Bd. 3, S. 55.

proklamiert: Ich liebe ihn nicht, ich hasse ihn ja. Dieser Widerspruch, der im Unbewußten nicht anders lauten könnte, kann aber beim Paranoiker nicht in dieser Form bewußt werden. Der Mechanismus der Symptombildung bei der Paranoia fordert, daß die innere Wahrnehmung, das Gefühl durch eine Wahrnehmung von außen ersetzt werde. Somit verwandelt sich der Satz: „Ich hasse ihn ja, durch Projektion in den andern: er haßt mich, was mich dann berechtigt, ihn zu hassen."

Denselben Mechanismus können wir bei unserem Patienten annehmen, wenn auch der Schluß nicht genügend ist. Auf diese Weise kann D. zum Verfolger, zum Missetäter werden. Die Inkarnationsphantasien sind in Analogie zu setzen mit den bei Schreber konstatierten Koitusphantasien mit Männern, wo er in ein Weib umgewandelt wird. Unser Patient ist auch der passive Teil, man dringt in ihn hinein und dadurch wird er ein ganz anderer.

„Als A. in mir war, sagte die Stimme: jetzt habe er mich vollständig in seiner Gewalt, jetzt bin ich nicht mehr, sondern in mir ist A. tätig."

In den Mysterien ist der von Gott erfüllte Myste nicht mehr er selber, sondern er ist selbst Gott geworden[1]).

Haben Sie sich nicht gewehrt dagegen?

„Nein, warum denn, es kam von selbst und die Stimmen hatten auch recht, ich bin ein anderer geworden, es wirkte etwas in mir, dachte für mich. Die Stimmen sagten mir: D. und A. geben sich freiwillig her, um mir sinnliche Stärke zu geben. Durch Hypnose haben sie meine Kraft vollständig auf sich hinübergezogen, deshalb müssen sie mir wieder die aufgespeicherte Kraft zurückgeben. Dann könnte ich wieder gesund werden. Ich fühlte plötzlich, wie meine Lunge stark aufgebläht wurde[2]). Dann fühlte ich mich wieder kräftiger nach der Aufblähung. Dann hieß es, A. sei in mir oder D., dadurch hatte ich ein besseres Stärkegefühl."

Aus diesen Äußerungen der Stimmen können wir folgendes entnehmen: Er sei in Verbindung nicht nur mit D., sondern auch mit A. Nur sind das zwei verschiedene Persönlichkeiten. D. ein junger Don Juan des Dorfes, A. ein gewöhnlicher Bürger. Die beiden beschäftigen seine Stimmen, sie geben ihm neue Kraft, neues Leben. Er trennt aber unscharf die beiden Persönlichkeiten voneinander; eigentlich ist es ihm nur eine Person, der D., dem der Patient die guten Seiten des A. angedichtet hat. Die Verdichtung ist ähnlich der Verdichtung im Traum, wo zwei Persönlichkeiten identifiziert werden, die ver-

[1]) Vgl. Jung, Wandlungen und Symbole der Libido, I. Teil.

[2]) Aufblähung durch den befruchtenden Wind. Vgl. Jung, l. c.

schiedenen Gedankensystemen angehören. D. seine Wunschphantasie, die Verkörperung seiner nicht ausgelebten Wünsche und sein Widerstand dagegen seine Moral, sein bewußtes Streben und Verlangen. Während D. die Realisierung seines Unbewußten vorstellt, ist A. das Ideal seiner bewußten Psyche.

In diesen Phantasien ist noch das große Problem des Patienten enthalten: Wie er wieder gesund werden könnte. Zwar behauptet er immer, daß er unschuldig interniert sei. Er beschäftigt sich immer mit dem Gedanken, daß nicht er, sondern die Ärzte geisteskrank seien, er verteidigt eifrig diese Meinung. Aber er fühlt selbst vielleicht unbewußt die innere Zerrissenheit seiner Seele. Die müßte er irgendwie zu korrigieren suchen. A. und D. haben mich durch die sinnliche Verbindung gestärkt." Also es gibt doch einen Ausweg, den findet freilich nur sein Unbewußtes. Die Vereinigung mit D. wird ihn gesund machen[1]). Mit anderen Worten, das Ausleben der homosexuellen Ideen und Wunschphantasien wird ihm seine Potenz, die ihm durch Hypnose vernichtet wurde, zurückgeben. — Wer macht ihn impotent und wie?

Dr. Sch., D., Prof. B., Dr. J. sind die Hauptinspiratoren, sie hantieren an seinen Geschlechtsorganen, sie geben ihm sinnliche Gedanken ein, bis er Pollutionen bekommt.

„Schon immer haben sie gesucht meinen Körper zu schwächen, um mich für ihre Probezwecke benutzen zu können."

Es sind also die nämlichen Personen, die ihn auch stärken. Auch in der Beschreibung der sexuellen Verfolgungen selbst sehen wir eine deutliche Ambivalenz.

Er zeigt oft sehr deutlich erotische Gefühle, verlegenes Lächeln, vergnügtes Gesicht, wenn er von allen den Scheußlichkeiten spricht, die seine Verfolger seinen Geschlechtsorganen antun. Die Verfolger schwächen ihn, um ihn nachher zu „Probezwecken" benutzen zu können. Sie wollen ihn geschlechtlich benutzen und tun es auch, aber vorher muß er eine Umwandlung durchmachen. Er muß impotent werden, seine Männlichkeit verlieren, als Mann nicht mehr existieren, ein Weib werden. Und dann wird er durch die Inkarnation D.-A. wieder kräftig werden, ein Stärkegefühl im ganzen Körper verspüren, und dann ist er gerettet.

Nachdem ich diesen Teil meiner Analyse schon beendigt hatte, las ich die Arbeit von Spielrein, die nachwies, wie ihre Patientin durch den Koitus mit einem reinen Mann geheilt zu werden glaubte.

[1]) Heilung durch Übertragung.

Unser Patient ist auch durch die „Inkarnation, vollständige körperliche und geistige Vereinigung" geheilt worden. Die Umwandlung von Mann in Frau, die bei Schreber durch die Vermittlung Gottes geschah, bewirken bei unserem Patienten seine Inspiratoren. Dr. Sch., den wir als die Personifizierung eines Teiles der Vaterimago[1]) erkannt haben, ist auch der Hauptverfolger, der bei ihm am meisten Pollutionen hervorruft. Aber durch dieselben Verfolger wird er gestärkt und geheilt. Er spielt aber die passive Rolle dabei, weil er kein Mann mehr ist, sondern ein Weib. Daß sehr tief verborgen in seiner Seele auch der Vater mit den Verfolgern respektive Begehrenden zusammen gedacht wird, belehrt uns folgendes: Patient erzählt, er habe einmal von zu Hause ein Körbchen mit Eßwaren bekommen, plötzlich kam ihm die Idee, es könnte Gift darin enthalten sein.

Aus anderen Analysen wissen wir, daß „Gift" häufig einen Liebestrank oder Verliebung symbolisiert. In diesem Falle kennen wir das Verhältnis zum Vater. Man kann also daran denken, daß auch hier die Vergiftungsangst gegenüber dem Vater (der ja zu Hause allein in Betracht kommen kann) mit der Sexualität zusammenhinge. Bei Homosexuellen spielt in der Regel Übertragung auf die Mutter die bedeutende Rolle. Ich habe bei unserem Patienten auch nach dieser Richtung geforscht. Spontan spricht er nie von der Mutter. Wenn ich ihn über sie frage, bekomme ich nur im gleichgültigen Ton Daten von ihrer Krankheit, ihrem Sterben usw. Weder in der frühesten Kindheit noch in den späteren Jahren lassen sich Spuren von seinem Verhältnisse zur Mutter nachweisen.

„Wenn ich nicht in der Anstalt wäre, würde ich so alt werden wie mein Vater, vielleicht aber wie die Mutter. Nein, ich bin mehr dem Vater nachgeschlagen, körperlich und auch geistig. Auch die Lungenblutungen habe ich im selben Jahr bekommen, wie mein Vater, ganz genau, und nachher hatte er auch Katarrh wie ich. Alles bei mir wird dem Vater ähnlich, auch meine Nase ist jetzt ebenso spitzig wie die meines Vaters."

Er spricht immer vom Vater, von der Mutter dagegen vernehmen wir direkt wenig. In einer Unterredung über Dr. Sch. teilte er mir folgendes mit:

„Keine Mutter hat mal Polypen in der Nase gehabt, ich war damals 15 Jahre alt, weiß es aber noch ganz genau, und Dr. Sch. hat sie ihr herausgerissen, nicht ausgeschnitten, wie er es tun könnte."

Weiteres in dieser Sache war nicht zu erfahren.

---

[1]) Jung, l. c., I. Teil.

Darauf klagte er über Brennen im Kopfe:

„Das Brennen im Kopfe habe ich immer, wenn ich friere, aber mehr in der äußeren Haut, weil wenn ich den Kopf mit Wasser abwasche, das Brennen gleich vergeht. Es kommt sicher von Erkältung. Immer wenn ich mich ausziehe und ins Bett gehe, dann habe ich das Brandgefühl und auch, wenn ich mich viel bewege. Das Brandgefühl geht immer voraus und nachher gibt's immer die Rachenentzündungen in der Eustachischen Tube und dann bin ich im ganzen unwohl, der ganze Körper ist dann geschwächt. Aber nicht so ein Gefühl, wie wenn ich erbrechen wollte. Als Kind hatte ich auch mal infolge von Erkältung eine Nierenentzündung; da wurde ich von Dr. Sch. behandelt. Bis zum 6. bis 8. Lebensjahre hatte ich oft an Bettnässen gelitten, aber nur nach entsprechenden Träumen."

Wovon träumten Sie?

„Ich war oft im Traum entweder im Kabinett oder außerhalb des Hauses und hatte im Traum das Wasser abgeschlagen. Es ist auch möglich, daß ich gefroren habe, und daher kam das Bettnässen. Ich erwachte damals gleich, nachdem ich das Wasser abgeschlagen hatte. Jetzt erwache ich auch immer gleich."

Leiden Sie denn jetzt an Bettnässen?

„Nein, aber wenn ich Pollutionen habe, so erwache ich auch gleich."

Patient stellt also das Erwachen nach den Pollutionen und dasjenige nach dem Bettnässen einander gleich. Wie er mir andernorts angedeutet hat, sind die Pollutionen entweder Folgen der „Inspiratorentätigkeit" oder treten nach Erkältung ein. Nach der Pollution fühlt er eine Schwäche im ganzen Körper. Aber wie er mir vorher sagte, habe er dieses Schwächegefühl, wenn er ins Bett geht und sich da bewegt, und dann entsteht auch das Brennen im Kopfe. Dieses Brennen entsteht wie die Pollutionen und die Enuresis[1]) infolge von Erkältung. Ich muß es dahingestellt sein lassen, ob die Empfindung im Kopfe hier wie in analogen Fällen eine Verlegung nach oben ist. Bevor er das Bett naß machte, habe er immer geträumt.

Als ich ihn aber um einen solchen „Pollutionstraum" fragte, stieß ich auf unüberwindlichen Widerstand. Ich riskierte, den Patienten für die Analyse zu verlieren, „wenn ich über solche unwichtige Sachen" weitere Auskunft verlange.

„In P. habe ich auch Pollutionen gehabt, damals wußte ich, daß es nur die Ärzte machen, um mich impotent zu machen. Auch jetzt ist vielleicht dasselbe der Fall. Kämen die Pollutionen von selbst, so wäre das doch am Tag, nicht in der Nacht. Die Ärzte geben nur den Traum ein, damit ich eine Pollution habe; am Tage kann ich viel Sinnliches denken und be-

[1]) Dieser Zusammenhang ist charakteristisch.

komme keine Pollution. Als der H. noch Wärter war, so hat mich in der Nacht und am Tage jede seiner Bewegungen erregt. Ich zitterte ganz, auch im Kopfe, wenn er z. B. seine Beine oder Arme bewegte."

Die Ärzte, seine Verfolger, bewirken bei ihm sexuelle Gefühle. rufen Pollutionen hervor. Bemerkenswert ist seine Beziehung zum Wärter; zurzeit ist dieser auch einer der Verfolger, der mit den Ärzten eins ist; der Patient hat ihn sogar durch einen Brief beim Direktor zu verleumden gesucht und doch erregte ihn jede seiner Bewegungen.

Später in derselben Sitzung erzählte er:

„Vor 3 Monaten habe ich gelesen von dem Polizeiskandal der Homosexuellen, ich freute mich sehr, daß aus dem Burghölzli etwas auskommen werde."

Was wird auskommen?

„Ja, manches von vielen Patienten."

Durch die Materialien wird die von Freud und Ferenczi hervorgehobene Beziehung zwischen der Homosexualkomponente und dem Verfolgungswahn deutlich bestätigt.

Größenideen.

Wie wir aus der Krankengeschichte wissen, ist unser Patient der größte Erfinder der ganzen Welt, der die Schweiz und alle Staaten erhalten und 6 Millionen Franken für seine Luftschiffe bekommen werde. Er sei eine wichtige Persönlichkeit und deshalb halte man ihn hier interniert, er verstehe viel mehr als alle Ärzte, alle Juristen, als alle Menschen überhaupt. Er werde der berühmteste Schweizer werden, man werde ihn niemals auf der Erde vergessen. Seine Gedanken haben großen Wert, deshalb konstruiert man Maschinen, um sie zu erraten. Sein Samen ist besonders kostbar. Man behalte ihn in der Anstalt, um ihn sezieren zu können, weil sein Gehirn kolossal Wichtiges beherbergt. Sein Gehirn wird ihm auch „ohne Spalt in der Mitte" gezeigt. Er sei stark, kräftig. Er träumt oft von Herkules. In Wirklichkeit ist er sehr klein und unscheinbar. Einmal kam er sehr aufgeregt ins Untersuchungszimmer und, bevor er sich noch auf den Stuhl setzte, erzählte er in entrüstetem Ton:

„Dr. M. sagte heute einem Besuche („auch ein Arzt wahrscheinlich" höhnisch), ich leide an einem Kleinheitswahn, ich habe mich schon daheim zurückgesetzt gefühlt, weil ich so klein war. Es ist aber gerade das Gegenteil, weil ich persönlich lieber klein scheinen will, damit die Differenz zwischen meiner persönlichen, nein, körperlichen Größe und meinen Leistungen jeder Art in ‚industrieller' und ‚sinnlicher' Beziehung desto größer ist. Des-

9*

halb schreibe ich auf meine Erfindungen immer ,K T., Hutmacher und nicht Hutfabrikant, und wenn ich Korbflicker wäre, würde ich das auch schreiben, damit die Differenz zwischen mir und den Leistungen noch größer sei. Trotzdem ich klein war, habe ich von jeher gut geschossen, auch mit der Armbrust schon als Knabe und nachher als Kadett."

Mit dieser Erklärung sagt er selbst, daß er seinen Insuffizienzkomplex durch seine Erfindungen und Größenideen kompensieren wolle.

Unser Patient beschäftigt sich immer mit Luftschiffzeichnungen, er will durch die Erfindung bekannt werden, Anhänger bekommen, die ihn gegen seine Feinde verteidigen werden.

Das Luftschiff dient in dieser Hinsicht als Mittel zum Zweck. Es spielt aber in anderer Beziehung noch eine wichtige Rolle. — Die Form des Luftschiffes, die einzelnen Teile sind bei ihm von Wichtigkeit". Er sagt:

„Meine Konstruktion ist viel besser als beim Zeppelin, bei letzterem ist das Rad an der Seite angebracht und man kann es nur durch das Steuer auf- und abwärts lenken, während bei meinem Schiffe das Rad mobil ist und durch Drehung desselben in jede Richtung gebracht werden kann."

Früher hat er sich lange mit dem Gedanken des Perpetuum mobile abgegeben, der Phantasie des Impotenten. Nach Analogie anderer Fälle kann man daran denken, es sei die phallusähnliche Form des Luftschiffes von Bedeutung. Der Erfinderwahn als solcher stellt hier eine Kompensation des Insuffizienzkomplexes dar.

„Durch meine Erfindungen will ich zeigen, was ich leisten kann. Wenn ich meine Luftschiffe fertig haben werde, d a n n werde ich h e i r a t e n können. Durch das Luftschiff werde ich bekannt werden, man wird mich dann vom Burghölzli befreien und ich werde mich gegen Dr. Sch. und andere verteidigen können."

Er sieht also in den Luftschiffen seine Befreiung, sowie er seine Genesung in der Inkarnation mit D.-A. gesehen hat.

Ist das Luftschiff ein sexuelles Symbol, so erwartet er also wiederum Rettung durch die Libido. Die Libido sucht sich bei unserem Patienten auf zwei Arten auszuleben. Erstens „sublimiert" er sehr viel; er zeigt Interesse für wissenschaftliche Fragen, er behandelt das Wesen der Halluzinationen, der Sinneseindrücke; nur ist bei ihm die „Sublimierung" als eine mißlungene zu betrachten, denn wäre es anders, so wäre er nicht in dieser Weise krank. Der zweite Weg seine Libido auszuleben, sind seine Phantasien, die Inkarnationsideen, die geistige Verbindung mit Prof. B. und den Ärzten. Diesen Teil seiner Sexualität hat er sehr stark abgesperrt und er gibt sich immer mehr den Erfindungen hin, um darin die Erlösung zu suchen.

Der Tod spielt eine große Rolle in seinen Phantasien, er wird begraben, er sieht seine eigene Leiche. Der Tod ist bekanntlich sehr innig mit der Sexualität verbunden. Die Stimmen sagen ihm statt „beerdigt", „befriedigt". Aber beerdigt und befriedigt ist für ihn eins und dasselbe, die Stimmen unterscheiden es gar nicht, sie gebrauchen eines für das andere.

Damit wir seine Todesphantasien besser verstehen können, möchte ich seine Neologismen anführen, sowie Patient selbst sie erklärt habe:

Neologismen.

„Enthumnen" sagen die Stimmen. Dazu bemerkt Patient:

„Den Geist auslösen, mit einer andern Person in Verbindung bringen, eine andere Person austreiben und an ihre Stelle treten. Das ist ein Wort, das gar nie existiert. Enthumnen heißt Inkarnation austreiben."

Unter „Inkarnation", wie wir schon wissen, versteht er die Verbindung mit Dr. Sch., D. und A., dann noch mit sämtlichen Ärzten. „Inhumnen" heißt wahrscheinlich, eine Verbindung mit anderen Personen herstellen, die ihn „kräftigen".

„Enthumnen heißt vielleicht ausgraben. Es hieß ja mal von den Stimmen, eine Person sei in mir gestorben und dieses Sterbegefühl hat sich auf mich bezogen. Man schwäche mich, ich verfaule.

Enthumnen-Ente hat immer Bezug auf Dr. Sch.[1]).

Handlung — wird für Lunge gebraucht, das soll heißen Hand-Lunge, die Lunge so groß, wie ein Hand, weil sie krank ist.

Na-ase-(Nase) noch so[2]), noch immer das Gefühl, wie wenn Polypen drin wären.

Ungenügende Leistungen werden von den Stimmen als ‚Leistenbruch' bezeichnet. (Er bezieht es auf seine Impotenz.)

Hoffnung wird von den Stimmen durch Hofmann bezeichnet. Eine schwangere Frau ist in der Hoffnung."

Er als Homosexueller, der sich weiblich fühlt, bringt die Hoffnung mit dem Manne zusammen. Er sagt selbst, die „Hallunzisprache" sei eine „indirekte Erratungssprache". Er fühlt selbst, wieviel Bedeutungen seine Worte haben, wie sie mehrfach determiniert sind.

Am Worte „inhumieren" ist folgendes interessant. Im Jahre 1909 hatte er bei einer klinischen Vorstellung noch von „inhumieren"

[1]) Der Name von Dr. Sch. hat eine gewisse Ähnlichkeit mit dem Namen eines andern der Ente verwandten Tieres.

[2]) Im Dialekte na = noch, ase = so.

gesprochen, seit der Zeit hat das Wort eine Umwandlung durchgemacht und bedeutet jetzt nicht nur begraben, sondern auch Inkarnation, Verbindung mit Dr. Sch. Sicher ist, daß zuerst der richtige Sinn des Wortes dem Patienten bewußt war. Bei der Vorstellung sagte ihm Herr Prof. B.: „inhumieren" heißt ja „beerdigen". Daraufhin antwortete der Patient: „Ja, ich weiß es schon, aber bei mir hat es halt eine andere Bedeutung, es ist eine Verbindung mit einer Persönlichkeit." Ganz ähnliche Vorstellungen, daß andere in ihm „aufgehen" oder begraben werden, finden sich bei Schreber. Daß oft die Stimmen „degenerieren"[1]), wenn die Krankheit chronisch wird, hebt auch Schreber (Denkwürdigkeiten eines Nervenkranken) für seine Stimmen hervor.

„Das Gerede der Stimmen war überwiegend ein ödes Phrasengeklingel von eintönigen, in ermüdender Wiederholung wiederkehrenden Redensarten, die überdies durch Vergessen einzelner Worte und selbst Silben immerhin das Gepräge grammatikalischer Unvollständigkeit annahmen." (S. 162.)

Dasselbe trifft bei unserem Patienten zu. Aus einem noch verständlichen Worte „inhumieren" wird jetzt „inhumnen" und enthumnen.

Die ganze Persönlichkeit des Patienten ist auch etwas verödet. Sein Wahnsystem ist nicht mehr lebhaft, seine Halluzinationen sperrt er immer mehr ab. Es scheint, es werde nichts Neues mehr bei ihm gebildet und das Alte verliert allmählich das Kolorit eines affektiven Erlebnisses. Es ist noch tätig im Unbewußten, aber nur als Nachklang einer kräftigen Melodie.

Somatische Halluzinationen.

„Herzeruptionen — wie wenn das Herz ein Vesuv wäre, und wie vom Vesuv Rauch und Wolken hinausgeschleudert werden. Ich bekomme große Beklemmung, wie wenn ein Fluid vom Herzen zum Gehirn käme. Ich spüre eine Erschütterung vom Herzen bis zum Gehirn, so ein Knallen in der Brust. Das Fluid kommt wie ein Gas und verbreitet sich im Gehirne, dann entsteht ein Kitzelgefühl im Kopfe und so, wie dieses Gefühl entsteht, ist es ein Zeichen, daß nachher eine Abschwächung eintreten werde. Nachher entsteht Herzklopfen; Herzeruptionen führen also zu einer Abschwächung; sowie nach einer Pollution das übersinnliche Gefühl entsteht, wirkt es aufs Herz, vom Herzen aufs Gehirn bis in den Kopf hinein, es ist ähnlich wie bei Herzeruptionen."

Der Kopf spielt bei ihm eine große Rolle während der Pollutionen. Wir haben eben gesehen, daß das Brennen im Kopfe auch auf Pollutionen

[1]) Vgl. Jung, Psychologie der Dementia praecox.

zurückzuführen sei, mit dem bringt er die Herzeruptionen in Verbindung.

„Der Bauch wurde hart, so ein Härtegefühl verspürte ich überhaupt im ganzen Körper."

Das scheint fast an eine Schwangerschaftsphantasie anzuklingen; undenkbar ist es bei seinen passiv homosexuellen Verbindungsgedanken (à la Schreber) keineswegs.

„Ich habe das Gefühl, wie wenn alles in mir faul wäre. Alles tut in mir eindörren, die Därme verfaulen. Ich wollte alles das Herrn Dr. F. sagen, aber die Stimmen haben mir gedroht, daß ich es niemandem sagen dürfe, sonst töten sie mich, sinnlich töten oder scheintot machen, damit ich lebendig begraben werde. Noch in P. (der Anstalt, wo er früher gewesen) bin ich oft aufgetrieben worden, der Bauch und die Brust waren ganz dick. Dann hatte ich die Empfindung, ich sei viel kräftiger, und war nicht zufrieden, wenn es verschwand, es dauerte aber bloß 5 Minuten. Ich hatte das Gefühl, es sei etwas darin, eine Kraft in der Brust, gleichmäßig. Es kam so von unten herein, wie wenn eine große Kugel darin wäre, in der Brust."

Auch bei Schreber treffen wir eine ähnliche Phantasie.

Patient wird elektrisiert, das Blut wird ihm entzogen. Der Samen wird ihm auch durch die Pollutionen entzogen und so identifiziert er oft das Blut mit dem Samen. Beides wird ihm von den „Inspiratoren" entzogen.

„Am Morgen habe ich ein gefühlloses Gefühl vom Knie bis zu der Zehenspitze; wenn ich in den Gedanken das Bein mir vorstelle und die Gedanken durch das Bein gehen lasse, dann geht's wieder herunter."

Was geht herunter?

„Das Fluid. Das Fluid ist der Stoff, der die Verbindung vom Herzen zum Gehirn, zum Kopfe bewirkt; bei der Herstellung der Verbindung entsteht eine Abschwächung im ganzen Organismus und ein gefülloses Gefühl. Die Lunge wird aufgebläht, nachdem das geschieht, bekomme ich eine Erleichterung."

Die Lunge spielt eine große Rolle bei ihm. Sein Vater war lungenkrank, er klagt auch immer, seine Lunge sei tuberkulös.

„Neuerdings sind naßkalte Betupf-Gefühle an den Körperstellen aufgetreten und außerdem seit zirka 8 Tagen Blut-Ringgefühle im Kopfe und hauptsächlich an der Lungenaußenseite, Hals und oberen Beingelenkinnenseite bis zum Hoden besonders auffallend fühlbar und oft mit stechendem Brenngefühl verbunden. Ich fühle, wie mein eingefallener Körper, speziell die Lunge mit dem Brustkorbe sich außerordentlich stark und plötzlich aufblähen. Vom Nebenzimmer hörte ich dann die Worte: Er hat keinen Glauben. Wie ich damals glaubte, sagten sie (die Stimmen), in die

Hoden ableiten', worauf meine aufgeblähte Lunge wieder einfiel und ein von der Lunge bis zu den Hoden herunterfahrendes, sprudelndes Gefühl entstand, das mich bedeutend erschreckt hätte, wenn ich nicht noch schrecklichere Gefühle respektive Gedankenmarter daheim hätte vorher ausstehen müssen. Von der aufgeblähten Lunge wird das Gefühl in die Hoden abgeleitet. Dort entsteht ein brennendes Gefühl. Das kommt alles von Erkältung," meint Patient.

Aber Erkältung ruft bei ihm auch Pollutionen hervor, so wie in der Kindheit das Bettnässen. Pollutionen entstehen auch, wenn er an „Unnatürliches" denkt, wenn ihm die Geschlechtsorgane von Dr. Sch., Prof. B., Dr. J. durch die „Inspiratoren" gezeigt werden, oder wenn er an die Onanie denken muß. Die Ätiologie aller seiner körperlichen Störungen ist also in letzter Linie auf die Onanie zurückzuführen.

Urstoff oder Urseelentheorie.

„Die gleiche Seele war für Tiere, Pflanzen und Menschen. Man muß sich eine Kugel denken und daran hängen die Menschen, d. h. an der Erde.

Die Verbindung der Seele mit dem Körper ist beim Menschen anders als bei den Tieren, aber die Seele als solche ist bei allen gleich, man könnte die Tiere auch verstehen, wenn man sich damit abgeben würde. Urstoff ist die Seele oder Urseelensphäre, es gibt manche Abstufungen vom Urstoff. Urstoff ist Licht. Urseele sind die feinsten Schwingungen. Kein Mensch hat eine Seele für sich, sondern nur einen Anteil an der Weltseele; ich habe einen ganz andern besonderen Teil, überhaupt jeder der halluziniert. Die Schwingungen des Urstoffes sind bei mir viel feiner als bei allen anderen Leuten. Ich bin verbunden bis in alle Schwingungen zurück mit allen Seelen, die jemals lebten."

Er fühlt in dieser Idee sich selbst als einen Teil dieses Kosmos, er fühlt die Verbindung mit Seelen, die vor Jahrtausenden in der Welt existiert haben.

„Ich war in sinnlicher Verbindung mit meinem Vater, bevor ich noch geboren war, ich lebte eigentlich im Vater."

Er nahm also teil an seiner eigenen Zeugung, durch die Identifikation der eigenen Persönlichkeit mit derjenigen des Vaters[1]). Das erinnert wiederum an die Verbindung Schrebers mit den gereinigten Seelen durch Gottesstrahlen. Gott ist bei Schreber dieselbe Person wie bei unserem Patienten der Vater.

„Rückstände der Elternseele sind schon im Neugeborenen vorhanden, die die Verbindung mit der Weltseele besitzen. Es ist die Einwirkung auf

[1]) Anmerkung der Redaktion: Diese Phantasie ist die Quintessenz des Heldenmythus. Vgl. Jahrbuch, Bd. IV, H. 1: Wandlungen und Symbole der Libido, II. Teil.

sinnlichem Wege von den Gedanken der Mutter oder des Vaters auf das Gehirn des Kindes, nein, von den Hypnotiseuren, den Ärzten geht die Übertragung der Weltsseele hervor. Die Seele ist gar nichts anderes als ein ungeheuer feines Licht. Durch die Schwingungen, die beiden Verbindungen, entstehen dann die Sinne, die Wahrnehmung. Zuerst kommen natürlich unbewußte Gefühle, die man nicht fühlen kann, weil sie zu fein sind, und doch sind sie da."

Zusammenfassung.

Wollen wir nun den ganzen Krankheitsverlauf psychologisch zusammenfassen, die bestimmenden Momente seiner kranken Psyche hervorheben, so sind vor allem diejenigen psychischen Vorgänge bei ihm, die ihn in die Krankheit getrieben haben, zu erwähnen: Schon in der Kindheit weist er einen abnormen Mangel an Eigenschaften auf, die sonst sein Geschlecht immer auszeichnen. Unter seinen Kameraden ist er der Schwächste, man verhöhnt ihn, setzt ihn zurück, er bleibt stets allein; der Mangel an Männlichkeit (die schon beim Knaben als Rauflust auftritt), eine Schranke zwischen ihm und seinen Kameraden bildend, läßt ihn schon in den Kinderjahren empfinden, daß es ihm an etwas fehlt, was andere besitzen. Dazu kommt noch seine ausgeprägte, wenn auch noch unbewußt gebliebene, homosexuelle Neigung, und zwar im passiven Sinne, die schon in den Kinderjahren hervortritt. Alle diese psychischen Eigenschaften kommen im weiteren Verlauf des Lebens mit der allgemeinen Geistesentwicklung immer schärfer zum Ausdruck. Er bleibt, selbständig geworden, immer allein, wandert unruhig von Ort zu Ort, sucht Anschluß an Gesellschaft, findet ihn aber nicht, seine passiven homosexuellen Neigungen lassen ihn schließlich zum Vater zurückkehren. Sie bleiben bei ihm zwar unterdrückt, in den Tiefen des Unbewußten, verhindern jedoch eine normale „Realübertragung" seiner Libido[1]).

Wir können vermuten, daß das Problem „männlich zu werden" ihn seit den Jahren der Reife fortwährend quält; um das zu erlernen, was ihm fehlt und gerade seinen Kameraden D. auszeichnet (Stärke, Tapferkeit), sucht er sich ihm anzunähern, vermag aber natürlich wegen seiner vollkommenen Passivität nicht, es zu erreichen. Er glaubt zuletzt ein Mittel gefunden zu haben, Mann zu werden, in der Betätigung als Schütze, die in der Geschichte seines Landes eine ganz besondere Bedeutung hat und hier nicht selten zu solchen Zwecken dient.

---

[1]) Jung, Wandlungen und Symbole der Libido, I. Teil.

Er erreicht zuletzt eine gewisse Vollkommenheit als Schütze. Die Lorbeerkränze kompensierten wohltätig seine Minderwertigkeitsgefühle, sie mögen sie eine Zeitlang beschwichtigt haben, ohne den Konflikt völlig zu heben. Nun ereignet sich der Fall, der alle seine Bemühungen zu nichts machte, der ihn die Unlösbarkeit des Problems „Mann wie alle zu werden" aufdringlich lehrte. Er wurde schmählich geprügelt, er benahm sich dabei wie ein Kind. Von da beginnen seine Wahnvorstellungen vom allgemeinen Gelächter, das sich über seine Niederlage erhebt und das ihn als den Gegenstand allgemeinen Spottes erscheinen läßt.

Die konsequent sich entwickelnden Vorstellungen, man wolle ihn totschlagen, vernichten, führen dazu, daß er sich von der Außenwelt zurückzieht und von den Menschen, die ihm alle feind sind; er geht in seine Innenwelt zurück und sucht das Langverborgene, Unterdrückte als Genugtuung in sich auf. Die früher unterdrückten Gefühle bekommen nun freien Lauf — er flieht in die Krankheit — in seinen Wahn, der ihm als Kompensation für den Mangel an Realübertragung, eine innere Übertragung (Introversion und Regression) auf die Vaterimago ermöglicht. Der Mechanismus der Projektion seiner Gefühle ist in der Krankheit sehr charakteristisch. Wir finden bei ihm denselben Mechanismus der Verdrängung und Verschiebung des Vaterkomplexes, wie sie Jung darstellt: „der unterdrückte Affekt kommt an die Oberfläche, und zwar selten direkt, sondern gewöhnlich in der Form einer Verschiebung auf ein anderes Objekt" (Jung, Wandlungen und Symbole der Libido, Jahrbuch für Psychoanalyse, III, S. 179). Wir finden diese Verschiebung beim Patienten darin, daß er den Vater durch die kritischen Beziehungen zu Dr. Sch. und Prof. B. ersetzt hat.

Haß gegen den mit allen dem Patienten fehlenden Eigenschaften begabten Mann (D.), den er bewundert und beneidet, ist ein besonders deutliches Beispiel für Ambivalenz (Liebe und Haß). Das Moment der Ambivalenz in den homosexuellen Empfindungen des Patienten tritt deutlich hervor. Wir haben im Texte bereits hervorgehoben, daß seine homosexuellen Neigungen entschieden ambivalent sind. Der Vater, an dem er rein infantil hängt, der seine höchste Autorität bleibt, verwandelt sich in der Krankheit in Dr. Sch. und Prof. B., die er mit ihm identifiziert. Diese Persönlichkeiten sind aber auch seine Verfolger, die er bewußt haßt. Bemerkenswert ist, daß dieser Haß mit erotischen Gefühlen vermischt ist, wie Patient auch manchmal erwähnt, daß diese Personen, die in ihn eindringen, zugleich ihn stärken, ihm neue Kraft und Macht verleihen, anderseits wieder schwächen, quälen, ausnutzen. D. ist derjenige, der ihn vernichtet hat, er muß ihn nun auch stärken. Das, was vernichtet, kann auch zugleich stärken; dieser Gedanke ist wohl so alt wie die Menschheit. „In mir ist D. und A. tätig," sagt der Patient; genau so, wie böse oder gute Geister im Menschen nach alter Vorstellung tätig sein können. Diese verschiedenen Wirkungen schreibt er auch den „sinnlichen" Gestalten seines Vaters, dem Dr. Sch. und Prof. B., zu. Der Vater schwächt oder stärkt ihn, gibt ihm Kraft oder vernichtet ihn, ein deutlicher Hinweis auf die nahen Beziehungen gewisser religiöser Vorstellungen zu der „magischen" Bedeutung der Vaterimago.

Der Mechanismus der Größenwahnbildung ist wiederum für seine unbewußten psychischen Vorgänge sehr typisch. Sein Denken drehte sich schon in der Zeit seiner Gesundheit um die Vorstellung seiner Minderwertigkeit. Diese Vorstellung lebt in der Krankheit verdrängt fort, sie äußert sich nicht mehr bewußt im fortlebenden Bestreben, sein Ideal zu erreichen. Wir sehen ihn im Wahne, er sei der größte Schweizer, der Erfinder, der stärkste und kräftigste Mensch (Herkules). Er baut mächtige Luftschiffe, und wird es ihm gelingen ein vollkommen sich nach allen Seiten bewegendes Luftschiff zu bauen, so ist er gerettet.

An mehreren Stellen sind wir Phantasiegebilden begegnet, auf welche die von Jung in die Schizophrenielehre eingeführte historisch-mythologische Betrachtungsweise angewendet werden könnte. Ich erwähne die Urseelentheorie, die an zum Teil noch moderne, zum Teil aber auch sehr alte philosophische Ansichten erinnert. Die Lichtsubstanz der Seele ist ein weiterer Punkt, der ebenfalls antike Anschauung war. Die Praeexistenz des Patienten im Vater ist sogar eine gangbare christliche Anschauung, besonders deutlich im Johannesevangelium ausgesprochen. Das Eintreten der magisch wirksamen Persönlichkeiten in den eigenen Körper ist eine Grundanschauung der antiken Mysterien. Die dabei stattfindende Aufblähung der Lungen weist auf die Licht- oder Pneumanatur des Eintretenden hin, ebenfalls eine antike mystische Anschauung. Die Anschauung, daß der Phallus ein Ersatz ist für die ganze Persönlichkeit ist ebenfalls antik, der Phallus ist ein Bild der Gottheit[1]).

Gehen wir nun zur Betrachtung der inneren Mechanismen des Vaterkomplexes über: Er überträgt bekanntlich seinen Vaterkomplex

[1]) Vgl. zu dem Obigen: Jung, Wandlungen und Symbole der Libido.

auf Dr. Sch. und Prof. B. Der „Vater" (Dr. Sch., Prof. B.) seine Verfolger) ist es, der ihn leiden läßt, auf alle mögliche Art quält. Patient verfährt nun nach der von Freud aufgestellten Formel: Er haßt den Vater, ergo haßt ihn der Vater, d. h. der Vater verursacht seine Leiden. Die Ärzte, Dr. Sch., Prof. B., beabsichtigen, ihn zu sezieren, seinem Körper alle möglichen Qualen zu bereiten, und sie tun das, um ihre selbstsüchtigen Zwecke zu erreichen, denn sein Wesen, sein Gehirn besonders, ist für die Welt wichtig. Die Grundlage dieser Psychose besteht aus dem Vaterkomplex. Vom Mutterkomplex konnte nichts in Erfahrung gebracht werden, trotzdem auch infantil eine Mutterübertragung vorhanden gewesen sein muß. Es kann bei dieser Sachlage wohl nicht anders sein, als daß die Libidobesetzung der Mutter schon sehr frühzeitig und ausgiebig auf den Vater verschoben wurde, wodurch dessen Überbesetzung und pathologische Bedeutung erklärlich wird.

Zum Schluß erlaube ich mir Herrn Prof. Dr. E. Bleuler für das meiner Arbeit gütigst entgegengebrachte Interesse sowie Herrn Dr. Jung für das Durchsehen meiner Arbeit meinen besten Dank auszusprechen.

Spermatozoenträume.

Von **Herbert Silberer** (Wien).

Kürzlich hatte ich als Traumdeuter ein Erlebnis, das nicht allein wegen der psychologischen Merkwürdigkeit des analysierten Falles, sondern auch ob des seltsamen glücklichen Zusammentreffens, das mich auf den ersten Blick erraten ließ, was sonst vielleicht einer mühseligen Analyse bedurft hätte, aufgezeichnet zu werden verdient. Der Fall ist um so beachtenswerter, als er mir mit schlagender Evidenz die Richtigkeit einer neuartigen Beobachtung bewies, die, der allgemeinen Beurteilung preisgegeben, vielleicht mehrenteils ungläubig aufgenommen werden wird.

Er handelt sich um Spermatozoenträume oder, um gleich von dem extremen Fall zu reden: um den Vaterleibstraum. Am 6. Januar 1912 (das Datum ist, wie man später sehen wird, nicht gleichgültig) machte mir Dr. Wilhelm Stekel die überraschende Mitteilung, daß es ihm gelungen sei, den Traum eines Patienten in einwandfreier, beweiskräftiger Art als „Vaterleibsphantasie" aufzudecken. Bekanntlich spielen in den Träumen die „Mutterleibsphantasien" eine große Rolle; Phantasien, bei denen sich der Träumer in den Mutterleib zurückdenkt. Diese Phantasien sind nicht bloß deshalb interessant, weil sie die denkbar weitgehendste Durchführung einer sexuellen Annäherung (vollständiges Hineinbegeben) an das Weib überhaupt und die Mutter insbesondere darstellen, sondern auch darum, weil sie den Gedanken nahelegen, daß dabei vielleicht Erinnerungen an das fötale Leben im Spiele sind. Was nun die Vaterleibsphantasien[1]) betrifft, so können sie in der letzteren wichtigen Beziehung natürlich kein Pendant zu den Mutterleibsphantasien bilden; denn man kann gewiß nicht annehmen,

[1]) Ich gebrauche den Plural als generelle Bezeichnung, wenngleich die Mehrzahl der Beispiele sich erst wird einstellen müssen.

daß Eindrücke des Spermatozoendaseins zu einer psychischen Wirkung solcherart gelangen; Erinnerungsphantasien sind die Vaterleibsphantasien also nicht. Wohl aber steht ihrem Auftreten als Wunschphantasien nichts im Wege; und als solche können sie in mehrfacher Beziehung zu den Mutterleibsphantasien in Parallele gestellt werden. So können z. B. beide als exzessiver Ausdruck der Rückkehr ins Infantile angesehen werden; als Rückgängigmachen des Lebens und somit als Todesphantasien; als innigste sexuelle Annäherung an die Mutter beziehungsweise den Vater oder, allgemein gesprochen, an Weib oder Mann.

Der Traum, den Dr. Stekel mir erzählte, war dadurch ausgezeichnet, daß in einer Art von Strom zahlreiche kleine Menschen, Männer und Weiber, dahinglitten; schließlich sah der Träumer auch sich selbst unter diesen dahintreibenden Menschen. Das Ganze war bildmäßig gesehen. Dr. Stekel kam auf die Idee, daß die kleinen Menschlein in dem Strom als Spermatozoen im Samenstrom zu deuten seien, und die Analyse bestätigte durch einen unerwarteten Determinationszweig diese Vermutung. Da der Träumer sich selbst unter die Spermatozoen in die Samenflüssigkeit versetzt, träumt er sich in den Vaterleib; er hat (aus welchen Wunschursachen, das ist uns hier gleichgültig) eine Vaterleibsphantasie. Dr. Stekel machte mich bei Besprechung eines andern, ähnlichen Traumes[1]) auch auf die Übereinstimmung aufmerksam, welche zwischen der Traumauffassung und manchen Vorstellungen primitiver Zeitalter von der Beschaffenheit des Samens besteht. Beide Auffassungen denken sich nämlich den Samen von kleinen Menschlein (in ausgeprägter menschlicher Gestalt) bevölkert, die später im Mutterleib zur Entwicklung kommen sollen. Es scheint hier, wie in so vielen Fällen, im Traum jene Denkart zur Geltung zu kommen, die dem Geist einer früheren, primitiveren Menschheitsperiode entspricht; sie kommt zur Geltung ent-

[1]) Dieser Traum wurde von dem gerade anwesenden Dr. Marcinowski mitgeteilt, der von der Traumsituation eine sehr anschauliche Skizze angefertigt hatte. Es handelte sich dabei um ein Menschlein, das an einem aufrechten Turm (erigierten Penis) emporkletterte und den Träumer an einen Töpfer erinnerte. Dr. Stekel löste das Rätsel dieses Töpfers, indem er ihn (durch weitere Angaben unterstützt) als Spermatozoon agnoszierte. Der „Töpfer" stimmt hierzu sehr gut, denn der Töpfer formt und gestaltet den rohen Ton, und das befruchtende Spermatozoon ist die Ursache eines ähnlichen Prozesses am Keimplasma; Plasma-Plastik. Man behalte die Töpfersymbolik im Auge und vergleiche sie mit der später genannten Brotteigsymbolik.

weder als etwas von jenen früheren Zeiten her Anhaftendes oder aber, in aktueller Entstehung, deshalb, weil sich die schlafende (apperzeptiv geschwächte) Psyche den Naturproblemen gegenüber in die gleiche relativ unbeholfene Lage versetzt sieht wie die wache Psyche des primitiven Menschen: ähnliche Entstehungsbedingungen geben dann ähnliche Resultate.

Man hat bei der Beurteilung der Träume stets mit dem Hereinragen von Elementen aus primitiven Zeiten zu rechnen; ja, die ganze Einrichtung des Träumers muß, worauf hinzuweisen übrigens Freud nicht vergessen hat, unter entsprechenden Gesichtspunkten betrachtet werden, wenn man ihr von Grund aus beikommen will.

Auf die Spermatozoenträume zurückkommend, muß ich noch anführen, daß ein gemeinsames Merkmal der zwei mir bei Dr. Stekel bekanntgewordenen Träume darin bestand, daß eine Andeutung an Schmieriges oder Klebriges (Beschaffenheit der Samenflüssigkeit) vorkam[1]).

Am Tage nach der Besprechung mit Dr. Stekel erzählte mir eine Dame, die ich Fräulein Agathe nenne, einen Traum. Ich habe schon viele Träume der Dame analysiert und bin infolgedessen in ihrer Symbolsprache und in ihren Komplexen ziemlich bewandert. Die Erzählung lautete wie folgt.

Traum[2]) vom 6. Januar 1912: „Ich war auf einer Eisenbahnfahrt; oder eigentlich so: ich bin auf einem Schneefeld gestanden, auf halbgeschmolzenem Schnee; ringsum Winterlandschaft. Ein schmaler, schlangenartig verlaufender Eisweg führt in ein fremdes Land, dessen Namen ich im Traum wußte und mir dabei vornahm, ihn mir recht gut zu merken (ich habe ihn aber vergessen). Ich stehe neben dem Weg und schaue zu, wie von Zeit zu Zeit Leute auf dem harten Eis wie mit Ski hinuntersausen; ich denke mir, das ist ein neuer Sport; eigentlich sind es kleine längliche Kähne, in denen ein Mann steht. Das ganze Bild ist wie ein bloßes Gemälde (spätere Angabe: wie Stiche) und die Männer in den Kähnen sind sehr dünn und zart gezeichnet. Wo ich stehe, ist eine große Biegung. Zwei Einjährig-Freiwillige kommen denselben Weg (den Eisweg) zu Fuß her-

[1]) In dem in voriger Anmerkung erwähnten Fall war das natürlich der Töpferton.

[2]) Die Parenthesen in runden Klammern stammen von Agathe selbst, die in eckigen Klammern von mir.

unter. Bei der Biegung weichen sie einem Kahne, der gerade heruntersaust, aus, indem sie aus der Bahn heraus und auf so eine Stelle treten, wie die, wo ich stehe. Wie der Kahn vorbei ist, sehe ich nur einen Soldaten, in licht graublauem Mantel. Ich möchte unendlich gern den Weg, der in das fremde Land führt, gehen, doch aus einem unbestimmten Grund kann ich es nicht. Ich befinde mich nun auf einer Eisenbahn — es war nämlich so, als ob ich schon früher in der Eisenbahn gewesen und vorhin bloß ausgestiegen gewesen wäre, um zuzuschauen. (Die Eisenbahn geht in der gleichen Richtung wie der Eisweg.) Ich stehe draußen[1]), beim offenen Fenster und passe auf, wann wir ankommen. Die Kähne sieht man immerwährend den Weg hinuntersausen. Der Zug kommt nachts in einem dunklen Bahnhof an. (Dabei verspüre ich eine Erleichterung und eine Spannung; ob das auch der richtige Bahnhof ist.) Ich kann den Namen des Ortes nicht entziffern, trotz meiner Bemühung. Es erscheint mir aber sehr wichtig, den Namen zu erfahren. Ich habe einen Kahn in der Hand und soll ihn am richtigen Ort den anderen (Kähnen) nach hinunterschicken. Wie der Zug hinausfährt, sehe ich wieder den Eisweg, und traurig sende ich meinen leeren Kahn aus dem Coupéfenster hinunter. In dem Moment bemerke ich, daß es gar kein Kahn, sondern ein Trog ist. Ich hoffe, bald in dem fremden Land anzukommen, indem der Zug mit mir weitersaust, und da erwache ich."

Als Agathe mir die mündliche Darstellung dieses Traumes gab, war ich bei der Schilderung der ersten Szene verblüfft: dies gemäldeartig gesehene Bild — ist das nicht ein leibhaftiger Spermatozoentraum, von der Laune des Zufalls mir zur Bestätigung der gestern gehörten Beobachtungen geschickt?! Die dünnen, zarten Gestalten, die auf glitschiger Fährte hinabschießen, in ein verlockendes „fremdes Land" — sind das nicht prächtige Spermatozoen? Der schmelzende Schnee, weiß und von halbflüssiger Konsistenz (auch klebrig pflegt der schmelzende Schnee zu sein) — war das nicht ein treffender Ersatz der menschlichen Samenflüssigkeit? Und daß sich Agathe selbst in dem Schnee befand und in das „fremde Land" hineinzubewegen im Begriffe war — läßt das nicht gar eine Vaterleibsphantasie vermuten? Ich beschloß indes mich durch die verblüffende Übereinstimmung nicht irremachen zu lassen und jede Voreingenommenheit abzulegen. Den Traum weiter erzählen hörend,

[1]) D. h. nämlich im Korridor des Waggons.

zog ich meine Vermutungen vom Spermatozoenthema ab und verfolgte aufmerksam die Entwicklung der Dinge. Ich war im Begriff, meine anfängliche Entdeckung zu verleugnen und als eine bloße Folge meiner Verblüffung über einen launigen Zufall zu betrachten, als ich bei dem „leeren Kahn", den Agathe „traurig" hinabsendet, wieder stutzig wurde. Vor allem deshalb, weil mir sofort klar wurde, daß es sich hier um ein Beklagen der Sterilität (unten begründet) handelte. Der Situation lag also wahrscheinlich ein Gedanke zugrunde, der sich auf das Thema „Zeugung" bezog. Näher über das Traurigsein befragt, gab Agathe an, daß eigentlich sie selbst in so einem Kahn ins fremde Land hätte fahren sollen. Und sie sei traurig gewesen, daß sie das nicht konnte. Das stimmte wieder einigermaßen zur Spermatozoen-, ja sogar zur Vaterleibsidee; nur fehlte mir jenes Moment, welches hätte andeuten müssen, daß der Inhalt auch dieses Kahns ein unentwickelter Mensch sein sollte; die Gestalten in den übrigen Kähnen waren, wie Agathe ausführte, ganz dünn und lang; man konnte also in ihnen recht gut Bilder von Spermatozoen erblicken. Ich weiß, daß Agathe einige Wochen vorher in einem wissenschaftlichen Werk Abbildungen von Spermatozoen gesehen hat; sie selbst konnte sich (wie ich nach vollendeter Traumanalyse konstatierte) dessen nicht erinnern.

Bei der Durchbesprechung des Traumes lieferte Agathe noch folgende Ergänzungen. Der Eisweg führt von rechts oben nach links unten, zeitweise in Schlangenwindungen, in das fremde Land. Der Name dieses Landes habe sehr poetisch und wie japanisch geklungen; er werde ihr wahrscheinlich wieder einfallen. Sie habe sich gewundert, wieso die Skiläufer auf dem harten Eis fahren. Der Weg führte weit in die Ferne, die Eisenbahn parallel zur Straße, wie nach Triest. Das fremde Land war in Dunkel gehüllt. Auch, wo die Fahrer herkamen, war undeutlich. Als Agathe ihren Kahn, der eigentlich ein Trog war, aus dem Coupéfenster ließ, war sie traurig darüber, daß sie einen leeren Kahn hatte. Es war ein Trog, wie einer, in dem man Kinder badet.

Dieses neue Material warf bedeutende Lichtstrahlen auf so manchen Teil des Traumes. Nach Triest ist Agathe mit einem Mann gefahren, dem sie sich hingab und der sie in der Folge auch schwängerte. Das Fahren nach Triest scheint auch wieder darauf zu weisen, daß der Traum die Idee des sexuellen Verkehrs sowie der Schwängerung enthält. Beides wird seine Bestätigung finden. Die Richtung des Weges von rechts nach links kommt damit überein, daß Agathe sich wegen der

Beziehungen zu jenem Manne jetzt Vorwürfe macht; man kennt ja seit Stekels diesbezüglichen Ausführungen die Symbolik von rechts und links. Eine Folge des sexuellen Verkehrs war aber nicht bloß die Schwangerschaft, sondern im weiteren Verlauf der Dinge ein Abortus und eine später notwendige Operation, die die Patientin unfruchtbar machte (Entfernung eines Ovariums und beider Tuben). Daher — ich behielt diese Deutung zunächst für mich — der leere Kahn, den Agathe traurig hinabsendet; sie kann in den Trog kein Kind legen, denn sie ist unfruchtbar.

Um mir mehr Klarheit zu verschaffen, ersuchte ich Agathe, mir Näheres über den Trog und seinen häuslichen Gebrauch zu sagen. Agathe wiederholte zunächst, daß man in so einem Trog bei ihr zu Hause die kleinen Kinder gebadet habe; ein solcher Trog gehöre auch zum Waschen der Wäsche und zum Backen des Brotes. Eine eingehendere Schilderung dieser Tätigkeiten ergibt, daß sie alle mit einer weißlichen, schaumigen (Seifenschaum) oder teigigen (Brotteig) Masse zu schaffen haben, die dem Aussehen und der Konsistenz nach dem schmelzenden Schnee der Traumlandschaft gleicht. In diesem habe ich bereits Sperma vermutet. Sehen wir zu, ob sich weitere Anhaltspunkte finden lassen. Wenn sich Wasser und Kind im Trog befinden, so ist der Trog wohl der Uterus. Das Badewasser, welches das Kind umgibt, ist dann natürlich das Fruchtwasser. Ich frage Agathe, was die Kähne und der Trog wohl meinen könnten? Sie antwortet, die länglichen Kähne wären Penissymbole, der Trog wäre wahrscheinlich das weibliche Gegenstück. Nun fällt mir auf, daß dem Uterus oder Trog nicht bloß Schaum, Wasser und Kind, sondern auch Brotteig zugemutet wird. Was ist's mit dem Brot? Auf eine Frage fängt Agathe unaufgefordert an, mir umständlich die Entstehung des Brotes zu schildern; wie es sich aus dem anfänglich rohen Teig entwickelt, „aufgeht", geformt wird, usw.: kurzum, es liegt ein Entwicklungsgedanke darin; so wie aus dem Teig mit dem Ferment das Brot wird, so bildet sich (auch infolge einer Fermentierung = Befruchtung, wobei Sperma = Ferment) im Mutterleib das Kind. Agathe bemerkt noch: man vergleicht ja oft das Brot einem Kinde; es hat auch dieselbe Form (das längliche Brot) und man trägt es auch wie ein Kind; sie hat es oft zum Bäcker wie ein Kind im Arm getragen.

Die Gewißheit der Gleichung Trog = Uterus stand nunmehr fest, und da Agathe im Traum darüber traurig gewesen ist, daß sie einen leeren Trog habe, konnte ich für erwiesen nehmen, es müsse dieser Empfindung eine Trauer über die Unfruchtbarkeit zugrunde liegen. Ich fragte nun Agathe: „Warum waren sie eigentlich traurig, als sie den leeren Trog hinabsandten? Wer hätte denn darin sein sollen?“ (Ich hoffte, Agathe werde nun irgendwie zu verstehen geben: ein Kind; ich hielt nämlich unrichtigerweise die früher getane Angabe, sie selbst hätte im Kahn sein sollen, für einen rationalisierenden, die Trauer im Traum erklären sollenden Ersatz dieses Gedankens; ich konnte noch immer nicht daran glauben, daß wenigstens ein Zweig der Assoziationen auf eine Vaterleibsphantasie führen könne, und eine solche kommt ja heraus, wenn sich Agathe in den Samenstrom unter die Spermatozoen versetzt, als welche, wie wir noch sehen werden, die dünnen Leute im Traum aufzufassen sind.) Agathe antwortete wieder: „Ich selbst hätte darin sein sollen.“ Dann fügte sie hinzu: „Vielleicht hätte ich auch jemand statt meiner hineintun sollen.“ Nach einigen Augenblicken des Zögerns sagt sie dann: „Ich muß Ihnen noch erzählen, daß ich gestern abend darüber nachdachte, wie schade es doch sei, daß ich von Paul kein Kind bekommen kann; ich hätte gern ein Kind von ihm; es müßte ein reizendes Kind sein. Ich habe mir sogar schon gedacht, Paul sollte, wenn er, der jetzt keine Kinder haben will, diese Meinung einmal ablegt, mit irgend einem Weib ein Kind zeugen und mir es dann geben.“ Abermals fand sich also ein wichtiger Punkt meiner Vermutungen bestätigt.

Die weitere Analyse, welche sich um die in den Kähnen fahrenden Leute drehte, förderte eine neue Bestimmung zutage. Agathe äußerte nämlich plötzlich: „Habe ich nicht schon vorhin erwähnt, daß diese dünnen Leute so aussahen, wie wenn sie aus etwas gemacht wären, das zerginge, sobald man es anrührte?“ Unter den Leitgedanken der Entwicklung, Befruchtung usw., die sich in den übrigen Traumteilen, besonders aber im Pendant zu den Kähnen — dem Trog — äußerten, konnte die Auffassung der dünnen Menschen als Schemen, als Keime zu künftigen Menschen u. dgl. nicht ausbleiben. Die Leute in den Kähnen sind also wirklich Spermatozoen, natürlich in naiver Auffassung. Agathe teilt mir übrigens mit, daß sie meinte, die menschliche Form trete schemenhaft[1]) gleich nach der Befruchtung im Keim auf.

Der Eisweg hat Schlangengestalt. Die Schlange ist, wie

[1]) Hierauf dürfte sich auch die Nuance der Traumerzählung beziehen, daß die gesehene Szene ein bloßes Gemälde war. „Stiche“ (wie es in der zweiten Version der Traumdarstellung heißt) deutet wieder auf Koitus.

Agathe angibt, ein Symbol des Penis und des Lebens. Der Eisweg ist hart; Agathe wundert sich im Traum, daß die Skiläufer dort fahren. Harte Schlange = Erektion. Sie meint im Traum, dieses Fahren sei ein neuer Sport. In der Tat war dieser „Verkehr" (nämlich der sexuelle) für sie etwas Neues auf dem Weg nach Triest. Daß gewissermaßen rhythmisch „von Zeit zu Zeit" ein Fahrer auf dem Schlangenweg dahersaust (ins schöne, dunkle fremde Land hinein), scheint auf die rhythmischen Bewegungen beim Geschlechtsverkehr hinzudeuten.

Wer sind die Einjährig-Freiwilligen? Ihre Bekleidung weist durch Gleichklang auf den Namen Pauls, der keine Kinder haben will und im Traum deshalb ausweicht (aus der Eisbahn tritt), wenn die Fahrer (Spermatozoen) daherkommen (coitus interruptus), und einen Mantel anhat (Condom); außerdem glaubte auch Agathe den einen Einjährigen mit Paul identifizieren zu sollen. Daß zuerst zwei Einjährige waren, scheint teilweise durch die Determination: Hoden bestimmt zu sein. Zu „Einjähriger" ist noch zu bemerken: Agathe kennt Paul ein Jahr lang.

Der Soldat im grauen Mantel hat aber noch eine andere sehr wichtige Bedeutung. Er erinnert Agathe (außer an Paul) auch an einen Herrn F., den sie den „Tod" zu nennen pflegte. Der Soldat im grauen Mantel ist der Tod, der nur einen Schritt von Agathens Wege dastand, als sie im Gefolge der Triester Erlebnisse operiert wurde. Sie schaute damals dem Tod ins Antlitz. Der Soldat im Mantel stellt sich (wie Agathe nachträglich angibt) im Traum ihr gegenüber auf. Bei der Operation wurde Agathen ein Ovarium entfernt, das andere belassen. Daher das Verschwinden des einen Soldaten; daß der zweite die Rolle des drohenden Todes übernimmt, hat auch eine dem Krankheitsverlauf entsprechende Bedeutung.

Was soll aber der Tod in diesem Traum? Welche aktuelle Regung mobilisiert die düstere Gestalt? Hier sitzt vielleicht der tiefste Gedanke des Traumes: Agathe will ihr Leben rückgängig machen. (Ein mir aus ihren Analysen bereits wohlbekanntes Thema.) Und sie gebraucht im vorliegenden Traum drei Hauptsymbole, um das auszumalen: 1. sie will ein fernes, fremdes Land[1]) aufsuchen, weil es

[1]) Ein Märchenland, wo alles sich so verhält, wie wir es wünschen. Der „poetische" Name des Landes „klingt japanisch" — das hängt mit Agathens Schwärmerei für Japan zusammen. Für sie ist Japan das Märchenreich. Jeder

sie in ihrer Haut nicht leidet; 2. sie ruft den Tod zu Hilfe, der sie von dem Lebensweg (Eisweg) gleichsam abdrängt (sich ihr gegenüberstellt); 3. endlich stellt sie sich vor, sie sei überhaupt nicht gezeugt worden und vermeide es, als Spermatozoon in den Eisweg des Samenstroms zu geraten, der in das dunkle Land (Leib der Mutter) hineinfließt.

Betrachten wir die dritte Phantasie etwas genauer. Sowohl das Ziel der Skiläufer (Triest, Land der Befruchtung) als ihre Herkunft (Vaterleib) ist dunkel. Hier verliert sich eben die Phantasie ins Ungewisse; es fehlen die bestimmten Vorstellungen; auch die Zukunft, das Leben, ist ungewiß, solange man im Keimstadium sich befindet. Es ist undeutlich, ungewiß, woher die Lebensschlange kommt und wohin sie geht. Darum ist es besser, man betritt sie (d. h. den Lebensweg) gar nicht. Wir haben hier die Todeskomponente der Vaterleibsphantasie klar vor uns. Agathe will den Penis nicht passieren, wie die anderen Spermatozoen, um nicht konzipiert zu werden. Daß die Erfüllung dieses Wunsches im Traum als eine unerwünschte Verhinderung erscheint, hat in psychischen Konflikten Agathens seinen guten Grund, einer Mechanik, auf die ich nicht eingehen kann, ohne sehr weitschweifig zu werden. Der Wunsch, nicht ins Land der Befruchtung zu kommen, macht sich aber ganz deutlich in der gespannten Stimmung (gemischte Gefühle) beim Einfahren des Zuges in die Station geltend. Das Einfahren des Zuges drückt natürlich wieder den Koitus aus; die Angst des Verpassens des richtigen Ortes (eigentlich der richtigen Zeit) hat vielleicht mit dem coitus interruptus zu tun. Eintreffen des Samenstroms, „es kommt" der Orgasmus, Angst, den richtigen Augenblick zu verpassen, mögliche Konzeption usw.

Nachträglich fiel Agathen auch der Name des „fremden Landes" ein; es hieß Chiuka. Dieses Wort gehört keiner Agathen bekannten Sprache[1]) an; es erinnert sie bloß an eine ähnlich klingende Stelle in einem Wiegenlied (eine Art eia-popeia). Also wieder eine

---

Mensch hat irgend so ein Wunschland, in das er sich gerne versetzt sehen möchte. Bei manchen ist es das Wunderland Indien, bei anderen das Land Amerika, wo alles möglich ist, bei einem andern das Hochgebirge usf. Ebenso ist psychologisch auch das „Jenseits" aufzufassen. Das „fremde Land" Agathens ist auch das Land des Todes.

[1]) Einige Kollegen aus der Wiener psychoanalytischen Vereinigung machen mich darauf aufmerksam, daß ein sehr ähnlich klingendes slawisches Wort das weibliche Genitale und den Hecht (der wieder als Symbol für den weiblichen

Anspielung auf das Kinderzeugen. Meine, neben andere Deutungen gestellte Auffassung des fremden Landes als Mutterschoß wird also wohl berechtigt sein. Agathen fällt übrigens in Verbindung hiermit und zu dem mit weichem, schmelzenden Schnee bedeckten Gelände die für Kinder märchenhafte Vorstellung ein, daß das Reich, wo die Kinder herkommen, ein Sumpfland ist, wo sie von Störchen herausgeholt werden.

Die Trauer oder Enttäuschung Agathens, als sie im Traum entdeckt, daß sie keinen Kahn (Penis), sondern einen Trog (weiblichen Geschlechtsteil) habe, ist nicht erst dadurch bestimmt, daß dieser Trog leer ist (worüber ich oben sprach), sondern an und für sich schon begründet durch Agathens lebhaften Wunsch, ein Mann zu sein.

Agathe entschloß sich widerwillig zur Erzählung des Traumes. Die Widerstände kennzeichnen das aktuelle Vorhandensein jener die Verborgenheit suchenden Wunschregungen, welche sich in unserer Analyse offenbarten.

Als das Rätsel des Traumes vom 6./7. Januar 1912 gelöst war, machte Agathe die Bemerkung, es müßten sich unter ihren früheren von mir aufgezeichneten Träumen welche befinden, zu deren Geheimnissen man mit dem gleichen Schlüssel gelangen könnte wie dieses Mal. Die Spermatozoensymbolik erscheine ihr als etwas ihrem Gefühl gewissermaßen schon Bekanntes. Zufällig hatte ich einen Traum, den sie mir drei Tage vorher geschrieben hatte, noch nicht analysiert, und machte mich daran, ihn zu lesen. Ich teile den ganzen Traum mit und hebe darin jene Szenen hervor, die mir besonders auffielen. Ich muß noch bemerken, daß Agathe vorhatte, zu ihren Eltern nach Frankfurt zu fahren, um der Verlobung ihres Bruders Gustav beizuwohnen, diesen Plan aber aufgab.

Traum vom 31. Dezember 1911 auf den 1. Januar 1912: „Gegen 12 Uhr in der Nacht komme ich bei meinen Eltern in Frankfurt an. Ohne in die Wohnung erst einzutreten, befinde ich mich schon in einem

---

Geschlechtsteil anzusehen ist, weil er Fische, Phalli, verschlingt) bedeutet. Da nun Agathe dem einen Elternteil nach slawischer Abstammung ist und, wenn sie auch keines slawischen Idioms mächtig ist, dennoch manchen Brocken eines solchen aufgeschnappt haben mag, ist der sprachliche Hinweis zu beachten.

kahlen Zimmer[1]), welches durch üppige Portières von dem Schlafzimmer meiner Eltern getrennt ist. In einer Ecke des Zimmers stehen meine beiden Schwestern Marthe und Lieschen[2]). Beide sind gewachsen und verändert. Mich auf die Begrüßung namentlich Marthes (des älteren von den beiden Kindern) freuend, breite ich die Arme ihr entgegen. Sie drückt sich, groß und ernst mich anschauend, in die Ecke, wie zurückweichend vor mir, und als ob sie mich nicht erkennte. Lieschen aber läuft mir entgegen und umarmt mich; da kommt auch Marthe zögernd zu mir und läßt sich auf die Wange küssen von mir, sie küßt mich nicht. Gleich öffnet sich auch die Portière und im Nachtgewand kommt nun Vater heraus, umarmt mich freudig, hebt mich in die Höhe und küßt mich beständig auf den Mund, bis er seine Zunge ganz tief in meinen Mund steckt. Mich ekelt's und ich denke mir: ‚Ach, der Papa ist noch immer so leidenschaftlich[3])‘ und möchte mich losmachen. Im nächsten Moment befinde ich mich auf der Straße, mit dem Gedanken beschäftigt, daß ich meine Mutter suchen gehe.

„An einer Straßenecke sitzen mein Bruder Gustav und seine Braut Dora und betteln die Leute an. Ich gehe hin und sage ihm: ‚Bitte, gib mir etwas Geld, ich habe meine Tasche in der großen Eile vergessen‘. Er greift bereitwillig in die Tasche und holt eine Handvoll ganz neue Silberkronen heraus. Ich bewundere die Schönheit des Geldes und will eine Krone nehmen, da sehe ich, daß das Silber sich in Elfenbein verwandelt und daß in fremdartiger Plastik kleine dünne Figuren sichtbar werden. Ich bin sehr enttäuscht und denke mir: Ach, die will ich gar nicht haben, und laufe davon, ohne ein Wort zu sagen. Ich suche meine Mutter weiter. Endlich glaube ich, sie von weitem unter einigen Frauen kommen zu sehen. Ich erkenne sie an ihrer frisch gewaschenen Bluse und Schürze. Ich laufe ihr entgegen, von der Nähe waren mir

[1]) Agathe kennt die gegenwärtige Wohnung ihrer Eltern nicht, denn diese sind in Abwesenheit Agathens umgezogen. Sie leben in ärmlichen Verhältnissen; deshalb stellt sich Agathe die Wohnung auch in Wirklichkeit kahl vor.

[2]) Agathe hat noch eine dritte Schwester, mit der sie in reger Korrespondenz steht. Die beiden hier genannten sind Kinder, die dritte Schwester hat die Pubertät bereits überschritten, zählt also gewissermaßen schon zu den Erwachsenen.

[3]) Er pflegt von jeher seine Kinder wirklich mit eigentümlicher Leidenschaftlichkeit zu küssen.

aber alle Frauen fremd. Ich blieb traurig nachdenklich stehen und ließ sie an mir vorbeigehen."

Die Begebenheit mit dem Gelde des Bruders, auf dem plötzlich „kleine dünne Figuren" sichtbar werden, ist um so bemerkenswerter, als das Geld, besonders das weiße Silbergeld (vgl. das Elfenbein) oft auf Sperma deutet und als die Provenienz des Geldes aus der Hosentasche des Bruders (der in Agathens Kinderzeit eine sexuelle Rolle bei ihr gespielt hat) für eben diese Bedeutung spricht. Die „kleinen dünnen Figuren", von denen sich dann Agathe abwendet (Verhütung der Konzeption), lassen wohl kaum eine bessere Interpretation zu als: Spermatozoen.

Ich greife einige Stellen aus der Analyse heraus. Dem gesperrt gedruckten aus dem Traum herausgegriffenen Schlagwort folgen jeweils die Einfälle, die Agathe dazu produzierte. Wo diese buchstäblich wiedergegeben werden, stehen sie in Anführungszeichen. In eckigen Klammern meine Glossen.

Portièren. — Üppigkeit. Gegensatz zum kahlen, kalten Zimmer. — Schöne Vorstellungen aus orientalischen Liebesgeschichten. — Verschiedene schöne Reminiszenzen. — Jungfernhäutchen.

Gib mir etwas Geld. — „Das sind Worte, die ich gehört und auch selbst gebraucht habe, wenn ich z. B. meine Tasche zu Hause vergessen hatte und mich an meinen Freund Paul wandte. — Es fällt mir ein, daß meine Mutter einmal kein Geld hatte, um einkaufen zu gehen; gekocht mußte aber doch werden, und so ging meine Mutter zum Fleischer usw. und sagte, sie hätte ihre Tasche vergessen, sie werde am nächsten Tag zahlen."

Er greift in die Tasche. — [Lachend:] „Pfui! — Mir fallen unangenehme Erinnerungen ein." [Betreffen Leute, die onanistische Akte ausführten, indem sie die Hände in die Tasche steckten. U. a. hatte ein jetzt schon verstorbener Bruder Agathens diese Gewohnheit.]

Eine Handvoll. — „Eine Handvoll nimmt man z. B., wenn man Körner den Hähndeln hinstreut; man hat dabei ein angenehmes Gefühl, wenn man aus einem Korb oder einer Schürze die Hand voll nimmt und die Samenkörner [notabene!] hinstreut. [Angenehmes Gefühl des Samenstreuens = Ejakulation!]. — Man kann auch vom Onanieren die Hand voll bekommen." Das Weib wie auch der Mann.

Ganz neue Silberkronen — „habe ich sehr gern, habe aber nie welche; man bekommt sie selten. [Neue Silberkronen = Sperma; Nichtbekommen derselben = Verhütung der Konzeption durch coitus interruptus oder Kondome.] — Fischschuppen. — Ulmenfrüchte, die man der Gestalt wegen „Geld" nennt."

Fischschuppen. — „Jemand sagte einmal zu mir, die Fische kämen zur Brunstzeit [soll heißen: Laichzeit] an den Strand, auf den nassen Sand und ließen ihre Schuppen in der Sonne schillern; und ich, so sagte er, schillere ebenso."

Kronen. — „Ein Sprichwort sagt: Ein junger Hirt ist mehr wert als ein alter König."

Elfenbein. — „Die Stelle aus dem Hohen Lied, wo es heißt: „Deine Nase ist wie ein elfenbeinerner Turm" — oder heißt es „Dein Hals?" Nase ist ein sexuelles Symbol, nämlich für den Penis. Man sagt auch, wer eine große Nase hat, habe einen großen Penis. Bei der Frau soll die große Nase viel Temperament anzeigen. — Japanische und chinesische Elfenbeinschnitzereien." — Märchen von Sindibad dem Seefahrer.

Enttäuscht usw. — „Im Traum habe ich mich sehr gewundert, daß ich enttäuscht war, da ich doch Elfenbein so gern habe." [Auch betreffs der Figuren auf dem Elfenbein hatte Agathe bei einer zweiten Darstellung desselben Traumes bemerkt: „Sie waren unendlich zierlich; ich weiß nicht, warum sie mir nicht gefallen haben."] Es ist auffällig, setzt sie hinzu, daß sie das Wertvolle verschmähte. Die Kronen waren jung, das Elfenbein wertvoller, aber alt, daher die Enttäuschung.

Plastik. — Alte Reliefs, die Agathe in einem Museum gesehen hat. Sie erinnert sich an eine schöne, etwas verwitterte Steinplatte, worauf kleine Engel abgebildet waren in zwei Gruppen, die einander entgegenkommen, mit Flöten, anderen Musikinstrumenten, Blumen und Bändern in den Händen. — Ein Dolchmesser mit Elfenbeingriff, worauf Drachen und unförmige Menschen geschnitzt sind. Dieses Messer hat Agathe bei der Mutter jenes Mannes gesehen, mit dem sie in Triest gewesen ist.

Kleine dünne Figuren. — Eben die schon genannten Engel, die Agathe in Triest gesehen zu haben glaubt.

Die Figuren auf dem Geld. — Sie waren fast ebenso wie die erwähnten Engel, nur sehr verkleinert. Es waren drei Figuren rechts und drei links.

Elfenbein statt Silbergeld. — Das Herzeigen des Elfenbeins statt des Geldes im Traum sah aus wie eine Fopperei; als würde Agathens Bruder ihr Samen (Sperma) statt Geld darreichen.

Engel. — Kleines Kind. Ein nicht existierendes kleines Wesen.

Nachtrag zu Enttäuschung und Davonlaufen. — „Es fällt mir ein, daß ich dem . . . [ihrem Triester Freund] davongelaufen bin, als ich von ihm schwanger geworden war," so wie Agathe auch im Traum davonläuft, als man ihr Samen darreicht. Als ich darauf bemerke, daß die Auffassung Geld = Samen die kleinen Engel nunmehr als Spermatozoen erkennen lasse, sagt Agathe, es sei ihr schon beim Niederschreiben des Traumes klar gewesen, daß die Handvoll Silbergeld oder Elfenbeinplättchen mit Engeln darauf als Samen mit Kinderkeimen aufzufassen sind; sie hätte es mir schon früher mitteilen können, wenn der Traum gleich analysiert worden wäre.

Soviel von der Analyse. —

Wenn ich aus dem Traum jene Momente herausgreife, die sich auf den Koitus und die Befruchtung beziehen, so ergibt sich eine zu der Spermatozoenszene sich steigernde sinngemäße Entwicklung. Durch die Portièren (Hymen) dringt der Vater. Seine leidenschaftlichen Liebkosungen waren Agathen als ganz jungem Mädchen angenehm; später wirkten sie ekelhaft, und deshalb erfährt die im Traum gegebene Erfüllungssituation eines alten Wunsches (an Stelle der Mutter zu sein) sofort einen Widerstand. Der Konflikt löst sich oder, richtiger gesagt, es wird ihm ausgewichen, indem der sexuelle Vorgang in ein Bild übersetzt wird, das sich uns in der Geldszene präsentiert. Der ältere Vater ist durch den jüngeren Bruder ersetzt worden (vgl. in der Analyse den Gegensatz junge Kronen, altes Elfenbein). Aus der Hosentasche kommt Geld. Der Samen droht, sie mittels der kleinen Engel (Kinderkeime) zu befruchten, und abermals befindet sich Agathe in einem Konflikt zweier Wünsche: schwanger zu werden und es nicht zu werden. Dem Konflikt wird sofort wieder durch eine Verlegung der Szene ausgewichen. Hier bricht nun der Traum ab, ohne uns etwas Bestimmtes darüber auszusagen, wie der Konflikt gelöst wird: ob die Konzeption eintritt oder nicht, ob der eine oder der andere Wunsch symbolisch sich erfüllt. Dennoch gibt es eine Fortsetzung. Es trifft sich nämlich, daß Agathe ihren Traum vier Tage später weiterträumte.

Bevor ich diesen Fortsetzungstraum mitteile, muß ich noch einige Mitteilungen zu dem vorliegenden Traum und den Einfällen machen. Eine auf mein Ersuchen von Agathe angefertigte Skizze der Situation im kahlen Zimmer, dessen Portièren u. a. das Hymen vorstellen, durch das „im Nachtgewand" der Vater (Penis) dringt, weist den zwei Schwestern Marthe und Lieschen ihre Plätze links und rechts von der Portière an. Berücksichtigt man die Ähnlichkeit des „kahlen Zimmers" mit dem „leeren Kahn" des andern Traumes und die Tatsache, daß in einem früheren Traum die Ovarien durch Kinder[1]) von Agathens Mutter (Gebärmutter!) dargestellt worden sind, so wird man die Deutung der zwei Kinder als Ovarien um so weniger befremdlich finden, als die operative Entfernung des einen Ovariums durch das Zurückweichen Marthes dargestellt erscheint. Freilich ist das nur eine, und zwar nicht gar tiefliegende Bedeutung von Marthes Verhalten. Eine tiefere Erklärung des eigentümlichen scheuen Zurückweichens wird später folgen.

Das Gehobenwerden vom Vater hat nicht etwa bloß einen erotischen Sinn. Das Gefühl dabei war ein unsicheres; so, als könnte man dabei fallen. Abgesehen nun von der Möglichkeit des Fallens im Sinne von „zur Dirne werden" usw. wird durch die Situation des unsicheren widerwilligen Gehobenwerdens folgender Wunschkonflikt ausgedrückt: einerseits wünschte Agathe lange Zeit hindurch, dem schönen, interessanten Vater körperlich ähnlich zu werden; anderseits möchte sie ihm in den Charaktereigenschaften und in der Lebensführung nicht ähnlich werden. Wenn also der Vater sie zu sich emporhebt[2]), so ist dieses Emporsteigen gewissermaßen gleichzeitig ein unerwünschtes Sinken; daher das unsichere Gefühl, und daher wohl auch zum Teil die Wahl der Straße zum nächsten Schauplatz. Dorthin würde sie sinken, wenn sie dem Vater gleich würde. Die Straße als das „Freie" illustriert wieder den Gedanken der Befreiung, das Losmachens vom Vater wie auch von den ihn betreffenden Konflikten (funktionales Symbol).

Agathe sucht nun die Mutter[3]). Das heißt u. a., daß sie sich mit ihr identifiziert; daß dies im Traum tatsächlich der Fall ist, daß sie sich wahrhaftig an die Stelle der Mutter setzt, das haben wir ja soeben gesehen, da sie doch als Penissymbol (oder sexuellen Partner) just den Vater phantasiert. Die Situation wird ihr des Konfliktes wegen ungemütlich, und es scheint fast so, als suche sie nun die wirkliche Mutter, um sich von ihr ablösen zu lassen.

[1]) Nicht gerade als bestimmte Schwestern, aber so, daß sie am ehesten eben den zwei jüngsten entsprachen.

[2]) Diese Vorstellung entstammt jedenfalls der Kindheit, in der der Vater natürlich als „Großer" betrachtet wird.

[3]) Insofern das (erfolglose) Suchen der Mutter historisch betrachtet wird, geht es darauf zurück, daß Agathe in Wirklichkeit lange Zeit in ihrer Mutter vergeblich die verständnisvolle Mutter gesucht hat.

Die sexuelle Szene mit dem Bruder wird durch die Bitte um Geld (Sperma) und die Begründung derselben durch einen Vorwand, das Vergessen des Täschchens, eingeleitet. Agathe tut hier eine ähnliche Bitte an ihren Bruder wie sie sie häufig an Paul richtet (setzt also den Bruder für ihren Sexualpartner ein) und wie sie Agathens Mutter als Vorwand dem Fleischer gegenüber gebrauchte (so daß der Bruder auch zu dem Fleischer in Parallele gesetzt wird). Der Vorwand dient nicht allein zur rationalisierenden Verdeckung des Spermaverlangens, sondern auch zu einer symbolischen Beziehung zu dem erotischen Zweck; es ist ja von einer Tasche (Vagina) die Rede. Der Bruder — Fleischer produziert nun wirklich Fleisch, den Penis nämlich, obgleich der Traum dies bloß durch Anspielungen zu verstehen gibt.

Die Engel auf den Elfenbeinstücken, die Kinderkeime in der Samenflüssigkeit, sind in zwei Gruppen verteilt, die einander mit Musikinstrumenten, Blumen und Bändern entgegenkommen. Die Szene ist so gewählt, als wollten sie einen Hochzeitsreigen aufführen. Die Verteilung in zwei Gruppen mag eine mann-weibliche Symbolik enthalten; das Einander-Entgegenkommen wäre ein Symbol der geschlechtlichen Vereinigung. Die Dreizahl auf der einen Seite mag (nach einer bei Agathe häufigen Symbolik) der Dreiheit Penis-Hoden, die auf der andern Seite jener von Uterus-Ovarien entsprechen.

Und nun zur Mitteilung des Fortsetzungstraumes.

Traum vom 4./5. Januar 1912: „(Ich träume den Traum vom 31. Dezember 1911/1. Januar 1912 weiter, nach drei[1]) Tagen.) Endlich habe ich meine Mutter gefunden und bin voller Freude und Erwartung. In dem großen kahlen Zimmer (vom vorigen Traum) sitzen viele Gäste (lauter Frauen) um einen schmalen langen Holztisch. Meine Mutter sitzt am linken Rand in der Mitte und ich neben ihr auf einem Fußkissen und schaue zu ihr hinauf. Ich sage: „Du siehst sehr gesund aus, Mamachen, wie kannst Du so klagen?“ Sie ist ganz angezogen, jedoch sehe ich sie nackt, mit einem üppigen weißen Körper. Ich wundere mich und denke mir: Mama war doch wie ein Stäbchen, so dünn. Mama spricht: ‚Ja, ich habe am Bauch eine Geschwulst gehabt. Einmal komme ich nach Hause, ziehe mich aus und lege mich ins Bett. Eine eigentümliche Leichtigkeit verspüre ich, greife nach meinem Bauch und bekomme die Hände

[1]) Eigentlich sind es vier.

mit Dreck voll. Denk' Dir, die Wunde ist auf dem Weg ausgeronnen. Es war noch ein bissel Blut drin, ich hab' es aber gut ausgedrückt, obwohl es geschmerzt hat.' Ich fühlte einen unbeschreiblichen Ekel und antwortete nichts. [Nachträglicher Zusatz: während Mamas Erzählung sah ich, daß ihr Körper wie der einer Leiche aufgedunsen war.] Ich habe während der Erzählung die offene Wunde, Eiter und Blut fließen sehen; es war gräßlich. Eine Weile blieb ich dort sitzen und schaute mir die Frauen an. Sie waren wie Klageweiber. Ganz unheimlich wurde mir. Erwachen."

Wir sehen, daß dieser Traum an den vorher mitgeteilten tatsächlich anknüpft. Um nicht zu weitschweifig zu werden, greife ich aus der Analyse bloß folgende Einfälle heraus.

Mutter unter den alten Frauen. — „Es war so, als würden wir nicht dort hingehören, sondern bloß in diese Situation hineinversetzt sein. Ich wollte nicht fragen. Ich war bloß froh, die Mama gefunden zu haben." — Es hat zuerst ausgeschaut wie eine Gesellschaft, wo es lustig zugeht; erst als Agathe ihre Mutter nackt und ekelhaft sah, erkannte sie, daß die alten Frauen Klageweiber waren.

Wie ein Stäbchen so dünn. — Das erinnert Agathe an ein mikroskopisches Präparat von Vaginalsekret, worin lauter Stäbchen zu sehen waren.

Die Geschwulst am Bauch. — Schwangerschaft, und zwar eine solche, die nicht zu ihrem normalen Ende kam (Abortus). — Jede Frau wird, nachdem sie Kinder bekommt, häßlicher. Ich habe mir öfter gedacht, ich möchte darum keine Kinder haben; oder höchstens eines oder zwei. [Ihre Mutter hatte deren neun.]

Den vorhergehenden Traum verließen wir, indem wir einen ungelösten Konflikt zwischen zwei Wünschen vermerkten; dem Wunsche nämlich, schwanger zu werden, und dem gegenteiligen. Die Folgen des Geschlechtsverkehrs vom vorigen Traum werden nun in dem neuen Traum dargestellt. Der Konflikt wird dabei in witziger Weise gelöst. Es wird nämlich beiden Wünschen Erfüllung zuteil durch ein Kompromiß, indem zwar eine Schwangerschaft (der für die Mutter zu substituierenden Agathe) eintritt, aber nicht zum Kinderbekommen führt, sondern durch einen Abortus rückgängig gemacht wird. Die auf „Abortus" gedeutete Traumepisode hat einen Hintergrund in einem realen Erlebnis der Mutter, an das sich Agathe affektreich erinnert; auch gewisse Details davon sind im Traum verwertet. Die Substitution Agathe—Mutter ist noch unterstrichen durch die Ähnlichkeit der Erlebnisse beider (Abortus; Wunde-Blut-Eiter usw. gelegentlich der bei der Analyse des Traums vom 6./7. Januar erwähnten Operation). Die Stäbchen im Traum und Assoziation scheinen wieder eine Hindeutung auf Spermatozoen zu enthalten; es zeigt sich nämlich wieder der Entwicklungsgedanke, wie wir ihn vom Brotteig usw. her kennen: die Mama war zuerst wie ein Stäbchen so dünn (übrigens ist, in weitergehender Interpretation, jeder Mensch einmal wie ein mikroskopisches Stäbchen so dünn, nämlich als Spermatozoon), jetzt hat sie einen dicken Bauch bekommen. Bedenkt man, daß in Agathe die Assoziation zu mikroskopischen Stäbchen im Vaginalsekret wach ist, so kann man für ein Stäbchen, das einen geschwollenen Bauch im Gefolge hat, kaum eine richtigere Übersetzung finden als: Spermatozoon[1]).

Die Situation Agathens zu Füßen der Mutter, nachdem diese gerade abortiert hat, läßt daran denken, daß sich Agathe an die Stelle des abortierten Fötus denkt. Diese Nuance, die natürlich den bei Agathe so wichtigen Todeswunsch ausdrücken würde, erfährt eine Bestätigung durch die vielsagende Anwesenheit der Klageweiber; solchen Klageweibern kommt nach altem Gebrauch die Totenwacht zu, wenn ein Weib gestorben ist. Die lange Tafel mit den alten Personen läßt übrigens auch an die Ahnentafel denken, besonders wenn man sich die Bemerkung Agathens vor Augen hält, daß sie und die Mutter in diese Gesellschaft eigentlich nicht hineingehörten, sondern sich nur dahin versetzt sahen. Ich muß auch anführen, daß Agathe, deren Mutter schwer leidend ist, kürzlich äußerte, sie habe manchmal das Gefühl, als würde sie ihre Mutter nie mehr sehen.

Durch diese Betrachtungen des Traummaterials sehen wir uns auf einmal in das Kapitel der Todesphantasien geleitet, die im Traum vom 6./7. Januar eine dominierende Rolle gespielt und der Spermatozoen- und Vaterleibsphantasie eine besondere Bedeutung verliehen haben, nämlich die, das Leben rückgängig zu machen. Prüft man die jetzt analysierten zwei zusammenhängenden Träume auf den gleichen Gedanken, so zeigen sie abermals einen schönen Zusammenhang. Ich muß aus der Analyse des Traumes vom 31. Dezember 1911/1. Januar 1912 noch zwei Assoziationsreihen anführen, die uns als Wegweiser dienen können:

Kahles Zimmer. — „Uneingerichtet; hängt mit Armut zu-

[1]) Die Skiläufer des Traumes vom 6./7. Jänner mit ihrer dünnen, aufrechten Gestalt hatten auch ungefähr Stäbchenform.

sammen. [Durch die tatsächlichen Verhältnisse gegeben]. — Traurigkeit, Kälte, Ungemütlichkeit. — Das Zimmer erinnert mich an etwas, und ich weiß nicht an was. — Jetzt weiß ich schon: es erinnert mich an das Zimmer, wo mein Bruder N. aufgebahrt war." [Dieser N. war jener habituelle Onanist, von dem unter dem Schlagwort „Er greift in die Tasche" die Rede gewesen.]

Groß anschauen, zurückweichen. [Marthes Verhalten im Traum.] — „Das ist eine Bewegung von mir, wenn ich einer Sache oder jemandem gegenüberstehe, den ich nicht ganz kenne oder dem ich nicht sehr traue. — Eine ähnliche Bewegung Pauls mir gegenüber, als er sehr böse auf mich war. — Das Sichbefreunden mit etwas, wovor man eigentlich zurückweichen sollte, z. B. vor einem Toten, vor einer Bahre, etwas Unheimlichem." Agathe erinnert sich einer Episode aus ihrem zehnten Lebensjahr: als eine Schwester gestorben war und aufgebahrt lag, verbot man ihr, das Zimmer allein zu betreten oder der Toten zu nahen, weil man sie vor dem Anblick des Todes bewahren zu sollen glaubte; sie aber dachte sich: Was ist denn da Schreckliches dabei? und ging ruhig allein in jenes Gemach, deckte die Tote auf und berührte sie. — In späterer Zeit, mit 13 bis 14 Jahren hat Agathe öfter die Leichenkammer besucht.

Wir sehen, wie rasch Agathens Phantasie von den Traumdaten zu den Gedanken an Tod, Bahre und Leichen gebracht wird. Und ich habe hier gar nicht alle Beispiele wiedergegeben.

Besonders bemerkenswert finde ich den dritten Einfall unter dem Schlagwort „Groß anschauen usw.;" ich habe ihn deshalb auch im Drucke hervorgehoben: „Das Sichbefreunden..." bis „...etwas Unheimlichem." Dieser Einfall scheint auf das Schlagwort eigentlich nicht recht zu passen. Das Zurückweichen ließe eher denken an ein „Schaudern vor etwas, womit andere sich befreunden" oder so ähnlich. Warum ist die Vorstellung bei Agathe gerade umgekehrt? Darum, weil Agathens Assoziationen nicht von der manifesten Traumepisode aus, sondern von den ihr zugrunde liegenden Komplexen geleitet worden. Agathe sagt mit ihren Einfällen soviel als: „Die Traumepisode bezieht sich darauf, daß ich — wie ich es schon oft getan — mich mit etwas befreunde, was andere schaudern machen würde und vielleicht auch mich schaudern machen sollte, nämlich mit den Todesgedanken." Agathe (die sich viel mit Selbstmordabsichten trug) teilte mir auch mit, daß sie oft gewünscht habe, sie wäre nie geboren; sie habe ihre Mutter mehrmals erbost durch Klagen darüber, daß sie nun das Leid des Lebens tragen müsse wegen eines kurzen Momentes der Lust der Eltern. Der Todesgedanke in dieser Wendung (los vom Leben durch Ungeschehenmachen der Zeugung) führt natürlich zur Vaterleibs- und Mutterleibsphantasie. Wir wollen nun diesen Gedankenreihen im Traum nachgehen.

Das kahle Zimmer ist der leere Trog[1]), d. h. der unfruchtbare Uterus, den sie der Mutter anwünscht, damit sie nie hätte geboren werden können. Die Identifikation des eignen sterilen Uterus mit dem der Mutter geschieht, indem Agathe, die Mutter suchend, die elterliche Wohnung betritt und sich in sexueller Beziehung zum Vater an die Stelle der Mutter setzt. Sie wünscht sich etwa so: „Oh, wäre ich (Unfruchtbare) an der Stelle meiner Mutter gewesen, dann wäre ich, die Tochter, nie empfangen und nie geboren worden!" Die Identifikation mit der schwer kranken Mutter bringt übrigens Agathe schon an sich dem Tode näher.

Die Begrüßungsszene mit dem Zurückweichen Marthes stellt den Todeswunsch so erfüllt dar, als ob Agathe eine Leiche wäre. Denn vor einem Toten oder einem Gespenst[2]) würde man so betreten zurückschaudern, wie Marthe vor Agathe. In Marthe und Lieschen haben wir uns übrigens die zwei seelischen Strömungen in Agathe zu denken, wovon eine die Todesgedanken gefällig findet, die andere ihr sagt, daß man davor zurückschaudern sollte. Im Traum sind ja alle Personen mehr oder minder Teile von uns selbst. Die Welt des Traumes ist unsere Schöpfung und in den Geschöpfen des Traumes kreist unser eigen Blut. Hier im besondern liegt ein hübsches Phänomen der funktionalen Kategorie vor, welches die Struktur der Psyche und das innere Walten ihrer Kräfte zur Abbildung bringt.

Ob das Nachtgewand des Vaters eine Anspielung auf „Totengewand" sein soll, weiß ich nicht.

Die Straßenszene mit dem Geld (Sperma), vor dessen Figuren (Spermatozoen) Agathe zurückweicht, wurde bereits besprochen. Man erkennt in dem Zurückweichen vor den Lebenskeimen unschwer den Zusammenhang mit der begonnenen Gedankenreihe.

---

[1]) Aus dem Traume vom 6./7. Januar.

[2]) Hierzu stimmt die Nuance, daß Agathe im Traume just „gegen 12 Uhr in der Nacht" eintritt. Den rezenten Anlaß zu diesem Umstande dürfte die Silvesterfeier geboten haben.

Die Mutter, die am Schluß des Traumes erfolglos weitergesucht wird, wird im Fortsetzungstraum endlich gefunden, und zwar, wie man eigentlich erwarten konnte: im kahlen Zimmer. Neuerlich wird gewissermaßen konstatiert, daß das kahle Zimmer (leerer Trog, steriler Mutterleib) der Mutter angehören soll, damit Agathe nicht konzipiert werden kann; oder wenn schon — so fügt der Traum gleichsam hinzu — dann soll sie wenigstens durch einen Abortus abgehen und tot zur Welt kommen. Die Lage Agathens, die lugubre Gesellschaft, in die sie versetzt worden, der lange Holztisch (Bahre), die Klageweiber, das Grauen[1]) am Schluß des Traumes — alles das spricht eine deutliche Sprache.

Wir wollen nun resümieren. Indem wir in den vorstehenden Träumen den Spermatozoen- und Vaterleibsphantasien nachgingen, gerieten wir unvermerkt auf jene Hauptbedeutung derselben, die ich schon anfangs nur theoretisch-logisch herauskonstruiert hatte, nämlich auf den Wunsch, das gegenwärtige Leben los zu sein. Das Zurückphantasieren in jene Zeit, wo das Leben in dieser Form noch nicht vorhanden war, ist eine der Gestalten des Todeswunsches oder, wenn man genauer sein will: ihm gleichbedeutend. In den drei Beispielen, die ich heute geboten, steht die Spermatozoenphantasie im Dienste dieser Wunschgruppe. Ich zweifle nicht daran, daß andere Forscher Spermatozoenbilder in vielen Träumen werden nachweisen können. Es wäre wünschenswert, daß sie die betreffenden Fälle auch auf den Gehalt an Todeswünschen gründlich prüfen mögen, um herauszufinden, ob der von mir beobachtete Zusammenhang die Regel ist oder nicht.

[1]) Die Regung des Grauens wird natürlich nicht von jener Seelenströmung Agathens aufgebracht, die in der Begrüßungsszene des vorigen Traumes durch Lieschen, sondern durch jene, die durch Marthe verkörpert ist.

Wandlungen und Symbole der Libido.

Beiträge zur Entwicklungsgeschichte des Denkens.

Von C. G. Jung.

ZWEITER TEIL.

I.

Einleitung.

Bevor ich auf die Materialien dieses zweiten Teiles eingehe, erscheint es mir geboten, einen Rückblick zu werfen auf den eigenartigen Gedankengang, den uns die Analyse des Gedichtes „The Moth to the sun" gewiesen hat. Obschon dieses Gedicht vom vorhergehenden Schöpferhymnus sehr verschieden ist, hat uns die nähere Untersuchung der „Sehnsucht nach der Sonne" doch auf religiöse, astralmythologische Grundgedanken geführt, die sich eng an die Betrachtungen zum ersten Gedicht anschließen: Der schöpferische Gott des ersten Gedichtes, dessen zwiespältige moralisch-physische Natur uns besonders Hiob deutlich zeigte, erfährt in den Grundlagen des zweiten Gedichtes eine neue Qualifizierung von astralmythologischem oder, besser gesagt, von astrologischem Charakter. Der Gott wird zur Sonne und findet damit jenseits der moralischen Zerlegung des Gottesbegriffes in den moralischen Himmelsvater und in den Teufel einen adäquaten natürlichen Ausdruck. Die Sonne ist, wie Renan bemerkt, eigentlich das einzig vernünftige Gottesbild, ob wir nun auf dem Standpunkt des Urzeitbarbaren oder dem der modernen Naturwissenschaft stehen: beide Male ist die Sonne der Elterngott, mythologisch überwiegend der Vatergott, von dem alles Lebende lebt, der der Befruchter und Schöpfer aller lebendigen Dinge ist, die Energiequelle unserer Welt.

In der Sonne als natürlichem Dinge, das keinem menschlichen Moralgesetz sich beugt, läßt sich der Widerstreit, dem die Seele des Menschen durch die Wirkung der Moralgesetze[1]) anheimgefallen ist, zu völliger Harmonie auflösen. Auch die Sonne ist nicht nur Wohltat, denn sie vermag auch zu zerstören, daher das Zodiakalbild der Augusthitze der herdenverwüstende Löwe ist, den der jüdische Vorheiland Simson[2]) tötet, um die verschmachtende Erde von dieser Plage zu erlösen. Es ist aber die der Sonne harmonische und inhärente Natur, zu brennen, und es erscheint dem Menschen natürlich, daß sie brennt. Auch scheint sie auf Gerechte und Ungerechte gleicherweise und läßt ebensowohl nützliche wie schädliche Lebewesen wachsen. Die Sonne ist daher, wie nichts sonst, geeignet, den sichtbaren Gott dieser Welt darzustellen, d. h. die treibende Kraft unserer eigenen Seele, die wir Libido nennen, und deren Wesen es ist, Nützliches und Schädliches, Gutes und Böses hervorgehen zu lassen. Daß dieser Vergleich kein bloßes Spiel mit Worten ist, darüber haben uns die Mystiker belehrt: wenn sie durch Verinnerlichung (Introversion) in die Tiefen ihres eigenen Wesens hinabsteigen, so finden sie „in ihrem Herzen" das Bild der Sonne, sie finden ihre eigene Liebe oder Libido, die mit Recht, ich darf wohl sagen, mit physikalischem Recht, Sonne genannt wird, denn unsere Energie- und Lebensquelle ist die Sonne. So ist unsere Lebenssubstanz als ein energetischer Prozeß ganz Sonne. Weich besonderer Art diese vom Mystiker innerlich angeschaute „Sonnenenergie" ist, zeigt ein Beispiel aus der indischen Mythologie[3]): Aus den Erklärungen des III. Teiles des Shvetâshvataropanishad entnehmen wir folgende Stellen, die sich auf Rudra[4]) beziehen:

(2.) " Yea, the one Rudra who all these worlds with ruling powers doth rule, stands not for any second. Behind those that are born he stands; at ending time ingathers all the worlds he hath evolved, protector(he).

---

[1]) Dies erscheint uns vom psychologischen Standpunkt aus so. Siehe unten.

[2]) Simson als Sonnengott. Siehe Steinthal: Die Sage von Simson. Zeitschr. f. Völkerpsych., Bd. II.

[3]) Ich verdanke die Kenntnis dieses Stückes Herrn Dr. van Ophuijsen in Zürich.

[4]) Rudra, eigentlich als Vater der Maruts (Winde) ein Wind- oder Sturmgott, tritt hier als alleiniger Schöpfergott auf, wie der Verlauf des Textes zeigt. Als Windgott kommt ihm leicht die Schöpfer- und Befruchterrolle zu: Ich verweise auf die Ausführungen des I. Teiles zu Anaxagoras und unten.

(3.) He hath eyes on all sides, on all sides surely hath faces, arms surely on all sides, on all sides feet. With arms, with wings, he tricks them out, creating heaven and earth, the only God.

(4.) Who of the gods is both the source and growth, the lord of all, the Rudra, mighty seer; who brought the shining germ of old into existence — may he with reason pure conjoin us.[1])"

Diese Attribute lassen deutlich den Allschöpfer erkennen und in ihm die Sonne, die beflügelt ist und mit tausend Augen die Welt durchspäht[2]).

Die folgenden Passagen bestätigen das Gesagte und fügen noch dazu die für uns wichtige Besonderheit, daß der Gott auch in der einzelnen Kreatur enthalten ist:

(7.) "Beyond this (world), the Brahman beyond, the mighty one, in every creature hid according to ist form, the one encircling lord of all — Him having known, immortal they become."

(8.) "J know this mighty man, sun-like, beyond the darkness, Him (and him) only knowing one crosseth over death; no other path (at all) is there to go."

(11.) ". . . . spread over the universe is He, the lord. Therefore as allpervader, He's benign."

Der mächtige Gott, der Sonnengleiche, ist in jedem, und wer ihn kennt, ist unsterblich[3]). (Wer die tiefe Angst vor dem Tode kennt, wird leicht verstehen, daß der Unsterblichkeitswunsch ein treibendes Motiv zur Sonnenidentifikation ist.) Mit dem Texte weiterschreitend, gelangen wir zu neuen Attributen, welche uns darüber belehren, in welcher Form und Gestalt Rudra im Menschen wohnt:

(12.) "The mighty monarch, He, the Man, the one who doth the essence start towards that peace of perfect stainlessness, lordly, exhaustless light.

(13.) The Man, the size of a thumb, the inner Self, sits ever in the heart of all that's born; by mind, mind-ruling in the heart, is He revealed. That they who know, immortal they become.

(14.) The Man of the thousands of heads, (and) thousands of

---

[1]) Diese und die folgenden Upanishadstellen sind zitiert aus: The Upanishads, transl. by G. R. S. Mead and J. C. Chaṭṭopadhyâya. London 1896.

[2]) Ähnlich ist auch der unzweifelhafte persische Sonnengott Mithra mit einer Unzahl von Augen ausgestattet.

[3]) Wer den Gott, die Sonne, in sich hat, ist unsterblich, wie die Sonne. Vgl. I. Teil, Abschnitt V.

eyes, (and) thousands of feet, covering the earth on all sides, He stands beyond, ten finger-breadths.

(15.) The Man is verily this all, (both) what has been and what will be, lord (too) of deathlessness which far all else surpasses.

Wichtige Parallelstellen finden sich Kaṭhopanishad: Sect. II, Part IV.

(12.) The Man of the size of a thumb, resides in the midst, whithin in the Self, of the past and the future the lord.

(13.) The Man, of the size of a thumb, like flame free of smoke, of past and of future the lord, the same is to-day, to-morrow the same will He be.

Wer dieser Däumling ist, ist leicht zu erraten: das phallische Symbol der Libido. Der Phallus ist dieser Heldenzwerg, der die großen Taten verrichtet, er, dieser häßliche Gott, von unscheinbarer Gestalt, der aber der große Wundertäter ist, da er der sichtbare Ausdruck der im Menschen inkarnierten Schöpferkraft ist. Dieser wunderliche Gegensatz ist auch dem Faust (in der Mütterszene) auffällig:

Mephistopheles: „Ich rühme dich, eh du dich von mir trennst,
Und sehe wohl, daß du den Teufel kennst;
Hier diesen Schlüssel nimm.
Faust: Das kleine Ding!
Mephistopheles: Erst faß ihn an und schätz ihn nicht gering.
Faust: Er wächst in meiner Hand! er leuchtet, blitzt!
Mephistopheles: Merkst du nun bald, was man an ihm besitzt!
Der Schlüssel wird die rechte Stelle wittern,
Folg ihm hinab, er führt dich zu den Müttern!"

Wiederum gibt hier der Teufel dem Faust das wundersame Werkzeug, ein phallisches Symbol der Libido, in die Hand, wie schon im Anfang der Teufel, in Gestalt des schwarzen Hundes, sich Faust gesellt, indem er sich mit den Worten einführt:

„Ein Teil von jener Kraft,
Die stets das Böse will und stets das Gute schafft."

Mit dieser „Kraft" vereinigt, gelingt es Faust, seine eigentliche Lebensaufgabe durchzuführen, zuerst mit übeln Abenteuern und dann zum Segen der Menschheit, denn ohne das „Böse" gibt es keine schaffende

Kraft. Hier in der geheimnisvollen Mütterszene, wo der Dichter das letzte Geheimnis schöpferischer Kraft dem Verstehenden entschleiert, bedarf Faust des phallischen Zauberstabes, dem er zuerst die magische Kraft nicht zutraut, um das größte der Wunder zu vollbringen, nämlich die Erschaffung von Paris und Helena. Damit erreicht Faust göttliche Wunderkraft, und zwar durch das unscheinbare kleine Instrument. Dieser paradoxe Eindruck scheint uralt zu sein, denn auch die Upanishaden wissen folgendes vom Zwerggott zu sagen:

(19.) "Without hands, without feet, He moveth, He graspeth; eyeless He seeth, (and) earless He heareth; He knoweth what is to be known, yet is there no knower of Him. Him call the first, mighty the Man."

(20.) Smaller than small, (yet) greater than great, in the heart of this creature the Self doth repose . . . . etc."

Der Phallus ist das Wesen, das sich ohne Glieder bewegt, der sieht ohne Augen, der die Zukunft weiß; und als symbolischen Repräsentanten der überall verbreiteten Schöpferkraft ist ihm Unsterblichkeit vindiziert. Er wird als durchaus selbständig gedacht, was nicht nur eine dem Altertum geläufige Vorstellung war, sondern auch aus den pornographischen Zeichnungen unserer Kinder und Künstler hervorgeht. Er ist ein Seher, Künstler und Wundertäter, daher es nicht sonderbar ist, wenn gewisse phallische Charakteristica sich beim mythologischen Seher, Künstler und Wundertäter wiederfinden. Hephästus, Wieland der Schmied und Mânî (der Stifter des Manichäismus, dessen Künstlerschaft aber auch gerühmt wird), haben verkrüppelte Füße, es scheint auch typisch zu sein, daß die Seher blind sind und daß der alte Seher Melampus einen so verräterischen Namen (Schwarzfuß) besitzt[1]). Der Zwergfuß, die Unscheinbarkeit und Mißgestalt sind ganz besonders bezeichnend geworden für jene geheimen chthonischen Götter, die Söhne des Hephästus, denen mächtige Wunderkraft zugetraut wurde, die Kabiren[2]). Der Name bedeutet „mächtig", ihr samothrakischer Kult ist innigst verschmolzen mit dem des ithyphallischen Hermes, der nach dem Berichte des Herodot durch die

[1]) Zu dem kommt, daß er den kultischen Phallus eingeführt hat. Zum Dank dafür, daß er die Mutter der Schlangen bestattete, reinigten ihm die jungen Schlangen die Ohren, so daß er hellhörend wurde.

[2]) Vgl. das Vasenbild aus dem Kabeirion von Theben, wo die Kabiren in edler und in karikierter Form dargestellt sind (bei Roscher: Lex. s. Megaloi Theoi.).

Pelasger nach Attika gebracht wurde. Sie heißen auch die *μεγάλοι θεοί*, die großen Götter. Ihre nahen Verwandten sind die idäischen Daktylen (Finger) oder Däumlinge[1]), die die Göttermutter die Schmiedekunst gelehrt hat. („Der Schlüssel wird die rechte Stelle wittern, folg ihm hinab, er führt dich zu den Müttern.") Sie waren die ersten Weisen, die Lehrer des Orpheus und erfanden die ephesischen Zauberformeln und die musikalischen Rhythmen[2]). Das charakteristische Mißverhältnis, auf das wir oben im Upanishadtext und im Faust hinwiesen, findet sich auch hier, indem der riesige Herakles als idäischer Daktylos galt. Die riesigen Phryger, die kunstfertigen Diener der Rhea[3]), waren ebenfalls Daktylen. Der Weisheitslehrer der Babylonier, Oannes[4]), wurde in phallischer Fischform dargestellt[5]). Die beiden Sonnenhelden, die Dioskuren, stehen in Beziehung zu den Kabiren[6]), sie tragen auch die bemerkenswerte spitze Kopfbedeckung (Pileus), welche diesen geheimnisvollen Göttern eigen ist[7]) und die sich von da an, wie ein geheimes Erkennungszeichen weiterpflanzt. Attis (dieser ältere Bruder des Christos) trägt die spitze Mütze, ebenso Mithras. Traditionell ist sie geworden für unsere heutigen chthonischen Infantilgötter[8]), die Heinzelmännchen (Penaten) und das ganze typische Zwerggelichter. Freud[9]) hat uns bereits auf die phallische Bedeutung des Hutes in rezenten Phantasien aufmerksam gemacht. Eine weitere Deutung ist wohl die, daß die spitze Mütze die Vorhaut darstellt. Um nicht zu weit von meinem eigentlichen Thema abzukommen, muß ich mich hier mit Andeutungen begnügen. Ich werde aber bei späterer Gelegenheit mit ausführlichen Nachweisen auf diesen Punkt zurückkommen.

---

[1]) Die Berechtigung, die Daktylen Däumlinge zu nennen, gibt eine Notiz bei Plinius, 37, 170, wonach es kretische Edelsteine von Eisenfarbe und Daumenform gab, welche Idaei Daktyli genannt wurden.

[2]) Daher das Metrum des Daktylos.

[3]) Siehe Roscher: Lex. d. Gr. u. Röm. Myth. s. Daktyloi.

[4]) Nach Jensen: Kosmologie, S. 292 f., ist Oannes-Ea der Menschenbildner.

[5]) Inman: Ancient pagan and modern christian symbolism.

[6]) Varro identifiziert die *μεγάλοι θεοί* mit den Penaten. Die Kabiren seien simulacra duo virilia Castoris et Pollucis am Hafen von Samothrake.

[7]) In Brasiae an der lakonischen Küste und in Pephnos befanden sich einige bloß fußhohe Statuen mit Mützen auf dem Kopfe.

[8]) Daß gerade die Mönche die Kapuze wieder erfunden haben, erscheint von nicht geringem Belang.

[9]) Zentralbl. f. Psychoanalyse, II, S. 187 ff.

Die Zwerggestalt führt zu der Figur des göttlichen Knaben, des puer aeternus, *παῖς*, des jungen Dionysos, Jupiter Anxurus, Tages[1]) usw. Auf dem oben bereits erwähnten Vasenbild von Theben ist ein bärtiger Dionysos als *ΚΑΒΙΡΟΣ* bezeichnet, dabei eine Knabengestalt als *Παῖς*, dann folgt eine karikierte Knabengestalt als *ΠΡΑΤΟΛΑΟΣ* bezeichnet, und dann wieder eine bärtige karikierte Mannsgestalt, die als *ΜΙΤΟΣ* bezeichnet ist[2]). *Μίτος* heißt eigentlich Faden, wird aber in der orphischen Sprache für Samen gebraucht. Es wird vermutet, daß diese Zusammenstellung einer kultischen Bildgruppe im Heiligtum entsprach. Diese Vermutung deckt sich mit der Geschichte des Kultus, soweit sie bekannt ist: es ist ein ursprünglich phönikischer Kult von Vater und Sohn[3]), von einem alten und jungen Kabir, die den griechischen Göttern mehr oder minder assimiliert wurden. Zu dieser Assimilation eignete sich die Doppelgestalt des erwachsenen und des kindlichen Dionysos besonders. Man könnte diesen Kultus auch den des großen und des kleinen Menschen nennen. Nun ist Dionysos unter verschiedenen Aspekten ein phallischer Gott, in dessen Kult der Phallos ein wichtiger Bestandteil war (so z. B. im Kultus des argivischen Stier-Dionysos). Außerdem hat die phallische Herme des Gottes Anlaß zu einer Personifikation des Dionysosphallus gegeben, in Gestalt des Gottes Phales, der nichts andres als ein Priapus ist. Er heißt *ἑταῖρος* oder *σύγκωμος Βακχίου*[4]). Entsprechend dieser Sachlage kann man nicht wohl anders, als im oben erwähnten *Κάβιρος-Διόνυσος* und dem ihm beigegebenen *Παῖς* das Bild des Mannes und seines Penis zu erkennen[5]). Das im Upanishadtext hervorgehobene Paradoxon von groß und klein, von Zwerg und Riese ist hier milder ausgedrückt als Knabe und Mann oder Sohn und

---

[1]) Das typische Motiv des knabenhaften Weisheitslehrers ist auch in den Christosmythus aufgenommen worden: Die Szene des 12jährigen Jesusknaben im Tempel.

[2]) Neben ihm findet sich eine als *ΚΡΑΤΕΙΑ* bezeichnete weibliche Figur, die (orphisch) als „Gebärende“ gedeutet wird.

[3]) Roscher: Lex. s. v. Megaloi Theoi.

[4]) Roscher: Lex. s. v. Phales.

[5]) Vgl. die Nachweise Freuds: Zentralbl. f. Psychoanalyse, I, S. 188 f. Ich bemerke an dieser Stelle auch, daß etymologisch pēnis und penātes nicht zusammengestellt werden. Dagegen werden griech. *πέος*, *πόσθη*, sanskr. pása-ḥ, lat. pēnis zu mittelhd. visel (Penis) und althd. fasel mit der Bedeutung von foetus, proles gestellt. (Walde: Lat. Etym. s. pēnis.)

Vater[1]). Das Motiv der Mißgestalt, welches der kabirische Kult stark verwendet, ist auf dem Vasenbild ebenfalls vorhanden, indem die Parallelfiguren zu Dionysos und *Παῖς* die karikierten *Μίτος* und *Πρατόλαος* sind. Wie vorher der Größenunterschied Anlaß zur Spaltung wird, so hier die Mißgestalt[2]).

Ohne zunächst weitere Nachweise zu bringen, möchte ich bemerken, daß von dieser Erkenntnis aus ganz besondere Schlaglichter auf die ursprüngliche psychologische Bedeutung der religiösen Heroen fallen. Dionysos steht in einem innigen Zusammenhang mit der Psychologie des vorderasiatischen, sterbenden und auferstehenden Gottheilandes, dessen mannigfache Abwandlungen sich in der Figur des Christos zu einem die Jahrtausende überdauernden festen Gebilde verdichtet haben. Wir gewinnen von unserem Standpunkt aus die Einsicht, daß diese Heroen sowie ihre typischen Schicksale Abbilder der menschlichen Libido und ihrer typischen Schicksale sind. Es sind imagines, wie die Gestalten unserer nächtlichen Träume, die Schauspieler und Interpreten unserer geheimen Gedanken. Und da wir heutzutage die Symbolik der Träume zu enträtseln und dadurch die geheime psychologische Entwicklungsgeschichte des Individuums zu erraten vermögen, so eröffnet sich hier ein Weg zum Verständnis der geheimen Triebfedern der psychologischen Entwicklung der Völker.

Unsere obigen Gedankengänge, welche die phallische Seite der Libidosymbolik dartun, zeigen auch, wie sehr berechtigt der terminus „Libido" ist[3]). Ursprünglich vom Sexuellen hergenommen, ist dieses

---

[1]) Ich erwähne, daß Stekel in der Traumsymbolik diese Art der Darstellung des Genitale aufgespürt hat, ebenso Spielrein bei einem Falle von Dementia praecox. Dieses Jahrbuch, Bd. III, S. 369.

[2]) Die dazu gestellte Figur der *Κράτεια*, der „Gebärenden", überrascht insofern, als ich schon geraume Zeit die Vermutung hege, daß die religionsbildende Libido aus der primitiven Beziehung zur Mutter sich anscheinend erübrigt hat.

[3]) In der gleichzeitig mit meinem I. Teil erschienenen Abhandlung Freuds (Psychoanalytische Bemerkungen über einen Fall von Paranoia usw., dieses Jahrbuch, Bd. III, S. 68) findet sich eine dem Sinne meiner Ausführungen völlig parallele Bemerkung Freuds über die aus den Phantasien des geisteskranken Schreber sich ergebende „Libidotheorie": „Die durch Verdichtung von Sonnenstrahlen, Nervenfasern und Samenfäden komponierten ‚Gottes'-strahlen Schrebers sind eigentlich nichts anderes als die dinglich dargestellten, nach außen projizierten Libidobesetzungen und verliehen seinem Wahne eine auffällige Übereinstimmung mit unserer Theorie. Daß die Welt untergehen muß, weil das Ich des Kranken alle Strahlen an sich zieht, daß er später während des Rekonstruktionsvorganges ängstlich besorgt sein muß, daß Gott nicht die Strahlen-

Wort zum geläufigsten Fachausdruck der Psychoanalyse geworden, und dies aus dem einzigen Grunde, weil sein Begriff weit genug ist, um alle die unerhört mannigfaltigen Manifestationen des Willens im Schopenhauerschen Sinne zu decken, und genügend inhaltsreich und prägnant, um die eigentliche Natur der von ihm begriffenen psychologischen Entität zu charakterisieren.

Auch die eigentliche klassische Bedeutung des Wortes ‚Libido" qualifiziert es als durchaus passenden Terminus. Libido ist bei Cicero[1]) in einem sehr weiten Sinne gefaßt: [volunt ex duobus opinatis] bonis [nasci] Libininem et Laetitiam: ut sit laetitia praesentium bonorum: libido futurorum. — Laetitia autem et Libido in bonorum opinione versantur, cum Libido ad id, quod videtur bonum, illecta et inflammata rapiatur. — Natura enim omnes ea, quae bona videntur, sequuntur, fugiuntque contraria. Quamobrem simul objecta species cuiuspiam est, quod bonum videatur, ad id adipiscendum impellit ipsa natura. Id cum constanter prudenterque fit, ejusmodi appetitionem stoici βούλησιν appellant, nos appellamus voluntatem; eam illi putant in solo esse sapiente, quam sic definiunt; voluntas est quae quid cum ratione desiderat: quae autem ratione adversa incitata est vehementius, ea libido est, vel cupiditas effrenata, quae in omnibus stultis invenitur." Die Bedeutung von Libido ist hier Wünschen und in der stoischen Unterscheidung vom Wollen zügellose Begier. In entsprechendem Sinne gebraucht Cicero[2]) libido: „Agere rem aliquam libidine, non ratione." In demselben Sinne sagt Sallust: „Iracundia pars est libidinis." An anderer Stelle in milderem und allgemeinerem Sinne, der sich der analytischen Anwendung vollkommen nähert: „Magisque in decoris armis et militaribus equis, quam in scortis et conviviis libidinem habebant." Ebenso: „Quod si tibi bona libido fuerit patriae usw." Die Anwendung von Libido ist so allgemein, daß die Phrase „libido est scire" bloß die Bedeutung von „ich will", „es beliebt mir", hat. In der Phrase „aliquem libido urinae lacessit" hat libido die Bedeutung von Drang. Auch die Bedeutung von sexueller Lüsternheit ist klassisch vorhanden. Mit dieser durchaus allgemeinen klassischen

---

verbindung mit ihm löse, diese und manche andere Einzelheiten der Schreberschen Wahnbildung klingen fast wie endopsychische Wahrnehmungen der Vorgänge, deren Annahme ich hier einem Verständnis der Paranoia zugrunde gelegt habe."

[1]) Tusculanarum quaestionum lib. IV.

[2]) Pro Quint. 14.

Verwendung des Begriffes deckt sich auch der entsprechende etymologische Kontext des Wortes libido:

Libido oder lubido (mit libet, älter lubet) es beliebt, und libens oder lubens = gern, willig) sanskr. lúbhyati = empfindet heftiges Verlangen, lôbhayati = erregt Verlangen, lubdha-ḥ = gierig, lôbha-ḥ = Verlangen, Gier. got. liufs, althochd. liob = lieb. Im weitern wird dazugestellt got. lubains = Hoffnung und althochd. lobôn = loben, lob = Lob, Preis, Ruhm. Altbulg. ljubiti = lieben, ljuby = Liebe, lit. liáupsinti = lobpreisen[1]).

Man kann sagen, daß dem Libidobegriff, wie er sich in den neuen Arbeiten Freuds und seiner Schule entwickelt hat, im biologischen Gebiete funktionell dieselbe Bedeutung zukommt wie dem Begriff der Energie auf physikalischem Gebiete seit Robert Mayer[2]). Es dürfte nicht überflüssig sein, an dieser Stelle ein Weiteres über den Begriff der Libido zu sagen, nachdem wir der Gestaltung ihrer Symbole bis zu ihrem höchsten Ausdruck in der menschlichen Gestalt des religiösen Heros gefolgt sind.

II.

Über den Begriff und die genetische Theorie der Libido.

Die hauptsächlichste Quelle für die Geschichte des Libidobegriffes sind Freuds: „Drei Abhandlungen zur Sexualtheorie". Dort wird der Terminus ‚Libido' in dem ihm (medizinisch) ursprünglich eigenen Sinne des Sexualtriebes, des Sexualbegehrens gefaßt. Die Er-

---

[1]) Walde: Lat. etymol. Wörterbuch, 1910, s. libet. Liberi = Kinder wird von Nazari (Riv. di Fil., XXXVI, 573 f.) zu libet gestellt. Sollte dies sich bestätigen, so wäre der mit liberi unbezweifelt zusammengestellte Liber, der italische Zeugungsgott, ebenfalls zu libet gestellt. Libitina ist die Leichengöttin, die mit Lubentina und Lubentia (Attribut der Venus), das zu libet gehört, nichts zu tun haben soll. Der Name ist noch unerklärt. (Vgl. die späteren Ausführungen dieser Arbeit.) Libare = gießen (opfern?) soll mit liber nichts zu tun haben.

Die Etymologie von libido zeigt nicht nur die zentrale Stellung des Begriffs, sondern auch den Zusammenhang mit dem deutschen „Liebe". Unter diesen Umständen müssen wir sagen, daß nicht nur der Begriff, sondern auch das Wort Libido für die vorliegende Sache trefflich gewählt ist.

[2]) Eine erkenntnistheoretische Korrektur des Satzes von der Erhaltung der Energie könnte bemerken, daß dieses Bild die Projektion einer endopsychischen Wahrnehmung der äquivalenten Libidoumwandlungen sei.

fahrung nötigt zur Annahme einer Verlagerungsfähigkeit der Libido, indem zweifellos Funktionen oder Lokalisationen nicht sexueller Triebkräfte fähig sind, einen gewissen Betrag an sexueller Triebkraft, einen „libidinösen Zuschuß" aufzunehmen[1]). Es können dadurch Funktionen oder Objekte Sexualwert erhalten, die unter normalen Umständen und eigentlich nichts mit Sexualität zu tun haben[2]). Aus dieser Tatsache ergibt sich der Freudsche Vergleich der Libido mit einem Strom, der teilbar ist, der sich stauen läßt, der in Kollateralen überfließt usw.[3]). Freuds ursprüngliche Auffassung erklärt also nicht „alles sexuell" wie unsere Gegner zu behaupten belieben, sondern anerkennt die Existenz besonderer ihrer Natur nach weiter nicht bekannter Triebkräfte, denen Freud aber, gedrängt durch die offenkundigsten Tatsachen, die jedem Laien einleuchten, die Fähigkeit zuschreiben mußte, „libidinöse Zuschüsse" zu empfangen. Das zugrunde liegende hypothetische Bild ist das Symbol des „Triebbündels",[4]) worin der Sexualtrieb als ein Partialtrieb des ganzen Systems figuriert. Sein Übergreifen in andere Triebgebiete ist eine Erfahrungstatsache. Die aus dieser Auffassung sich abzweigende Theorie Freuds, wonach die Triebkräfte eines neurotischen Systems eben jenen libidinösen Zuschüssen zu anderen (nicht sexuellen) Triebfunktionen entsprechen[5]) ist durch

---

[1]) Freud (Drei Abhandlungen, 1. Aufl., S. 26): „Neben einem, an sich nicht sexuellen, aus motorischen Impulsquellen stammenden „Trieb" unterscheidet man an — den Partialtrieben — einen Beitrag von einem Reize aufnehmenden Organ (Haut usw.). Letzteres soll hier als erogene Zone bezeichnet werden, als jenes Organ, dessen Erregung dem Triebe den sexuellen Charakter verleiht."

[2]) Freud (l. c., S. 12): „Eine bestimmte dieser Berührungen, die der beiderseitigen Lippenschleimhaut, hat als Kuß — einen hohen sexuellen Wert erhalten, obwohl die dabei in Betracht kommenden Körperteile nicht dem Geschlechtsapparat angehören, sondern den Eingang zum Verdauungskanal bilden."

[3]) Siehe Freud: l. c. S. 28.

[4]) Eine alte Anschauung, der bekanntlich Möbius wieder zu ihrem Rechte zu verhelfen suchte. Unter den Neuern sind es Fouillée, Wundt, Beneke, Spencer, Ribot u. a., welche dem Triebsystem das psychologische Primat zuerkennen. Von den älteren Philosophen und Psychologen wollen wir ganz absehen.

[5]) Freud (Drei Abhandlungen, 1. Aufl., S. 22): „Ich muß vorausschicken, daß diese Psychoneurosen, soweit meine Erfahrungen reichen, auf sexuellen Triebkräften beruhen. Ich meine dies nicht etwa so, daß die Energie des Sexualtriebes einen Beitrag zu den Kräften liefert, welche die krankhaften Erscheinungen unterhalten, sondern ich will ausdrücklich behaupten, daß dieser Anteil der einzig konstante und die wichtigste Energiequelle der Neurose ist, so daß das Sexualleben der betreffenden Personen sich entweder ausschließlich oder vorwiegend oder nur teilweise in diesen Symptomen äußert."

die Arbeiten Freuds und seiner Schule meines Erachtens hinlänglich in ihrer Richtigkeit erwiesen. Seit 1905, dem Zeitpunkt des Erscheinens der drei Abhandlungen, ist eine Wandlung eingetreten[1]) in der Anwendung des Libidobegriffes: sein Anwendungsgebiet wurde erweitert. Ein besonders deutliches Beispiel dieser Erweiterung ist meine vorliegende Arbeit. Ich muß aber bemerken, daß auch Freud, gleichzeitig mit mir, sich genötigt sah, den Begriff der Libido zu erweitern, allerdings mit jener zögernden Vorsicht, wie sie einem so schwierigen Problem gegenüber am Platze ist. Ich muß bemerken, daß es die der Dementia praecox so nahe verwandte Paranoia war, welche Freud zu einer Lockerung der früheren Begriffsfassung zu nötigen scheint. Der betreffende Passus, den ich wörtlich hierher setzen will, lautet (Jahrbuch, Bd. III, S. 65):

„Eine dritte Überlegung, die sich auf den Boden der hier entwickelten Anschauungen stellt, wirft die Frage auf, ob wir die allgemeine Ablösung der Libido von der Außenwelt als genügend wirksam annehmen sollen, um aus ihr den ‚Weltuntergang' zu erklären, ob nicht in diesem Falle die festgehaltenen Ichbesetzungen hinreichen müßten, um den Rapport mit der Außenwelt aufrecht zu erhalten. Man müßte dann entweder das, was wir Libidobesetzung (Interesse aus erotischen Quellen) heißen, mit dem Interesse überhaupt zusammenfallen lassen oder die Möglichkeit in Betracht ziehen, daß eine ausgiebige Störung in der Unterbringung der Libido auch eine entsprechende Störung in den Ichbesetzungen induzieren kann. Nun sind dies Probleme, zu deren Beantwortung wir noch ganz hilflos und ungeschickt sind. Könnten wir von einer gesicherten Trieblehre ausgehen, so stünde es anders. Aber in Wahrheit verfügen wir über nichts dergleichen. Wir fassen den Trieb als den Grenzbegriff des Somatischen gegen das Seelische, sehen in ihm den psychischen Repräsentanten organischer Mächte und nehmen die populäre Unterscheidung von Ichtrieben und Sexualtrieb an, die uns mit der biologischen Doppelstellung des Einzelwesens, welches seine eigene Erhaltung wie die der Gattung anstrebt, übereinzustimmen scheint. Aber alles weitere sind Konstruktionen, die wir aufstellen und auch bereitwillig wieder fallen lassen, um uns in dem Gewirre der dunkleren seelischen Vorgänge zu orientieren, und wir erwarten gerade von psychoanalytischen Untersuchungen über krankhafte Seelenvorgänge, daß sie uns gewisse Entscheidungen in den Fragen der Trieblehre aufnötigen werden. Bei der Jugend und Vereinzelung solcher Untersuchungen kann diese Erwartung noch nicht Erfüllung gefunden haben. Die Möglichkeit von Rückwirkungen der Libido-

[1]) Wie unglaublich tief die Scholastik unserer Zeit noch in den Knochen steckt, sieht man an der Tatsache, daß man Freud zu guter Letzt auch noch vorwirft, daß er gewisse Auffassungen geändert habe. Wehe denen, die die Menschen zwingen, umzulernen! „Les savants ne sont pas curieux."

störungen auf die Ichbesetzungen wird man so wenig von der Hand weisen dürfen, wie die Umkehrung davon, die sekundäre oder induzierte Störung der Libidovorgänge durch abnorme Veränderungen im Ich. Ja, es ist wahrscheinlich, daß Vorgänge dieser Art den unterscheidenden Charakter der Psychose ausmachen. Was hiervon für die Paranoia in Betracht kommt, wird sich gegenwärtig nicht angeben lassen. Ich möchte nur einen einzigen Gesichtspunkt hervorheben. Man kann nicht behaupten, daß der Paranoiker sein Interesse von der Außenwelt völlig zurückgezogen hat, auch nicht auf der Höhe der Verdrängung, wie man es etwa von gewissen anderen Formen von halluzinatorischen Psychosen beschreiben muß. Er nimmt die Außenwelt wahr, er gibt sich Rechenschaft über ihre Veränderungen, wird durch ihren Eindruck zu Erklärungsleistungen angeregt und darum halte ich es für weitaus wahrscheinlicher, daß eine veränderte Relation zur Welt allein oder vorwiegend durch den Ausfall des Libidointeresses zu erklären ist."

In diesem Passus tritt Freud deutlich an die Frage heran, ob der notorische Wirklichkeitsverlust der paranoiden Demenz (und der Dementia praecox[1]), auf den ich in meiner „Psychologie der Dementia praecox[2])" ausdrücklich aufmerksam gemacht habe, auf den Rückzug des „libidinösen Zuschusses" allein zurückzuführen sei, oder ob dieser zusammenfalle mit dem sogenannten objektiven Interesse überhaupt. Es ist wohl kaum anzunehmen, daß die normale „fonction du réel" (Janet)[3]) nur durch „libidinöse Zuschüsse" oder erotisches Interesse unterhalten wird. Die Tatsachen liegen so, daß in sehr vielen Fällen die Wirklichkeit überhaupt wegfällt, so daß die Kranken nicht eine Spur von psychologischer Anpassung oder Orientierung erkennen lassen. (Die Realität ist in diesen Zuständen verdrängt und durch Komplexinhalte ersetzt.) Man muß notgedrungenerweise sagen, daß nicht nur das erotische, sondern überhaupt das Interesse, d. h. die ganze Realitätsanpassung in Verlust geraten ist. In diese Kategorie gehören die stuporösen und katatonischen Automaten.

An diesen Phänomenen wird es offenbar, daß die aus der Psychologie der Neurosen (vorzugsweise Hysterie und Zwangsneurose) herübergenommene Differenzierung des nichtsexuellen Triebes von seinem libidinösen Zuschuß bei der Dementia praecox (wozu die paranoide Demenz gehört) versagt, und das aus guten Gründen. Ich habe mir früher in meiner Psychologie der Dementia praecox mit dem Ausdruck „psychische Energie" geholfen, weil ich die Dementia-praecox-Theorie

[1]) Schrebers Fall ist keine reine Paranoia in modernem Sinne.

[2]) Ebenso in „Der Inhalt der Psychose", 1908.

[3]) Vgl. dazu Jung: Psychologie der Dementia praecox, S. 114.

nicht auf die Theorie der Verlagerungen der libidinösen Zuschüsse zu gründen vermochte. Meine damals vorzugsweise psychiatrische Erfahrung erlaubte mir das Verständnis dieser Theorie nicht, deren Richtigkeit für die Neurosen (streng genommen: für die Übertragungsneurosen[1]) ich erst später, dank vermehrter Erfahrung auf dem Gebiet der Hysterie und Zwangsneurose einsehen lernte. Im Gebiete dieser Neurosen handelt es sich tatsächlich darum, daß dasjenige Stück Libido, welches durch die spezifische Verdrängung erübrigt, introvertiert wird und regressiv frühere Übertragungsbahnen beschreitet (z. B. den Weg der Elternübertragung[2]). Dabei bleibt aber die sonstige, nichtsexuelle psychologische Anpassung an die Umgebung erhalten, soweit sie nicht die Erotik und ihre sekundären Positionen (die Symptome) betrifft. Das, was diesen Kranken an der Wirklichkeit fehlt, ist eben das in der Neurose befindliche Stück Libido. Bei der Dementia praecox hingegen fehlt der Wirklichkeit nicht bloß das Stück Libido, das sich aus der uns bekannten spezifischen Sexualverdrängung erübrigt, sondern weit mehr, als man der Sexualität sensu strictiori aufs Konto schreiben könnte. Es fehlt ein dermaßen großer Betrag an Wirklichkeitsfunktion, daß auch noch Triebkräfte im Verlust einbegriffen sein müssen, deren Sexualcharakter durchaus bestritten werden muß[3]), denn es wird niemandem einleuchten, daß die Realität eine Sexualfunktion ist. Überdies müßte, wenn sie es wäre, die Introversion der Libido (sensu strictiori) schon in den Neurosen einen Realitätsverlust zur Folge haben, und zwar einen, der sich mit dem der Dementia praecox in Vergleich setzen ließe. Diese Tatsachen haben es mir unmöglich gemacht, die Freudsche Libidotheorie auf die Dementia praecox zu übertragen. Ich bin daher auch der Ansicht, daß der Versuch Abrahams[4]) vom Standpunkt der Freudschen Libidotheorie theoretisch kaum haltbar ist. Wenn Abraham glaubt, daß durch die Abkehr der „Libido"

---

[1]) Siehe Definition im I. Teil.

[2]) Eine frigide Frau z. B., der es infolge spezifischer Sexualverdrängung nie gelang, die Libido sexualis an den Mann zu bringen, hält die Elternimago in sich wach und produziert Symptome, die in jene Umgebung gehören.

[3]) Ich bemerke übrigens, daß derartige Überschreitungen des sexuellen Triebgebietes auch bei hysterischen Psychosen vorkommen können; das liegt schon in der Definition der Psychose, die nichts anderes als eine allgemeine Anpassungsstörung bedeutet.

[4]) Die psychosexuellen Differenzen der Hysterie und der Dementia praecox Zentralbl. f. Nervenheilkunde u. Psychiatrie, 1908.

von der Außenwelt das paranoide System oder die schizophrene[1]) Symptomatologie entsteht, so ist diese Annahme vom Standpunkt des damaligen Wissens aus nicht berechtigt, denn eine bloße Libidointroversion und -regression führt, wie Freud klar gezeigt hat, unweigerlich in die Neurose (strenger gesagt: in die Übertragungsneurose) und nicht in die Dementia praecox. Die bloße Übersetzung der Libidotheorie auf die Dementia praecox ist unmöglich, weil diese Krankheit einen Verlust aufweist, der durch den Ausfall der Libido (s. s.) nicht erklärt werden kann.

Es gereicht mir zur besonderen Genugtuung, daß auch unser Meister, als er seine Hand an den spröderen Stoff des paranoiden Geisteslebens legte, zu einem Zweifel an der Anwendbarkeit des bisherigen Libidobegriffes genötigt wurde. Meine reservierte Stellung gegenüber der Ubiquität der Sexualität, wie ich sie in der Vorrede zu meiner Psychologie der Dementia praecox bei aller Anerkennung der psychologischen Mechanismen einnahm, war diktiert durch die damalige Lage der Libidotheorie, deren sexuelle Difinition mir nicht erlaubte, Funktionsstörungen, welche das (unbestimmte) Gebiet des Hungertriebes ebensosehr betreffen wie das der Sexualität, durch eine sexuelle Libidotheorie zu erklären. Die Libidotheorie erschien mir lange Zeit unanwendbar bei der Dementia praecox. Bei meiner analytischen Arbeit bemerkte ich aber mit wachsender Erfahrung eine langsame Veränderung meines Libidobegriffes: an Stelle der deskriptiven Definition der „Drei Abhandlungen" trat allmählich eine genetische Definition der Libido, welche es mir ermöglichte, den Ausdruck „psychische Energie" durch den Terminus „Libido" zur ersetzen. Ich mußte mir sagen: Wenn schon die Wirklichkeitsfunktion heute nur zum allergeringsten Teil aus Sexuallibido und zum allergrößten Teil aus sonstigen „Triebkräften" besteht, so ist es doch eine sehr wichtige Frage, ob nicht phylogenetisch die Wirklichkeitsfunktion, wenigstens zu einem großen Teil, sexueller Provenienz war. Diese Frage in bezug auf die Wirklichkeitsfunktion direkt zu beantworten, ist nicht möglich. Wir versuchen aber auf einem Umweg. zum Verständnis zu gelangen.

Ein flüchtiger Blick auf die Entwicklungsgeschichte genügt, um uns zu belehren, daß zahlreiche komplizierte Funktionen, denen heutzutage Sexualcharakter mit allem Recht aberkannt werden muß,

[1]) Freud sagt: Paraphrenie, was gewiß besser klingt.

ursprünglich doch nichts als Abspaltungen aus dem allgemeinen Propagationstrieb sind. Es hat sich ja, wie bekannt, in der aufsteigenden Tierreihe eine wichtige Verschiebung in den Prinzipien der Propagation vollzogen: die Masse der Fortpflanzungsprodukte mit der damit verbundenen Zufälligkeit der Befruchtung wurde mehr und mehr eingeschränkt zugunsten einer sichern Befruchtung und einem wirksamen Brutschutz. Dadurch vollzog sich eine Umsetzung der Energie der Ei- und Samenproduktion in die Erzeugung von Anlockungs- und Brutschutzmechanismen. So erblicken wir die ersten Kunsttriebe in der Tierreihe im Dienst des Propagationstriebes, beschränkt auf die Brunstsaison. Der ursprüngliche Sexualcharakter dieser biologischen Institutionen verliert sich mit ihrer organischen Fixation und funktionellen Selbständigkeit. Wenn schon über die sexuelle Herkunft der Musik kein Zweifel obwalten kann, so wäre es eine wert- und geschmacklose Verallgemeinerung, wenn man Musik unter der Kategorie der Sexualität begreifen wollte. Eine derartige Terminologie würde dazu führen, den Kölner Dom bei der Mineralogie abzuhandeln, weil er auch aus Steinen besteht.

Es kann nur einen Laien in entwicklungsgeschichtlichen Fragen verwundern, wie wenig Dinge es eigentlich in der Welt der Menschen gibt, die man nicht in letzter Linie auf den Propagationstrieb reduzieren muß; ich denke, es sei so ziemlich alles, was uns lieb und teuer ist.

Wir sprachen bis jetzt von der Libido als dem Propagationstrieb und hielten uns damit in den Schranken jener Auffassung, welche Libido in ähnlicher Weise dem Hunger entgegensetzt, wie der Instinkt der Arterhaltung gern dem der Selbsterhaltung gegenübergestellt wird. In der Natur gibt es natürlich diese künstliche Scheidung nicht. Hier sehen wir nur einen kontinuierlichen Lebenstrieb, einen Willen zum Dasein, der durch die Erhaltung des Individuums die Fortpflanzung der ganzen Art erreichen will. Insofern deckt sich diese Auffassung mit dem Begriff des Willens bei Schopenhauer, als wir eine von außen gesehene Bewegung innerlich nur als Wollen erfassen können. (Die Sprache verrät es: bewegen, motivieren.) Dieses Hineinlegen von psychologischen Wahrnehmungen in das Objekt wird philosophisch als „Introjektion“ bezeichnet. (Ferenczis Begriff der „Introjektion“ bezeichnet umgekehrt das Hereinnehmen der Außenwelt in die Innenwelt: Vgl. Ferenczi, Introjektion und Übertragung. Dieses Jahrbuch, Bd. I, S. 422.) Durch die Introjektion wird das Weltbild allerdings wesentlich verfälscht. Der Freudsche Begriff des Lustprinzips ist eine voluntaristische Formulierung des Introjektionsbegriffes, während sein wiederum voluntaristisch gefaßtes „Realitätsprinzip" funktionell dem entspricht, was ich als „Realitätskorrektur" bezeichne und R. Avenarius als „empiriokritische Prinzipialkoordination". (Vgl. Avenarius, Menschl. Weltbegr. S. 25 ff.) Derselben Introjektion verdankt der Kraftbegriff sein Dasein; wie schon Galilei es klar ausgesprochen hat, daß sein Ursprung in der subjektiven Wahrnehmung der eigenen Muskelkraft zu suchen ist.

Wenn wir schon einmal zu der kühnen Annahme gekommen sind, daß Libido, die ursprünglich der Ei- und Samenproduktion diente, nunmehr auch in der Funktion des Nestbaues fest organisiert und keiner andern Verwendung mehr fähig auftritt, dann sind wir auch genötigt, jedes Wollen überhaupt, also auch den Hunger, in diesen Begriff einzubeziehen. Denn wir haben dann keinerlei Berechtigung mehr, das Wollen des Nestbauinstinkts von dem Essenwollen prinzipiell zu unterscheiden.

Diese Betrachtung führt uns auf einen Libidobegriff, der über die Grenzen naturwissenschaftlicher Formung zu einer philosophischen Anschauung sich erweitert, zu einem Begriff des Willens überhaupt. Ich muß es dem Philosophen überlassen, mit diesem Stück eines psychologischen Voluntarismus fertig zu werden. Ich verweise im übrigen auf die hier entsprechenden Ausführungen Schopenhauers[1]). Was das Psychologische dieses Begriffes (worunter ich, wohlverstanden, nicht das Metapsychologische respektive Metaphysische verstehe) anbelangt, so erinnere ich hier an die kosmogonische Bedeutung des Eros bei Platon und bei Hesiod[2]) sowie an die orphische Figur des Phanes, des „Leuchtenden", des Erstgewordenen, des „Vaters des Eros". Phanes hat auch (orphisch) die Bedeutung des Priapos, er ist ein Liebesgott, zwiegeschlechtig und dem thebanischen Dionysos Lysios gleichgesetzt[3]). Die orphische Bedeutung des Phanes kommt der des indischen Kâma gleich, dem Liebesgott, der auch kosmogonisches Prinzip ist. Beim Neuplatoniker Plotin ist die Weltseele die Energie des Intellektes[4]). Plotin vergleicht das Eine (das schaffende Urprinzip) mit dem Licht überhaupt, den Intellekt mit der Sonne (♂), die Weltseele mit dem Mond (♀). Ein anderer

[1]) Welt als Wille und Vorstellung, Bd. I, § 54.

[2]) Theogonie.

[3]) Vgl. Roscher: Lex., S. 2248 ff.

[4]) Drews: Plotin, Jena 1907, S. 127.

Vergleich ist, daß **Plotin** das **Eine** mit dem Vater und den Intellekt mit dem Sohne vergleicht[1]). Das **Eine** als Uranos bezeichnet ist transzendent. Der Sohn als Kronos hat die Regierung der sichtbaren Welt. Die Weltseele (als Zeus bezeichnet) erscheint als ihm untergeordnet. Das **Eine** oder die Usia des gesamten Daseins wird von **Plotin** als **Hypostase** bezeichnet, ebenso auch die drei Emanationsformen, also *μία οὐσία ἐν τρισὶν ὑποστάσεσιν*; — wie **Drews** bemerkt, ist dies aber auch die Formel der christlichen Trinität (Gott-Vater, Gott-Sohn und Heiliger Geist), wie sie auf den Konzilien zu Nikäa und Konstantinopel festgestellt wurde[2]). Es erübrigt noch anzumerken, daß gewisse frühchristliche Sektierer dem Heiligen Geist (Weltseele, Mond) **mütterliche Bedeutung** beilegten. (Vgl. unten über das Chi im **Timaeus**.) Die Weltseele hat bei **Plotin** **Neigung zum geteilten Sein und zur Teilbarkeit**, der Conditio sine qua non aller Veränderung, Schöpfung und Fortpflanzung (also mütterliche Qualität), sie ist ein „unendliches All des Lebens" und ganz Energie; sie ist ein lebendiger Organismus der Ideen, die in ihr zur Wirksamkeit und Wirklichkeit gelangen[3]). Der Intellekt ist ihr Erzeuger, ihr Vater, das in ihm Angeschaute bringt sie im Sinnlichen zur Entfaltung[4]). „Was im Intellekt zusammengeschlossen liegt, das kommt als Logos in der Weltseele zur Entfaltung, erfüllt sie mit Inhalt und macht sie gleichsam von Nektar trunken[5])." **Nektar** ist analog Soma Fruchtbarkeits- und Lebenstrank, also Sperma. Die Seele wird vom Intellekt befruchtet (also vom Vater, vgl. unten die analogen ägyptischen Vorstellungen). Sie heißt als „obere" Seele **himmlische Aphrodite**, als „untere" **irdische Aphrodite**. Sie kennt „die Schmerzen der Geburt"[6]) usw. **Aphroditens** Vogel, die Taube, ist nicht vergebens Symbol des Heiligen Geistes.

Dieser Abschnitt aus der Geschichte der Philosophie, der sich leicht noch vermehren ließe, zeigt die Bedeutung der endopsychischen Wahrnehmung der Libido und ihrer Symbole für das menschliche Denken.

In der Mannigfaltigkeit der natürlichen Erscheinung sehen wir das Wollen, die Libido, in verschiedenster Anwendung und Formung.

---

[1]) l. c., S. 132.

[2]) l. c., S. 135.

[3]) **Plotin**: Enneaden, II, 5, 3.

[4]) Enn., IV, 8, 3.

[5]) Enn., III, 5, 9.

[6]) l. c., 141.

Wir sehen die Libido im Stadium der Kindheit zunächst ganz in der Form des Ernährungstriebes, der den Aufbau des Körpers versorgt. Mit der Entwicklung des Körpers eröffnen sich sukzessive neue Anwendungsgebiete der Libido. Das letzte und in seiner funktionellen Bedeutung überragende Anwendungsgebiet ist die Sexualität, die zunächst als außerordentlich an die Ernährungsfunktion gebunden erscheint. (Beeinflussung der Fortpflanzung durch die Ernährungsbedingungen bei niederen Tieren und Pflanzen.) Im Gebiet der Sexualität gewinnt die Libido jene Formung, deren gewaltige Bedeutung uns zur Verwendung des Terminus Libido überhaupt berechtigt. Hier tritt die Libido so recht eigentlich als Propagationstrieb auf, und zwar zunächst in der Form einer undifferenzierten sexuellen Urlibido, die als Wachstumsenergie schlechthin die Individuen zu Teilung, Sprossung usw. veranlaßt. (Die klarste Scheidung der beiden Libidoformen findet sich bei den Tieren, bei denen das Ernährungsstadium durch ein Puppenstadium vom Sexualstadium geschieden ist.)

Aus jener sexuellen Urlibido, welche die Millionen Eier und Samen aus einem kleinen Geschöpfe heraus erzeugte, haben sich mit gewaltiger Einschränkung der Fruchtbarkeit Abspaltungen entwickelt, deren Funktion durch eine speziell differenzierte Libido unterhalten wird. Diese differenzierte Libido ist nunmehr „desexualisiert", indem sie der ursprünglichen Funktion der Ei- und Samenerzeugung entkleidet ist und auch keine Möglichkeit mehr vorhanden ist, sie wiederum zu ihrer ursprünglichen Funktion zurückzubringen. So besteht überhaupt der Entwicklungsprozeß in einer zunehmenden Aufzehrung der Urlibido, welche nur Fortpflanzungsprodukte erzeugte, in die sekundären Funktionen der Anlockung und des Brutschutzes. Diese Entwicklung setzt nun ein ganz anderes und viel komplizierteres Verhältnis zur Wirklichkeit, eine eigentliche Wirklichkeitsfunktion voraus, die funktionell untrennbar mit den Bedürfnissen der Propagation verbunden ist, d. h. die veränderte Propagationsweise führt als Korrelat eine entsprechend erhöhte Wirklichkeitsanpassung mit sich[1]).

Auf diese Weise gelangen wir zur Einsicht in gewisse ursprüngliche Bedingungen der Wirklichkeitsfunktion. Es wäre grundfalsch zu sagen, ihre Triebkraft sei eine sexuelle, sie war in hohem Maße eine sexuelle.

[1]) Damit soll natürlich nicht gesagt sein, daß die Wirklichkeitsfunktion ausschließlich der Differenzierung der Propagation ihr Dasein verdanke. Der unbestimmt große Anteil der Ernährungsfunktion ist mir bewußt.

Der Prozeß der Aufzehrung der Urlibido in sekundäre Betriebe erfolgte wohl immer in Form des „libidinösen Zuschusses", d. h. die Sexualität wurde ihrer ursprünglichen Bestimmung entkleidet und als Partialbetrag zum phylogenetisch sich allmählich steigernden Betriebe der Anlockung- und Brutschutzmechanismen verwendet. Diese Überweisung von Sexuallibido aus dem Sexualgebiet sensu strictiori an Nebenfunktionen findet noch immer statt[1]). Wo diese Operation ohne Nachteil für die Anpassung des Individuums gelingt, spricht man von Sublimierung, wo der Versuch mißlingt, von Verdrängung.

Der deskriptive Standpunkt der Psychologie sieht die Vielheit der Triebe, darunter als Partialphänomen den Sexualtrieb, außerdem erkennt er gewisse libidinöse Zuschüsse zu nichtsexuellen Trieben an.

Anders der genetische Standpunkt: Er sieht das Hervorgehen der Vielheit der Triebe aus einer relativen Einheit, der Urlibido[2]), er sieht, wie fortwährend sich Partialbeträge von der Urlibido abspalten, als libidinöse Zuschüsse sich neuformierenden Betrieben zugesellen und darin schließlich aufgehen. Infolgedessen ist es dem genetischen Standpunkt unmöglich, den strengbegrenzten Libidobegriff des deskriptiven Standpunktes festzuhalten, er führt unvermeidlich zu einer Lockerung des Libidobegriffes. Damit gelangen wir zu dem Libidobegriff, wie ich ihn subreptive im ersten Teile dieser Arbeit eingeführt habe, in der Absicht, dem Leser diesen genetischen Libidobegriff mundgerecht zu machen. Die Aufklärung über diesen harmlosen Betrug, die ich dem Leser schuldete, versparte ich auf den zweiten Teil.

Erst durch diesen genetischen Libidobegriff, der nach allen Seiten über das Rezentsexuelle (oder Deskriptivsexuelle) hinausgeht, wird die Übersetzung der Freudschen Libidotheorie aufs Psychotische möglich. Wie der bisherige Freudsche Libidobegriff mit den Problemen der Psychose kollidiert, zeigt der oben zitierte Passus[3]). Wenn ich daher (in dieser Arbeit oder

---

[1]) Der Malthusianismus ist die künstliche Fortsetzung der natürlichen Tendenz.

[2]) Z. B. zunächst in der Form der Propagation als eines Unterfalles des Willens überhaupt.

[3]) Freud, dessen absolut empirische Einstellung ich den das Gegenteil behauptenden Gegnern gegenüber immer wieder verteidigen muß, hat in seiner Paranoiaarbeit sich von den Tatsachen dieser Krankheit über den Rahmen seines eigenen ursprünglichen Libidobegriffes hinausführen lassen. Er braucht dort libido sogar für Wirklichkeitsfunktion, was ich mit dem Standpunkte der „Drei Abhandlungen" nicht vereinigen kann.

sonstwo) überhaupt von „Libido" spreche, so verbinde ich damit den genetischen Begriff, der das Rezentsexuelle um einen beliebig großen Betrag an desexualisierter Urlibido erweitert. Wenn ich sage, ein Kranker nehme seine Libido von der Außenwelt weg, um die Innenwelt damit zu besetzen, so meine ich nicht, er nehme bloß die libidinösen Zuschüsse zur Wirklichkeitsfunktion weg; sondern er nimmt, nach meiner Auffassung, noch von jenen nicht mehr sexuellen („desexualisierten") Triebkräften weg, welche die Wirklichkeitsfunktion eigentlich und regelmäßig unterhalten.

Auf Grund dieser Begriffsfassung bedürfen gewisse Stücke unserer Terminologie ebenfalls der Revision. Wie bekannt, hat Abraham den Versuch unternommen, die Libidotheorie auf die Dementia praecox zu übertragen und hat den charakteristischen Mangel an gemütlichem Rapport und die Aufhebung der Wirklichkeitsfunktion als Autoerotismus aufgefaßt. Dieser Begriff bedarf der Revision. Eine hysterische Libidointroversion führt zu Autoerotismus, indem der Patient seine erotischen Zuschüsse zur Anpassungsfunktion introvertiert, wodurch sein Ich mit dem entsprechenden Betrag an erotischer Libido besetzt wird. Der Schizophrene entzieht der Wirklichkeit aber weit mehr als bloß die erotischen Zuschüsse, dafür entsteht in seinem Innern aber auch etwas ganz anderes als beim Hysterischen. Er ist mehr als autoerotisch, er bildet ein intrapsychisches Realitätsäquivalent, wozu er notwendigerweise andere Dynamismen zu verwenden hat als erotische Partialbeträge. Daher muß ich Bleuler die Berechtigung zuerkennen, den von der Neurosenlehre hergenommenen und dort legitimen Begriff des Autoerotismus abzulehnen und durch den Begriff des Autismus[1]) zu ersetzen. Ich muß sagen, daß dieser Terminus den Tatsachen besser gerecht wird als „Autoerotismus". Damit anerkenne ich meine frühere Gleichsetzung von Autismus (Bleuler) und Autoerotismus (Freud) als unberechtigt und ziehe sie zurück[2]). Dazu nötigt mich die hier vorgenommene, wie ich hoffe, gründliche Revision des Libidobegriffes.

Aus diesen Überlegungen dürfte zwingend hervorgehen, daß der deskriptivpsychologische oder rezentsexuelle Begriff der Libido auf-

---

[1]) Bleuler gelangt zu diesem Begriffe allerdings auf Grund anderer Überlegungen, denen ich nicht immer zustimmen kann. Vgl. Bleuler: Dementia praecox, in Aschaffenburgs Handbuch der Psychiatrie.

[2]) Siehe Jung: Kritik über E. Bleuler: Zur Theorie des schizophrenen Negativismus. Dieses Jahrbuch, Bd. III, S. 469.

gegeben werden muß, damit die Libidotheorie auch auf die Dementia praecox Anwendung finden kann. Daß sie dort anwendbar ist, zeigt am besten Freuds glänzende Untersuchung der Schreberschen Phantasien. Die Frage ist nur, ob der von mir in Vorschlag gebrachte genetische Libidobegriff nun auch noch für die Neurosen passe. Ich glaube, diese Frage darf bejaht werden. Natura non facit saltus — es ist nicht bloß zu erwarten, sondern sogar sehr wahrscheinlich, daß wenigstens temporär und in verschiedenen Abstufungen auch bei den Neurosen Funktionsstörungen vorkommen, die über die Reichweite des Rezentsexuellen hinausgehen, auf jeden Fall gilt dies von psychotischen Episoden.

Ich halte die Erweiterung des Libidobegriffes, die durch die jüngsten analytischen Arbeiten vorbereitet wurde, für einen wesentlichen Fortschritt, der namentlich dem gewaltigen Arbeitsgebiet der Introversionspsychosen zugute kommen wird. Dort liegen die Beweise für die Richtigkeit meiner Annahme schon bereit. Es hat sich nämlich durch eine Reihe von Arbeiten der Züricher Schule, die erst zum Teil veröffentlicht sind[1]), herausgestellt, daß die phantastischen Ersatzprodukte, welche an Stelle der gestörten Realitätsfunktion treten, deutliche Züge archaischen Denkens tragen. Diese Konstatierung geht dem oben aufgestellten Postulat parallel, wonach der Wirklichkeit nicht bloß ein rezenter (individueller) Libidobetrag entzogen wird, sondern auch eine bereits differenzierte („desexualisierte") Libidomenge, welche beim normalen Menschen seit unvordenklichen Zeiten die Realitätsfunktion besorgte. Eine Wegnahme der letzten Erwerbungen der Realitätsfunktion (oder Anpassung) muß notwendigerweise durch einen früheren Anpassungsmodus ersetzt werden. Wir finden diesen Grundsatz bereits in der Neurosenlehre, daß nämlich eine infolge Verdrängung fehlschlagende rezente Übertragung durch einen alten Übertragungsweg ersetzt wird, nämlich durch eine Regressivbelebung der Elternimago beispielsweise. In der (Übertragungs) Neurose, wo von der Realität bloß der rezentsexuelle Libidobetrag durch die spezifische Sexualverdrängung weggenommen wird, ist das Ersatzprodukt eine Phantasie individueller Provenienz und Tragweite und es fehlen, bis auf Spuren, jene archaischen Züge an den Phantasien jener Geistesstörungen, bei denen ein Stück allgemein menschlicher und seit Alters organisierter Realitätsfunktion weg-

[1]) Spielrein: Über den psychologischen Inhalt eines Falles von Schizophrenie. Dieses Jahrbuch, Bd. III, S. 329.

gebrochen wird. Dieses Stück kann nur durch ein entsprechendes allgemein gültiges archaisches Surrogat ersetzt werden. Ein einfaches und klares Beispiel für diesen Satz verdanken wir der Forscherarbeit des leider zu früh verstorbenen Honegger[1]):

Ein Paranoider von guter Intelligenz, der die Kugelgestalt der Erde und ihre Rotation um die Sonne sehr wohl kennt, ersetzt in seinem System die modernen astronomischen Einsichten durch ein bis ins Detail ausgearbeitetes System, das man ein archaisches nennen muß, indem die Erde eine flache Scheibe ist und die Sonne darüber wandert[2]). (Ich erinnere auch an das im ersten Teil erwähnte Beispiel vom Sonnenphallus, das wir ebenfalls Honegger verdanken.) Spielrein hat uns ebenfalls einige sehr interessante Beispiele gebracht von den archaischen Definitionen, welche in der Krankheit die Realbedeutungen der modernen Worte zu überwuchern beginnen. Z. B. hat die Patientin Spielreins die mythologischen Bedeutungen des Alkohols, des Rauschtrankes, als „Samenerguß" wieder richtig aufgefunden[3]). Sie hat auch eine Symbolik des Kochens, welche ich in Parallele setzen muß zu der überaus bedeutsamen alchemistischen Vision des Zosimos[4]), der in der Höhlung des Altars kochendes Wasser fand und darin Menschen[5]). Die Patientin setzt auch Erde für Mutter[6]), ebenso Wasser für Mutter[7]) Ich verzichte auf fernere Beispiele, indem weitere Arbeiten aus der Züricher Schule noch eine Fülle von Dingen dieser Art bringen werden.

Mein obiger Satz von der Ersetzung der gestörten Wirklichkeitsfunktion durch archaische Surrogate wird unterstützt durch ein treffliches Paradoxon Spielreins; die Autorin sagt S. 397 ihrer zitierten Arbeit: „Ich hatte mehrfach die Illusion, als seien die Kranken

---

[1]) Seine Untersuchungen sind in meiner Hand und ihre Publikation ist in Vorbereitung.

[2]) Honegger brachte dieses Beispiel in seinem Vortrage an der privaten psychoanalytischen Vereinigung in Nürnberg 1910.

[3]) Spielrein: l. c., S. 338, 353 und 387. Zu Soma als „Samenerguß" vgl. unten.

[4]) Vgl. Berthelot: Les Alchémistes Grecs, und Spielrein: l. c., S. 353.

[5]) Ich kann nicht umhin zu bemerken, daß diese Vision den ursprünglichen Sinn der Alchemie enthüllt: ein ursprünglicher Befruchtungszauber, d. h. ein Mittel, wie Kinder gemacht werden könnten ohne Mutter. Ich begnüge mich mit dieser Andeutung.

[6]) Spielrein: l. c., S. 345.

[7]) Spielrein: l. c., S. 338.

einfach Opfer eines im Volke herrschenden Aberglaubens geworden." Tatsächlich setzen die Kranken an Stelle der Wirklichkeit Phantasien, ähnlich den real unrichtigen Geistesprodukten der Vergangenheit, die aber einmal Wirklichkeitsanschauung waren. Wie die Zosimosvision zeigt, waren die alten Superstitionen Symbole[1]), welche Übergänge auch auf die entlegensten Gebiete gestatten. Dies muß für gewisse archaische Zeitalter sehr zweckmäßig gewesen sein, denn damit boten sich bequeme Brücken zur Überleitung eines libidinösen Partialbetrages ins Geistige! Offenbar an eine ähnliche biologische Bedeutung des Symbols denkt auch Spielrein, wenn sie sagt[2]):

„So scheint mir ein Symbol überhaupt dem Bestreben eines Komplexes — nach Auflösung in das allgemeine Ganze des Denkens seinen Ursprung zu verdanken. — Der Komplex wird dadurch des Persönlichen beraubt. — Diese Auflösungs(Transformations)tendenz jedes einzelnen Komplexes ist die Triebfeder für Dichtung, Malerei, für jede Art von Kunst."

Wenn wir hier den formalen Begriff „Komplex" durch den Begriff der Libidomenge (= Affektgröße des Komplexes) ersetzen, was eine vom Standpunkt der Libidotheorie aus berechtigte Maßnahme ist, so läßt sich Spielreins Ansicht mit der meinigen unschwer zur Deckung bringen. Wenn ein primitiver Mensch überhaupt weiß, was ein Zeugungsakt ist, so kann er nach dem Prinzip des kleinsten Kraftmaßes niemals auf die Idee kommen, die Zeugungsglieder durch Schwertgriff und Weberschiffchen zu ersetzen (wie in dem obigen Beispiel). Er müßte denn genötigt sein, ein Analogon zu ersinnen, um ein offenbar sexuelles Interesse auf einen asexuellen Ausdruck zu bringen. Das treibende Motiv dieser Überleitung rezentsexueller Libido auf nicht sexuelle Vorstellungen kann meines Erachtens nur in einem Widerstand aufgefunden werden, welcher sich der primitiven Sexualität entgegenstellt.

Es scheint, als ob auf diesem Wege phantastischer Analogiebildung allmählich immer mehr Libido desexualisiert wurde, indem zunehmend Phantasiekorrelate für die primitiven Verrichtungen der Sexuallibido eingesetzt wurden. Damit wurde allmähich eine gewaltige Erweiterung des Weltbildes erzielt, indem immer neue Objekte als Sexualsymbole assimiliert wurden: Es ist eine Frage, ob nicht überhaupt auf diese

---

[1]) Ich muß auch an jene Indianer erinnern, welche die ersten Menschen aus der Vereinigung eines Schwertgriffes und eines Weberschiffchens hervorgehen lassen.

[2]) l. c., S. 399.

Weise der menschliche Bewußtseinsinhalt ganz oder wenigstens zum großen Teil zustande gekommen ist. Jedenfalls ist es evident, daß diesem Trieb zur Analogiefindung eine gewaltige Bedeutung für die menschliche Geistesentwicklung zukommt. Wir müssen Steinthal durchaus Recht geben, wenn er meint, daß dem Wörtchen „gleichwie" eine ganz unerhörte Wichtigkeit für die Entwicklungsgeschichte des Denkens zugestanden werden müsse. Es läßt sich leicht denken, daß die Überleitung von Libido auf phantastische Korrelate die primitive Menschheit zu einer Reihe der wichtigsten Entdeckungen geführt hat.

III.

Die Verlagerung der Libido als mögliche Quelle der primitiven menschlichen Erfindungen.

Ich will im folgenden versuchen, an einem konkreten Beispiel die Libidoüberleitung zu schildern: Ich behandelte einmal eine Patientin, welche an einem katatonen Depressionszustande litt. Da es sich um eine Introversionspsychose leichteren Grades handelte, so war die Existenz zahlreicher hysterischer Züge nicht befremdlich. Im Beginn der analytischen Behandlung verfiel sie einmal, während sie von einer sehr schmerzlichen Angelegenheit erzählte, in einen hysterischen Dämmerzustand, in welchem sie alle Zeichen sexueller Erregung zeigte. (Es deutete auch alles darauf hin, daß sie während dieses Zustandes die Kenntnis meiner Gegenwart abgespalten hatte, aus ersichtlichen Gründen!) Die Erregung lief aus in einen masturbatorischen Akt (frictio femorum). Dieser Akt war von einer sonderbaren Geste begleitet: Sie macht mit dem Zeigefinger der linken Hand an der linken Schläfe anhaltend sehr heftige rotierende Bewegungen, wie wenn sie dort ein Loch bohren wollte. Nachher bestand „völlige Amnesie" für das Vorgefallene, auch war über die sonderbare Geste mit der Hand nichts zu erfahren. Obschon diese Handlung unschwer als ein an die Schläfe verlegtes Mund-, Nasen- oder Ohrenbohren zu erkennen ist, das in das Gebiet des infantilen ludus sexualis[1]), der die Sexualbetätigung vorbereitenden Übung, gehört, so schien mir dieser Eindruck doch bedeutsam: warum, war mir zunächst nicht klar. Viele Wochen später hatte ich Gelegenheit, mit der Mutter der Patientin zu sprechen. Ich erfuhr von ihr, daß

[1]) Natürlich ein Onanievorspiel.

Patientin schon ein recht sonderbares Kind gewesen sei: zweijährig zeigte sie schon die Neigung, stundenlang sich rücklings an eine offene Schranktür zu setzen und mit dem Kopf rhythmisch die Türe zuzustoßen[1]), womit sie die ganze Umgebung zur Verzweiflung brachte. Wenig später fing sie an, anstatt wie andere Kinder zu spielen, im Kalkbewurf der Hausmauer mit dem Finger ein Loch zu bohren. Sie tat das mit kleinen drehenden und schabenden Bewegungen und war stundenlang bei der Arbeit. Den Eltern war sie ein völliges Rätsel. (Vom 4. Jahre an etwa trat dann Onanie ein.) Es ist klar, daß wir in dieser frühen infantilen Betätigung die Vorstufe des späteren Handelns zu erblicken haben. Was als besonders merkwürdig dabei berührt, ist, daß das Kind 1. die Handlung nicht am eigenen Körper ausführt, und 2. die Assiduität, mit der es die Tätigkeit ausführt[2]). Man ist versucht, diese beiden Konstatierungen in einen Kausalnexus zu bringen und zu sagen: Weil das Kind diese Handlung nicht am eigenen Körper vollführt, daher komme vielleicht die Assiduität, indem es beim Bohren in der Mauer nie zu der Befriedigung gelange, als wenn es die Handlung am eigenen Körper onanistisch ausführe.

Das zweifellos onanistische Bohren der Patientin läßt sich in eine sehr frühe Zeit der Kindheit zurückverfolgen, die vor der Zeit der lokalen Onanie liegt. Jene Zeit ist psychologisch noch recht dunkel, weil individuelle Reproduktionen noch in hohem Maße fehlen (ähnlich wie beim Tier). Das zeitlebens Überwiegende beim Tier ist das seiner Art im allgemeinen Eigentümliche (bestimmte Lebensart), wogegen beim Menschen später das Individuelle gegenüber dem Rassentypus sich durchdrückt. Um so mehr muß, die Richtigkeit dieser Überlegung vorausgesetzt, das anscheinend ganz unbegreiflich individuelle Handeln dieses Kindes in so frühem Alter auffallen. Wir wissen aus der späteren Lebensgeschichte dieses Kindes, daß seine Entwicklung, die, wie immer, unergründlich verwoben ist mit parallellaufenden äußeren Ereignissen, zu jener Geistesstörung geführt hat, die für den Individualismus und die Originalität ihrer Produkte ganz besonders bekannt ist, zur

---

[1]) Dieses echt katatonische Pendeln mit dem Kopfe sah ich im Falle einer Katatonika aus allmählich nach oben verlagerten Koitusbewegungen entstehen, was Freud als Verlegung von unten nach oben längst beschrieben hat. Ich wäre der Kritik dankbar, wenn sie einmal, statt beständigen Streitens mit Worten eine solche schlichte Tatsache diskutieren wollte.

[2]) Die kleinen Bröckel, die dabei herausfielen, steckte sie in den Mund, und aß sie.

Dementia praecox. Das Eigenartige dieser Krankheit scheint, wie wir oben gezeigt zu haben glauben, auf dem stärkeren Hervortreten der phantastischen Denkart, des Frühinfantilen überhaupt, zu beruhen; aus diesem Denken gehen alle jene zahlreichen Berührungen mit mythologischen Produkten hervor, und was wir für originelle und gänzlich individuelle Schöpfungen halten, sind sehr oft nichts anderes als Bildungen, die denen der Vorzeit zu vergleichen sind. Ich glaube, man darf dieses Kriterium einmal an alle Bildungen dieser merkwürdigen Krankheit anlegen, so vielleicht auch an dieses besondere Symptom des Bohrens. Wir sahen bereits, daß das onanistische Bohren der Patientin aus einer sehr frühen Jugendzeit stammt, d. h. aus jener Vergangenheit wieder hervorgerufen wurde, indem die Kranke erst, nachdem sie mehrere Jahre verheiratet war, wieder in die frühere Onanie zurückfiel, und zwar nach dem Tode ihres Kindes, mit dem sie sich durch eine überzärtliche Liebe identifiziert hatte. Als das Kind starb, traten bei der damals noch gesunden Mutter die frühinfantilen Symptome ein in Form einer kaum verhehlten anfallsweisen Masturbation, die mit eben diesem Bohren verknüpft war. Wie schon bemerkt, trat das primäre Bohren ein zu einer Zeit, die der aufs Genitale lokalisierten Infantilonanie voranging. Diese Konstatierung ist insofern von Bedeutung, als dieses Bohren dadurch von einer ähnlichen späteren Gewohnheit, die nach der genitalen Onanie eintritt, unterschieden ist. Die späteren übeln Angewohnheiten stellen in der Regel einen Ersatz dar für verdrängte genitale Masturbation respektive für Versuche in dieser Hinsicht. Als solche können diese Gewohnheiten (Fingerlutschen, Nägelkauen, Zupfen, Ohren- und Nasenbohren usw.) bis weit in das erwachsene Alter hinein andauern, als regelrechte Symptome einer verdrängten Libidomenge.

Wie oben bereits angedeutet wurde, betätigt sich die Libido beim jugendlichen Individuum zunächst ausschließlich in der Zone der Ernährungsfunktion, wo im Saugakt durch rhythmische Bewegung die Nahrung aufgenommen wird, unter allen Zeichen der Befriedigung. Mit dem Wachstum des Individuums und der Ausbildung seiner Organe schafft sich die Libido neue Wege des Bedürfnisses, der Betätigung und der Befriedigung. Nunmehr gilt es, das primäre Modell der rhythmischen, Lust und Befriedigung erzeugenden Tätigkeit in die Zone anderer Funktionen zu übertragen mit dem schließlichen Endziel in der Sexualität. Ein beträchtlicher Teil der „Hungerlibido“ hat sich in „Sexuallibido“ umzusetzen. Dieser Übergang geschieht nicht etwa plötzlich in der Pubertätszeit, wie laienhafte Voraussetzung glaubt, sondern ganz allmählich im Verlaufe des größeren Teiles der Kindheit. Die Libido kann sich nur mit Schwierigkeit und ganz langsam (wie immer!) von der Eigentümlichkeit der Ernährungsfunktion befreien, um in die Eigentümlichkeit der Sexualfunktion einzugehen. In diesem Übergangsstadium sind, soweit ich dies zu beurteilen vermag, zwei Epochen zu unterscheiden: die Epoche des Lutschens und die Epoche der verlagerten rhythmischen Betätigung. Das Lutschen gehört seiner Art nach noch ganz zum Rayon der Ernährungsfunktion, überragt ihn jedoch dadurch, daß es nicht mehr Ernährungsfunktion ist, sondern rhythmische Betätigung mit dem Endziel der Lust und der Befriedigung ohne Nahrungsaufnahme. Als Hilfsorgan tritt hier die Hand auf. In der Epoche der verlagerten rhythmischen Betätigung tritt die Hand als Hilfsorgan noch deutlicher hervor, die Lustgewinnung verläßt die Mundzone und wendet sich anderen Gebieten zu. Der Möglichkeiten sind nun viele. Es sind wohl in der Regel zunächst die anderen Körperöffnungen, die das Objekt des libidinösen Interesses werden, sodann die Haut und besondere Stellen derselben. Die an diesen Orten ausgeführte Tätigkeit, die als Reiben, Bohren, Zupfen usw. auftreten kann, erfolgt in einem gewissen Rhythmus und dient der Erzeugung von Lust. Nach längerem oder kürzerem Verweilen der Libido an diesen Stationen wandert sie weiter, bis sie in der Sexualzone anlangt und dort zunächst Anlaß werden kann zu den ersten onanistischen Versuchen. Auf ihrer Wanderung nimmt die Libido nicht Weniges aus der Ernährungsfunktion mit in die Sexualzone, woraus sich unschwer die zahlreichen und innigen Verknüpfungen zwischen Ernährungs- und Sexualfunktion erklären lassen. Erhebt sich nach erfolgter Besetzung der Sexualzone irgend ein Hindernis gegen diese nunmehrige Anwendungsform der Libido, so erfolgt nach bekannten Gesetzen eine Regression auf die nächst zurückliegenden Stationen der beiden oben erwähnten Epochen. Es ist nun von besonderer Wichtigkeit, daß die Epoche der verlagerten rhythmischen Betätigung im großen und ganzen mit der Zeit der Geistes- und Sprachentwicklung zusammenfällt. Ich möchte vorschlagen, die Periode von der Geburt bis zur Besetzung der Sexualzone (die im allgemeinen zwischen dem 3. und 5. Lebensjahr erfolgen dürfte), als vorsexuelle Entwicklungsstufe zu bezeichnen. (Vergleichbar dem Puppenstadium des Schmetterlings.) Sie ist gekennzeichnet durch die wechselnde Mischung von Elementen der Ernährungs- und der Sexualfunktion.

Auf diese vorsexuelle Stufe können gewisse Regressionen zurückgreifen: es scheint, nach den bisherigen Erfahrungen zu schließen, dies bei der Regression der Dementia praecox die Regel zu sein. Ich möchte zwei kurze Beispiele erwähnen: der eine Fall betrifft ein junges Mädchen, das in der Verlobungszeit an Katatonie erkrankte. Wie sie mich zum ersten Male sah, kam sie plötzlich auf mich zu, umarmte mich und sagte: „Papa, gib mir zu essen!" Der andre Fall betrifft eine junge Magd, die sich beklagte, man verfolge sie mit Elektrizität und bringe ihr damit ein sonderbares Gefühl an den Genitalien bei, „wie wenn es da unten esse und trinke".

Diese regressiven Phänomene zeigen, daß auch von der Distanz des modernen Geistes aus noch jene früheren Stationen der Libido einer regressiven Besetzung fähig sind. Man kann daher annehmen, daß in früheren Entwicklungsstadien der Menschheit dieser Weg noch weit gangbarer war als heute. Es wäre daher von prinzipiellem Interesse, zu erfahren, ob sich Spuren davon in der Geschichte erhalten haben.

Wir verdanken es der verdienstvollen Arbeit Abrahams[1]), daß wir auf eine völkergeschichtliche Phantasie des Bohrens aufmerksam wurden, welche in der bedeutenden Schrift Adalbert Kuhns[2]) eine besondere Bearbeitung gefunden hat. Durch diese Untersuchungen werden wir mit der Möglichkeit bekannt gemacht, daß der Feuerbringer Prometheus ein Bruder des indischen Pramantha, nämlich des männlichen, feuerreibenden Holzstückes sein könnte. Der indische Feuerholer heißt Mâtariçvan, und die Tätigkeit des Feuerbereitens wird in den hieratischen Texten immer mit dem Verbum manthâmi[3]) bezeichnet, welches schütteln, reiben, durch Reiben hervorbringen heißt. Kuhn hat dieses Verbum in Beziehung zum Griechischen *μανθάνω* gesetzt, welches „lernen" heißt, und ebenso die Begriffsverwandtschaft erläutert[4]). Das Tertium comparationis dürfte im

---

[1]) Traum und Mythus, Deuticke, Wien 1909.

[2]) A. Kuhn: Mythologische Studien. Bd. I: Die Herabkunft des Feuers und des Göttertrankes. 2. Aufl., Gütersloh, 1886. Eine sehr gut zu lesende, auszugsweise Mitteilung des Inhalts findet sich bei Steinthal: Die ursprüngliche Form der Sage von Prometheus. Zeitschr. f. Völkerpsychologie und Sprachwissenschaft. Bd. II, 1862, ebenso bei Abraham, l. c.

[3]) Auch mathnâmi und mâthâyati. Der Wurzel manth oder math kommt eine besondere Bedeutung zu.

[4]) Zeitschr. f. vergl. Sprachforschung, II, 395 u. IV, 124.

Rhythmus liegen (das Hin- und Herbewegen im Geiste). Nach Kuhn soll die Wurzel manth oder math über *μανθάνω* (*μάθημα*, *μάθησις*), *προ-μηθέομαι* auf *Προμηθεύς* führen, der bekanntlich der griechische Feuerräuber ist. Durch ein im Sanskrit allerdings nicht belegtes Wort „pramâthyus", das von pramantha her vermittelt und dem die Doppelbedeutung von „Reiber" und „Räuber" zukäme, wird der Übergang auf Prometheus bewerkstelligt. Dabei verursacht aber die Vorsilbe „pra" besondere Schwierigkeit, so daß die ganze Ableitung von einer Reihe von Autoren bezweifelt und zum Teil für verfehlt gehalten wird. Es wird dagegen hervorgehoben, daß, wie der thurische Zeus den hier besonders interessierenden Beinamen *Προ-μανθεύς* führt, so könnte auch *Προ-μηθεύς* gar kein ursprüngliches indogermanisches Stammwort, das zu skr. pramantha Beziehung hatte, sein, sondern wäre nur Beiname. Dieser Auffassung kommt eine Hesychglosse entgegen: *'Ιθάς: ὁ τῶν Τιτάνων κήρυξ Προμηθεύς.* Eine andere Hesychglosse erklärt *ἰθαίνομαι* (*ἰαίνω* erhitzen), als *θερμαίνομαι*, wodurch für *'Ιθάς* die Bedeutung „der Flammende" analog zu *Αἴθων* oder *Φλεγύας* herauskommt[1]). Die Beziehung von Prometheus zu pramantha dürfte demnach wohl kaum eine so direkte sein, wie Kuhn vermutet. Die Frage einer indirekten Beziehung ist damit nicht ausgeschlossen. Vor allem ist *Προμηθεύς* auch als Beiname zum *'Ιθάς* von großer Bedeutung, indem der „Flammende" der „Vorbedenker" ist. (Pramati = Vorsorge ist auch Attribut des Agni, obschon pramati anderer Ableitung ist). Prometheus aber gehört auch dem Stamme der Phlegyer an, welche von Kuhn in unbestrittene Beziehung zu der indischen Priesterfamilie der Bhṛgu gesetzt werden[2]). Die Bhṛgu sind wie Mâtariçvan (der in der „Mutter Schwellende") auch Feuerholer. Kuhn bringt eine Stelle bei, wonach Bhṛgu auch aus der Flamme entsteht, also gleich Agni. („In der Flamme entstand Bhṛgu, Bhṛgu geröstet, verbrannte nicht.") Diese Anschauung führt auf eine verwandte Wurzel von Bhṛgu, nämlich skr. bhrây = leuchten, lat. fulgeo, und griech. *φλέγω* (skr. bhargas = Glanz, lat. fulgur) Bhṛgu erscheint demnach als der „Leuchtende". *Φλεγύας* heißt eine gewisse Adlerart wegen ihrer brandgelben Farbe. Klar ist der Zusammenhang mit *φλέγειν* = brennen. Die Phlegyer

---

[1]) Bapp in Roschers Lex. Sp. 3034.

[2]) Bhṛgu = *φλεγυ*, ein anerkannter Lautzusammenhang. Siehe Roscher, Sp. 3034, 54.

sind also die Feueradler[1]). Zu den Phlegyern gehört auch Prometheus. Der Weg von Pramantha zu Prometheus geht nicht durch das Wort, sondern durch die Anschauung und wir haben deshalb wohl für Prometheus dieselbe Deutung anzunehmen, die sich aus der indischen Feuersymbolik für den pramantha ergibt[2]).

Neuerdings sind die kompetenten Philologen wieder mehr der Ansicht, daß Prometheus erst nachträglich seine Bedeutung als Vorbedenkender (belegt durch die Figur der „Epimetheus") angenommen und ursprünglich doch mit pramantha, manthâmi, mathâyati zu tun habe, dagegen etymologisch mit *προμηθέομαι, μάθημα, μανθάνω* nicht zusammengebracht werden dürfe. Umgekehrt hat das mit Agni verbundene pramati = Vorsorge mit manthâmi nichts zu tun. Was man also bei dieser verwickelten Sachlage einzig konstatieren kann, ist, daß wir das Denken respektive das Vorsorgen, Vorbedenken in Verbindung mit der Feuerbohrung vorfinden, ohne daß etymologisch sichere Beziehungen zwischen den dafür gebrauchten Worten gegen-

---

[1]) Der Adler als Feuertotem bei Indianern, siehe Roscher, Sp. 3034, 60.

[2]) Der Stamm „manth" geht nach Kuhn im Deutschen in mangeln, rollen (von der Wäsche) über. Manthara ist der Butterquirl. Als die Götter den amṛta (Unsterblichkeitstrank) durch die Umquirlung des Ozeans erzeugten, gebrauchten sie den Berg Mandara als Quirl (siehe Kuhn: l. c., S. 17 ff.). Steinthal macht aufmerksam auf den lateinischen Ausdruck der poetischen Sprache: mentula = männliches Glied, wobei ment = manth gesetzt wäre. Ich füge noch hinzu: mentula ist als Diminutiv zu menta oder mentha (*μίνθα*) Minze zu denken. Im Altertum hieß die Minze „Krone der Aphrodite" (Diosc., II, 154). Apulejus nennt sie „mentha venerea", sie war ein Aphrodisiacum. (Der Gegensinn findet sich bei Hippokrates: Si quis eam saepe comedat, ejus genitale semen ita colliquescit, ut effluat, et arrigere prohibet et corpus imbecillum reddit, und nach Dioscorides ist die Minze antikonzeptionelles Mittel; siehe Aigremont: Volkserotik und Pflanzenwelt, Bd. I, S. 127.) Von der Menta aber sagten die Alten auch: „Menta autem appellata, quod suo odore mentem feriat — mentae ipsius odor animum excitat". Das führt uns auf den Stamm ment — in mens: Geist — (engl. mind), womit die parallele Entwicklung zu pramantha — *Προμηθεύς* — vollzogen wäre. Beizufügen ist noch, daß ein besonders starkes Kinn mento heißt (gew. mentum). Eine besondere Entwicklung des Kinnes wird bekanntlich auch der priapischen Figur des Pulcinell beigegeben, ebenso die spitzen Bärte (und Ohren) der Satyren und sonstigen priapischen Dämonen, wie überhaupt alle Hervorragungen des Körpers männliche und alle Vertiefungen oder Höhlen weibliche Bedeutung annehmen können. (Dies gilt auch für alle anderen belebten und unbelebten Gegenstände. Vgl. Maeder: Psych.-Neurol. Wochenschr., X. Jahrgang). Jedoch ist dieser ganze Zusammenhang fast mehr als unsicher.

wärtig nachzuweisen wären. Für die Etymologie wird neben der Migration der Wortstämme die Wanderung oder autochthone Wiederentstehung gewisser urtümlicher Bilder oder Anschauungsweisen von ausschlaggebender Bedeutung sein.

Der Pramantha als das Werkzeug des Manthana (des Feueropfers) wird im Indischen rein sexuell aufgefaßt: der Pramantha als Phallus oder Mann, das untenliegende gebohrte Holz als Vulva oder Weib[1]). Das erbohrte Feuer ist das Kind, der göttliche Sohn Agni. Kultisch heißen die beiden Hölzer Purûravas und Urvaçî und werden personifiziert gedacht als Mann und Weib. Aus dem Genitale des Weibes wird das Feuer geboren[2]). Eine besonders interessante Darstellung der kultischen Feuererzeugung (manthana) gibt Weber[3]):

„Ein bestimmtes Opferfeuer wird durch Reiben zweier Hölzer entzündet; man nimmt ein Stück Holz mit den Worten: ‚Du bist des Feuers Geburtsort', legt darauf zwei Grashalme: ‚Ihr seid die beiden Hoden', auf diese die adharârani (das untergelegte Holz), ‚du bist Urvaçî', salbt die uttarârani (das darauf zu legende Holzscheit) mit Butter: ‚Du bist Kraft' (semen, o Butter), legt sie dann auf die adhârarani: ‚Du bist Purûravas' und reibt beide dreimal: ‚Ich reibe dich mit dem Gâyatrîmetrum', ‚Ich reibe dich mit dem Trishṭubhmetrum', ‚Ich reibe dich mit dem Jagatîmetrum'."

Die sexuelle Symbolik dieser Feuererzeugung ist unverkennbar; wir sehen hier auch die Rhythmik, das Metrum an ursprünglicher Stelle als Sexualrhythmus, der sich über die Rhythmisierung des Brunstrufes zur Musik erhebt. Ein Lied des Rigveda (III, 29, 1—3) bringt dieselbe Auffassung und Symbolik:

„Das ist das Drehholz, der Zeuger (Penis) ist bereitet, bring die

---

[1]) Abraham erwähnt, daß im Hebräischen die Bedeutung der Worte für Mann und Weib auf diese Symbolik sich beziehen.

[2]) „Was das gulya (pudendum) genannt wird, das heißt die yoni (Geburtsstätte) des Gottes; das Feuer, welches dort geboren wird, heißt segenbringend". Kâtyâyanas Karmapradîpa I, 7, übersetzt von Kuhn, Herabkunft des Feuers, S. 67. Der etymologische Zusammenhang bohren — geboren ist möglich. Das germanische bōrōn (bohren) ist urverwandt mit lat. forare (id.) und gr. φαρόω = pflügen. Es wird eine idg. Wurzel bher mit der Bedeutung tragen vermutet, sanskr. bhar-, gr. φερ-, lat. fer-; daraus althd. beran = gebären, engl. to bear, lat. fero und fertilis, fordus (trächtig), gr. φορός (id.). Walde (Lat. Etym. s. ferio) stellt forare allerdings zu der Wurzel bher-. Vgl. dazu unten die phallische Pflugsymbolik.

[3]) Weber: Indische Studien, I, 197, zitiert Kuhn: l. c., S. 71.

Herrin des Stammes[1]) herbei, den Agni laß uns quirlen nach altem Brauch.

In den beiden Hölzern liegt der jâtavedas, wie in den Schwangern die wohlbewahrte Leibesfrucht; tagtäglich ist Agni zu preisen von den sorgsamen, opferspendenden Menschen.

In die Dahingestreckte laß hinein (den Stab), der du deß kundig bist; sogleich empfängt sie, hat den Befruchtenden geboren; mit rötlicher Spitze, leuchtend seine Bahn ward der Ilâsohn in dem trefflichen Holze geboren"[2]).

Neben der unzweideutigen Koitussymbolik bemerken wir, daß der Pramantha auch zugleich der Agni, der erzeugte Sohn ist: der Phallus ist der Sohn oder der Sohn ist der Phallus, daher Agni in der vedischen Mythologie triadischen Charakter hat. Damit gewinnen wir wieder den Anschluß an den oben besprochenen kabirischen Vater-Sohn-Kult. Auch in der heutigen deutschen Sprache haben wir Anklänge an die uralten Symbole bewahrt: Ein Junge wird als „Bengel" bezeichnet, im Hessischen als „Stift" oder „Bolzen[3])". Die Artemisia Abrotanum L., welche zu Deutsch „Stabwurz" heißt, wird im Englischen als boy's-love bezeichnet. (Die Vulgärbezeichnung des Penis als Knabe wurde bereits von Grimm und A. angemerkt.) Als abergläubischer Gebrauch wurde die kultische Feuererzeugung in Europa bis ins XIX. Jahrhundert festgehalten. Kuhn erwähnt einen solchen Fall noch aus dem Jahre 1828, der sich in Deutschland ereignete. Man hieß die feierliche Zauberhandlung das „Nodfyr", Notfeuer[4]) und gebrauchte den Zauber hauptsächlich gegen die Viehseuchen. Kuhn erwähnt aus der Chronik von Lanercost vom Jahre 1268 einen

---

[1]) Oder der Menschen überhaupt. Viçpatni ist das weibliche Holz, viçpati, ein Attribut des Agni, das männliche. Das Feuerzeug ist der Ursprung des Menschengeschlechtes aus derselben verkehrten Logik wie bei den oben erwähnten Weberschiffchen und Schwertgriff. Der Koitus als Ursprung des Menschengeschlechtes soll dadurch negiert werden aus den unten noch näher zu erörternden Motiven eines ursprünglichen Widerstandes gegen die Sexualität.

[2]) Das Holz als Symbol der Mutter ist der heutigen Traumforschung bekannt. Vgl. Freud: Traumdeutung, S. 211. Als Symbol des Weibes deutet es Stekel (Sprache des Traumes, S. 128) an. Holz ist auch Vulgärbezeichnung für den Busen („Holz vor dem Hause"). Die christliche Holzsymbolik ist ein Kapitel für sich. „Ilâsohn": Ilâ heißt die Tochter Manus, des Einzigen, der mit Hilfe seines Fisches die Sintflut überstanden hat und dann mit seiner Tochter die Menschen wiedererzeugte.

[3]) Vgl. Hirt: Etymol. der neuhochd. Sprache, S. 348.

[4]) Das Capitulare Carlomanni von 942 verbot „illos sacrilegos ignes quos niedfyr vocant". Vgl. Grimm: Mythol., 4. Aufl., S. 502. Hier sind auch Beschreibungen derartiger Feuerzeremonien zu finden.

besonders merkwürdigen Fall von Notfeuer[1]), dessen Zeremonien die phallische Grundbedeutung klar erkennen lassen:

„Pro fidei divinae integritate servanda recolat lector, quod cum hoc anno in Laodonia pestis grassaretur in pecudes armenti, quam vocant usitate Lungessouht, quidam bestiales, habitu claustrales non animo, docebant idiotas patriae ignem confrictione de lignis educere et simulacrum Priapi statuere, et per haec bestiis succurrere. Quod cum unus laicus Cisterciensis apud Fentone fecisset ante atrium aulae, ac intinctis testiculis canis in aquam benedictam super animalia sparsisset etc."

Diese Beispiele, welche eine klare Sexualsymbolik der Feuererzeugung erkennen lassen, erweisen dadurch, daß sie aus verschiedenen Zeiten und verschiedenen Völkern stammen, die Existenz einer durchgehenden Neigung, der Feuererzeugung nicht nur magische, sondern auch sexuelle Bedeutung beizulegen. Das kultische oder zauberische Wiederholen dieser uralten, längst überholten Erfindung zeigt, wie sehr der menschliche Geist in alten Formen perseveriert und wie tief eingewurzelt diese uralte Reminiszenz des Feuerbohrens ist. Man wird zunächst geneigt sein, in der Sexualsymbolik der kultischen Feuererzeugung eine relativ späte Zutat der Priestergelehrsamkeit zu erblicken. Dies mag wohl berechtigt sein für die kultische Elaboration des Feuermysteriums. Ob aber nicht ursprünglich die Feuererzeugung überhaupt ein Sexualakt, d. h. ein Koitusspiel war, das ist noch die Frage. Daß dergleichen bei sehr primitiven Völkern vorkommt, wissen wir von dem australischen Stamm der Watschandies[2]), welche im Frühling folgenden Befruchtungszauber aufführen: Sie graben ein Loch in den Boden, so geformt und mit Büschen so umsteckt, daß es ein weibliches Genitale nachahmt. Um dieses Loch tanzen sie die ganze Nacht, wobei sie die Speere so vor sich halten, daß sie an einen Penis in erectione erinnern. Sie umtanzen das Loch und stoßen die Speere in die Grube, indem sie dazurufen: pulli nira, pulli nira, wataka! (non fossa, non fossa, sed cunnus!). Solche obszönen Tänze kommen auch bei anderen niederen Stämmen vor[3]).

In diesem Frühlingszauber sind die Elemente des Koitusspieles enthalten: Loch und Phallus[4]). Dieses Spiel ist nichts anderes als ein

[1]) Kuhn. l. c., S. 43.

[2]) Preuss: Globus, LXXXVI, 1905, S. 358.

[3]) Vgl. dazu Fr. Schultze: Psychologie der Naturvölker. S. 161 f.

[4]) Dieses primitive Spiel führt zur phallischen Pflugsymbolik. Ἀροῦν heißt pflügen und besitzt daneben die poetische Bedeutung von schwängern.

Koitusspiel, d. h. ursprünglich war dies Spiel wohl einfach Koitus in der Form der sakramentalen Begattung, welche noch lange ein geheimer Bestandteil gewisser Kulte war und in Sekten wieder aufgenommen wurde[1]. So lassen sich in den Zeremonien der Zinzen-

Das lateinische arare heißt bloß pflügen, die Phrase aber „fundum alienum arare" heißt: „die Kirschen in Nachbars Garten pflücken". Eine treffliche Darstellung des phallischen Pfluges findet sich auf einer Vase des archäologischen Museums in Florenz: Es sind darauf eine Reihe von 6 nackten ithyphallischen Männern abgebildet, die einen phallisch dargestellten Pflug tragen (Dieterich: Mutter Erde, S. 107 ff.). Der „carrus navalis" (Carneval) unseres Frühlingsfestes war im Mittelalter bisweilen ein Pflug. (Hahn: Demeter und Baubo. Zitiert b. Dieterich, l. c., S. 109.)

Herr Dr. Abegg in Zürich macht mich aufmerksam auf die geistreiche Arbeit von R. Meringer: Wörter und Sachen. Indogerm. Forschungen, 16, 179/84, 1904. Wir werden hier mit einer sehr weitgehenden Verschmelzung der Libidosymbole mit äußerem Stoff und äußerer Tätigkeit bekannt gemacht, welche unsere obigen Überlegungen in außerordentlichem Maße stützt. Meringers Überlegung geht von zwei indogermanischen Wurzeln aus, u̯en und u̯eneti.

Idg. * uen Holz, ai. van, vana. Agni ist garbhas vanām, ‚Leibesfrucht der Hölzer'.

Idg. * u̯eneti hieß ‚er ackert'; damit ist das Anbohren des Bodens mittels eines spitzen Holzes und das darauffolgende Aufreißen des Bodens gemeint. Dieses Verbum selbst ist nicht belegt, da die damit bezeichnete primitive Bearbeitung des Ackers (‚Hackbau') schon sehr früh ausgestorben ist. Als man eine bessere Behandlung des Ackers kennen lernte, ging die Bezeichnung des primitiven Kulturbodens auf die Weide, die Trift über; hierher got. vinja *νομή*; altisl. vin Grasplatz, Weide. Dazu vielleicht auch die isl. Vanen als Ackerbaugötter.

Aus ‚ackern' entsteht coire (dieser Zusammenhang wäre wohl umzukehren); dazu idg. * u̯enos ‚Liebesgenuß', lat. venus. (Vgl. dazu die Wurzelbedeutung u̯en = Holz!)

Aus coïre — ‚leidenschaftlich erstreben'; vgl. ahd. vinnan ‚toben'. Dazu auch got. vēns *ἐλπίς*, ahd. wân Erwartung, Hoffnung; skrt. van begehren; ferner ‚Wonne'; altisl. vinr Geliebter, Freund. Aus der Bedeutung ‚ackern' entsteht ‚wohnen'; dieser Übergang hat sich nur im Germanischen vollzogen. Aus wohnen > gewöhnen, gewohnt sein; altisl. vanr ‚gewohnt'. Aus ‚ackern' ferner > sich mühen, plagen; altisl. vinna arbeiten; ahd. winnan sich abarbeiten: — got. vinnan *πάσχειν*, vunns *πάθημα*. Aus ‚ackern' entsteht anderseits ‚gewinnen, erlangen', ahd. giwinnan; aber auch ‚verletzen': got. vunds ‚wund'. „Wund" im ursprünglichsten Sinne war somit zuerst der durch den Hackbau aufgerissene Boden. Aus ‚verletzen' dann auch ‚schlagen, besiegen'; ahd. winna Streit; altsächs. winnan kämpfen.

[1]) Der alte Brauch des „Brautlagers" auf dem Acker, welches dazu bestimmt war, den Acker fruchtbar zu machen, enthält den Urgedanken in elementarster Form: damit war die Analogie in klarster Weise ausgedrückt: So wie ich das Weib befruchte, befruchte ich die Erde. Das Symbol leitet Sexuallibido über auf die Bebauung und Befruchtung der Erde. Vgl. dazu Mannhardt Wald- und Feldkulte, I, woselbst reichliche Belege zu finden sind.

dorfischen Religionsübung Anklänge an das Koitussakrament aufweisen, ebenso in anderen Sekten. (Vgl. dazu das letzte Kapitel.)

Man kann sich unschwer denken, daß, wie die oben erwähnten Australneger das Koitusspiel in dieser Weise aufführen, dasselbe Spiel auch in einer andern Weise aufgeführt werden könnte, und zwar eben in Form der Feuererzeugung. Statt durch zwei auserwählte Menschen wurde der Koitus durch zwei Simulacra von Menschen dargestellt, durch Purûravas und Urvaçi, durch Phallus und Vulva, durch Bohrer und Loch. Wie hinter anderen Gebräuchen der primitive Gedanke der sakramentale Beischlaf ist, so auch hier die Urtendenz eigentlich der Akt selber ist. Denn der Akt der Befruchtung ist der Höhepunkt, das eigentliche Fest des Lebens und wohl würdig zum Kern eines religiösen Mysteriums zu werden. Wie wir schließen dürfen, daß die Erdlochsymbolik der Watschandies zunächst an Stelle des Koitus tritt mit dem weiteren Horizont der Erdbefruchtung, so wäre ebenfalls die Feuererzeugung als Ersatz des Koitus zu denken, und zwar wäre aus diesem Raisonnement konsequent weiter zu schließen, daß die Erfindung der Feuerbereitung eben dem Drange, ein Symbol für den Sexualakt einzusetzen, zu verdanken ist[1]).

Wir kehren hier für einen Moment zum infantilen Symptom des Bohrens zurück. Denken wir uns, daß ein erwachsener kräftiger Mann mit derselben Ausdauer und der entsprechenden Energie wie dieses Kind, das Bohren mit zwei Hölzern ausführt, so kann er bei diesem Spiel leicht die Feuererfindung machen. Von größter Bedeutung bei

[1]) Spielreins Kranke (Jahrbuch III, S. 371) bringt Feuer und Zeugung ebenfalls unmißverständlich zusammen; sie sagt darüber folgendes: „Das Eisen braucht man zum Zwecke der Erddurchbohrung, zum Zwecke des Feuerschlusses. (Dazu ist aus der Mithrasliturgie anzumerken: In der Anrufung des feurigen Gottes heißt es: *ὁ συνδήσας πνεύματι τὰ πύρινα κλεῖθρα τοῦ οὐρανοῦ*: „Der du mit dem Geisthauch die feurigen Schlösser des Himmels verschlossen hast — öffne mir.“) „Mit dem Eisen kann man aus dem Steine kalte Menschen schaffen.“ Die Erddurchbohrung hat bei ihr Befruchtungs- oder Geburtsbedeutung. S. 382 sagt sie: „Mit dem glühenden Eisen kann man den Berg durchbohren. Das Eisen wird glühend, wenn man es in einen Stein bohrt.“

Vgl. dazu die Etymologie von bohren und gebären (oben). In l'Oiseau bleu von Maeterlinck finden die beiden Kinder, die im Lande der ungeborenen Kinder den blauen Vogel suchen, einen Knaben, der in der Nase bohrt. Von ihm heißt es: Er werde ein neues Feuer erfinden, um die Erde wieder zu erwärmen, wenn sie erkaltet sein wird.

dieser Arbeit ist der Rhythmus[1]). Diese Hypothese scheint mir psychologisch wohl möglich. Es soll damit nicht gesagt sein, daß einzig auf die Weise die Feuererfindung gemacht worden sei. Ebensogut kann sie beim Feuersteinschlagen erfolgt sein. Das Feuer wird auch wohl kaum bloß an einem Ort entdeckt worden sein. Was ich hier konstatieren möchte, ist bloß der psychologische Prozeß, dessen symbolische Andeutungen auf eine derartige Möglichkeit der Feuererfindung oder der Feuerbereitung hinweisen.

Die Existenz des primitiven Koitusspiels- oder -ritus erscheint mir hinlänglich erwiesen. Dunkel ist nur die Nachdrücklichkeit und Energie des rituellen Spieles. Bekanntlich sind ja diese primitiven Riten öfter von sehr blutigem Ernste und werden mit ungemeinem Energieaufwand durchgeführt, was als ein großer Kontrast zu der notorischen Faulheit primitiver Menschen erscheint. Dadurch verliert die rituelle Handlung ganz den Charakter des Spieles und gewinnt den der absichtlichen Anstrengung. Wenn gewisse Negerstämme eine Nacht lang nach 3 Tönen in monotonster Weise tanzen können, so fehlt für unser Gefühl daran der Charakter des Spielerischen gänzlich, es mutet mehr an wie Übung. Es scheint eine Art Zwang zu bestehen, Libido in derartige rituelle Betätigung überzuleiten. Wenn der Stoff der Ritualhandlung der Sexualakt ist, so ist wohl anzunehmen, daß er eigentlich Gedanke und Ziel der Übung ist. Unter diesen Umständen erhebt sich aber die Frage, warum der primitive Mensch den Sexualakt mit Anstrengung symbolisch darzustellen sich bemühe respektive (wenn diese Fassung als zu hypothetisch erscheinen sollte) seine Energie in solchem Maße anstrenge, um praktisch gänzlich wertlose Dinge herzustellen, die ihn anscheinend nicht einmal besonders amüsieren[2]). Es ist mit Sicherheit anzunehmen, daß der Sexualakt auch dem primitiven Menschen wünschenswerter vorkommt als absurde und dazu noch anstrengende Übungen. Es ist wohl nicht anders möglich, als daß ein gewisser Zwang vom ursprünglichen Gegenstand und der eigentlichen Absicht wegleite und die Erzeugung von Surrogaten herbeiführt. (Die Existenz phallischer oder orgiastischer Kulte deutet nicht eo ipso auf eine besondere Ausgelassenheit des Lebens hin, so wenig wie die asketische Symbolik des Christen-

---

[1]) Vgl. dazu die interessanten Nachweise bei Bücher: Arbeit und Rhythmus, Leipzig 1899.

[2]) Das Amüsement ist zweifellos mit vielen Riten verknüpft, jedoch lange nicht mit allen. Es gibt sehr unangenehme Dinge.

tums auf eine besondere Sittlichkeit der Christen. Man verehrt das, was man nicht hat oder nicht ist.) Dieser Zwang führt, um in der oben formulierten Terminologie zu reden, einen gewissen Libidobetrag von der eigentlichen Sexualbetätigung weg und schafft für das Verlorene symbolischen und annähernd gültigen Ersatz. Diese Psychologie ist bestätigt durch die oben erwähnte Watschandiezeremonie: während der ganzen Zeremonie darf keiner der Männer auf eine Frau blicken. Dieses Detail belehrt uns wiederum, wovon die Libido weggezogen werden soll. Damit erhebt sich aber die dringende Frage, woher dieser Zwang komme? Wir haben oben schon einmal angedeutet, daß sich der primitiven Sexualität ein Widerstand entgegenstelle, der zu einem seitlichen Austreten der Libido auf Ersatzhandlungen (Analoga, Symbole) führte. Es ist undenkbar, daß es sich dabei um irgend einen äußern Widerstand, um ein wirkliches Hindernis handle, indem es keinem Wilden einfällt, seine schwer erreichbaren Jagdtiere mit Ritualzauber einzufangen, sondern es handelt sich um einen innern Widerstand, indem Wollen gegen Wollen, Libido gegen Libido tritt, denn ein psychologischer Widerstand entspricht als energetisches Phänomen einem gewissen Libidobetrag. Der psychologische Zwang zur Libidoüberleitung beruht auf einer ursprünglichen Uneinigkeit des Wollens. Ich werde andernorts von dieser anfänglichen Spaltung der Libido zu handeln haben. Hier dürfen wir uns nur mit dem Probleme der Libidoüberleitung beschäftigen. Die Überleitung erfolgt, wie mehrfach angedeutet wurde, auf dem Wege der Verlegung auf ein Analogon. Die Libido wird an der eigentlichen Stelle weggenommen und auf ein anderes Substrat übersetzt.

Der Widerstand gegen die Sexualität zielt darauf ab, den Sexualakt zu verhindern, er sucht also Libido aus der Sexualfunktion herauszudrängen. Wir sehen z. B. bei Hysterie, wie die spezifische Verdrängung den aktuellen Übertragungsweg verlegt, dadurch ist die Libido genötigt, einen andern Weg einzuschlagen, und zwar einen frühern, nämlich den inzestuösen Weg zu den Eltern (in letzter Linie). Reden wir aber vom Inzestverbot, welches die allererste Sexualübertragung verhindert, dann gestaltet sich die Sachlage insofern anders, als dann kein anderer früherer Realübertragungsweg vorhanden ist — außer der vorsexuellen Entwicklungsstufe, wo die Libido noch zum Teil Ernährungsfunktion war. Durch eine Regression auf die vorsexuelle Stufe wird die Libido quasi desexualisiert. Da nun aber das Inzestverbot nur eine temporäre und bedingte Einschränkung der Sexualität bedeutet, so wird nur derjenige Libidobetrag, welchen man am besten als den inzestuösen Anteil bezeichnet, auf die vorsexuelle Stufe zurückgedrängt; die Verdrängung betrifft also nur die Sexuallibido, die sich dauernd bei den Eltern fixieren möchte. Der Sexuallibido wird also nur der inzestuöse Anteil entzogen, auf die vorsexuelle Stufe zurückgedrängt und dort, wenn die Operation gelingt, desexualisiert, wodurch dieser Libidobetrag für eine asexuale Verwendung geschickt wird. Es ist aber anzunehmen, daß die Operation nur mit Schwierigkeiten bewerkstelligt wird, indem die inzestuöse Libido sozusagen künstlich aus der Sexuallibido abgespalten werden muß, mit der sie seit alters (durch die ganze Tierreihe) ununterscheidbar verknüpft war. Die Regression des inzestuösen Anteils muß daher nicht nur mit großen Schwierigkeiten erfolgen, sondern auch einen beträchtlichen Sexualcharakter in die vorsexuelle Stufe hineintragen. Die Folge davon ist, daß die hieraus entspringenden Phänomene zwar ganz den Charakter der Sexualhandlung an sich tragen, aber doch de facto keine Sexualhandlung mehr sind; sie entspringen der vorsexuellen Stufe und sind unterhalten durch verdrängte Sexuallibido, daher ihnen doppelte Bedeutung zukommt. So ist das Feuerbohren ein Koitus (und zwar ein inzestuöser), aber ein desexualisierter, der seinen unmittelbaren Sexualwert verloren hat, dafür aber indirekt der Propagation der Spezies förderlich ist. Die vorsexuelle Stufe ist charakterisiert durch zahlreiche Anwendungsmöglichkeiten, weil die Libido dort ihre definitive Lokalisation noch nicht gefunden hat. Es erscheint daher verständlich, daß ein Libidobetrag, der regressiv diese Stufe wieder betritt, sich mannigfachen Anwendungsmöglichkeiten gegenüber sieht. Vor allem tritt ihm die Möglichkeit einer rein onanistischen Betätigung entgegen. Da es sich bei dem regredierenden Libidoanteil aber um Sexuallibido handelt, deren letzte Bestimmung die Propagation ist, daher ganz auf das äußere Objekt geht (Eltern), so wird sie diese Bestimmung als ihren wesentlichen Charakter auch mit introvertieren. Die Folge davon ist, daß die rein onanistische Betätigung sich als ungenügend erweist und ein äußeres Objekt aufgesucht werden muß, das an die Stelle des Inzestobjektes tritt. Den Idealfall eines derartigen Objektes stellt die nahrungspendende Mutter Erde dar. Die Psychologie der vorsexuellen Stufe trägt dazu die Ernährungskomponente bei, die Sexuallibido den Koitusgedanken. Daraus entstehen die uralten Symbole des Ackerbaues. In der Handlung des Ackerbaues mischt sich Hunger und Inzest. Die uralten Kulte der Mutter Erde und der gesamte darauf gerichtete Aberglaube sahen in der Bebauung der Erde die Befruchtung der Mutter. Das Ziel der Handlung ist aber ein desexualisiertes, denn es ist die Ackerfrucht und die in ihr liegende Nahrung. Die aus dem Inzestverbot erfolgende Regression führt in diesem Fall zur Wiederbesetzung der Mutter, diesmal aber nicht als Sexualobjekt, sondern als Ernährerin.

Einer ganz ähnlichen Regression auf die vorsexuelle Stufe, speziell auf die zunächst liegende Stufe der verlagerten rhythmischen Betätigung, scheinen wir die Erfindung des Feuers zu verdanken. Die aus dem Inzestverbot introvertierte Libido (mit der genaueren Bestimmung der motorischen Bestandteile des Koitus) stößt, auf vorsexueller Stufe angelangt, auf das verwandte infantile Bohren, dem sie nun, entsprechend ihrer Bestimmung aufs Reale einen äußern Stoff gibt (daher der Stoff passenderweise materia heißt, indem das Objekt die Mutter ist, wie oben!). Wie ich oben zu zeigen versuchte, gehört zur Aktion des infantilen Bohrens nur die Kraft und Ausdauer eines erwachsenen Mannes und das geeignete „Material", um Feuer zu erzeugen. Wenn dem so ist, so kann erwartet werden, daß in Analogie zu unserem obigen Fall von onanistischem Bohren auch die Feuererzeugung ursprünglich als ein solcher, am Objekt dargestellter Akt quasi onanistischer Betätigung zustandekam. Dieser Nachweis ist selbstverständlich niemals wirklich zu leisten, aber es ist denkbar, daß sich irgendwo Spuren dieser ursprünglichen onanistischen Vorübungen zur Feuererzeugung erhalten haben. Es ist mir geglückt, in einem sehr alten Monument indischer Literatur einen Passus aufzufinden, der unzweifelhaft diesen Übergang der Sexuallibido durch die onanistische Phase in die Feuerbereitung enthält. Dieser Passus findet sich im Brihadâranyaka-Upanishad[1]); ich zitiere nach der Übersetzung von Deussen[2]):

„Nämlich er (Âtman[3]) war so groß wie ein Weib und ein Mann, wenn sie sich umschlungen halten. Dieses, sein Selbst zerfällte er in zwei Teile;

---

[1]) Die Upanishaden gehören zur Brâhmana, zur Theologie der vedischen Schriften und enthalten den theosophisch-spekulativen Teil der vedischen Lehren. Die vedischen Schriften respektive Sammlungen sind zum Teil von ganz unbestimmbarem Alter und können, da sie lange nur mündlich überliefert wurden, in eine sehr ferne Vorzeit zurückreichen.

[2]) Deussen: Die Geheimlehre des Veda, S. 23 f.

[3]) Das Ur- und Allwesen, dessen Begriff sich, ins Psychologische zurückübersetzt, mit dem Libidobegriff deckt.

daraus entstanden Gatte und Gattin[1]). — Mit ihr begattete er sich; daraus entstanden die Menschen. Sie aber erwog: ‚Wie mag er sich mit mir begatten, nachdem er mich aus sich selbst erzeugt hat? Wohlan, ich will mich verbergen!' — Da ward sie zu einer Kuh; er aber ward zu einem Stier und begattete sich mit derselben. Daraus entstand das Rindvieh. — Da ward sie zu einer Stute; er aber ward zu einem Hengste; sie ward zu einer Eselin, er zu einem Esel und begattete sich mit derselben. Daraus entstanden die Einhufer. — Sie ward zu einer Ziege, er zu einem Bocke; sie zu einem Schafe, er zu einem Widder und begattete sich mit derselben; daraus entstanden die Ziegen und Schafe. — Also geschah es, daß er alles, was sich paart, bis hinab zu den Ameisen, dieses alles erschuf. — Da erkannte er: ‚Wahrlich ich selbst bin die Schöpfung, denn ich habe die ganze Welt erschaffen!' — Darauf rieb er (die vor den Mund gehaltenen Hände) so; da brachte er aus dem Munde als Mutterschoß und aus den Händen das Feuer hervor."

Wir begegnen hier einer Schöpfungslehre besonderer Art, die einer psychologischen Rückübersetzung bedarf: Im Anfang war die Libido undifferenziert bisexuell[2]), darauf erfolgt die Differenzierung in eine männliche und eine weibliche Komponente. Von da an weiß der Mensch, was er ist. Nun folgt eine Kluft im Zusammenhang des Denkens, in welche eben jener Widerstand gehört, den wir oben zur Erklärung des Sublimierungszwanges postulierten. Darauf erfolgt der aus der Sexualzone herausverlegte onanistische Akt des Reibens oder Bohrens (hier Fingerlutschens), aus welchem die Feuererzeugung hervorgeht[3]). Die Libido verläßt hier die ihr eigentlich zugehörige Be-

[1]) Âtman ist also als ursprünglich bisexuelles Wesen gedacht — entsprechend der Libidotheorie. Die Welt entstand aus dem Begehren: Vgl. Brihadâranyaka-Upanishad 1, 4, 1 (Deussen):

1. „Am Anfang war diese Welt allein der Âtman — der blickte um sich: Da sah er nichts anderes als sich selbst. — 2. Da fürchtete er sich; darum fürchtet sich einer, wenn er allein ist. Da bedachte er: ‚Wovor sollte ich mich fürchten, da nichts anderes außer mir da ist?' — 3. Aber er hatte auch keine Freude, darum hat einer keine Freude, wenn er allein ist. Da begehrte er nach einem Zweiten." Hierauf folgt die oben zitierte Schilderung seiner Zerspaltung. Platons Vorstellung der Weltseele nähert sich dem indischen Bilde sehr an: „Der Augen bedurfte sie keineswegs, denn es befand sich neben ihr nichts Sichtbares. — Nichts trennte sich von ihr, nichts trat zu ihr hinzu, denn außer ihr gab es nichts." (Timaios, Übers. Kiefer, Jena 1909, S. 26.)

[2]) Vgl. dazu Freuds: Drei Abhandlungen zur Sexualtheorie.

[3]) Eine, wie es scheint, genaue Parallele zu der Handstellung im Upanishadtext, erfuhr ich von einem kleinen Kind. Das Kind hielt die eine Hand vor den Mund und rieb sich mit der andern darauf, eine Bewegung, die sich mit der des Geigens vergleichen läßt. Es war eine frühinfantile Gewohnheit, die lange Zeit hindurch anhielt.

tätigung als Sexualfunktion und regrediert auf die vorsexuelle Stufe, wo sie entsprechend den obigen Auseinandersetzungen eine der Vorstufen der Sexualität besetzt, damit nach der Ansicht der Upanishaden die erste menschliche Kunst und von da aus, wie die Ideen Kuhns über den Stamm manth andeuten, vielleicht die höhere geistige Tätigkeit überhaupt erzeugt. Dieser Entwicklungsgang hat für den Psychiater nichts Fremdartiges, indem es eine schon längst bekannte, psychopathologische Tatsache ist, wie nahe sich Onanie und exzessive Phantasietätigkeit berühren. (Die Sexualisierung [Autonomisierung] des Geistes durch den Autoerotismus[1]) ist eine so geläufige Tatsache, daß Beispiele dafür überflüssig sind.) Der Weg der Libido ging also, wie wir nach diesen Erfahrungen schließen dürfen, ursprünglich in ähnlicher Weise wie bei dem Kinde, nur in umgekehrter Reihenfolge: der Sexualakt wurde aus der ihm eigentlich zugehörigen Zone herausgedrängt und in die analoge Mundzone verlegt[2]), wobei dem Munde die Bedeutung des weiblichen Genitales zukam, der Hand respektive den Fingern aber die phallische Bedeutung[3]). Auf diese Weise wird in die regressiv wiederbesetzte Tätigkeit der vorsexuellen Stufe die Sexualbedeutung hineingetragen, die ihr vorher allerdings auch schon partiell zukam, aber in einem ganz andern Sinne. Gewisse Funktionen der vorsexuellen Stufe erweisen sich als dauernd zweckmäßig und werden deshalb als Sexualfunktionen später beibehalten. So wird z. B. die Mundzone als erotisch wichtig beibehalten, d. h. ihre Besetzung erweist sich als dauernd fixiert. Was den Mund betrifft, so wissen wir, daß er auch bei Tieren eine Sexualbedeutung insofern hat, als z. B. Hengste im Akte die Stuten beißen, ebenso Kater, Hähne usw. Eine zweite Bedeutung hat der Mund als Sprachapparat. Er dient in wesentlicher Weise mit zur Erzeugung der Lockrufe, die meistens die bestausgebildeten Töne der Tierwelt darstellen. Was die Hand betrifft, so wissen wir, daß sie die wichtige Bedeutung des Kontrektationsorgans hat (z. B. bei den Fröschen). Die vielfache erotische Anwendung der Hand bei Affen ist bekannt. Ist nun ein Widerstand gegen die eigentliche Sexualität gesetzt, so wird die Libidoaufstauung am ehesten diejenigen

---

[1]) Vgl. Freud: Bemerkungen über einen Fall von Zwangsneurose. Dieses Jahrbuch, Bd. I, S. 357.

[2]) Wie oben gezeigt wurde, wandert beim Kinde die Libido aus der Mundzone in die Sexualzone.

[3]) Vgl. oben das über Daktylos Gesagte. Reichliche Belege bei Aigremont: Fuß- und Schuhsymbolik.

Kollateralen zu einer Überfunktion bringen, welche geeignet sind, den Widerstand zu kompensieren, nämlich die nächsten Funktionen, welche zur Einleitung des Aktes dienen[1]); einerseits die Funktion der Hand, anderseits die des Mundes. Der Sexualakt aber, gegen den sich der Widerstand richtet, wird durch einen ähnlichen Akt der vorsexuellen Stufe ersetzt, wofür der Idealfall das Fingerlutschen respektive Bohren ist. Wie beim Affen auch der Fuß gelegentlich die Funktion der Hand vertreten kann, so ist auch das Kind in der Wahl des Lutschobjektes oft unsicher, indem es statt der Finger die große Zehe in den Mund steckt. Diese letztere Geste gehört zu einem indischen Ritus, nur wird dort die Großzehe nicht in den Mund gesteckt, sondern gegen das Auge gehalten[2]). Durch die genitale Bedeutung von Hand und Mund wird diesen Organen, die auf vorsexueller Stufe der Lustgewinnung dienten, eine zeugende Eigenschaft erteilt, welche identisch ist mit jener oben erwähnten Bestimmung, die auf das äußere Objekt abzielt, weil es sich um Sexual- respektive Propagationslibido handelt. Wenn durch die wirkliche Feuerbereitung der Sexualcharakter der dazu verwendeten Libido erfüllt ist, dann bleibt aber die Mundzone ohne adäquate Betätigung: nur die Hand hat jetzt ihr eigentliches rein menschliches Ziel in ihrer ersten Kunst erlangt.

Der Mund hat, wie wir sahen, eine weitere wichtige Funktion, die ebensoviel sexuelle Beziehung auf das Objekt hat wie die Hand, nämlich die Erzeugung des Lockrufes. Bei dem Aufbrechen des autoerotischen Ringes, Hand-Mund[3]), wo die phallische Hand zum feuer-

[1]) Wenn bei dem heutzutage enorm angewachsenen Sexualwiderstand die Frauen die sekundären Geschlechtsmerkmale und sonstigen erotischen Reize durch besonders konstruierte Korsetts hervorheben, so ist das eine Erscheinung, die noch ins selbe Schema der Vermehrung der Anlockung gehört.

[2]) Die Ohröffnung beansprucht bekanntlich auch Sexualwert. In einem Marienhymnus heißt es: „quae per aurem concepisti". Rabelais' Gargantua wird durchs Ohr der Mutter geboren. Bastian (Beiträge z. vergl. Psychologie, S. 238) erwähnt aus einem ältern Werke folgende Stelle: „Man findet in diesem ganzen Königreiche auch unter den allerkleinsten Mägdlein keine Jungfrawn, denn sie tun gleich in ihre zarte Jugend eine besondere Mixtur in ihr Gemächter hinein, wie gleichfalls auch in die Ohrlöcher, machen dieselbige damit weit und erhalten sie immerzu offen." — Auch der mongolische Buddha wird aus dem Ohr seiner Mutter geboren.

[3]) Das treibende Motiv zum Aufbrechen des Ringes wäre, wie ich oben flüchtig bereits andeutete, in der Tatsache zu suchen, daß die sekundäre Sexualtätigkeit (der verlagerte Koitus) nie imstande ist oder sein wird, jene natürliche Sättigung herbeizuführen, wie die Betätigung an eigentlicher Stelle. Mit diesem

zeugenden Instrumente wurde, hatte die der Mundzone zugeführte Libido einen andern Funktionsweg zu suchen, der sich naturgemäß in der bereits bestehenden Funktion des Brunstrufes eröffnete. Der hier untertretende libidinöse Zuschuß muß die gewöhnlichen Folgen gehabt haben: nämlich Aktivierung der neubesetzten Funktion, also eine Elaboration des Lockrufes.

Wir wissen, daß aus den Urlauten sich einmal die menschliche Sprache entwickelt hat. Der psychologischen Sachlage entsprechend müßte angenommen werden, daß die Sprache diesem Moment ihren eigentlichen Ursprung verdankt, nämlich dem Augenblick, wo sich der, auf vorsexuelle Stufe zurückgedrängte Trieb nach außen wandte, um dort ein äquivalentes Objekt aufzufinden. Das eigentliche Denken als bewußte Handlung ist, wie wir im ersten Teil sahen, ein Denken mit positiver Bestimmung nach der Außenwelt hin, d. h. ein „sprachliches" Denken. Diese Art von Denken scheint in jenem Moment entstanden zu sein. Es ist nun sehr merkwürdig, daß diese Ansicht, die auf dem Wege des Raisonnements gewonnen wurde, wiederum durch alte Tradition und sonstige mythologische Fragmente gestützt wird.

Im Aitareyopanishad[1]) (Sekt. I, Part. II) findet sich bei der Lehre von der Entwicklung des Menschen folgender Passus: „Being brooded-o'er his mouth hatched out, like as an egg; from out his mouth (came) speech, from speech the fire[2])." In Part. II wo geschildert wird, wie die neugeschaffenen Dinge in den Menschen eingesetzt werden, heißt es: „Fire, speech becoming, entered in the mouth." Diese Stellen lassen die Zusammengehörigkeit von Feuer und Sprache deutlich erkennen[3]). Im Brihadâranyaka-Upanishad (3,2)[4]) findet sich der Passus:

„Yâyñavalkya", so sprach er, ‚wenn nach dem Tode dieses Menschen seine Rede in das Feuer eingeht, sein Odem in den Wind, sein Auge in die Sonne usw. Eine weitere Stelle aus dem Brihadâranyaka-Upanishad (4, 3) lautet: ‚Aber wenn die Sonne untergegangen ist, o Yâyñavalkya, und der

---

ersten Schritte zur Verlagerung war auch der erste Schritt zur charakteristischen Unzufriedenheit getan, welche den Menschen späterhin von Entdeckung zu Entdeckung trieb, ohne ihn je die Sättigung erreichen zu lassen.

[1]) Übersetzt von Mead und Chattopâdhyâya.

[2]) „Da er ihn bebrütete, spaltete sich sein Mund wie ein Ei, aus dem Mund entsprang die Rede, aus der Rede Agni." (Übersetzt von Deussen.)

[3]) In einem Liede des Rigveda (10, 90) heißt es, daß die Hymnen und Opfersprüche, wie überhaupt sozusagen die ganze Schöpfung aus dem „gänzlich verbrannten" Purusha (Urmensch-Weltschöpfer) hervorgegangen seien.

[4]) Übersetzt von Deussen.

Mond untergegangen ist, und das Feuer erloschen ist, was dient dann dem Menschen als Licht?' — ,Dann dient ihm die Rede als Licht; denn bei dem Lichte der Rede sitzt er und gehet umher, treibt seine Arbeit und kehret heim.' — Aber wenn die Sonne untergegangen ist, o Yâyñavalkya, und der Mond untergegangen ist und das Feuer erloschen und die Stimme verstummt ist, was dient dann dem Menschen als Licht?' — ,Dann dient er sich selbst (âtman) als Licht; denn bei dem Lichte des Selbstes sitzt er und gehet umher, treibt seine Arbeit und kehret heim'."

In diesem Passus bemerken wir, wie wiederum das Feuer in nächster Beziehung zur Rede steht. Die Rede selber heißt ein „Licht", das seinerseits reduziert wird auf das „Licht" des âtman, der schaffenden seelischen Kraft, der Libido. So faßte die indische Metapsychologie Rede und Feuer als Emanationen des innern Lichtes, von dem wir wissen, daß es die Libido ist. Sprache und Feuer sind ihre Manifestationsformen als die ersten menschlichen Künste, die aus ihrer Verlagerung entstanden sind. Auf diesen gemeinsamen psychologischen Ursprung scheinen auch gewisse Ergebnisse der Sprachforschung hinzuweisen. Der indogermanische Stamm bhâ bezeichnet die Vorstellung von leuchten, scheinen. Dieser Stamm findet sich in griech. *φάω, φαίνω, φάος,* in altirl. bán = weiß, im nhd. bohnen = glänzend machen. Derselbe Stamm bhâ bedeutet aber auch sprechen; er findet sich im Sanskr. bhan = sprechen, arm. ban = Wort, im nhd. Bann, bannen, griech. *φᾱ-μί, ἔφαν, φᾰτις,* lat. fâ-ri, fânum.

Der Stamm bhelso mit der Bedeutung „klinge, belle" findet sich in Sanskr. bhas = bellen und bhâs = reden, sprechen, litth. balsas = Stimme, Ton. Eigentlich ist bhel-sô = hell sein vgl. *φαλός* = hell, litth. bálti = weiß werden, mhd. blaß.

Der Stamm lâ mit der Bedeutung von tönen, bellen findet sich in Sanskr. las lásati = erklingen und las lásati = strahlen, glänzen.

Der verwandte Stamm lesô mit der Bedeutung begehre findet sich wiederum in Sanskr. las, lásati = spielen, lash, láshati = begehren, griech. *λάσταυρος* = geil, goth. lustus, nhd. Lust, lat. lascivus.

Ein weiterer verwandter Stamm lásô = scheinen, strahlen findet sich in las, lásati = strahlen, glänzen.

In dieser Gruppe kommen, wie ersichtlich, die Bedeutungen von begehren, spielen, strahlen und tönen zusammen. Ein ähnliches archaisches Zusammenfließen der Bedeutungen in die ursprüngliche Libidosymbolik (wie wir vielleicht schon sagen dürfen) findet sich in jener ägyptischen Wörterklasse, die sich aus den naheverwandten Wurzeln ben und bel und der Reduplikation benben und belbel herleitet. Die ursprüngliche Bedeutung dieser Wurzeln ist: auswerfen, heraustreten, schwellen, hervorwallen (mit dem Nebenbegriff sprudeln, blasenwerfen und Rundung). belbel, von dem Zeichen des Obelisken (von ursprünglich phallischer Natur) begleitet, bedeutet Lichtquell. Der Obelisk selber führte neben techenu und men den Namen benben, seltener auch berber und belbel[1]). Die Libidosymbolik erklärt diese Zusammenhänge, wie mir scheint.

Der indogermanische Stamm vel mit der Bedeutung von wallen (Feuer) findet sich im Sanskr. ulunka = Brand. griech. Ϝαλέα, att. ἀλέα = Sonnenwärme, goth. vulan = wallen, ahd. mhd. walm = Hitze, Glut. Der verwandte indogermanische Stamm vélkô mit der Bedeutung von leuchten, glühen findet sich in Sanskr. ulkā = Feuerbrand, griech. Ϝελχᾶνος = Vulcanus. Derselbe Stamm vel heißt aber auch tönen, in Sanskr. vâni = Getön, Gesang, Musik, tschech. volati = rufen.

Der Stamm svénô = töne, klinge findet sich in Sanskr. svan, svánati = rauschen, erklingen, zend. qanañt, lat. sonâre, altiran. senm, cambr. sain, lat. sonus, angels. svinsian = tönen. Der verwandte Stamm svénos = Geräusch, Getön findet sich in vêd. svánas = Geräusch, lat. sonor, sonorus. Ein weiterer verwandter Stamm ist svonós = Ton, Geräusch, in altiran. son = Wort.

Der Stamm své(n), loc. svéni, dat. sunéi, bedeutet Sonne in zend. qeñg = Sonne (vgl. oben svénô zend. qanañt) got. sun-na, sunnô[2]).

Auch hier hat uns Goethe vorgearbeitet:

„Die Sonne tönt nach alter Weise
In Brudersphären Wettgesang,
Und ihre vorgeschriebne Reise
Vollendet sie mit Donnergang." (Faust I. Teil.)

---

[1]) Vgl. Brugsch: Rel. u. Myth. d. alt. Ägypter, S. 255 f. und das Ägyptische Wörterbuch.

[2]) Das deutsche Wort Schwan gehört hierher, daher er auch singt, wenn er stirbt. Er ist die Sonne. Die Figur bei Heine fügt sich hier sehr schön an:

„Es singt der Schwan im Weiher
Und rudert auf und ab,
Und immer leiser singend,
Taucht er ins Flutengrab."

Hauptmanns „Versunkene Glocke" ist ein Sonnenmythus, wobei Glocke = Sonne = Leben = Libido.

„Horchet, horcht dem Sturm der Horen!
Tönend wird für Geistesohren
Schon der neue Tag geboren.
Felsentore knarren rasselnd,
Phoebus' Räder rollen prasselnd,
Welch Getöse bringt das Licht!
Es drommetet, es posaunet,
Auge blinzt und Ohr erstaunet,
Unerhörtes hört sich nicht.
Schlüpfet zu den Blumenkronen,
Tiefer, tiefer, still zu wohnen,
In die Felsen, unters Laub,
Trifft es euch, so seid ihr taub." (Faust II. Teil.)

Auch der schönen Verse Hölderlins dürfen wir nicht vergessen:

„Wo bist du? Trunken dämmert die Seele mir
Von all deiner Wonne; dennoch eben ist's,
Daß ich gelauscht, wie goldner Töne
Voll, der entzückende Sonnenjüngling
Sein Abendlied auf himmlischer Leier spielt;
Es tönten rings die Wälder und Hügel nach—".

Wie in der archaischen Sprache Feuer und Sprachlaut (Lockruf, Musik) als Emanationsformen der Libido erscheinen, so werden auch Licht und Schall, in die Seele eintretend, zu Einem, zu Libido. Manilius spricht es aus in seinen schönen Versen:

— „Quid mirum noscere mundum
Si possunt homines, quibus est et mundus in ipsis
Exemplumque dei quisque est in imagine parva?
An quoquam genitos nisi caelo credere fas est
Esse homines?
Stetit unus in arcem
Erectus capitis victorque ad sidera mittit
sidereos oculos.

Auf die für das Weltbild überhaupt fundamentale Bedeutung der Libido weist uns der Begriff von Sanskr. têjas hin. Ich verdanke Herrn Dr. Abegg in Zürich, einem trefflichen Kenner des Sanskrit, die Zusammenstellung der 8 Bedeutungen dieses Wortes.

Têjas bedeutet:

1. Schärfe, Schneide.
2. Feuer, Glanz, Licht, Glut, Hitze.
3. Gesundes Aussehen, Schönheit.
4. Die feurige und farbeerzeugende Kraft im menschlichen Organismus (in der Galle gedacht).

5. Kraft, Energie, Lebenskraft.
6. Heftiges Wesen.
7. Geistige, auch magische Kraft; Einfluß, Ansehen, Würde.
8. Der männliche Same.

Hieraus vermögen wir zu ahnen, wie für das primitive Denken die sogenannte objektive Welt subjektives Bild war und sein mußte. Auf dieses Denken verlangt das Wort des „Chorus mysticus" angewendet zu werden:

„Alles Vergängliche
Ist nur ein Gleichnis."

Das Sanskritwort für Feuer ist agnis (das lateinische ignis)[1], das personifizierte Feuer ist der Gott Agni, der göttliche Mittler[2]),

[1]) Mit ag-ilis, beweglich zusammenhängend. Siehe Max Müller: Vorl. über den Ursprung und die Entwicklung der Religion. S. 237.

[2]) Ein éranischer Name des Feuers ist Nairyôçagha = männliches Wort. Indisch: Narâçaṁsa = Wunsch der Männer (Spiegel, Erân. Altertumsk., II, 49). Das Feuer hat Logosbedeutung (vgl. Kap. VII, Erläuterungen zu „Siegfried"). Von Agni, dem Feuer, sagt Max Müller in seiner Einleitung in die vergleichende Religionswissenschaft: „Es war eine dem Inder geläufige Vorstellung, das Feuer auf dem Altar zugleich als Subjekt und Objekt zu fassen. Das Feuer verbrannte das Opfer und war somit gleichsam der Priester, das Feuer trug das Opfer zu den Göttern und war somit ein Vermittler zwischen Menschen und Göttern; das Feuer stellte aber auch selbst etwas Göttliches, einen Gott vor, und wenn diesem Gott Ehre erzeugt werden sollte, so war das Feuer sowohl Subjekt als Objekt des Opfers. Daher die erste Vorstellung, daß Agni sich selbst opfert, d. h. daß er sein eigenes Opfer für sich selbst darbringt, dann aber, daß er sich selbst zum Opfer bringt." Die Berührung dieses Gedankengangs mit dem christlichen Symbol liegt auf der Hand. Denselben Gedanken spricht Krishna aus in Bhagavad-Gîtâ b. IV. (Transl. by Arnold, London 1910.)

"All's then God!
The sacrifice is Brahm, the ghee and grain
Are Brahm, the fire is Brahm, the flesh it eats
Is Brahm, and unto Brahm attaineth he
Who, in such office, meditates on Brahm."

Hinter diesen Symbolismus des Feuers sieht die weise Diotima (in Platons Symposion c. 23). Sie belehrt den Sokrates, daß Eros das „Mittelwesen zwischen Sterblichen und Unsterblichen" sei, „ein großer Dämon, lieber Sokrates; denn alles Dämonische ist eben das Mittelglied zwischen Gott und Mensch". Eros hat die Aufgabe, „Dolmetsch und Bote zu sein von den Menschen bei den Göttern und von den Göttern bei den Menschen, von den einen für ihre Gebete und Opfer, von den anderen für ihre Befehle und ihre Vergeltungen der Opfer, und so die Kluft zwischen beiden auszufüllen, so daß durch seine Vermittlung

dessen Symbol gewisse Berührungen mit dem des Christos hat. Im Avesta und in den Vedas ist das Feuer der Götterbote. Es gibt innerhalb der christlichen Mythologie Einiges, das mit dem Agnimythus nahe zusammenkommt. Daniel (3, 24 f.) berichtet von den 3 Männern im Feuerofen:

„Da entsetzte sich der König Nebukadnezar und fuhr auf und sprach zu seinen Räten: ‚Haben wir nicht 3 Männer gebunden in das Feuer lassen werfen?‘ Sie antworteten und sprachen zum Könige: ‚Ja, Herr König.‘ Er antwortete und sprach: ‚Sehe ich doch 4 Männer los im Feuer gehn und sind unversehrt; und der vierte ist, gleich als wäre er ein Sohn der Götter‘.“

Dazu bemerkt die Biblia pauperum (nach einem deutschen Incunabulum von 1471):

„Man list in dem propheten Daniel am III c. dass nabuchodonosor der kunig zu babilon liess setzen 3 Kind in ein gluenden ofen und da der kunig kam zu dem ofen und sach hinein, da sach er bey den III den vierten, der was gleich dem Sun gotz. Die drei bedeuten uns die heiligen Drivaltigkeit der person und der viert ainigkeit des wesen. Also Christus in seiner erclarung bezaichet er die Drivaltigkeit der person und die ainigkeit des wesen.“

Nach dieser mystischen Deutung erscheint die Legende der drei Männer im Feuerofen als ein Feuerzauber, wobei der Gottessohn erscheint: die Dreiheit wird mit der Einheit zusammengebracht, oder mit anderen Worten: durch den Koitus wird ein Kind erzeugt. Der

---

das All sich mit sich selber zusammenbindet“. Eros ist ein Sohn der Penia (Armut, Bedürftigkeit), empfangen vom nektarberauschten Poros. Die Bedeutung von Poros ist dunkel; πόρος heißt Weg und Loch, Öffnung. Zielinski, Arch, f. Rel. Wissensch., IX, 43 ff. setzt ihn mit Phoroneus, dem Feuerbringer identisch, was bezweifelt wird, andere bringen ihn mit dem anfänglichen Chaos zusammen. wiederum andere lesen willkürlich *Κόρος* und *Μόρος*. Unter diesen Umständen — in dubio pro reo — ist die Frage gestattet, ob nicht ein relativ einfacher Sexualsymbolismus dahinter zu suchen sei. Eros wäre dann einfach der Sohn der Bedürftigkeit und der weiblichen Genitalien, denn diese Pforte ist Uranfang und Geburtsstätte des Feuers. Diotima gibt eine treffliche Schilderung des Eros: „Er ist mannhaft, verwegen und beharrlich, ein gewaltiger Jäger (Bogenschütze! vgl. unten) und unaufhörlicher Ränkeschmied, welcher stets nach der Weisheit trachtet — ein gewaltiger Zauberer, Giftmischer und Sophist; und weder wie ein Unsterblicher ist er geartet noch wie ein Sterblicher, sondern an demselben Tage blüht er bald und gedeiht, wenn er die Fülle des Erstrebten erlangt hat, bald stirbt er dahin; immer aber erwacht er wieder zum Leben vermöge der Natur seines Vaters (Wiedergeburt!); das Gewonnene jedoch rinnt ihm immer wieder von dannen —.“ Zu dieser Charakterisierung sind Kap. V, VI und VII dieser Arbeit zu vergleichen.

glühende Ofen (wie der glühende „Dreifuß" bei Faust) ist ein Muttersymbol, wo die Kinder gebacken werden. (Vgl. dazu auch Riklin: Wunscherfüllung und Symb. in Mährchen, S. 69, wo ein Kind dadurch erzeugt wird, daß die Eltern ein Rübchen (!) in den Ofen[1]) legen.) Der Vierte im Feuerofen erscheint als der Gottessohn Christus, im Feuer sichtbarer Gott geworden. Die mystische Dreiheit und Einheit sind unzweifelhaft sexualsymbolistisch. (Vgl. dazu die vielen Hinweise bei Inman: Ancient pagan and modern christian symbolisms.) Vom Retter Israels und seiner Feinde (dem Messias) heißt es Jes. 10, 17: „Und das Licht Israels wird ein Feuer sein und sein Heiliger wird eine Flamme sein."

In einem Hymnus des Syrers Ephrem heißt es von Christus: „Du, der ganz Feuer ist, erbarme Dich meiner."

Agni ist die Opferflamme, der Opferer und das Geopferte gleich wie der Christus. Gleich wie Christus sein erlösendes Blut als ein φάρμακον ἀθανασίας im berauschenden Weine hinterließ, so ist Agni auch der Soma, der heilige Begeisterungstrank, der Unsterblichkeitsmeth[2]). Soma und Feuer sind in der indischen Literatur ganz identisch gesetzt, so daß wir in Soma leicht wieder das Libidosymbol zu entdecken vermögen, wodurch sich eine Reihe anscheinend paradoxer Eigenschaften des Soma ohneweiters auflösen lassen. Wie die alten Inder im Feuer eine Emanation des innern Libidofeuers erkannten, so erkannten sie auch im berauschenden Tranke („Feuerwasser", Soma-Agni, als Regen und Feuer) eine Libidoemanation. Die vêdische Definition des Soma als Samenerguß[3]) belegt diese Auffassung. Die Somabedeutung des Feuers, ähnlich wie die Abendmahlbedeutung des Leibes Christi (Vgl. das in Kreuzform gebratene Passahlamm der Juden) erklärt sich durch die Psychologie der vorsexuellen

---

[1]) Das Motiv des Ofens, wo das Kind ausgebrütet wird, findet sich auch im Typus des Walfischdrachenmythus wieder. Es ist dort ein regelmäßig wiederkehrendes Motiv, daß das Innere des „Drachen" sehr heiß ist, so daß infolge der Hitze dem Helden die Haare ausgehen; d. h. wohl, daß er dort den für den erwachsenen Menschen charakteristischen Haarschmuck verliere und ein Kind werde. (Natürlich beziehen sich die Haare auch auf die Sonnenstrahlen, die im Untergang ausgelöscht werden.) Mannigfache Beispiele für dieses Motiv finden sich bei Frobenius „Das Zeitalter des Sonnengottes", Bd. I, Berlin 1904.

[2]) Diese Seite Agnis weist auf Dionysos hin, der sowohl mit der christlichen wie mit der indischen Mythologie bemerkenswerte Parallelen hat.

[3]) „Alles nun, was auf der Welt feucht ist, das erschuf er aus dem Samenerguß; dieser aber ist der Soma." Bṛihadâraṇyaka-Upanishad (1, 4) Deussen.

14*

Stufe, wo die Libido noch zum Teil Ernährungsfunktion war. Der Soma ist der „nährende Trank", dessen mythologische Charakterisierung dem Feuer und seiner Entstehung parallel läuft, daher beide in Agni vereinigt sind. Auch wird der Unsterblichkeitstrank durch die indischen Götter so gequirlt wie das Feuer. Durch das Zurücktreten der Libido auf die vorsexuelle Stufe wird es klar, warum so viele Götter einerseits sexuell definiert sind, anderseits aber gegessen werden.

Wie uns das Beispiel der Feuerbereitung zeigte, dürfte das Feuerinstrument nicht nachträglich zu seiner Sexualsymbolik gekommen sein, sondern die Sexuallibido war die treibende Kraft, welche zu seiner Entdeckung führte, weshalb die nachmaligen Priesterlehren nichts als Konstatierungen seines tatsächlichen Ursprunges waren. In derselben Weise sind wohl auch andere primitive Entdeckungen zu ihrer Sexualsymbolik gekommen; sie stammen eben aus Sexuallibido ab.

In den bisherigen Darlegungen, dio vom pramantha des Agniopfers ausgingen, haben wir uns nur mit der einen Bedeutung des Wortes manthâmi oder mathnâmi beschäftigt, nämlich mit der, welche die Bewegung des Reibens ausdrückt. Wie Kuhn zeigt, kommt diesem Worte aber auch die Bedeutung von abreißen, an sich reißen, rauben zu[1]). Wie Kuhn zeigt, (Herabk. des Feuers, S. 18) ist diese Bedeutung schon in den vêdischen Texten vorhanden. Die Entdeckungssage faßt die Feuererzeugung immer als einen Raub auf (sie gehört insofern zu dem über die ganze Erde verbreiteten Motiv der schwer zu erreichenden Kostbarkeit). Die Tatsache, daß vielerorts, nicht nur in Indien, die Feuerbereitung als ein ursprünglicher Raub dargestellt wird, scheint auf einen allgemein verbreiteten Gedanken hinzudeuten, wonach die Feuerbereitung etwas Verbotenes, Usurpiertes oder Strafwürdiges wäre, das nur durch List oder Gewalttat (meist durch List) erreicht werden kann[2]). Öfter ist es das heimliche Stehlen oder das listige Übervorteilen, das, wenn es dem Arzte als ein Symptom entgegentritt, immer das heimliche Erfüllen eines verbotenen Wunsches bedeutet[3]). Historisch geht wohl dieser Zug zunächst auf die Tatsache,

[1]) Die Frage ist, ob sich diese Bedeutung erst sekundär entwickelt hat. Nach Kuhn scheint dies angenommen zu werden; er sagt (Herabkunft des Feuers, S. 18): „Mit der bisher entwickelten Bedeutung der Wurzel manth hat sich aber auch schon in den Vêden die aus dem Verfahren natürlich sich entwickelnde Vorstellung des „Abreißens, usw. entwickelt."

[2]) Beispiele bei Frobenius: Das Zeitalter des Sonnengottes.

[3]) Vgl. dazu Stekel: Die sexuelle Wurzel der Kleptomanie. Zeitschr. f. Sexualwissenschaft, 1908.

daß die rituelle Feuerbereitung in zauberischer Absicht angewendet wurde, daher vom offiziellen Glauben verfolgt wurde; sodann war sie rituelles Mysterium[1]), deshalb von den Priestern gehütet und mit Geheimnis umgeben. Die rituellen Vorschriften der Inder verheißen dem schwere Strafe, der auf unrichtige Weise Feuer bereitete. Die Tatsache allein, daß etwas Mysterium ist, heißt, daß etwas in der Verborgenheit getan wird. Was geheim bleiben muß, was man sonst nicht sehen oder tun darf, etwas auch, das mit schweren Strafen des Leibes und der Seele umgeben ist; also vermutlich etwas Verbotenes, das eine kultische Lizenz erhalten hat. Nach all dem, was oben über die Genese der Feuerbereitung gesagt wurde, ist es nicht mehr schwer zu erraten, was das Verbotene ist: es ist die Onanie. Wenn ich oben sagte, daß die Unbefriedigung es sein dürfte, welche den autoerotischen Ring der verlagerten Sexualbetätigung am eigenen Körper aufbreche und so die weiten Gefilde der Kultur eröffne, so erwähnte ich nicht, daß dieser nur locker geschlossene Ring der verlagerten onanistischen Betätigung viel fester geschlossen werden kann, wenn nämlich der Mensch die andere große Entdeckung macht, nämlich die der richtigen Onanie[2]). Damit tritt die Betätigung am eigentlichen Orte ein und damit unter Umständen eine für lange Zeit ausreichende Befriedigung, wodurch aber die Sexualität um ihre eigentlichen Absichten geprellt wird. Es ist ein Betrug an der natürlichen Entwicklung der Dinge, indem alle die Spannkräfte, die der Kulturentwicklung dienen können und sollen, ihr durch die Onanie entzogen werden, indem statt der Verlagerung eine Regression auf das Lokalsexuelle vollzogen wird, was gerade das Gegenteil ist von dem, was als zweckmäßig erscheint. Psychologisch ist aber die Onanie eine Erfindung von nicht zu unterschätzender Bedeutung: Man ist geschützt vor dem Schicksal, indem keine sexuelle Bedürftigkeit es dann vermag, einen dem Leben auszuliefern. Man hat ja mit der Onanie den großen Zauber in Händen, man braucht nur zu phantasieren und dazu zu

[1]) Auch in der katholischen Kirche herrschte an verschiedenen Orten die Sitte, daß einmal im Jahre der Priester „künstliches" Feuer erzeugte.

[2]) Ich muß bemerken, daß die Bezeichnung der Onanie als einer großen Entdeckung kein von mir ersonnener Scherz ist, sondern ich verdanke diesen Eindruck zwei jugendlichen Patienten, die vorgaben, im Besitze eines schrecklichen Geheimnisses zu sein, sie hätten etwas Furchtbares entdeckt, das nie sonst jemand wissen dürfte, weil sonst ein großes Elend über die Menschen käme: Sie hatten nämlich die Onanie entdeckt.

onanieren, so besitzt man alle Lüste der Welt und ist durch nichts gezwungen, durch harte Arbeit und schweres Ringen mit der Wirklichkeit, sich die Welt seiner Wünsche zu erobern[1]). Aladdin reibt seine Lampe und die dienstbaren Geister stehen zu seiner Verfügung, so drückt das Märchen den großen psychologischen Gewinn der billigen Regression auf die lokale Sexualbefriedigung aus. Aladdins Symbol deckt die Zweideutigkeit der magischen Feuerbereitung in feiner Weise.

Die nahe Beziehung der Feuererzeugung zum onanistischen Akte wird durch einen Fall belegt, dessen Kenntnis ich Herrn Dr. Schmid in Cery verdanke: Ein imbeciller Bauernknecht legte mehrmals Feuer. Bei einer Brandstiftung wurde er durch sein Verhalten während des Brandes dadurch verdächtig, daß er, die Hände in den Hosentaschen, in der Tür eines gegenüberliegenden Hauses stand und dem Brande vergnügt zusah. Während der Untersuchung in der Irrenanstalt schildert er den Brand sehr weitläufig und macht dazu verdächtige Bewegungen mit der Hand in der Hosentasche. Die sofort vorgenommene körperliche Untersuchung ergab, daß er masturbiert hatte. Später gestand er, daß er sich jeweilen masturbierte, wenn er sich am selbst gelegten Feuer ergötzte.

Die Feuerbereitung an sich ist ein völlig nüchterner, nützlicher und durch viele Jahrtausende überall geübter Gebrauch, dem an sich wohl bald nichts mehr Geheimnisvolles zukam, so wenig wie dem Essen und Trinken. Es war aber immer eine Tendenz da, von Zeit zu Zeit einmal auf eine zeremonielle und geheimnisvolle Art Feuer zu bereiten (ebenso wie das rituelle Essen und Trinken), was in genau vorgeschriebener Weise zu erfüllen war, und wovon niemand abweichen durfte. Diese der Technik gesellte geheimnisvolle Tendenz ist der stets neben der Kultur vorhandene zweite Weg in die onanistische Regression. Dieser gelten die strengen Gesetze; der Eifer der zeremoniellen Vorrichtungen und die religiösen Schauer des Mysteriums stammen zu allernächst aus dieser Quelle: die Zeremonie in ihrer praktischen Sinn-

[1]) Man muß billigerweise aber auch berücksichtigen, daß die durch unsere Moral erheblich verschärften Lebensbedingungen so schwierig sind, daß es für viele Menschen einfach praktisch unmöglich ist, zu jenem Ziel zu gelangen, das man keinem Menschen mißgönnen möchte, nämlich der Möglichkeit der Liebe. Unter diesem grausamen Domestikationszwang muß der Mensch zur Onanie gelangen, wenn er eine irgendwie aktive Sexualität besitzt. Bekanntlich sind es gerade die nützlichsten und besten Menschen, die ihre Tugenden einer kräftigen Libido verdanken. Eine energische Libido verlangt aber zeitweise mehr als bloße christliche Nächstenliebe.

losigkeit ist eine äußerst sinnvolle Institution vom psychologischen Standpunkt aus, indem sie einen durch Gesetze genau umschriebenen Ersatz der onanistischen Regressionsmöglichkeit darstellt[1]). Dem Inhalt der Zeremonie kann das Gesetz nicht gelten, denn es ist für die rituelle Handlung eigentlich ganz gleichgültig, ob sie so oder so vorgenommen wird. Dagegen ist es sehr wesentlich, ob die aufgestaute Libido durch eine sterile Onanie abgeführt oder auf Sublimierungswege übergeleitet wird. Der Onanie gelten in erster Linie jene strengen Schutzmaßregeln[2]).

Ich verdanke Freud einen weiteren bemerkenswerten Hinweis auf die onanistische Natur des Feuerraubes oder vielmehr des Motivs der schwer erreichbaren Kostbarkeit (wozu der Feuerraub gehört). Es sind mehrfach in der Mythologie Formulierungen vorhanden, die etwa folgendermaßen lauten: Das Kostbare soll von einem Tabubaume gepflückt oder abgerissen werden (Paradiesbaum, Hesperiden), was eine verbotene und gefährliche Handlung ist. Am klarsten in jeder Hinsicht ist der altbarbarische Gebrauch im Dienste der Diana von Aricia: Priester der Göttin kann nur werden, wer in ihrem heiligen Hain einen Ast abzureißen wagt. Das „Abreißen" hat sich in der Vulgärsprache (neben dem „Abreiben") als Symbol des onanistischen Aktes erhalten. So ist das „Reiben" wie das „Reißen", welche beide in manthâmi enthalten und anscheinend nur durch den Mythus des Feuerraubes verbunden sind, in einer tieferen Schicht, im onanistischen Akt verknüpft, worin „Reiben" im eigentlichen, „Reißen" aber im übertragenen Sinne verwendet ist. Es wäre demnach vielleicht zu erwarten, daß in der tiefsten Schicht, nämlich der inzestuösen, die dem autoerotischen Stadium vorausgeht[3]), die beiden Bedeutungen

---

[1]) Vgl. dazu die grundlegenden Ausführungen Freuds: Zwangshandlungen und Religionsübung. Sammlung kleiner Schriften zur Neurosenlehre, Bd. II, S. 122 ff.

[2]) Ich bin mir wohl bewußt, daß die Onanie nur ein Zwischenphänomen ist. Es erübrigt immer noch das Problem der originalen Libidozerspaltung.

[3]) Ich nenne in konsequenter Anwendung meiner im vorigen Kapitel erörterten Terminologie das Stadium nach der Inzestliebe das Auto-Erotische, wobei ich das Erotische hervorhebe als ein Regressivphänomen: die an der Inzestschranke aufgestaute Libido besetzt regressiv eine ältere, der inzestösen Objektliebe vorausgehende Funktionsweise, die man unter dem Bleulerschen Terminus Autismus begreifen könnte, nämlich die Funktion der puren Selbsterhaltung, die vorzugsweise durch die Ernährungsfunktion gekennzeichnet ist. Man kann aber auf die vorsexuelle Stufe den Terminus „Autismus" darum nicht mehr wohl anwenden, indem er bereits für den Geisteszustand der

in eine zusammengehen, die aus Mangel an mythologischer Tradition vielleicht nur etymologisch erschlossen werden kann.

IV.
Die unbewußte Entstehung des Heros.

Vorbereitet durch die vorausgehenden Kapitel nähern wir uns der Personifikation der Libido in Gestalt eines Helden, eines Heros oder Dämon. Damit verläßt die Symbolik das Gebiet des Sächlichen und Unpersönlichen, das dem astralen und meteorischen Symbol eignet, und nimmt menschliche Form an, die Gestalt des von Leid zu Freude und von Freude zu Leid sich wandelnden Wesens, das bald, der Sonne gleich, im Zenith steht, bald in finstere Nacht getaucht ist und aus eben dieser Nacht zu neuem Glanze ersteht[1]). Wie die Sonne in eigener Bewegung und aus eigenem inneren Gesetz vom Morgen zum Mittag aufsteigt, den Mittag überschreitet, und sich zum Abend hinunterwendet, ihren Glanz hinter sich lassend, und gänzlich in die alles verhüllende Nacht hinuntersteigt, so geht auch nach unwandelbaren Gesetzen der Mensch seine Bahn und versinkt nach vollbrachtem Lauf in der Nacht, um am Morgen in seinen Kindern wieder zu neuem Kreislaufe zu erstehen. Der symbolische Übergang von Sonne zu Mensch ist leicht und gangbar. Diesen Weg geht auch die dritte und letzte Schöpfung von Miß Miller. Dieses Stück nennt sie „Chiwantopel, Drame hypnagogique". Über das Zustandekommen dieser Phantasie berichtet sie folgendes:

„Nach einem Abend voll Sorge und Beängstigung legte ich mich um $11^1/_2$ Uhr schlafen. Ich fühlte mich aufgeregt und unfähig zu schlafen, obschon ich sehr ermüdet war. — Es war kein Licht im Zimmer. Ich schloß die Augen und hatte dabei ein Gefühl, wie wenn irgend etwas geschehen sollte. Dann überkam mich das Gefühl einer allgemeinen Entspannung, und ich blieb so passiv wie möglich. Es erschienen vor meinen Augen Linien, Funken und leuchtende Spiralen, gefolgt von einer kaleidoskopischen Revue rezenter trivialer Vorkommnisse."

Der Leser wird es mit mir beklagen, daß wir, um der Diskretion willen, nicht wissen können, was der Gegenstand ihrer Sorgen und

Dementia praecox gebraucht ist, wo er den Autoerotismus plus introvertierter desexualisierter Libido zu decken hat. Autismus bezeichnet also in erster Linie ein pathologisches Phänomen von regressivem Charakter, die vorsexuelle Stufe aber einen normalen Funktionszustand, das Puppenstadium.

[1]) Daher wohl jener schöne Name des Sonnenhelden Gilgamesch: Wehfrohmensch. Vgl. Jensen: Gilgamesch Epos.

Ängste war. Es wäre für das Folgende von großem Belang gewesen, darüber unterrichtet zu sein. Diese Lücke in unserm Wissen ist um so beklagenswerter, da seit dem ersten Gedicht (1898) 4 volle Jahre verflossen sind bis zu der hier zu besprechenden Phantasie (1902). Über die Zwischenzeit, in der gewiß das große Problem im Unbewußten nicht geschlummert hat, fehlen alle Nachrichten. Vielleicht hat dieser Mangel aber auch insofern sein Gutes, als unser Interesse durch keine Anteilnahme am persönlichen Schicksal der Autorin abgelenkt wird von der Allgemeingültigkeit der sich nunmehr gebärenden Phantasie. Es fällt damit etwas weg, was den Analytiker in seiner täglichen Arbeit öfter hindert, den Blick von der beschwerlichen Mühsal der Kleinarbeit zu den weiten Zusammenhängen zu erheben, in denen jeder neurotische Konflikt mit dem Ganzen menschlichen Geschickes steht.

Der Zustand, den uns die Autorin hier schildert, entspricht einem solchen, wie er einem gewollten Somnambulismus voranzugehen pflegt[1]), wie ihn also z. B. spiritistische Medien öfter schildern. Man muß wohl eine gewisse Geneigtheit annehmen, auf die leisen nächtlichen Stimmen zu horchen, sonst gehen derartig feine und kaum fühlbare innere Erlebnisse unbemerkt vorüber. Wir erkennen in diesem Horchen eine nach Innen führende Strömung der Libido, die nach einem noch unsichtbaren, geheimnisvollen Ziel abzufließen beginnt. Es scheint, daß die Libido plötzlich ein Objekt in den Tiefen des Unbewußten entdeckt hat, das sie mächtig anzieht. Das von Natur aus ganz nach außen gewendete Leben der Menschen erlaubt für gewöhnlich derartige Introversionen nicht; es muß dazu schon ein gewisser Ausnahmezustand vorausgesetzt werden, nämlich ein Mangel an äußeren Objekten, welcher das Individuum dazu zwingt, einen Ersatz dafür in der eigenen Seele zu suchen. Es ist nun allerdings schwer zu denken, daß diese reiche Welt zu arm sein sollte, um dem Lieben eines Menschenatomes kein Objekt bieten zu können. Das kann auch der Welt und ihren Dingen nicht zugemutet werden. Sie bietet unendlichen Raum für jeden. Es ist vielmehr die Unfähigkeit zu lieben, welche den Menschen seiner Möglichkeiten beraubt. Leer ist diese Welt nur dem, der es nicht versteht, seine Libido auf die Dinge zu lenken und sie für ihn lebendig und schön zu machen. (Die Schönheit liegt ja nicht in den Dingen, sondern im Gefühl, das wir den Dingen geben.) Was uns also zwingt, einen Ersatz aus uns

[1]) Vgl. dazu auch die interessanten Untersuchungen von H. Silberer: Dieses Jahrbuch, Bd. I, S. 513 ff.

selber zu schaffen, ist nicht der äußere Mangel an Objekten, sondern unsere Unfähigkeit, ein Ding außer uns liebend zu umfassen. Gewiß werden die Schwierigkeiten der Lebenslage und die Widrigkeiten des Daseinskampfes bedrücken, aber auch schlimme äußere Situationen werden uns das Ausgeben der Libido nicht verwehren, im Gegenteil, sie können uns zu den größten Anstrengungen anspornen, wobei wir unsere ganze Libido an die Realität heranbringen können. Nie werden reale Schwierigkeiten die Libido dermaßen dauernd zurückzwingen können, daß daraus z. B. eine Neurose entsteht. Dazu fehlt der Konflikt, der die Bedingung jeder Neurose ist. Der Widerstand, der sein Nichtwollen dem Wollen entgegensetzt, vermag es allein, jene pathogene Introversion zu erzeugen, welche der Ausgangspunkt jeder psychogenen Störung ist. Der Widerstand gegen das Lieben erzeugt die Unfähigkeit zur Liebe. Wie die normale Libido einem beständigen Strome gleicht, der seine Wasser breit in die Welt der Wirklichkeit hinausergießt, so gleicht der Widerstand, dynamisch betrachtet, nicht etwa einem im Flußbett sich erhebenden Felsen, der vom Strom über- oder umflutet wird, sondern einem Rückströmen, statt nach der Mündung, nach der Quelle hin. Ein Teil der Seele will wohl das äußere Objekt, ein anderer Teil aber möchte zurück nach der subjektiven Welt, wo die luftigen und leicht gebauten Paläste der Phantasie winken. Man könnte diese Zwiespältigkeit menschlichen Wollens, wofür Bleuler von psychiatrischen Gesichtspunkten aus den Begriff der Ambitendenz[1]) geprägt hat, als etwas immer und überall Vorhandenes annehmen und sich daran erinnern, daß auch der allerprimitivste motorische Impuls schon gegensätzlich ist, indem z. B. beim Streckakte auch die Beugemuskeln innerviert werden; diese normale Ambitendenz aber führt niemals zur Erschwerung oder gar Verhinderung des intendierten Aktes, sondern ist unerläßliche Vorbedingung für dessen Vollkommenheit und Koordination. Daß aus dieser Harmonie fein abgestimmter Gegensätzlichkeit dem Handeln ein störender Widerstand erwachse, dazu gehört ein abnormes Plus oder Minus auf der einen oder andern Seite. Aus diesem dazutretenden Dritten entsteht der Widerstand[2]). Dies gilt auch für die Zwiespältigkeit des Wollens, aus der dem Menschen so viele Schwierigkeiten erwachsen. Erst das abnorme Dritte löst die normalerweise in innigster Verbindung befindlichen

[1]) Siehe Bleuler: Psychiatr.-neurol. Wochenschr., XII. Jg., Nr. 18 bis 21.

[2]) Vgl. dazu meine Auseinandersetzung: Dieses Jahrbuch, Bd. III, S. 469.

Gegensatzpaare und bringt sie als getrennte Tendenzen zur Erscheinung; erst dadurch werden sie eigentlich zu Wollen und Nichtwollen[1]), die einander hindernd in den Weg treten. Die Harmonie wird so zur Disharmonie. Es kann hier nicht meine Aufgabe sein, zu untersuchen, woher das unbekannte Dritte stamme und was es sei. Bei unseren Kranken an der Wurzel gefaßt, enthüllt sich der „Kernkomplex" (Freud) als das Inzestproblem. Als Inzesttendenz erscheint uns die zu den Eltern regredierende Sexuallibido. Daß dieser Weg so leicht möglich ist, scheint davon herzukommen, daß die Libido auch eine ungeheure Trägheit besitzt, die kein Objekt der Vergangenheit lassen will, sondern für immer festhalten möchte. Der „tempelschänderische Griff rückwärts", von dem Nietzsche spricht, entpuppt sich, seiner Inzesthülle entkleidet, als ein ursprünglich passives Steckenbleiben der Libido bei den ersten Kindheitsobjekten. Diese Trägheit ist aber auch eine Leidenschaft, wie dies La Rochefoucauld[2]) glänzend ausführt: „De toutes les passions, celle qui est la plus inconnue à nous-mêmes, c'est la paresse; elle est la plus ardente et la plus maligne de toutes, quoique sa violence soit insensible, et que les dommages qu'elle cause soient très cachés: si nous considérons attentivement son pourvoir, nous verrons qu'elle se rend en toutes rencontres maîtresse de nos sentiments, de nos intérêts et de nos plaisirs: c'est la rémore qui a la force d'arrêter les plus grands vaisseaux, c'est une bonace plus dangereuse aux plus importantes affaires que les écueils et que les plus grandes tempêtes. Le repos de la paresse est un charme secret de l'âme qui suspend soudainement les plus ardentes poursuites et les plus opiniâtres résolutions. Pour donner enfin la véritable idée de cette passion il faut dire que la paresse est comme une béatitude de l'âme, qui la console de toutes ses pertes et qui lui tient lieu des tous ses biens."

Diese gefährliche, dem primitiven Menschen vor allen andern zukommende Leidenschaft ist es, die unter der bedenklichen Maske der Inzestsymbole erscheint, von der uns die Inzestangst wegzutreiben hat, und die unter dem Bilde der „furchtbaren Mutter"[3]) vor allem

[1]) Vgl. die Ermahnung Krishnas an den wankenden Arjuna in Bhagavad-Gitâ: „But thou, be free of the pairs of opposites!" II. book. transl. by E. Arnold, 1910.

[2]) Pensées LIV.

[3]) Vgl. dazu die folgenden Kapitel.

zu überwinden ist. Sie ist die Mutter so unendlich vieler Übel, nicht zuletzt der neurotischen Beschwernisse. Denn ganz besonders aus dem Dunste stehengebliebener Libidoreste entwickeln sich jene schädlichen Phantasienebel, welche die Realität so verschleiern, daß die Anpassung beinahe unmöglich wird. Wir wollen aber hier den Grundlagen der Inzestphantasien nicht weiter nachspüren; die vorläufige Andeutung meiner rein psychologischen Auffassung des Inzestproblems möge genügen. Hier soll uns nur die Frage beschäftigen, ob der Widerstand, der bei unserer Autorin zur Introversion führt, eine bewußte äußere Schwierigkeit bedeute oder nicht. Wäre es eine äußere Schwierigkeit, so würde zwar die Libido heftig aufgestaut, sie würde eine Hochflut von Phantasien erzeugen, die man am besten als Pläne bezeichnet; nämlich Pläne, wie man das Hindernis überwinden könnte. Es wären sehr konkrete Wirklichkeitsvorstellungen, welche Lösungen anzubahnen suchen. Es wäre ein angestrengtes Nachdenken, das zu allem andern wohl eher führte, als zu einem hypnagogischen Drama. Der oben geschilderte passive Zustand will zu einem wirklichen äußern Hindernis gar nicht passen, sondern deutet eben durch seine passive Ergebenheit auf eine Tendenz, die unzweifelhaft reale Lösungen verschmäht und einen phantastischen Ersatz bevorzugt. Es dürfte sich demnach in letzter Linie und wesentlich nur um einen innern Konflikt handeln, etwa in der Art jener früheren Konflikte, welche zu den beiden ersten unbewußten Schöpfungen geführt haben. Wir sind demnach zu dem Schlusse genötigt, daß das äußere Objekt nicht geliebt werden kann, weil ein überwiegender Libidobetrag ein phantastisches Objekt bevorzugt, das zum Ersatz der fehlenden Wirklichkeit aus den Tiefen des Unbewußten heraufgeholt werden soll.

Die auf den ersten Stufen der Introversion sich ergebenden visionären Phänomene rangieren unter den bekannten Erscheinungen[1]) der hypnagogischen Vision (sog. „Eigenlichterscheinungen" des Auges). Sie bilden, wie ich in einer früheren Arbeit auseinandersetzte, die Grundlage der eigentlichen Visionen, der symbolischen Selbstwahrnehmungen der Libido, wie wir jetzt sagen könnten.

Miller fährt fort: „Ich hatte darauf den Eindruck, als ob irgend eine Mitteilung mir unmittelbar bevorstehe. Es schien mir, als ob die Worte

---

[1]) Vgl. dazu: Joh. Müller: Über die phantastischen Gesichtserscheinungen, Coblenz, 1826, und Jung: Zur Psychologie und Pathologie sogenannter okkulter Phänomene.

sich in mir wiederholten: „Rede, o Herr, denn deine Magd hört, öffne du selbst meine Ohren!"

Dieser Passus schildert sehr deutlich die Intention; der Ausdruck „communiqué" (Mitteilung) ist sogar ein in spiritistischen Kreisen geläufiger Ausdruck. Die biblischen Worte enthalten eine deutliche Anrufung oder „Gebet", d. h. ein an die Gottheit (den unbewußten Komplex) gerichtetes Wünschen (= libido). Das Gebet bezieht sich auf 1 Sam. 3, 1 ff., wo Samuel nachts dreimal von Gott gerufen wird, aber glaubt, Eli rufe ihn, bis ihn dieser belehrt, daß Gott es sei, der ihn rufe und daß er ihm, wenn er wieder seinen Namen rufe, antworten solle: „Rede, denn dein Knecht höret." Die Träumerin benutzt diese Worte eigentlich in umgekehrtem Sinne, nämlich um damit den Gott zu erzeugen; sie leitet ihre Wünsche, ihre Libido, damit in die Tiefen ihres Unbewußten.

Wir wissen, daß so sehr die Individuen durch die Verschiedenheit ihres Bewußtseinsinhaltes getrennt sind, sie um so ähnlicher sind, was ihre unbewußte Psychologie betrifft. Es ist für jeden, der praktisch psychoanalytisch arbeitet, ein bedeutender Eindruck, wenn er inne wird, wie gleichförmig eigentlich die typischen unbewußten Komplexe sind. Verschiedenheit entsteht erst durch die Individuation. Diese Tatsache gibt einem wesentlichen Stücke der Schopenhauerschen und Hartmannschen Philosophie eine tiefe psychologische Berechtigung[1]). Diesen philosophischen Anschauungen dient die ganz offenkundige Gleichförmigkeit des Unbewußten als psychologische Grundlage. Das Unbewußte enthält jene durch die individuelle Differenzierung überwundenen weniger differenzierten Reste früherer psychologischer Funktion. Die Reaktionen und Produkte der tierischen Psyche sind von einer allgemein verbreiteten Gleichförmigkeit und Festigkeit, die wir beim Menschen anscheinend nur spurweise zu entdecken vermögen. Der Mensch erscheint uns als etwas ungemein Individuelles im Gegensatz zum Tiere.

Das könnte nun allerdings auch eine gewaltige Täuschung sein, indem wir die zweckmäßige Tendenz haben, immer nur die Verschiedenheit der Dinge zu erkennen. Das erfordert die psychologische Anpassung, welche ohne die minutiöseste Differenzierung der Eindrücke gar nicht möglich wäre. Wir haben gegenüber dieser Tendenz sogar die denkbar größte Mühe, die Dinge, mit denen wir uns tagtäglich beschäftigen,

[1]) Ebenso der verwandten Lehre der Upanishaden.

in ihren allgemeinen Zusammenhängen zu erkennen. Diese Erkenntnis wird uns viel leichter bei Dingen, die uns ferner stehen. Es ist z. B. für einen Europäer zunächst fast unmöglich in einer chinesischen Volksmenge die Gesichter zu differenzieren, während doch die Chinesen ebenso individuelle Gesichtsbildung haben, wie wir Europäer; aber das Gemeinsame ihrer fremdartigen Gesichtsbildung ist dem Fernstehenden viel einleuchtender als die individuelle Verschiedenheit. Leben wir aber unter den Chinesen, so verschwindet der Eindruck des Einheitlichen mehr und mehr und schließlich sind auch die Chinesen Individuen. Die Individualität gehört zu jenen bedingten Tatsächlichkeiten, die wegen ihrer praktischen Bedeutsamkeit theoretisch ungeheuer überschätzt werden; sie gehört nicht zu jenen überwältigend klaren und sich darum aufdrängenden allgemeinen Tatsachen, auf welche zunächst eine Wissenschaft sich zu gründen hat. Der individuelle Bewußtseinsinhalt ist so das denkbar ungünstigste Objekt für eine Psychologie, weil er eben das Allgemeingültige bis zur Unkenntlichkeit verschleiert hat. Das Wesen des Bewußtseinsprozesses ist ja der in minutiösen Einzelheiten sich abspielende Anpassungsprozeß. Dagegen ist das Unbewußte das Allgemeinverbreitete, das nicht nur die Individuen unter sich zum Volke, sondern auch rückwärts mit den Menschen der Vergangenheit und ihrer Psychologie verbindet. So ist das Unbewußte in seiner über das Individuelle hinausgehenden Allgemeinheit in erster Linie das Objekt einer wirklichen Psychologie, die Anspruch darauf erhebt, keine Psychophysik zu sein.

Der Mensch als Individuum ist eine verdächtige Erscheinung, deren Existenzberechtigung von einem natürlichen biologischen Standpunkt aus sehr bestritten werden könnte, indem von dort aus das Individuum nur Rassenatom ist und nur Sinn hat als Massenbestandteil. Der Kulturstandpunkt aber gibt dem Menschen eine ihn von der Masse trennende Individualtendenz, die im Laufe der Jahrtausende zur Persönlichkeitsausbildung führte, womit Hand in Hand der Heroenkult sich entwickelte und in den modernen individualistischen Persönlichkeitskultus übergegangen ist. Der Versuch der rationalistischen Theologie, den persönlichen Jesus festzuhalten als letzten und kostbarsten Rest der ins Unvorstellbare entschwundenen Gottheit entspricht dieser Tendenz. In dieser Hinsicht war die katholische Kirche bedeutend praktischer, indem sie dem allgemeinen Bedürfnis nach dem sichtbaren oder doch wenigstens historisch beglaubigten Heros dadurch entgegenkam, daß sie einen kleinen, aber deutlich wahrnehmbaren Gott der Welt, nämlich den römischen Papa, den Pater patrum und zugleich den Pontifex maximus des unsichtbaren obern oder innern Gottes auf den Thron der Anbetung setzte. Die sinnliche Wahrnehmbarkeit des Gottes unterstützt natürlich den religiösen Introversionsprozeß, in dem die menschliche Figur die Übertragung wesentlich erleichtert, denn unter einem geistigen Wesen kann man sich nicht leicht etwas Liebenswertes oder Verehrungswürdiges vorstellen. Diese überall vorhandene Tendenz hat sich in der rationalistischen Theologie mit ihrem durchaus historisch gewollten Jesus heimlicherweise erhalten. Nicht daß die Menschen den sichtbaren Gott liebten, sie lieben ihn nicht so, wie er ist, denn er ist bloß ein Mensch, und wenn die Frommen Menschen lieben wollten, so könnten sie zu ihrem Nachbarn und zu ihrem Feinde gehen, um ihn zu lieben. Die Menschen wollen im Gotte nur ihre Ideen lieben, nämlich das, was sie von Vorstellungen in den Gott projizieren. Sie wollen damit ihr Unbewußtes lieben, nämlich jene in allen Menschen gleichen Reste uralten Menschtums und zehntausendjähriger Vergangenheit, d. h. jenes von aller Entwicklung hinterlassene Gemeingut, das allen Menschen geschenkt ist, wie das Sonnenlicht und die Luft. Indem aber die Menschen dieses Erbgut lieben, lieben sie das, was allen gemeinsam ist; sie kehren so zur Mutter der Menschen, nämlich zum Geiste der Rasse zurück, und gewinnen auf diese Weise wieder etwas von jenem Zusammenhang und von jener geheimen und unwiderstehlichen Kraft, die das Gefühl der Zusammengehörigkeit mit der Herde zu verleihen pflegt. Es ist das Problem des Antaeus, der nur durch die Berührung mit der Mutter Erde seine Riesenkraft bewahrt. Dieses zeitweilige Insichselbstzurücktreten, was, wie wir bereits gesehen haben, ein Zurückgehen in ein kindliches Verhältnis zu den Elternimagines bedeutet, scheint innerhalb gewisser Grenzen von günstiger Wirkung auf den psychologischen Zustand des Individuums zu sein. Es ist überhaupt zu erwarten, daß die beiden Grundmechanismen der Psychosen, die Übertragung und die Introversion, in weitem Maße auch höchst zweckmäßige normale Reaktionsweisen gegen Komplexe sind: die Übertragung als ein Mittel, sich vor dem Komplex in die Realität zu flüchten, die Introversion als ein Mittel, sich mit dem Komplex von der Realität loszumachen.

Nachdem wir uns nunmehr unterrichtet haben über die allgemeinen Absichten des Gebetes, sind wir gerüstet, weiteres über die Visionen unserer Träumerin zu vernehmen: nach dem Gebet erscheint „der Kopf einer Sphinx mit ägyptischen Kopfputz“, um rasch wieder zu verschwinden. Hier wurde die Autorin gestört, so daß sie für einen Moment geweckt wurde. Diese Vision erinnert an die eingangs erwähnte Phantasie von der ägyptischen Statue, deren erstarrte Geste hier als ein Phänomen der sog. funktionalen Kategorie ganz am Platze ist. Die leichten Stadien der Hypnose werden auch technisch als „Engourdissement" bezeichnet. Das Wort „Sphinx" deutet in der ganzen zivilisierten Welt auf „Rätsel"; ein rätselhaftes Geschöpf, das Rätselfragen stellt, wie die Sphinx des Ödipus, welche am Eingang seines Schicksals steht als eine symbolische Ankündigung des Unabwendbaren. Die Sphinx ist eine halb theriomorphe Darstellung derjenigen Mutterimago, die man als die „furchtbare Mutter", von der sich in der Mythologie noch reichlich Spuren finden, bezeichnen kann. Diese Deutung trifft bei Ödipus zu. Hier steht die Frage offen. Man wird mir vorwerfen, daß nichts außer dem Wort „Sphinx" die Anspielung auf die Sphinx des Ödipus rechtfertige. Bei dem Mangel an subjektiven Materialien, die im Millerschen Texte für diese Vision ganz fehlen, wäre eine individuelle Deutung auch ganz ausgeschlossen. Die Andeutung einer „ägyptischen" Phantasie (Erster Teil, Kapitel III) ist ganz ungenügend, um hier verwendet zu werden. Wir sind daher gezwungen, wenn wir uns überhaupt an ein Verständnis dieser Vision wagen wollen, — in vielleicht allzu kühner Weise — an die völkergeschichtlich vorliegenden Materialien uns zu wenden unter der Voraussetzung, daß das Unbewußte des heutigen Menschen seine Symbole noch ebenso präge, wie fernste Vergangenheit. Die Sphinx in ihrer traditionellen Form ist ein menschlich-tierisches Mischwesen, dem wir diejenige Auffassung müssen zuteil werden lassen, die überhaupt für dergleichen Phantasieprodukte Geltung hat. Ich verweise zunächst im allgemeinen auf die Ausführungen des ersten Teiles, wo von der theriomorphen Repräsentation der Libido gesprochen wurde. Dem Analytiker ist diese Darstellungsweise aus den Träumen und den Phantasien der Neurotiker (und Normalen) ganz geläufig. Der Trieb wird gern als ein Tier dargestellt, als Stier, Pferd, Hund usw. Einer meiner Patienten, der mißliche Beziehungen zu Weibern hatte und der sozusagen mit der Befürchtung, ich werde ihm sicher seine Sexualabenteuer verbieten, in die Behandlung eintrat, träumte, ich (sein Arzt) spieße ein sonderbares Tier, halb Schwein, halb Krokodil, mit großer Geschicklichkeit an die Wand. Von derartigen theriomorphen Darstellungen der Libido wimmeln die Träume. Auch Mischwesen, wie in diesem Traume, sind nicht selten. Eine Reihe von sehr schönen Belegen, wo besonders die untere animalische Hälfte theriomorph dargestellt ist, hat uns Bertschinger gegeben[1]). Die Libido, welche theriomorph repräsentiert wird, ist die „tierische“ Sexualität, welche sich in verdrängtem Zustande befindet. Bekanntlich geht die Geschichte der Verdrängung auf das Inzestproblem zurück, wo sich die ersten Gründe für den moralischen Widerstand gegen die Sexualität auftun. Die Objekte der verdrängten Libido sind in letzter Linie die Imagines von Vater und Mutter, daher die theriomorphen Symbole, sofern sie nicht bloß allgemein die Libido symbolisieren, gern Vater und Mutter darstellen (z. B. Vater durch einen Stier, Mutter durch eine Kuh dargestellt). Aus dieser Wurzel dürften, wie wir früher zeigten, die theriomorphen Attribute der Gottheit stammen. Insofern verdrängte Libido unter gewissen Bedingungen sich wieder als Angst manifestiert, sind diese Tiere meist schrecklicher Natur. Im Bewußtsein hängt man mit allen Fasern der Pietät an der Mutter, im Traum verfolgt sie einen als schreckliches Tier. Die Sphinx, mythologisch betrachtet, ist nun tatsächlich ein Angsttier, das deutliche Züge eines Mutterderivates erkennen läßt: In der Sage des Ödipus ist die Sphinx gesandt von Here, welche Theben um der Geburt des Bacchus willen haßte. Indem Ödipus die Sphinx, welche nichts anderes als die Angst vor der Mutter ist, überwindet, muß er Jokaste, seine Mutter, freien, da der Thron und die Hand der verwitweten Königin von Theben dem zugehörten, der das Land von der Sphinxplage befreite. Die Genealogie der Sphinx ist reich an Beziehungen auf das hier angeregte Problem: sie ist eine Tochter der Echidna, eines Mischwesens, oben eine schöne Jungfrau, unten eine gräuliche Schlange. Dieses Doppelwesen entspricht dem Bilde der Mutter: oben die menschliche liebenswerte anziehende Hälfte, unten die animalische, durch das Inzestverbot in ein Angsttier umgewandelte, furchtbare Hälfte. Die Echidna stammt von der Allmutter, der Mutter Erde, Gäa, welche mit Tartaros, der personifizierten Unterwelt (dem Orte der Angst), sie zeugte. Echidna selber ist die Mutter aller Schrecken, der Chimära, Scylla, Gorgo, des scheußlichen Cerberus, des nemeïschen Löwen und des Adlers, der des Prometheus Leber fraß, außerdem zeugte sie noch eine Reihe von Drachen. Einer ihrer Söhne ist auch Orthrus, der Hund des ungeheuerlichen Geryon, der von Herakles getötet wurde. Mit diesem Hunde,

[1]) Bertschinger: Illustrierte Halluzinationen. Dieses Jahrbuch, Bd. III, S. 69 ff.

ihrem Sohne, erzeugte Echidna in blutschänderischem Beischlafe die Sphinx. Diese Materialien dürften genügen, um jenen Libidobetrag zu charakterisieren, der Anlaß zum Sphinxsymbol wurde. Wenn wir bei dem Mangel an subjektivem Material es überhaupt wagen dürfen, einen Rückschluß auf das Sphinxsymbol bei unserer Autorin zu machen, so müßten wir sagen, daß die Sphinx einen ursprünglich inzestuös abgespaltenen Libidobetrag aus dem Verhältnis zur Mutter repräsentiere. Vielleicht schieben wir aber diesen Schluß auf, bis wir die folgenden Visionen vernommen haben.

Nachdem nun Miller sich wieder konzentriert hatte, entwickelten sich die Visionen weiter: „Plötzlich erscheint ein Aztek, vollständig klar in jedem Detail: die Hand offen mit großen Fingern, profilierter Kopf, Rüstung, Kopfschmuck ähnlich dem Federschmuck des amerikanischen Indianers. Das Ganze erinnert etwas an mexikanische Skulpturen."

Das altertümliche Ägyptische der Sphinx ist hier durch die amerikanische Vorzeit, durch das Aztekische ersetzt. Das Wesentliche hängt daher weder an Ägypten, noch an Mexiko — denn beides läßt sich nicht miteinander vertauschen — sondern an dem subjektiven Moment, das die Träumerin aus ihrer eigenen Vorzeit produziert. Es ist zu bemerken, daß ich bei Analysen von Amerikanern häufig beobachtet habe, daß gewisse unbewußte Komplexe (d. h. die verdrängte Sexualität) sich durch das Symbol des Negers oder Indianers darstellten, d. h. wo ein Europäer in seinem Traum erzählte: „dann kam ein abgerissenes, schmutziges Individuum daher . . . . .", ist es beim Amerikaner und bei solchen, die in den Tropen lebten, ein Neger. Wie bei uns der Vagabund, Verbrecher usw., so bezeichnet auch der Neger oder Indianer die eigene verdrängte, primitive und als minderwertig betrachtete Sexualpersönlichkeit. Es lohnt sich auch auf die Einzelheiten der Vision einzutreten, da verschiedenes bemerkenswert ist. Der Federschmuck, der natürlich aus Adlerfedern zu bestehen hat, ist eine Art Zauber. Der Held nimmt dadurch etwas von der sonnenhaften Art dieses Vogels an, wenn er sich mit dessen Federn schmückt, so gut wie man sich den Mut und die Kraft des Feindes aneignet, wenn man dessen Herz verschluckt oder sein Skalp nimmt. Zugleich ist die Federkrone eine Krone, was gleichbedeutend ist mit der Strahlenkrone der Sonne. Wie wichtig historisch die Sonnenidentifikation ist, haben wir im ersten Teil gesehen[1]).

[1]) Wie sehr wichtig die Krönung und Sonnenidentifikation ist, das zeigen nicht nur zahllose alte Gebräuche, sondern auch die entsprechenden altertüm-

Besonderes Interesse kommt der Hand zu, deren Stellung als „offen", und deren Finger als „large" (à larges doigts) angegeben werden. Es ist auffallend, daß es gerade die Hand ist, auf die ein deutlicher Akzent fällt. Man hätte vielleicht eher eine Schilderung des Gesichtsausdruckes erwarten können. Bekanntlich ist die Geste der Hand bedeutsam; leider wissen wir hier nichts darüber. Immerhin ist hier eine Parallelphantasie zu erwähnen, welche ebenfalls die Hand akzentuiert: Der Patient sah im hypnagogischen Zustand seine Mutter wie ein byzantinisches Kirchengemälde an die Wand gemalt, sie hielt die eine Hand in die Höhe, weit offen mit gespreizten Fingern. Die Finger waren sehr groß, an den Enden kolbig angeschwollen und je von einer kleinen Strahlenkorona umgeben. Der nächste Einfall zu diesem Bild waren die Finger eines Frosches mit Saugscheiben an den Enden, dann die Penisähnlichkeit. Die altertümliche Aufmachung dieses Mutterbildes ist ebenfalls von Belang. Offenbar hat bei dieser

lichen Sprachfiguren in der religiösen Sprache: Weish. Sal. 5, 17: „Darum werden sie empfangen — eine schöne Krone von der Hand des Herrn." 1. Petr. 5, 2, 4: „Weidet die Herde Christi, — so werdet ihr, wenn erscheinen wird der Erzhirte, die unverwelkliche Krone der Ehre empfangen." In einem Kirchenliede von Allendorf heißt es von der Seele: „Sie ist nun aller Not entnommen. Ihr Schmerz und Seufzen ist dahin; Sie ist zur Freudenkrone kommen, Sie steht als Braut und Königin, Im Golde ewger Herrlichkeiten, Dem großen König an der Seiten" usw. In einem Liede von Laurentius Laurentii heißt es (ebenfalls von der Seele): „Der Braut wird, weil sie überwunden, Die Krone nun vertraut." In einem Liede von Sacer finden wir den Passus: „Schmückt meinen Sarg mit Kränzen, Wie sonst ein Sieger prangt — Aus jenen Himmelslenzen, Hat meine Seel' erlangt. Die ewig grüne Krone; Die werte Siegespracht, Rührt her von Gottes Sohne: Der hat mich so bedacht." Eine Stelle aus dem oben erwähnten Liede Allendorfs ist hier ergänzend anzufügen, damit das uralte Psychologem von der Sonnenwerdung des Menschen, der wir im ägyptischen Triumphgesang der aufsteigenden Seele begegneten, wieder voll werde: (Von der Seele. Fortsetzung des obigen Passus.) „Sie sieht sein klares Angesicht (Sonne): Sein freudenvoll, sein lieblich Wesen Macht sie nun durch und durch genesen; Sie ist ein Licht in seinem Licht. — Nun kann das Kind den Vater sehen, Es fühlt den sanften Liebestrieb; Nun kann es Jesu Wort verstehen: Er selbst, der Vater, hat dich lieb. Ein unergründlich Meer des Guten, Ein Abgrund ew'ger Segensfluten, Entdeckt sich dem verklärten Geist; Er schauet Gott von Angesichte, Und weiß was Gottes Erb im Lichte Und ein Miterbe Christi heißt. — Der matte Leib ruht in der Erden; Er schläft bis Jesus ihn erweckt. Dann wird der Staub zur Sonne werden, Den jetzt die finstre Gruft bedeckt; Dann werden wir mit allen Frommen, Wer weiß, wie bald, zusammenkommen, Und bei dem Herrn sein alle Zeit." Ich habe durch Sperrdruck die bezeichnenden Stellen herausgehoben; sie sprechen für sich selbst, so daß ich nichts beizufügen habe.

letzteren Phantasie die Hand phallische Bedeutung. Diese Deutung wird erhärtet durch eine höchst bemerkenswerte weitere Phantasie desselben Patienten: Er sieht aus der Hand seiner Mutter etwas wie eine Rakete aufsteigen, die bei genauerem Zusehen ein leuchtender Vogel mit goldenen Flügeln ist, ein Goldfasan, wie ihm dann einfällt. Wir haben in den vorausgehenden Kapiteln gesehen, daß der Hand tatsächlich eine phallische, zeugende Bedeutung zukommt, und daß diese Bedeutung bei der Feuererfindung eine große Rolle spielt. Zu dieser Phantasie läßt sich nur bemerken: mit der Hand wird das Feuer gebohrt, aus der Hand kommt es also: Agni, das Feuer, wird als ein goldbeschwingter Vogel gepriesen[1]). Daß es die Hand der Mutter ist, das ist überaus bedeutsam. Ich muß es mir aber versagen, hier näher darauf einzutreten. Es möge genügen, durch die parallelen Handphantasien auf die mögliche Bedeutung der Hand des Azteken hingewiesen zu haben. Wir haben bei der Sphinx andeutungsweise die Mutter erwähnt. Der die Sphinx ersetzende Aztek weist durch seine verdächtige Hand auf parallele Phantasien, wo die phallische Hand tatsächlich der Mutter gehört. Ebenso stoßen wir bei den Parallelphantasien auch auf das Altertümliche. Daß das Altertümliche, das wir aus andern Erfahrungen als ein Symbol für „infantil" ansprechen, tatsächlich auch hier diesen Wert hat, bestätigt Miller in den Anmerkungen zu ihren Phantasien, sie sagt: „Dans mon enfance, je m'intéressais tout particulièrement aux fragments aztèques et à l'histoire du Pérou et des Incas." Durch die beiden Kinderanalysen, welche dieses Jahrbuch gebracht hat, haben wir Einblick gewonnen in die kleine Welt des Kindes und haben gesehen, welch brennende Interessen und Fragen heimlich die Eltern umgeben, und daß es die Eltern sind, denen auf lange Zeit hinaus alle Interessen gelten[2]). Man darf daher mit Recht vermuten, daß das Altertümliche den „Alten" gelte, d. h. den Eltern; daß mithin dieser Aztek etwas von Vater oder Mutter an sich habe. Bis jetzt deuten indirekte Hinweise nur auf die Mutter, was wiederum bei einer Amerikanerin nicht erstaunlich ist, indem Amerika, infolge der starken Ablösung vom Vater, charakterisiert ist durch einen meist enormen Mutterkomplex, was wiederum mit der besondern sozialen Stellung der Frau in den Vereinigten Staaten zusammenhängt. Diese Stellung

[1]) Ich muß, um Mißverständnisse zu vermeiden, hinzufügen, daß dies dem Patienten gänzlich unbekannt war.

[2]) Das bestätigt auch die Analyse eines 11jährigen Mädchens, über die ich am I. Congrès International de Pédologie, 1911 in Brüssel berichtete.

bedingt bei tüchtigen Frauen eine besondere Männlichkeit, die die Symbolisierung in einer männlichen Figur leicht ermöglicht[1]).

Nach dieser Vision fühlte Miß Miller, wie sich ihr ein Name „Stück für Stück" formte, der diesem Azteken, „dem Sohn eines Inka von Peru", zuzugehören scheint. Der Name lautet: Chi-wan-to-pel. Wie die Autorin andeutet, gehört etwas Derartiges zu ihren kindlichen Reminiszenzen. Der Akt der Namengebung ist, wie die Taufe, etwas für die Schöpfung der Persönlichkeit ungemein Wichtiges, indem dem Namen seit alters eine magische Gewalt zugetraut wird, mit der man z. B. den Geist der Verstorbenen herbeizwingen kann. Den Namen jemandes wissen, bedeutet mythologisch, Macht über ihn haben. Als allgemein bekanntes Beispiel erwähne ich das Märchen vom Rumpelstilzchen. In einem ägyptischen Mythus nimmt Isis dadurch dauernd dem Sonnengott Rê die Macht, daß sie ihn nötigt, ihr seinen wahren Namen mitzuteilen usw. Den Namen geben heißt daher, Macht geben, eine bestimmte Persönlichkeit verleihen[2]). Über den Namen selber bemerkt die Autorin, daß er sie sehr erinnere an den eindrucksvollen Namen des Popocatepetl, der bekanntlich zu den unverlierbaren Schulerinnerungen gehört und zur größten Indignation der Patienten in der Analyse öfter in einem Traum oder Einfall auftaucht und denselben alten Scherz mitbringt, den man in der Schule gehört, selber gemacht, und später wieder vergessen hat. Wenn man sich auch nicht

---

[1]) Die Identität des göttlichen Heros mit dem Mysten ist unzweifelhaft. In einem Papyrusgebet an Hermes heißt es: *σὺ γάρ ἐγὼ καὶ ἐγὼ σύ· τὸ σὸν ὄνομα ἐμὸν καὶ τὸ ἐμὸν σόν· ἐγὼ γάρ εἰμι τὸ εἴδωλόν σου.* (Kenyon: Greek Papyr. in the Brit. Mus., 1893, S. 116. Pap. CXXII, 2 ff. Cit. Dieterich: Mithraslithurgie, S. 79.) Der Heros als Libidobild ist trefflich dargestellt im Leidener Dionysoskopf (Roscher, I, Sp. 1128), wo die Haare über der Stirn sich flammenartig emporschlängeln. Er ist — wie eine Flamme: „Dein Heiliger wird eine Flamme sein." Firmicus Maternus (de errore prof. relig. 104, 28 f.) macht uns auch bekannt mit der Tatsache, daß der Gott als Bräutigam und „junges Licht" begrüßt wurde. Er überliefert den verderbten griechischen Satz: *δε νυνφε χαιρε νυνφε νεον φως*, dem er die christliche Auffassung naiv entgegen hält: „Nullum apud te lumen est nec est aliquis qui sponsus mereatur audire: unum lumen est, unus est sponsus. Nominum horum gratiam Christus accepit." So ist auch Christus heute noch unser Heros und Seelenbräutigam. Diese Attribute werden sich im folgenden auch für den Helden von Miß Miller bestätigen.

[2]) Die Namengebung ist bei sogenannten spiritistischen Manifestationen daher von Bedeutung. Siehe meine Schrift: Zur Psychologie und Pathologie sogenannter okkulter Phänomene, 1902.

scheut, diesen unheiligen Scherz psychologisch vorurteilslos in Betracht zu ziehen, so wird man sich doch nach der Berechtigung dazu fragen. Man muß aber auch die Gegenfrage stellen, warum ist es denn gerade immer der Popocatepetl und nicht der benachbarte Iztaccihuatl oder der noch höhere und ebenfalls benachbarte Orizaba? Letzterer hat sogar den schöneren und leichter auszusprechenden Namen. Popocatepetl ist eindrücklich um seines onomatopoetischen Namens willen. Im Englischen ist das Wort to pop = paffen (popgun = Knallbüchse usw.), welches hier als Onomatopoesie in Betracht kommt; im Deutschen usw. die Wörter Hinterpommern, Pumpernickel, Bombe, Petarde (le pet = Flatus). Das dem Deutschen geläufige Wort „Popo" (Podex) existiert zwar im Englischen nicht, hingegen wird der Flatus als „to poop" bezeichnet, in der Infantilsprache „to poopy" (amerikanisch). Der Akt des Defäzierens bei Kindern wird gern als „to pop" bezeichnet. Ein scherzhafter Name für den Posterior ist „the bum". (Poop heißt auch das Hinterteil des Schiffes.) Im Französischen geht pouf! als Onomatopoesie, pouffer = platzen, la poupe = Schiffshinterteil, le poupard = Wickelkind, la poupée = Puppe. Poupon sagt man als Kosewort für ein pausbäckiges Kind. Im Holländischen pop = Puppe. Im Lateinischen ist puppis = poupe, bei Plautus aber auch scherzhaft für den rückwärtigen Körperteil gebraucht; pupus heißt Kind, pupula = Mädchen, Püppchen. (Das griechische *ποππύζω* bezeichnet einen schnalzenden, klatschenden oder blasenden Schall. Man sagt es vom Küssen, bei Theokrit auch von den Nebengeräuschen des Flötenblasens.) Die etymologischen Parallelen zeigen eine bemerkenswerte Verwandtschaft des in Frage stehenden Körperteils mit dem Kinde. Diese Beziehung wollen wir hier nur hervorheben, um sie zunächst fallen zu lassen. Diese Frage wird uns unten beschäftigen.

Einer meiner Patienten hat in seinen Knabenjahren immer den Defäkationsakt mit der Phantasie verknüpft: sein Posterior sei ein Vulkan und es finde eine gewaltige Eruption statt, Gasexplosionen und Lavaergüsse. Die Bezeichnungen für die elementaren Naturereignisse sind ursprünglich sehr wenig poetisch, man denke z. B. an die schöne Erscheinung des Meteor, das die deutsche Sprache in unpoetischer Weise Sternschnuppe nennt. (Gewisse südamerikanische Indianer nennen die Sternschnuppe „Harn der Sterne".) Man nimmt eben nach dem Prinzip des kleinsten Kraftmaßes die Bezeichnungen aus nächster Quelle. (Z. B. die Übertragung der bereits metonymischen Bezeichnung des Urinierens als „Schiffens" auf das Regnen.)

Es scheint nun zunächst sehr dunkel zu sein, wieso die geradezu mystisch erwartete Figur des Chiwantopel, welchen Miß Miller in einer Anmerkung dem Kontrollgeist der Spiritisten vergleicht[1]), in eine so unehrerbietige Nachbarschaft gerät, daß sein Wesen (Name) sogar mit jenen abgelegenen Körperregionen in Verbindung gebracht wird. Um diese Möglichkeiten zu verstehen, muß man sich sagen: wenn aus dem Unbewußten produziert wird, so wird zunächst das dem Gedächtnis verloren gegangene Material der Infantilzeit heraufgebracht. Man hat sich daher auf den Standpunkt jener Zeit zu stellen, in welcher jenes Infantilmaterial noch an der Oberfläche war. Wenn nun ein sehr verehrter Gegenstand vom Unbewußten in die Nähe des Analen gerückt wird, so muß man daraus schließen, daß damit etwas Ähnliches ausgedrückt sei, nämlich eine hohe Wertschätzung. Die Frage ist nur, ob das auch der Psychologie des Kindes entspricht. Bevor wir auf diese Frage eintreten, ist zu konstatieren, daß das Anale mit der Verehrung ganz nahe zusammenhängt: Man denke an die traditionellen Fäkalien des Großmogul; ein orientalisches Märchen berichtet das gleiche von den christlichen Rittern, die sich mit dem Kote des Papstes und der Kardinäle einsalbten, um sich furchtbar zu machen. Eine Patientin, für welche besondere Verehrung des Vaters charakteristisch ist, hatte die Phantasie, sie sehe ihren Vater würdevoll auf dem Nachtstuhl sitzen und vorübergehende Leute grüßten ihn devot[2]). Schließlich bewahrt die kräftigere Sprache die treffliche Figur: „Einem vor Untertänigkeit in den A . . . . kriechen". Die Nachbarschaft des Analen schließt die Verehrung oder Wertschätzung keineswegs aus, wie die Beispiele zeigen, und wie leicht auch aus der innigen Beziehung von Kot und Gold zu ersehen ist[3]); auch hier tritt das äußerst Wert-

[1]) Die Alten kannten diesen Dämon als den συνοπαδός, den Begleiter und Mitfolger.

[2]) Eine Parallele zu diesen Phantasien sind die bekannten Deutungen der Sella Petri des Papstes.

[3]) Als Freud aus analytischen Erfahrungen auf den Zusammenhang Kot-Gold aufmerksam machte, fanden sich viele Ignoranten veranlaßt, diesen Zusammenhang vornehm zu belächeln. Die Mythologen denken hierüber anders: so sagt de Gubernatis, daß immer Kot und Gold zusammen seien.

Grimm berichtet folgenden Zaubergebrauch: Wenn man das ganze Jahr hindurch Geld im Hause haben will, so muß man am Neujahrstag Linsen essen. Dieser merkwürdige Zusammenhang erklärt sich einfach durch die physiologische Tatsache der Schwerverdaulichkeit der Linsen, die in Form von Münzen wieder zutage treten. So ist man ein Geldsch . . . . . geworden.

lose in nächste Beziehung zum äußerst Wertvollen. Dies gilt auch von religiösen Wertschätzungen. Ich fand (damals zu meinem großen Erstaunen), daß eine sehr religiös erzogene junge Patientin in einem Traume den Kruzifixus auf dem Grunde eines blaugeblümten Nachtgeschirres darstellte, also in der Form eines Exkrementum. Der Gegensatz ist so enorm, daß man annehmen muß, die Wertschätzungen der Kindheit müßten von den unserigen doch recht verschieden sein. Das sind sie tatsächlich auch. Die Kinder bringen dem Defäkationsakt und dessen Produkten eine Hochachtung und ein Interesse entgegen[1]), wie es später nur noch der Hypochonder zustande bringt. Wir begreifen dieses Interesse erst dann, wenn wir sehen, daß das Kind schon früh eine Propagationstheorie damit verknüpft[2]). Aus diesem libidinösen Zuschuß wohl erklärt sich das enorme Interesse für diesen Akt. Das Kind sieht: das ist der Weg, auf dem produziert wird, auf dem etwas „herauskommt".

Dasselbe Kind, von dem ich in der kleinen Broschüre „Über Konflikte der kindlichen Seele" berichtete und das bekanntlich eine ausgebildete Analgeburtstheorie hatte, wie der kleine Hans, über den Freud berichtete, hat später eine gewisse Gewohnheit angenommen, sich längere Zeit auf dem Klosett zu verweilen. Einmal wurde der Vater ungeduldig, ging zum Klosett und rief: „Komm doch endlich mal raus; was machst du denn?" Worauf von innen die Antwort kam: „Ein Wägelchen und zwei Ponies!" Die Kleine „macht" also ein Wägelchen und zwei Ponies, nämlich Dinge, die sie sich zu jener Zeit besonders wünschte. Auf diesem Wege kann man sich machen, was man sich wünscht, und das Gemachte ist das Gewünschte. Das Kind wünscht sich sehnlichst eine Puppe oder (im Grunde genommen) ein wirkliches Kind (d. h. das Kind übt sich zu seiner zukünftigen biologischen Aufgabe), und auf dem Wege, auf dem überhaupt produziert wird, macht es sich die Puppe[3]) als Vertreterin des Kindes oder überhaupt des Gewünschten[4]). Von einer Patientin habe ich eine parallele Phantasie

[1]) Ein Französisch sprechender Vater, der mir gegenüber für sein Kind (natürlich) dieses Interesse bestreiten wollte, erwähnte aber doch, daß, wenn das Kind von Cacao spreche, immer noch „lit" dazufüge; es meint nämlich caca-au-lit.

[2]) Freud: Dieses Jahrbuch, Bd. I, S. 1 ff. Jung: Dieses Jahrbuch, Bd. II, S. 33 ff.

[3]) Ich verweise auf den obigen etymologischen Zusammenhang.

[4]) Vgl. dazu Bleuler: Dieses Jahrbuch, Bd. III, S. 467 f.

aus ihrer Kinderzeit erfahren; auf dem Klosett befand sich in der Mauer eine Spalte. Sie phantasierte, aus dieser Spalte komme eine Fee heraus und schenke ihr alles, was sie wünsche. Der „locus" ist bekanntlich der Ort der Träume, wo manches gewünscht und geschaffen wird, dem man später diesen Ursprungsort nicht mehr ansehen würde. Eine hierhergehörige pathologische Phantasie berichtet Lombroso[1]) von zwei geisteskranken Künstlern:

„Jeder von ihnen hielt sich für Gott selbst und den Beherrscher der Welt. Sie schufen oder zeugten die Welt, indem sie dieselbe aus dem Mastdarm hervorgehen ließen, gleichwie die Eier der Vögel dem Eierkanal (d. h. Kloake) entspringen. Einer dieser beiden Künstler war mit wahrem Kunstsinn ausgestattet. Er malte ein Bild, in welchem er sich eben im Schöpfungsakt befindet: die Welt tritt aus seinem After hervor: das männliche Geschlechtsglied ist in voller Erektion; er ist nackt, umgeben von Weibern und allen Abzeichen seiner Macht."

Das Exkrementum ist also in einem gewissen Sinne das Gewünschte und deshalb fällt ihm die entsprechende Wertschätzung zu. Erst als ich diese Zusammenhänge einsah, wurde mir eine Beobachtung klar, die ich vor langen Jahren einmal machte, die ich nie recht verstand, und die mich deshalb immer beschäftigte. Es war eine gebildete Patientin, die unter sehr tragischen Umständen von Mann und Kind sich trennen mußte und in die Irrenanstalt gebracht wurde. Sie zeigte eine typische Affektlosigkeit und „Schnoddrigkeit", die man auch als affektive Verblödung auffaßt. Da ich damals schon an dieser Verblödung zweifelte und darin eine sekundäre Einstellung zu erkennen geneigt war, gab ich mir eine besondere Mühe, zu entdecken, wie ich in diesem Fall die Existenz der Affektes entdecken könnte. Schließlich nach mehr als dreistündiger Bemühung gelang es mir, einen Gedankengang aufzufinden, der die Patientin plötzlich zu einem vollständig adäquaten und deshalb erschütternden Affekte brachte. In diesem Moment war der affektive Rapport mit ihr völlig hergestellt. Das geschah am Vormittag. Als ich abends um die abgemachte Zeit wieder auf die Abteilung ging, um sie aufzusuchen, da hatte sie sich zu meinem Empfang vom Kopf bis zu den Füßen mit Kot eingeschmiert und rief lachend: „Gefall' ich dir so?" Das hatte sie nie zuvor getan, es war offenkundig für mich bestimmt. Der Eindruck, den ich dadurch empfing, war so persönlich beleidigend, daß ich infolgedessen von der affektiven Verblödung solcher Fälle auf Jahre hinaus überzeugt war. Jetzt verstehen

[1]) Genie und Irrsinn.

wir diese Handlung als eine infantile Begrüßungszeremonie und Liebeserklärung.

Die Entstehung von Chiwantopel, d. h. einer unbewußten Persönlichkeit, aus Popokatepetl, will also heißen, im Sinne der obigen Erklärung, „ich mache, produziere, erfinde ihn selbst". Es handelt sich also um eine Art Menschenschöpfung oder Geburt auf analem Wege. Die ersten Menschen werden aus Kot, Ton oder Lehm gemacht. Das lateinische lutum, das eigentlich „aufgeweichte Erde" bedeutet, hat ebenfalls den übertragenen Sinn von Dreck. Bei Plautus ist es sogar ein Schimpfwort, etwa: „Du Dreck!". Die Geburt hintenhinaus erinnert auch an das Motiv des Hintersichwerfens. Ein bekanntes Beispiel ist das Orakel, das Deukalion und Pyrrha, die einzig Überlebenden aus der großen Flut, erhalten hatten: Sie sollten die Gebeine der großen Mutter hinter sich werfen. Sie warfen sodann die Steine hinter sich, woraus Menschen entstanden. In ähnlicher Weise entstanden nach einer Sage die Daktylen aus dem Staub, den die Nymphe Anchiale hinter sich warf. Einer scherzhaften Bedeutung des analen Produktes ist noch zu gedenken: das Exkrementum wird im Volkswitz oft als Denkmal oder Erinnerungszeichen aufgefaßt (was in der Form des grumus merdae beim Verbrecher eine besondere Rolle spielt). Ich erinnere nur an die allbekannten Scherzerzählungen von dem, der, von einem Geist durch labyrinthische Gänge zu einem verborgenen Schatz geführt, als letztes Wegzeichen, nachdem er sich aller Kleidungsstücke entledigt hat, noch ein Exkrementum hinpflanzt. In einer fernen Vorzeit freilich kam einem derartigen Zeichen eine ebenso große Bedeutung zu wie der Losung der Tiere als einer wichtigen Kunde der Anwesenheit oder Zugrichtung. Einfache Steinmale („Steinmännchen") werden wohl die vergänglichere Losung ersetzt haben.

Es ist nun merkwürdig, daß Miller als Parallele zu dem Bewußtwerden von Chiwantopel einen andern Fall anführt, wo ein Name sich ihr plötzlich aufdrängte, nämlich A-ha-ma-ra-ma mit dem Gefühl, als ob es sich um etwas Assyrisches handle[1]). Als mögliche Quelle fiel ihr dazu ein: „Asurabama — qui fabriqua des briques cunéiformes[2])",

[1]) Also auch hier wieder die Beziehung auf das „Altertümliche", die infantile Vorzeit.

[2]) Dieses Faktum ist mir unbekannt. Es wäre möglich, daß irgendwo ein sagenhafter Name eines Mannes erhalten wäre, der die Keilschrift erfand; (wie z. B. Sinlikiunnini als Dichter des Gilgameshepos). Es gelang mir aber nicht. etwas Derartiges aufzufinden. Allerdings hat Aschschurbanaplu oder Asurbanipal

also jene unvergänglichen, aus Lehm bereiteten Urkunden und Monumente ältester Geschichte. Hervorzuheben ist, daß die „briques“ nicht „cunéiformes“ sind, so würde es zweideutigerweise heißen: „keilförmige Ziegel“, was eher im Sinne unserer Vermutung spräche als im Sinne der Autorin. Es ist schmerzlich, diese Spuren und Andeutungen nicht weiter verfolgen zu können. Dazu reichen meine Kenntnisse nicht aus. Wir müssen daher notgedrungenerweise den Gedankengang an dieser Stelle fallen lassen.

Miller bemerkt, daß neben dem Namen „Asurabama“ ihr noch „Ahazuerus“, oder Ahasverus, eingefallen sei. Dieser Einfall führt auf eine ganz andere Seite des Problems der unbewußten Persönlichkeit. Wenn uns die bisherigen Materialien etwas aus der infantilen Menschenschöpfungstheorie verrieten, so eröffnet sich durch diesen Einfall ein Ausblick auf den Dynamismus der unbewußten Persönlichkeitsschaffung. Ahasver ist bekanntlich der ewige Jude. Sein Charakteristikum ist das endlose und ruhelose Wandern bis zum Weltuntergang. Die Tatsache, daß der Autorin gerade dieser Name eingefallen ist, berechtigt uns, dieser Spur zu folgen.

Die Legende des Ahasver, deren erste literarische Spuren dem XIII. Jahrhundert angehören, scheint abendländischen Ursprungs zu sein und gehört zu jenen Bildungen, die unverwüstliche Lebenskraft besitzen. Die Gestalt des ewigen Juden hat mehr literarische Bearbeitungen erfahren als die Figur des Faust und diese Bearbeitungen gehören in der Hauptsache alle dem letzten Jahrhundert an. Hieße die Gestalt nicht Ahasver, sie wäre doch da unter anderm Namen, vielleicht als der Comte de St. Germain, der geheimnisvolle Rosenkreuzer, dessen Unsterblichkeit versichert wird und dessen augenblicklicher Aufenthaltsort (d. h. das Land) sogar bekannt sein soll[1]). Obschon die Nachrichten von Ahasver nicht früher als im XIII. Jahr-

---

jene wunderbare keilschriftliche Bibliothek hinterlassen, die in Kujundschik ausgegraben wurde. Vielleicht hat „Asurubama“ mit diesem Namen zu tun. In Betracht kommt ferner der Name von Aholi-bamah, dem wir im ersten Teil begegnet sind. Das Wort „Ahamarama“ verrät ebenfalls Beziehungen zu Anah und Aholibamah, welche eben jene Kainstöchter mit der sündigen Leidenschaft zu den Gottessöhnen sind. Diese Möglichkeit weist auf Chiwantopel als den ersehnten Gottessohn hin. (Dachte Byron an die beiden hurerischen Schwestern Ohola und Oholiba? (Ezech. 23, 4.)

[1]) Das Volk gibt seinen wandernden Sonnenhelden nicht her. So wurde auch Cagliostro nachgesagt, er sei einmal aus einer Stadt zu gleicher Zeit aus allen Stadttoren mit vier weißen Pferden ausgefahren. (Helios!)

hundert nachgewiesen werden können, kann die mündliche Tradition ja doch bedeutend weiter zurückreichen und es wäre nicht unmöglich, daß eine Brücke zum Orient existierte. Dort ist die Parallelfigur Chidr oder al Chadir, der von Rückert besungene Chidher, der „Ewig Junge". Die Legende ist rein islamitisch. Das sonderbare aber ist, daß Chidher nicht nur ein Heiliger, sondern in sufischen Kreisen[1]) sogar bis zu göttlicher Bedeutung emporsteigt. Bei dem strengen Monotheismus des Islam ist man geneigt, bei Chidher an eine vorislamitische arabische Gottheit zu denken, die von der neuen Religion zwar offiziell nicht anerkannt, aber aus politischen Gründen toleriert worden sei. Davon ist aber nichts nachzuweisen. Die ersten Spuren des Chidher finden sich in den Korankommentatoren Buchâri (gest. 870 p. Chr.) und Tabari (gest. 923 p. Chr.), und zwar im Kommentar zu einer merkwürdigen Stelle der 18. Sure des Koran. Die 18. Sure ist betitelt: „die Höhle", nämlich nach der Höhle der Siebenschläfer, die nach der Legende 309 Jahre darin schliefen und so der Verfolgung entgingen und in einer neuen Ära erwachten. Ihre Legende wird in der 18. Sure erzählt und daran werden allerhand Betrachtungen geknüpft. Die wunscherfüllende Idee der Legende ist ganz klar. Der mystische Stoff dazu ist die unveränderliche Vorlage des Sonnenlaufes: die Sonne geht zeitweise unter, stirbt aber nicht. Sie verbirgt sich im „Schoße" des Meeres oder in einer unterirdischen Höhle[2]) und wird am Morgen wieder heil „geboren". Die Sprache, in welche dieses astronomische Ereignis sich kleidet, ist von klarer Symbolik: die Sonne kehrt in den Mutterschoß zurück und wird nach einiger Zeit wieder geboren. Natürlich ist dieser Vorgang eigentlich eine inzestuöse Handlung, wovon auch mythologisch noch deutliche Spuren erhalten sind, nicht zum mindesten in dem Umstande, daß die sterbenden und wiedererstehenden Götter die Liebhaber der eigenen Mutter sind, respektive sich durch die eigene Mutter hindurch erzeugt haben. Christos als der fleischgewordene Gott hat sich durch Maria selbst erzeugt; Mithras hat das gleiche getan. Diese Götter sind unverkennbare Sonnengötter, daher die Sonne dasselbe auch tut, um sich wieder zu erneuern. Natürlich ist nicht anzunehmen, daß die Astronomie zuerst kam und dann solche Göttervorstellungen; der Weg war, wie immer, umgekehrt, und zwar

[1]) Mystiker.

[2]) Auch Agni, das Feuer, verbirgt sich bisweilen in einer Höhle, muß deshalb wieder geholt respektive durch Zeugung aus der Höhle des weiblichen Holzes herausgebracht werden. Vgl. Kuhn: Herabk. des Feuers.

war es wohl so, daß ein primitiver Wiedergeburtszauber (Taufe, allerhand abergläubische Gebräuche vom Durchziehen der Kranken usw.) an den Himmel projiziert wurden. Diese Jünglinge waren also aus der Höhle (dem Leib der Mutter Erde) wie der Sonnengott zu einer neuen Zeit geboren und haben so den Tod überstanden. Sie waren insofern Unsterbliche. Es ist nun interessant zu sehen, wie der Koran nach längeren ethischen Betrachtungen im Verlauf derselben Sure zu folgendem Passus gelangt, der für die Entstehung der Chidhermythe von besonderer Bedeutung ist; ich zitiere darum den Koran wörtlich:

„Moses sagte einst zu seinem Diener (Josua, Sohn des Nûn): Ich will nicht aufhören zu wandern, und sollte ich auch 80 Jahre lang reisen, bis ich den Zusammenfluß der zwei Meere erreicht habe. Als sie nun diesen Zusammenfluß der zwei Meere erreicht hatten, da vergaßen sie ihren Fisch (den sie nämlich zur Zehrung mitgenommen), der seinen Weg durch einen Kanal ins Meer nahm. Als sie nun an diesem Orte vorbei waren, da sagte Moses zu seinem Diener: Bringe uns das Mittagsbrod; denn wir fühlen uns von dieser Reise ermüdet. Dieser aber erwiederte: Sieh nur, was mir geschehen! Als wir dort am Felsen lagerten, da vergaß ich den Fisch. Nur der Satan kann die Veranlassung sein, daß ich ihn vergessen und mich seiner nicht erinnert habe, und auf eine wunderliche Weise nahm er seinen Weg ins Meer. Da sagte Moses: Dort ist denn die Stelle, die wir suchen. Und sie gingen den Weg, den sie gekommen, wieder zurück. Und sie fanden einen unserer Diener, den wir[1]) mit unserer Gnade und Weisheit ausgerüstet hatten. Da sagte Moses zu ihm: Soll ich dir wohl folgen, damit du mich, zu meiner Leitung, lehrest einen Teil der Weisheit, die du gelernt hast? Er aber erwiederte: Du wirst bei mir nicht aushalten können; denn wie solltest du geduldig ausharren bei Dingen, die du nicht begreifen kannst?"

Moses begleitet nun den geheimnisvollen Diener Gottes, der allerhand Dinge tut, die Moses nicht begreifen kann, schließlich nimmt der Unbekannte Abschied von Moses und sagt folgendes zu ihm:

„Die Juden werden dich über den Dhulqarnein fragen[2]). Antworte:

[1]) Wir = Allah.

[2]) Der „Zweihörnige". Gemeint ist nach den Kommentatoren Alexander der Große, der in der arabischen Sage etwa die Rolle des deutschen Dietrich von Bern spielt. Der Zweihörnige bezieht sich auf die Kraft des Sonnenstieres. Auf Münzbildern findet sich Alexander öfter mit den Hörnern des Jupiter Ammon. Es handelt sich um Idendifikationen des sagenumwobenen Herrschers mit der Frühlingssonne im Zeichen des Stieres und des Widders. Es ist unverkennbar, daß die Menschheit ein stärkstes Bedürfnis hat, das Persönliche und Menschliche ihrer Helden auszulöschen, um sie schließlich durch eine *μετάστασις* der Sonne gleich, d. h. ganz zum Libidosymbol zu machen. Denken wir mit Schopenhauer, so werden wir wohl sagen: Libidosymbol. Denken wir aber mit Goethe, so sagen wir: Sonne; denn wir sind, weil uns die Sonne sieht.

Ich will euch eine Geschichte von ihm erzählen. Wir befestigten sein Reich auf Erden und wir gaben ihm die Mittel, alle seine Wünsche zu erfüllen. Er ging einst seines Weges, bis er kam an den Ort, wo die Sonne untergeht, und es schien ihm, als ginge sie in einem Brunnen mit schwarzem Schlamm unter. Dort traf er ein Volk . . ."

Es folgt eine moralische Betrachtung, darauf fährt die Erzählung fort:

„Dann verfolgte er seinen Weg weiter, bis er kam an den Ort, wo die Sonne aufgeht . . ."

Wenn wir nun wissen wollen, wer der unbekannte Diener Gottes ist, so belehrt uns darüber dieser Passus: er ist der Dhulqarnein, Alexander, die Sonne, er geht zum Ort des Untergangs und geht zum Ort des Aufgangs. Der Passus von dem unbekannten Diener Gottes wird von den Kommentatoren durch eine ganz bestimmte Legende erklärt. Der Diener ist Chidher, „der Grünende", „der nie ermüdende Wanderer, der durch Jahrhunderte und Jahrtausende über die Länder und Meere schweift, der Belehrer und Berater frommer Menschen, der Weise in göttlichen Dingen — der Unsterbliche"[1]). Die Autorität des Tabari bringt Chidher in Beziehung zum Dhulqarnein: Chidher habe im Zuge Alexanders den „Lebensstrom" erreicht, und beide hätten, ohne es zu wissen, daraus getrunken, so daß sie unsterblich geworden seien. Ferner wird Chidher von den alten Kommentatoren mit Elias identifiziert, der auch nicht gestorben ist, sondern auf feurigem Wagen zum Himmel fuhr. Elias ist ein Helios[2]). Es ist zu bemerken, daß auch von Ahasver vermutet wird, er verdanke seine Existenz einer dunkeln Stelle der heiligen christlichen Schrift. Diese Stelle findet sich Matth. 16, 13 ff. Zuerst kommt die Szene, wo Christus den Petrus als den Felsen seiner Kirche einsetzt und ihn zum Statthalter seiner Macht ernennt[3]), darauf folgt die Prophezeiung seines Todes und dann kommt die Stelle:

„Wahrlich, ich sage euch, es sind einige unter denen, die hier stehen, welche den Tod nicht kosten werden, bis sie den Sohn des Menschen kommen sehen in seinem Reich."

Hier folgt auch die Szene der Verklärung:

---

[1]) Vollers: Chidher. Archiv für Religionswissenschaft, S. 235 f., Bd. XII, 1909. Ich entnehme dieser Arbeit die Ansichten der Korankommentare.

[2]) Hier schließt sich die Himmelfahrt des Mithras und des Christos an. Siehe Erster Teil.

[3]) Parallele im Mithrasmysterium! Siehe unten.

„Und ward vor ihnen verwandelt, indem sein Angesicht leuchtete wie die Sonne, seine Kleider aber wurden weiß wie das Licht. Und siehe, es erschienen ihnen Moses und Elias, die unterredeten sich mit ihm. Petrus aber hob an und sagte zu Jesus: Herr, hier ist für uns gut sein; wenn es dir recht ist, will ich hier drei Zelte aufschlagen, eines für dich, eines für Elias und eins für Moses[1]."

Aus diesen Stellen geht hervor, daß Christus auf gleicher Höhe mit Elias stehe, aber nicht identisch mit ihm sei[2]), obschon er vom Volke für Elias gehalten wird. Die Himmelfahrt setzt Christus aber identisch mit Elias. Die Weissagung Christi läßt erkennen, daß außer seiner eigenen Person noch eine oder einige Unsterbliche existieren, die nicht sterben werden bis zur Parusie. Nach Joh. 21, 21 ff. wurde auch der Jünger Johannes als dieser Unsterbliche angesehen und in der Legende ist er tatsächlich nicht tot, sondern er schläft bloß in der Erde bis zur Parusie und atmet, so daß der Staub auf seinem Grabe aufwirbelt[3]). Es führen, wie ersichtlich, gangbare Brücken von Christos über Elias zu Chidher und zu Ahasver. Es heißt in einem Bericht[4]), daß Dhulqarnein seinen „Freund" Chidher zur Lebensquelle geführt hätte, um ihn Unsterblichkeit trinken zu lassen[5]). (Alexander hat auch im Lebensstrom gebadet und die rituellen Waschungen verrichtet.) Wie ich oben in der Fußnote erwähnte, ist nach Matth. 17, 11 ff. Johannes der Täufer der Elias, also identisch zunächst mit Chidher. Nun ist aber zu bemerken, daß in der arabischen Legende Chidher gern als Begleiter oder als begleitet auftritt. (Chidher mit Dhulqarnein oder mit Elias, „gleichwie" diese oder identisch mit ihnen[6]).) Es sind also zwei Ähn-

[1]) Parallelen dazu sind die Unterredungen Mohammeds mit Elias, dort passiert ebenfalls die Geschmacklosigkeit, daß bei dieser Gelegenheit „Himmelsspeise" serviert wird. Im Neuen Testament beschränkt sich die Tölpelhaftigkeit auf den Vorschlag des Petrus. Dergleichen Züge gehen gewiß auf den Infantilcharakter solcher Szenen, so gut wie die Riesengestalt des Elias im Koran, ferner die Erzählungen der Kommentatoren, daß Elias und Chidher jährlich einmal in Mekka zusammenkommen, sich unterreden und sich bei dieser Gelegenheit auch gerade gegenseitig den Kopf rasieren.

[2]) Hingegen ist nach Matth., 17, 11 ff. Johannes der Täufer als Elias aufzufassen.

[3]) Vgl. die Kyffhäusersage.

[4]) Vollers l. c.

[5]) Ein anderer Bericht sagt, daß Alexander mit seinem „Minister" Chidher auf dem Adamsberg in Indien gewesen sei.

[6]) Diese mythologischen Gleichungen folgen ganz den Regeln des Traumes, wo der Träumer in einem Traume in mehrere analoge Gestalten zerlegt sein kann.

liche, die aber doch unterschieden sind. Die analoge Situation im Christlichen finden wir in der Jordanszene, wo Johannes den Christum „zur Lebensquelle führt". Christus ist dabei zunächst der Untergeordnete, Johannes der Übergeordnete, ähnlich wie Dhulqarnein und Chidher oder Chidher und Moses, auch Elias. Namentlich letzteres Verhältnis ist so, daß Vollers[1]) Chidher und Elias einerseits mit Gilgamesh und seinem sterblichen Bruder Eabani, anderseits mit den Dioskuren, von denen auch der eine sterblich und der andere unsterblich ist, vergleicht. Diese Beziehung findet sich auch bei Christus und Johannes dem Täufer[2]) einerseits und Christus und Petrus anderseits. Letztere Parallele findet ihre Erklärung allerdings erst durch die Vergleichung mit dem Mithrasmysterium, wo uns wenigstens durch Monumente der esoterische Inhalt verraten wird. Auf dem mithrischen Marmorrelief von Klagenfurt[3]) ist dargestellt, wie Mithras den vor ihm Knieenden oder von unten auf ihn zuschwebenden Helios mit der Strahlenkrone krönt oder ihn heraufführt (?). Auf einem mithrischen Monument von Osterburken ist Mithras dargestellt, wie er mit der rechten Hand die mystische Rindsschulter über den vor ihm geneigt stehenden Helios hält, die linke Hand ruht am Schwertgriff. Eine Krone liegt zwischen beiden am Boden. Cumont[4]) bemerkt zu dieser Szene, daß sie wahrscheinlich den göttlichen Prototyp der Zeremonie der Einweihung in den Grad des Miles darstelle, wobei dem Mysten ein Schwert und eine Krone verliehen wurden. Helios wird also zum Miles des Mithras ernannt. Überhaupt scheint Mithras sich in einer gönnerhaften Rolle gegenüber dem Helios zu bewegen, was an die Kühnheit des Herakles gegenüber Helios erinnert: auf seinem Zuge gegen Geryon brennt Helios zu heiß, voll Zorn bedroht ihn Herakles mit seinen nie fehlenden Pfeilen. Dadurch wird Helios zum Nachgeben gezwungen und leiht dem Heros sein Sonnenschiff, mit dem er übers Meer zu fahren pflegt. So gelangt Herakles nach Erythia, zu den Rinderherden des Geryon[5]).

---

[1]) l. c.

[2]) „Er muß wachsen, ich aber muß abnehmen."

[3]) Cumont: Text. et Mon., S. 172 ff.

[4]) l. c., S. 173.

[5]) Die Parallele zwischen Herakles und Mithras ist noch weiter zu führen. Wie Herakles ist Mithras ein trefflicher Bogenschütze. Nach gewissen Monumenten zu urteilen, scheint nicht nur die Jugend des Herakles von einer Schlange bedroht zu sein, sondern auch die des Mithras. Der Sinn des ἆθλος des Herakles (das Werk) deckt sich mit dem mithrischen Mysterium der Stierüberwältigung und Opferung. (Siehe Cumont: Myst. des Mithras, II. Aufl., 1911.)

Auf dem Klagenfurter Monument ist Mithras ferner dargestellt, wie er dem Helios die Hand drückt, wie zum Abschied oder zu einer Bestätigung. In einer weiteren Szene besteigt nun Mithras den Wagen des Helios zur Himmelfahrt respektive zur „Meerfahrt"[1]). Cumont ist der Ansicht, daß Mithras dem Helios (oder Sol), eine Art feierlicher Belehnung gibt und seine göttliche Macht weiht, indem er ihn eigenhändig krönt[2]). Dieses Verhältnis entspricht dem von Christus zu Petrus. Petrus hat durch sein Attribut, den Hahn, den Charakter eines Sonnengottes. Nach der Himmelfahrt (Meerfahrt) Christi ist er der sichtbare Statthalter der Gottheit, er erleidet daher denselben Tod (Kreuzigung) wie Christus, wird zum römischen Hauptgott (zum Sol invictus), zu der im papa sich verkörpernden ecclesia militans et triumphans; in der Malchuszene schon erweist er sich als der miles Christi, dem das Schwert verliehen, und als der Felsen, auf den die Kirche gegründet ist; und als dem, der die Macht besitzt, zu binden und zu lösen, ist ihm auch die Krone[3]) gegeben. So ist er als Sol der sichtbare Gott, der Papst aber, als Erbe des römischen Cäsar, der „solis invicti comes". Die abtretende Sonne ernennt einen Nachfolger, dem sie die Sonnenkraft übergibt[4]). Dhulqarnein gibt Chidher das ewige Leben, Chidher teilt dem Moses die Weisheit mit[5]); es existiert sogar ein Bericht, wo der vergeßliche Diener Josua ahnungslos aus der Lebensquelle trinkt, dadurch unsterblich wird und nun von Chidher und Moses (zur Strafe) in ein Schiff gesetzt und aufs Meer hinausgesendet wird. — Wieder ein Fragment aus einem Sonnenmythus, das Motiv der „Meerfahrt"[6]).

Das uralte Symbol, das jenen Teil des Zodiacus bezeichnet, in dem die Sonne mit der Wintersonnwende wieder den Jahreskreislauf antritt, ist der Ziegenfisch, der *αἰγοκέρως*; die Sonne steigt wie eine Ziege auf die höchsten Berge und geht später ins Wasser wie ein Fisch. Der Fisch ist das Symbol des Kindes[7]), denn das Kind lebt vor seiner

[1]) Diese drei Szenen sind auf dem Klagenfurter Monument alle in einer Reihenfolge dargestellt, so daß man deren dramatische Zusammengehörigkeit vermuten darf. Abbildung in Cumont: D. Myst. des Mithras.

[2]) Cumont: Siehe s. Mithras. Roscher: Lex. Sp. 3048, 42 ff.

[3]) Sogar die dreifache Krone.

[4]) Die christliche Reihenfolge ist: Johannes — Christus, Petrus — Papst.

[5]) Die Unsterblichkeit des Moses ist durch die Parallelsetzung mit Elias bei der Verklärung erwiesen.

[6]) Vgl. Frobenius: Das Zeitalter des Sonnengottes.

[7]) Daher der „Sohn" Gottes das Fischsymbol hat, zugleich ist das kommende Weltzeitalter das der Fische.

Geburt im Wasser, wie ein Fisch; und die Sonne wird, indem sie ins Meer taucht, Kind und Fisch zugleich. Der Fisch ist aber auch ein phallisches Symbol[1]), ebenso ein Symbol für das Weib[2]), kurz gesagt: der Fisch ist ein Libidosymbol, und zwar, wie es scheint, vorwiegend für die Wiedererneuerung der Libido.

Die Reise des Moses mit seinem Diener Josua ist eine Lebensreise (80 Jahre). Sie werden alt und verlieren die Lebenskraft (Libido), d. h. den Fisch, „der auf wunderliche Weise seinen Weg ins Meer nimmt"; d. h. die Sonne geht unter. Wie die beiden den Verlust bemerken, da finden sie an jener Stelle, wo sich die Lebensquelle befindet (wo der tote Fisch wiederbelebt wurde und ins Wasser sprang), den Chidher, in seinen Mantel vermummt[3]), auf der Erde sitzen, nach anderer Version auf einer Insel im Meere oder „am feuchtesten Orte der Erde"; d. h. eben geboren aus der mütterlichen Wassertiefe. Wo der Fisch verschwand, wird Chidher, „der Grünende" geboren, als ein „Sohn der Wassertiefe", das Haupt verhüllt, ein Kabir, ein Verkünder göttlicher Weisheit, der alte babylonische Oannes-Ea, der in Fischgestalt dargestellt wurde und täglich als Fisch aus dem Meere kam, um dem Volk die Weisheit zu lehren[4]).

Sein Name wird mit Johannes in Zusammenhang gebracht. Durch den Aufgang der wiedererneuerten Sonne wird das, was Wassertier, Fisch war, in der Dunkelheit lebte, von allen Schrecken der Nacht und des Todes umgeben[5]), zum leuchtenden, feurigen Tagesgestirn. So gewinnen die Worte des Täufers Johannes besonderen Sinn[6]):

---

[1]) Riklin: Wunscherfüllung und Symbolik.

[2]) Inman: Anc. pag. and mod. Christ. Symb.

[3]) Amnionhülle?

[4]) Der etrurische Tages, der „frischausgeackerte Knabe", der aus der eben gezogenen Ackerfurche entsteht, ist auch ein Weisheitslehrer. In der Litaolanemythe der Basutos (Frobenius l. c., S. 105) wird geschildert, wie ein Ungeheuer alle Menschen verschlungen hat, und nur ein Weib übrig blieb, das in einem Stalle (statt Höhle, vgl. unten die Etymologie dieses Mythos) mit einem Sohn, dem Helden, niederkam. Bis sie ein Lager aus Stroh für den Neugeborenen hergerichtet hatte, war er bereits aufgewachsen und sprach „Worte der Weisheit". Das schnelle Aufwachsen des Helden, ein häufig wiederkehrendes Motiv, scheint darzutun, daß die Geburt und anscheinende Kindheit des Helden darum so sonderbar sind, weil seine Geburt eigentlich seine Wiedergeburt bedeutet, daher er sich nachher so rasch an seine Heldenrolle gewöhnt. Vgl. unten.

[5]) Kampf des Rê mit der Nachtschlange.

[6]) Matth. 3, 11.

„Ich taufe euch mit Wasser zur Buße, der aber nach mir kommt, ist stärker denn ich, der wird euch mit dem heiligen Geist und mit Feuer taufen.“

Mit Vollers dürfen wir auch Chidher und Elias (Moses und seinen Diener Josua) mit Gilgamesh und seinem Bruder-Diener Eabani in Vergleich setzen. Gilgamesh durchwandert die Welt, von Angst und Sehnsucht getrieben, die Unsterblichkeit zu finden. Sein Weg führt ihn übers Meer zum weisen Utnapishtim (Noah), der das Mittel kannte, um über die Wasser des Todes zu kommen. Dort hat Gilgamesh nach der zauberischen Pflanze auf den Grund des Meeres zu tauchen, die ihn wieder ins Land der Menschen zurückführen soll. Wie er wieder in die Heimat gekommen, stiehlt ihm eine Schlange das Zauberkraut (der Fisch schlüpft wieder ins Meer). Auf der Rückkehr vom Lande der Seligen begleitet ihn aber ein unsterblicher Schiffer, der, durch einen Fluch des Utnapishtim verbannt, nicht mehr ins Land der Seligen zurückkehren darf. Durch den Verlust des zauberischen Krautes hat Gilgamesh's Reise den Zweck verloren, er ist dafür von einem Unsterblichen begleitet, dessen Schicksal wir allerdings aus den Fragmenten des Epos nicht mehr erfahren können. Dieser verbannte Unsterbliche ist die Vorlage zu Ahasver, wie Jensen[1]) treffend bemerkt.

Wir treffen auch hier auf das Motiv der Dioskuren, sterblich und unsterblich, untergehende und aufgehende Sonne. Dieses Motiv wird auch als aus dem Heros heraus projiziert dargestellt:

Das Sacrificium mithriacum (das Stieropfer) ist in seiner kultischen Darstellung sehr oft flankiert durch die beiden Dadophoren, Cautes und Cautopates, der eine mit aufrechter und der andere mit gesenkter Fackel. Sie stellen eine Art Brüderpaar dar, welches seinen Charakter durch die Symbolik der Fackelstellung verrät. Cumont bringt sie nicht vergebens mit den sepulkralen Eroten in Verbindung, die als Genien mit der umgekehrten Fackel traditionelle Bedeutung haben. Der eine wäre also der Tod, der andere das Leben. Ich kann nicht umhin, vom Sacrificium mithriacum (wo das Stieropfer in der Mitte von beiden Seiten von den Dadophoren flankiert ist) auf das christliche Lammes(Widder)opfer hinzuweisen. Der Kruzifixus ist auch traditionell flankiert durch die beiden Schächer, wovon der eine aufsteigend zum Paradiese ist, der andere herunterfahrend zur

[1]) Das Gilgameshepos in der Weltliteratur, Bd. I, S. 50.

16*

Hölle[1]). Der Gedanke des Sterblichen und des Unsterblichen scheint also auch in den christlichen Kultus übergegangen zu sein.

Semitische Götter werden öfter als von 2 Paredroi flankiert dargestellt, z. B. der Baal von Edessa, begleitet von Aziz und Monimos (Baal als Sonne begleitet auf ihrem Laufe durch Mars und Merkur, wie die astronomische Deutung lautet). Nach chaldäischer Anschauung sind die Götter in Triaden gruppiert. In diesen Anschauungskreis gehört auch die Trinität, die Idee des dreieinigen Gottes, als welcher auch Christos in seinem Einssein mit dem Vater und dem Heiligen Geiste angesehen werden muß. So gehören die beiden Schächer auch innerlich zu Christus. Die beiden Dadophoren sind, wie Cumont nachweist, nichts als Abspaltungen[2]) aus der Hauptfigur des Mithras, dem ein geheimer triadischer Charakter zukommt. Nach einer Nachricht bei Dionysius Areopagita feierten die Magier ein Fest „τοῦ τριπλασίου Μίθρου"[3]). Eine ähnliche auf Trinität sich beziehende Bemerkung macht Plutarch von Ormuzd: „τρὶς ἑαυτὸν αὐξήσας ἀπέστησε τοῦ ἡλίου"[4]). Die Dreieinigkeit als drei verschiedene Zustände des Einen ist auch ein christlicher Gedanke. In allererster Linie ist darin ein Sonnenmythus zu suchen. Eine Bemerkung bei Macrobius I, 18 kommt dieser Auffassung zu Hilfe:

> Hae autem aetatum diversitates ad solem referuntur, ut parvulus videatur hiemali solstitio, qualem Aegyptii proferunt ex adyto die certa,... aequinoctio vernali figura iuvenis ornatur. Postea statuitur aetas ejus

[1]) Der Unterschied zum Mithrasopfer scheint ungemein bezeichnend zu sein. Die Dadophoren sind harmlose Lichtgötter ohne Anteilnahme am Opfer. Im Christusopfer fehlt das Tier. Dafür sind es zwei Verbrecher, die den gleichen Tod erleiden. Die Szene ist ungeheuer viel dramatischer. Die innere Beziehung der Dadophoren zu Mithras, auf die ich unten zu sprechen komme, läßt das gleiche auch für Christus und die Verbrecher vermuten. Die Szene mit Barabbas verrät, daß Christos der abtretende Jahresgott ist, der von einem Verbrecher dargestellt wurde, während man den des kommenden Jahres frei ließ.

[2]) Z. B. zeigt ein Monument folgende Widmung: D(eo) I(nvicto) M(ithrae) Cautopati. Man findet bald Deo Mithrae Caute oder Deo Mithrae Cautopati, in ähnlicher Abwechslung wie Deo Invicto Mithrae — oder bloß — Deo Invicto — oder gar nur — Invicto —. Es kommt auch vor, daß die Dadophoren mit Messer und Bogen, den Attributen des Mithras, ausgerüstet sind. Es ist daraus zu schließen, daß die drei Figuren quasi drei verschiedene Zustände einer einzigen Person repräsentieren. Vgl. Cumont: Text. et Mon., S. 208 f.

[3]) Cumont: Text. et Mon., S. 208.

[4]) Zitiert bei Cumont: Text. et Mon., S. 209.

plenissima effigie barbae solstitio aestivo . . . . exunde per diminutiones veluti senescenti quarta forma deus figuratur[1]).

Wie Cumont berichtet[2]), tragen Cautes und Cautopates gelegentlich der eine einen Stierkopf, der andere einen Skorpion in Händen[3]). Taurus und Skorpio sind Äquinoktialzeichen, was klar darauf hinweist, daß die Opferszene sich zunächst auf den Sonnenlauf bezieht: die aufsteigende, die in der Sommerhöhe sich selbst opfernde und die untergehende Sonne. In der Opferszene, dem Sonnensymbol, war der Aufgang und der Untergang nicht leicht zu veranschaulichen, daher dieser Gedanke aus dem Opferbild heraus verlegt wurde.

Wir haben oben angedeutet, daß die Dioskuren einen ähnlichen Gedanken darstellen, allerdings in einer etwas andern Form: Die eine Sonne ist immer sterblich, die andere unsterblich. Da diese ganze Sonnenmythologie nur an den Himmel projizierte Psychologie ist, so lautet wohl der zugrunde liegende Satz: So wie der Mensch aus einem Sterblichen und einem Unsterblichen besteht, ist auch die Sonne ein Brüderpaar[4]), wovon der eine Bruder sterblich, der andere unsterblich ist. Dieser Gedanke liegt der Theologie überhaupt zugrunde: der Mensch ist zwar sterblich, aber es sind doch welche, die unsterblich sind (oder es ist in uns etwas, das unsterblich ist). So sind die Götter oder ein Chidher oder ein Comte de St. Germain unser Unsterbliches, das irgendwo, unfaßbar, unter uns weilt. Der Sonnenvergleich belehrt uns immer wieder, daß die Götter Libido sind; sie ist unser Unsterbliches, indem sie jenes Band darstellt, durch welches wir uns als nie erlöschend, in der Rasse fühlen[5]). Sie ist Leben vom Leben der Menschheit. Ihre

---

[1]) Zitiert bei Cumont: l. c.

[2]) Text. et Mon., S. 210.

[3]) Taurus und Scorpio sind die Äquinoktialzeichen für den Zeitraum von 4300—2150 a. Chr. n. Diese längst überholten Zeichen wurden also konservativ bis in die nachchristliche Zeit noch aufbewahrt.

[4]) Unter Umständen ist es auch Sonne und Mond.

[5]) Um die individuelle und die Allseele, den persönlichen und den überpersönlichen Âtman zu charakterisieren, gebraucht ein Vers des Shvetâshvatara-Upanishad (Deussen) folgendes Gleichnis:

„Zwei schön beflügelte verbundne Freunde
Umarmen einen und denselben Baum;
Einer von ihnen speist die süße Beere,
Der andre schaut, nicht essend, nur herab.

aus den Tiefen des Unbewußten emporströmenden Quellen kommen, wie unser Leben überhaupt, aus dem Stamme der ganzen Menschheit, indem wir ja nur ein von der Mutter abgebrochener und verpflanzter Zweig sind.

Da das „Göttliche" in uns die Libido ist[1]), so dürfen wir uns nicht wundern, wenn wir in unserer Theologie urtümliche Bilder seit alten Zeiten mitgenommen haben, welche dem Gotte die dreifache Gestalt geben. Wir haben diesen τριπλάσιον θεόν aus der phallischen Symbolik übernommen, deren Ursprünglichkeit wohl unbestritten sein mag[2]). Das männliche Genitale ist die Grundlage dieser Dreiheit. Es ist eine anatomische Tatsache, daß der eine Testikel meist etwas höher steht als der andere, und es ist ferner ein uralter, aber stets noch lebendiger Aberglaube, daß der eine Testikel Knaben und der andre Mädchen zeuge[3]). An diese Auffassung scheint eine spätbabylonische Gemme aus der Sammlung Lajards[4]) anzuklingen: In der Mitte des Bildes steht ein androgyner Gott (männliches und weibliches Gesicht[5]). Auf der rechten, männlichen Seite befindet sich eine Schlange mit einem Sonnenhalo um den Kopf, auf der linken, weiblichen Seite be-

---

Zu solchem Baum der Geist, herabgesunken,
In seiner Ohnmacht grämt sich, wahnbefangen:
Doch wenn er ehrt und schaut des andern Allmacht
Und Majestät, dann weicht von ihm sein Kummer. —

Aus dem die Hymnen, Opferwerk, Gelübde,
Vergangnes, Künftiges, Vedalehren stammen,
Der hat als Zaubrer diese Welt geschaffen,
In der der andre ist verstrickt durch Blendwerk.

[1]) Unter den den Menschen zusammensetzenden Elementen wird in der Mithrasliturgie besonders das Feuer als das Göttliche hervorgehoben und bezeichnet als τὸ εἰς ἐμὴν κρᾶσιν θεοδώρητον Dietrich, l. c., S. 58.

[2]) Es genügt, auf das liebevolle Interesse hinzuweisen, das der Mensch und sogar der Gott des Alten Testamentes für die Beschaffenheit des Penis haben, und wie viel dort davon abhängt.

[3]) Die Testikel gelten gern für Zwillinge. Daher heißen vulgär die Hoden es Siamois. (Anthropophyteia VII, S. 20. Zitiert bei Stekel: Sprache des Traumes, S. 169.)

[4]) Recherches sur le culte etc. de Vénus, Paris 1837. Zitiert bei Inman: Ancient pagan and modern Christian Symbolism. New-York, S. 4.

[5]) Das androgyne Element ist in den Gesichtern von Adonis, Christus, Dionysus und Mithras nicht zu verkennen. Anspielung auf die Bisexualität der Libido. Das glattrasierte Gesicht und die Weiberkleider der katholischen Priester enthalten einen sehr alten, femininen Einschlag aus dem Attis-Kybele-Kult.

findet sich ebenfalls eine Schlange, mit dem Mond über dem Kopfe. Über dem Kopfe des Gottes sind drei Sterne. Dieses Ensemble dürfte die Trinität[1]) der Darstellung sichern. Die Sonnenschlange rechts ist männlich, die Schlange links (durch den Mond) weiblich. Dieses Bild besitzt nun ein symbolisches Sexualsuffix, das die Sexualbedeutung des Ganzen aufdringlich macht; auf der männlichen Seite befindet sich eine Raute, ein beliebtes Symbol des weiblichen Genitales, auf der weiblichen Seite befindet sich ein Rad ohne Felgen. Ein Rad weist immer auf die Sonne, die Speichen sind aber am Ende kolbig verdickt, was auf phallische Symbolik hinweist; es scheint ein phallisches Rad zu sein, wie es der Antike nicht unbekannt war. Es gibt obszöne Gemmen, wo Amor ein Rad aus lauter Phalli dreht[2]). Was die phallische Bedeutung der Sonne betrifft, so weist hier nicht nur die Schlange darauf hin; ich zitiere aus der Fülle der Belege bloß einen besonders aufdringlichen Fall: In der Antikensammlung von Verona habe ich eine spätrömische mystische Inschrift gefunden, in der sich folgende Darstellung findet[3]):

I.

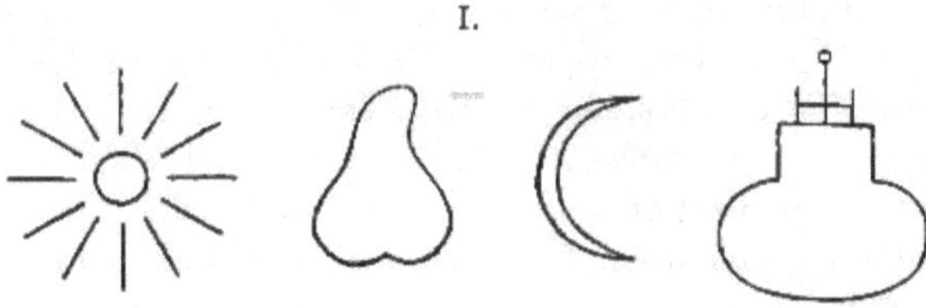

Diese Symbolik liest sich sehr einfach: Sonne-Phallus, Mond-Vagina (Uterus). Bestätigt wird diese Deutung durch ein anderes Monument derselben Sammlung. Dort findet sich die gleiche Darstellung, nur ist das Gefäß[4]) ersetzt durch die Gestalt eines Weibes.

[1]) Stekel (Sprache des Traumes) hat vielfach die Trias als phallisches Symbol angemerkt, z. B. S. 27.

[2]) Sonnenstrahlen = Phalli.

[3]) Die Abbildung stammt nicht von einer Photographie, sondern bloß von einer Bleistiftskizze des Verfassers.

[4]) In einer Bakairimythe kommt ein Weib vor, das aus einem Maismörser entstanden ist. In einer Zulumythe heißt es: Eine Frau soll einen Blutstropfen in einem Topfe auffangen, dann den Topf verschließen, für 8 Monate beiseite stellen und im 9. wieder öffnen. Sie folgt dem Rate, öffnet im 9. Monat den Topf und findet ein Kind darin. (Frobenius: Das Zeitalter des Sonnengottes, I S. 237.)

In ähnlicher Weise sind wohl auch die Münzdarstellungen aufzufassen, wo sich in der Mitte eine Palme von einer Schlange umwunden findet, flankiert von 2 Steinen (Testikel), oder in der Mitte ein Stein umwunden von einer Schlange, rechts eine Palme und links eine Muschel (= weibliches Genitale[1]). Bei Lajard (Recherch. s. l. culte de Vénus) findet sich eine Münze von Perga, wo die Artemis von Perga durch einen konischen (phallischen) Stein dargestellt ist, flankiert von einem Mann (angeblich Men) und einer weiblichen Figur (angeblich Artemis). Auf einem attischen Basrelief findet sich Men (der sogenannte Lunus) mit einem sogenannten Speer (einem Scepter von phallischer Grundbedeutung) flankiert von Pan mit einer Keule (Phallus) und einer weiblichen Figur[2]). Die traditionelle Darstellung des Kruzifixus flankiert von Johannes und Maria schließt sich eng an diesen Vorstellungskreis an, ebensowohl wie der Kruzifixus mit den Schächern. Wir sehen daraus, wie neben der Sonne immer wieder der noch viel ursprünglichere Vergleich der Libido mit dem Phallischen auftaucht. Eine besondere Spur verdient hier noch aufgezeigt zu werden. Der den Mithras vertretende Dadophor Cautopates wird auch mit Hahn[3]) und Pinienapfel dargestellt. Diese aber sind die Attribute des phrygischen Gottes Men, dessen Kult eine große Verbreitung hatte. Men wurde mit dem Pileus[4]), Pinienzapfen, und Hahn dargestellt, ebenfalls in der Gestalt eines Knaben, wie auch die Dadophoren knabenhafte Figuren sind. (Diese letztere Eigenschaft nähert sie mit Men den Kabiren an.) Nun hat Men ganz nahe Beziehungen zu Attis, dem Sohn und Geliebten der Kybele. In der römischen Kaiserzeit wurden Men und Attis ganz verschmolzen. Wie oben schon angemerkt wurde, trägt auch Attis den Pileus, wie Men, Mithras und die Dadophoren. Als Sohn und Geliebter seiner Mutter führt er uns wieder zur Quelle dieser religionsbildenden Libido, nämlich zum Mutterinzest. Der Inzest führt logischerweise zur sakralen Kastration im Attis-Kybele-Kultus, indem auch der Heros sich, von seiner Mutter rasend gemacht, selbst verstümmelt[5]). Ich muß es mir versagen, an dieser

[1]) Inman: l. c., S. 10, Pl. IX.

[2]) Roscher: Lex. Sp. 2733/4 siehe s. Men.

[3]) Ein wohl bekanntes Sonnentier. Als phallisches Symbol häufig.

[4]) Wie Mithras und die Dadophoren.

[5]) Die Kastration im Dienste der Mutter beleuchtet in ganz besonderer Weise Exod. 4, 25: „Da nahm Zipporah einen Stein, und beschnitt ihrem Sohn die Vorhaut und rührte ihm seine Füße an und sprach: „Du bist mir ein Blutbräutigam." Diese Stelle zeigt, was die Beschneidung bedeutet.

Stelle tiefer zu gehen, da ich das Inzestproblem erst am Schlusse besprechen möchte. Der Hinweis genüge, daß die Analyse dieser Libidosymbolik von verschiedenen Seiten her immer wieder zum Mutterinzest führt. Wir dürfen daher vermuten, die Sehnsucht der zum Gott erhobenen (ins Unbewußte verdrängten) Libido ist eine ursprünglich sog. inzestuöse, die der Mutter gilt. Durch den Verzicht auf die Männlichkeit der ersten Geliebten gegenüber tritt das feminine Element mächtig hervor, daher jener stark androgyne Charakter der sterbenden und auferstehenden Gottheilande. Daß diese Heroen fast immer Wanderer sind[1]), ist ein psychologisch klarer Symbolismus: Das Wandern ist ein Bild der Sehnsucht[2]), des nie rastenden Verlangens, das nirgends sein Objekt findet, denn es sucht die verlorene Mutter, ohne es zu wissen. Über das Wandern ist der Sonnenvergleich auch unter diesem Aspekt leicht verständlich, daher die Helden auch immer der wandernden Sonne ähnlich sind, woraus man sich zum Schlusse berechtigt glaubt, der Mythus des Helden sei ein Sonnenmythus. Der Mythus vom Helden aber ist, wie uns scheinen will, der Mythus unseres eigenen leidenden Unbewußten, das jene ungestillte und selten stillbare Sehnsucht nach allen tiefsten Quellen seines eignen Seins, nach dem Leibe der Mutter, und in ihm nach der Gemeinschaft mit dem unendlichen Leben in den unzähligen Formen des Daseins hat. Ich muß hier das Wort dem Meister lassen, der die tiefsten Wurzeln faustischer Sehnsucht geahnt hat:

Ungern entdeck' ich höheres Geheimnis.
Göttinnen thronen hehr in Einsamkeit,
Um sie kein Ort, noch weniger eine Zeit,
Von ihnen sprechen ist Verlegenheit.
Die Mütter sind es!
— — — — — — — — Göttinnen, ungekannt
Euch Sterblichen, von uns nicht gern genannt.
Nach ihrer Wohnung magst ins Tiefste schürfen,
Du selbst bist schuld, daß ihrer wir bedürfen.
Wohin der Weg?
Kein Weg! Ins Unbetretene,
Nicht zu Betretende; ein Weg ans Unerbetene,
Nicht zu Erbittende. Bist du bereit?
Nicht Schlösser sind, nicht Riegel wegzuschieben,
Von Einsamkeiten wirst umhergetrieben.

---

[1]) Gilgamesh, Dionysos, Herakles, Christus, Mithras usw.

[2]) Vgl. dazu Graf: R. Wagner im Fliegenden Holländer. Schriften zur angewandten Seelenkunde.

Hast du Begriff von Öd und Einsamkeit?

— — — — — — — — — — — — — — — — — —

Und hättest du den Ozean durchschwommen
Das Grenzenlose dort geschaut,
So sähst du dort doch Well' auf Welle kommen,
Selbst wenn es dir vorm Untergange graut.
Du sähst doch etwas. Sähst wohl in der Grüne
Gestillter Meere streichende Delphine;
Sähst Wolken ziehen, Sonne, Mond und Sterne;
Nichts wirst du sehn in ewig leerer Ferne,
Den Schritt nicht hören, den du tust,
Nichts Festes finden, wo du ruhst.

— — — — — — — — — — — — — — — — — —

— — — — — — — — — — — — — — — — — —

Hier diesen Schlüssel nimm.

— — — — — — — — — — — — — — — — — —

Der Schlüssel wird die rechte Stelle wittern,
Folg ihm hinab, er führt dich zu den Müttern.

— — — — — — — — — — — — — — — — — —

Versinke denn! Ich könnt' auch sagen: steige!
S'ist einerlei. Entfliehe dem Entstandnen,
In der Gebilde losgebundne Räume;
Ergötze dich am längst nicht mehr Vorhandnen;
Wie Wolkenzüge schlingt sich das Getreibe,
Den Schlüssel schwinge, halte sie vom Leibe.

— — — — — — — — — — — — — — — — — —

Ein glühnder Dreifuß[1]) tut dir endlich kund,
Du seist im tiefsten, allertiefsten Grund.
Bei seinem Schein wirst du die Mütter sehn;
Die einen sitzen, andre stehn und gehn;
Wie's eben kommt. Gestaltung, Umgestaltung,
Des ewigen Sinnes ewige Unterhaltung.
Umschwebt von Bildern aller Kreatur;
Sie sehn dich nicht, denn Schemen sehn sie nur.
Da faß ein Herz, denn die Gefahr ist groß,
Und gehe grad auf jenen Dreifuß los,
Berühr ihn mit dem Schlüssel!

V.

Symbole der Mutter und der Wiedergeburt.

Die der Schöpfung des Heros folgende Vision beschreibt Miller als „ein Gewimmel von Personen“. Dieses Bild ist uns aus der Traum-

[1]) Ich habe oben, gelegentlich der Zosimosvision, angedeutet, daß der Altar den Uterus bedeute, entsprechend dem Taufbecken.

deutung zunächst als das Symbol des Geheimnisses[1]) bekannt. Es scheint, daß die Rücksicht auf Darstellbarkeit (Freud) diese Symbolwahl bedingt: Der Träger des Geheimnisses der Menge der Nichtwissenden gegenübergestellt. Der Besitz an Geheimnissen trennt von der Gemeinschaft der übrigen Menschen. Da für den Libidohaushalt der möglichst reibungslose und vollständige Rapport mit der Umgebung von großer Bedeutung ist, so pflegt der Besitz an subjektiv wichtigen Geheimnissen sehr störend zu wirken. Man kann sagen, daß sich die ganze Lebenskunst auf das eine Problem einschränkt, wie man Libido auf möglichst unschädliche Weise los wird. Es ist daher für den Neurotiker in der Behandlung eine ganz besondere Wohltat, wenn er sich endlich seiner verschiedenen Geheimnisse entledigen kann. Das Symbol der Volksmenge, vorzugsweise der strömenden und sich bewegenden Menge ist, wie ich öfter gesehen habe, auch für die große Bewegung des Unbewußten gesetzt, gern bei Personen, die nach außen stilles Wasser sind.

Die Vision des Gewimmels entwickelt sich weiter: es treten Pferde auf, eine Schlacht wird geschlagen.

Ich möchte die Bedeutung dieser Visionen mit Silberer zunächst als zur „funktionalen Kategorie" gehörig erkennen, indem der Grundgedanke des durcheinanderströmenden Gewimmels nichts als ein Symbol für die nunmehr anstürmende Gedankenmasse ist, ebenso die Schlacht und eventuell die Pferde, welche die Bewegung veranschaulichen. Die tiefere Bedeutung des Auftretens von Pferden wird sich erst im weiteren Verlauf unserer Behandlung der Muttersymbole ergeben. Bestimmteren und auch inhaltlich bedeutenderen Charakter hat die folgende Vision: Miß Miller sieht eine „Cité de rêve", eine Stadt der Träume. Das Bild ist so, wie sie es kurz zuvor auf dem Einband eines „Magazines" gesehen hatte. Leider erfahren wir nichts weiteres darüber. Man darf sich wohl ruhig unter dieser „Cité de rêve" einen erfüllten Wunschtraum vorstellen, nämlich etwas recht Schönes und Ersehntes, eine Art von himmlischem Jerusalem, wie es sich der Apokalyptiker geträumt hat.

Die Stadt ist ein mütterliches Symbol, ein Weib, das die Bewohner wie Kinder in sich hegt. Es ist daher verständlich, daß die beiden Muttergöttinnen, Rhea und Kybele, beide die Mauerkrone tragen. Das Alte Testament behandelt die Städte Jerusalem, Babel usw. wie Weiber. Jesaja (47, 1 ff.) ruft aus:

[1]) Freud: Die Traumdeutung.

„Herunter Jungfrau, du Tochter Babel, setze dich in den Staub, setze dich auf die Erde; denn die Tochter der Chaldäer hat keinen Stuhl mehr. Man wird dich nicht mehr nennen: du Zarte und Üppige.
Nimm die Mühle und mahle Mehl; flicht deine Zöpfe aus, hebe die Schleppe, entblöße den Schenkel, wate durchs Wasser,
Daß deine Blöße aufgedeckt und deine Schande gesehen werde. —
Setze dich in die Stille, gehe in die Finsternis, du Tochter der Chaldäer; denn du sollst nicht mehr heißen: Frau über Königreiche."

Jeremia (50, 12) sagt von Babel:

„Eure Mutter steht mit großen Schanden, und die euch geboren hat, ist zum Spott worden."

Feste, nie bezwungene Städte sind Jungfrauen; Kolonien sind Söhne und Töchter einer Mutter. Städte sind auch Huren: Jesaja sagt von Tyros (23, 16):

„Nimm die Harfe, gehe in der Stadt um, du vergessene Hure"

und

„Wie geht das zu, daß die fromme Stadt zur Hure worden ist?"

Einer ähnlichen Symbolik begegnen wir im Mythus des Ogyges, dem vorzeitlichen König, der im ägyptischen Theben herrschte und dessen Frau entsprechenderweise Thebe hieß. Das von Kadmus gegründete böotische Theben erhielt daher den Beinamen: „ogygisch". Diesen Beinamen führt auch die große Flut, die die „ogygische" heißt, weil sie unter Ogyges kam. Dieses Zusammentreffen wird sich unten als wohl kaum zufällig herausstellen. Die Tatsache, daß Stadt und Frau des Ogyges denselben Namen führen, weist darauf hin, daß irgend eine Beziehung zwischen der Stadt und der Frau existieren muß, was unschwer einzusehen ist, indem die Stadt eben einfach identisch ist mit dem Weibe. Einer ähnlichen Vorstellung begegnen wir im Indischen, wo Indra als Gemahl der Urvarâ gilt, Urvarâ aber heißt das „fruchtbare Land". Ebenso wird die Besitzergreifung eines Landes durch den König als Vermählung mit der Ackererde aufgefaßt. Ähnliche Vorstellungen müssen auch in Europa geherrscht haben. Die Fürsten hatten bei ihrem Regierungsantritt etwa eine gute Ernte zu garantieren. Der schwedische König Domaldi wurde wegen Mißratens der Ernte sogar getötet (Ynglingasage 18). In der Râmasage vermählt sich der Held Râma mit Sitâ, der Ackerfurche[1]). In den gleichen Vor-

[1]) Ich verdanke die Nachweise von Indra und Urvarâ, Domaldi und Râma Herrn Dr. Abegg in Zürich.

stellungskreis gehört die chinesische Sitte, daß der Kaiser beim Regierungsantritt zu pflügen hat. Diese Idee, daß der Boden weiblich sei, schließt auch den Gedanken in sich vom beständigen Zusammensein mit dem Weibe, einem körperlichen Ineinanderleben. Shiva, der phallische Gott ist als Mahadeva und Parwati männlich und weiblich; er hat seiner Gemahlin Parwati sogar die eine Hälfte seines Körpers zur Wohnung eingeräumt[1]). Jnman[2]) bringt die Zeichnung eines Punditen von Ardanari-Iswara: Die eine Hälfte des Gottes ist männlich, die andere weiblich und die Genitalien sind in beständiger Kohabitation. Das Motiv der beständigen Kohabitation findet sich auch ausgedrückt in dem bekannten Lingamsymbol, das überall in indischen Tempeln zu finden ist: Die Basis ist ein weibliches Symbol und drin steht der Phallus[3]). Dieses Symbol kommt den griechischen, mystischen Phalluskörben und -kisten sehr nahe. (Vergleiche dazu unten die Eleusinischen Mysterien.) Die Kiste oder Lade ist hier weibliches Symbol, nämlich der Mutterleib, was den älteren Mythologen eine ganz bekannte Auffassung war[4]). Die Kiste, das Faß oder Körbchen mit dem kostbaren Inhalt wird gern als auf dem Wasser schwimmend gedacht, in einer bemerkenswerten Umkehrung der natürlichen Tatsache, daß das Kind im Fruchtwasser schwimmt und dieses sich im Uterus befindet. Durch diese Umkehrung aber wird ein großer Sublimierungsvorteil erzielt, indem eine ungeheure Anwendungsmöglichkeit für die mythenspinnende Phantasie dadurch geschaffen wird, nämlich der Anschluß an den Sonnenlauf. Die Sonne schwimmt über das Meer als der unsterbliche Gott, der jeden Abend in das mütterliche Meer untertaucht und am Morgen wieder erneuert geboren wird.

[1]) Auch das christliche Mittelalter dachte sich die Trinität als im Leibe der hl. Jungfrau wohnend.

[2]) Symbolism. Plate VII.

[3]) Eine andere Form desselben Motivs ist die persische Anschauung vom Lebensbaume, der im Regensee Vourukasha steht. Die Samen dieses Baumes werden dem Wasser beigemischt und dadurch wird die Fruchtbarkeit der Erde unterhalten. Vendidâd 5, 57 ff. heißt es: Die Gewässer fließen „zum See Vourukasha, hin zu dem Baum Hvâpa, dort wachsen meine Bäume alle, von allen Gattungen, diese lasse ich dort herabregnen als Speise für den reinen Mann, als Weide für die wohlgeschaffene Kuh. (Befruchtung auf vorsexueller Stufe ausgedrückt!) Ein weiterer Lebensbaum ist der weiße Haoma, der in der Quelle Ardviçura, dem Lebenswasser, wächst. Spiegel: Erân. Altertumskunde, I 465, 467.

[4]) Schöne Nachweise hierfür bringt die Schrift Ranks: D. Myth. v. d. Geburt des Helden.

Frobenius (Das Zeitalter des Sonnengottes, S. 30) sagt:

„Tritt nun für den blutigen Sonnenaufgang etwa die Anschauung auf, daß hier eine Geburt stattfindet, die Geburt der jungen Sonne, so schließt sich hieran unbedingt die Frage, woher denn die Vaterschaft komme, wie dies Weib zu der Schwangerschaft gelangt sei. Und da nun dies Weib dasselbe symbolisiert wie der Fisch, nämlich das Meer (indem wir von einer Annahme ausgehen, daß die Sonne sowohl im Meer untergeht als aus dem Meer emporsteigt), so ist die urmerkwürdige Antwort, daß dies Meer ja vordem die alte Sonne verschluckt habe. Es bildet sich demnach die Konsequenz mythe. da das Weib „Meer" vordem die Sonne verschluckt hat und jetzt eine neue Sonne zur Welt bringt, so ist sie offenbar schwanger geworden."

Alle diese meerbefahrenden Götter sind Sonnensymbole. Sie sind für die „Nachtmeerfahrt" (Frobenius) in ein Kästchen oder in eine Arche eingeschlossen, öfter mit einem Weibe zusammen (wiederum in Umkehrung des tatsächlichen Verhältnisses, aber in Anlehnung an das Motiv der beständigen Kohabitation, dem wir oben begegnet sind). Während der Nachtmeerfahrt ist der Sonnengott im Mutterleibe eingeschlossen, öfter von allerhand Gefahren bedroht.

Statt vieler Einzelbeispiele begnüge ich mich, das Schema, das Frobenius (l. c.) für zahllose Mythen dieser Art konstruiert hat, hier wiederzugeben:

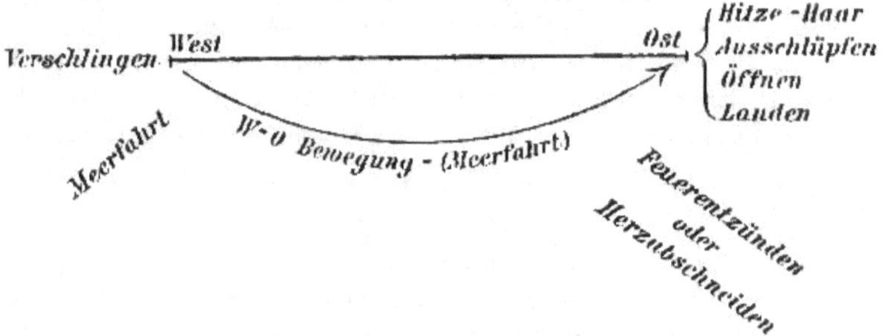

Frobenius gibt dazu folgende Legende:

„Ein Held wird von einem Wasserungetüm im Westen verschlungen (‚verschlingen'). Das Tier fährt mit ihm nach Osten (‚Meerfahrt'). Inzwischen entzündet er in dem Bauche ein Feuer (‚Feuerentzünden') und schneidet sich, da er Hunger verspürt, ein Stück des herabhängenden Herzens ab (‚Herzabschneiden'). Bald darauf merkt er, daß der Fisch auf das Trockene gleitet (‚Landen'); er beginnt sofort das Tier von innen heraus aufzuschneiden (‚Öffnen'); dann schlüpft er heraus (‚Ausschlüpfen').

In dem Bauche des Fisches ist es so heiß gewesen, daß ihm alle Haare ausgefallen sind (‚Hitze', ‚Haar'). — Vielfach befreit der Held noch gleichzeitig alle, die vorher verschlungen wurden (‚Allverschlingen') und die nun alle auch ausschlüpfen (‚Allausschlüpfen')."

Eine sehr naheliegende Parallele ist Noahs Fahrt auf der Sintflut, in der alles Lebende stirbt, nur er und das von ihm bewahrte Leben werden einer neuen Geburt der Schöpfung entgegengeführt. In einer melapolynesischen Sage (Frobenius l. c. S. 61) heißt es, daß der Held im Bauche des Kombili (Königsfisch) seinen Obsidian nimmt und dem Fisch den Bauch aufschneidet. „Er schlüpfte hinaus, und sah einen Glanz. Und er setzte sich nieder und überlegte: ‚Ich wundere mich, wo ich bin?' sagte er. Da stieg die Sonne mit einem Ruck empor und warf sich von einer Seite zur andern." Die Sonne ist wieder ausgeschlüpft. Frobenius (S. 173 f.) erwähnt aus dem Ramayana die Mythe des Affen Hanumant, der den Sonnenhelden repräsentiert: „Die Sonne, in welcher Hanumant durch die Luft eilt, wirft einen Schatten auf das Meer; ein Meerungeheuer bemerkt denselben und zieht durch ihn Hanumant an sich. Als dieser sieht, daß das Ungeheuer ihn verschlucken will, dehnt er seine Gestalt ganz maßlos aus; das Ungeheuer nimmt dieselben gigantischen Proportionen an. Als es das tut, wird Hanumant so klein wie ein Daumen, schlüpft in den großen Leib des Ungeheuers hinein und kommt auf der andern Seite wieder hinaus." An einer andern Stelle des Gedichtes heißt es, er sei zum rechten Ohre des Ungeheuers wieder herausgekommen. (Wie Rabelais' Gargantua, der auch aus dem Ohr der Mutter geboren wurde.) „Hanumant nimmt darauf seinen Flug wieder auf und findet ein neues Hindernis in einem andern Meerungeheuer, das ist die Mutter Rahus (des sonnenverschlingenden Dämons). Diese zieht ebenfalls den Schatten[1]) Hanumants an sich; dieser nimmt wieder zu der früheren Kriegslist seine Zuflucht, wird klein und schlüpft in ihren Leib hinein, doch kaum ist er darin, so wächst er zum riesigen Klumpen an, schwillt auf, zerreißt sie, tötet sie und macht sich davon."

So verstehen wir, daß der indische Feuerholer Mataričvan „der in der Mutter Schwellende" heißt. Die Arche (Kästchen, Lade, Faß, Schiff usw.) ist ein Symbol des Mutterleibes, ebenso wie das Meer, in das die Sonne zur Wiedergeburt versinkt.

---

[1]) Schatten = wohl Seele, deren Natur gleich der Libido ist. Vgl. dazu I. Teil.

Aus diesem Vorstellungskreis heraus verstehen wir die mythologischen Aussagen über Ogyges: Er ist der, der die Mutter, die Stadt, besitzt, der also mit der Mutter vereinigt ist, daher auch unter ihm die große Flut kam, indem es ein typisches Stück im Sonnenmythus ist, daß der Held, wenn vereinigt mit der schwererreichbaren Frau, in einem Faß und dergl. ins Meer ausgesetzt wird und dann an einem fernen Gestade zu neuem Leben landet. Das Mittelstück, die „Nachtmeerfahrt" in der Arche, fehlt in der Tradition über Ogyges[1]). Es ist aber die Regel in der Mythologie, daß die einzelnen typischen Stücke eines Mythus in allen erdenklichen Variationen aneinander gefügt sein können, was die Deutung des einzelnen Mythus ohne Kenntnis aller anderen außerordentlich erschwert. Der Sinn des hier angeregten Mythenkreises ist klar: es ist die Sehnsucht, durch die Rückkehr in den Mutterleib die Wiedergeburt zu erlangen, d. h. unsterblich zu werden wie die Sonne.

Diese Sehnsucht nach der Mutter drückt sich in unseren heiligen Schriften reichlich aus[2]). Ich erinnere zunächst an die Stelle im Galaterbrief, wo es heißt (4, 26 ff.):

„Das obere Jerusalem aber ist frei (eine Freie, keine Sklavin), das ist unsere Mutter. Denn es steht geschrieben: Freue dich, du Unfruchtbare, die nicht gebiert, brich in Jubel aus, die nicht kreißt; denn

---

[1]) Ich muß aber erwähnen, daß Nork (Realwörterbuch sub Theben und Schiff) aus zum Teil sehr anfechtbaren Gründen dafür plaidiert, daß Theben die „Schiffstadt" sei. Ich hebe aus seinen Gründen eine Stelle aus Diodor (1, 57) hervor, wonach Sesostris (den Nork mit Xisuthros in Beziehung setzt) dem höchsten Gott in Theben ein Schiff von 280 Ellen Länge geweiht habe. Im Gespräch des Lucius (Apulejus: Metam. lib. II, 28.) wird die Nachtmeerfahrt als erotische Redefigur gebraucht: „Hac enim sitarchia navigium Veneris indiget sola, ut in nocte pervigili et oleo lucerna et vino calix abundet." Die Vereinigung des Coitusmotivs mit dem Schwangerschaftsmotiv findet sich in der „Nachtmeerfahrt" des Osiris, der im Mutterleibe seine Schwester begattet.

[2]) Psychologisch sehr beweisend ist die Art und Weise, wie Jesus seine Mutter behandelt, wie er sie barsch von sich weist: um so sicherer und um so stärker wird die Sehnsucht nach ihrer Imago in seinem Unbewußten wachsen. Es ist wohl kein Zufall, daß der Name Maria ihn durch sein Leben begleitet. Vergl. den Ausspruch Matth. 10, 35 f.: „Ich bin gekommen, zu entzweien, einen Menschen mit seinem Vater, die Tochter mit ihrer Mutter. — Wer Vater und Mutter mehr liebt denn mich, ist mein nicht wert." Diese direkt feindselige Absicht, die an die legendäre Rolle des Bertran de Born erinnert, richtet sich gegen die inzestuösen Bindungen und zwingt die Menschen, ihre Libido auf den sterbenden, in die Mutter eingehenden und auferstehenden Heiland, den Heros Christus zu übersetzen.

die Einsame hat viele Kinder, mehr als die, die einen Mann hat. Ihr aber, Brüder, seid nach Isaak Kinder der Verheißung. Aber wie damals der nach dem Fleisch Gezeugte den nach dem Geist Gezeugten verfolgte, so auch jetzt. Aber was sagt die Schrift? Wirf die Magd hinaus und ihren Sohn, denn der Sohn der Magd soll nicht erben mit dem Sohne der Freien. Also, Brüder, sind wir nicht der Magd Kinder, sondern der Freien. Für die Freiheit hat uns Christus befreit."

Die Christen sind die Kinder der oberen Stadt, eines Symbols der Mutter, nicht Söhne der irdischen Stadt-Mutter, die man hinauswerfen soll, denn der fleischlich Gezeugte ist im Gegensatz zu dem geistig Gezeugten, welcher nicht aus der fleischlichen Mutter, sondern aus einem Symbol für die Mutter geboren ist. Man muß hier wiederum an die Indianer denken, die den ersten Menschen aus einem Schwertgriff und einem Weberschiffchen hervorgehen lassen. Das religiöse Denken ist verbunden mit dem Zwang, die Mutter nicht mehr Mutter zu nennen, sondern Stadt, Quelle, Meer usw. Dieser Zwang kann nur aus dem Bedürfnis stammen, eine mit der Mutter verbundene Libidomenge zu betätigen, doch so, daß die Mutter dabei durch ein Symbol vertreten respektive versteckt sei. Die Symbolik der Stadt finden wir wohl entwickelt in der Apokalypse des Johannes, wo zwei Städte eine große Rolle spielen, die eine von ihm beschimpft und verflucht, die andre ersehnt. Wir lesen Apokal. 17, 1 ff.:

„Komm, ich zeige dir das Gericht über die große Buhlerin, die an den großen Wassern saß, mit der die Könige der Erde Unzucht getrieben, und wurden trunken die Bewohner der Erde vom Wein ihrer Unzucht; und er trug mich in eine Wüste im Geiste. Und ich sah ein Weib sitzen auf einem scharlachnen Tiere, voll Namen der Lästerung mit sieben Köpfen und zehn Hörnern. Und das Weib war in Purpur und Scharlach gekleidet, und vergoldet mit Gold und Edelsteinen und Perlen und hatte einen goldnen Becher[1]) in der Hand voll Greuel und Unsauberkeit ihrer Unzucht; und auf ihrer Stirn war ein Name geschrieben, im Geheimniß: Babylon die große, die Mutter der Buhlerinnen und der Greuel der Erde. Und ich sah das Weib trunken vom Blut der Heiligen und vom Blut der Zeugen Jesu, und sah hin und wunderte mich groß, da ich sie sah."

Es folgt hier eine uns unverständliche Deutung des Gesichts, aus der wir nur hervorheben wollen, daß die 7 Köpfe[2]) des Drachen sieben

[1]) Genitale.

[2]) Die Hörner des Drachen erhalten folgende Attribute: „Sie werden vom Fleisch des Weibes zehren und sie mit Feuer verbrennen." Das Horn, ein phallisches Emblem, ist im Einhorn das Symbol des Heiligen Geistes (Logos). Das Einhorn wird vom Erzengel Gabriel gehetzt und in den Schoß der Jungfrau

Berge bedeuten, auf denen das Weib sitzt. Es dürfte sich hier um eine deutliche Beziehung auf Rom handeln, also auf die Stadt, deren irdische Macht die Welt in der Zeit des Apokalyptikers bedrückte. Die Wasser, auf denen das Weib, die „Mutter", sitzt, sind „Völker und Massen und Nationen und Sprachen", auch das scheint Rom zu gelten, denn es ist die Mutter der Völker und besitzt alle Länder. Wie in der Sprache z. B. Kolonien „Töchter" heißen, so sind die Rom unterworfenen Völker wie Glieder einer der Mutter unterworfenen Familie: In einer andern Version des Bildes treiben die Könige der Völker, also die „Väter", mit dieser Mutter Unzucht. Die Apokalypse fährt fort (18, 2 ff.):

„Gefallen, gefallen ist die große Babylon und ward eine Behausung für Dämonen und ein Gefängnis aller unreinen Geister und Gefängnis aller unreinen und verhaßten Vögel, denn aus dem Zornwein ihrer Unzucht haben alle Nationen getrunken."

So wird diese Mutter nicht nur Mutter aller Greuel, sondern auch eigentlich das Behältnis alles Bösen und Unreinen. Die Vögel sind Seelenbilder[1]), gemeint sind also alle Seelen der Verdammten und bösen Geister. So wird die Mutter zur Hekate, zur Unterwelt, zur Stadt der Verdammten selber. Wir erkennen in dem urtümlichen Bilde des Weibes auf dem Drachen[2]) unschwer das oben erwähnte Bild der Echidna, der Mutter aller höllischen Schrecken. Die Babylon ist das Bild der „furchtbaren" Mutter, die mit teuflischer Versuchung alle Völker zur Hurerei verführt und mit ihrem Weine trunken macht. Der Rauschtrank steht hier in nächster Beziehung zur Unzucht, denn er ist ebenfalls ein Libidosymbol, wie wir bereits bei der Parallele von Feuer und Sonne gesehen haben.

---

gejagt, womit die Conceptio immaculata sinngemäß angedeutet wird. Die Hörner sind aber auch Sonnenstrahlen, daher die Sonnengötter öfter gehörnt sind. Der Sonnenphallus ist das Vorbild des Hornes (Sonnenrad und Phallusrad), daher Horn Symbol der Macht. Hier „verbrennen" die Hörner „mit Feuer" und verzehren das Fleisch; man erkennt darin ein Bild der Höllenpein, wo die Seelen durch das Feuer der Libido (ungestillte Sehnsucht) „gebrannt" werden. Die Buhlerin soll also von ungestillter Sehnsucht (Libido) „verzehrt" oder „verbrannt" werden. Prometheus erleidet ein ähnliches Schicksal, indem der Sonnen-(Libido-) Vogel seine Eingeweide frißt; man könnte auch sagen, er sei vom „Horn" durchstoßen. Ich ziele auf die phallische Bedeutung des Speeres.

[1]) In der babylonischen Unterwelt z. B. tragen die Seelen ein Flügelkleid wie die Vögel. Siehe Gilgameshepos.

[2]) In einem Brüggener Evangelienbuch des 14. Jahrhunderts findet sich eine Miniature, wo das „Weib" lieblich wie die Gottesmutter zum halben Leibe in einem Drachen drin steht.

Nach dem Fall und der Verfluchung der Babylon finden wir Apokal. 19, 6 ff. den Hymnus, der uns überleitet von der unteren zur oberen Mutterhälfte, wo nun alles möglich werden soll, was ohne Verdrängung des Inzestuösen unmöglich wäre:

„Alleluja, denn der Herr, unser Gott, der Allbeherrscher, ist König geworden. Freuen wir uns und jauchzen wir und bringen ihm Preis: denn es ist gekommen die Hochzeit des Lammes[1]), und seine Frau hat sich bereitet, und es ward ihr gegeben, sich anzutun mit strahlendem reinem Linnen;

---

[1]) Griechisch τὸ ἀρνίον, Böckchen, Diminutiv des ungebräuchlichen ἀρήν = Widder. (Bei Theophrast kommt es in der Bedeutung von „junge Schößlinge" vor.) Das verwandte Wort ἀρνίς bezeichnet ein in Argos alljährlich gefeiertes Fest zum Andenken an Linos, wobei der λίνος genannte Klagegesang gesungen wurde zur Beklagung des von Hunden zerrissenen Linos, des neugeborenen Knäbchens der Psamathe und des Apollo. Die Mutter hatte das Kind ausgesetzt aus Furcht vor ihrem Vater Krotopos. Aus Rache sandte aber Apollo einen Drachen, die Poine, in das Land des Krotopos. Das Orakel von Delphi gebot eine jährliche Klage der Frauen und Jungfrauen um den toten Linos. Auch Psamathe fiel ein Teil der Verehrung zu. Die Linosbeklagung ist, wie Herodot zeigt (II, 79), identisch mit dem phönikischen, kyprischen und ägyptischen Gebrauch der Adonis-(Tammuz-)Beklagung. In Ägypten heiße der Linos Maneros, wie Herodot bemerkt. Brugsch weist nach, daß Maneros von dem ägyptischen Klagerufe maa-n-chru: „komme auf den Ruf" herstamme. Die Poine hat die Eigentümlichkeit, daß sie allen Müttern die Kinder aus dem Leibe reißt. Dieses Ensemble von Motiven finden wir wieder in der Apokalypse 12, 1 f., wo von dem gebärenden Gestirnweib gehandelt wird, dessen Kind von einem Drachen bedroht ist, aber in den Himmel entrückt wird. Der Herodianische Kindermord ist eine Vermenschlichung dieses „urtümlichen" Bildes. Das Lamm bedeutet den Sohn. (Vgl. Brugsch: Die Adonisklage und das Linoslied, Berlin, 1852.) Dieterich (Abraxas, Studien zur Religionsgeschichte des späteren Altertums, 1891) verweist zur Erklärung dieses Passus auf den Mythus von Apollo und Python, den er (nach Hyginus) folgendermaßen wiedergibt: „Python, dem Sohne der Erde, dem großen Drachen, war geweissagt, daß der Sohn der Leto ihn töten würde. Leto war von Zeus schwanger: Hera bewirkt aber, daß sie nur da, wo die Sonne nicht scheine, gebären könne. Als Python aber merkt, daß Leto gebären wird, fängt er an sie zu verfolgen, um sie zu töten. Aber Boreas trägt die Leto zum Poseidon. Dieser bringt sie nach Ortygia und bedeckt die Insel mit den Wogen des Meeres. Als Python die Leto nicht findet, kehrt er zum Parnaß zurück. Auf der von Poseidon erhobenen Insel gebiert Leto. Am vierten Tage nach der Geburt nimmt Apollo Rache und tötet den Python. Die Geburt auf der verborgenen Insel gehört zum Motiv der „Nachtmeerfahrt". (S. Frobenius: l. c. passim.) Das Typische der „Inselphantasie" hat zum ersten Male Riklin (Dieses Jahrbuch, Bd. II, S. 246 ff.) richtig herausgefühlt. Eine hübsche Parallele dazu findet sich, zudem mit dem nötigen inzestuösen Phantasiematerial, in H. de Vere Stacpool: The blue lagoon. (Eine Parallele zu „Paul et Virginie".)

17*

denn das Linnen sind die Rechttaten der Heiligen. Und er spricht zu mir: schreibe: Selig sind, die berufen sind zur Hochzeit des Lammes."

Das Lamm ist des Menschen Sohn, der mit der „Frau" Hochzeit feiert. Wer die „Frau" ist, bleibt zunächst dunkel. Apokal. 21, 9 ff., aber zeigt uns, welche „Frau" die Braut des Widders ist:

„Komm, ich will dir zeigen die Braut, das Weib des Lammes[1]), und er trug mich im Geiste auf einen großen und hohen Berg und zeigte mir die heilige Stadt Jerusalem, herabkommend aus dem Himmel von Gott her, mit der Herrlichkeit Gottes."

Aus dieser Stelle dürfte nach allem Vorangegangenen erhellen, daß die Stadt, die himmlische Braut, die hier dem Sohn verheißen wird, die Mutter ist[2]). In Babylon wird, um mit dem Galaterbrief zu reden, die unreine Magd hinausgeworfen, um hier im himmlischen Jerusalem die Mutter-Braut um so sicherer zu erwerben. Es zeugt von feinster psychologischer Witterung, daß die Väter der Kirche, die den Kanon aufstellten, dieses Stück symbolistischer Deutung des Christusmysteriums nicht verloren gehen ließen. Es ist eine kostbare Fundgrube für die dem Urchristentum unterliegenden Phantasien und Mythenstoffe[3]). Die ferneren Attribute, die auf das himmlische Jerusalem

[1]) Apokal. 21, 2 f.: „Und die heilige Stadt, das neue Jerusalem sah ich herabkommen aus dem Himmel von Gott, bereitet wie eine für ihren Mann geschmückte Braut" usw.

[2]) Die Sage von Saktideva in Somadeva Bhatta erzählt, daß der Held. nachdem er die Verschlingung durch einen ungeheuren Fisch (furchtbare Mutter) glücklich überstanden hat, endlich die goldene Stadt sieht und seine geliebte Prinzessin heiratet. (Frobenius: l. c. S. 175.)

[3]) In den apokryphen Akten des hl. Thomas (II. Jahrhundert) ist die Kirche als die jungfräuliche Muttergattin Christi aufgefaßt. In einer Anrufung des Apostels heißt es:

Komm, heiliger Name Christi, der du über allen Namen bist.
Komm, Macht des Höchsten und größte Gnade.
Komm, Spender des Segens, des höchsten.
Komm, Mutter gnadenvolle.
Komm, Ökonomie des Männlichen.
Komm, Frau, die du die verborgenen Mysterien aufdeckst usw.

In einer andern Anrufung heißt es:

Komm, größte Gnade.
Komm, Gattin (wörtlich Gemeinschaft) des Männlichen,
Komm, Frau, die du weißt das Mysterium des Erwählten.
Komm, Frau, die du die verborgenen Dinge zeigest.
Und die unsagbaren Dinge offenbarest, heilige
Taube, die du die Zwillingsnestvögel hervorbringst
Komm, geheime Mutter" usw.

gehäuft wurden, machen seine Bedeutung als Mutter überwältigend klar[1]):

„Und er zeigte mir einen Strom von Lebenswasser glänzend wie Kristall hervorkommend aus dem Throne Gottes und des Lammes mitten in ihrer Gasse; hüben und drüben am Strom den Baum des Lebens zwölfmal fruchtbringend, jeden Monat seine Frucht gebend; und die Blätter des Baumes sind zur Heilung der Nationen. Und Gebanntes soll es nicht mehr geben[2])."

Wir begegnen in diesem Stück dem Symbol des Wassers, das wir bei der Erwähnung des Ogyges in Verbindung mit der Stadt fanden. Die mütterliche Bedeutung des Wassers gehört zu den klarsten Symboldeutungen im Gebiete der Mythologie[3]), so daß die Alten sagen konnten: *ἡ θάλασσα — τῆς γενέσεως σύμβολον.* Aus dem Wasser kommt das Leben,[4]) daher auch die beiden Götter, die uns hier am meisten interessieren, nämlich Christus und Mithras; letzterer ist nach den Darstellungen neben einem Flusse geboren, Christus hat seine Neugeburt im Jordan erfahren, zudem ist er geboren aus der *Πηγή*[5]), dem sempiterni fons amoris, der Gottesmutter, welche heidnisch-christliche Legende zur Quellennymphe gemacht hat. Die „Quelle" findet sich auch im Mithriacismus: Eine pannonische Weihinschrift lautet: fonti perenni. Eine Inschrift von Apulum ist der „Fons Aeterni" geweiht. (Cumont: Text. et Mon. I, 106 f.) Im Persischen ist Ardvîçûra die Quelle mit Lebenswasser. Ardvîçûra-Anâhita ist eine Wasser- und Liebesgöttin (wie Aphrodite

F. C. Conybeare: Die jungfräuliche Kirche und die jungfräuliche Mutter. Archiv für Religionswissenschaft, IX, 77.

Die Beziehung der Kirche zur Mutter ist ganz unzweifelhaft, ebenso die Auffassung der Mutter als Gattin. Die Jungfrau ist notwendigerweise zur Verdeckung des Inzestes dazwischen gestellt. Die „Gemeinschaft des Männlichen" weist auf das Motiv der beständigen Kohabitation. Die „Zwillingsnestvögel" weisen auf die alte Legende, daß Jesus und Thomas Zwillinge gewesen seien. Es handelt sich offenbar um das Dioskurenmotiv, daher der ungläubige Thomas seinen Finger in die Seitenwunde legen muß, deren Sexualbedeutung Zinzendorf richtig gefühlt hat, als ein Symbol, das die androgyne Natur des Urwesens (der Libido) andeutet. Vgl. die persische Sage vom Zwillingsbaume Meschia und Mechiane sowie das Dioskurenmotiv und das Kohabitationsmotiv.

[1]) Apok. 22, 1 ff.

[2]) *Καὶ πᾶν κατάθεμα οὐκ ἔσται ἔτι,* es soll keine Verwünschung mehr sein.

[3]) Vgl. dazu Freud: Traumdeutung. Ferner Abraham: Traum und Mythus, S. 22 f.

[4]) Jes. 48, 1: „Höret das, ihr vom Hause Jakob, die ihr heißet mit Namen Israel und aus dem Wasser Judas geflossen seid."

[5]) Wirth: Aus orientalischen Chroniken.

die „Schaumgeborene“ ist). Die neuen Perser bezeichnen mit Nâhîd den Planeten Venus und eine mannbare Jungfrau. (Spiegel, Erân. Altertumsk. II, S. 54 ff.).

In den Tempeln der Anaitis gab es prostituierte Hierodulen (Huren). Bei den Sakaeen (zu Ehren der Anaitis) gab es rituelle Prügeleien (Strabo XI), wie beim Feste des ägyptischen Ares und seiner Mutter. Der im Vourukashasee wohnende Gott „ein Befruchter“ der Menschen, hieß Apanm Napât = „mit Frauen versehen“. (Spiegel l. c. S. 62.) (Motiv der beständigen Kohabitation.) In den Vedas heißen die Gewässer mâtritamâh = die mütterlichsten[1]). Alles Lebendige steigt, wie die Sonne, aus dem Wasser und taucht am Abend hinunter in das Wasser. Aus den Quellen, den Flüssen und Seen geboren, gelangt der Mensch im Tode an die Wasser des Styx, um die „Nachtmeerfahrt“ anzutreten. Der Wunsch ist: jene schwarzen Wasser des Todes möchten Wasser des Lebens sein, der Tod mit seiner kalten Umarmung möchte der Mutterschoß sein, wie das Meer die Sonne zwar verschlingt, aber aus mütterlichem Schoß wieder gebärt (Jonasmotiv[2]). Das Leben glaubt an keinen Tod:

In Lebensfluten, in Tatensturm,
Wall ich auf und ab,
Wehe hin und her!
Geburt und Grab,
Ein ewiges Meer,
Ein wechselnd Weben,
Ein glühend Leben . . . . . .

Daß das *ξύλον ζωῆς*, das Lebensholz oder der Lebensbaum, ein mütterliches Symbol ist, dürfte aus den obigen Erläuterungen hervorgehen. Der etymologische Zusammenhang von *ὕω, ὕλη, υἱός* in der idg. Wurzel sū deutet die Sinnverschmelzung in der dahinterliegenden Mutter- und Zeugungssymbolik an. Der Lebensbaum ist wohl zunächst ein fruchttragender Stammbaum, also ein Mutterbild. Zahlreiche Mythen belegen die Abstammung des Menschen von Bäumen,

---

[1]) Die griechische „Materia“ ist *ὕλη*, das auch Holz und Wald bezeichnet; es bedeutet eigentlich feucht von idg. Wurzel sū in *ὕω*: naß machen, regnen lassen, *ὑετός* = Regen, ir. suth = Saft, Frucht, Geburt, sanskr. súrā = Branntwein, sutus = Schwangerschaft, sūte, sūgate = zeugen, sutas = Sohn, sūras = Soma, *υἱός* = Sohn (sanskr. sūnús, got. sunus.)

[2]) *Κοίμημα* heißt Beischlaf, *κοιμητήριον* Schlafgemach, daraus coemeterium = Friedhof.

viele Mythen zeigen, wie der Heros im mütterlichen Baume eingeschlossen ist, so der tote Osiris in der Säule, Adonis in der Myrthe usw. Zahlreiche weibliche Gottheiten wurden als Bäume verehrt, daher der Kult der heiligen Haine und Bäume. Es ist von durchsichtiger Bedeutung, wenn sich Attis unter einer Fichte entmannt, d. h. er tut es wegen der Mutter. Mannigfach wurden Göttinnen unter dem Bilde des Baumes oder des Holzes verehrt. So war die Juno von Thespiae ein Baumast, die von Samos ein Brett, die von Argos eine Säule, die karische Diana ein unbehauenes Stück Holz, die Athene von Lindus eine geglättete Säule. Tertullian nennt die Ceres auf Pharos: rudis palus et informe lignum sine effigie. Athenäus bemerkt von der Latona zu Delos, sie sei ein *ξύλινον ἄμορφον*, ein ungeformtes Holzstück[1]). Tertullian nennt eine attische Pallas: crucis stipes, Kreuzpfahl (oder Mast). Der bloße Holzpfahl ist, wie schon der Name (Pfahl, palus, *φάλης*) andeutet, phallisch[2]). Der *φαλλός* ist ein Pfahl, als kultischer Lingam gern aus Feigenholz geschnitzt, wie auch die römischen Priapstatuen. *Φάλος* heißt ein Vorsprung oder Aufsatz am Helm, später *κῶνος* genannt. Wie *ἀνα-φαλ-αντίασις*: Kahlköpfigkeit auf dem Vorderteil des Kopfes, und *φαλακρός*: kahlköpfig in Verbindung mit dem *φάλος-κῶνος* des Helmes andeuten, kommt auch dem oberen Teil des Kopfes quasi phallische Bedeutung zu[3]). *Φάλληνος* hat über *φαλλός* die Bedeutung von „hölzern"; *φαλ-άγγωμα* = Walze. *φάλαγξ*: ein runder Balken; ebenso heißt die durch ihre wuchtige Stoßkraft ausgezeichnete mazedonische Schlachtordnung, ferner heißt das Fingerglied[4]) auch *φάλαγξ*; *φάλλαινα* oder *φάλαινα* ist der Walfisch, dessen phallische Natur ich bereits im ersten Teil angedeutet habe. Es kommt nun noch *φαλός* dazu mit der Bedeutung leuchtend,

[1]) Nork: Realwörterbuch.

[2]) Statt Säulen auch coni, so im Kult der Kypris, der Istar usw.

[3]) In einer Mythe von Zelebes heißt eine Taubenjungfrau, die nach der Weise des Schwanjungfraumythus war gefangengenommen worden, Utahagi nach einem weißen Härchen, welches auf ihrem Scheitel wuchs und dem Zauberkraft innewohnte. Frobenius: l. c., S. 307.

[4]) Bezüglich der phallischen Symbolik des Fingergliedes verweise ich auf die Ausführungen über Daktylos, II. Teil, Kapitel I. Ich erwähne hier noch aus einer Bakairimythe folgendes: „Nimagakaniro verschluckte zwei Bakairifingerknochen, von denen viele im Hause waren, weil Oka sie für seine Pfeilspitzen gebrauchte und viele Bakairi tötete, deren Fleisch er aß. Von den Fingerknochen und nur von diesen, nicht von Oka, wurde die Frau schwanger." (Zitiert Frobenius: l. c., S. 236.)

glänzend. Die idg. Wurzel ist bhale = strotzen, schwellen[1]). Wer denkt nicht an Faust?

„Er wächst in meiner Hand, er leuchtet, blitzt!"

Das ist „urtümliche" Libidosymbolik, welche zeigt, wie unmittelbar die Beziehung zwischen phallischer Libido und Licht ist. Dieselben Beziehungen finden sich auch in den Anrufungen Rudra's im Rigveda:

Rigv. 1, 114, 3: „Mögen wir deine Gunst erlangen deiner, des männerbeherrschenden, o harnender Rudra."

Ich verweise hier auf die oben erwähnte phallische Symbolik Rudra's in den Upanishaden.

4: „Den flammenden Rudra, den das Opfer ausführenden, den kreisenden (am Himmel im Bogen wandelnden), den Seher, rufen wir zur Hilfe hernieder."

2, 33, 5: „— der Süßes erschließende, der sich leicht rufen lassende, der rotbraune, der mit schönem Helme versehene, möge uns nicht der Eifersucht in die Gewalt geben.

6: Erfreut hat mich der mit den Marut verbundene Stier, mit rüstigerer Lebenskraft den flehenden.

8: Dem rötlichbraunen Stier, dem weiß glänzenden, laß kräftiges Preislied erschallen; verehre den flammenden mit Verehrungen, wir besingen das glänzende Wesen Rudra's.

14: Möge Rudra's Geschoß (Pfeil) an uns vorbei sich wenden, möge des Glänzenden große Ungunst vorbeigehen; Spanne die festen (Bogen oder die harten Pfeile?) ab für die Fürsten, du (mit Harn) segnender (zeugungskräftiger) sei gnädig unsern Kindern und Enkeln[2])."

Auf diese Weise gelangen wir aus dem Gebiete der Muttersymbolik unmerklich in das Gebiet einer männlichen, phallischen Symbolik. Auch dieses Element liegt im Baume, sogar im Stammbaume, wie mittelalterliche Stammbäume deutlich zeigen: aus dem zuunterst liegenden Vorfahr wächst an der Stelle des membrum virile der Stamm des großen Baumes empor. Der bisexuelle Symbolcharakter des Baumes ist angedeutet durch die Tatsache, daß im Lateinischen die Bäume männliche Endung und weibliches Geschlecht haben[3]). Bekannt ist die weibliche

[1]) Weitere Belege hierzu bei Prellwitz: Griech. Etym.

[2]) Siecke: Der Gott Rudra im Rigveda. Archiv für Religionswissenschaft, Bd. 1, S. 237 ff.

[3]) Der Feigenbaum ist der phallische Baum. Bemerkenswert ist, daß Dionysos eine Ficus an den Eingang des Hades pflanzte, so, wie man Phallen auf die Gräber stellte. Die der Kypris geweihte Zypresse wurde ganz zum Todeszeichen, indem man sie an die Türe des Sterbehauses stellte.

(speziell mütterliche) Bedeutung des Waldes und die phallische Bedeutung der Bäume in den Träumen. Ich erwähne ein Beispiel:

Eine junge Frau, die, von jeher nervös, nach mehrjähriger Ehe bei Beschränkung der Kinderzahl infolge der typischen Libidoaufstauung erkrankte, hatte folgenden Traum, als sie einen ihr sehr zusagenden jungen Mann mit viel versprechenden freien Ansichten kennen lernte: „Sie fand sich in einem Garten, dort stand ein merkwürdiger exotischer Baum mit sonderbaren, rötlichen, fleischigen Blüten oder Früchten, sie brach sich davon und aß. Sie fühlte sich davon zu ihrem Schrecken vergiftet."

An der Hand der antiken oder poetischen Symbolik läßt sich dieses Traumbild unschwer verstehen, ich darf daher wohl auf die Mitteilung des analytischen Materials verzichten)[1].

Die Doppelbedeutung des Baumes ist unschwer dadurch zu erklären, daß nämlich solche Symbole nicht „anatomisch" zu verstehen sind, sondern psychologisch als Libidogleichnisse, daher es nicht angängig ist, den Baum als phallisch schlechthin, z. B. seiner Formähnlichkeit wegen, aufzufassen, er kann auch Weib heißen oder Uterus oder Mutter. Die Einheit der Bedeutung liegt nur im Libidogleichnis[2]).

[1]) Es gibt eine Abart wissenschaftlichen Denkens, welche dadurch gekennzeichnet ist, daß der Forscher sich gegen sich selbst künstlich dumm stellt und gewisse Dinge nicht zu verstehen vorgibt, die er sonstwo ganz gut versteht. Die künstlich ersonnenen Dummheiten dienen angeblich der Vertiefung der Diskussion von Argumenten. Das ist scholastische Methode.

[2]) Der Baum ist daher auch gelegentlich ein Sonnenbild. Ein von Dr. van Ophuijsen mir mitgeteiltes russisches Rätsel lautet: „Es steht ein Baum mitten im Dorfe und ist in jeder Hütte sichtbar?" „Die Sonne und ihr Licht." Ein norwegisches Rätsel lautet:

„Es steht ein Baum auf dem Billingsberge,
Der tropft über ein Meer,
Seine Zweige leuchten wie Gold;
Das rätst Du heute nicht."

Die Sonnentochter sammelt am Abend die goldenen Zweige, die von der wunderbaren Eiche gebrochen sind.

„Bitterlich weint das Sonnchen
Im Apfelgarten.
Vom Apfelbaum ist gefallen
Der goldene Apfel,
Weine nicht Sonnchen,
Gott macht einen andern
Von Gold, von Erz,
Von Silberchen."

Man geriete von einer Sackgasse in die andere, wenn man sagen wollte, dieses Symbol ist für die Mutter gesetzt und jenes für den Penis. Die feste Bedeutung der Dinge hat in diesem Reich ein Ende. Einzige Realität ist dort die Libido; ihr ist: „Alles Vergängliche nur ein Gleichnis". Es ist also nicht die physische wirkliche Mutter, sondern die Libido des Sohnes, deren Objekt einst die Mutter war. Wir nehmen die mythologischen Symbole viel zu konkret und wundern uns bei jedem Schritt über die endlosen Widersprüche. Die Widersprüche kommen nur daher, daß wir stets wieder vergesesn, daß im Reiche der Phantasie „Gefühl alles" ist. Wenn es also etwa heißt: „seine Mutter war eine böse Zauberin", so lautet die Übersetzung: Der Sohn ist in sie verliebt, d. h. er ist nicht imstande, die Libido von der Mutterimago abzulösen, er leidet daher an inzestuösen Widerständen usw.

Die Wasser- und die Baumsymbolik, die als weitere Attribute dem Symbole der Stadt beigegeben sind, weisen ebenfalls auf jenen Libidobetrag hin, der unbewußt bei der Mutterimago verankert ist. Die Apokalypse läßt an gewissen Hauptstellen die unbewußte Psychologie der religiösen Sehnsucht durchschimmern: die Sehnsucht nach der Mutter[1]). Auch die Erwartung des Apokalyptikers endet bei der Mutter: *καὶ πᾶν κατάθεμα οὐκ ἔσται ἔτι*, und es soll keine Verwünschung mehr geben. Es soll keine Sünde, keine Verdrängung, kein Uneinssein mit sich selber mehr sein, keine Schuld, keine Todesangst und kein Schmerz der Trennung.

So klingt die Apokalypse in jenen selben mystisch strahlenden Akkord aus, den dichterische Ahnung zwei Jahrtausende später wieder erlauschte; es ist das letzte Gebet des „Doctor Marianus":

Das Apfelpflücken vom Paradiesesbaum ist dem Feuerraub zu vergleichen, das Zurückholen der Libido von der Mutter. (Vgl. die unten folgenden Erläuterungen zur spezifischen Tat des Helden.)

[1]) Das Verhältnis des Sohnes zur Mutter war die psychologische Grundlage vieler Kulte. Für die christliche Legende ist die Beziehung des Sohnes zur Mutter dogmatisch außerordentlich klar. Auch Robertson (Evang. Myth., S. 36) fiel die Beziehung Christi zu den Marien auf, und er spricht die Vermutung aus, daß diese Beziehung wahrscheinlich auf einen alten Mythus hinweise, „wo ein palästinensischer Gott, vielleicht des Namens Joschua, in den wechselnden Beziehungen von Geliebter und Sohn gegenüber einer mythischen Maria auftritt — eine natürliche Fluktuation in der ältesten Theosophie und eine, die mit Abweichungen in den Mythen von Mithras, Adonis, Attis, Osiris und Dionysos vorkommt, die alle mit Muttergöttinnen und entweder einer Gemahlin oder einer weiblichen Doppelgängerin in Verbindung gebracht werden, insofern die Mutter und Gemahlin gelegentlich identifiziert werden".

Blicket auf zum Retterblick
Alle reuig Zarten,
Euch zu seligem Geschick
Dankend umzuarten.
Werde jeder bess're Sinn
Dir zum Dienst erbötig;
Jungfrau, Mutter, Königin,
Göttin, bleibe gnädig!

Es erhebt sich beim Anblick dieser Schönheit und Größe des Gefühles eine prinzipielle Frage: ob nämlich die durch Religiosität kompensierte primäre Tendenz als inzestuös nicht zu eng gefaßt sei. Ich habe mich darum schon oben dahin ausgedrückt, daß ich den der Libido entgegengesetzten Widerstand als „im Allgemeinen" mit dem Inzestverbot zusammenfallend betrachte. Ich muß die Definition des psychologischen Inzestbegriffes noch offen lassen. Ich will aber hier hervorheben, daß es ganz besonders die Gesamtheit des Sonnenmythus ist, welche uns dartut, daß die unterste Grundlage des „inzestuösen" Begehrens nicht auf die Kohabitation, sondern auf den eigenartigen Gedanken hinausläuft, wieder Kind zu werden, in den Elternschutz zurückzukehren, in die Mutter hinein zu gelangen, um wiederum von der Mutter geboren zu werden. Auf dem Wege zu diesem Ziele steht aber der Inzest, d. h. die Notwendigkeit, auf irgend einem Wege wieder in der Mutter Leib hinein zu gelangen. Einer der einfachsten Wege wäre, die Mutter zu befruchten und sich identisch wieder zu erzeugen. Hier greift hindernd das Inzestverbot ein, daher nun die Sonnen- oder Wiedergeburtsmythen von allen möglichen Vorschlägen wimmeln, wie man den Inzest umgehen könnte. Ein sehr deutlicher Umgehungsweg ist, die Mutter in ein anderes Wesen zu verwandeln oder zu verjüngen[1]), um sie nach erfolgter Geburt (respektive Fortpflanzung) wieder verschwinden, d. h. sich zurückverwandeln zu lassen. Es ist nicht die inzestuöse Kohabitation, die gesucht wird, sondern die Wiedergeburt, zu der man allerdings am ehesten durch Kohabitation gelangen könnte. Dies ist aber nicht der einzige Weg, obschon vielleicht der ursprüngliche. Das Hindernis des Inzestverbotes macht die Phantasie erfinderisch: z. B. wird versucht, durch Befruchtungszauber die Mutter schwanger zu machen (Anwünschen eines Kindes). Versuche in dieser Hinsicht bleiben natürlich im Stadium mythischer Phantasien stecken.

---

[1]) Rank hat dies im Schwanjungfraumythus an schönen Beispielen gezeigt. Die Lohengrinsage. Schriften zur angewandten Seelenkunde.

Einen Erfolg aber haben sie, und das ist die Übung der Phantasie, welche allmählich eben durch die Schaffung von phantastischen Möglichkeiten Bahnen herstellt, auf denen die Libido sich betätigend, abfließen kann. So wird die Libido auf unmerkliche Weise geistig. Die Kraft, „die stets das Böse will", schafft so geistiges Leben. Daher in den Religionen dieser Weg nunmehr zum System erhoben ist. Es ist darum überaus lehrreich, zu sehen, wie die Religion sich bemüht, dieses symbolische Übersetzen zu fördern[1]). Ein treffliches Beispiel in dieser Hinsicht gibt uns das Neue Testament: Im Gespräch über die Wiedergeburt kann sich Nikodemus[2]) nicht enthalten, die Sache sehr real aufzufassen:

„Wie kann ein Mensch geboren werden, wenn er ein Greis ist? Kann er denn in den Leib seiner Mutter zum zweitenmal eingehen und geboren werden?"

Jesus strebt aber danach, die sinnliche Anschauung des in materialistischer Schwere dämmernden Geistes des Nikodemus läuternd zu erheben und verkündet ihm — im Grunde genommen das Gleiche — und doch nicht das Gleiche:

„Wahrlich, wahrlich, ich sage dir, wenn einer nicht geboren wird aus Wasser und Geist, so kann er nicht in das Reich des Himmels eingehen. Was aus dem Fleische geboren ist, ist Fleisch, und was aus dem Geiste geboren ist, ist Geist. Wundere dich nicht, daß ich dir gesagt habe: ihr müßt von oben her geboren werden. Der Wind weht, wo er will, und du hörst sein Sausen, aber du weißt nicht, woher er kommt und wohin er geht; so ist es mit jedem, der da aus dem Geiste geboren ist."

Aus dem Wasser geboren sein heißt immer nur: aus dem Mutterleib geboren sein. Vom Geist: heißt vom befruchtenden Windhauch;

---

[1]) Muther (Geschichte der Malerei, Bd. II) sagt im Kapitel Die ersten spanischen Klassiker: „Tieck schreibt einmal: ‚Wollust ist das große Geheimnis unseres Wesens. Sinnlichkeit ist das erste bewegende Rad in unserer Maschine. Sie wälzt unser Dasein von der Stelle und macht es froh und lebendig. Alles, was wir als schön und edel träumen, greift hier hinein. Sinnlichkeit und Wollust sind der Geist der Musik, der Malerei und aller Künste. Alle Wünsche der Menschen fliegen um diesen Pol, wie Mücken um das brennende Licht. Schönheitssinn und Kunstgefühl sind nur andere Dialekte und Aussprachen. Sie bezeichnen nichts weiter als den Trieb des Menschen zur Wollust. Ich halte selbst die Andacht für einen abgeleiteten Kanal des Sinnentriebes.' Hier ist ausgesprochen, was man bei der Beurteilung der alten Kirchenkunst niemals vergessen darf: das Streben, die Grenzen zwischen irdischer und himmlischer Liebe zu verwischen, die eine unmerklich in die andere überzuleiten, ist jederzeit der leitende Gedanke, das stärkste Agitationsmittel der katholischen Kirche gewesen."

[2]) Joh. 3, 3 ff.

darüber belehrt uns auch der griechische Text, wo Geist und Wind durch dasselbe Wort *πνεῦμα* gegeben sind: *τὸ γεγεννημένον ἐκ τῆς σαρκὸς σάρξ ἐστιν, καὶ τὸ γεγεννημένον ἐκ τοῦ πνεύματος πνεῦμά ἐστιν. — Τὸ πνεῦμα ὅπου θέλει πνεῖ* usw.

Diese Symbolik wird vom gleichen Bedürfnis getragen wie die ägyptische Legende vom Geier, dem Muttersymbol, daß er nur weiblich sei und vom Winde befruchtet werde. Man erkennt als Grundlage dieser mythologischen Behauptungen ganz klar die ethische Forderung: Du sollst von der Mutter sagen, sie werde nicht von einem Manne auf gewöhnliche, sondern von einem Hauchwesen auf ungewöhnliche Art befruchtet. Diese Forderung steht in einem strikten Gegensatz zur realen Wahrheit, daher der Mythus ein passender Ausweg ist: man sagt: es sei ein Heros gewesen, der gestorben und auf eine merkwürdige Weise wieder geboren sei und so die Unsterblichkeit erlangt habe. Das Bedürfnis, das diese Forderung aufstellt, ist offenkundig ein Verbot gegen eine bestimmte Phantasie über die Mutter: ein Sohn darf natürlich denken, daß ein Vater ihn auf fleischlichem Weg erzeugt habe, nicht aber, daß er selber die Mutter befruchte und so, sich selber gleich, zu neuer Jugend wieder gebären lasse. Diese inzestuöse Phantasie, die aus irgend welchen Gründen eine ungemeine Stärke besitzt[1] und daher als gebieterischer Wunsch auftritt, wird verdrängt und im Bewußtsein durch die obige Forderung, sich (unter gewissen Bedingungen) über das Geburtsproblem symbolisch auszudrücken, nämlich immer dann, wenn es die eigene Wiedergeburt aus der Mutter betrifft. In der Aufforderung Jesu an Nikodemus erkennen wir klar diese Tendenz: „denke nicht fleischlich, sonst bist du Fleisch, sondern denke symbolisch, dann bist du Geist". Es ist evident, wie ungemein erzieherisch und wie fördernd dieser Zwang zum Symbolischen sein kann: Nikodemus bliebe in platter Alltäglichkeit stecken, wenn es ihm nicht gelänge, symbolisch sich über seinen verdrängten Inzestwunsch zu erheben. Als ein richtiger Bildungsphilister spürt er wahrscheinlich auch kein zu großes Verlangen nach dieser Anstrengung, denn die Menschen scheinen sich im wesentlichen damit zu begnügen, die inzestuöse Libido zu verdrängen und im besten Falle durch einige bescheidene Religions-

[1] Wir wollen hier die Gründe für die Stärke dieser Phantasie nicht diskutieren. Es scheint mir aber nicht schwierig zu sein, nachzufühlen, was für Mächte hinter der obigen Formel stecken.

übungen zu betätigen. Es scheint aber anderseits wichtig zu sein, daß der Mensch nicht einfach verzichtet und verdrängt und damit im inzestuösen Verhältnis doch stecken bleibt, sondern daß er jene Triebkräfte, die im Inzestuösen gebunden liegen, zurückhole, um damit sein Bestes zu tun; denn der Mensch bedarf seiner ganzen Libido, um die Grenzen seiner Persönlichkeit auszufüllen, und dann erst wird er imstande sein, sein Bestes zu tun. Den Weg, wie der Mensch seine inzestuös gebundene Libido doch zur Betätigung bringen kann, scheinen die religiös-mythologischen Symbole gewiesen zu haben. Deshalb belehrt Jesus den Nikodemus: „Du sollst an deinen inzestuösen Wunsch der Wiedergeburt denken, jedoch sollst du denken, du werdest aus dem Wasser, durch den Windhauch gezeugt[1]), wiedergeboren und so des ewigen Lebens teilhaft werden." So kann die Libido, die untätig im inzestuösen Wunsch gebunden liegt, unterdrückt und in Angst vor dem Gesetz und dem rächenden Vatergott, durch das Symbol der Taufe (Geburt aus dem Wasser) und der Zeugung durch das Symbol der Ausgießung des Heiligen Geistes, hinüber in die Sublimierung geleitet werden. So wird der Mensch wieder ein Kind[2]) und hineingeboren in einen Geschwisterkreis, aber seine Mutter ist die „Gemeinschaft der Heiligen", die Kirche, und sein Geschwisterkreis die Menschheit, mit der er im gemeinsamen Erbteil uralter Symbole sich aufs neue verbindet. Es scheint, daß dieser Prozeß jener Zeit, in der das Christentum entstanden ist, besonders nötig war, denn jene Zeit hatte infolge der unglaublichen Gegensätze zwischen dem Sklaventum und der Freiheit des Bürgers und Herrn jenes Bewußtsein der Zusammengehörigkeit der Menschen gänzlich verloren. Wohl einer der nächsten und wesentlichsten Gründe für die energische Infantilregression im Christentum, welche Hand in Hand geht mit der Wiederbelebung des Inzestproblems, ist in der weitgehenden Entwertung des Weibes zu suchen. Zu jener Zeit war die Sexualität dermaßen leicht zugänglich, daß die Folge davon nur eine ganz außerordentliche Entwertung des Sexualobjektes sein konnte. Daß es Persönlichkeitswerte gibt, war eben erst durch das Christentum zu entdecken, und viele Menschen haben es heutzutage noch nicht entdeckt. Die Entwertung des Sexualobjektes aber

[1]) Lactantius sagt: „Wenn alle wissen, daß gewisse Tiere die Gewohnheit haben, durch den Wind und Lufthauch zu empfangen, weshalb sollte jemand es für wunderbar halten, wenn behauptet wird, eine Jungfrau sei durch den Geist Gottes geschwängert worden?" Robertson: Evang. Myth., S. 31.

[2]) Daher die starke Betonung der Kindschaft im Neuen Testament.

verhindert die Ausfuhr derjenigen Libido, welche nicht mit sexueller Betätigung gesättigt werden kann, weil sie einer bereits desexualisierten, höheren Ordnung angehört. (Wäre dem nicht so, so könnte ein Don Juan nie neurotisch sein, das Gegenteil aber ist der Fall.) Denn wie sollten jene höheren Schätzungen einem verächtlichen, wertlosen Objekt gegeben werden? Deshalb macht sich die Libido auf die Suche nach dem schwer erreichbaren, verehrten, vielleicht unerreichbaren Ziele, nachdem sie schon zu lange „Helenen gesehen hat in jenem Weibe", und als dieses Ziel stellt sich dem Unbewußten die Mutter dar. Daher erheben sich dort wieder in erhöhtem Maße auf Inzestwiderständen beruhende symbolische Bedürfnisse, welche bald die schöne, sündige Götterwelt des Olymps in schwer verständliche, traumhaft dunkle Mysterien verwandeln, welche mit ihren Symbolhäufungen und dunkel beziehungsreichen Sprüchen das religiöse Empfinden jener römisch-hellenistischen Welt uns so fern rücken.

Wenn wir sehen, wie sehr sich Jesus bemüht, dem Nikodemus die symbolische Auffassung der Dinge, d. h. eigentlich eine Verdrängung und Verschleierung des wirklichen Tatbestandes annehmbar zu machen, und wie bedeutsam es für die Geschichte der Zivilisation überhaupt war, daß in dieser Weise gedacht wurde und noch gedacht wird, dann verstehen wir die Empörung, die sich allerorten erhebt gegen die psychoanalytische Aufdeckung der wahren Hintergründe der neurotischen oder normalen Symbolik. Immer und überall stößt man auf das odiose Kapitel der Sexualität, die sich jedem rechtschaffenen Menschen von heutzutage als etwas Beschmutztes darstellt. Es sind aber keine 2000 Jahre vergangen, seitdem der religiöse Kult der Sexualität mehr oder weniger offen in hoher Blüte stand. Allerdings waren das ja Heiden und wußten es nicht besser. Aber die Natur der religiösen Kräfte ändert sich nicht von Säkulum zu Säkulum; wenn man sich einmal einen tüchtigen Eindruck geholt hat vom Sexualgehalt antiker Kulte und wenn man sich vorstellt, daß das religiöse Erlebnis, nämlich die Vereinigung mit dem Gott[1]) vom Altertum als ein mehr oder weniger konkreter Koitus aufgefaßt wurde, dann kann man sich wahrhaftig nicht mehr einbilden, daß die Triebkräfte der Religion post Christum natum nun plötzlich ganz andere geworden seien; es ist dort genau so gegangen, wie mit der Hysterie, die zuerst irgend eine nicht besonders schöne, kindliche

[1]) Das mystische Fühlen der Gottesnähe, das sogenannte persönliche innere Erlebnis.

Sexualbetätigung pflegte, und nachher eine hyperästhetische Ablehnung entwickelt, so daß jedermann sich von ihrer besonderen Reinheit überzeugen läßt. Das Christentum mit seiner Verdrängung des manifest Sexuellen ist das Negativ des antiken Sexualkultus. Der ursprüngliche Kultus hat sein Vorzeichen geändert[1]). Man muß nur einmal gesehen haben, wieviel vom fröhlichen Heidentum, darunter sogar unanständige Götter mit in die christliche Kirche hinübergewandert sind: So feierte der alte indezente Priapus ein fröhliches Auferstehungsfest in S. Tychon[2]), ebenso zum Teil in den Ärzten SS. Kosmas und Damian, die sich huldvollst Membra virilia in Wachs an ihrem Feste weihen lassen[3]). Auch taucht S. Phallus alten Angedenkens wieder auf, um sich in ländlichen Kapellen verehren zu lassen; vom übrigen Heidentum ganz zu schweigen! Wer es noch nicht gelernt hat, die Sexualität als eine neben dem Hunger als gleichberechtigte Funktion anzuerkennen, und es deshalb als eine Entwürdigung empfindet, daß gewisse Tabuinstitutionen, die als asexuale Refugia galten, als von sexueller Symbolik strotzend erkannt werden, der wird den Schmerz erleben müssen, klar einzusehen, daß dem trotz größter Empörung doch so ist. Man muß verstehen lernen, daß das psychoanalytische Denken eben gerade, der bisherigen Denkgewohnheit entgegenlaufend, jene Symbolbildungen, die durch unzählige Überarbeitungen immer komplizierter wurden, wieder zurückdenkt. Damit wird eine Reduktion vorgenommen, die, wenn es sich um etwas anderes handelte, intellektuell erfreute, hier aber nicht nur ästhetisch, sondern scheinbar auch ethisch sich unangenehm anfühlt, indem die hier zu überwindenden Verdrängungen durch unsere besten Absichten zustande gekommen sind. Wir müssen anfangen unsere Tugendhaftigkeit zu überwinden, mit der sicheren Befürchtung auf der andern Seite in die Schändlichkeit hineinzufallen. Dem ist nun gewiß so, indem die große Tugendhaftigkeit immer innerlich kompensiert ist durch eine große Neigung zur Schändlichkeit, und wie viele Lasterhafte gibt es, die eine süßliche Tugend und moralischen Größenwahn innerlich bewahren? Beide Kategorien von Menschen entpuppen sich als Snobs, wenn sie mit der analytischen Psychologie in Berührung kommen, denn der

[1]) Die sexuelle Süßlichkeit macht sich aber doch noch überall bemerkbar, in der Lämmersymbolik und den geistlichen Liebesliedern an Jesum, den Seelenbräutigam.

[2]) Usener: Der heilige Tychon, 1907.

[3]) Vgl. W. P. Knight: Worship of Priapus.

Moralische hat sich ein objektives und billiges Urteil über die Sexualität eingebildet und der Unmoralische hat ganz vergessen, einmal einzusehen, wie gemein er sich eigentlich mit seiner Sexualität benimmt und wie unfähig er einer selbstlosen Liebe ist. Man vergißt ganz, daß man sich nicht nur von einem Laster in jämmerlicher Weise kann hinreißen lassen, sondern auch von einer Tugend. Es gibt eine frenetische, orgiastische Tugendhaftigkeit, die ebenso schändlich ist und ebenso viele Ungerechtigkeiten und Gewaltsamkeiten nach sich zieht wie das Laster.

In einer Zeit, wo ein großer Teil der Menschheit anfängt das Christentum wegzulegen, lohnt es sich wohl, klar einzusehen, wozu man es eigentlich angenommen hat. Man hat es angenommen, um der Roheit der Antike endlich zu entkommen. Legen wir es weg, so steht schon wieder die Ausgelassenheit da, von der uns ja das Leben in modernen Großstädten einen eindrucksvollen Vorgeschmack gibt. Der Schritt dorthin ist kein Fortschritt, sondern ein Rückschritt. Es geht wie beim einzelnen, der eine Übertragungsform ablegt und keine neue hat, er wird unfehlbar regressiv den alten Übertragungsweg wieder besetzen, zu seinem größten Nachteil, denn die Umwelt hat sich seitdem wesentlich verändert. Wer also von der historischen und philosophischen Haltlosigkeit der christlichen Dogmatik und der religiösen Leere eines historischen Jesus, von dessen Person wir nichts wissen und dessen religiöser Gehalt zum Teil talmudische, zum Teil hellenistische Weisheit ist, abgestoßen, das Christentum und damit die christliche Moral weglegt, der steht allerdings vor dem antiken Problem der Ausgelassenheit. Heutzutage fühlt sich der Einzelne noch durch die öffentliche hypokritische Meinung gehemmt und zieht es daher vor, ein geheimes Separatleben zu führen, öffentlich aber Moral darzustellen; anders aber könnte es kommen, wenn man allgemein die moralische Maske einmal zu dumm fände, und die Menschen sich bewußt würden, wie gefährlich ihre Bestien aufeinander lauern, dann könnte wohl ein Rausch der Entsittlichung über die Menschheit gehen — das ist der Traum, der Wunschtraum des moralisch Beschränkten von heutzutage: er vergißt die Not, die dem Menschen den Atem raubt und die mit harter Hand jeden Taumel unterbräche. Man darf mir nicht die Gedankenlosigkeit zumuten, daß ich durch die analytische Reduktion die Libido quasi wieder auf primitive, fast überwundene Stufen zurückversetzen wolle und ganz vergäße, was dann für eine furchtbare Misère über die Menschen käme — gewiß werden sich einzelne durch die antike Raserei der von der Schuldlast befreiten Sexualität hinreißen lassen, zu ihrem eigenen größten Schaden; es sind aber solche, die unter anderen Umständen bloß auf andere Weise vorzeitig untergegangen wären — ich kenne aber das wirksamste und unerbittlichste Regulativ der menschlichen Sexualität: es ist die Not. Mit diesem Bleigewicht wird die menschliche Lust nie zu hoch fliegen.

Es gibt heutzutage zahllose Neurotische, die es einfach darum sind, weil sie nicht wissen, warum sie eigentlich nicht auf ihre eigene Façon selig werden dürfen; sie wissen auch nicht einmal, daß es ihnen daran fehlt. Und außer diesen Neurotischen gibt es noch viel mehr Normale — und zwar Menschen von besserer Sorte — die sich beengt und unzufrieden fühlen. Für alle diese soll die Reduktion auf die sexuellen Elemente vorgenommen werden, damit sie in den Besitz ihrer primitiven Persönlichkeit gelangen, daß sie sie würdigen lernen und wissen, wie und wo sie in Rechnung einzustellen ist. Auf diese Weise allein kann es geschehen, daß gewisse Forderungen erfüllt, andere aber als unbillig, weil infantil, erkannt und zurückgewiesen werden. Auf diese Weise soll der einzelne verstehen lernen, daß gewisse Dinge so zu opfern sind, daß man sie tut, aber auf einem andern Gebiet. Wir bilden uns ein, wir hätten auf unsere Inzestwünsche längst verzichtet, sie geopfert, abgeschnitten und es existiere nichts mehr davon: daß dem aber nicht so ist, sondern daß wir den Inzest unbewußterweise auf anderen Gebieten begehen, kommt uns nicht bei. In den religiösen Symbolen z. B. wird der Inzest begangen[1]). Wir hielten die inzestuösen Wünsche für verschwunden und verloren und entdecken sie in der Religion in voller Tätigkeit. Dieser Umformungsprozeß ist in säkularer Entwicklung unbewußt erfolgt. Wenn ich früher (I. Teil) bemerkte, daß eine derartige unbewußte Umformung der Libido eine ethisch wertlose Pose sei, und dem gegenüber das Christentum der römischen Urzeit stellte, von dem es klar ist, gegen welche Mächte der Sittenlosigkeit und Verrohung es stand, so müßte ich hier sagen: was die Sublimierung der inzestuösen Libido anbelangt, so ist auch der Glauben an das religiöse Symbol kein ethisches Ideal mehr, denn es ist eine unbewußte Umformung des Inzestwunsches in Symbolhandlungen und Symbolvorstellungen, die den Menschen quasi hinüber betrügen, so daß ihm der Himmel als ein Vater erscheint und die Erde als Mutter und die Menschen darauf als Kinder und Geschwister. So kann der

[1]) Oder in den Ersatzbildungen, die an Stelle der Religion treten.

Mensch doch allezeit Kind sein, seine Inzestwünsche befriedigen, ohne daß er es weiß. Dieser Zustand wäre unzweifelhaft ideal[1]), wenn er nicht kindlich und infolgedessen ein bloß einseitiger Wunsch wäre, der kindlich erhält. Der Revers ist die Angst. Man spricht zwar immer von dem frommen Menschen, der nie erschüttert in seinem Gottvertrauen unentwegt sicher und beseligt durch die Welt gehe — ich habe diesen Chidher noch nie gesehen. Er dürfte wohl eine Wunschfigur sein. Die Regel ist die große Unsicherheit der Gläubigen, die sie mit fanatischem Geschrei bei sich selber und bei anderen übertönen, ferner der Glaubenszweifel, die moralische Unsicherheit, die Bezweiflung der eigenen Persönlichkeit, das Schuldgefühl und zu allerunterst die große Angst vor der ganzen andern Wirklichkeitsseite, gegen die auch höchst intelligente Menschen sich mit aller Kraft sträuben. Diese andere Seite ist der Teufel, der Widersacher oder — moderner ausgedrückt — die Realitätskorrektur des durch das prävalierende Lustprinzip[2]) schmackhaft gemachten infantilen Weltbildes. Die Welt aber ist kein Garten Gottes, des Vaters, sondern auch ein Ort des Grauens. Nicht nur ist der Himmel kein Vater und die Erde keine Mutter und die Menschen sind nicht Geschwister, sondern sie repräsentieren auch ebenso viel feindliche, zerstörende Mächte, denen wir um so sicherer ausgeliefert sind, je vertrauensvoller und gedankenloser wir uns der sogenannten Vaterhand Gottes anvertrauen. Man darf nie das harte Wort des ersten Napoleon vergessen, daß der liebe Gott immer auf Seite der besseren Artillerie sei.

Der religiöse Mythus tritt uns aber hier als eine der größten und bedeutsamsten menschlichen Institutionen entgegen, welche mit täuschenden Symbolen dem Menschen doch die Sicherheit und Kraft geben, vom Ungeheuern des Weltganzen nicht erdrückt zu werden. Das Symbol, vom Standpunkt des real Wahren aus betrachtet, ist zwar täuschend, aber es ist psychologisch wahr[3]), denn es war und ist die Brücke zu allen größten Errungenschaften der Menschheit.

[1]) Der Zustand war unzweifelhaft ideal für frühere Zeiten, wo der Mensch überhaupt infantiler war, und ist es jetzt noch für denjenigen Teil der Menschheit, der infantil ist; wie groß ist dieser Teil?

[2]) Vgl. Freud: Dieses Jahrbuch, Bd. III, S. 1 ff.

[3]) Wir bewegen uns hier, was nicht zu vergessen ist, ganz im Gebiete der Psychologie, der bekanntlich keinerlei transzendente Bedeutung weder in positiver noch in negativer Beziehung zukommt. Es handelt sich hier um ein schonungsloses Wahrmachen des durch Kant fixierten erkenntnistheoretischen Stand-

18*

Es ist aber keineswegs gesagt, daß dieser unbewußte Weg der Umformung des Inzestwunsches in Religionsübung der einzige oder einzig mögliche wäre. Es gibt auch eine bewußte Anerkennung und Einsicht, mit der wir uns jener im Inzest gebundenen, in Religionsübung transformierten Libido bemächtigen können, so daß wir des Stadiums der religiösen Symbolik zu diesem Zweck nicht mehr bedürfen. Es wäre denkbar, daß man nicht mehr „um Christi willen" dem Nebenmenschen etwas Gutes erweist, sondern aus der Einsicht, daß die Menschheit, also auch wir, nicht bestehen könnten, wenn in der Herde sich der eine nicht für den andern opfern könnte. Das wäre der Weg der sittlichen Autonomie, der vollkommenen Freiheit, wenn der Mensch ohne Zwang das wollen könnte, was er doch tun muß, und das aus Einsicht, ohne Täuschung durch den

punktes nicht bloß für die Theorie, sondern, was wichtiger ist, auch für die Praxis. Man soll auch nicht mehr dergleichen tun und infantiles Weltbild spielen wollen, da all dies nur geeignet ist, den Menschen seinem eigentlichen und höchsten ethischen Ziele, der sittlichen Autonomie, zu entfremden. Das religiöse Symbol ist nach unvermeidlicher Abstreichung gewisser antiquierter Stücke als Postulat oder als transzendente Theorie und auch als Lehrgegenstand wohl beizubehalten, aber in dem Maße mit neuem Inhalte zu erfüllen, wie es der derzeitige Stand des Kulturstrebens erfordert. Diese Theorie darf aber für den „erwachsenen" Menschen nicht zum positiven Glauben, zur Illusion werden, die ihm die Wirklichkeit in täuschenden Beleuchtungen erscheinen läßt. Wie der Mensch ein zwiefaches Wesen ist, nämlich ein Kultur- und ein Tierwesen, so scheint er auch zweierlei Wahrheit zu bedürfen, der Kulturwahrheit, d. h. der symbolistischen, transzendenten Theorie, und der Naturwahrheit, welche unserem Begriffe des „real Wahren" entspricht. In demselben Maße, wie die reale Wahrheit eine bloß figürliche Ausdeutung der Realitätsapperzeptionen ist, ist auch die religiös-symbolische Theorie bloß eine figürliche Ausdeutung gewisser endopsychischer Apperzeptionen. Ein ganz wesentlicher Unterschied ist es aber, daß der transsubjektiven Wirklichkeit eine transzendentale Unterlage unabhängig in Dauer und Bestand durch die denkbar besten Garantien zugesichert ist, während den psychologischen Phänomenen eine transzendentale Unterlage von subjektiver Beschränkung und Hinfälligkeit infolge zwingender empirischer Data zuerkannt werden muß. Daher ist die reale Wahrheit das relativ universell Gültige, die psychologische Wahrheit dagegen ein bloß funktionelles Phänomen innerhalb einer menschlichen Kulturepoche. So will es dem bescheideneren Standpunkt des Empirikers heute scheinen. Gelänge es hingegen auf einem mir unbekannten und unerwarteten Wege, das Psychologische seines Charakters eines biologischen Epiphänomens zu entkleiden und ihm dafür die Stellung einer physikalischen Entität anzuweisen, so wäre die psychologische Wahrheit in die reale Wahrheit aufzulösen oder vielmehr umgekehrt, da dann das Psychologische hinsichtlich der endgültigen Theorie einen größeren Wert, seiner Unmittelbarkeit wegen, beanspruchen müßte.

Glauben an die religiösen Symbole. Das, was uns innerhalb eines positiven Glaubens an einen religiösen Mythus infantil und daher ethisch minderwertig erhält, ist diese Täuschung, die zwar kulturhistorisch von denkbar größter Bedeutung und ästhetisch von unvergänglicher Schönheit ist, aber dem nach sittlicher Autonomie strebenden Menschen ethisch nicht mehr genügen kann.

Das infantile und sittlich Gefährdende ist der Glauben an das Symbol, indem wir die Libido dadurch auf eine illusorische Realität leiten. Das einfache, leugnerische Weglegen des Symbols ändert nichts, denn die ganze geistige Disposition bleibt dieselbe, wir nehmen uns nur das gefährliche Objekt weg. Das Objekt aber ist nicht gefährlich, sondern unsere infantile Geistesdisposition ist es, der zu Liebe wir durch das einfache Weglegen des religiösen Symbols etwas sehr Schönes und Sinnreiches verloren haben. Ich denke, der Glaube sollte durch das Verstehen ersetzt werden, so behalten wir die Schönheit des Symbols und sind doch frei von den niederdrückenden Folgen der Unterwerfung im Glauben. Dieses wäre wohl die psychoanalytische Heilung des Glaubens und des Unglaubens.

Die der Vision der Stadt folgende ist die eines „seltsamen Nadelholzbaumes mit knorrigen Ästen".

Diese Vision mutet uns nicht fremdartig an nach all dem, was wir bereits vom Lebensbaum und seiner Assoziation mit Stadt und Lebenswasser vernommen haben. Dieser besondere Baum scheint die Kategorie der Muttersymbole einfach fortzusetzen. Das Attribut „seltsam" wird wohl, wie in Träumen, eine besondere Hervorhebung ausdrücken, d. h. ein besonderes unterliegendes Komplexmaterial. Leider gibt uns die Autorin kein individuelles Material dazu. Da nun durch die Weiterentwicklung der Millerschen Visionen der schon in der Symbolik der Stadt angedeutete Baum hier besonders hervorgehoben wird, so sehe ich mich genötigt, noch ein weiteres Stück aus der Symbolgeschichte des Baumes vorzubringen.

Bekanntlich haben die Bäume in Kultus und Mythus von jeher eine große Rolle gespielt. Der typische Mythenbaum ist der Paradieses- oder Lebensbaum, den wir babylonisch reichlich belegt finden, ebenso jüdisch, neben — und vorchristlich in der Fichte des Attis, dem Baum oder den Bäumen des Mithras, germanisch in Yggdrasill usw. Das Aufhängen des Attisbildes an einer Fichte, das Aufhängen des Marsyas, das ein berühmtes künstlerisches Motiv wurde, das Hängen Odins, die germanischen Hängeopfer, die ganze Reihe der gehängten Götter belehren uns, daß das Hängen Christi am Kreuzesbaum nicht etwas Einmaliges in der religiösen Mythologie ist, sondern in denselben Vorstellungskreis wie die übrigen hineingehört. In dieser Anschauungswelt ist das Kreuz Christi der Lebensbaum und zugleich das Todesholz. Dieser Gegensatz ist nicht erstaunlich. So wie man legendär die Abstammung des Menschen aus Bäumen behauptete, so bestanden auch Bestattungsgebräuche, wonach man die Menschen in hohlen Bäumen bestattete, daher die deutsche Sprache bis jetzt den Ausdruck „Totenbaum" für Sarg aufbewahrte. Wenn wir nicht vergessen wollen, daß der Baum ein überwiegendes Muttersymbol ist, so kann uns der mythische Sinn dieser Bestattungsweise keineswsgs unverständlich sein. Der Tote wird der Mutter übergeben zur Wiedergeburt. Wir treffen dieses Symbol in der von Plutarch[1]) überlieferten Osirismythe, die überhaupt in verschiedenen Hinsichten vorbildlich ist. Rhea ist mit Osiris schwanger, zu gleicher Zeit auch mit Isis; Osiris und Isis begatten sich schon im Mutterleib. (Motiv der „Nachtmeerfahrt" mit Inzest.) Ihr Sohn ist Arueris, später Horus genannt. Von Isis heißt es, sie sei im „ganz Feuchten" geboren (*τετάρτῃ δὲ τὴν Ἶσιν ἐν πανύγροις γενέσθαι*); von Osiris heißt es, ein gewisser Pamyles in Theben habe beim Wasserschöpfen eine Stimme aus dem Zeustempel gehört, die ihm befahl, zu verkündigen, daß der *μέγας βασιλεὺς εὐεργέτης Ὄσιρις* geboren sei. Diesem Pamyles zu Ehren wurden die Pamylien gefeiert, die den Phallophorien ähnlich seien. Pamyles ist also, ähnlich wie der ursprüngliche Dionysos, ein phallischer Dämon: der Mythus heißt also reduziert: Osiris und Isis werden vom Phallus aus dem Wasser = Mutterleib gezeugt, also auf ganz gewöhnliche Weise. (Kronos hat die Rhea geschwängert, die Beziehung war heimlich, und Rhea seine Schwester. Helios aber beobachtete sie und verfluchte ihre Vermischung.) Osiris wird durch den Unterweltgott Typhon listigerweise durch Einschließen in eine Lade getötet; diese wurde auf dem Nil ausgesetzt und so ins Meer hinaus gesandt. Osiris aber begattet sich in der Unterwelt mit seiner zweiten Schwester Nephthys (Motiv der Nachtmeerfahrt mit Inzest). Man sieht, wie hier die Symbolik entwickelt ist: Im Mutterleib vor dem extrauterinen Dasein begeht Osiris den Inzest, im Tode, dem zweiten intrauterinen Dasein, begeht Osiris wieder Inzest. Beide Male mit einer Schwester, die einfach für die Mutter eingesetzt ist als legales,

[1]) De Isid. et Osir.

unzensuriertes Symbol, da die Schwesterehe im frühen Altertum nicht nur bloß geduldet, sondern eigentlich vornehm war. Zarathustra empfahl sogar die Verwandtenehe. Diese Mythenform wäre also heutzutage unmöglich, da Kohabitation mit der Schwester als inzestuös der Verdrängung unterläge.

Der böse Typhon lockt mit List Osiris in die Lade oder Kiste: Diese Verdrehung des wirklichen Tatbestandes ist durchsichtig: Das anfänglich „Böse“ im Menschen will wieder in die Mutter zurück, d. h. die vom Gesetz verdammte inzestuöse Sehnsucht nach der Mutter ist die angeblich von Typhon erfundene List. Sehr bezeichnend ist es eine **List**: durch eine List will sich der Mensch wieder irgendwie zur Wiedergeburt hindurchbetrügen, um von neuem Kind zu werden. Ein früherer ägyptischer Hymnus[1]) erhebt sogar eine Anklage gegen die Mutter Isis, daß sie den Sonnengott Rê mit Verrat fälle: es wird der Mutter als böser Wille ausgelegt, daß sie den Sohn ausgestoßen und verraten habe. Der Hymnus beschreibt, wie Isis eine Schlange formte, sie auf den Weg des Rê legte und wie diese Schlange den Sonnengott mit giftigem Bisse verwundete, von welcher Wunde er nie mehr genas, so daß er sich schließlich auf den Rücken der Himmelskuh zurückziehen mußte. Die Kuh aber ist die kuhköpfige Göttin, wie Osiris der Apis. Die Mutter wird angeklagt, wie wenn sie die Ursache wäre, daß man sich zur Mutter flüchten müsse, um von der Wunde zu genesen, die einem die Mutter geschlagen hat, dadurch daß der Inzest verboten wurde[2]) und man abgeschnitten wurde von der hoffnungsvollen Sicherheit der Kindheit und frühen Jugend, von all dem unbewußt triebhaften Geschehen, welches das Kind leben läßt als ein seiner selbst nicht bewußtes Anhängsel der Eltern. Es muß darin viel gefühlhafte Erinnerung an das Tierzeitalter liegen, wo es noch kein „Du sollst“ und „Du darfst“ gab, sondern alles nur einfaches Geschehen war. Noch scheint dem Menschen eine tiefe Erbitterung innezuwohnen, daß ihn einstmals ein brutales Gesetz vom triebartigen Gewährenlassen

---

[1]) **Erman**: Ägypten, S. 360 f.

[2]) Ich muß auch hier wieder daran erinnern, daß ich mit dem Worte Inzest mehr Bedeutung verbinde, als dem Terminus eigentlich zukäme. Wie Libido das Vorwärtsstrebende ist, so ist etwa der Inzest das in die Kindheit Rückstrebende. Für das Kind heißt es noch nicht Inzest; nur für den Erwachsenen, der eine vollausgebildete Sexualität besitzt, wird dieses Rückstreben zum Inzest, indem er kein Kind mehr ist, sondern eine Sexualität besitzt, die eigentlich keine regredierende Applikation mehr erträgt.

und der großen Schönheit der in sich selbst harmonischen Tiernatur trennte. Diese Trennung manifestierte sich wohl unter Anderm im Inzestverbot und seinen Korrelaten (Heiratsgesetze usw.), daher sich Schmerz und Zorn auf die Mutter beziehen, wie wenn sie Schuld trüge an der Domestikation des Menschensohnes. Um seines Inzestwunsches (seines Rückstrebens zur Tiernatur) nicht bewußt zu werden, wirft der Sohn alle schlimmste Schuld auf die Mutter, woraus das Bild der „furchtbaren Mutter" entsteht[1]). Die Mutter wird ihm zum Angstgespenst, zum Mar[2]).

Nach vollendeter Nachtmeerfahrt wird die Lade des Osiris bei Byblos ans Land geworfen und kommt in die Zweige einer Erika zu liegen, die den Sarg umwächst und zum herrlichen Baum emporgedeiht. Der König des Landes ließ den Baum als eine Säule unter sein Dach stellen[3]). In diese Zeit des Verlorenseins des Osiris (Wintersonnenwende) fällt die seit Jahrtausenden übliche Klage um den gestorbenen Gott und seine εὕρεσις ist ein Freudenfest. Ein Passus aus dem klagenden Suchen der Isis ist besonders hervorzuheben: Sie flattert als Schwalbe klagend um die Säule, die den im Tode schlafenden Gott umschließt. (Dasselbe Motiv kehrt in der Kyffhäusersage wieder.)

Später zerstückelt Typhon die Leiche und zerstreut die Stücke. Dem Zerstückelungsmotiv begegnen wir in zahlreichen Sonnenmythen[4]) als Umkehrung der Zusammensetzung des Kindes im Mutterleibe[5]). Tatsächlich sucht auch die Mutter Isis die Stücke des Leichnams mit Hifle des schakalköpfigen Anubis zusammen. (Sie fand auch

---

[1]) Vgl. Frobenius: Das Zeitalter des Sonnengottes.

[2]) Vgl. die Nachtmarsagen, in denen der Mar ein schönes Weib ist.

[3]) Was sehr an die in Astartetempeln aufgestellten phallischen Säulen erinnert. Tatsächlich soll auch nach einer Version die Frau des Königs Astarte geheißen haben. Dieses Symbol erinnert an die, passenderweise ἐγκόλπια genannten Kreuze, die eine Reliquie in sich bergen.

[4]) Spielrein (dieses Jahrbuch, Bd. III, S. 358 ff.) weist bei einer dementen Kranken zahlreiche Andeutungen des Zerstücklungsmotivs nach. Bruchstücke von verschiedenen Dingen und Stoffen werden „gekocht" oder „verbrannt". „Die Asche kann zum Menschen werden." Patientin sah Kinder in Glassärgen zerschlagen. Dem dort erwähnten „Waschen, Reinigen, Kochen, Verbrennen" usw. kommt neben der Koitusbedeutung noch Schwangerschaftsbedeutung zu, letzteres wahrscheinlich in überwiegendem Maße.

[5]) Letzte Abkömmlinge dieser uralten Kinderentstehungstheorie sind in der Karmalehre enthalten, und das Bild von den Genen der Mendelschen Vererbungstheorie liegt nicht zu fern ab. Man halte sich nur die subjektive Bedingtheit alles Erkennens vor Augen.

die Leiche mit Hilfe von Hunden.) Hier wurden die nächtlichen Leichenfresser, die Hunde und Schakale, zur Mithilfe der Zusammensetzung, der Wiedererzeugung[1]). Dieser Funktion des Leichenfraßes verdankt auch der ägyptische Geier seine Symbolbedeutung als Mutter. In der persischen Urzeit warf man die Leichen hinaus, den Hunden zum Fraße, wie heute noch in den indischen Leichentürmen den Geiern die Beseitigung des Aases überlassen wird. Persien aber kannte die Sitte, dem Sterbenden einen Hund ans Lager zu führen und der Sterbende hatte ihm einen Bissen zu überreichen[2]). Die Sitte will offenbar zunächst sagen, der Bissen soll dem Hund gehören, damit er den Leib des Sterbenden verschone, ähnlich wie Cerberus beschwichtigt wird durch den Honigkuchen, den ihm Herakles bei der Höllenfahrt überreicht. Wenn wir aber den schakalköpfigen Anubis, der bei der Wiederzusammenstellung des zerstückelten Osiris seine guten Dienste leistet, und die Mutterbedeutung des Geiers berücksichtigen, so drängt sich uns die Frage auf, ob nicht mit dieser Zeremonie etwas Tieferes gemeint sei? Mit dieser Idee hat sich auch Creuzer[3]) beschäftigt und ist zum Schluß gekommen, daß die astrale Form der Hundezeremonie, nämlich das Erscheinen des Hundssternes zur Zeit des höchsten Sonnenstandes, damit in Zusammenhang stehe, daß nämlich das Herbeibringen des Hundes eine kompensatorische Bedeutung habe, indem dadurch der Tod ganz im Gegenteil zum höchsten Sonnenstande gemacht werde. Dies ist durchaus psychologisch gedacht, wie sich aus der ganz allgemeinen Tatsache ergibt, daß der Tod als Eintreten in den Mutterleib (zur Wiedergeburt) aufgefaßt wird. Dieser Deutung dürfte auch die sonst rätselhafte Funktion des Hundes im Sacrificium mithriacum zu Hilfe kommen. An dem von Mithras getöteten Stier springt auf den Monumenten immer ein Hund auf. Nun ist aber dieses Sacrificium sowohl durch die persische Legende wie durch die Monumente auch als der Moment höchster Fruchtbarkeit aufgefaßt. Am schönsten kommt dies wohl zum Ausdruck auf dem prachtvollen Mithrasrelief von Heddernheim; auf der einen Seite einer großen (ehemals wahrscheinlich drehbaren) Steinplatte befindet sich die stereotype Niederwerfung und Opferung des Stieres, auf der andern Seite stehen Sol mit einer Traube in der Hand, Mithras mit dem Füllhorn,

[1]) Demeter suchte die Glieder des zerrissenen Dionysos zusammen und gebar den Gott darauf wieder.

[2]) Vgl. Diodorus, III, 62.

[3]) Symbolik.

die Dadophoren mit Früchten, entsprechend der Legende, daß aus dem toten Weltstier alle Fruchtbarkeit hervorgeht, aus den Hörnern die Früchte, aus dem Blut der Wein, aus dem Schwanz das Getreide, aus seinem Samen die Rindergeschlechter, aus seiner Nase der Knoblauch usw. Über dieser Szene steht Silvanus mit den von ihm ent-

Die auf das mithrische Opfer folgende Fruchtbarkeit.

springenden Tieren des Waldes. In diesem Zusammenhang dürfte dem Hund sehr wohl die von Creuzer vermutete Bedeutung zukommen[1]).

---

[1]) Ergänzungsweise ist noch anzufügen, daß der Kynokephalos Anubis als Wiederhersteller der Osirisleiche (zugleich Genius des Hundssternes) eine kompensatorische Bedeutung hat. In dieser Bedeutung erscheint er auf vielen Sarkophagen. Der Hund ist auch ein ständiger Begleiter des heilenden Äskulap. Am besten unterstützt folgende Petroniusstelle die Creuzersche Hypothese:

Kehren wir nun zum Osirismythus zurück! Trotz der von Isis ins Werk gesetzten Wiederherstellung der Leiche gelingt die Wiederbelebung insofern nur unvollständig, als der Phallus des Osiris nicht wieder beigebracht werden kann, weil er von den Fischen gefressen worden war; die Lebenskraft fehlt[1]). Osiris begattet zwar als Schatten noch einmal Isis, die Frucht aber ist Harpokrates, der schwach war an *τοῖς κάτωθεν γυίοις*, an den unteren Gliedmaßen, d. h. entsprechend der Bedeutung von *γυῖον*, an den Füßen. (Hier Fuß in phallischer Bedeutung, wie klar ersichtlich.) Diese Unheilbarkeit der abtretenden Sonne entspricht der Unheilbarkeit des Rê in dem oben erwähnten älteren ägyptischen Sonnenhymnus. Osiris, wenn auch als Schatten, rüstet nun die junge Sonne, seinen Sohn Horus, zum Kampfe mit Typhon, dem bösen Geiste der Finsternis. Osiris und Horus entsprechen dem eingangs erwähnten Vater-Sohn-Symbolismus, der wiederum entsprechend der dortigen Aufstellung[2]) flankiert ist durch die wohlgebildete und häßliche Figur, nämlich Horus und Harpokrates, der

---

(Sat. c. 71.) Valde te rogo, ut secundum pedes statuae meae catellam pingas — ut mihi contingat tuo beneficio post mortem vivere. (Cf. Nork, l. c., s. v. Hund.) Außerdem weist auf die mütterliche Wiedergeburtsbedeutung des Hundes seine Beziehung zur hundeköpfigen Hekate, der Unterweltsgöttin, hin. Sie empfing als Canicula Hundsopfer zur Fernhaltung der Pest. Ihre nahe Beziehung zu Artemis als Mondgöttin läßt ihre Gegensätzlichkeit zur Fruchtbarkeit durchschimmern. Hekate ist auch die erste, die der Demeter Kunde vom geraubten Kinde bringt. (Anubisrolle!) Ebenso empfing auch die Geburtsgöttin Ilithyia Hundeopfer, und Hekate selber ist gelegentlich Hochzeits- und Geburtsgöttin.

[1]) Frobenius (l. c., S. 393) macht die Bemerkung, daß den Feuergöttern (den Sonnenhelden) häufig ein Glied fehle. Dazu gibt er folgende Parallele: „Sowie der Gott dem Ogren (Riesen) hier einen Arm ausdreht, so dreht Odysseus dem edlen Polyphem das Auge aus, worauf die Sonne dann geheimnisvoll am Himmel emporkriecht. Sollte dies Feuerandrehen und das Armausdrehen in einem Zusammenhange stehen?“ Diese Frage wird dadurch klar beleuchtet, wenn wir annehmen, entsprechend dem Gedankengange der Alten, daß das Armausdrehen eigentlich eine Kastration ist. (Das Symbol des Beraubens der Lebenskraft.) Es ist ein Akt entsprechend der Attiskastration um der Mutter willen. Aus diesem Verzichte, der eigentlich ein symbolischer Mutterinzest ist, entsteht die Feuererfindung, wie wir oben bereits vermutet haben. Es ist übrigens zu erwähnen, daß das Armausdrehen zunächst nur „Überwältigung“ bedeutet und deshalb sowohl dem Helden wie seinem Gegner passieren kann. (Vgl. z. B. Frobenius l. c., S. 112 und 395.)

[2]) Vgl. besonders die Schilderung der Schale von Theben.

meistens als Krüppel erscheint, oft bis zur Fratzenhaftigkeit entstellt[1]).

Er vermischt sich in der Tradition ganz mit Horus, mit dem er auch den Namen gemeinsam hat. Hor-pi-chrud, wie sein eigentlicher Name lautet[2]), setzt sich aus chrud = Kind und Hor (von dem Adjektiv ḥri = auf, über, obenauf) zusammen und bedeutet das „obenaufkommende Kind", als die steigende Sonne, gegenüber Osiris, der die niedersteigende Sonne, die Sonne „im Westen" personifiziert. So sind Osiris und Horpichrud oder Horus ein Wesen, bald Gatte, bald Sohn derselben Mutter Hathor-Isis. Der Chnum-Râ, der Sonnengott von Unterägypten, als Widder dargestellt, hat als weibliche Landesgottheit Hatmehit zur Seite, die den Fisch auf ihrem Haupte führt. Sie ist die Mutter und Gattin des Bi-neb-did (Widder, Lokalname des Chnum-Râ). Im Hymnus von Hibis[3]) wird Amon-Râ angerufen:

„Dein (Chnum-Widder) weilt in Mendes, vereinigt als Viergott ein Thmuis. Er ist der Phallus, der Herr der Götter. Es freut sich der Stier seiner Mutter an der Kuh (ahet, der Mutter) und der Mann befruchtet durch seinen Samen."

In weiteren Inschriften[4]) wird Hatmehit direkt als „Mutter des Mendes" bezeichnet. (Mendes ist die griechische Form von Bi-neb-did: Widder). Sie wird auch angerufen als die „Gute", mit dem Nebensinne von ta-nofert, als „junges Weib". Die Kuh als Muttersymbol findet sich bei allen möglichen Formen und Abarten der Hathor-Isis und besonders bei dem weiblichen Nun (parallel dazu die Urgöttin Nit oder Neith), dem feuchten Urstoff, der, dem indischen Atman[5]) verwandt, zugleich männlicher und weiblicher Natur ist. Nun wird daher angerufen[6]): „Amon" das Urgewässer[7]), das als Anfang Seiende".

[1]) Herr Prof. Freud hat mir freundlichst mitgeteilt, daß eine weitere Determinante für das Motiv der ungleichen Brüder in der elementaren Beobachtung der Geburt und Nachgeburt zu finden sei. Es ist eine exotische Sitte, die Plazenta wie ein Kind zu behandeln!

[2]) Brugsch: Rel. u. Mythol. d. alt. Ägypt., S. 354.

[3]) Brugsch: l. c., S. 310.

[4]) Brugsch: l. c., S. 310.

[5]) Auch dem Âtman kommt im Bilde flüssige Qualität zu, insofern er dem Purusha des Rigveda wesentlich identisch gesetzt werden darf. „Der Purusha bedeckt ringsum die Erde allerorten, zehn Finger hoch noch drüber hin zu fließen."

[6]) Brugsch: l. c., S. 112 ff.

[7]) In der Thebaïs, wo der Hauptgott Chnum ist, vertritt dieser in seiner kosmogonischen Komponente den Windhauch, aus dem sich später der „über

Er wird auch bezeichnet als der Vater der Väter, die Mutter der Mütter. Dem entspricht die Anrufung der weiblichen Seite des Nun-Amon, der Nit oder Nêith:

„Nit, die Alte, die Gottesmutter, die Herrin von Esne, der Vater der Väter, die Mutter der Mütter, das ist der Käfer und der Geier, das Seiende als Anfang."

„Nit, die Alte, die Mutter, welche gebar den Lichtgott Râ, die zuerst gebar, als nichts war, das gebar."

„Die Kuh, die Alte, welche die Sonne gebar und die Keime der Götter und Menschen legte."

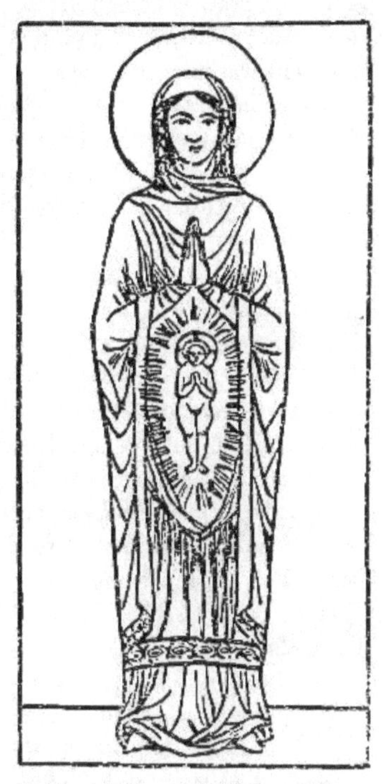

Maria mit dem göttlichen Sohne.

Das Wort „nun" bezeichnet die Begriffe jung, frisch, neu, ebenso das neuankommende Wasser der Nilflut. Im übertragenen Sinne wird so auch „nun" für das chaotische Urgewässer gebraucht, überhaupt für die gebärende Urmaterie[1]), die durch die Göttin Nunet personifiziert wurde. Aus ihr entsprang Nut, die Himmelsgöttin, die mit besterntem Leibe dargestellt wird oder auch als Himmelskuh ebenfalls mit besterntem Leibe.

Wenn sich also der Sonnengott nach und nach zurückzieht auf den Rücken der Himmelskuh, wie der arme Lazarus in „Abrahams Schoß", so heißt es beide Male dasselbe; sie gehen in die Mutter zurück, um als Horus wieder zu erstehen. So kann man sagen, daß am Morgen die Göttin Mutter ist, am Mittag Schwestergattin und am Abend wieder Mutter, die den Todmatten in ihren Schoß aufnimmt, erinnernd an die Pietà des Michelangelo. Wie die Abbildung (aus Diderons Iconographie Chrétienne) zeigt, ist dieser Gedanke auch ganz ins Christentum übergegangen.

den Wassern schwebende Geist (πνεῦμα) Gottes" entwickelt hat; das uralte Bild der kosmischen Eltern, die aufeinander gedrückt liegen, bis der Sohn sie auseinander sprengt. (Vgl. oben die Symbolik des Âtman.)

[1]) Brugsch: S. 128 f.

So erklärt sich das Schicksal des Osiris: er geht ein in den Mutterleib, die Lade, das Meer, den Baum, die Astartesäule, er wird zerstückelt, wiedergeformt und erscheint in seinem Sohne, dem Hor-pi-chrud, aufs neue.

Bevor wir auf die weiteren Geheimnisse, die uns dieser schöne Mythus verrät, eingehen, ist noch ein Mehreres vom Symbol des Baumes zu sagen. Osiris liegt auf den Zweigen des Baumes, von ihnen umwachsen, wie im Mutterleib. Das Motiv der Umschlingung und Umrankung findet sich öfter im Sonnen-, id est Wiedergeburtsmythus: Ein gutes Beispiel ist das Dornröschen, dann die Sage von dem Mädchen[1]), das zwischen Rinde und Holz eingeschlossen ist, ein Jüngling mit seinem Horn aber befreit es. Das Horn ist golden und silbern, was auf den Sonnenstrahl in seiner phallischen Bedeutung hinweist. (Vergl. das oben über das Horn Gesagte.) Eine exotische Sage berichtet vom Sonnenhelden, wie er aus Schlinggewächsen befreit werden muß[2]). Ein Mädchen träumt von ihrem Liebhaber, er sei ins Wasser gefallen, sie versucht ihn zu retten, hat aber zuerst Tang und Seegras aus dem Wasser zu ziehen, dann erwischt sie ihn. In einer afrikanischen Mythe muß der Held nach seiner Tat erst aus dem Tang ausgewickelt werden. In einer polynesischen Mythe wird das Schiff des Helden von den Fangarmen eines riesigen Polypen umschlungen. Rês Schiff ist auf seiner Nachtmeehrfahrt von der Nachtschlange umschlungen. In der poetischen Bearbeitung von Buddhas Geburtsgeschichte durch Sir Edwin Arnold (The light of Asia pag. 5 f.) findet sich ebenfalls das Umschlingungsmotiv:

„Queen Maya stood at noon, her days fulfilled,
Under a Palso in the Palace-grounds,
A stately trunk, straight as a temple-shaft,
With drown of glossy leaves and a fragrant blooms
And knowing the time come — for all things knew
The conscious tree bent down its bows to make
A bower about Queen Maya's Majesty;
And Earth put forth a thousand sudden flowers
To spread a couch; while ready for the bath
The rock hard by gave out a limpid stream
Of crystal flow. So brought she forth the child[3]).“

[1]) Serbisches Lied, auf das Grimm: Myth. II. S. 544. Bezug nimmt.

[2]) Frobenius: l. c.

[3]) Vgl. die Geburt des germanischen Aschanes, wo ebenfalls Fels, Baum und Wasser der Geburtsszene beiwohnen. Auch Chidher wird gefunden, auf der Erde sitzend, der Boden rings von Blumen bedeckt.

Einem sehr ähnlichen Motiv begegnen wir in der Kultlegende der samischen Hera. Alljährlich verschwand (angeblich) das Bild aus dem Tempel, wurde am Meeresufer irgendwo an einem Lygosstamm befestigt und mit dessen Zweigen umwunden. Dort wurde es „gefunden“ und mit Hochzeitskuchen bewirtet. Dieses Fest ist zunächst unzweifelhaft ein ἱερὸς γάμος (kultische Hochzeit), denn in Samos ging die Legende, daß Zeus zuerst ein langdauerndes, heimliches Liebesverhältnis mit Hera gehabt habe. In Platää und Argos wurde sogar der Hochzeitszug mit Brautjungfern, Hochzeitsmahl usw. dargestellt. Das Fest fand im Hochzeitsmonat Γαμηλιών statt (Anfang Februar). Aber auch in Platää wurde das Bild an eine einsame Stelle des Waldes zuvor gebracht, etwa entsprechend der Legende bei Plutarch, daß Zeus die Hera geraubt und dann in einer Höhle des Kithairon versteckt habe. Nach unseren bisherigen Ausführungen müssen wir daraus allerdings noch auf einen andern Gedankengang schließen, nämlich auf den Wiederverjüngungszauber, der mit dem Hierosgamos verdichtet ist. Das Verschwinden und Verstecken im Wald, in der Höhle, am Meeresufer, im Lygos[1]) umschlungen, deutet auf Sonnentod und Wiedergeburt. Die Vorfrühlingszeit (die Zeit der Hochzeiten) im Γαμηλιών paßte dazu sehr gut. Tatsächlich berichtet Pausanias 2, 38, 2, daß die argivische Hera durch ein alljährliches Bad im Quell Kanathos[2]) wieder zur Jungfrau wurde. Die Bedeutung dieses Bades wird noch hervorgehoben durch den Bericht, daß im platäischen Kult der Hera Teleia Tritonische Nymphen auftraten als Wasserträgerinnen. In der Erzählung von Ilias XIV, 294—296 und 346 f., wo das eheliche Lager des Zeus auf dem Ida geschildert ist[3]), heißt es:

Also Zeus umarmte voll Inbrust seine Gemahlin.
Unten die heilige Erd' erzeugt aufgrünende Kräuter,
Lotos und tauiger Blum', und Krokos, sammt Hyakinthos,
Dicht und locker geschwellt, die empor vom Boden sie trugen:
Hierauf ruheten beid' und hüllten sich ein Gewölk um,
Schön und strahlend von Gold; und es taute nieder mit Glanzduft,
Also schlummerte sanft auf Gargaros' Höhe der Vater,
Trunken von Schlaf' und Lieb', und hielt in den Armen die Gattin.

[1]) Λύγος ist eine Weide, überhaupt jeder biegsame und flechtbare Zweig (λυγός ist auch eine Tischlerschraube, um Holz einzuspannen). λυγόω heißt flechten.

[2]) Euphemisch für θάνατος?

[3]) Sonderbarerweise findet sich gerade bei dieser Stelle, V. 288, die Schilderung des hoch auf der Tanne sitzenden Schlafes:

Drexler (bei Roscher Lex. Sp. 2102, 52 ff.) erkennt in dieser Schilderung eine unverkennbare Anspielung auf den Göttergarten im äußersten Westen am Ufer des Ozeans, welche Vorstellung aus einem vorhomerischen Hierosgamos-Hymnus entnommen wäre. Jenes westliche Land ist das Land des Sonnenunterganges, dorthin eilen Herakles, Gilgamesh u. a. mit der Sonne, um sich dort Unsterblichkeit zu holen, wo die Sonne und mütterliches Meer zu ewig verjüngendem Beilager sich vereinigen. Unsere Vermutung einer Verdichtung des Hierosgamos mit einem Wiedergeburtsmythus dürfte sich demnach wohl bestätigen. Pausanias (III, 16, 11) erwähnt ein verwandtes Mythenfragment, daß nämlich das Bild der Artemis Orthia auch Lygodesma (von Weiden gefesselt) heiße, weil es in einem Weidenbusch gefunden worden sei; in diesem Bericht scheint eine Beziehung auf die allgemeingriechische Hierosgamosfeier mit ihren oben besprochenen Gebräuchen zu liegen[1]).

Das Motiv des „Verschlingens", das Frobenius als einen der regelmäßigsten Bestandteile der Sonnenmythen aufgewiesen hat, steht hier (auch sprachfigürlich) ganz nahe. Der „Walfischdrache" (Mutterleib) „verschlingt" immer den Helden. Das Verschlingen kann auch partiell sein, d. h. ein teilweises Verschlingen. Ein 6jähriges Mädchen, das ungern in die Schule geht, träumt, daß sein Bein von einem großen roten Wurm umschlungen werde. Für dieses Tier hat sie gegen Erwarten ein zärtliches Interesse. Eine erwachsene Patientin, die sich, infolge einer außerordentlich starken Mutterübertragung auf eine ältere Freundin, von dieser nicht trennen kann, träumt: Sie hat mit ihrer Freundin ein tiefes Wasser zu überschreiten (typisches Bild!), ihre Freundin fällt hinein (Mutterübertragung), sie versucht sie hinauszuziehen, es gelingt beinahe, da faßt aber ein großer Krebs die Träumerin am Fuß und versucht sie hineinzuziehen.

Auch etymologisch ist dieses Bild vorhanden: Es gibt eine indogermanische Wurzel vélu-, vel- mit der Bedeutung von umringen,

---

„Allda saß er von Zweigen umhüllt voll stachlicher Tangeln
Gleich dem tönenden Vogel, der nachts die Gebirge durchflattert."

Es sieht aus, wie wenn dieses Motiv zum Hierosgamos gehörte. Vgl. auch das zauberische Netz, mit dem Hephästos Ares und Aphrodite in flagranti umschließt und festlegt zum Spotte der Götter.

[1]) Verwandt ist der Ritus der Fesselung der Bilder des Herakles und des tyrischen Melkarth. Auch die Kabiren wurden in Hüllen eingewickelt. Creuzer, Symbolik, II, 350.

umhüllen, drehen, wenden. Daraus abgeleitet sind: Sanskr. val, valati = bedecken, umhüllen, umringen, ringeln (Schlangensymbol), vallî = Schlingpflanze, ulûta = Boa constrictor = lat. volûtus, lit. velù, velti = wickeln, kirchenslav. vlĭna = althochd. wella = Welle. Zu der Wurzel vélu gehört auch die Wurzel vlvo mit der Bedeutung Hülle, Eihaut, Gebärmutter. (Man sieht: die Schlange ist um ihrer Häutung willen ein treffliches Wiedergeburtssymbol.) Sanskr. ulva, ulba mit derselben Bedeutung. Lat. volva, volvula, vulva. Zu vélu gehört auch die Wurzel ulvorâ mit der Bedeutung von Fruchtfeld, Pflanzenhülle. Sanskr. urvárâ = Saatfeld. Zend. urvara = Pflanze. (Siehe die Personifizierung der Ackerfurche.) Der gleiche Stamm vel hat auch die Bedeutung von wallen. Sanskr. ulmuka = Brand. Ϝαλέα Ϝέλα, got. vulan = wallen. Althochd. und mittelhoch. walm = Hitze, Glut[1]). (Es ist typisch, daß dem Sonnenhelden im Zustand der „Involution" vor Hitze immer die Haare ausgehen.) Ferner findet sich die Wurzel vel als „tönen"[2]) und als wollen, wünschen. (Libido!)

Das Motiv des Umschlingens ist Muttersymbolik[3]). Dies erwahr-

[1]) Fick: Indog. Wörterbuch, I, S. 132 f.

[2]) Vgl. die „tönende Sonne".

[3]) Zum Verschlingungsmotiv gehört auch das Motiv der „Klappfelsen" (Frobenius l. c., S. 405). Der Held muß mit seinem Schiffe zwei Felsen passieren, die zusammenklappen. (Ähnlich beißende Tür, zusammenklappender Baumstamm.) Beim Passieren wird meistens der Schwanz des Vogels abgeklemmt (oder das Hinterteil des Schiffes usw.); man erkennt darin wieder das Kastrationsmotiv („Armausdrehen"), denn die Kastration tritt für den Mutterinzest ein. Die Kastration erfolgt in den Formen eines Koitus. Scheffel verwendet dieses Bild in seinem bekannten Liede: „Ein Harung liebt' eine Auster" usw. Das Ende vom Liede ist, daß die Auster ihm beim Küssen den Kopf abklemmt. Die Tauben, die Zeus die Ambrosia bringen, haben auch die Klappfelsen zu passieren. Die „Tauben" bringen durch den Inzest (Eingehen in die Mutter) dem Zeus die Unsterblichkeitsnahrung, vergleichbar den Äpfeln (Brüsten) Freyas. Wie auch Frobenius erwähnt, stehen die Felsen oder Höhlen, die sich nur auf einen Zauberspruch öffnen, mit dem Klappfelsenmotiv in nächster Verbindung. Am allerbezeichnendsten in dieser Hinsicht ist eine südafrikanische Mythe (Frobenius, S. 407): „Man muß den Felsen beim Namen rufen und laut schreien: „Felsen Utunjambili, öffne dich, damit ich eintreten kann. Der Stein kann aber, wenn er sich dem betreffenden Mann nicht eröffnen will, damit antworten: „Der Fels wird nicht durch Kinder geöffnet, er wird geöffnet durch die Schwalben, die in der Luft fliegen!"

Das Bemerkenswerte ist, daß keine Menschenkraft den Felsen öffnen kann, nur ein Spruch vermag es, — oder ein Vogel. Schon diese Formulierung sagt es, daß die Eröffnung des Felsens ein Unternehmen sei, das nicht wirklich ausbreitet sich auch durch die Tatsache, daß die Bäume z. B. wiedergebären (wie der „Walfischdrache“ im Jonasmythus). Sie tun das ganz im allgemeinen, so sind in der griechischen Sage die *Μελίαι νύμφαι* die Eschen, die Mütter des ehernen Menschengeschlechtes. (Zugleich liegt darin auch wieder die phallische Komponente, indem aus der Esche die Lanze gefertigt wird.) In der nordischen Mythologie ist Askr, die Esche, der Urvater. Seine Frau Embla ist die „Emsige“ und nicht, wie man früher glaubte, die Erle. Askr dürfte in erster Linie wohl die phallische Eschenlanze bedeuten. (Vergl. den sabinischen Gebrauch, das Haar der Braut mit der Lanze zu scheiteln.) Der Bundehesh symbolisiert die ersten Menschen, Meschia und Meschiane als den Baum Reivas, von dem der eine Teil einen Ast in ein Loch des andern steckt. (Nork.) Der Stoff, den nach dem nordischen Mythus der Gott belebte, als er Menschen schuf, wird als trê = Holz, Baum[1]) bezeichnet[2]). Ich erinnere auch an *ὕλη* = Holz, was lateinisch materia heißt. Im Holz der Weltesche Yggdrasil verbirgt sich beim Weltuntergang ein Menschenpaar, von dem dann die Geschlechter der erneuerten Welt abstammen[3]). In diesem Bilde ist leicht wieder das Noahmotiv („Nachtmeerfahrt“) zu erkennen, zugleich ist im Symbol von Yggdrasil wieder ein Mutterbild zu erkennen. Im Moment des Weltunterganges wird die Weltesche zur bewahrenden Mutter, zum Toten- und Lebensbaum, ein *ἐγκόλπιον*[4]).

---

geführt werden kann, sondern das man nur auszuführen wünscht. (Wünschen ist im Mittelhochdeutschen auch schon das „Vermögen Außerordentliches zu schaffen“.) Wenn ein Mensch stirbt, so bleibt nur der Wunsch übrig, er möchte noch leben, ein unerfüllter Wunsch, ein „schwebender“ Wunsch, daher die Seelen Vögel sind. Die Seele ist ganz nur Libido, wie an vielen Stellen dieser Untersuchung erhellen dürfte, sie ist „Wünschen“. So ist der hilfreiche Vogel, der dem Helden im Walfisch wieder ans Licht verhilft, der die Felsen öffnet, — der Wiedergeburtswunsch. (Die Vögel als Wünsche, vgl. das schöne Bild von Thoma, wo der Jüngling seine Arme sehnsuchtsvoll ausstreckt nach den Vögeln, die über sein Haupt hinziehen.)

[1]) Grimm: Myth., I, S. 474.

[2]) In Athen gab es ein Geschlecht der *Αἰγειρότομοι*, der aus der Pappel Gehauenen.

[3]) Hermann: Nord. Myth., S. 589.

[4]) Javanische Stämme pflegen ihr Gottesbild in einer künstlichen Aushöhlung eines Baumes aufzustellen. Hier schließt sich die „Höhlchen“phantasie Zinzendorfs und seiner Sekte an. Vgl. Pfister. Frömmigk. d. Gr. v. Zinzendorf. Im persischen Mythus ist der weiße Haoma ein himmlischer Baum, der im See Ourukasha wächst, der Fisch Khar - mâhî kreist schützend um ihn und ver-

Aus dieser Wiedergeburtsfunktion der Weltesche wird auch das Bild klar, dem wir in dem Kapitel des ägyptischen Totenbuches, das „Pforte von der Kenntnis der Seelen des Ostens" heißt, begegnen:

„Ich bin der Pilot in dem heiligen Kiele, ich bin der Steuermann, der sich in dem Schiffe des Râ[1]) keine Ruhe gönnt. Ich kenne jenen Baum von smaragdgrüner Farbe, aus dessen Mitte Râ emporsteigt zur Wolkenhöhe[2])."

Schiff und Baum (Totenschiff und Totenbaum) sind hier nahe beisammen. Das Bild sagt, daß Râ aus dem Baum geboren emporsteigt. (Osiris in der Erika.) Auf dieselbe Art ist wohl die Darstellung des Sonnengottes Mithras zu deuten, welcher auf dem Heddernheimer Relief dargestellt ist, wie er zu halbem Leibe aus dem Wipfel eines Baumes emporragt (siehe Abbild.). (In derselben Weise wie auf zahlreichen anderen Monumenten bis zu halbem Leibe im Felsen steckend, wodurch die Felsgeburt veranschaulicht wird, ähnlich Men.) Öfter findet sich neben der Geburtsstätte des Mithras ein Fluß. Diesem Symbolkonglomerat entspricht die Geburt des Aschanes, des ersten Sachsenkönigs, der aus den Harzfelsen emporwächst, die mitten im Wald bei einem Springbrunnen[3]) stehen[4]). Hier finden wir alle Muttersymbole vereinigt, Erde, Holz, Wasser, drei Formen fester Materia. Wir dürfen uns nicht mehr wundern, wenn im Mittelalter der Baum poetisch mit dem Ehrentitel „Frau" angeredet wurde. Ebenso ist es nicht erstaunlich, daß die christliche Legende aus dem Totenbaum des Kreuzes das Lebensholz, den Lebensbaum, machte, so daß öfter Christus an einem grünenden und fruchttragenden Lebensbaum dargestellt wurde. Diese Zurückleitung des Kreuzsymbols auf den Lebensbaum, der schon babylonisch als wichtiges Kultsymbol beglaubigt ist, hält auch der gründliche Bearbeiter der Kreuz-

---

teidigt ihn gegen die Kröte Ahrimans. Er gibt ewiges Leben, den Frauen Kinder, den Mädchen Gatten und den Männern Rosse. Im Minôkhired heißt der Baum der „Zubereiter der Leichname". (Spiegel: Erân. Altertumskunde, II, 115.)

[1]) Sonnenschiff, das die Sonne und Seele über das Todesmeer geleitet zum Aufgange.

[2]) Brugsch: l. c. 177.

[3]) Ähnlich Jesaja, 51, 1: „Schauet den Felsen an, davon ihr gehauen seid, und des Brunnens Gruft, daraus ihr gegraben seid." Weitere Belege in A. von Löwis of Menar: Nordkaukasische Steingeburtsagen, Archiv für Religionswissenschaft, XIII, 509 ff.

[4]) Grimm: Myth., I, S. 474.

19*

geschichte, Zöckler[1]), für durchaus wahrscheinlich. Die vorchristliche Bedeutung des (universell verbreiteten) Symbols widerspricht dieser Auffassung nicht, im Gegenteil, denn sein Sinn ist Leben. Auch das Vorkommen des Kreuzes im Sonnenkult (hier das gleicharmige und das Swastikakreuz als Darstellung des Sonnenrades) sowie im Kult

Christus am Lebensbaum.

der Liebesgöttinnen (Isis mit der Crux ansata, dem „Tau", dem Speculum veneris ♀ usw.) widerspricht der obigen (historischen) Bedeutung keineswegs. Die christliche Legende hat von diesem Symbolismus reichlich Gebrauch gemacht. Für den Kenner mittelalterlicher Kunstgeschichte ist jene Darstellung bekannt, wo das Kreuz aus dem Grabe

[1]) Das Kreuz Christi. Rel.-hist.-kirchl.-archäol. Untersuchungen, 1875.

Adams wächst. Die Legende war, daß Adam auf Golgatha begraben lag. Seth hatte auf sein Grab einen Zweig des Paradiesesbaumes gepflanzt, der zum Kreuz- und Totenbaum Christi wurde[1]). Bekanntlich ist durch Adams Schuld Sünde und Tod in die Welt gekommen und Christus hat uns durch seinen Tod von der Schuld losgekauft. Auf die Frage, worin denn Adams Schuld bestanden habe, ist zu sagen, daß seine unverzeihliche, mit dem Tode zu büßende Sünde war, daß er sich erdreistete, vom Paradiesesbaum zu pflücken[2]). Was das für Folgen hatte, schildert eine orientalische Legende: Einer, dem es vergönnt war, nach dem Sündenfall noch einen Blick ins Paradies zu werfen, sah dort den Baum und die vier Ströme. Der Baum aber war verdorrt und in seinen Zweigen lag ein Kindlein. Die Mutter war schwanger geworden[3]).

Dieser bemerkenswerten Sage entspricht die talmudische Tradition, daß Adam schon vor Eva ein dämonisches Weib besaß, Namens Lilith, mit der er um die Herrschaft rang. Lilith aber erhob sich durch den Zauber des Gottesnamens in die Luft und verbarg sich im Meer. Adam aber zwang sie zurück mit Hilfe von drei Engeln[4]). Lilith wurde zu einem Mar, einer Lamia, welche die Schwangeren bedrohte und die neugeborenen Kinder raubte. Der Parallelmythos ist der der Lamien, der Nachtgespenster, die die Kinder erschreckten. Die ursprüngliche Sage war, daß Lamia Zeus verlockte,

[1]) Die Sage von Seth findet sich bei Jubinal: Mystères inédits du XV. siècle, T. II, S. 16 ff. Zitiert Zöckler: l. c., S. 241.

[2]) Die Schuld wird, wie immer, in diesen Mythen, wenn möglich, auf die Mutter abgewälzt. Die germanischen heiligen Bäume standen auch unter dem Gesetz eines absoluten Tabu: es durfte von ihnen kein Blatt abgerissen und auf dem Boden, soweit ihr Schatten reichte, nichts gepflückt werden.

[3]) Nach der deutschen Sage (Grimm: Bd. II, S. 809) wird der erlösende Held geboren, wenn der Baum, der jetzt als schwaches Reis aus einer Mauer wächst, groß geworden ist und wenn aus seinem Holze die Wiege gezimmert wird, in welcher der Held soll geschaukelt werden. Die Formel lautet (l. c.): „Eine Linde solle gepflanzt werden, die werde oben zwei Plantschen (Äste) treiben, aus deren Holz eine Poie zu machen sei: Welches Kind in ihr zuerst liegen werde, das sei bestimmt, mit dem Schwerte vom Leben zum Tode gebracht zu werden und dann trete Erlösung ein." Auch in germanischen Sagen knüpft sich bemerkenswerterweise der Eintritt des künftigen Ereignisses an einen keimenden Baum. Vgl. dazu die Bezeichnungen Christi als ein „Reis" oder eine „Rute".

[4]) Worin das Motiv der „Vogelhilfe" zu erkennen ist. Engel sind eigentlich Vögel. Vgl. das Vogelkleid der Unterweltseelen, „Seelenvogel"; im Sacrificium mithriacum ist der Götterbote (der „Engel") ein Rabe, der geflügelte Hermes usw. Die Dreizahl ist phallisch bedeutsam.

die eifersüchtige Hera aber bewirkte, daß Lamia nur tote Kinder zur Welt brachte. Seitdem ist die wütende Lamia die Verfolgerin der Kinder, die sie tötet, wo sie nur immer kann. Dieses Motiv kehrt in den Märchenerzählungen häufig wieder, wo die Mutter oft ganz direkt als Mörderin[1]) oder als Menschenfresserin auftritt, ein deutsches Paradigma ist das bekannte Märchen von Hänsel und Gretel. Tatsächlich ist λαμία ein großer, gefräßiger Meerfisch[2]), womit der Anschluß an die von Frobenius so schön bearbeitete Walfischdrachenmythe gefunden ist, wo das Meertier den Sonnenheros verschlingt zur Wiedergeburt und wo der Held alle List aufzuwenden hat, das Ungeheuer zu überwinden. Wir begegnen hier wiederum dem Bilde der furchtbaren Mutter in der Gestalt des gefräßigen Fischschlundes des Todes[3]). Bei Frobenius (l. c.) finden sich zahlreiche Beispiele, wo das Ungeheuer nicht nur Menschen, sondern auch Tiere, Pflanzen, ein ganzes Land verschlungen hat, was alles durch den Helden zu einer gloriosen Wiedergeburt erlöst wird.

Die Lamien sind typische Nachtmare, deren weibliche Natur reichlich belegt ist[4]). Ihre überall verbreitete Eigentümlichkeit ist, daß sie ihre Opfer reiten. Ihr Gegenstück sind die gespenstischen Rosse, die den Reiter in tollem Lauf entführen. Man erkennt in diesen Symbolformen leicht den Typus des Angsttraumes, der, wie Riklin zeigt[5]) für die Märchenerklärung durch den Versuch von Laistner[6]) bereits bedeutsam geworden ist. Das typische Reiten erhält einen besondern Aspekt durch die Ergebnisse der analytischen Erforschung der Kinderpsychologie: die beiden einschlägigen Arbeiten von Freud und mir[7]) haben einerseits die ängstliche Bedeutung der Pferde, anderseits die sexuelle Bedeutung der Reitphantasie herausgebracht. Wenn wir diese Erfahrungen mit in Betracht ziehen, so kann es uns nicht mehr zu sehr überraschen, wenn wir vernehmen, daß die mütterliche Welt-

[1]) Vgl. Frobenius: l. c.

[2]) Λαμός = Schlund, Höhle. τὰ λαμία = Erdschlünde.

[3]) Die nahe Beziehung δελφίς = Delphin und δελφύς = uterus ist hervorzuheben. In Delphi befindet sich der Erdschlund und der Dreifuß (δελφινίς = ein delphischer Tisch mit drei Füßen in Delphinengestalt). Vgl. im letzten Kapitel Melicertes auf dem Delphin und das Verbrennungsopfer Melkarths.

[4]) Vgl. die umfangreiche Zusammenstellung bei Jones: On the nightmare.

[5]) Riklin: Wunscherfüllung und Symbolik usw.

[6]) Laistner: Das Rätsel der Sphinx.

[7]) Freud: Dieses Jahrbuch, Bd. I.
Jung: Konflikte der kindlichen Seele. Deuticke, Wien.

esche Yggdrasill deutsch „Schreckroß" heißt. Cannegieter[1]) sagt von den Nachtmaren: „Abigunt eas nymphas (matres deas, mairas) hodie rustici osse capitis equini tectis injecto, cujusmodi ossa per has terras in rusticorum villis crebra est animadvertere. Nocte autem ad concubia equitare creduntur et equos fatigare ad longinqua itinera". Das Zusammensein von Mar und Pferd scheint auf den ersten Blick auch etymologisch vorzuliegen — Nightmare und Mare (engl.). Der indogermanische Stamm zu Märe ist aber Mark. Märe ist das Pferd, engl. mare, althochdeutsch marah (männliches Pferd) und meriha (weibliches Pferd), altnordisch merr (mara = Alp), angelsächsich myre (maira). Französisch cauchmar kommt von calcare = treten (von Iterativbedeutung, daher für keltern), wird auch vom Hahn gesagt, der die Henne „betritt" (Hahnentritt). Diese Bewegung ist ebenfalls typisch für den Mar, daher heißt es vom König Vanlandi: „Mara trad han", die Mara trat ihn tot im Schlafe[2]). Ein Synonym für Alp oder Mar ist der Troll oder „Treter[3])". Diese Bewegung (calcare) ist wiederum belegt durch Freuds und meine Erfahrung an Kindern, wo dem Treten oder „Strampeln" eine besondere infantile Sexualbedeutung zukommt. (So tritt auch gleich der Mara die „Stempe"[4]).

Der gemeinarische Stamm mar heißt sterben, daher „mara" die „Tote", oder der Tod. Daraus ergeben sich mors, μόρος = Schicksal, (ebenso μοῖρα?)[5]). Bekanntlich repräsentieren die unter der Weltesche sitzenden Nornen das Schicksal, wie Klotho, Lachesis und Atropos. Auch bei den Kelten geht der Begriff der fatae wohl in den der matres und matronae über[6]), die bei den Deutschen göttliche Bedeutung hatten. Eine bekannte Stelle bei Julius Caesar (de bello Gall. 1, 50) berichtet uns von dieser Bedeutung der Mütter: ut matres familias eorum sortibus et vaticinationibus[7]) declararent, utrum proelium committi ex usu esset, nec ne.

[1]) Epistola de ara ad Noviomagum reperta, S. 25. Zitiert b. Grimm: Myth., Bd. II, S. 1041.)

[2]) Grimm: l. c., Bd. II, S. 1041.

[3]) Vgl. dazu die quellenstampfenden Pferde.

[4]) Grimm: l. c., Bd. II, S. 1041.

[5]) Vgl. Herrmann: Nord. Myth., S. 64, und Fick: Vergleich. Wörterb. d. indogerm. Sprache, Bd. I.

[6]) Grimm: l. c., Bd. I, S. 345 f.

[7]) Parallel die mantische Bedeutung des delphischen Schlundes, Mimir's Brunnen usw. „Abgründe der Weisheit", siehe letztes Kapitel. Hippolytos, in den seine Stiefmutter verliebt war, wird nach dem Tode zur weisen Nymphe Egeria versetzt.

Zu der Etymologie des Mar ist auch hinzuzufügen, daß im Französischen mère eine starke lautliche Annäherung stattfindet zwischen Mutter und Mar, was etymologisch allerdings nichts beweist. Im Slaw. heißt mara Hexe, poln. mora = Alp. mōr oder mōre (Schweizer Deutsch) heißt Mutterschwein (auch Schimpfwort). Das böhmische mura heißt Nachtmar und Abendschmetterling, Sphinx. Dieser sonderbare Zusammenhang erklärt sich durch die analytisch schon öfter erhobene Tatsache, daß Tiere mit zusammenklappbaren Schalen („Venusmuschel") oder Flügeln aus durchsichtigem Grunde als Symbol des weiblichen Genitales verwendet werden[1]). Die Sphingiden sind die Dämmerungsfalter, sie kommen in der Dunkelheit wie die Mare. Endlich ist zu erwähnen, daß der heilige Ölbaum der Athene μορία hieß (das von μόρος hergeleitet wird). Halirrhotios wollte den Baum umhauen, tötete sich aber dabei selber mit dem Beile.

Der klangliche etymologisch zufällige Zusammenhang von mar, mère mit Meer und lat. mare ist merkwürdig. Sollte er vielleicht zurückweisen auf das „große, urtümliche Bild" der Mutter, die uns erstmals einzige Welt bedeutete und nachmals zum Symbol von aller Welt wurde? Von den Müttern sagt ja Goethe: sie sind „umschwebt von Bildern aller Kreatur". Auch die Christen konnten es nicht lassen, ihre Gottesmutter wieder mit dem Wasser zu vereinigen: „Ave maris stella" beginnt ein Marienhymnus. Auch sind es Neptuns Rosse, welche die Meereswogen symbolisieren. Es dürfte wohl von Belang sein, daß das Infantilwort ma-ma (Mutterbrust) im Anlaut in allen möglichen Sprachen sich wiederholt und daß die Mütter von zwei religiösen Heroen Maria und Maja hießen. Daß die Mutter des Kindes Pferd ist, zeigt sich am deutlichsten in der barbarischen Sitte, das Kind auf dem Rücken zu tragen oder auf der Hüfte reiten zu lassen. Odin hing an der Weltesche, der Mutter, seinem „Schreckroß". Der ägyptische Sonnengott sitzt auf dem Rücken seiner Mutter, der Himmelskuh.

Wir sahen bereits, daß nach ägyptischer Vorstellung Isis, die Gottesmutter, dem Sonnengott den bösen Streich mit der giftigen Schlange spielte, ebenso benimmt sich die Isis in der Überlieferung des Plutarch verräterisch gegenüber ihrem Sohne Horus: Horus bezwingt nämlich den bösen Typhon, der Osiris meuchlerisch (furchtbare Mutter = Typhon) mordete. Isis aber läßt ihn wieder frei. Horus,

[1]) Beispiel bei Bertschinger: Dieses Jahrbuch, Bd. III, 1. Hälfte.

darüber empört, legte Hand an die Mutter und riß ihr den königlichen Schmuck vom Haupte[1]), wofür ihr Hermes einen Kuhkopf aufsetzte. Darauf bezwang Horus den Typhon zum zweiten Male. Typhon ist in der griechischen Sage ein ungeheurer Drache. Auch ohne diese Konstatierung ist es klar, daß der Kampf des Horus der typische Kampf des Sonnenhelden mit dem „Walfischdrachen" ist. Von letzterem aber wissen wir, daß er ein Symbol der furchtbaren Mutter ist, des gefräßigen Todesschlundes, wo die Menschen zermahlen und zerstückelt werden[2]). Wer dieses Ungeheuer überwindet, hat sich eine neue oder ewige Jugend erkämpft. Dazu muß man aber, allen Gefahren trotzend, meistens in den Leib des Ungeheuers hinabsteigen[3]) (Höllenfahrt) und dort unten einige Zeit verweilen („Nachtmeergefängnis", Frobenius).

Der Kampf mit der Nachtschlange bedeutet demnach die Überwältigung der Mutter, der ein schändliches Verbrechen, nämlich der Verrat des Sohnes, zugetraut wird. Eine volle Bestätigung dieser Zusammenhänge wird uns durch die von George Smith entdeckten Fragmente des babylonischen Weltschöpfungsepos, die größtenteils aus der Bibliothek Asurbanipals stammen. Die Entstehungszeit des Textes könnte in die Zeit Hammurabis fallen (2000 a. Chr. n.). Aus diesem Schöpfungsbericht[4]) erfahren wir, daß der uns bereits bekannte Sohngott Ea, der Sohn der Wassertiefe und der Gott der Weisheit[5]), Apsû überwältigt hat. Apsû ist der Erzeuger der großen Götter (er existierte anfangs in einer Art Dreieinigkeit mit Tiâmat, der Göttermutter und Mummu, seinem Vezier.) Ea hat also den Vater bezwungen. Tiâmat aber sann auf Rache: Sie rüstete zum Kriege gegen die Götter:

---

[1]) *Ἀλλ' ἐπιβαλόντα τῇ μητρὶ τὰς χεῖρας ἀποσπάσαι τῆς κεφαλῆς τὸ βασίλειον.* Plutarch: De Isid. et Osir., 19, 6.

[2]) Vgl. die bei Frobenius (Zeitalter des Sonnengottes) berichteten exotischen Mythen, wo der Walfischbauch einfach das Totenland ist.

[3]) Es gehört zu den ständigen Eigentümlichkeiten des Mar, daß er nur wieder zu dem Loche hinaus kann, wo er hereinkam. Dieses Motiv gehört ersichtlicherweise als projiziertes Wunschmotiv in den Wiedergeburtsmythus.

[4]) Nach Greßmann: Altorient. Text. und Bild. Bd. I, S. 4 ff.

[5]) Abgrund der Weisheit, Brunnen der Weisheit, Quelle der Phantasie. Vgl. unten.

„Mutter Hubur, die alles bildete,
Gab unwiderstehliche Waffen bei, gebar Riesenschlangen
Mit spitzen Zähnen, schonungslos in jeder Hinsicht(?);
Mit Gift füllte sie, statt mit Blut, ihren Leib.
Wütende Riesenmolche (?) bekleidete sie mit Furchtbarkeit;
Von Schreckensglanz ließ sie sie strotzen, bildete sie hochragend (?)
Wer sie erschaute, sollte vor Schauder vergehn (?);
Ihre Leiber sollten sich bäumen, ohne daß sie sich zur Flucht wenden.
Sie stellte auf Molche(?), Drachen und Laḫamen,
Orkane, tolle Hunde. Skorpionmenschen,
Mächtige Stürme, Fischmenschen und Widder(?)
Mit schonungslosen Waffen, ohne Furcht vor Kampf.
Gewaltig sind ihre (Tiâmat's) Geheiße, unwiderstehlich sind sie.“

— —

„Nachdem Tiâmat ihr Werk gewaltig gemacht,
Ersann(?) sie (Böses) gegen die Götter, ihre Nachkommenschaft;
Um Apsû zu rächen, handelte Tiâmat böse.“

— —

„Da nun Ea jene Sache hörte,
Ward er schmerzlich beängstigt, traurig setzte er sich nieder.

„— —“

„Er ging vor den Vater, seinen Erzeuger Anšar,
Um alles was Tiâmat geplant, ihm zu berichten:
„Tiâmat, unsere Mutter, hat Widerwillen gegen uns gefaßt,
Hat eine Zusammenrottung veranstaltet, grimmig wütend.“

Gegen das furchtbare Heer der Tiâmat stellen die Götter schließlich den Frühlingsgott Marduk, die siegende Sonne. Marduk rüstet sich zum Kampfe; von seiner Hauptwaffe, die er sich schafft, heißt es:

„Er schuf den bösen Wind Imḫullu, den Südsturm und den Orkan;
Den Vierwind, den Siebenwind, den Wirbelwind(?) und den Unheilswind(?).
Ließ dann hinaus die Winde, die er geschaffen, ihrer sieben;
Im Innern Tiâmats Verwirrung zu stiften, zogen sie hinter ihm einher.
Da nahm empor der Herr den Zyklon (?), seine große Waffe;
Als Wagen bestieg er den Sturmwind, den unvergleichlichen, schrecklichen.“

Seine Hauptwaffe ist der Wind und ein Netz, mit dem er Tiâmat umschlingen will. Er nähert sich Tiâmat und fordert sie zum Zweikampf heraus[1]).

„Da traten zusammen Tiâmat und der Weise(?) unter den Göttern, Marduk,
Zum Kampf sich erhebend (?); sich nähernd zur Schlacht:
Da breitete der Herr sein Netz aus und fing sie;
Den Imḫullu in seinem Gefolge ließ er gegen ihr Antlitz los,
Als Tiâmat nun ihren Mund öffnete, soweit sie vermochte (?),

[1]) „Da näherte sich der Herr, nach Tiâmats Mitte (?) spähend —.“

Ließ er den Imḫullu hineinfahren, damit sich ihre Lippen nicht schließen
könnten.
Mit den wütenden Winden füllte er ihren Leib;
Erfaßt(?) ward ihr Inneres und ihren Mund öffnete sie weit.
Er setzte den Speer(?) an(?), zerschlug ihren Leib,
Ihr Inneres zerfetzte er, zerschnitt (ihr) Herz,
Bändigte sie und machte ihrem Leben ein Ende;
Ihren Leichnam warf er hin, auf ihn tretend."

Nachdem Marduk die Mutter erschlagen, ersann er die Weltschöpfung:

„Da ruhte der Herr aus, ihren Leichnam betrachtend,
Teilte dann den Koloß(?), Kluges planend;
Er zerschlug sie wie einen platten(?) Fisch in zwei Teile[1]),
Eine Hälfte von ihr stellte er hin und deckte (damit) den Himmel."

Auf diese Weise schaffte Marduk das Weltall aus der Mutter. Es ist klar ersichtlich, daß die Tötung des Mutterdrachens hier unter dem Bilde einer Windbefruchtung mit negativen Vorzeichen erfolgt.

Die Welt wird aus der Mutter geschaffen, d. h. mit der von der Mutter (durch die Opferung) weggenommenen Libido. Diese bedeutsame Formel werden wir im letzten Kapitel noch näher zu beleuchten haben. Auch in der Literatur des Alten Testamentes finden sich höchst interessante Parallelen zu diesem uralten Mythus, wie Gunkel[2]) glänzend nachgewiesen hat. Es lohnt sich, der Psychologie dieser Parallelen nachzugehen:

Jes. 51, 9 f:

Auf, auf, wappne dich mit Kraft, Jahwes Arm!
Auf wie in den Tagen der Vorzeit,
Den Geschlechtern der Urzeit!
Bist Du's nicht, der Rahab zerschmettert,
Den Drachen schändete?
Bist Du's nicht, der das Meer austrocknete,
Die Wasser der großen Flut?
Der Meerestiefen zum Wege machte,
Daß hindurchzogen die Erlösten?"

Der Name Rahab wird im Alten Testament gern für Ägypten gesetzt, ebenso Drache (Jes. 30, 7 heißt Ägypten das „geschweigte Rahab"), will daher etwas Böses und Feindseliges bedeuten. Rahab

[1]) Spaltung der Mutter, vgl. Kaineus, sowie Spalte, Erdspaltung usw.
[2]) Schöpfung und Chaos. Göttingen, 1895, S. 30 ff.

ist aber auch die bekannte Hure von Jericho, die als spätere Gattin des Fürsten Salma Stammutter Christi wurde. Hier tritt Rahab auf als der alte Drache, als Tiâmat, gegen deren schlimme Macht Marduk oder Jahwe auszieht. Der Ausdruck „die Erlösten" bezieht sich auf die aus der Sklaverei befreiten Juden, ist aber auch mythologisch, indem der Held aus dem Walfischdrachen die schon früher Verschluckten wieder befreit. (Frobenius l. c.)

Psalm 89, 11.

„Du hast geschändet wie ein Aas Rahab!"

Hiob, 26, 12 f.:

„Mit seiner Macht hat er das Meer beruhigt,
Mit seinem Verstande Rahab zerschmettert.
Die Riegel des Himmels schaudern vor ihm,
Seine Hand schändete die gewundene Schlange."

Gunkel setzt Rahab als identisch mit Chaos, d. h. Tiâmat. Das „Schänden" gibt Gunkel auch als „Vergewaltigen" wieder (l. c. pag. 42). Tiâmat oder Rahab ist als Mutter auch die Hure. So behandelt auch Gilgamesch die Ischtar, welche er der Hurerei bezichtigt. Dieser Vorwurf an die Mutter ist uns aus der Traumanalyse geläufig. Der Drache Rahab erscheint auch als Leviathan, als Wasserungeheuer. (Mütterliches Meer.)

Psalm 74, 13 ff.:

Du hast gespalten machtvoll das Meer,
Hast zerbrochen die Häupter der Drachen im Wasser.
Du hast zerschlagen die Häupter Leviathans,
Gabst ihn zum Fraß, zur Speise den Schakalen.
Du hast gespalten Quelle und Bach,
Du hast vertrocknet uralte Ströme."

Wenn wir im ersten Teil dieser Arbeit bloß die phallische Bedeutung des Leviathan hervorgehoben haben, so entdecken wir nun hier auch seine Mutterbedeutung. Eine weitere deutliche Parallele ist

Jes. 27, 1 ff.:

„An jenem Tage sucht Jahwe heim
Mit seinem Schwert, dem grausamen, großen und starken,
Den Leviathan, die gewundene Schlange,
Und tötet den Drachen im Meere."

Hiob 40, 25 ff. begegnen wir einem besonderen Motiv:

„Ziehst du gar Leviathan an der Angel herauf,
Hältst mit der Schnur seine Zunge fest?
Legst die Haken in sein Maul,
Durchbohrst mit dem Ring seine Wange?"

Zu diesem Motiv finden sich bei Frobenius (l. c.) zahlreiche Parallelen in exotischen Mythen, wo das mütterliche Meerungeheuer ebenfalls geangelt wird. Die Vergleiche der Mutterlibido mit den Elementargewalten des Meeres und den gewaltigen Ungetümen, welche die Erde trägt, zeigt, wie unüberwindlich groß die Macht jener Libido ist, die wir als die mütterliche bezeichnen.

Wir haben bereits gesehen, daß das Inzestverbot den Sohn verhindert, sich selber durch die Mutter hindurch wieder zu erzeugen. Das muß aber der Gott tun, wie uns die bewundernswerte Klarheit und Offenheit der pietätsvollen ägyptischen Mythologie zeigt, die uns urälteste und einfachste Vorstellungen aufbewahrt hat: So formt Chnum, „der Former, Töpfer, Baumeister" auf der Töpferscheibe sein Ei, denn er ist „das unsterbliche Wachstum, die eigene Erzeugung und die eigene Selbstgeburt, der Schöpfer des Eies, das aus dem Urwasser hervortrat". Im Totenbuch heißt es: „Ich bin der hehre Falke[1]), der hervorgetreten ist aus seinem Ei." Eine andere Stelle im Totenbuch heißt: „Ich bin der Schöpfer des Nun, der seinen Sitz in der Unterwelt genommen hat. Mein Nest wird nicht geschaut und mein Ei wird nicht zerbrochen[2])." Ein weiterer Passus lautet: „Jener große und herrliche Gott in seinem Ei, der sein eigener Urheber ist für das, was aus ihm entstanden ist[3])."

Daher heißt auch der Gott Nagaga-uer, der „große Gackerer". (Totenbuch 98, 2: „Ich gackere wie die Gans und ich pfeife wie der Falke.") Das Inzestverbot wird der Mutter als boshafte Willkür vorgeworfen, mit der sie den Sohn von der Unsterblichkeit ausschließe. Daher wenigstens ein Gott darüber sich empören, die Mutter überwältigen und züchtigen muß. (Vergl. oben Adam und Lilith.) Die Über-

---

[1]) D. h. der Sonnengott.

[2]) Für Verstehende darf ich hier wohl erwähnen, daß eines meiner Kinder, ein Töchterchen, das farbige Modelliermasse zu Weihnachten bekam, als erste spontane Leistung ein Nest mit einem Ei formte, daneben eine Strahlensonne, welche brütend das Ei bescheint.

[3]) Brugsch: Rel. u. Myth., S. 161 ff.

wältigung bedeutet inzestuöse Notzucht[1]). Herodot hat uns[2]) ein wertvolles Stück dieser religiösen Phantasie aufbewahrt:

„Und wie sie der Isis in der Stadt Busiris ihr Fest begehen, ist von mir zuvor schon bemerkt worden. Es schlagen nämlich nach der Opferung sich alle, Männer und Weiber, wohl viele tausend Menschen. Doch den, um deswillen sie sich schlagen, wäre mir Sünde zu nennen.

„In Papremis jedoch feiern sie Opfer mit heiligen Handlungen, wie an den übrigen Orten. Aber um die Zeit, wenn die Sonne sich neigt, sind einige wenige Priester um das Bild herum geschäftig; die meisten von ihnen stehen mit hölzernen Keulen am Eingang; und andere, die ein Gelübde erfüllen wollen, über tausend Männer, stehen auch sämtlich mit Holzprügeln, ihnen gegenüber auf einem Haufen. Nun führen sie das Bild in einem kleinen und vergoldeten Tempel am Vorabend heraus in ein anderes heiliges Gebäude. Da ziehen denn die wenigen, die bei dem Bilde zurückbleiben, einen vierrädrigen Wagen, worauf der Tempel steht, mit dem Bilde, das er einschließt. Die anderen aber, die in den Vorhallen stehen, lassen sie nicht herein; allein die Gelübdepflichtigen, die dem Gott beistehen, schlagen zur Abwehr auf sie los. Da gibt es nun eine hitzige Prügelschlacht, wobei sie die Köpfe einander zerschlagen und, wie ich glaube, wohl auch viele an den Wunden sterben; unerachtet die Ägypter selbst behaupteten, es sterbe kein einziger.

Und diese Festversammlung behaupten die Eingeborenen darum eingeführt zu haben: in diesem Heiligtum wohne die Mutter des Ares[3]). Nun sei Ares auswärts erzogen worden und, als er zum Manne gereift war, hergekommen, um mit seiner Mutter Umgang zu haben; da ihn denn die Diener seiner Mutter, weil er ihnen noch nie zu Gesicht gekommen war, nicht ruhig herzuließen, sondern abhielten; worauf er aus einer andern Stadt Leute holte, den Dienern übel mitspielte und zu seiner Mutter einging. Daher behaupten sie, dem Ares diese Schlägerei bei seinem Fest eingeführt zu haben."

Es ist klar, daß die Frommen sich hier für ihre Teilnahme am Mysterium der Muttervergewaltigung[4]) durchprügeln und töten, das

[1]) In einem Pyramidentext, welcher den Kampf des toten Pharao um die Vorherrschaft im Himmel schildert, heißt es: „Der Himmel weint, die Sterne beben, die Wächter der Götter zittern und ihre Diener entfliehen, wenn sie den König als Geist sich erheben sehen, als einen Gott, der von seinen Vätern lebt und sich seiner Mütter bemächtigt." (Zitiert b. Dieterich: Mithraslit., S. 100.)

[2]) Buch II, 61 ff.

[3]) Unter Ares ist wahrscheinlich der ägyptische Typhon gemeint.

[4]) In der polynesischen Mauimythe ist die Tat des Sonnenhelden auch recht deutlich: er raubt der Mutter den Gürtel. Der Schleierraub im Typus des Schwanjungfraumythus heißt dasselbe: In einer afrikanischen Mythe von Joruba notzüchtigt der Sonnenheld einfach seine Mutter (Frobenius l. c.).

ist der Anteil, der ihnen zugehört[1]), während die Heldentat dem Gotte gehört[2]). Mit diesem Ares ist, wie gute Gründe vermuten lassen, der ägyptische Typhon gemeint. Typhon repräsentiert so die böse Sehnsucht nach der Mutter, welche aber andere Mythenformen der Mutter vorwerfen, nach bekanntem Muster. Der dem Osiristod (Erkrankung des Rê) ganz analoge Tod Balders durch die Verwundung mit dem Mistelzweig scheint einer ähnlichen Erklärung zu bedürfen. In der Mythe wird berichtet, wie alle Geschöpfe verpflichtet wurden, Balder nichts zu tun, nur der Mistelzweig wurde vergessen, angeblich, weil er noch zu jung war. Der fällte Balder. Die Mistel ist ein Parasit. Aus dem Holze einer parasitischen oder rankenden Pflanze wurde das weibliche Holzstück bei der rituellen Feuerbohrung gewonnen[3]), also die Feuermutter. Auf „märentakken", worunter Grimm die Mistel vermutet, ruht die Mare aus[4]). Die Mistel war ein Heilmittel gegen die Unfruchtbarkeit. In Gallien durfte nur unter feierlichen Zeremonien nach vollbrachtem Opfer der Druide auf die heilige Eiche steigen, um dort die rituelle Mistel zu schneiden[5]). Diese Handlung ist ein kultisch eingeschränkter und organisierter Inzest. Das, was auf dem Baume wächst, ist das Kind[6]), das man von der Mutter haben möchte, denn das wäre man selber in erneuter und verjüngter Gestalt und eben gerade das kann man nicht haben, weil dem das Inzestverbot entgegensteht. Wie der keltische Brauch zeigt, ist diese Handlung nur unter Beobachtung gewisser Zeremonien dem Priester gestattet; der Gottheld und Welterlöser aber tut das Unerlaubte, Übermenschliche und erkauft dadurch Unsterblichkeit. Der Drache, der zu diesem Zweck überwunden werden muß, ist, wie dem Leser schon längst klar geworden sein muß, der Widerstand gegen den Inzest. Drache und Schlange, namentlich mit ihrer charakteristischen Häufung

[1]) Der oben erwähnte Mythos von Halirrhotios, der sich selber tötet, als er den heiligen Baum der Athene, die Moria, fällen wollte, enthält dieselbe Psychologie, ebenso die Priesterkastrationen (Attiskastration) im Dienste der großen Mutter. Die asketische Selbstquälerei im Christentum fließt selbstverständlich auch aus diesen Quellen, denn die christliche Symbolform bedeutet eine ganz intensive Regression auf den Mutterinzest.

[2]) Das Abreißen vom Lebensbaum ist eben diese Sünde.

[3]) Vgl. Kuhn: Herabkunft des Feuers.

[4]) l. c. II, S. 1041.

[5]) Nork: Wörterbuch s. v. Mistel.

[6]) Daher in England wohl an Weihnachten Mistelzweige aufgehängt werden, Mistel als Lebensrute. Vgl. Aigremont: Volkserotik und Pflanzenwelt.

von Angstattributen, sind die Symbolrepräsentanten der Angst, die dem verdrängten Inzestwunsch entspricht. Es ist daher verständlich, wenn wir immer wieder dem Baum mit der Schlange begegnen (im Paradies überredet die Schlange sogar zur Sünde); der Schlange oder dem Drachen kommt besonders die Bedeutung des Schatzhüters und -verteidigers zu. Die sowohl phallische wie weibliche Bedeutung des Drachens[1]) zeigt, daß es sich wieder um ein Symbol der sexuell neutralen (oder bisexuellen) Libido handelt, nämlich ein Symbol der Libido im Widerstand. In dieser Bedeutung tritt im altpersischen Tishtriyalied auch das schwarze Pferd Apaosha (der Dämon des Widerstandes) auf, indem es die Quellen des Regensees besetzt hält. Das weiße Pferd Tishtriya stürmt zweimal vergebens, das drittemal gelingt es ihm mit Hilfe Ahuramazdas Apaosha zu überwältigen[2]). Darauf öffnen sich die Schleusen des Himmels und fruchtbarer Regen ergießt sich über die Erde[3]). In diesem Liede sieht man in der Symbol-

[1]) Wie der Baum auch phallische Natur hat neben der Mutterbedeutung, so hat in den Mythen die dämonische Alte (sie sei günstig oder nefast) öfter auch phallische Attribute, z. B. eine lange Zehe, einen langen Zahn, lange Lippe, langen Finger, lange Brüste, große Hände, großen Fuß usw. Diese Mischung männlicher und weiblicher Motive weist darauf hin, daß die „Alte" ein Libidosymbol ist, wie der Baum, allerdings vorwiegend mütterlich determiniert. Am deutlichsten ist die Bisexualität der Libido ausgedrückt im Bilde der drei Gräen, die zusammen bloß ein Auge und einen Zahn besitzen. Dieses Bild ist eine direkte Parallele zu dem Traum einer Patientin, die ihre Libido dargestellt hat als Zwillinge, der eine ist eine Schachtel und der andere ein flaschenähnlicher Gegenstand, denn Auge und Zahn sind weibliches und männliches Genitale. (Bezüglich Auge in dieser Bedeutung vgl. besonders den ägyptischen Mythus; bezüglich Zahn ist zu bemerken, daß Adonis, die Fruchtbarkeit, durch den Eberzahn stirbt, wie Siegfried durch Hagens Speer, vgl. dazu unten den Veroneser Priap, dessen Phallus durch die Schlange abgebissen wird. Zahn ist in dieser Hinsicht wie Schlange „negativer" Phallus.

[2]) Vgl. Grimm: II, IV, S. 802.

Das gleiche Motiv in anderer Anwendung findet sich in einer niedersächsischen Sage: Es wird einst eine Esche aufwachsen, von der man noch nichts gesehen hat, doch wächst ein kleiner Sproß unbemerkt aus dem Boden. Dazu kommt in jeder Neujahrsnacht ein weißer Reiter auf weißem Pferde, um den jungen Schoß abzuhauen. Zu gleicher Zeit kommt aber auch ein schwarzer Reiter und wehrt ihm. Nach langem Kampfe gelingt es dem Weißen, den Schwarzen zu vertreiben und der Weiße haut den Sproß ab. Einmal aber wird es dem Weißen nicht mehr gelingen, dann wird die Esche aufwachsen, und wenn sie so groß ist, daß ein Pferd darunter angebunden werden kann, dann wird ein mächtiger König kommen und eine gewaltige Schlacht wird anheben (Weltuntergang).

[3]) Chantepie de la Saussaye: Lehrbuch der Religionsgeschichte, Bd. II, S. 185.

wahl sehr schön, wie Libido gegen Libido gesetzt ist, Wollen gegen Wollen, das Uneinssein des primitiven Menschen mit sich selber, das er in allen Widrigkeiten und Gegensätzlichkeiten der äußern Natur wieder erkannte.

Das Symbol des von der Schlange umwundenen Baumes ist also u. A. auch zu übersetzen als die vom Widerstand gegen den Inzest verteidigte Mutter. Dieses Symbol ist auf mithrischen Denkmälern nicht selten. Ähnlich ist auch der von der Schlange umwundene Fels aufzufassen, denn Mithras (Men) ist ein Felsgeborener. Die Bedrohung des Neugeborenen durch die Schlange (Mithras, Herkules) erklärt sich durch die Legende der Lilith und der Lamia. Python, der Drache der Leto und Poine, die das Land des Krotopos verwüstet, sind vom Vater des Neugeborenen entsendet: diese Wendung läßt die uns aus der Psychoanalyse bekannte *Lokalisierung der Inzestangst beim Vater* erkennen. Der Vater repräsentiert die tatkräftige Abwehr der Inzestwünsche des Sohnes, d. h. das Verbrechen, das der Sohn unbewußt wünscht, wird dem Vater zugeschoben, in Form einer angeblich mörderischen Absicht des Vaters als *Ursache der Todesangst vor dem Vater*, diesem häufigen neurotischen Symptom. Dieser Wendung entsprechend ist das vom jungen Heros zu überwindende Ungeheuer auch häufig ein Riese, welcher den Schatz oder das Weib behütet. Ein treffendes Beispiel ist der Riese Chumbaba im Gilgameshepos, welcher den Garten der Jshtar beschützt[1]): er wird von Gilgamesh überwältigt, wodurch Ishtar gewonnen wird. Sie stellt darauf das sexuelle Begehren an Gilgamesh[2]). Diese Daten dürften genügen, um die Rolle des Horus bei *Plutarch* zu verstehen, besonders die gewalttätige Behandlung der Isis. Durch die Überwältigung der Mutter wird der Held gleich der Sonne, er erzeugt sich wieder. Er gewinnt die Kraft der unbesieglichen Sonne, die Kraft ewiger Wiederverjüngung. So verstehen wir nunmehr auch eine Folge von Bildern (s. Abbild.) aus der Mithrasmythe auf dem Heddernheimer Relief. Dort ist zuerst die Geburt des Mithras aus dem Baum (aus dem Wipfel) dargestellt, das nächste Bild zeigt ihn, den überwältigten Stier tragend, wobei dem Stier die verdichtete Bedeutung des Ungeheuers (vergleichbar dem ungeheuern von Gilgamesh überwältigten Stier), des Vaters, der als Riese und gefährliches Tier das Inzestverbot verkörpert, und der eigenen

[1]) Fernere Beispiele bei *Frobenius*: l. c. passim.

[2]) Vgl. *Jensen*: Gilgameshepos.

Libido des Sohnhelden, die er selbstopfernd überwältigt, zukommt. Das dritte Bild stellt Mithras dar, wie er nach dem Hauptschmuck des Sol, der Strahlenkrone, greift. Zunächst erinnert diese Handlung an die Gewalttat des Horus der Isis gegenüber, sodann an den

Stieropfer des Mithras.

christlichen Grundgedanken, daß die, die überwunden haben, die Krone des ewigen Lebens erlangen. Auf dem vierten Bild kniet Sol vor Mithras. Diese beiden letzten Bilder zeigen deutlich, daß Mithras die Sonnenkraft an sich genommen hat, so daß er auch Herr der Sonne wird. Er hat seine „tierische Natur" (den Stier) überwunden. Das Tier kennt kein Inzestverbot, der Mensch ist darum Mensch, weil er den Inzestwunsch, d. h. die Tiernatur, überwindet. So hat Mithras seine Tiernatur geopfert, den Inzestwunsch und mit ihm die Mutter, d. h. die verderbliche todbringende Mutter überwunden. (Eine Lösung, die schon im Gilgameshepos durch den förmlichen Verzicht des Heros auf die schreckliche Ishtar vorbereitet ist.) Die Überwindung der Mutter geschieht in dem bereits etwas asketisch angehauchten Sacrificium mithriacum nicht mehr in der archaischen Überwältigung, sondern durch den Verzicht, die Opferung des Wunsches. Der Urgedanke der inzestuösen Wiedererzeugung durch Eingehen in den Mutterleib hat sich hier schon derart verschoben, daß der Mensch, bereits so weit in der Domestikation vorgeschritten, glaubt, nicht durch die Begehung des Inzestes, sondern durch die Opferung des Inzestwunsches das ewige Sonnenleben zu erreichen. Diese bedeutsame im Mithrasmysterium ausgesprochene Wandlung findet ihre größte Vollendung erst im Symbol des gekreuzigten Gottes. Für Adams Sünde wird ein blutiges Menschenopfer an den Lebensbaum gehängt[1]). Der Mutter opfert der Erstgeborene sein Leben, indem er in den Zweigen hängend einen schmach- und qualvollen Tod erleidet, eine Todesart, die zu den schändlichsten Hinrichtungsformen gehörte, welche das römische Altertum nur für die gemeinsten Verbrecher bereit hatte. Der Held stirbt also, wie wenn er die gemeinste Freveltat begangen hätte; er tut sie, indem er sich wieder in die gebärenden Zweige des Lebensbaumes legt, zugleich aber bezahlt er die Schuld mit der Todesqual. In dieser Tat größten Mutes und größter Entsagung ist die Tiernatur am mächtigsten unterdrückt, daher ein größtes Heil für die Menschheit daraus zu erwarten ist, denn solche Tat allein scheint geeignet, die Schuld Adams zu sühnen.

Wie schon erwähnt, ist das Aufhängen der Opfer an Bäumen eine allgemein verbreitete rituelle Sitte, besonders germanisch reichlich belegt[2]). Rituell ist, daß die Opfer mit dem Speer durchstochen wurden. So heißt es von Odin (Edda, Havamal):

„Ich weiß, daß ich hing am windbewegten Baum
Neun Nächte hindurch
Verwundet vom Speer, geweiht dem Odin
Ich selber mir selbst.“

---

[1]) In einem schlesischen Passional des 15. Jahrhunderts stirbt Christus am selben Holz, an dem Adam einst gesündigt. (Zitiert Zöckler: l. c., S. 241.)

[2]) Es wurden z. B. auch Tierhäute an die Opferbäume gehängt und es wurde mit Speeren danach geworfen.

20*

Die Aufhängung der Opfer an Kreuzen war auch amerikanisch (vor der Entdeckung). Müller[1]) erwähnt die Fejervarysche Handschrift (ein mexikanischer Hieroglyphenkodex), an deren Schluß sich ein kolossales Kreuz befindet, in dessen Mitte eine blutige Gottheit aufgehängt ist. Ebenso interessant ist das Kreuz von Palenque[2]): Obendrauf ist ein Vogel, auf beiden Seiten zwei menschliche Figuren, die das Kreuz ansehen und ein Kind dagegen hinhalten (zur Opferung oder Taufe?). Die alten Mexikaner sollen die Gunst Centeotls, „der Tochter des Himmels und der Göttin des Getreides", jedes Frühjahr durch Annagelung eines Jünglings oder einer Jungfrau an ein Kreuz und durch Beschießung des Opfers mit Pfeilen angerufen haben[3]). Der Name des mexikanischen Kreuzes bedeutete: „Baum unseres Lebens oder Fleisches"[4]).

Ein Bildnis der Insel Philä soll auch Osiris in der Gestalt eines Kruzifixus darstellen, beweint von Isis und Nephthys, den Schwestergattinnen[5]).

Die Bedeutung des Kreuzes ist gewiß mit der des Lebensbaumes nicht erschöpft, wie schon angedeutet. Wie auch der Lebensbaum eine phallische Nebenbedeutung hat (als Libidosymbol), so kommt auch dem Kreuz eine weitere Bedeutung außer Leben und Unsterblichkeit[6]) zu. Müller (l. c.) gebraucht es als Zeichen des Regens und der Fruchtbarkeit, da es indianisch entschieden als Fruchtbarkeitszauber erscheint. Daß es daher eine Rolle im Sonnenkult spielt, ist fast selbstverständlich. Hervorzuheben ist auch, daß es ein wichtiges Zeichen zur Fernhaltung alles Unheils ist (Kreuzschlagen), wie die antike Geste der Manofica. Diesem Zweck dienten auch die phallischen Amulette. So gründlich

[1]) Geschichte der amerikanischen Urreligionen, S. 498.

[2]) Stephens: Zentralamerika, II, 346. (Zitiert bei Müller: l. c., S. 498.)

[3]) Zöckler: Das Kreuz Christi, S. 34.

[4]) H. H. Bankroft: Native Races of te Pacific States of North America, II, 506. (Zitiert Robertson: Evang. Myth., S. 139.)

[5]) Rossellini: Monumenti dell' Egitto etc. Tom. 3. Tav. 23. (Zitiert Robertson: l. c., S. 142.)

[6]) Zöckler: l. c., S. 7 ff. In der Darstellung einer Königsgeburt in Luxor sieht man folgendes: Der Logos und Götterbote, der vogelköpfige Thoth verkündet der jungfräulichen Königin Mautmes, daß sie einen Sohn gebären werde. In der folgenden Szene halten Kneph und Athor die Crux ansata ihr an den Mund, indem sie sie damit auf geistige (symbolische) Weise befruchten. Sharp: Egyptian mythology, S. 18 f. (Zitiert Robertson: Evangelienmythen, S. 43.

sonst Zöckler verfährt, so hat er doch ganz übersehen, daß die phallische Crux ansata dasjenige Kreuz ist, das der Boden der Antike in zahlreichen Exemplaren wiedergibt. Abbildungen dieser Cruces ansatae finden sich an vielen Orten und fast jede Antikensammlung besitzt ein oder mehrere Exemplare[1]).

Schließlich ist auch zu erwähnen, daß die menschliche Körperform im Kreuz nachgeahmt wird als ein Mensch mit ausgestreckten Armen. Es ist merkwürdig, daß auf frühchristlichen Abbildungen Christus nicht ans Kreuz genagelt ist, sondern mit ausgebreiteten Armen davor steht[2]). Maurice[3]) gewährt dieser Deutung eine treffliche Unterlage; er sagt folgendes: It is a fact not less remarkable, than well attested, that the Druids in their groves were accustomed to select the most stately and beautiful tree as an emblem of the deity they adored, and having cut off the side branches, they affixed two of the largest of them to the highest part of the trunk, in such manner that those branches extended on each side like the arms of a man, and together with the body, presented the apparence of a huge cross; and in the bark in several places was also inscribed the letter „tau"[4]).

Auch der „Baum der Wissenschaft" der indischen Dschainasekte nimmt Menschengestalt an; er wird dargestellt als ein mächtig dicker Stamm in der Gestalt eines Menschenkopfes, aus dessen Scheitel zwei längere, seitlich herabhängende, und ein senkrecht aufstrebender kürzerer Zweig, von einer knospen- oder blütenartigen Verdickung gekrönt, herauswachsen[5]). Robertson (Evang. Myth. S. 133) erwähnt, daß auch im assyrischen System die Darstellung der Gottheit in Kreuzform vorhanden ist, wobei der senkrechte Balken einer menschlischen Gestalt und der wagrechte Balken einem konventionell gewordenen Flügelpaar entspricht. Altgriechische Idole, wie sie z. B. in Ägina reichlich gefunden wurden, haben einen ähnlichen Charakter:

---

[1]) Die phallischen Grenzhermen hatten öfter Kreuzgestalt mit einem Kopf als Spitze. (W. Payne Knight. Worship of Priapus, S. 30.) Altenglisch hieß das Kreuz rod = Rute.

[2]) Robertson (l. c., S. 140) erwähnt die Tatsache, daß der mexikanische Priester und Opferer sich in die Haut eines eben getöteten Weibes hüllt und mit kreuzartig ausgestreckten Armen sich vor den Kriegsgott stellt.

[3]) Indian Antiquities, VI, 49.

[4]) Gemeint ist die primitive ägyptische Kreuzform: T.

[5]) Zöckler: l. c., S. 19. Der Blütenknopf ist wohl deutlich phallisch. Vgl. den oben berichteten Traum der jungen Frau.

unmäßig langes Haupt und flügelförmig abstehende und etwas empor gehobene Arme (?) und vorn deutliche Brüste[1]).

Ob, wie vielfach behauptet wird, das Kreuzsymbol zu den beiden Feuerhölzern der rituellen Feuererzeugung eine Beziehung hat, muß ich dahingestellt sein lassen. Es hat aber den Anschein, als ob tatsächlich dem Kreuzsymbol noch die Bedeutung „Vereinigung" innewohnte, denn zum Fruchtbarkeitszauber gehört schließlich dieser Gedanke auch, namentlich zum Gedanken der ewigen Wiedererneuerung, der mit dem Kreuz aufs innigste verbunden ist. Dem Gedanken der „Vereinigung", ausgedrückt durch das Kreuzsymbol, begegnen wir im Timäus des Plato, wo die Weltseele in der Form eines X (Chi) zwischen Himmel und Erde ausgespannt gedacht ist, also in der Form eines „Andreaskreuzes". Wenn wir nun noch erfahren, daß die Weltseele in sich die Welt als Körper enthält, so werden wir durch dieses Bild unfehlbar an die Mutter erinnert. (Platon, Timaios, übers. Kiefer, S. 27):

„Die Seele setzte er (der Demiurg) in der Mitte des Weltkörpers ein und dehnte sie durch das ganze Weltall aus, umhüllte aber auch den Weltkörper noch von außen mit ihr. So brachte er denn das Weltall zustande als einen sich im Kreise drehenden Kreis, der einzig und einsam, infolge seiner guten Beschaffenheit imstande ist, mit sich selbst zu verkehren, und keines andern bedarf, genügend bekannt und befreundet mit sich selbst. Durch alle die Vorkehrungen schuf er die Welt als einen seligen Gott."

Dieser höchste Grad von Untätigkeit und Bedürfnislosigkeit, symbolisiert durch das Eingeschlossensein in sich selber, bedeutet göttliche Seligkeit. Einziges menschliches Vorbild zu dieser Anschauung ist das Kind im Mutterleibe, d. h. vielmehr der erwachsene Mensch in beständiger Umarmung und Verschlingung mit seinem Ursprung, der Mutter. Dieser mythologisch-philosophischen Anschauung entsprechend bewohnte der beneidenswerte Diogenes auch ein Faß, um dadurch der Seligkeit und Gottähnlichkeit seines Nichtbedürfens mythologischen Ausdruck zu verleihen. (Mutterleibsphantasie). Vom Verhältnis der Weltseele zum Weltkörper sagt Platon folgendes:

„Wenn wir jetzt erst von der Seele zu sprechen beginnen, so hat nicht auch der Gott sie erst nach dem Körper gebildet: denn er hätte nicht zugelassen, daß die Ältere vom Jüngeren beherrscht werde; wir,

[1]) Die Mitteilung über diese Funde verdanke ich Herrn Prof. Fiechter in Stuttgart.

vielfach vom Zufall und Ungefähr abhängig, reden eben auch so, er aber schuf die Seele so, daß sie ihrer Entstehung und guten Beschaffenheit nach dem Körper vorausging und ehrwürdiger war als er, er machte sie zur Herrin und künftigen Gebieterin des Körpers." (l. c. S. 27.)

Es scheint auch aus anderen Andeutungen denkbar, daß das Bild der „Seele" überhaupt ein Derivat der Mutterimago ist, d. h. eine Symbolbezeichnung für den in der Mutterimago stecken gebliebenen Libidobetrag. (Vgl. die christliche Vorstellung von der Seele als einer Braut des Herrn.) Die weitere Entwicklung der Weltseele im Timaios erfolgt in dunkler zahlenmystischer Weise. Als die Mischung vollendet war, geschah folgendes:

„Dieses ganze so zusammengehäufte Gebilde aber spaltete er hierauf der Länge nach in zwei Teile, verband dieselben kreuzweise in ihrer Mitte, so daß sie die Gestalt eines X bildeten."

Dieser Passus nähert sich deutlich der Spaltung und Vereinigung des Âtman an, der nach der Spaltung einem Mann und einem Weibe verglichen wird, die sich umschlungen halten. Ein anderer Passus (l. c. S. 30) ist erwähnenswert:

„Nachdem nun nach dem Sinne des Meisters die ganze Zusammenfügung der Seele erfolgt war, bildete er hierauf alles, was körperlich ist, innerhalb derselben und fügte es so zusammen, daß es dieselbe mitten durchdrang."

Im übrigen verweise ich auf meine Ausführungen über die mütterliche Bedeutung der Weltseele bei Plotin in Kap. II. Eine ähnliche Loslösung des Kreuzsymboles von konkreterer Gestaltung finden wir bei den Muyskaindianern, die über einem Wasserspiegel (Teich oder Fluß) zwei Seile übers Kreuz spannen und am Schnittpunkt Früchte, Öl und Edelsteine als Opfer in Wasser werfen[1]). Hier ist die Gottheit offenbar das Wasser und nicht das Kreuz, welch letzteres durch den Kreuzungspunkt nur die Opferstelle bezeichnet. Das Opfer an der „Vereinigungsstelle" läßt erkennen[2]), warum dieses Symbol ein ursprünglicher Fruchtbarkeitszauber[3]) war, warum wir ihm so häufig (vorchristlich) bei den Liebes(= Mutter)göttinnen begegnen, ägyptisch besonders bei Isis und dem Sonnengott. Die beständige Vereinigung

[1]) Zöckler: l. c., S. 33.

[2]) Das Opfer am „Kreuzungspunkt" dürfte vielleicht überhaupt mit dem Sprachsymbolismus von „Kreuzen", „Kreuzung" usw. zu tun haben.

[3]) Das Opfer wird ins Wasser, d. h. in die Mutter versenkt.

dieser beiden Gottheiten haben wir bereits besprochen. Da das Kreuz (Tau, Crux ansata) immer wiederkehrt in der Hand des Tum, des obersten Gottes, des Hegemon der Enneas, so dürfte es nicht überflüssig sein, noch ein mehreres von den Bestimmungen des Tum zu sagen. Der Tum von On-Heliopolis führt den Namen „der Vater seiner Mutter"; was das heißt, bedarf keiner Erklärung. Die ihm beigegebene Göttin Jusas oder Nebit-Hotpet wird bald die Mutter, bald die Tochter, bald die Gattin des Gottes genannt. Der Tag des Herbstanfanges wird in den heliopolitischen Inschriften als „der Festtag der Göttin Jusasit" bezeichnet, als die Ankunft der Schwester, um sich mit ihrem Vater zu vereinigen". Es ist der Tag, an welchem „die Göttin Mehnit ihre Arbeit vollendet, um den Gott Osiris in das linke Auge[1]) eintreten zu lassen". Der Tag heißt auch „Ausfüllung des heiligen Auges mit seinem Erforderlichen". Die Himmelskuh mit dem Mondauge, die kuhköpfige Isis nimmt im Herbstaequinoctium den den Horus zeugenden Samen in sich auf[2]). (Mond als Samenbewahrer.) Das „Auge" vertritt ersichtlich das Genitale, wie in der Mythe von Indra, der wegen eines Bathsebafrevels die Bilder der Yoni (Vulva) über seinen ganzen Körper ausgebreitet zu tragen hatte, von den Göttern aber so weit begnadigt wurde, daß das entehrende Yonibild in Augen verwandelt wurde[3]). (Formähnlichkeit.) Im Auge ist die „pupilla" ein Kind. Der große Gott wird wieder ein Kind, er tritt in den Mutterleib ein, um sich zu erneuern[4]). In einem Hymnus heißt es auch:

„Deine Mutter, der Himmel, streckt ihre Arme nach dir aus."

An anderer Stelle heißt es:

„Du strahlst, o Vater der Götter, auf dem Rücken deiner Mutter, täglich empfängt dich deine Mutter in ihren Armen. Wenn du in der Wohnung der Nacht leuchtest, vereinigst du dich mit deiner Mutter, dem Himmel[5])."

Der Tum von Pitum-Heroopolis führt nicht nur die Crux ansata als Symbol bei sich, sondern hat auch sogar dieses Zeichen als seinen

---

[1]) Worunter der Mond zu verstehen ist. Vgl. später: Mond als Sammelort der Seelen (umschlingende Mutter).

[2]) Brugsch: l. c., S. 281 ff.

[3]) Vgl. dazu, was Abraham in bezug auf pupilla sagt. (Traum und Mythus, S. 16.)

[4]) Rückzug des Rê auf die Himmelskuh. In einem indischen Reinigungsritus muß der Büßer durch eine künstliche Kuh hindurchkriechen, um wiedergeboren zu werden.

[5]) Schultze: Psychologie der Naturvölker, Leipzig, 1900, S. 338.

häufigsten Beinamen, nämlich ānχ oder ānχi, was Leben oder der der Lebendige bedeutet. Er ist hauptsächlich als Agathodämonschlange verehrt, von der es heißt: „Die heilige Agathodämonschlange geht hervor aus der Stadt Nezi". Die Schlange (wegen ihrer Häutung) ist das Symbol der Wiedererneuerung, wie der Scarabaeus (ein Sonnensymbol), von dem es heißt, daß er, nur männlichen Geschlechtes, sich selber wieder erschaffe.

Der Name „Chnum" (ein anderer Name für Tum, gemeint ist immer der Sonnengott) kommt vom Verb χnum, welches sich verbinden, vereinigen heißt[1]). Chnum tritt vorzugsweise als der Töpfer und Bildner seines Eies auf. Das Kreuz scheint demnach ein außerordentlich verdichtetes Symbol zu sein: seine überragende Bedeutung ist die vom Lebensbaum und daher ist es ein Symbol der Mutter. Die Symbolisierung in einer menschlichen Gestalt ist daher verständlich. Die phallischen Formen der Crux ansata gehören mit zum abstrakten Sinn „Leben" und „Fruchtbarkeit" sowie zur Bedeutung von „Vereinigung", die wir nun sehr wohl als cohabitatio mit der Mutter zum Zwecke der Wiedererneuerung ansprechen dürfen[2]). Es ist daher ein nicht nur rührender, sondern in seiner Naivität überaus tiefsinniger Symbolismus, wenn in einer altenglischen Marienklage[3]) Maria das Kreuz anklagt, es sei ein falscher Baum, ungerechterweise und grundlos habe er „ihres Leibes reine Frucht, ihr holdes Vögelein" mit giftigem Trank zerstört (die Hinterlist der Isis, tödlicher Liebestrank), mit dem Todestrank, den nur die Nachkommen des Sünders Adam, denen eine Schuld anhafte, zu trinken hätten. Ihr Sohn hätte daran keine Schuld. Sie klagt:

„Kreuz, du bist meines Sohnes schlimme Stiefmutter, so hoch hast du ihn hinaufgehängt, daß ich nicht einmal seine Füße küssen kann! Kreuz, du bist mein Todfeind; du hast mir erschlagen mein blaues Vögelein!"

Sancta Crux antwortet:

---

[1]) Brugsch: l. c., S. 290 ff.

[2]) Man darf sich über diese Formel nicht wundern, denn es ist der tierische Mensch in uns, dessen Urkräfte in der Religion erscheinen. Dieterichs Worte (Mithraslit., S. 108) gewinnen in diesem Zusammenhange einen besonders bedeutsamen Aspekt: „Von unten kommen die alten Gedanken zu neuer Kraft in der Religionsgeschichte: Die Revolution von unten schafft neues Leben der Religion in uralten unzerstörbaren Formen."

[3]) Dispute between Mary and the Cross in R. Morris: Legends of the Holy Rood., London, 1871. (Zitiert Zöckler: l. c., S. 240 f.)

„Frau, dir danke ich meine Ehre; deine herrliche Frucht, die ich jetzt trage, strahlt in roter Blüte[1]). Nicht für dich allein, nein, die ganze Welt zu retten, erblüht diese köstliche Blume in dir[2])."

Über das Verhältnis der beiden Mütter (Isis am Morgen und Isis am Abend) zueinander sagt Sancta Crux:

„Du warst zur Himmelskönigin gekrönt, um des Kindes willen, das du geboren. Ich aber werde als glänzende Reliquie einst aller Welt erscheinen, beim Gerichtstage; da werde ich dann erheben meine Klage um deinen heiligen, unschuldig an mir gemordeten Sohn."

So vereinigt sich die mordende Todesmutter mit der gebärenden Lebensmutter in ihrer Klage um den sterbenden Gott und als äußeres Zeichen ihrer Vereinigung küßt Maria das Kreuz und söhnt sich mit ihm aus[3]). Das naive ägyptische Altertum hat uns die Vereinigung der kontrastierenden Tendenzen im Mutterbild der Isis noch aufbewahrt. Natürlich ist diese Imago bloß ein Symbol der Libido des Sohnes zur Mutter und schildert den Konflikt zwischen Liebe und Inzestwiderstand. Die verbrecherische, inzestuöse Absicht des Sohnes erscheint als verbrecherische Hinterlist in die Mutterimago projiziert. Die Abtrennung des Sohnes von der Mutter bedeutet den Abschied des Menschen von dem Gattungsbewußtsein des Tieres, von dem für das infantilarchaische Denken charakteristischen Mangel an Individualbewußtsein. Erst durch die Gewaltsamkeit des „Inzestverbotes" konnte das sich selber bewußte Individuum geschaffen werden, das vorher gedankenlos eins war mit der Sippe, und so erst konnte die Idee des individuellen und endgültigen Todes möglich werden. So kam durch Adams Sünde der Tod in die Welt. (Dies, wie ersichtlich, uneigentlich, d. h. gegensätzlich ausgedrückt.) Die Abwehr des Inzestes durch die Mutter bedeutet so dem Sohn eine Bosheit, welche ihn der Todesangst ausliefert. (In ursprünglicher Frische und Leidenschaft tritt uns dieser Konflikt im Gilgameshepos entgegen; auch dort ist der Inzestwunsch in die Mutter projiziert.) Der Neurotiker, der die Mutter nicht lassen kann, hat gute Gründe: die Todesangst hält ihn dort. Es scheint, als sei kein Begriff und kein Wort stark genug, die Bedeutung dieses Kon-

[1]) Ein sehr schönes Bild der ins Meer versinkenden blutroten Sonne.

[2]) Jesus erscheint hier als Zweig und Blüte am Lebensbaum. Vgl. dazu die interessanten Nachweise von Robertson: Evang. Myth., S. 51 ff. über „Jesus, der Nazarener", welchen Titel er von Nazar oder Netzer = Zweig herleitet.

[3]) In Griechenland wurde der Marterpfahl, an dem Verbrecher hingerichtet oder gestraft wurden, als ἑκάτη (Hekate, unterirdische Todesmutter) bezeichnet.

fliktes auszudrücken. Ganze Religionen wurden gebaut, um der Größe dieses Konfliktes Worte zu leihen. Dieses, durch Jahrtausende fortgesetzte Ringen nach Ausdruck kann gewiß seine Kraftquelle nicht in dem durch den Vulgärbegriff des Inzestes allzu eng gefaßten Tatbestand haben; vielmehr muß man wahrscheinlich das in letzter Linie und ursprünglich als „Inzestverbot" sich ausdrückende Gesetz als den Zwang zur Domestikation auffassen und das Religionssystem als Institution bezeichnen, welche die den Kulturzwecken nicht unmittelbar dienenden Triebkräfte animalischer Natur zunächst aufnimmt, organisiert und allmählich zu sublimierter Anwendung fähig macht.

Die bei Miß Miller nunmehr folgenden Visionen bedürfen keiner ausführlichen Besprechung mehr. Die nächste Vision ist das Bild einer „purpurnen Meeresbucht". Die Meeressymbolik reiht sich glatt an das Vorausgegangene an. Man könnte hier des ferneren an die Reminiszenzen vom Golf von Neapel denken, denen wir im ersten Teil begegnet sind. Im Zusammenhang des Ganzen allerdings dürfen wir die Bedeutung der „Meeresbucht" nicht übersehen. Im Französischen heißt es „une baie", was wohl einem bay im englischen Urtext entsprechen dürfte. Es dürfte sich hier lohnen, einen Seitenblick auf das Etymologische dieser Vorstellung zu werfen. Baie wird überhaupt für etwas Offenstehendes gebraucht, wie denn das katalonische Wort badia (Bai) von badar = öffnen kommt. Im Französischen heißt bayer den Mund offen haben. Ein anderes Wort für dasselbe ist Meerbusen, latein. Sinus, und ein drittes Wort ist Golf, das französisch in nächster Beziehung steht mit gouffre = Abgrund. Golf kommt von κόλπος[1]), das zugleich Busen und Schoß, Mutterschoß, daher vagina (med.), bedeutet. Es kann auch Gewandfalte und Tasche bedeuten. (Schweizerdeutsch wird auch buese als Rocktasche angeführt.) κόλπος kann auch ein tiefes Tal zwischen hohen Bergen bedeuten. Diese Bezeichnungen zeigen klar, welche Urvorstellungen zugrunde liegen. Sie machen die Wortwahl Goethes verständlich an jener Stelle, wo Faust der Sonne mit beflügelter Sehnsucht folgen möchte, um in ewigem Tage „ihr ewiges Licht zu trinken":

„Nichts hemmte dann den göttergleichen Lauf
Der wilde Berg mit allen seinen Schluchten;
Schon tut das Meer sich mit erwärmten Buchten
Vor den erstaunten Augen auf."

[1]) Diez: Etym. Wörterbuch der romanischen Sprachen, S. 90 ff.

Faustens Sehnsucht geht ja wie bei jedem Helden nach dem Mysterium der Wiedergeburt, der Unsterblichkeit, daher sein Weg aufs Meer hinausführt und hinunter in den ungeheuerlichen Schlund des Todes, dessen Angst und Enge zugleich den neuen Tag bedeutet:

„Ins hohe Meer werd' ich hinausgewiesen,
Die Spiegelflut erglänzt zu meinen Füßen,
Zu neuen Ufern lockt ein neuer Tag.
Ein Feuerwagen schwebt, auf leichten Schwingen,
An mich heran! Ich fühle mich bereit,
Auf neuer Bahn den Äther zu durchdringen,
Zu neuen Sphären reiner Tätigkeit.
Dies hohe Leben, diese Götterwonne!
— — — — — — — — — — — — — — — — — —
Vermesse dich, die Pforten aufzureißen,
Vor denen jeder gern vorüberschleicht.
Hier ist es Zeit, durch Taten zu beweisen,
Daß Männerwürde nicht der Götterhöhe weicht,
Vor jener dunkeln Höhle nicht zu beben,
In der sich Phantasie zu eigner Qual verdammt.
Nach jenem Durchgang hinzustreben,
Um dessen engen Mund die ganze Hölle flammt;
Zu diesem Schritt sich heiter zu entschließen,
Und wär' es mit Gefahr, ins Nichts dahinzufließen."

Es klingt wie eine Bestätigung, wenn die nächstfolgende Vision von Miß Miller „une falaise à pic", eine steil abstürzende Klippe ist. (Vgl. gouffre.) Der Abschluß der ganzen Reihe von Einzelvisionen bildet, wie die Autorin berichtet, ein Gewirr von Lauten, etwa wie Wa-ma, wa-ma. Dieser Laut klingt sehr ursprünglich und barbarisch. Da wir über die subjektiven Wurzeln dieser Laute von der Autorin nichts erfahren, so bleibt uns nur eine Vermutung übrig: Im Zusammenhang des Ganzen wäre nämlich zu erwägen, ob nicht dieser Laut eine leichte Entstellung des allbekannten Rufes ist, der ma-ma heißt. (Vgl. dazu unten.)

Darauf erfolgt eine Pause in der Produktion von Visionen, dann setzt die Tätigkeit des Unbewußten wieder energisch ein.

VI.

Der Kampf um die Befreiung von der Mutter.

Es erscheint ein Wald, Bäume und Gebüsche. Nach den Erörterungen des vorangegangenen Kapitels bedarf es hier nur noch des

Hinweises, daß das Waldsymbol im wesentlichen mit der Bedeutung des heiligen Baumes zusammenfällt. Der heilige Baum findet sich meist in einem heiligen Waldbezirk oder Paradiesesgarten. Der heilige Hain steht öfter an Stelle des Tabubaumes und übernimmt alle Eigenschaften des letzteren. (Vgl. auch das oben über ὕλη Gesagte.) Die erotische Symbolik des Gartens ist allbekannt. Der Wald hat mythologisch Mutterbedeutung wie der Baum. In der nunmehr folgenden Vision bildet der Wald die Szene, auf der die dramatische Darstellung des Endes Chiwantopels sich abspielen wird. Dieser Akt spielt also an oder in der Mutter.

Ich setze zunächst den Anfang des Dramas im Urtext hierher, soweit der erste Opferversuch reicht. Am Anfang des nächsten Kapitels findet der Leser die Fortsetzung, den Monolog und die Opferszene. Es dürfte ratsam sein, schon hier den weiteren Verlauf des Dramas ins Auge zu fassen.

„Le personnage Chiwantopel surgit du midi, à cheval avec autour de lui une couverture aux vives couleurs, rouge, bleue et blanche. Un Indien dans un costume de peau de daim à perles, et orné de plumes s'avance en se blotissant et se prépare à tirer une flèche contre Chiwantopel. Celui-ci présente sa poitrine dans une attitude de défi, et l'Indien fasciné à cette vue, s'esquive et disparaît dans la forêt".

Der Held Chiwantopel erscheint zu Pferde. Diese Tatsache erscheint von Belang, da, wie der weitere Verlauf des Dramas zeigt, (siehe Kap. VII) das Pferd keine gleichgültige Rolle spielt, sondern den gleichen Tod erleidet wie der Held und von diesem sogar als „treuer Bruder" bezeichnet wird. Diese Andeutungen weisen auf eine bemerkenswerte Ähnlichkeit von Roß und Reiter hin. Es scheint zwischen beiden ein innerer Zusammenhang zu existieren, der sie zum gleichen Schicksal führt. Wir sahen bereits, daß die Symbolisierung der „Libido im Widerstand" durch die furchtbare Mutter an einigen Stellen parallel geht mit dem Pferd[1]). Es wäre, genau genommen, unrichtig, zu sagen, das Pferd sei oder bedeute die Mutter. Das Mutterbild ist ein Libidosymbol und ebenso ist das Pferd ein Libidosymbol und an einigen Punkten begegnen sich die beiden Symbole im Wege der Begriffsüberschneidung. Das Gemeinsame der beiden Bilder aber liegt in der Libido, speziell

[1]) Hexen verwandeln sich gerne in Pferde, daher man an ihren Händen Nägelmale von Hufbeschlag entdecken kann. Der Teufel reitet auf den Hexenpferden. Pfaffenköchinnen werden nach dem Tode in Pferde verwandelt. Negelein: Zeitschrift des Vereines für Volkskunde, XI, S. 406 ff.

in der aus dem Inzest verdrängten Libido. In dieser Fassung erscheint uns also der Held und sein Pferd als eine künstlerische Gestaltung der Idee des Menschen mit seiner verdrängten Libido, wobei dem Pferde die Bedeutung des animalischen Unbewußten zukäme, das gezähmt und dem Willen des „Menschen" unterworfen erscheint. (Parallele Darstellungen wären Agni auf dem Widder, Wotan auf Sleipnir, Ahuramazda auf Angromainyu[1]), Jahwe auf dem monströsen Seraph, Christus auf dem Esel[2]), Dionysos auf dem Esel, Mithras auf dem Pferd, Löwe und Schlange, seine symbolischen Tiere, danebenher eilend, Men auf menschenfüßigem Pferd, Freir auf dem goldborstigen Eber usw.) Den mythologischen Reittieren wohnt immer auch eine große Bedeutung inne, indem sie sehr oft anthropomorphisiert erscheinen: So hat Mens Pferd menschliche Vorderbeine, Bileams Esel menschliche Sprache, der enteilende Stier, dem Mithras auf den Rücken springt, um ihn niederzustechen (Taurokathapsie[3]), ist eigentlich nach persischer Legende der Gott selbst. Das Spottkruzifix vom Palatin stellt den Gekreuzigten mit einem Eselskopf dar (vielleicht in Anlehnung an die antike Legende, daß im Tempel von Jerusalem das Bild eines Esels verehrt wurde). Als Drosselbart (d. h. Pferdebart) ist Wotan halb Mensch, halb Pferd[4]). Auch läßt ein altes deutsches Rätsel diese Einheit von Roß und Reiter[5]) sehr hübsch erkennen: „Wer sind die zwei, die zum Thing fahren? Drei Augen haben sie zusammen, zehn Füße[6]) und einen Schweif und reisen so über Land". Die Sagen schreiben dem Pferd Eigenschaften zu, welche psychologisch dem Unbewußten des Menschen zukommen: Pferde sind hellsehend und hellhörend, sie sind Wegweiser, wo der Verirrte sich nicht zu helfen weiß, sie sind von mantischer Fähigkeit; Ilias 19 führt das Pferd unheilverkündende Rede; sie hören die Worte, welche die

---

[1]) Ebenso reitet der sagenhafte Urkönig Tahmuraht auf Ahriman, dem Teufel.

[2]) Die Eselin und ihr Füllen dürften dem christlichen Sonnenmythus angehören, indem das Zodion Cancer (Sommersolstitium) antik als Esel und sein Junges bezeichnet wurde. (Vgl. Robertson: Evang. Myth., S. 19.

[3]) Das Bild ist wohl aus dem Zirkus genommen. Noch hat der spanische Matador heroenhafte Bedeutung. Sueton (Claud. 21): Feros tauros per spatia circi agunt insiliuntque defessos et ad terram cornibus detrahunt.

[4]) Also zentaurisch.

[5]) Vgl. die erschöpfende Darstellung dieses Themas bei Jähns: Roß und Reiter.

[6]) Sleipnir ist achtfüßig.

Leiche spricht, wenn sie zu Grabe getragen wird, was die Menschen nicht hören; Caesar erfährt von seinem menschenfüßigen Roß (wahrscheinlich hergenommen aus einer Identifikation Caesars mit dem phrygischen Men), daß er die Welt erobern werde. Ein Esel prophezeit dem Augustus den Sieg von Actium. Das Pferd sieht auch Gespenster. Alle diese Dinge entsprechen typischen Manifestationen des Unbewußten. Daher es auch ganz verständlich ist, wenn das Pferd als das Bild der (bösen) tierischen Komponente des Menschen reichlich Beziehungen zum Teufel hat. Der Teufel hat einen Pferdefuß, unter Umständen auch Pferdegestalt. In kritischen Momenten zeigt er plötzlich den Pferdefuß (sprichwörtlich), wie bei Haddings Entführung Sleipnir plötzlich hinter dem Mantel Wotans hervorschaut[1]). Wie der Mar den Schlafenden reitet, so tut's auch der Teufel, daher es heißt, die vom Alp Befallenen seien vom Teufel geritten (daher die sprichwörtliche Redensart). Im Persischen ist (vgl. oben) der Teufel das Reittier Gottes. Der Teufel repräsentiert, wie alles Böse, auch die Sexualität, daher die Hexen mit ihm Umgang haben, wobei er in Bocks- oder Pferdegestalt auftritt. Die unverkennbar phallische Natur des Teufels teilt sich auch dem Pferde mit, daher dieses Symbol in Zusammenhängen auftritt, wo nur diese Bedeutung erklärend wirkt. Es ist voranzuschicken, daß Loki in Rossesgestalt zeugt, wie der Teufel, der in Pferdegestalt dasselbe tut, als alter Feuergott. So wird auch der Blitz theriomorph dargestellt als Pferd[2]). Eine ungebildete Hysterika erzählte mir, daß sie als Kind an heftiger Gewitterangst gelitten habe, weil sie jedesmal da, wo ein Blitz eingeschlagen hatte, unmittelbar darauf ein ungeheures bis an den Himmel reichendes schwarzes Pferd gesehen habe[3]). So heißt es auch in der Sage, daß der Teufel als Blitzgottheit den Pferdefuß (Blitz) auf die Dächer werfe. Gemäß der uralten Bedeutung des Gewitters als Erdbefruchtung kommt dem Blitz respektive dem Pferdefuß phallische Bedeutung zu. Tatsächlich hat auch der Pferdefuß mythologisch die phallische Funktion, wie im Traum: Eine ungebildete Patientin, die von ihrem Mann ursprünglich sehr gewalttätig zum Koitus gezwungen worden war, träumte (nach der Trennung!) öfter, ein wildes Pferd springe über sie und trete ihr mit dem Hinterfuß in den Leib. Plutarch hat folgende Gebetsworte aus den Dionysosorgien übermittelt: *ἐλθεῖν ἥρως Διόνυσε Ἅλιον ἐς ναὸν*

[1]) Negelein: l. c., S. 412.

[2]) Negelein: l. c., S. 419.

[3]) Ich habe seither noch einen zweiten ganz ähnlichen Fall erfahren.

ἁγνὸν σὺν Χαρίτεσσιν ἐς ναὸν τῷ βοέῳ ποδὶ θύων, ἄξιε ταῦρε, ἄξιε ταῦρε. („Komm, o Dionysos, in deinen Tempel zu Elis, komm mit den Chariten in deinen heiligen Tempel, tobend (orgiastisch rasend) mit dem Stierfuß[1])". Pegasus schlägt mit dem Fuß die Hippokrene, eine Quelle, aus dem Boden. Auf einem korinthischen Steinbild des Bellerophontes, das zugleich Fontäne war, floß das Wasser aus dem Huf des Pferdes heraus. Auch Balders Roß eröffnet durch seinen Tritt eine Quelle. So ist der Pferdefuß der Spender des fruchtbaren Nasses[2]). Eine niederösterreichische Sage bei Jähns (l. c. S. 27) erwähnt, daß man zuweilen einen riesigen Mann auf weißem Pferde über die Berge reiten sehe, was baldigen Regen bedeute. In der deutschen Sage kommt Frau Holle, die Geburtsgöttin, auf dem Pferd. Schwangere in Geburtsnähe pflegen einem Schimmel Hafer in ihrer Schürze zu geben und ihn zu bitten, für baldige Entbindung zu sorgen; ursprüngliche Sitte war es, daß das Pferd das Genitale der Frau zu berühren hatte. Das Pferd hatte überhaupt (wie der Esel) die Bedeutung eines priapischen Tieres[3]). Roßtrappen sind segen- und fruchtspendende Idole. Roßtrappen wirkten besitzgründend und hatten grenzsetzende Bedeutung, wie die Priape des lateinischen Altertums. Wie die phallischen Daktyle hat ein Pferd mit seinem Huf den Metallreichtum des Harzes aufgedeckt. Das Hufeisen, eine Abkürzung für Pferdefuß[4]), hat glückbringende und apotropäische Bedeutung. In den Niederlanden wird ein ganzer Pferdefuß im Stall gegen Zauber aufgehängt. Die analoge Wirkung des Phallus ist bekannt, daher die Torphalli. Besonders wendete die Pferdekeule den Blitz ab, nach dem Grundsatz: Similia similibus.

Pferde symbolisieren auch den Wind, h. h. das Tertium comparationis ist wiederum das Libidosymbol. Die deutsche Sage kennt den Wind als den nach den Mädchen lüsternen wilden Jäger. Stürmische Punkte leiten ihren Namen gern von Pferden (Hingstbarge) ab, so die Schimmelberge der Lüneburgerheide. Die Zentauren sind typische Windgötter, wie sie auch die künstlerische Intuition Böcklins dargestellt hat[5]).

Pferde bedeuten auch Feuer und Licht. Beispiel sind die

---

[1]) Preller: Griech. Mythol., I, I, S. 432. I. Aufl.

[2]) Weitere Beispiele siehe bei Aigremont: Fuß- und Schuhsymbolik.

[3]) Aigremont: l. c., S. 17.

[4]) Negelein: l. c., S. 386 f.

[5]) Ausführliche Nachweise über die Zentauren als Windgötter finden sich bei E. H. Meyer: Indogermanische Mythen., S. 447 ff.

feurigen Pferde des Helios. Des Hektor Rosse heißen Xanthos (gelb, hell). Podargos (schnellfüßig). Lampos (leuchtender) und Aithon (brennender). Eine ganz ausgesprochene Feuersymbolik wird repräsentiert durch die bei Dio Chrysostomus erwähnte mystische Quadriga[1]): Der höchste Gott führt seinen Wagen immer im Kreise. Der Wagen ist mit 4 Pferden bespannt. Das an der Peripherie gehende Pferd bewegt sich sehr schnell. Es hat eine glänzende Haut und trägt darauf die Zeichen der Planeten und der Sternbilder[2]). (Ein Bild des drehenden Feuerhimmels.) Das zweite Pferd geht etwas langsamer und ist nur auf der einen Seite beleuchtet. Das dritte Pferd geht noch langsamer und das vierte dreht sich um sich selbst. Einmal aber setzt das äußerste Pferd mit seinem feurigen Atem die Mähne des zweiten in Brand und das dritte überflutet mit strömendem Schweiß das vierte. Dann lösen sich die Pferde auf und gehen in die Substanz des Stärksten und Feurigsten über, welches nun zum Wagenlenker wird. Die Pferde stellen auch die 4 Elemente dar. Die Katastrophe ist Weltbrand und Sintflut, worauf die Spaltung des Gottes in das Vielerlei aufhört und die göttliche Einheit wiederhergestellt wird[3]). Unzweifelhaft ist die Quadriga auch astronomisch als ein Zeitsymbol zu verstehen. Wir sahen ja bereits im Ersten Teil, daß die stoische Vorstellung von Schicksal ein Feuersymbol ist. Es ist daher eine konsequente Durchführung des Gedankens, wenn die dem Schicksalsbegriff nahverwandte Zeit dieselbe Libidosymbolik aufweist.

Brihâdaranyaka-Upanishad I, 1 sagt:

„Die Morgenröte, wahrlich, ist des Opferrosses Haupt, die Sonne sein Auge, der Wind sein Odem, sein Rachen das allverbreitete Feuer, das Jahr ist der Leib des Opferrosses. Der Himmel ist sein Rücken, der Luftraum seine Bauchhöhle, die Erde seines Bauches Wölbung, die Pole sind seine Seiten, die Zwischenpole seine Rippen, die Jahreszeiten seine Glieder, die Monate und Halbmonate seine Gelenke, Tage und Nächte seine Füße, die Gestirne seine Gebeine, das Gewölk sein

[1]) Or. XXXVI, § 39 ff. (Zitiert Cumont: Myst. d. Mithra. S. 87. I. Aufl.)

[2]) Dies ist ein besonderes Motiv, das etwas Typisches an sich haben muß. Meine Patientin (Psychologie der Dementia praecox, S. 165) gab ebenfalls an, daß ihre Pferde „Halbmonde" unter der Haut hätten, „wie Löckchen". In den Rudraliedern des Rigveda heißt es vom Eber Rudra, daß seine Haare „in Muschelform aufgewunden" seien. Indras Körper ist mit Augen bedeckt.

[3]) Diese Veränderung erfolgt durch eine Weltkatastrophe. In der Mythologie bedeutet das Grünen und das Absterben des Lebensbaumes auch den Wendepunkt in der Folge der Zeitalter.

Fleisch. Das Futter, das es verdaut, sind die Sandwüsten, die Flüsse seine Adern, Leber und Lungen die Gebirge, die Kräuter und Bäume seine Haare, die aufgehende Sonne ist sein Vorderteil, die niedergehende sein Hinterteil." — „Der Ozean ist sein Verwandter, der Ozean seine Wiege."

„Hier finden wir das Pferd unzweifelhaft als Zeitsymbol gedeutet, daneben auch als die ganze Welt. Wir begegnen auch in der mithrischen Religion einem sonderbaren Zeitgott, dem Aion, Kronos oder auch Deus leontocephalus genannt, weil seine stereotype Darstellung eine löwenköpfige Menschengestalt ist, die, in steifer Haltung dastehend, von einer Schlange umschlungen ist, deren Kopf von hinten über dem Löwenkopf nach vorn ragt. Die Figur hält in den Händen je einen Schlüssel, auf der Brust ruht der Donnerkeil, auf dem Rücken befinden sich die 4 Flügel der Winde, außerdem trägt die Gestalt etwa auch die Zodia am Körper. Beigaben sind Hahn und Werkzeuge. Im karolingischen Psalterium von Utrecht, das antike Vorlagen hatte, ist Saeculum-Aion als ein nackter Mann mit einer Schlange in der Hand dargestellt[1]).

Wie schon der Name der Gottheit andeutet, ist er ein Zeitsymbol, das interessanterweise aus Libidosymbolen zusammengesetzt ist. Der Löwe, das Zodion der höchsten Sommerhitze[2]), ist das Symbol des mächtigsten Begehrens. („Meine Seele brüllt mit eines hungrigen Löwen Stimme;" Mechthild von Magdeburg.) Die Schlange ist im Mithrasmysterium öfter antagonistisch zum Löwen, entsprechend jener höchst allgemeinen Mythe vom Kampf der Sonne mit dem Drachen. Im ägyptischen Totenbuch wird Tum sogar als Kater bezeichnet, weil er als solcher die Apophisschlange bekämpft. Die Umschlingung ist auch, wie wir sahen, die Verschlingung, das Eingehen in den Mutterleib. So ist die Zeit definiert durch das Unter- und Aufgehen der Sonne, d. h. durch das Absterben und die Wiedererneuerung der Libido. Die Beigabe des Hahnes deutet wiederum auf die Zeit und die der Werkzeuge auf das Schaffende der Zeit. („Durée créatrice" Bergson.) Oromazdes und Ahriman werden durch Zrwanakarana, die „unendlich lange Dauer erzeugt". Die Zeit, dieses Leere und lediglich Formale, wird im Mysterium also durch die Wandlungen der

[1]) Cumont: Text. et Mon., I, S. 76.

[2]) Daher wird der Löwe von Simson getötet und später erntet Simson den Honig aus dem Leichnam. Das Ende des Sommers ist die Fruchtbarkeit des Herbstes. Es ist eine genaue Parallele zum sacrificium mithriacum. Zu Simson vgl. Steinthal: Die Sage von Simson. Zeitschrift für Völkerpsych., Bd. II.

schaffenden Kraft, der Libido, ausgedrückt. Macrobius (I, 20, § 15) sagt: „Leonis capite monstratur praesens tempus — quia conditio ejus valida fervensque est.“ Philo von Alexandrien weiß es besser:

„Tempus ab hominibus pessimis putatur deus volentibus Ens essentiale abscondere — pravis hominibus tempus putatur causa rerum mundi, sapientibus vero et optimis non tempus sed Deus[1]).“

Bei Firdusi[2]) ist die Zeit öfter das Symbol des Schicksals, dessen Libidonatur wir bereits kennen gelernt haben. Der obenerwähnte indische Text geht allerdings noch weiter; sein Pferdesymbol enthält alle Welt in sich, sein Verwandter und seine Wiege ist das Meer, die Mutter, gleichgesetzt der Weltseele, deren mütterliche Bedeutung wir oben gesehen haben. Wie der Aion die Libido in der Umschlingung, d. h. im Stadium des Todes und der Wiedergeburt darstellt, so ist auch hier die Wiege des Pferdes das Meer, d. h. die Libido ist in der Mutter, sterbend und wiedererstehend, wie das Symbol des Christus, der als reife Frucht am Lebensbaume hängt, sterbend und wiedererstehend.

Wir haben bereits gesehen, daß das Pferd durch Yggdrasil mit der Baumsymbolik zusammenhängt. Das Pferd ist auch ein „Totenbaum“; so hieß im Mittelalter die Totenbahre St. Michaelspferd und Neupersisch bedeutet das Wort für Sarg „hölzernes Pferd“[3]). Das Pferd hat auch die Rolle des Psychopompos, es ist das Reittier zum Jenseitsland; Pferdeweiber holen die Seelen (Walküren). Neugriechische Lieder stellen Charon zu Pferde dar. Diese Bestimmungen führen, wie ersichtlich, zur Muttersymbolik hinüber. Das trojanische Pferd war das einzige Mittel, mit dem die Stadt bezwungen werden konnte, weil nur der ein unüberwindlicher Held ist, der in die Mutter hineingegangen und wiedergeboren ist. Das trojanische Pferd ist eine Zauberhandlung, wie das Notfeuer, welches auch dazu dient, die Notwendigkeit zu bezwingen. Die Formel lautet offenbar: Um diese Schwierigkeit zu bewältigen, mußt du den Inzest begehen und noch einmal aus deiner Mutter geboren werden. Es scheint, daß das Einschlagen eines Nagels in den heiligen Baum etwas

---

[1]) Philo: In Genesim, I. 100. (Zitiert Cumont: Text. et Mon., I, S. 82.)

[2]) Spiegel: Erân. Altertumskunde. II, 193. In der dem Zoroaster zugeschriebenen Schrift Περὶ Φύσεως wird die Ananke, die Schicksalsnotwendigkeit, durch die Luft dargestellt. Cumont: l. c., I, S. 87.

[3]) Spielreins Pat. (Jahrbuch, III, S. 394) spricht von Pferden, die Menschen, sogar ausgegrabene Leichen fressen.

Ähnliches bedeutete. Ein solches Palladium scheint der „Stock im Eisen" in Wien gewesen zu sein.

Noch einer Symbolform ist zu gedenken: Gelegentlich reitet der Teufel auf einem dreibeinigen Pferd. Die Todesgöttin Hel reitet in der Pestzeit ebenfalls auf einem dreibeinigen Pferd[1]). Dreibeinig ist der riesige Esel, der im himmlischen Regensee Vourukasha steht, dessen Urin das Wasser des Sees reinigt, und von dessen Gebrüll alle nützlichen Tiere schwanger werden und alle schädlichen Tiere abortieren. Die Triade weist wieder auf das Phallische hin. Die gegensätzliche Symbolik bei Hel ist in ein Bild verschmolzen bei dem Esel des Vourukasha. Die Libido ist ebensowohl befruchtend wie zerstörend.

Diese Bestimmungen lassen in ihrer Gesamtheit klar die Grundzüge wieder erkennen: Das Pferd ist ein Libidosymbol von teils phallischer, teils Mutterbedeutung, wie der Baum, repräsentiert also Libido in dieser Anwendung, nämlich die durch das Inzestverbot verdrängte Libido.

Dem Helden im Millerschen Drama nähert sich ein Indianer, bereit einen Pfeil auf ihn abzuschießen. Chiwantopel aber zeigt dem Feinde die Brust mit stolzer Gebärde. Dieses Bild erinnert die Autorin an die Szene zwischen Cassius und Brutus in Julius Caesar von Shakespeare[2]). Es hat sich ein Mißverständnis zwischen den beiden Freunden erhoben, indem Brutus dem Cassius vorwirft, daß er ihm das Geld für die Legionen verweigere. Cassius, empfindlich und gereizt, bricht in die Klageworte aus:

> „Komm, Marc Anton, und komm, Octavius nur!
> Nehmt eure Rach' allein an Cassius,
> Denn Cassius ist des Lebens überdrüssig:
> Gehaßt von einem, den er liebt; getrotzt
> Von seinem Bruder; wie ein Kind gescholten.
> Man späht nach allen meinen Fehlern, zeichnet
> Sie in ein Denkbuch, lernt sie aus dem Kopf,
> Wirft sie mir in die Zähne. — O ich könnte
> Aus meinen Augen meine Seele weinen!
> Da ist mein Dolch, hier meine nackte Brust;
> Ein Herz drin, reicher als des Plutus Schacht,
> Mehr wert als Gold: wo du ein Römer bist,
> So nimm's heraus. Ich, der dir Gold versagt,

[1]) Negelein: l. c., S. 416.

[2]) IV. Aufzug. II. Szene.

Ich biete dir mein Herz. Stoß zu, wie einst
Auf Caesar! Denn ich weiß, daß du am ärgsten
Ihn haßtest, liebtest du ihn mehr, als je
Du Cassius geliebt."

Das hierher gehörige Material wäre unvollständig, wenn man nicht erwähnte, daß diese Rede des Cassius mehrere Analogien aufweist zu dem agonalen Delir des Cyrano (vgl. Erster Teil), nur daß Cassius bei weitem theatralischer und übertriebener ist. In seiner Art liegt sogar etwas Kindliches und Hysterisches. Brutus denkt ja nicht daran, ihn zu töten, sondern verabreicht ihm eine sehr kalte Douche im folgenden Dialog:

Brutus: „Steckt euren Dolch ein!
Seid zornig, wenn ihr wollt, es steh' euch frei!
Tut, was ihr wollt: Schmach soll für Laune gelten.
O Cassius! Einem Lamm seid Ihr gesellt,
Das so nur Zorn hegt, wie der Kiesel Feuer,
Der, viel geschlagen, flücht'ge Funken zeigt
Und gleich drauf wieder kalt ist.
Cassius: „Lebt ich dazu,
Ein Schmerz nur und Gelächter meinem Brutus
Zu sein, wenn Gram und böses Blut mich plagt?
Brutus: „Als ich das sprach, hatt' ich auch böses Blut.
Cassius: „Gesteht Ihr soviel ein? Gebt mir die Hand!
Brutus: „Und auch mein Herz.
Cassius: „O Brutus!
Brutus: „Was verlangt Ihr?
Cassius: „Liebt Ihr mich nicht genug, Geduld zu haben,
Wenn jene rasche Laune, von der Mutter
Mir angeerbt, macht, daß ich mich vergesse?
Brutus: „Ja, Cassius; künftig, wenn Ihr allzu streng
„Mit Eurem Brutus seid, so denkt er,
Die Mutter schmäl' aus Euch und läßt Euch gehn."

Die analytische Aufklärung der Empfindlichkeit des Cassius führt zur Erkenntnis, daß er sich in diesen Momenten mit der Mutter identifiziere und sich daher recht weiblich benehme, wie das ja seine Rede ausgezeichnet dartut. Denn seine weibische, um Liebe werbende und verzweiflungsvolle Unterwerfung unter den männlichen trotzigen Willen des Brutus berechtigt letzteren zu der freundlichen Bemerkung, daß Cassius einem Lamm gesellt sei, d. h. noch etwas sehr Untüchtiges in seinem Charakter habe, welches von der Mutter stamme. Man erkennt hierin unschwer den analytischen Tatbestand einer infantilen

Disposition, die, wie immer, durch ein Prävalieren der Elternimago, hier der Mutterimago, gekennzeichnet ist. Ein infantiles Individuum ist darum infantil, weil es sich nur ungenügend oder gar nicht aus der Kindheitsumgebung, d. h. von seiner Elternanpassung befreit hat, daher es fälschlicherweise der Welt gegenüber einerseits so reagiert, wie ein Kind den Eltern gegenüber, immer Liebe und sofortige Gefühlsbelohnung heischend; anderseits durch die enge Bindung an die Eltern mit diesen identifiziert, benimmt sich der Infantile wie der Vater und wie die Mutter. Er ist nicht imstande, sich selbst zu leben und seinen ihm zugehörigen Typus zu finden. Weshalb Brutus sehr richtig annimmt, „die Mutter schmäl'" aus Cassius, er sei's nicht selbst. Der psychologisch wertvolle Tatbestand, den wir hier erheben, ist der Nachweis, daß Cassius infantil und mit der Mutter identifiziert ist. Das hysterische Benehmen fällt dem Umstande zur Last, daß Cassius zum Teil noch Lamm ist, also unschuldvolles und gänzlich harmloses Kind; er ist also, was sein Gefühlsleben anbetrifft, hinter sich selber noch zurückgeblieben, wie wir solches öfter sehen bei Menschen, die anscheinend als Mächtige das Leben und die Mitmenschen beherrschen: sie sind den Anforderungen ihrer Liebesgefühle gegenüber Kinder geblieben.

Die Figuren des Millerschen Dramas als Kinder der Phantasie der Schöpferin schildern natürlich alle diesen oder jenen Charakterzug, der der Autorin zugehört. Am ehesten wird der Held die Wunschfigur repräsentieren, denn der Held vereinigt immer alle erwünschten Ideale in sich. Die Geste Cyranos[1]) ist gewiß schön und eindrucksvoll, die Geste des Cassius hat theatralischen Effekt. Beide Helden schicken sich an, effektvoll zu sterben, was Cyrano gelingt. Diese Geste schildert einen Todeswunsch im Unbewußten unserer Autorin, dessen Bedeutung wir anläßlich ihres Gedichtes von der Motte bereits ausführlich besprochen haben. Das Sterbenwollen junger Mädchen ist nur ein indirekter Ausdruck, der auch Pose bleibt, wenn wirklich gestorben wird, denn auch der Tod kann posiert werden. Durch solchen Ausgang gewinnt die Pose nur an Schönheit und Wert — unter Umständen. Daß der höchste Gipfel des Lebens durch die Symbolik des Todes ausgedrückt wird, ist eine bekannte Tatsache, denn das Schaffen über sich selber hinaus bedeutet den eigenen Tod. Die kommende Generation ist das Ende der vorangehenden. Diese Symbolik ist auch der erotischen

[1]) Vgl. erster Teil.

Sprache geläufig. Zu den deutlichsten Beispielen gehört das laszive Gespräch zwischen Lucius und der buhlerischen Magd bei Apulejus (Metamorph. lib. II. 32):

„Proeliare, inquit, et fortiter proeliare: nec enim tibi cedam, nec terga vortam. Cominus in aspectum, si vir es, dirige; et grassare naviter, et occide moriturus. Hodierna pugna non habet missionem. — Simul ambo corruimus inter mutuos amplexus animas anhelantes."

Diese Symbolik ist überaus bedeutsam, weil sie zeigt, wie leicht ein gegensätzlicher Ausdruck zustande kommt und wie verständlich und bezeichnend zugleich ein derartiger Ausdruck ist. Die stolze Geste, mit der der Held sich dem Tode darbietet, kann sehr wohl auch indirekter Ausdruck sein, der um das Mitleid oder die Aufregung des andern buhlt und so der kühlen analytischen Reduktion, wie sie Brutus vornimmt, verfiele. Auch Chiwantopels Geste ist verdächtig, denn die Cassiusszene, die ihr zur Vorlage dient, verrät indiskreterweise, daß die ganze Sache bloß infantil sei und einer zu aktiven Mutterimago ihr Dasein verdanke. Wenn wir dieses Stück zusammenhalten mit der im vorigen Kapitel aufgedeckten Reihe von Muttersymbolen, dann müssen wir sagen, daß die Cassiusszene uns bloß nochmals bestätigt, was wir längst vermuteten, daß nämlich die treibende Kraft dieser symbolischen Visionen einer infantilen Mutterübertragung, d. h. einer unabgelösten inzestuösen Bindung an die Mutter entstamme.

Im Drama nimmt nun, im Gegensatz zu der inaktiven Natur der vorausgehenden Symbole, die Libido eine drohende Aktivität an, indem ein Konflikt offenbar wird, worin der eine Teil den andern mit Mord bedroht. Der Held, als das Idealbild der Träumerin, ist geneigt zu sterben, er fürchtet den Tod nicht. Entsprechend dem Infantilcharakter dieses Helden, wäre es gewiß an der Zeit, daß er endlich vom Schauplatz abträte (in infantiler Sprache „stürbe"). Der Tod soll ihm gebracht werden in Form eines Pfeilschusses. In Anbetracht des Umstandes, daß die Helden sehr oft selber große Pfeilschützen sind oder Pfeilschüssen erliegen (Typus St. Sebastian), dürfte es nicht überflüssig sein, danach zu fragen, was der Tod durch den Pfeilschuß bedeute.

Wir lesen in der Biographie der hysterischen Nonne und stigmatisierten Katharina Emmerich[1]) S. 63 folgende Beschreibung ihres (offenbar neurotischen) Herzleidens.

[1]) P. Thomas a Villanova Wegener: Das wunderbare äußere und innere Leben der Dienerin Gottes Anna Catherina Emmerich, usw. Dülmen i. W., 1891.

„Sie erhielt nämlich schon im Noviziate als Weihnachtsgeschenk vom heiligen Christ ein gar sehr peinigendes Herzleiden für die ganze Zeit ihres Ordenslebens. Gott zeigte ihr im Innern den Zweck, es sei für den Verfall des Ordensgeistes, insbesondere für die Sünden ihrer Mitschwestern. Was aber dieses Leiden am peinigendsten machte, war ihre Gabe, welche sie von Jugend auf besessen hatte, nämlich das innere Wesen der Menschen nach seiner Wahrheit vor Augen zu sehen. Das Herzleiden empfand sie körperlich, als werde ihr Herz beständig von Pfeilen durchbohrt[1]). Diese Pfeile — und das war das noch schlimmere geistige Leiden — erkannte sie aus der Nähe als die Gedanken, Pläne, geheimen Reden von Mißdeutungen, Verleumdungen, Lieblosigkeiten, worin ihre Mitschwestern ganz grund- und gewissenlos gegen sie und ihren gottesfürchtigen Wandel begriffen waren."

Es ist schwer, eine Heilige zu sein, denn eine derartige Vergewaltigung erträgt auch die geduldige und langmütige Natur nur sehr schlecht und verteidigt sich auf ihre Art. Das Gegenstück zur Heiligkeit sind die Versuchungen, ohne die doch kein rechter Heiliger leben kann. Wir wissen aus psychoanalytischer Erfahrung, daß diese Versuchungen auch unbewußt verlaufen können, so daß nur Äquivalente davon in Form von Symptomen dem Bewußtsein zugeführt werden. Wir wissen es schon sprichwörtlich, daß Herz und Schmerz sich reimen. Es ist eine längst bekannte Tatsache, daß die Hysterie an Stelle eines seelischen Schmerzes einen körperlichen setzt. Das hat der Biograph der Emmerich ganz richtig aufgefaßt. Nur ist ihre Deutung der Schmerzen wie gewöhnlich eine projizierte: Es sind immer die andern, welche heimlich allerhand Übles von ihr behaupten und dies macht ihr angeblich die Schmerzen[2]). Die Sache liegt aber etwas anders: Der ganze schwere Verzicht auf alle Freuden des Lebens, dieses Absterben vor der Blüte, ist das Schmerzhafte im allgemeinen, und im besondern sind es die unerfüllten Wünsche und die Versuche der animalischen Natur, die Macht der Verdrängung zu durchbrechen. Natürlich spielt das Herumklatschen und Sticheln der Mitschwestern liebevoll und ausgerechnet immer auf diese peinlichsten Dinge an, so daß es der Heiligen erscheinen mußte, als kämen ihre Beschwerden davon her. Sie konnte natürlich nicht wissen, daß das Gerücht gern die Rolle des Unbewußten übernimmt, das wie ein geschickter Gegner immer auf die tatsächlichen, selber schmerzlich empfundenen Lücken unseres Panzers zielt.

---

[1]) Das Herz der Gottesmutter ist von einem Schwert durchbohrt.

[2]) Entsprechend dem Bilde im Psalm 11, 2: „Denn siehe, die Gottlosen spannen den Bogen und legen ihre Pfeile auf die Sehnen, damit heimlich zu schießen die Frommen."

In diesem Sinne drückt sich ein Passus aus den Versreden Gotamo Buddhos aus[1]):

Ein Wunsch doch wieder, ernst erwünscht,
Im Willen aufgezeugt, genährt,
Und muß allmählich sein gemißt
Wie Pfeil im Fleische wühlt er wild.

Die verwundenden und schmerzhaften Pfeile kommen nicht von außen durch Gerüchte, die doch immer nur von außen angreifen, sondern sie kommen aus dem Hinterhalt, aus unserem eigenen Unbewußten. Das schafft das wehrlose Leiden, nicht das, was von außen an uns herankommt. Die eigenen verdrängten und nicht anerkannten Wünsche sind es, die wie Pfeile in unserem Fleisch stecken[2]). In einem andern Zusammenhang wird dies auch für unsere Nonne klar, und zwar sehr buchstäblich. Es ist eine bekannte Tatsache, die für den Wissenden keiner weiteren Belege bedarf, daß jene mystischen Vereinigungsszenen mit dem Heiland in der Regel von einem enormen Betrag an Sexuallibido durchsetzt sind[3]). Es ist daher nicht erstaunlich, daß die Stigmatisationsszene nichts als eine Inkubation durch den Heiland ist, nur wenig metaphorisch verändert gegenüber der antiken Auffassung der Unio mystica als einer cohabitatio mit dem Gotte: Die Emmerich erzählt von ihrer Stigmatisation folgendes: (S. 77 bis 78.)

„Ich hatte eine Betrachtung der Leiden Christi und flehte ihn an, mich doch sein Leiden auch mitempfinden zu lassen, und betete fünf Vaterunser zu Ehren der heiligen fünf Wunden. Ich kam, mit ausgebreiteten Armen im Bette liegend, in eine große Süßigkeit und in einen unendlichen Durst nach den Schmerzen Jesu. Da sah ich ein Leuchten auf mich niederkommen, es kam schräg von oben. Es war ein gekreuzigter Körper, ganz

---

[1]) K. E. Neumann: Die Reden Gotamo Buddhos aus der Sammlung der Bruchstücke Suttanipāto des Pāli-Kanons übersetzt. München 1911.

[2]) In demselben Sinne eines endogenen Schmerzes nennt Theokrit 27, 28 die Geburtswehen: „Geschosse der Ilithyia". Im Sinne eines Wunsches findet sich dasselbe Gleichnis bei Jesus Sirach 19, 12: „Wenn ein Wort im Narren steckt, so ist's eben, als wenn ein Pfeil in der Hüfte steckt." D. h., es läßt ihm keine Ruhe, als bis es heraus ist.

[3]) Man wäre versucht zu sagen, es seien bloß uneigentlich ausgedrückte Koitusszenen. Dies wäre aber eine zu starke und nicht zu rechtfertigende Betonung des Ausgangsmaterials. Man darf nicht vergessen, daß die Heiligen vorbildlich die schmerzhafte Domestikation der Bestie gelehrt haben. Das Resultat davon, nämlich der Fortschritt der Zivilisation, hat auch als Motiv dieses Handelns anerkannt zu werden.

lebendig und durchscheinend, mit ausgebreiteten Armen, aber ohne Kreuz. Die Wunden leuchteten heller als der Körper, sie waren fünf Glorienkreise, aus der ganzen Glorie hervortretend. Ich war ganz entzückt und mein Herz war mit großem Schmerze und doch mit Süßigkeit vor Verlangen nach dem Mitleiden der Schmerzen meines Heilandes bewegt. Und indem mein Verlangen nach dem Leiden des Erlösers im Anblicke seiner Wunden immer mehr stieg, und wie aus meiner Brust, durch meine Hände, Seite und Füße nach seinen heiligen Wunden hinflehte, stürzten zuerst aus den Händen, dann aus der Seite, dann aus den Füßen des Bildes dreifache leuchtende rote Strahlen, unten in einem Pfeile sich endend, nach meinen Händen, Seite und Füßen."

Die Strahlen sind, ihrem phallischen Grundgedanken entsprechend, dreifach, unten in einer Pfeilspitze endigend[1]). Wie Amor, so hat auch die Sonne ihren Köcher voll zerstörender oder befruchtender Pfeile[2]), Sonnenstrahlen, denen phallische Bedeutung innewohnt. Auf dieser Bedeutung beruht offenbar die orientalische Sitte, tapfere Söhne als Pfeile und Wurfspieße der Eltern zu bezeichnen. „Scharfe Pfeile machen" ist eine arabische Redensart für „tapfere Söhne zeugen". Um die Geburt eines Sohnes anzuzeigen, hängt der Chinese Pfeil und Bogen vors Haus. Daher erklärt sich auch die Psalmstelle (127, 4): „Wie die Pfeile in der Hand eines Starken, also geraten die jungen Knaben." (Vgl. dazu das in der Einleitung über den „Knaben" Gesagte.) Durch diese Bedeutung des Pfeiles wird verständlich, wie der Skythenkönig Ariantas dazu kam, als er eine Volkszählung veranstalten wollte, von jedem Skythen eine Pfeilspitze zu fordern[3]). Eine ähnliche Bedeutung kommt auch der Lanze zu. Aus der Lanze stammen die Menschen ab, denn die Esche ist auch die Mutter der Lanzen, daher das „eherne" Menschengeschlecht aus ihr abstammt. Den Hochzeitsgebrauch, auf den Ovid anspielt („Comat virgineas hasta recurva comas". Fastorum lib. II, 560), haben wir bereits erwähnt. Kaineus[4]) befahl, daß man seine Lanze verehre. Nun berichtet Pindar von diesem Kaineus die Sage, daß er „die Erde mit geradem Fuß spaltend" in die Tiefe gefahren sei[5]).

[1]) Apulejus (Metam. lib. II, 31) gebraucht die Symbolik von Pfeil und Bogen in sehr drastischer Weise: „Ubi primam sagittam saevi Cupidinis in ima praecordia mea delapsam excepi, arcum meum en! Ipse vigor attendit et oppido formido, ne nervus rigoris nimietate rumpatur."

[2]) So der pestbringende Apollo. Ahd. heißt Pfeil: strala.

[3]) Herodot: IV, 81.

[4]) Vgl. Roscher: s. v. Kaineus, Sp. 894 ff.

[5]) Spielreins Kranke (Jahrbuch III, S. 371) hat die Idee der Erdspaltung ebenfalls in ähnlichem Zusammenhange: „Das Eisen braucht man zum

Ursprünglich soll er eine Jungfrau Kainis gewesen sein, die wegen ihrer Willfährigkeit von Poseidon zu einem unverwundbaren Mann gemacht worden sei. Ovid (Met. lib. XII) schildert den Kampf der Lapithen mit dem unverwundbaren Kaineus, wie sie ihn zuletzt ganz mit Bäumen bedeckten, weil sie ihm anders nicht beikommen konnten. Ovid sagt hier:

Exitus in dubio est: alii sub inania corpus
Tartara detrusum silvarum mole ferebant,
Abnuit Ampycides: medioque ex aggere fulvis
Vidit avem pennis liquidas exire sub auras.

Roscher[1]) hält diesen Vogel für den Goldregenpfeifer (Charadrius pluvialis), der seinen Namen davon hat, daß er in der χαράδρα, dem Erdspalt, wohnt. Durch seinen Gesang zeigt er kommenden Regen an. In diesen Vogel wird Kaineus verwandelt.

Wir erkennen in diesem kleinen Mythus wiederum die typischen Bestandteile des Libidomythus: Ursprüngliche Bisexualität, Unsterblichkeit (Unverwundbarkeit) durch Eingehen in die Mutter (mit dem Fuß die Mutter spalten, zugedeckt werden) und Auferstehung als Seelenvogel und Bringer der Fruchtbarkeit. (Auffliegende Sonne.) Wenn dieser so geartete Heros seine Lanze verehren läßt, so ist wohl zu denken, daß ihm seine Lanze ein gültiger und ersetzender Ausdruck sei.

Wir verstehen von unserem jetzigen Standpunkt aus jene Stelle bei Hiob[2]), die ich im ersten Teil Kap. IV erwähnte, in einem neuen Sinne:

„Er — hat mich ihm zum Ziel aufgerichtet. Er hat mich umgeben mit seinen Schützen; er hat meine Nieren gespalten und nicht verschont —

Zwecke der Erddurchbohrung — Mit dem Eisen kann man — Menschen schaffen — Die Erde wird gespalten, gesprengt, der Mensch wird geteilt. — Der Mensch wird auseinandergeteilt und wieder zusammengelegt — Um dem Lebendigbegrabensein ein Ende zu machen, hieß Jesus Christus seine Jünger die Erde durchbohren.“ Das Motiv des „Spaltens“ ist von allgemeiner Bedeutung. Der persische Held Tishtria, der auch als weißes Pferd erscheint, öffnet den Regensee und macht so die Erde fruchtbar. Er heißt auch Tir = Pfeil. Er wird auch weiblich dargestellt mit Bogen und Pfeil. (Cumont: Text et mon. I, S. 136.) Mithras schießt mit dem Pfeil Wasser aus dem Felsen, um die Dürre zu lösen. Auf mithrischen Monumenten findet sich gelegentlich das Messer in die Erde gesteckt. Sonst ist es das Opferinstrument, das den Stier tötet. (Cumont: l. c., S. 165, 115, 116.)

[1]) Götting. Gelehrt. Anzeig. 1884, S. 155.

[2]) 16, 13 ff.

Er hat mir eine Wunde über die andere gemacht; er ist an mich gelaufen, wie ein Gewaltiger."

Diese Symbolik verstehen wir nunmehr als einen Ausdruck für die durch den Ansturm unbewußter Wünsche verursachte Seelenqual, die Libido wühlt in seinem Fleisch, ein grausamer Gott hat sich seiner bemächtigt und durchbohrt ihn mit seinen schmerzhaften libidinösen Wurfgeschossen, mit Gedanken, die überwältigend ihn durchfahren. (Wie mir eine in der Genesung befindliche Dementiapraecoxkranke sagte: „Heute hat mich plötzlich ein Gedanke „durchstürzt".)

Dieses nämliche Bild findet sich bei **Nietzsche** wieder[1]):

„Hingestreckt, schaudernd,
Halbtotem gleich, dem man die Füße wärmt,
Geschüttelt, ach! von unbekannten Fiebern,
Zitternd vor spitzen eisigen Frostpfeilen,
Von dir gejagt, Gedanke!
Unnennbarer! Verhüllter! Entsetzlicher!
Du Jäger hinter Wolken!
Darniedergeblitzt von dir,
Du höhnisch Auge, das mich aus Dunklem anblickt: So liege ich,
Biege mich, winde mich, gequält
Von allen ewigen Martern,
Getroffen
Von dir, grausamer Jäger,
Du unbekannter — Gott!

Triff tiefer!
Triff einmal noch!
Zerstich, zerbrich dies Herz!
Was soll dies Martern
Mit zähnestumpfen Pfeilen?
Was blickst du wieder,
Der Menschen Qual nicht müde,
Mit schadenfrohen Götter-Blitz-Augen?
Nicht töten willst du,
Nur martern, martern?

Es bedarf keiner langatmigen Erklärung, um in diesem Gleichnis das alte, universelle Bild des gemarterten Gottesopfers zu erkennen, dem wir bereits begegneten bei den mexikanischen Kreuzopfern und dem Odinsopfer[2]). Dasselbe Bild tritt uns entgegen im hundertfach wieder-

[1]) **Zarathustra**: Der Zauberer. Werke, Bd. IV, S. 367 f.

[2]) **Spielreins** Patientin sagt ebenfalls aus, daß sie von Gott durchschossen worden sei (3 Schüsse) „dann kam eine Auferstehung — des Geistes." Das ist Introversionssymbolik.

holten St. Sebastiansmartyrium, wo das mädchenhaft zarte, blühende Fleisch des jungen Gottes all den Schmerz des Verzichtes erraten läßt, den die Empfindung des Künstlers hineingelegt hat. Der Künstler steckt ja immer ein Stück des Geheimnisses seiner Zeit in sein Kunstwerk. In erhöhtem Maße gilt dasselbe auch vom vornehmsten christlichen Symbol, dem von der Lanze durchstochenen Kruzifixus, dem Bild des von seinen Wünschen gepeinigten, in Christo gekreuzigten und sterbenden Menschen christlicher Epoche.

Daß es nicht von außen kommende Qual ist, die den Menschen trifft, sondern daß er sich selber Jäger, Mörder, Opferer und Opfermesser ist, zeigt uns ein anderes Gedicht Nietzsches (Werke, Bd. VIII, S. 414), wo der anscheinende Dualismus in den seelischen Konflikt aufgelöst ist unter Verwendung derselben Symbolik:

„Oh Zarathustra,
grausamster Nimrod!
Jüngst Jäger noch Gottes
Das Fangnetz aller Tugend,
Der Pfeil des Bösen!
Jetzt — — — — — — — —
Von dir selber erjagt,
Deine eigene Beute,
In dich selber eingebohrt . . . . .

Jetzt — — — — — — —
Einsam mit dir,
Zwiesam im eignen Wissen,
Zwischen hundert Spiegeln
Vor dir selber falsch,
Zwischen hundert Erinnerungen
Ungewiß,
an jeder Wunde müd,
An jedem Froste kalt,
In eigenen Stricken gewürgt,
Selbstkenner!
Selbsthenker!

Was bandest du dich
Mit dem Strick deiner Weisheit?
Was locktest du dich
Ins Paradies der alten Schlange?
Was schlichst du dich ein
In dich — in dich? . . . ."

Nicht von außen treffen den Helden die tödlichen Pfeile, sondern er selbst ist es, der in Uneinigkeit mit sich selbst, sich selber jagt, bekämpft und martert. In ihm selber hat sich Wollen gegen Wollen, Libido gegen Libido gekehrt — daher der Dichter sagt: „In sich selber eingebohrt“, d. h. vom eigenen Pfeil verwundet. Da wir den Pfeil als ein Libidosymbol erkannt haben, so wird uns auch das Bild des „Einbohrens“ klar: es ist ein phallischer Akt der Vereinigung mit sich selbst, eine Art Selbstbefruchtung (Introversion), auch eine Selbstvergewaltigung, ein Selbstmord, daher sich Zarathustra als Selbsthenker bezeichnen bann, wie Odin, der sich selber dem Odin opfert.

Die Verwundung durch den eigenen Pfeil bedeutet also zunächst einen Introversionszustand. Was dieser zu bedeuten hat, wissen wir bereits: Die Libido sinkt in ihre „eigene Tiefe“ (ein bekanntes Gleichnis Nietzsches) und findet dort unten in den Schatten des Unbewußten den Ersatz für die Oberwelt, die sie verlassen hat, nämlich die Welt der Erinnerungen („zwischen hundert Erinnerungen“), worunter die stärksten und einflußreichsten die frühinfantilen Erinnerungsbilder sind. Es ist die Welt des Kindes, jener paradiesische Zustand frühester Kindheit, von dem uns einst ein hartes Gesetz trennte. In diesem unterirdischen Reich schlummern süße Heimatgefühle und die unendlichen Hoffnungen alles Werdenden. Wie Heinrich in der „Versunkenen Glocke“ von Gerhart Hauptmann von seinem Wunderwerke sagt:

„Es singt ein Lied, verloren und vergessen,
Ein Heimatlied, ein Kinderliebeslied,
Aus Märchenbrunnentiefen aufgeschöpft,
Gekannt von jedem, dennoch unerhört.“

Doch, wie Mephistopheles sagt, „die Gefahr ist groß“[1]. Diese Tiefe ist verlockend, sie ist die Mutter und — der Tod. Wenn die Libido die lichte Oberwelt verläßt, sei es aus Entschluß des Menschen oder aus abnehmender Lebenskraft, so sinkt sie in die eigene Tiefe zurück, in die Quelle, aus der sie einst geflossen, und kehrt zurück zu jener Bruchstelle, dem Nabel, durch den sie einst in diesen Körper eingetreten ist. Diese Bruchstelle heißt Mutter, denn aus ihr kam uns die Quelle der Libido. Darum, wenn irgend ein großes Werk zu tun ist, vor dem der schwache Mensch, an seiner Kraft verzweifelnd, zurückweicht, dann strömt seine Libido zu jenem Quellpunkt zurück — und das ist jener gefährliche Augenblick, in dem die Entscheidung fällt zwischen Vernichtung und neuem Leben. Bleibt die Libido im Wunderreich

[1]) Faust II. Teil, Mütterszene.

der inneren Welt hängen[1]), so ist der Mensch für die Oberwelt zum Schatten geworden, er ist so gut als ein Toter oder Schwerkranker[2]). Gelingt es aber der Libido, sich wieder loszureißen und zur Oberwelt emporzudringen, dann zeigt sich ein Wunder: diese Unterweltsfahrt war ein Jungbrunnen für sie gewesen und aus ihrem scheinbaren Tode erwacht neue Fruchtbarkeit. Dieser Gedankengang wird in einem indischen Mythus sehr schön zusammengefaßt: Einst versank Wishnu in Entzückung (Introversion) und gebar in diesem Schlafzustand Brahma, der, auf einer Lotosblume thronend, aus dem Nabel Wishnus emporstieg und die Vêdas mitbrachte, sie eifrig lesend. (Geburt des schöpferischen Gedankens aus der Introversion.) Durch Wishnus Verzückung aber kam eine ungeheure Sintflut über die Welt (Verschlingung durch Introversion, die Gefahr des Eingehens in die Todesmutter symbolisierend). Ein Dämon, die Gefahr benutzend, stahl dem Brahma die Vêdas und verbarg sie in der Tiefe. (Verschlingung der Libido.) Brahma weckte Wishnu, und dieser, sich in einen Fisch verwandelnd, tauchte in die Flut, kämpfte mit dem Dämon (Drachenkampf), besiegte ihn und eroberte die Vêdas wieder. (Schwererreichbare Kostbarkeit.)

Diesem urtümlichen Gedankengang entspricht die Selbstvertiefung im Geiste und die daraus erfolgende Kräftigung. Ebenso erklären sich daraus zahlreiche Opfer- und Zauberriten, von denen schon mehrere erwähnt wurden. So fällt auch das uneinnehmbare Troja dadurch, daß die Belagerer in den Bauch des hölzernen Pferdes kriechen, denn einzig der ist Held, der aus der Mutter wiedergeboren ist, wie die Sonne. Wie gefährlich dies Wagnis aber ist, zeigt das Geschick des Philoktet, der bei der Trojafahrt der einzige war, der das verborgene Heiligtum der Chryse kannte, wo schon die Argonauten geopfert hatten und wo auch die Griechen zu opfern gedachten, um ihrer Fahrt ein glückliches Ende zu sichern. Chryse war eine Nymphe auf der Insel Chryse; nach dem Bericht des Scholiasten zu Sophokles' Philokte

[1]) Auch dies ist mythologisch dargestellt in der Sage von Theseus und Peirithoos, welche die unterirdische Proserpina sich erobern wollten. Sie stiegen zu diesem Zwecke in den Erdschlund im Haine Kolonos, um in die Unterwelt zu gelangen: als sie unten waren, wollten sie sich etwas ausruhen, blieben aber gebannt an den Felsen hängen, d. h. sie blieben in der Mutter stecken und waren daher für die Oberwelt verloren. Später wurde wenigstens Theseus von Herakles befreit (Rache des Horus für Osiris), womit Herakles in die Rolle des todüberwindenden Heilandes tritt.

[2]) Diese Formel gilt in erster Linie auch für die Dementia praecox.

hat diese Nymphe Philoktet geliebt und ihn verflucht, weil er ihre Liebe verschmähte. Diese charakteristische Projektion, der wir u. a. auch im Gilgameshepos begegnen, ist zurück zu übersetzen, wie bereits oben angedeutet, in den verdrängten Inzestwunsch des Sohnes, der durch die Projektion so dargestellt wird, als hätte die Mutter den bösen Wunsch, für dessen Ablehnung dem Sohn der Tod gegeben werde. In Wirklichkeit liegt aber die Sache so, daß der Sohn sterblich wird, dadurch daß er sich von der Mutter trennt. Seine Todesangst entspricht dann dem verdrängten Wunsch, zur Mutter zurückzukehren und läßt ihn glauben, daß die Mutter ihn bedrohe oder verfolge. Die teleologische Bedeutung dieser Verfolgungsangst ist klar: sie soll Sohn und Mutter auseinanderhalten.

Der Fluch der Chryse verwirklicht sich insofern, als Philoktet, sich ihrem Altare nähernd, nach der einen Version mit einem seiner eigenen tödlich giftigen Pfeile sich am Fuße verletzt oder nach anderen Versionen[1]) (diese besser und ausgiebiger belegt) von einer giftigen Schlange in den Fuß gebissen wird[2]). Von da an siecht er, wie bekannt, dahin[3]).

---

[1]) Vgl. Roscher: s. v. Philoktetes, Sp. 2318, 15 ff.

[2]) Wie der russische Sonnenheld Oleg an den Schädel des erschlagenen Pferdes herantritt, fährt eine Schlange daraus hervor und sticht ihn in den Fuß. Daran erkrankt und stirbt er. Als Indra in der Gestalt des Çyena, des Falken, den Soma raubt, verwundet ihn Kriçanu, der Hüter, mit dem Pfeil am Fuß. Rigveda I, 155, IV, 322.

[3]) Vergleichbar dem Gralkönig, der den Becher, das Muttersymbol, hütet. Der Mythus des Philoktet ist aus einem längern Zusammenhang genommen, nämlich aus dem Heraklesmythus. Herakles hat zwei Mütter, die hilfreiche Alkmene und die verfolgende Here (Lamia), von deren Brust er die Unsterblichkeit (Sehnsucht nach der Mutter) getrunken hat. Heres Schlangen überwindet Herakles schon in der Wiege, d. h. er überwindet die furchtbare Mutter, die Lamia. Aber Here schickt ihm von Zeit zu Zeit Wahnsinnsanfälle, in deren einem er seine Kinder tötet (Lamia). Nach einer interessanten Überlieferung geschieht die Tat in jenem Augenblicke, wo sich Herakles weigert, im Dienste des Eurystheus das große Werk zu verrichten. Infolge des Zurückweichens regrediert die für das Werk bereitgestellte Libido in typischer Weise auf die unbewußte Mutterimago, was den Wahnsinn zur Folge hat (wie heutzutage auch noch), in welchem Herakles sich mit der Lamia (Here) identifiziert und die eigenen Kinder mordet. Das delphische Orakel teilt ihm auch mit, daß er Herakles heiße, weil er der Here seinen unsterblichen Ruhm verdanke, da ihre Verfolgung ihn zu den großen Taten nötige. Man sieht, daß die große Tat eigentlich bedeutet: Die Mutter und in ihr die Unsterblichkeit erobern. Seine charakteristische Waffe, die Keule, schnitt er aus dem mütterlichen Ölbaum. Als Sonne besaß er die Pfeile Apolls. Den

Diese durchaus typische Verwundung (siehe unten!), die auch Rê zerstört, wird in einem ägyptischen Hymnus folgendermaßen geschildert:

---

nemeischen Löwen überwindet er in seiner Höhle, deren Bedeutung „Grab im Mutterleibe" ist (vgl. Ende dieses Kapitels), dann folgt der Kampf mit der Hydra, der typische Sonnendrachenkampf, die gänzliche Mutterüberwindung (vgl. unten). Darauf Einfangen der cerynitischen Hirschkuh, die er mit dem Pfeile am Fuß verwundet, also das tut, was sonst dem Helden geschieht. Den eingefangenen erymanthischen Eber zeigt Herakles dem Eurystheus, worauf dieser aus Angst in ein Faß kroch, d. h. starb. Die Stymphaliden, der kretische Stier und die menschenfressenden Rosse des Diomedes sind Symbole für verheerende Todesmächte, unter denen besonders das letztere Beziehung auf die Mutter erkennen läßt. Die Erkämpfung des kostbaren Gürtels der Amazonenkönigin Hippolyte läßt die Mutter wieder klar hervortreten: Hippolyte ist bereit, den Schmuck zu lassen, allein Here, sich in die Gestalt der Hippolyte verwandelnd, ruft die Amazonen gegen Herakles in den Kampf. (Vgl. Horus, den Kopfschmuck der Isis an sich reißend; darüber Weiteres unten, Kapitel VII.) Die Befreiung der Hesione erfolgt dadurch, daß Herakles mit einem Schiffe in den Bauch des Ungeheuers hinunterfährt und in dreitägiger Arbeit das Ungeheuer von innen tötet (Jonasmotiv, Christus im Grab respektive Hölle, Überwindung des Todes durch Hineinkriechen in den Mutterleib und Umbringen des Todes in Gestalt der Mutter. Die Libido in Gestalt der schönen Jungfrau wieder erobert.) Der Zug nach Erythia ist eine Parallele zu Gilgamesh, zum Moses des Koran, der nach der Vereinigung der beiden Meere zieht; es ist die Sonnenfahrt nach dem Westmeer, wobei Herakles die Meerenge von Gibraltar eröffnet („nach jenem Durchgang"; Faust) und mit dem Schiffe des Helios nach Erythia hinausfuhr. Dort erschlug er den riesigen Wächter Eurytion (Chumbaba im Gilgameshepos, das Vatersymbol), dann den dreifachen Geryon (ein Monstrum von phallischer Libidosymbolik) und verwundete dabei durch einen Pfeilschuß sogar die dem Geryon zu Hilfe eilende Here. Dann erfolgt der Raub der Rinder. Die schwer-erlangte Kostbarkeit ist hier in einer Umgebung, welche die Sache wirklich unmißverständlich macht. Herakles geht wie die Sonne in den Tod, in die Mutter hinunter (Westmeer), überwindet aber die Libido zur Mutter und kommt mit den wunderbaren Rindern wieder, er hat also seine Libido, sein Leben, den gewaltigen Reichtum wiedergewonnen. Denselben Gedanken finden wir im Raub der goldenen Hesperidenäpfel, die vom hundertköpfigen Drachen verteidigt sind. Die Überwältigung des Cerberus ist auch als Überwältigung des Todes durch das Eingehen in die Mutter (Unterwelt) leicht verständlich. Um zu seinem Weibe Deianira zu kommen, muß er einen furchtbaren Kampf mit einem Wassergott Achelous bestehen (mit der Mutter). Der Fährmann Nessus (ein Zentaur) vergewaltigt ihm aber Deianeira. Mit seinen Sonnenpfeilen erlegt Herakles diesen Widersacher. Nessus gibt aber der Deianira den Rat, sein giftiges Blut als Liebeszauber aufzubewahren. Als nach der wahnsinnigen Ermordung des Iphitus ihm Delphi den Orakelspruch verweigert, bemächtigt er sich sogar des heiligen Dreifußes. Der delphische Spruch zwang ihn nunmehr, ein Sklave der Omphale zu werden,

„Das Alter des Gottes bewegte ihm den Mund,
Es warf seinen Speichel ihm auf die Erde,
Und was er ausspie, fiel auf den Boden.
Das knetete Isis mit ihrer Hand
Zusammen mit der Erde, die daran war;
Sie bildete einen ehrwürdigen Wurm daraus
Und machte ihn wie einen Speer.
Sie wand ihn nicht lebend um ihr Gesicht,
Sondern warf ihn zusammengerollt (?) auf den Weg,
Auf dem der große Gott wandelte
Nach Herzenslust durch seine beiden Länder.

Der ehrwürdige Gott trat glänzend hervor,
Die Götter, die dem Pharao dienten, begleiteten ihn
Und er erging sich wie alle Tage.
Da stach ihn der ehrwürdige Wurm ....
Der göttliche Gott öffnete den Mund,
Und die Stimme seiner Majestät drang bis zum Himmel.
Und die Götter riefen: Siehe!
Er konnte nicht darauf antworten,
Seine Kinnbacken klapperten,
All seine Glieder zitterten
Und das Gift ergriff sein Fleisch,
Wie der Nil sein Gebiet ergreift."

In diesem Hymnus hat uns Ägypten wiederum eine ursprüngliche Fassung des Schlangenstiches aufbewahrt. Das Altern der Sonne im Herbst, als ein Bild des menschlichen Greisenalters, wird symbolisch auf eine Vergiftung durch die Schlange der Mutter zurückgeführt. Der Mutter wird vorgeworfen, ihre Heimtücke verursache den Tod des Sonnengottes. Die Schlange, das uralte Angstsymbol[1]), veranschaulicht die verdrängte Tendenz, zur Mutter zurückzukehren, denn die einzige Möglichkeit, sich vor dem Tode zu sichern, besitzt die Mutter, denn sie ist die Lebensquelle. Dementsprechend kann auch nur die

---

die ihn ganz zum Kinde macht. Herakles kehrte darauf heim zu Deianira, die ihm das giftige Nessusgewand entgegenschickte (Isisschlange), das sofort mit seiner Haut verwuchs, sodaß er vergeblich versuchte, es abzureißen (Häutung des alternden Sonnengottes, Schlange als Symbol der Wiederverjüngung). Herakles bestieg darauf den Scheiterhaufen, um sich als Phönix selbst zu verbrennen, d. h. sich aus seinem eigenen Ei wieder zu gebären. Niemand als der junge Philoktet wagte es, den Gott zu opfern. Dafür erhielt Philoktet die Sonnenpfeile und der Libidomythus erneuerte sich mit diesem Horus.

[1]) Auch die Affen haben instinktive Schlangenfurcht.

Mutter den Todkranken heilen, daher der Hymnus im weitern schildert, wie die Götter zusammengerufen wurden, um Rat zu halten:

„Und Isis kam auch mit ihrer Weisheit,
Deren Mund voll Lebenshauch ist,
Deren Spruch das Leid vertreibt,
Und deren Wort den nicht mehr Atmenden belebt.
Sie sagte: Was ist das? Was ist das, göttlicher Vater?
Sieh, ein Wurm hat dir Leid gebracht usw."

„Sage mir deinen Namen, göttlicher Vater,
Denn der Mann bleibt leben, der mit seinem Namen gerufen wird."

Worauf Rê entgegnet:

„Ich bin der, der Himmel und Erde schuf und die Berge schürzte
Und alle Wesen darauf machte.
Ich bin der, der das Wasser machte und die große Flut schuf,
Der den Stier seiner Mutter machte,
Welches der Erzeuger ist usw."

„Das Gift wich nicht, es ging weiter,
Der große Gott ward nicht gesund.
Da sprach Isis zu Rê:
Das ist nicht dein Name, was du mir sagst.
Sage ihn mir, daß das Gift hinausgehe,
Denn der Mensch, dessen Name genannt wird, bleibt leben".

Endlich kann Rê sich entschließen, seinen wahren Namen zu sagen. Er wurde zwar annähernd geheilt (mangelhafte Zusammensetzung des Osiris), aber hatte seine Macht verloren und zog sich schließlich auf die Himmelskuh zurück.

Der giftige Wurm ist, wenn man so sagen darf, ein „negativer" Phallus, eine tötende, statt belebende Libidoform, also ein Todeswunsch, statt eines Lebenswunsches. Der „wahre Name" ist Seele und Zauberkraft, also ein Libidosymbol. Was Isis verlangt, ist die Rückübertragung der Libido auf die Muttergöttin. Dieses Verlangen erfüllt sich buchstäblich, indem der alternde Gott zur göttlichen Kuh, dem Muttersymbol, zurückkehrt[1]). Aus unseren obigen Überlegungen erklärt sich diese Symbolik: Die vorwärts strebende lebendige Libido, die das Bewußtsein des Sohnes beherrscht, verlangt Trennung von der Mutter;

[1]) Wie lebendig solch uralte Assoziationen noch sind, zeigt Segantinis Bild: Die beiden Mütter: Kuh und Kalb, Mutter und Kind, im selben Stalle. Aus dieser Symbolik erklärt sich auch das Milieu der Geburtsstätte des Heilandes.

dem steht aber die Sehnsucht des Kindes nach der Mutter hindernd entgegen in der Form eines psychologischen Widerstandes, der erfahrungsgemäß in der Neurose sich in allerhand Befürchtungen ausdrückt, d. h. in Angst vor dem Leben. Je mehr der Mensch sich von der Realitätsanpassung zurückzieht und in faule Untätigkeit verfällt, desto größer wird (cum grano salis) seine Angst, die ihn auf seinem Weg überall hindernd befällt. Die Angst stammt von der Mutter, d. h. aus der der Realitätsanpassung entgegenstrebenden Sehnsucht, zurückzugehen zur Mutter. Auf diese Weise wird die Mutter scheinbar zur heimtückischen Verfolgerin. Natürlich ist es nicht die wirkliche Mutter, obschon auch die wirkliche Mutter mit ihrer krankhaften Zärtlichkeit, mit der sie ihr Kind bis ins erwachsene Alter verfolgen kann, öfter durch nicht mehr zeitgemäße Infantilhaltung des Kindes es schwer schädigen kann; es ist vielmehr die Mutterimago, die zur Lamia wird. Ihre Kraft aber bezieht die Mutterimago einzig und allein aus der Geneigtheit des Sohnes, nicht nur vorwärts zu schauen und zu arbeiten, sondern auch rückwärts zu schielen nach den verweichlichenden Süßigkeiten der Kindheit, nach jener herrlichen Unverantwortlichkeit und Lebenssicherheit, mit der uns schützende Mutterobhut einstmals umgeben hat[1]).

Diese rückschauende Sehnsucht wirkt wie ein lähmendes Gift auf die Tatkraft und Unternehmungslust, daher sie wohl einer giftigen Schlange verglichen werden kann, die auf unserem Wege liegt. Anscheinend ist es ein dämonischer Feind, der die Tatkraft raubt, in Wirklichkeit aber das eigene Unbewußte, dessen rückgreifende Tendenz das bewußte Vorwärtsstreben zu überwältigen beginnt. Die Ursache dieses Vorganges kann z. B. das natürliche Altern sein, welches die Tatkraft abschwächt, oder es können große äußere Schwierigkeiten sein, an denen der Mensch zusammenbricht und wieder zum Kinde wird, oder es kann, und dies ist wohl etwas sehr Häufiges, das Weib sein, das den Mann gefangennimmt, von dem er sich nicht mehr befreien

[1]) Der Mythus von Hippolytos zeigt sehr hübsch alle typischen Bestandteile des Problems: Seine Stiefmutter, Phaedra verliebt sich unzüchtigerweise in ihn. Er weist sie zurück, sie verklagt ihn wegen Schändung bei ihrem Manne, dieser bittet den Wassergott Poseidon, Hippolytos zu strafen. Da kommt ein Monstrum aus dem Meer. Die Rosse des Hippolytos werden davon scheu und schleifen Hippolytos zu Tode. Er wird aber durch Äskulap wieder erweckt und von den Göttern zur weisen Nymphe Egeria, der Beraterin des Numa Pompilius, versetzt. So geht der Wunsch doch in Erfüllung; jedoch ist aus dem Inzest Weisheit geworden.

kann und an dem er zum Kind wird[1]). Es wird wohl auch bedeutsam sein, daß Isis als Schwester-Gattin des Sonnengottes das giftige Tier schafft, und zwar aus dem Speichel des Gottes, der als ein Ausfluß für Sperma gesetzt sein mag und daher ein Libidosymbol ist. Sie schafft das Tier aus der Libido des Gottes, d. h. sie empfängt seine Kraft, macht ihn schwach und abhängig, so daß sie dadurch in die beherrschende Rolle der Mutter eintritt. (Mutterübertragung auf die Gattin.) Dieses Stück ist (im Simsonmythus) in der Rolle der Dalila, die die Haare Simsons, die Sonnenstrahlen, abschneidet und ihn seiner Kraft beraubt, noch erhalten[2]). Jedes Schwachwerden des erwachsenen Menschen läßt die Wünsche des Unbewußten lauter werden, daher das Abnehmen der Kraft ohneweiters als ein Rückstreben zur Mutter erscheint.

Noch einer Quelle zur Wiederbelebung der Mutterimago ist zu gedenken. Wir sind ihr bereits bei der Besprechung der Faustischen Mütterszene begegnet: nämlich die gewollte Introversion eines schöpferischen Geistes, der, vor den eigenen Problemen zurückweichend und seine Kräfte innerlich sammelnd, für Augenblicke wenigstens zur Lebensquelle hinabtaucht, um dort ein Weiteres an Kraft der Mutter abzuringen zur Vollendung seines Werkes. Es ist ein Mutter-Kindspiel mit sich selber, in dem viel weichliche Selbstbewunderung und -bespiegelung liegt („zwischen hundert Spiegeln"; Nietzsche), ein narzissistisches Stadium, für profane Augen vielleicht ein wunderliches Schauspiel. Die Trennung von der Mutterimago, die Geburt aus sich selber, macht durch ihre Qualen alles Widerliche wett. Solches wollen wohl die Verse Nietzsches sagen:

„Was locktest du dich
Ins Paradies der alten Schlange?
Was schlichst du dich ein
In dich — in dich? . . . .

Ein Kranker nun,
Der an Schlangengift krank ist[3]);
Ein Gefangener nun,
Der das härteste Los zog:
Im eigenen Schachte

[1]) Vgl. Herakles und Omphale.

[2]) Vgl. auch die Vorwürfe des Gilgamesh gegen Ishtar.

[3]) Auch Spielreins Patientin ist an „Schlangengift" krank. Jahrbuch III, S. 385.

Gebückt arbeitend,
In dich selber eingehöhlt,
Dich selber angrabend,
Unbehilflich,
Steif,
Ein Leichnam —
Von hundert Lasten übertürmt,
Von dir überlastet,
Ein Wissender!
Ein Selbsterkenner!
Der weise Zarathustra! . . . .
Du suchtest die schwerste Last:
Da fandest du dich — — — — — — — — —."

Die Symbolik dieses Stückes ist von größtem Reichtum. Wie in die Erde eingehöhlt ist der in sich selber Vertiefte; ein Toter eigentlich, der in die Mutter Erde zurückgekehrt ist[1]); ein Kaineus „von hundert Lasten übertürmt" und in den Tod hinuntergedrückt. Einer, der ächzend die schwere Last seiner eigenen Libido trägt, jener Libido, die ihn zur Mutter zurückzieht. Wer denkt nicht an die Taurophorie des Mithras, der seinen Stier (wie der ägyptische Hymnus sagt: den „Stier seiner Mutter"), d. h. seine Liebe zur Mutter, als schwerste Last auf den Rücken nimmt und damit den schmerzvollen Gang, den sogenannten Transitus antritt[2])? Dieser Passionsweg führt zur Höhle, in welcher der Stier geopfert wird. So hat auch Christus das Symbol der Liebe zur Mutter, das Kreuz, zu tragen[3]) und trägt es zur

[1]) Die gänzlich introvertierte Patientin Spielreins (Jahrbuch Bd. III, S. 336) gebraucht ähnliche Bilder; sie spricht von einer „Starrheit der Seele am Kreuze", von „Steinfiguren", die „gelöst" werden müssen.

Ich verweise hier auch darauf, daß die oben besprochenen Symbolismen treffliche Beispiele für die „funktionale Kategorie" Silberers sind, sie schildern den Introversionszustand.

[2]) W. Gurlitt sagt: „Das Stiertragen ist eines der schweren ἆθλα, die Mithras im Dienste der zu erlösenden Menschheit verrichtet, „etwa, wenn es gestattet ist, Kleines mit Großem zu vergleichen, der Kreuztragung Christi entsprechend." (Zitiert Cumont, Text. et mon. I, 172.) Gewiß ist es gestattet, die beiden Dinge miteinander zu vergleichen. Über jene Zeit dürfte man hinaus sein, wo man hochmütig, in richtiger Barbarenart, auf fremde Götter, die dii minorum gentium, heruntersah. Aber man ist noch lange nicht darüber hinaus.

[3]) Einen interessanten Beitrag zur Frage des Symbols der Kreuztragung gibt Robertson (Evang. Myth., S. 130): Simson trug die Torpfeiler von Gaza und starb zwischen den Säulen des Saales der Philister. Auch Herakles trug gebückt unter seiner Last seine Säulen an die Stelle (Gades), wo er nach der

Opferstätte, wo das Lamm geopfert wird in der Gestalt des Gottes, des infantilen Menschen, des „Selbsthenkers“, um dann in die unterirdische Gruft versenkt zu werden[1]).

Was bei Nietzsche wie dichterische Redefigur anmutet, ist eigentlich uralter Mythus. Es ist, wie wenn dem Dichter noch die Ahnung oder die Fähigkeit gegeben wäre, unter den Worten unserer heutigen Sprache und in den Bildern, die sich seiner Phantasie aufdrängten, jene unvergänglichen Schatten längst vergangener Geisteswelten zu fühlen und wieder wirklich zu machen. G. Hauptmann sagt auch: „Dichten heißt, hinter Worten das Urwort aufklingen lassen[2]).“

Das Opfer, dessen geheimen und vielseitigen Sinn wir mehr ahnen als verstehen, geht zunächst unvollendet am Unbewußten unserer Autorin vorüber. Der Pfeil wird nicht abgeschossen, der Held Chiwantopel ist noch nicht tödlich vergiftet und bereit zum Tode im Selbst-

---

syrischen Version der Legende auch starb. (Die Säulen des Herakles bezeichnen den Westpunkt, wo die Sonne ins Meer sinkt.) „In der alten Kunst wird er tatsächlich dargestellt, wie er die beiden Säulen in der Weise unter den Armen trägt, daß sie gerade ein Kreuz bilden; hier haben wir vielleicht den Ursprung des Mythus von Jesus vor uns, der sein eigenes Kreuz zur Richtstätte trägt. — Merkwürdigerweise substituieren die 3 Synoptiker Jesus einen Mann namens Simon aus Kyrene als Kreuzträger. Kyrene ist in Libyen, dem legendären Schauplatz der Arbeit des Säulentragens des Herakles, wie wir gesehen haben, und Simon (Simson) ist die nächste griechische Namensform für Samson — das auf Griechisch, nach dem Hebräischen, Simson gelesen worden sein konnte. In Palästina aber war Simon, Semo oder Sem tatsächlich ein Gottesname, der den alten Sonnengott Semesch repräsentierte, der seinerseits wieder mit Baal identifiziert war, aus dessen Mythus der Samsonmythus zweifellos entstanden ist; und der Gott Simon genoß in Samaria besondere Verehrung.“ Das Kreuz des Herakles dürfte wohl das Sonnenrad sein, wofür die Griechen das Kreuzsymbol hatten. Das Sonnenrad auf dem Relief der kleinen Metropolis in Athen enthält sogar ein Kreuz, das dem Malteserkreuz sehr ähnlich sieht. (Cf. Thiele: Antike Himmelsbilder, 1898, S. 59.)

[1]) Die griechische Mythe von Ixion, der ans Sonnenrad gekreuzigt, an die „vierspeichige Fessel“ (Pindar) gebunden wurde, sagt es beinahe unverhüllt. Ixion ermordete zuerst seinen Schwiegervater, wurde aber später von Zeus entsühnt und mit seiner Huld beglückt. Der Undankbare aber trachtete, Hera, die Mutter, zu verführen. Zeus aber täuschte ihn, indem er die Wolkengöttin Nephele der Hera Gestalt nachahmen ließ. (Aus dieser Verbindung sollen die Zentauren hervorgegangen sein.) Ixion rühmte sich seiner Tat, aber Zeus stürzte ihn zur Strafe in die Unterwelt, wo er auf das vom Wind ewig fortgewirbelte Rad gebunden wurde. (Vgl. die Strafe der Francesca da Rimini bei Dante und die „Büßerinnen“ in Abrahams Segantini.)

[2]) Zitiert Zentralblatt für Psychoanalyse, Jahrgang II, S. 365.

opfer. Wir dürfen schon jetzt sagen, daß, nach dem vorliegenden Material, mit diesem Opfer wohl das Aufgeben der Mutter gemeint sei, d. h. der Verzicht auf alle Bande und Beschränkungen, welche die Seele aus der Zeit der Kindheit mit ins erwachsene Alter herübergenommen hat. Aus verschiedenen Andeutungen von Miß Miller geht hervor, daß sie zur Zeit jener Phantasien noch im Kreise der Familie gelebt hat, offenbar in einem Alter, das bereits der Selbständigkeit dringend bedurft hätte. Der Mensch lebt nämlich ohne wesentliche Gefährdung seiner geistigen Gesundheit nicht zu lange in der infantilen Umgebung respektive im Schoße der Familie. Das Leben ruft ihn hinaus zur Selbständigkeit, und wer diesem harten Ruf aus kindlicher Bequemlichkeit und Ängstlichkeit keine Folge leistet, wird durch die Neurose bedroht. Und ist einmal die Neurose ausgebrochen, dann wird sie auch immer mehr zu einem vollgültigen Grunde, den Kampf mit dem Leben zu fliehen und für immer in der moralisch vergiftenden Infantilatmosphäre zu bleiben.

In dieses Ringen um die persönliche Selbständigkeit gehört die Phantasie vom Pfeilschuß. Noch hat sich bei der Träumerin der Gedanke dieses Entschlusses nicht durchgerungen. Sie weist ihn vielmehr ab. Nach all dem Obigen ist es einleuchtend, daß die Pfeilschußsymbolik bei direkter Übersetzung als ein Koitussymbol anzusprechen ist. Das „Occide moriturus"[1]) gewänne dadurch auch hier den ihm gehörenden sexuellen Sinn. Chiwantopel repräsentiert natürlich die Träumerin. Mit dieser Reduktion auf das Grobsexuelle ist aber nichts gewonnen und nichts verstanden, denn daß das Unbewußte Koituswünsche beherbergt, ist ein Gemeinplatz, dessen Entdeckung weiter nichts bedeutet. Der Koituswunsch unter diesem Aspekt ist nämlich ein Symbol für die eigene, von den Eltern abgetrennte Betätigung der Libido, für die Eroberung des selbständigen Lebens. Dieser Schritt zum neuen Leben bedeutet aber auch zugleich den Tod des vergangenen Lebens[2]), daher Chiwantopel, der Infantilheld[3]) (der Sohn, das Kind, das Lamm, der Fisch), der noch durch die Bande der Kindheit gefesselt ist und der als Symbol der inzestuösen Libido zu sterben hat, damit jede rückwärtige Verbindung abgeschnitten sei. Denn zum Kampfe

[1]) „Töte selber sterbend."

[2]) Die in den Träumen reichlich auftretende Todessymbolik hat Stekel hervorgehoben (Sprache des Traumes, S. 317 ff.).

[3]) Vgl. die Cassiusszene oben.

des Lebens ist alle Libido benötigt und es darf keine zurückbleiben. Diesen Entschluß, der alle sentimentalen Verknüpfungen mit Vater und Mutter zerreißen soll, kann die Träumerin noch nicht fassen und er sollte doch gefaßt sein, um dem Rufe des eigenen Schicksals Folge leisten zu können.

VII.

Das Opfer.

Nachdem der Angreifer verschwunden ist, beginnt Chiwantopel folgenden Monolog:

„Du bout de l'épine dorsale de ces continents, de l'extrémité des basses terres, j'ai erré pendant une centaine de lunes, après avoir abandonné le palais de mon père toujours poursuivi par mon désir fou de trouver „celle qui comprendra". Avec des joyaux j'ai tenté beaucoup de belles, avec des baisers j'ai essayé d'arracher le secret de leur coeur, avec des actes de prouesse j'ai conquis leur admiration. (Il passe en revue les femmes qu'il a connues:) Chi-ta, la princesse de ma race ... c'est une bécasse, vaniteuse comme un paon, n'ayant autre chose en tête que bijoux et parfums. Ta-nan, la jeune paysanne ... bah, une pure truie, rien de plus qu'un buste et un ventre, et ne songeant qu'au plaisir. Et puis Ki-ma, la prêtresse, une vraie perruche, répétant les phrases creuses apprises des prêtres; toute pour la montre, sans instruction réelle ni sincérité, méfiante, poseuse et hypocrite! .... Hélas! Pas une qui me comprenne, pas une qui soit semblable à moi ou qui ait une âme soeur de mon âme. Il n'en est pas une, d'entre elles toutes, qui ait connu mon âme, pas une qui ait pu lire ma pensée, loin de là; pas une capable de chercher avec moi les sommets lumineux, ou d'épeler avec moi le mot surhumain d'Amour!"

Hier sagt es Chiwantopel selber, daß das Herumreisen und Herumwandern ein Suchen sei nach dem andern und nach dem in der Vereinigung mit ihm liegenden Sinne des Lebens. Wir haben im ersten Teil dieser Arbeit diese Möglichkeit bloß leise angedeutet. Daß nun das Suchende männlichen und das Gesuchte weiblichen Geschlechtes ist, ist weiter nicht erstaunlich, da der hauptsächliche Gegenstand der unbewußten Übertragung die Mutter ist, wie sich aus all dem, was wir bereits erfahren haben, ergeben dürfte. Die Tochter stellt sich zur Mutter männlich ein: Die Genese dieser Einstellung läßt sich in unserem Falle bloß vermuten, da objektive Belege fehlen. Infolgedessen begnügen wir uns besser mit dem Erschließbaren. „Celle qui comprendra" bedeutet also in der Infantilsprache die Mutter. Zugleich bedeutet es aber auch den Lebensgefährten. Der Geschlechtsgegensatz kümmert bekanntlich die Libido wenig. Für die unbewußten Besetzungen spielt das Geschlecht des Objektes zunächst eine überraschend geringe Rolle, auch das Objekt selber, als ein Objektivreales gefaßt, ist wenig bedeutsam. (Von größter Wichtigkeit ist aber, ob übertragen oder introvertiert wird.) Die ursprüngliche konkrete Bedeutung von „begreifen", „erfassen" usw. läßt die untere Hälfte des Wunsches, einen gleichgesinnten Menschen zu finden, klar erkennen. Die „obere" intellektuelle Hälfte aber ist ebenfalls darin enthalten und will mit berücksichtigt sein. Man wäre auch gern geneigt, an die Tendenz zu glauben, wenn nicht gerade unsere Kultur damit einen besonderen Unfug triebe: ist doch die „unverstandene Frau" beinahe schon sprichwörtlich geworden, was nur die Folge ganz verdrehter Wertungen sein kann. Unsere Kultur unterschätzt einerseits die Wichtigkeit der Sexualität außerordentlich, anderseits drängt sich die Sexualität eben gerade infolge der auf ihr lastenden Verdrängung an allen möglichen ihr nicht zugehörenden Orten heraus und bedient sich einer dermaßen indirekten Ausdrucksweise, daß man sie beinahe überall plötzlich anzutreffen erwarten kann. So wird auch die Vorstellung des intimen Verständnisses einer menschlichen Seele, was eigentlich etwas sehr Schönes und Reinliches ist, durch das Hereinfließen der indirekten Sexualbedeutung beschmutzt[1]) und widerwärtig verzerrt. Diese Nebenbedeutung oder, besser gesagt, der Mißbrauch, den die verdrängte und weggelogene Sexualität mit den höchsten seelischen Funktionen treibt, ermöglicht es z. B. gewissen unserer Gegner, in der Psychoanalyse schlüpfrige Beichtstuhlerotik zu wittern. Das sind subjektive Wunscherfüllungsdelirien, die keiner Gegenargumentation bedürfen. Dieser Mißbrauch macht aber auch den Wunsch, „begriffen" zu werden, dann höchst verdächtig, wenn die natürlichen Forderungen des Lebens noch nicht erfüllt worden sind. Die Natur hat erste Rechte an den Menschen, lange nachher erst kommt der Verstandesluxus. Das mittelalterliche Ideal eines Lebens um des Sterbens willen dürfte nachgerade abgelöst werden durch eine natürlichere Lebensauffassung, in welcher die natürlichen Forderungen des Menschen voll berücksichtigt sind, so daß Gelüste der animalischen Sphäre nicht mehr die hohen Güter der geistigen Sphäre in ihren Dienst herunterziehen müssen, um überhaupt

[1]) Ein direkter ungezwungener Ausdruck der Sexualität ist ein natürliches Ereignis und als solches nie unschön oder widerlich. Die „sittliche" Verdrängung macht die Sexualität einerseits schmutzig und heuchlerisch, anderseits frech und aufdringlich.

Betätigung zu finden. Wir sind daher genötigt, den Wunsch der Träumerin nach Verstandensein zunächst als ein verdrängtes Streben nach dem natürlichen Schicksal aufzufassen. Diese Deutung fällt auch ganz zusammen mit der psychoanalytischen Erfahrung, daß es zahllose neurotische Menschen gibt, die sich anscheinend darum vom Leben abhalten lassen, weil sie einen unbewußten und öfter auch bewußten Widerwillen vor dem sexuellen Schicksal haben, unter dem sie sich zwangsmäßig allerhand Unschönes vorstellen, und nur allzu groß ist ihre Neigung, diesem Drange der unbewußten Sexualität nachzugeben und das gefürchtete (unbewußt gehoffte) sexuell Widerwärtige zu erleben, um sich damit die Berechtigung eines begründeten Horrors zu erwerben, der sie dann um so sicherer in der Infantilsituation zurückhält. Daher kommt es, daß so viele Menschen eben gerade in jenes Schicksal hereinfallen, vor dem sie die größte Abscheu haben.

Wie richtig unsere Vermutung war, daß es sich im Unbewußten von Miß Miller um den Selbständigkeitskampf handle, zeigt ihre Angabe, daß der Abschied des Helden aus dem Vaterhause sie an das Schicksal des jungen Buddha erinnere, der ebenfalls alles heimatliche Wohlleben aufgab, um in die Welt hinauszuziehen, seiner Bestimmung ganz zu leben[1]). Buddha gab dasselbe heroische Vorbild, wie Christus, der sich von der Mutter abschneidet und sogar bittere Worte führt wie: (Matth. 10, 3 f.)

„Denkt nicht, daß ich gekommen sei, Frieden zu bringen auf die Erde; ich bin nicht gekommen, Frieden zu bringen, sondern das Schwert. Ich bin gekommen, zu entzweien einen Menschen mit seinem Vater, die Tochter mit ihrer Mutter, die Schwiegertochter mit ihrer Schwiegermutter, und seine eigenen Leute werden des Menschen Feinde sein. Wer Vater und Mutter mehr liebt denn mich, ist mein nicht wert."

Oder (Luc. 12, 51 ff.):

„Meint ihr, ich sei erschienen, Frieden zu bringen auf Erden? Nein, sage ich euch, sondern vielmehr Spaltung, denn von nun an werden sein fünf in einem Hause gespalten, drei werden gegen zwei und zwei gegen drei sein, der Vater gegen den Sohn und der Sohn gegen den Vater, die Mutter gegen die Tochter und die Tochter gegen die Mutter, die Schwiegermutter gegen die Frau und die Frau gegen die Schwiegermutter."

Horus entreißt seiner Mutter den Kopfschmuck, die Macht.

[1]) Eine andere Quelle, die Miß Miller hier angibt, nämlich Sam. Johnson: Histoire de Rasselas, prince d'Abyssinie (?), war mir nicht zugänglich.

Er rang, wie Adam mit Lilith, um die Macht. Nietzsche sprach dasselbe auch aus mit sehr schönen Worten[1]):

„Man darf vermuten, daß ein Geist, in dem der ‚Typus freier Geist' einmal bis zur Vollkommenheit reif und süß werden soll, sein entscheidendes Ereignis in einer großen Loslösung gehabt hat, daß er vorher um so mehr ein gebundener Geist war und für immer an seine Ecke und Säule gefesselt schien[2]). Was bindet am festesten? Welche Stricke sind beinah unzerreißbar? Bei Menschen einer hohen und ausgesuchten Art werden es die Pflichten sein: jene Ehrfurcht, wie sie der Jugend eignet, jene Scheu und Zartheit vor allem Altverehrten und Würdigen, jene Dankbarkeit für den Boden, aus dem sie wuchsen, für die Hand, die sie führte, für das Heiligtum, wo sie anbeten lernten; — ihre höchsten Augenblicke selbst werden sie am festesten binden, am dauerndsten verpflichten. Die große Loslösung kommt für solchermaßen Gebundene plötzlich usw."

„Lieber sterben als hier leben" — so klingt die gebieterische Stimme und Verführung: und dies ‚hier', dies ‚zu Hause' ist alles, was sie (die Seele) bis dahin geliebt hatte! Ein plötzlicher Schrecken und Argwohn gegen das, was sie liebte, ein Blitz von Verachtung gegen das, was ihr ‚Pflicht' hieß, ein aufrührerisches, willkürliches vulkanisch stoßendes Verlangen nach Wanderschaft, Fremde, Entfremdung, Erkältung, Ernüchterung, Vereisung, ein Haß auf die Liebe, vielleicht ein tempelschänderischer Griff und Blick rückwärts[3]), dorthin, wo sie bis jetzt anbetete und liebte, vielleicht eine Glut der Scham über das, was sie eben tat, und ein Frohlocken zugleich, daß sie es tat, ein trunkenes inneres frohlockendes Schaudern, in dem sich ein Sieg verrät — ein Sieg? über was? über wen? ein rätselhafter, fragenreicher, fragwürdiger Sieg, aber der erste Sieg immerhin: — dergleichen Schlimmes und Schmerzliches gehört zur Geschichte der großen Loslösung. Sie ist eine Krankheit zugleich, die den Menschen zerstören kann, dieser erste Ausbruch von Kraft und Willen zur Selbstbestimmung[4])."

---

[1]) Menschliches, Allzumenschliches. Vorrede.

[2]) Vgl. unten über das Motiv der Fesselung.

[3]) Die sacrilegische Gewalttat des Horus an der Isis, worüber sich Plutarch (de Is. et Os.) gewaltig entsetzt; er sagt folgendes darüber: „Wenn aber jemand annehmen und behaupten wollte, dies alles sei in bezug auf die glückselige und unvergängliche Natur, welcher zumeist entsprechend das Göttliche gedacht wird, wirklich geschehen und vorgefallen: dann, um mit Äschylos zu reden, „muß man ausspeien und den Mund sich reinigen". Man kann sich aus diesem Urteile einen Begriff machen davon, wie der Gutgesinnte in der antiken Sozietät die christlichen Anschauungen verachtet haben mag, erstens den gehenkten Gott, dann die Behandlung der Familie, die „Grundfeste" des Staates. Der Psychoanalytiker wundere sich also nicht. Es war alles schon einmal da.

[4]) Vgl. oben das vorbildliche Schicksal von Theseus und Peirithoos.

Die Gefahr ist, wie Nietzsche glänzend ausführt, die Vereinsamung in sich selber:

„Die Einsamkeit umringt und umringelt ihn, immer drohender, würgender, herzzuschnürender, jene furchtbare Göttin und Mater saeva cupidinum."

Die von der Mutter zurückgenommene Libido, welche nur widerstrebend zurückkommt, wird bedrohend wie eine Schlange, das Symbol des Todes, denn die Beziehung zur Mutter hat aufzuhören, zu sterben, woran man selber fast stirbt. In „Mater saeva cupidinum" erreicht das Bild eine seltene, fast bewußte Vollendung. Es kommt mir nicht zu, versuchen zu wollen, mit besseren Worten die Psychologie der Loslösung von der Kindheit zu schildern, als dies Nietzsche getan hat.

Miß Miller gibt uns noch einen weiteren Hinweis auf ein Material, das in einer mehr allgemeinen Weise ihre Schöpfung beeinflußt habe: Es ist dies das große indianische Epos von Longfellow: The song of Hiawatha.

Meine Leser werden sich, wenn sie überhaupt die Geduld hatten, sich bis hierher durchzulesen und durchzudenken, öfter gewundert haben, wie viele Male ich Dinge aus fernsten Fernen zum Vergleich heranziehe und wie sehr ich die Basis verbreitere, auf der sich die Schöpfungen von Miß Miller erheben. Öfter werden ihnen auch Zweifel aufgetaucht sein, ob wohl ein solches Unternehmen gerechtfertigt sei, an Hand von spärlichen Andeutungen prinzipielle Erörterungen über die psychologischen Grundlagen der Mythen, der Religion und der Kultur überhaupt anzustellen: Denn, wird man sagen, hinter den Millerschen Phantasien ist solches wohl kaum zu suchen. Ich brauche wohl kaum zu betonen, daß auch ich öfter gezweifelt habe. Ich hatte nämlich Hiawatha früher nie gelesen, bis ich im Verlaufe meiner Arbeit zu diesem Stück kam, das ich mir so lange aufgespart hatte, bis ich es lesen mußte. Hiawatha, eine poetische Kompilation indianischer Mythen, gibt mir aber eine Berechtigung für alle vorangegangenen Überlegungen, indem in diesem Epos ein seltener Reichtum mythologischer Probleme ausgebreitet liegt. Diese Tatsache dürfte für den Beziehungsreichtum der Millerschen Phantasien von großem Belang sein. Wir sind daher genötigt, einen Einblick in dieses Epos zu gewinnen.

Nawadaha singt die Gesänge des Epos vom Helden Hiawatha, des Menschenfreundes:

„There he sang of Hiawatha,
Sang the song of Hiawatha,
Sang his wondrous birth and being,
How he prayed and how he fasted,
How he lived, and toiled, and suffered,
That the tribes of men might prosper,
That he might advance his people!“

Diese teleologische Bedeutung des Helden als jener symbolischen Figur, welche Libido in Form von Bewunderung und Anbetung auf sich vereinigt, um sie über die Symbolbrücken des Mythus höheren Verwendungen zuzuführen, ist hier vorweggenommen. So werden wir mit Hiawatha als einem Heiland rasch bekannt und sind bereit, von all dem zu hören, was von einem Heiland ausgesagt werden muß, von wundersamer Geburt, frühen großen Taten und seiner Aufopferung für die Mitmenschen.

Der 1. Gesang beginnt mit einem Stück Evangelium: Gitche Manito, der „master of life“, des Haders seiner Menschenkinder müde, ruft seine Völker zusammen und verkündet ihnen frohe Botschaft:

„J will send a Prophet to you,
A Deliverer of the nations,
Who shall guide you and shall teach you,
Who shall toil and suffer with you.
If you listen to his counsels,
You will multiply and prosper;
If his warnings pass unheeded,
You will fade away and perish!“

Gitche manito, der Mächtige, „the creator of the nations“, ist dargestellt, wie er aufgerichtet (stood erect) „on the great Red Pipestone Quarry“ steht:

„From his footprints flowed a river,
Leaped into the light of morning,
O'er the precipice plunging downward
Gleamed like Ishkoodah, the comet.“

Das aus den Fußstapfen fließende Wasser bekundet genugsam die phallische Natur dieses Schöpfers. Ich verweise auf die früheren Ausführungen über die phallische und Fruchtbarkeitsnatur des Pferdefußes und der Roßtrappe[1]), speziell erinnere ich an die Hippokrene und den Fuß des Pegasus. Demselben Bild begegnen wir in Psalm 65, 10ff:

„Du suchest das Land heim und wässerst es und machest es sehr reich. Gottes Brünnlein hat Wassers die Fülle. Du läßest ihr Getreide wohl geraten, denn also bauest du das Land.

Du tränkest seine Furchen und feuchtest sein Gepflügtes, mit Regen machst du es weich und segnest sein Gewächs.

Du krönest das Jahr mit deinem Gut und deine Fußstapfen triefen von Fett."

Wo der befruchtende Gott hintritt, ist Fruchtbarkeit. Von der symbolischen Bedeutung des Tretens sprachen wir bereits bei den „tretenden" Maren. So fährt auch Kaineus mit „geradem Fuß die Erde spaltend" in die Tiefe. Amphiaraos, ein anderer chthonischer Heros, versinkt in die Erde, die ihm ein Blitzstrahl von Zeus geöffnet hat. (Vgl. dazu die oben berichtete Vision der Hysterischen, die nach dem Blitz jeweils ein schwarzes Pferd sah: Identität von Roßtrappe und Blitzstrahl.) Durch den Blitzstrahl werden Heroen unsterblich gemacht[2]). Faust gelangt zu den Müttern, indem er stampft:

„Versinke stampfend, stampfend steigst du wieder —."

Im Sonnenverschlingungsmythus stampfen oder stemmen sich die Helden im Rachen des Ungeheuers öfter. So durchstampft Tor den Schiffboden im Kampf mit dem Ungeheuer und tritt bis auf den Grund des Meeres. (Kaineus.) (Über das „Strampeln" als Infantilphantasie, vgl. oben.) Die Regression der Libido auf die vorsexuelle Stufe bringt es mit sich, daß diese vorbereitende Handlung des Tretens zum Ersatz für die Koitusphantasie (Mutterinzest) respektive für die Phantasie des Wiedereintrittes in den Mutterleib wird. Der Vergleich des aus den Fußstapfen fließenden Wassers mit einem Kometen ist Lichtsymbolik für das befruchtende Naß. (Sperma.) Nach einer Notiz bei A. v. Humboldt (Kosmos) nennen gewisse südamerikanische Indianerstämme die Meteore „Harn der Sterne". Es wird dann noch erwähnt, wie Gitche Manito Feuer macht: Er bläst auf einen Wald, so daß die Bäume, aneinander gerieben, in Feuer geraten. Dieser Dämon ist also ein treffliches Libidosymbol, auch das Feuer erzeugt er.

---

[1]) Vgl. dazu die Belege in Aigremont: Fuß- und Schuhsymbolik. Ferner diese Arbeit I. Teil: Sonnenfuß in einem armenischen Volksgebet. Auch de Gubernatis: Die Tiere in den indogermanischen Mythol., Bd. I, S. 220 ff.

[2]) Rohde: Psyche.

Nach diesem Prolog folgt im II. Gesang die Vorgeschichte des Helden: Der große Krieger Mudjekeewis (der Vater Hiawathas) hat den großen Bären, „the terror of the nations" listig überwältigt und ihm den magischen „Belt of Wampum", einen Muschelgürtel, gestohlen. Wir begegnen hier dem Motiv der schwererreichbaren Kostbarkeit, die der Held dem Ungeheuer entreißt. Wer der Bär ist, zeigen die Vergleiche des Dichters: Mudjekeewis schlägt den Bären auf den Kopf, nachdem er ihm den Schmuck geraubt:

„With the heavy blow bewildered,
Rose the great Bear of the mountains;
But his knees beneath him trembled,
And he whimpered like a woman."

Mudjekeewis sagt spottend zu ihm:

„Else you would not cry and whimper
Like a miserable woman!
But you, Bear! sit here and whimper,
And disgrace your tribe by crying,
Like a wretched Shaugodaya,
Like a cowardly old woman!"

Diese drei Vergleiche mit einem Weibe finden sich auf einer Seite beieinander. Mudjekeewis hat als rechter Held das Leben wieder einmal dem Tode, der alles verschlingenden furchtbaren Mutter, aus dem Rachen gerissen. Diese Tat, die, wie wir gesehen haben, auch dargestellt wird als Höllenfahrt, „Nachtmeerfahrt", Überwindung des Ungeheuers von innen, bedeutet zugleich als ein Eingehen in den Mutterleib eine Wiedergeburt, deren Folgen auch für Mudjekeewis bemerkbar werden. Wie in der Zosimosvision, so wird auch hier der Eintretende zum *πνεῦμα*, zum Windhauch oder Geist: Mudjekeewis wird zum Westwind, diesem fruchtbaren Hauche, zum Vater der Winde[1]). Seine Söhne wurden zu den übrigen Winden. Von ihnen und ihrer Liebesgeschichte erzählt ein Intermezzo, aus dem ich nur die Werbung Wabuns, des Ostwindes, erwähnen möchte, weil hier das erotische

[1]) Porphyrius: de antro nympharum. (Zitiert b. Dieterich: Mithraslit., S. 63) sagt, daß nach der Mithraslehre den Seelen, die aus der Geburt gingen, Winde bestimmt seien, da diese Seelen Windhauch (*πνεῦμα*) eingezogen und daher ein derartiges Wesen hätten: *ψυχαῖς δ' εἰς γένεσιν ἰούσαις καὶ ἀπὸ γενέσεως χωριζομέναις εἰκότως ἔταξαν ἀνέμους διὰ τὸ ἐφέλκεσθαι καὶ αὐτὰς πνεῦμα καὶ οὐσίαν ἔχειν τοιαύτην.*

Kosen des Windes besonders hübsch geschildert ist. Er sieht jeden Morgen ein hübsches Mädchen auf einer Wiese, das er umwirbt:

„Every morning, gazing earthward,
Still the first thing he beheld there
Was her blue eyes looking at him,
Two blue lakes among the rushes."

Der Vergleich mit dem Wasser ist nicht nebensächlich, denn „aus Wind und Wasser" soll der Mensch wiedergeboren werden.

„And he wooed her with caresses,
Wooed her with his smile of sunshine,
With his flattering words he wooed her,
With his sighing and his singing,
Gentlest whispers in the branches,
Softest music, sweetest odors" etc.

In diesen onomatopoetischen Versen ist die schmeichelnde Werbung des Windes trefflich ausgedrückt[1]).

Der III. Gesang bringt die Vorgeschichte der Mütter Hiawathas. Seine Großmutter lebte als Mädchen auf dem Monde. Dort schaukelte sie sich einst auf einer Liane, ein eifersüchtiger Liebhaber aber schnitt die Liane ab und Nokomis, Hiawathas Großmutter, fiel auf die Erde herunter. Die Menschen, die sie herunterfallen sahen, hielten sie für eine Sternschnuppe. Diese wunderliche Herkunft der Nokomis wird durch einen späteren Passus desselben Gesanges näher beleuchtet: Dort fragt der kleine Hiawatha die Großmutter, was der Mond sei. Nokomis belehrt ihn darüber folgendermaßen: Der Mond sei der Körper einer Großmutter, die ein kriegerischer Enkel im Zorn dort hinaufgeworfen habe. Der Mond ist also die Großmutter. Im antiken Glauben ist der Mond ein Sammelort der abgeschiedenen Seelen[2]), ein Samen-

[1]) In der Mithrasliturgie geht der zeugende Geisthauch von der Sonne aus, vermutlich „aus der Sonnenröhre". (Vgl. Erster Teil.) Entsprechend dieser Vorstellung heißt im Rigveda die Sonne der Einfüßer. Vgl. dazu das armenische Gebet, daß die Sonne ihren Fuß auf dem Angesichte des Betenden möge ruhen lassen. (Abeghian: Der armenische Volksglaube, 1899, S. 41.)

[2]) Firmicus Maternus (Mathes., I, 5. 9): Cui (animo) descensus per orbem solis tribuitur, per orbem vero lunae praeparatur ascensus. Lydus (de mens., IV, 3) berichtet, der Hierophant Praetextatus habe gesagt, daß Janus *τὰς θειοτέρας ψυχὰς ἐπὶ τὴν σεληνικὸν χόρον ἀποπέμπει.* Epiphanius (Haeres., LXVI, 52): *ὅτι ἐκ τῶν ψυχῶν ὁ δίσκος (τῆς σελήνης) ἀποπίμπλαται.* Zitiert Cumont: Text. et Mon., 1, I, S. 40. In exotischen Mythen ist es dasselbe mit dem Mond. Frobenius: l. c., S. 352 ff.

bewahrer, daher auch wieder ein Ursprungsort des Lebens von vorwiegend weiblicher Bedeutung. Das Merkwürdige ist, daß Nokomis, auf die Erde fallend, eine Tochter, Wenonah, gebar, die nachmalige Mutter Hiawathas. Das Hinaufschleudern der Mutter und das Herunterfallen und Gebären scheint etwas Typisches an sich zu haben. So erzählt eine Geschichte aus dem 17. Jahrhundert, daß ein wütender Stier eine schwangere Frau in Haushöhe emporgeworfen und ihr den Leib aufgerissen habe und das Kind sei wohlbehalten auf die Erde gefallen. Man hielt dieses Kind infolge seiner wunderbaren Geburt für einen Helden oder Wundertäter, aber es starb frühzeitig. Bekanntlich ist bei tiefstehenden Wilden der Glaube verbreitet, die Sonne sei weiblich und der Mond männlich. Bei den Namaqua, einem Hottentottenstamm, besteht die Meinung, die Sonne bestehe aus klarem Speck: „die Leute, die auf Schiffen fahren, ziehen sie durch Zauber allabendlich herunter, schneiden sich ein tüchtiges Stück ab und geben ihr dann einen Fußtritt, daß sie wieder an den Himmel hinauffliegt." (Waitz: Anthropologie II, 342.) Die infantile Nahrung kommt von der Mutter. (Vgl. unten.) Wir begegnen in den Gnostikerphantasien einer vielleicht hierher gehörigen Menschenentstehungslegende: Die ans Himmelsgewölbe angebundenen weiblichen Archonten vermögen infolge der schnellen Umdrehung des Himmels ihre Früchte nicht bei sich zu behalten, sondern lassen sie auf die Erde herunterfallen, woraus die Menschen entstehen. Ein Zusammenhang mit barbarischen Geburtshelferkünsten (Herunterfallenlassen der Gebärenden) ist nicht ausgeschlossen. Die Vergewaltigung der Mutter ist schon mit dem Abenteuer des Mudjekeewis eingeführt, und ist fortgesetzt in der gewaltsamen Behandlung der „Großmutter", der Nokomis, die infolge des Abschneidens der Liane und des Herunterfallens irgendwie schwanger geworden zu sein scheint. Das „Abschneiden des Zweiges", das Pflücken, haben wir bereits als Mutterinzest erkannt. (Vgl. oben.) Jener bekannte Vers vom „Lande Sachsen, wo die schönen Mädchen auf den Bäumen wachsen", und Redensarten, wie „die Kirschen in Nachbars Garten pflücken" spielen auf ein ähnliches Bild an. Das Herunterfallen der Nokomis verdient mit einer poetischen Figur bei Heine verglichen zu werden:

„Es fällt ein Stern herunter
Aus seiner funkelnden Höh'!
Das ist der Stern der Liebe,
Den ich dort fallen seh'!

Es fallen vom Apfelbaume
Der Blüten und Blätter viel.
Es kommen die neckenden Lüfte
Und treiben damit ihr Spiel."

Wenonah wird später vom Westwind kosend umworben und wird von ihm schwanger. Wenonah als junge Mondgöttin hat die Schönheit des Mondlichtes. Nokomis warnt sie vor der gefährlichen Werbung des Mudjekeewis, des Westwindes. Aber Wenonah läßt sich betören und empfing vom Windhauch, vom πνεῦμα einen Sohn, unseren Helden:

„And the West-Wind came at evening, —
Found the beautiful Wenonah,
Lying there among the lilies,
Wooed her with his words of sweetness,
Wooed her with his soft caresses,
Till she bore a son in sorrow,
Bore a son of love and sorrow."

Die Befruchtung durch den Geisthauch ist uns bereits eine bekannte Erfahrung. Der Stern oder Komet gehört offenbar zur Geburtsszene als Libidosymbol, auch Nokomis kommt zur Erde wie ein fallender Stern. Mörikes liebenswürdige Dichterphantasie hat sich einen ähnlichen göttlichen Ursprung ersonnen.

Und die mich trug im Mutterleib,
Und die mich schwang im Kissen,
Die war ein schön frech braunes Weib,
Wollt' nichts vom Mannsvolk wissen.

Sie scherzte nur und lachte laut
Und ließ die Freier stehen:
Möcht' lieber sein des Windes Braut,
Denn in die Ehe gehen!"

Da kam der Wind, da nahm der Wind
Als Buhle sie gefangen:
Von dem hat sie ein lustig Kind
In ihrem Schoß empfangen.

Buddhas wunderbare Geburtsgeschichte, von Sir Edwin Arnold wieder erzählt[1]), weiß ebenfalls davon:

[1]) The Light of Asia or the great renunciation (Mahâbhinishkramana).

23*

„Maya the queen —
Dreamed a strange dream, dreamed that a star from heaven —
Splendid, six-rayed, in color rosy-pearl,
Where of the token was an Elephant
Six-tusked and white as milk of Kamadhuk
Shot through the void; and, shining into her,
Entered her womb upon the right[1]).“

Während der Konzeption der Maya bläst ein Wind über Land:

„A wind blew
With unknown freshness over lands and sees.“

Nach der Geburt kommen die 4 Genien des Ostens, Westens, Südens und Nordens, um als Palanquinträger Dienste zu leisten. (Das Zusammenkommen der Weisen bei Christi Geburt.) Wir finden also auch hier eine deutliche Erwähnung der „4 Winde.“ Zur Vervollständigung der Symbolik findet sich im Buddhamythus wie bei Christi Geburtslegende außer der Stern- und Windbefruchtung noch die Befruchtung durch ein Tier, hier der Elefant, der mit seinem phallischen Rüssel bei Maya die christliche Ohr- respektive Kopfbefruchtung vollbringt. Bekanntlich ist außer der Taube auch das Einhorn ein zeugendes Symbol des Logos.

An dieser Stelle dürfte sich die Frage aufdrängen, warum wohl die Geburt eines Helden immer unter so sonderbaren symbolischen Umständen zu erfolgen hat. Es wäre auch denkbar, daß ein Held unter gewöhnlichen Umständen entstünde und allmählich aus seiner niedrigen Umgebung emporwüchse, vielleicht unter tausend Mühen und Gefahren. (Übrigens ist dieses Motiv dem Heldenmythus auch keineswegs fremd.) Man wird sagen, der Aberglaube verlange die sonderbaren Geburts- oder Zeugungsumstände; warum aber verlangt er sie?

Die Antwort auf diese Frage ist: daß der Held in der Regel nicht bloß geboren wird wie ein gewöhnlicher Sterblicher, sondern daß seine Geburt unter den geheimnisvollen Zeremonien einer Wiedergeburt aus der Mutter-Gattin erfolgt. Daher stammt in allererster Linie das Motiv der 2 Mütter des Helden. Wie uns Rank[2]) an vielfachen Beispielen gezeigt hat, hat der Held öfter Aussetzung und Unterbringung bei Pflegeeltern zu erfahren. Auf diese Weise kommt er zu den zwei Müttern. Ein treffendes Beispiel ist auch

[1]) Auf entsprechenden Abbildungen sieht man, wie der Elefant der Maya mit dem Rüssel in den Kopf dringt.

[2]) Rank: Der Mythus von der Geburt des Helden.

das Verhältnis des Herakles zu Hera. (Vgl. oben.) Im Hiawathaepos stirbt Wenonah nach der Geburt und Nokomis tritt an ihre Stelle. Maja stirbt nach der Geburt[1]) und Buddha erhält eine Pflegemutter. Öfter ist die Pflegemutter ein Tier (die Wölfin des Romulus und Remus usw.). Die zweifache Mutter kann auch durch das Motiv der zwiefachen Geburt ersetzt sein, was namentlich in der christlichen Mythologie zu hoher Bedeutung gelangt ist; nämlich in der Taufe, die eine Wiedergeburt darstellt, wie wir gesehen haben. So wird der Mensch nicht bloß banal geboren, sondern noch einmal auf geheimnisvolle Weise, wodurch er des Gottesreiches, d. h. der Unsterblichkeit teilhaft wird. Jeder wird auf diese Weise ein Heros, der durch die eigene Mutter sich wieder erzeugt, denn einzig dadurch wird er der Unsterblichkeit teilhaft. Daher wohl kommt es, daß der universelles Heil schaffende Kreuzestod von Christus als „Taufe" aufgefaßt wird, d. h. als Wiedergeburt durch die zweite Mutter, den geheimnisvollen Todesbaum. So sagt Christus (Luc. 12, 50): „Ich habe eine Taufe zu bestehen, und wie drängt es mich, bis sie vollendet ist!" Seine Todesqual faßt er symbolisch als Geburtsqual.

Das Motiv der zwei Mütter deutet auf den Selbstverjüngungsgedanken hin und will offenbar die Wunscherfüllung ausdrücken: möchte es möglich sein, daß die Mutter mich wieder gebiert; zugleich heißt es, auf den Helden angewendet: Es ist einer ein Held, wenn seine Gebärerin bereits einmal seine Mutter war; d. h. ein Held ist, wer sich durch seine Mutter wieder zu erzeugen vermag.

Auf diese letztere Formulierung zielen die zahlreichen Andeutungen der Zeugungsgeschichte des Helden. Der Vater Hiawathas überwältigt zuerst die Mutter unter dem furchterregenden Symbol des Bären, dann erzeugt er, selber zum Gott geworden, den Helden. Was Hiawatha als Held zu tun hätte, deutet ihm Nokomis an, mit der Legende der Mondentstehung: er solle seine Mutter gewalttätig hinaufwerfen (oder hinwerfen?), dann wird sie durch diese Gewalttat schwanger, gebiert eine Tochter, diese verjüngte Mutter wäre nach ägyptischem Ritus als Tochter-Gattin dem Sonnengott, dem „Vater seiner Mutter", zur Selbstwiedererzeugung beschieden. Was Hiawatha

[1]) Das rasche Wegsterben der Mutter oder die Trennung von der Mutter gehört zum Heldenmythus. Im Schwanjungfraumythus, den Rank sehr schön analysiert hat, ist der wunscherfüllende Gedanke, daß die Schwanjungfrau nach erfolgter Kindeserzeugung wieder wegfliegen kann; denn dann hat sie ihren Zweck erfüllt: Man braucht die Mutter nur zur Wiedererzeugung.

in dieser Hinsicht tat, werden wir unten sehen. Wie sich die dem Christos verwandten vorderasiatischen Götter verhalten, haben wir bereits gesehen. Was die Präexistenz Christi betrifft, so ist ja, wie bekannt, das Johannesevangelium voll von diesem Gedanken: So das Wort des Täufers: (Joh. I, 30) „Dieser ist es, von dem ich sagte, nach mir kommt ein Mann, der vor mir da ist, weil er eher war als ich." Ebenso ist auch der Anfang des Evangeliums voll tiefer mythologischer Bedeutung: „Im Anfang war das Wort und das Wort war bei Gott. Und das Wort war Gott, solchergestalt war es im Anfang bei Gott. Alles ward durch dasselbe und ohne dasselbe ward nichts, was geworden ist. In ihm war Leben und das Leben war das Licht der Menschen: und das Licht scheint in der Finsternis. Es trat ein Mensch auf, abgesandt von Gott, Johannes hieß er, dieser kam zum Zeugnis: um zu zeugen vom Licht. — Nicht war er das Licht, sondern zeugen sollte er vom Licht. Das wahrhaftige Licht, welches jeden Menschen erleuchtet, war: der da kommen sollte in die Welt." Das ist die Verkündigung des wiedererscheinenden Lichtes, der wiedergeborenen Sonne, die vorher war und die nachher sein wird. Am Baptisterium in Pisa ist Christus dargestellt, wie er den Menschen den Lebensbaum überbringt, sein Haupt ist vom Sonnenrad umgeben. Über diesem Relief stehen die Worte:

INTROITVS SOLIS.

Weil der Geborene sein eigener Erzeuger war, daher ist seine Zeugungsgeschichte so sonderbar verhüllt unter symbolischen Ereignissen, die verdecken und verleugnen sollen, daher auch stammt die außerordentliche Behauptung von der jungfräulichen Konzeption. Damit soll die inzestuöse Befruchtung verdeckt werden. Vergessen wir aber nie, daß diese naive Behauptung ein ungemein wichtiges Stück in der künstlichen Symbolbrücke ist, welche die Libido aus der inzestuösen Bindung herausleiten soll zu höhern und nützlicheren Verwendungen, die eine neue Art der Unsterblichkeit, nämlich unsterbliche Werke bedeuten.

Die Umgebung von Hiawathas Jugend ist von Belang.

„By the shores of Gitche Gumee,
By the shining Big-Sea-Water,
Stood the wigwam of Nokomis,
Daughter of the Moon, Nokomis.
Dark behind it rose the forest,

Rose the black and gloomy pine-trees,
Rose the firs with cones upon them;
Bright before it beat the water,
Beat the clear and sunny water,
Beat the shining Big-Sea-Water".

In dieser Umgebung zog ihn Nokomis auf. Hier lehrte sie ihn die ersten Worte und erzählte ihm die ersten Märchen und die Geräusche des Wassers und des Waldes mischten sich darein, so daß das Kind nicht nur die Sprache der Menschen, sondern auch der Natur verstehen lernte:

„At the door on summer evenings
Sat the little Hiawatha;
Heard the whispering of the pine-trees,
Heard the lapping of the water,
Sounds of music, words of wonder;
‚Minne-wawa'![1]) said the pine-trees,
‚Mudway-aushka'![2]) said the water."

Hiawatha hört in den Naturgeräuschen menschliche Sprache, er versteht so die Sprache der Natur. Der Wind sagt „wawa". Der Schrei der Wildgans ist „wawa". Wah-wah-taysee heißt der kleine Leuchtkäfer, der ihn entzückt. So schildert der Dichter sehr schön die allmähliche Einbeziehung der äußern Natur in den Rahmen des Subjektiven[3]) und die Kontamination des primären Objektes, dem die Lallworte galten und von dem die ersten Laute kamen, mit dem sekundären Objekt, der weiteren Natur, die unmerklich an Stelle der Mutter tritt und jene erstmals von der Mutter gehörten Laute und mehr noch von jenen Gefühlen übernimmt, die wir in all der warmen Liebe für Mutter Natur später in uns wieder entdecken. Das spätere entweder pantheistisch-philosophische oder ästhetische Verschmelzen des empfindsamen Kulturmenschen mit der Natur[4]) ist, nach rückwärts

[1]) Indianisches Wort für das Geräusch des Windes in den Bäumen.

[2]) Bedeutet Geräusch der Brandung.

[3]) Eine Introjektion des Objekts ins Subjekt im Sinne von Ferenczi, der „Gegen"- oder „Widerwurf" (Objektum) bei den Mystikern Eckart und Böhme.

[4]) Karl Joël (Seele und Welt, Jena 1912) sagt (S. 153 f.): „Im Künstler und Propheten mindert sich nicht, sondern steigert sich das Leben. Sie sind die Führer ins verlorene Paradies, das nun erst beim Wiederfinden zum Paradiese wird. Es ist nicht die alte dumpfe Lebenseinheit mehr, zu der der Künstler strebt und führt, es ist die gefühlte Wiedervereinigung, nicht die

betrachtet, ein Wiederverschmelzen mit der Mutter, die uns erstmals Objekt war und mit der wir auch wirklich einmal ganz Eines waren. Es ist daher nicht erstaunlich, wenn wir in der Bildersprache eines modernen Philosophen, Karl Joël, wiederum die alten Bilder auftauchen sehen, welche das Einssein mit der Mutter symbolisieren, indem sie das Zusammenfließen von Subjekt und Objekt veranschaulichen: In seinem neuesten Buche „Seele und Welt" (1912) schreibt Joël in dem Abschnitt „Das Urerlebnis"[1]) folgendes:

„Ich liege am Meeresstrand, blau schimmert die flimmernde Flut in die träumenden Augen; weithin flattern fächelnde Lüfte — anstürmend, abschäumend, aufregend, einschläfernd kommt der Wogenschlag ans Ufer — oder ans Ohr? Ich weiß es nicht. Ferne und Nähe verschwimmen in eins; draußen und drinnen gleiten ineinander über. Näher und näher, trauter und heimischer tönt der Wogenschlag; jetzt schlägt er als donnernder Puls in meinem Kopfe und jetzt schlägt er hinweg über meine Seele, umschlingt sie, verschlingt sie, während sie selber doch zugleich hinaus schwimmt als blauende Flut. Ja, draußen und drinnen sind eins. Schimmern und Schäumen, Rinnen und Fächeln und Dröhnen — die ganze Symphonie empfundener Reize verklingt in einen Ton, alle Sinne werden zu einem Sinn, der eins wird mit dem Gefühl; die Welt verhaucht in die Seele und die Seele löst sich in der Welt. Unser kleines Leben ist von einem großen Schlaf umflossen. — Der Schlaf unsere Wiege, der Schlaf unser Grab, der Schlaf unsere Heimat, aus der wir am Morgen ausziehen, in die wir am Abend wieder einziehen, unser Leben aber die kurze Wanderschaft, die Spannung zwischen dem Auftauchen aus der Ureinheit und dem Versinken in sie! — Blau flutet das Meer, das unendliche, darin die Qualle jenes Urleben träumt, zu dem unser dämmerndes Ahnen noch durch Äonen der Erinnerung hinabsickert. Denn jedes Erlebnis enthält eine Änderung und eine Wahrung der Lebenseinheit. In dem Augenblicke, da sie nicht mehr verschmolzen sind, da ein Erlebender noch blind und triefend sein Haupt hebt aus der Versunkenheit im Strome des Erlebens, aus dem Verquollensein mit dem Erlebten, in dem Augenblicke, da die Lebenseinheit staunend, befremdet, die Änderung von sich ablöst, als ein Fremdes vor sich hält,

leere, sondern die volle Einheit, nicht die Einheit der Indifferenz, sondern die Einheit der Differenz —." „Alles Leben ist Aufhebung des Gleichgewichts und Zurückstreben ins Gleichgewicht. Solche Heimkehr finden wir in Religion und Kunst."

[1]) Unter Urerlebnis ist jene erste menschliche Unterscheidung zwischen Subjekt und Objekt, jenes erstmalige bewußte Objektsetzen zu verstehen, welches psychologisch nicht denkbar ist ohne Voraussetzung einer innern Entzweiung des animal „Mensch" mit sich selber, wodurch er sich eben von der mit sich einsseienden Natur getrennt hat.

in diesem Augenblicke der Entfremdung haben sich die Erlebnisseiten substantiiert zu Subjekt und Objekt, in dem Augenblicke ist das Bewußtsein da."

Joël schildert hier in unmißverständlicher Symbolik das Zusammenfließen von Subjekt und Objekt als die Wiedervereinigung von Mutter und Kind. Die Symbole stimmen mit der Mythologie sogar in Einzelheiten. Das Um- und Verschlingungsmotiv klingt vernehmlich an. Das sonnenverschlingende und wiedergebärende Meer ist uns bereits ein alter Bekannter. Der Moment der Bewußtseinsentstehung, der Trennung von Subjekt und Objekt, ist eine Geburt; wahrlich, das philosophische Denken hängt flügellahm an den wenigen großen urtümlichen Bildern der menschlichen Sprache, über deren einfache alles überragende Größe sich kein Gedanke erhebt. Das Bild der Qualle, des „Verquollenseins" ist nicht zufällig. Als ich einmal einer Patientin die mütterliche Bedeutung des Wassers erklärte, empfand sie bei dieser Berührung des Mutterkomplexes ein sehr unangenehmes Gefühl: „It makes me squirm," sagte sie, „as if I touched a jellyfish." Auch hier dasselbe Bild! Der selige Schlafzustand vor der Geburt und nach dem Tode ist, wie auch Joël bemerkt, etwas wie alte schattenhafte Erinnerung an jenen ahnungslos lebendigen Zustand erster Kindheit, wo noch kein Widerstand das ruhige Dahinfließen dämmernden Lebens störte, wohin uns die innere Sehnsucht immer und immer wieder zurückzieht, und von wo sich das tätige Leben immer wieder mit Kampf und Todesangst befreien muß, damit es nicht der Vernichtung anheimfalle. Lange vor Joël hat dasselbe ein indianischer Häuptling mit denselben Worten zu einem der nie rastenden weisen Männer gesagt: „Ach, mein Bruder, du wirst nie das Glück kennen lernen, nichts zu denken und nichts zu tun; dies ist nächst dem Schlafe das Allerentzückendste. So waren wir vor der Geburt, so werden wir nach dem Tode sein[1])."

Wir werden bei den späteren Schicksalen Hiawathas sehen, wie wichtig seine frühen Kindheitseindrücke für die Wahl seiner Gattin wurden. Hiawathas erste Tat war, daß er mit seinem Pfeil einen Rehbock erlegte.

„Dead he lay there in the forest,
By the ford across the river —."

Das ist typisch für die Taten Hiawathas, was er tötet, liegt meistens beim oder im Wasser, am ehesten halb im Wasser, halb

[1]) Crevecoeur: Voyage dans la haute Pensylvanie, I, 362.

auf dem Lande[1]). Das muß wohl so sein. Die späteren Abenteuer werden uns belehren, warum dies wohl so ist. Auch der Bock war kein gewöhnliches Tier gewesen, sondern ein magisches, d. h. eines mit einer unbewußten Nebenbedeutung. Hiawatha hatte sich Handschuhe und Moccasons (Schuhe) aus dessen Leder gefertigt: die Handschuhe gaben ihm eine solche Kraft in den Armen, daß er Felsen zu Staub zerreiben konnte, und die Moccasons hatten die Tugend der Siebenmeilenstiefel. Dadurch, daß er sich in die Haut des Bockes hüllte, ist er also eigentlich ein Riese geworden. Dieses Motiv verrät, zusammen mit dem Tod des Tieres an der Furt[2]), am Wasser, daß es sich um die Eltern handelt, deren Riesenhaftigkeit gegenüber dem Kind für das Unbewußte von großer Bedeutung ist. (Das „Riesenspielzeug" eine Wunschumkehrung der infantilen Phantasie. Traum eines 11jährigen Mädchens: „Ich bin so groß wie ein Kirchturm; da kommt ein Polizist; ich sage zu ihm: Wenn du noch eine Bemerkung machst, schlage ich dir den Kopf herunter." Der „Polizist" bezog sich, wie die Analyse ergab, auf den Vater, dessen „Riesenhaftigkeit" durch die Kirchturmhöhe überkompensiert wird.) Bei mexikanischen Menschenopfern hatten Verbrecher die Götter darzustellen, sie wurden dann geschlachtet, abgehäutet, und die Korybanten verkleideten sich in die blutigen Hüllen, um die Auferstehung der Götter zu veranschaulichen[3]). (Häutung der Schlangen als Wiederverjüngungssymbol.)

Hiawatha hat also die Eltern überwunden, und zwar in erster Linie die Mutter (obschon in der Gestalt eines männlichen Tieres, vgl. den Bären des Mudjekeewis), daher stammt seine Riesenkraft. Er hat die Haut der Eltern angezogen und ist nun selber ein großer Mann geworden. Nun zog er aus zum ersten großen Kampfe, und zwar zum Kampfe mit — dem Vater Mudjekeewis, um seine tote Mutter Wenonah zu rächen. Unter dieser Redefigur verbirgt sich natürlich der Gedanke, daß er den Vater erschlägt, um sich der Mutter zu bemächtigen. (Vgl.

[1]) Auch die Drachen der griechischen (und schweizerischen) Sagen wohnen in oder bei Quellen oder sonstigen Gewässern, deren Hüter sie öfter sind.

[2]) Wo man den Fluß durchwaten kann, vgl. oben die Besprechung des Um- und Verschlingungsmotivs. Das Wasser als Hindernis in Träumen scheint auf die Mutter hinzudeuten, Sehnsucht nach der Mutter statt positiver Arbeit. Das Überkreuzen von Wasser = Überwindung des Widerstandes, d. h. der Mutter als Symbol der Sehnsucht nach der schlaf- oder todähnlichen Untätigkeit.

[3]) Vgl. auch den attischen Gebrauch des Stierausstopfens im Frühling, die Gebräuche der Luperkalien, Saturnalien usw. Ich habe diesem Motiv eine separate Untersuchung gewidmet. Ich verzichte daher auf weitere Belege.

Gilgameshs Kampf mit dem Riesen Chumbaba und nachherige Eroberung der Ishtar.) Der Vater stellt natürlich, psychologisch verstanden, bloß die Personifikation des Inzestverbotes, d. h. den Widerstand, der die Mutter verteidigt, dar: Statt des Vaters kann es also auch irgend ein Angsttier sein (der große Bär, die Schlange, der Drache usw.), das bekämpft und überwunden werden muß. Der Held ist ein Held, weil er in jeglicher Schwierigkeit des Lebens den Widerstand gegen das verbotene Gut sieht und diesen Widerstand bekämpft mit jener ganzen Sehnsucht, die nach der schwer- oder unerreichbaren Kostbarkeit strebt, welche den gewöhnlichen Menschen lähmt und tötet.

Hiawathas Vater ist Mudjekeewis, der Westwind: Der Kampf findet also im Westen statt. Von dort her kam das Leben (Befruchtung der Wenonah), von dort kam auch der Tod (Tod der Wenonah). Hiawatha kämpft also den typischen Heldenkampf um die Wiedergeburt im Westmeer, den Kampf mit der verschlingenden, furchtbaren Mutter, diesmal in Gestalt des Vaters. Mudjekeewis, der selber einstmals durch die Überwindung des Bären göttliche Natur erwarb, wird jetzt selber vom Sohn überwunden:

„Back retreated Mudjekeewis,
Rushing westward o'er the mountains,
Stumbling westward down the mountains,
Three whole days retreated fighting
Still pursued by Hiawatha
To the doorways of the West-Wind,
To the portals of the Sunset
To the earth's remotest border,
Where into the empty spaces
Sinks the sun, as a flamingo
Drops into her nest at nightfall."

Die drei Tage sind eine stereotype Form für das Verweilen im „Nachtmeergefängnis" (21. bis 24. Dezember), auch Christus verweilt drei Tage in der Unterwelt. Bei diesem Ringkampf im Westen wird vom Helden jeweils die schwererreichbare Kostbarkeit erobert: In diesem Fall muß der Vater dem Sohne ein großes Zugeständnis machen, er gibt ihm göttliche Natur[1]), und zwar dieselbe Windnatur, deren Unsterblichkeit allein Mudjekeewis vor dem Tode geschützt hat. Er sagt zum Sohne:

---

[1]) Im Gilgameshepos ist es naiver gesagt, es ist die Unsterblichkeit, die sich der Held holen möchte.

„J will share my kingdom with you,
Ruler shall you be thenceforward
Of the Northwest-Wind, Keewaydin,
Of the home-wind, the Keewaydin.“

Daß nun Hiawatha Herr des Heimatwindes wird, hat seine genaue Parallele im Gilgameshepos, wo Gilgamesh von dem weisen alten Utnapishtim, der im Westen wohnt, schließlich das Zauberkraut erhält, das ihn heil wieder übers Meer in die Heimat zurückbringt; das ihm aber, zu Hause angelangt, eine Schlange wieder raubt.

Wenn einer den Vater erschlagen hat, dann kann er sich dessen Weibes bemächtigen, und wenn einer die Mutter überwunden hat, kann er selber freien.

Auf der Heimfahrt hält Hiawatha an beim geschickten Pfeilmacher, der eine liebliche Tochter besitzt:

„And he named her from the river,
From the water-fall he named her,
Minnehaha, Laughingh Water.“

Als Hiawatha in frühester Kindheit, träumend, die Geräusche von Wasser und Wind an sein Ohr dringen fühlte, erkannte er in den Lauten der Natur die Sprache der Mutter wieder. „Minnewawa“ sagten die säuselnden Fichten an Gestade des großen Sees. Und über das Säuseln des Windes und das Geplätscher des Wassers findet er früheste Kindheitsträume wieder im Weibe, in „Minnehaha“, dem lachenden Wasser. Auch der Held, er sogar vor allen anderen, findet im Weibe die Mutter wieder, um endlich wieder Kind werden zu können, um endlich das Rätsel der Unsterblichkeit zu lösen.

Die Tatsache, daß der Vater von Minnehaha ein geschickter Pfeilmacher ist, verrät ihn als den Vater des Helden (und das Weib, das er bei sich hat, als Mutter). Der Vater des Helden ist sehr oft ein geschickter Zimmermann oder ein sonstiger Künstler. Nach einer arabischen Legende soll Tare[1]), der Vater Abrahams, ein geschickter Werkmeister gewesen sein, der aus jedem Holze Bolzen zu schnitzen verstand, d. h. er war nach arabischem Sprachgebrauch ein Erzeuger trefflicher Söhne[2]). Außerdem war er Verfertiger von Götterbildern. Tvashtar, der Vater Agnis, ist der Weltbildner, ein Schmied und Zimmer-

---

[1]) Sepp: Das Heidentum und dessen Bedeutung für das Christentum. III, 82, zitiert Drews, Christusmythe, I, S. 78.

[2]) Vgl. oben: Pfeilsymbolik.

mann, der Erfinder des Feuerbohrens. Josef, der Vater Christi, war ebenfalls Zimmermann, ebenso Kinyras, der Vater des Adonis, er soll Hammer, Hebel, Dach und Bergbau erfunden haben. Ebenso ist der Vater des vielgestaltigen Hermes ein kunstreicher Werkmeister und Bildner, Hephaestos (neben Zeus). Im Märchen ist der Heldenvater bescheidenerweise der traditionelle Holzhauer. Diese Vorstellungen waren auch im Osiriskult lebendig. Dort wurde das Gottesbild aus einem Baumstamm ausgehauen und dann in die Höhlung des Baumes hineingestellt. (Frazer: Golden Bough, part. IV.) Im Rigveda wird auch die Welt aus einem Baume ausgehauen vom Weltbildner. Der Gedanke, daß der Held sein eigener Erzeuger sei[1]), führt dann dazu, daß ihm die väterlichen Attribute auch zukommen und umgekehrt die Heldenattribute dem Vater. Bei Mâuî ist eine schöne Vereinigung der Motive vorhanden. Er tut seine großen Taten als Religionsstifter, verbirgt sich jahrelang in einer Höhle, stirbt, wird geschunden, ausgestopft und aufgehängt (Held), daneben ist er ein Künstler und hat einen verkrüppelten Fuß. Eine ähnliche Vereinigung der Motive findet sich bei Wieland dem Schmied.

Was Hiawatha beim alten Pfeilmacher gesehen, verschwieg er bei seiner Heimkehr der alten Nokomis, auch tut er nichts weiteres, um Minnehaha zu gewinnen. Und nun geschah etwas, das, wenn es nicht in einem indianischen Epos stünde, man eher in der Anamnese einer Neurose aufsucht: Hiawatha introvertiert seine Libido, d. h. er verfällt in einen äußersten Widerstand gegen die „reale Sexualforderung" (Freud), er baut sich im Wald eine Hütte, um darin zu fasten und Träume und Visionen zu erleben. An den ersten drei Tagen wanderte er, wie einst in der frühesten Jugend, durch den Wald und sah alle Tiere und Pflanzen an:

„Master of Life! he cried, desponding,
Must our lives depend on these things?"

Die Frage, ob das Leben von „diesen Dingen" abhängen müsse, ist sehr sonderbar. Sie klingt, wie wenn das Leben aus diesen Dingen, d. h. aus der Natur überhaupt, herstamme. Die Natur scheint plötzlich eine ganz sonderbare Bedeutung angenommen zu haben. Dieses Phänomen kann nur dadurch erklärt werden, daß ein großer Libidobetrag

[1]) Dieser Gedanke ist allgemein organisiert in der Präexistenzlehre. So ist man auf jeden Fall sein eigener Erzeuger, unsterblich und ein Held, womit die höchsten Wünsche erfüllt sind.

aufgestaut wurde und nun auf die Natur abgegeben wird. So werden ja bekanntlich die Menschen, auch sonst ganz stumpfe und trockene Gemüter, im Liebesfrühling plötzlich naturempfindend und machen sogar Gedichte über sie. Wir wissen aber, daß eine von einem aktuellen Übertragungsweg abgesperrte Libido immer auf einen früheren Übertragungsweg regrediert. Minnehaha, das lachende Wasser, ist eine zu deutliche Anspielung auf die Mutter, als daß das heimliche Sehnen des Helden nach der Mutter nicht mächtig dadurch berührt würde. Er geht daher, ohne etwas unternommen zu haben, heim zu Nokomis, aber auch dort treibt es ihn weg, denn dort steht ihm schon Minnehaha im Wege.

Er wendet sich daher noch weiter weg, in jene frühe Jugendzeit, deren Töne ihm Minnehaha übermächtig wieder ins Gedächtnis rief, wo er die Mutterlaute in den Lauten der Natur hören lernte. In dieser ganz besonderen Belebung des Natureindruckes erkennen wir ein Zurückkommen jener frühesten und stärksten Natureindrücke, die noch zunächst standen den später ausgelöschten, noch stärkeren Eindrücken, die das Kind von der Mutter empfing. Der Glanz ihres Gefühles wird übertragen auf andere Gegenstände der kindlichen Umgebung (Vaterhaus, Spielsachen usw.), von denen dann später jene magisch-seligen Gefühle ausgehen, wie sie frühesten Kindheitserinnerungen eigentümlich zu sein scheinen. Wenn sich daher Hiawatha wieder im Schoße der Natur birgt, so ist das wohl der Mutterschoß, und es ist zu erwarten, daß er wiederum in irgend einer Form neugeboren hervorgehen wird.

Bevor wir uns dieser aus der Introversion hervorgehenden neuen Schöpfung zuwenden, ist noch einer zweiten Bedeutung der obigen Frage, ob das Leben von „diesen Dingen" abhängen müsse, zu gedenken. Das Leben kann auch von diesen Dingen in der Weise abhängen, daß sie zur Ernährung dienen. In diesem Fall müßten wir folgern, daß dem Helden plötzlich die Ernährungsfrage sehr am Herzen liege. (Diese Möglichkeit wird sich im folgenden durchaus bestätigen.) Die Frage der Ernährung kommt allerdings sehr in Betracht. Erstens, indem das Zurückgehen zur Mutter notwendigerweise jenen besonderen Übertragungsweg, nämlich den der Ernährung durch die Mutter, wieder rege macht. Sobald die Libido auf vorsexuelle Stufe regrediert, dann können wir erwarten, die Ernährungsfunktion und deren Symbole an Stelle der Sexualfunktion gesetzt zu sehen. Daher stammt eine wesentliche Wurzel der Verlegung von unten nach oben (Freud), indem auf vorsexueller Stufe die Hauptbedeutung nicht das Genitale, sondern der Mund hat. Zweitens, indem der Held ja fastet, wodurch der Hunger überwiegend wird. Das Fasten wird bekanntlich angewendet zur Beschwichtigung der Sexualität, auch drückt es symbolisch den Widerstand gegen die Sexualität aus, übersetzt in die Sprache der vorsexuellen Stufe. Am vierten Tage seines Fastens läßt der Held ab, sich an die Natur zu wenden, er liegt erschöpft mit halbgeschlossenen Augen auf seinem Lager, tief in seine Träume versunken, das Bild äußerster Introversion.

Wir haben bereits gesehen, daß in solchen Zuständen an Stelle äußeren Lebens und äußerer Realität ein inneres infantilgeformtes Realitätsäquivalent auftritt. Dies ist auch bei Hiawatha der Fall:

„And he saw a youth approaching,
Dressed in garments green and and yellow,
Coming through the purple twilight,
Through the splendor of the sunset;
Plumes of green bend o'er his forehead,
And his hair was soft and golden."

Diese merkwürdige Erscheinung gibt sich Hiawatha folgendermaßen zu erkennen:

„From the Master of Life descending,
I, the friend of man, Mondamin,
Come to warn you and instruct you,
How by struggle and by labor
You shall gain what you have prayed for.
Rise up from your bed of branches,
Rise, o youth, and wrestle with me!"

Mondamin ist der Mais; ein Gott, der gegessen wird, entsteht aus der Introversion Hiawathas. Sein Hunger in doppeltem Sinne, seine Sehnsucht nach der ernährenden Mutter gebiert aus seiner Seele einen andern Helden, den eßbaren Mais, den Sohn der Erdmutter. Daher er auch wiederum entsteht im Sonnenuntergang als dem Symbol des Eingehens in die Mutter. Und in der Röte des Sonnenunterganges (im Westlande) hebt wieder der mythische Kampf an mit dem selbstgeschaffenen Gotte, der ganz aus Sehnsucht nach der ernährenden Mutter geworden ist. Der Kampf ist wiederum Kampf um Befreiung von dieser tötenden und doch gebärenden Sehnsucht. Mondamin ist also soviel wie die Mutter und der Kampf mit ihm die Überwältigung und Befruchtung der Mutter. Diese Deutung wird durchaus bestätigt durch eine Mythe der Cherokees, „who invoke it (the maize) under the name of ‚The old woman' in allusion to a myth that it sprang from the blood of an old woman killed by her disobedient sons"[1]).

„Faint with famine, Hiawatha
Started from his bed of branches,
From the twilight of his wigwam
Forth into the flush of sunset
Came, and wrestled with Mondamin;
At his touch he felt new courage
Throbbing in his brain and bosom,
Felt new life and hope and vigor
Run through every nerve and fibre."

Der Kampf im Sonnenuntergang mit dem Maisgott gibt Hiawatha neue Kräfte: so muß es wohl sein, denn der Kampf gegen die lähmende Sehnsucht nach der Mutter, nach der eigenen Tiefe, gibt dem Menschen schöpferische Kräfte. Dort ist ja die Quelle aller Schöpfung, aber es braucht Heroenmut, um gegen diese Gewalten zu kämpfen und ihnen die schwer erreichbare Kostbarkeit abzuringen. Wem es glückt, der hat allerdings das Beste erreicht. Hiawatha ringt mit sich selber um seine Schöpfung[2]). Der Kampf dauert wiederum die mythischen drei Tage. Am vierten Tage, wie Mondamin auch prophezeit hat, überwindet ihn Hiawatha, und Mondamin sinkt entseelt zu Boden. Wie Mondamin es vorher gewünscht, gräbt ihm Hiawatha das Grab in der mütterlichen Erde. Und bald darauf wächst aus seinem Grabe, jung und frisch, der Mais zur Ernährung der Menschen.

Was den Gedanken dieses Stückes betrifft, so haben wir darin eine schöne Parallele zum Mysterium des Mithras, wo zuerst der Kampf des Helden mit seinem Stier erfolgt, darauf trägt Mithras im „transitus" den Stier in die ‚Höhle', wo er ihn tötet. Aus diesem Tode wächst alle Fruchtbarkeit, in erster Linie alles Eßbare[3]). (Vgl. oben.) Die Höhle entspricht dem Grabe. Der gleiche Gedanke ist ja auch im

[1]) Frazer: Gold. Bough. IV, 297.

[2]) „Du suchtest die schwerste Last, da fandest du dich!" (Nietzsche).

[3]) Es ist eine, sozusagen ständige Eigentümlichkeit, daß im Walfischdrachenmythus der Held im Bauche des Ungeheuers sehr hungrig ist und anfängt, sich Stücke vom Tiere abzuschneiden, um sich damit zu nähren. Er befindet sich eben in der nährenden Mutter „auf vorsexueller Stufe". Seine nächste Tat ist, um sich zu befreien, daß er Feuer macht. In einem Mythus der Eskimos an der Behringstraße findet der Held im Walfisch ein Weib, die Seele des Tieres, die weiblich ist. (l. c., S. 85.) (Vgl. Frobenius: l. c. passim.)

christlichen Mysterium, allerdings zum Teil in schöneren menschlichen Formen dargestellt. Der seelische Kampf Christi in Gethsemane, wo er mit sich selber ringt, um sein Werk zu vollenden, dann der „transitus", die Kreuztragung[1]), wo er das Symbol der tötenden Mutter auf sich nimmt und damit sich selber zum Opfergrabe trägt, aus dem er nach drei Tagen triumphierend aufersteht; all diese Bilder drücken denselben Grundgedanken aus. Auch die Symbole des Essens fehlen im christlichen Mysterium nicht: Christus ist ein Gott, der im Abendmahl gegessen wird. Sein Tod verwandelt ihn in Brot und Wein, die wir, seiner großen Tat dankbar gedenkend, genießen[2]). Die Beziehungen von Agni zum Somatrank und die des Dionysos zum Wein[3]) dürften hier nicht unerwähnt bleiben. Eine deutliche Parallele ist die Erwürgung des Löwen durch Simson und die nachherige Besiedelung des toten Löwen durch Honigbienen, was zu dem bekannten Rätselspruch

---

[1]) Das Baumtragen (die *θαλλοφορία*) spielte auch, wie aus einer Notiz bei Strabo X hervorgeht, im Kult des Dionysos und der Ceres (Demeter) eine große Rolle.

[2]) Ein Pyramidentext, der von der Ankunft des toten Pharao im Himmel handelt, schildert, wie sich der Pharao der Götter bemächtigt, um selber göttlicher Natur, zum Herrn der Götter zu werden: „Seine Diener haben die Götter mit der Wurfleine gefangen, haben sie gut befunden und herbeigeschleppt, haben sie gebunden, ihnen die Kehle durchgeschnitten und ihre Eingeweide herausgenommen, haben sie zerteilt und in heißen Kesseln gekocht. Und der König verzehrt ihre Kraft und ißt ihre Seelen. Die großen Götter bilden sein Frühstück, die mittlern bilden sein Mittagessen, die kleinen bilden sein Abendessen. — Der König verzehrt alles, was ihm in den Weg kommt. Gierig verschlingt er alles und seine Zauberkraft wird größer als alle Zauberkraft. Er wird ein Erbe der Macht, größer als alle Erben, er wird der Herr des Himmels, er aß alle Kronen und alle Armbänder, er aß die Weisheit jedes Gottes" usw. (Wiedemann: Der alte Orient, II, 2, 1900, S. 18. Zitiert Dieterich: l. c., S. 101.) Dieses unmögliche Fressen, diese Bulimie schildert trefflich die Sexuallibido in Regression auf vorsexueller Stufe, wo die Mutter (die Götter) nicht das Sexual-, sondern das Hungerobjekt ist.

[3]) Die sakramentale Opferung des Dionysos-Zagreus und das Essen des Opferfleisches erzeugte den *νέος Διόνυσος*, die Auferstehung des Gottes, wie aus dem bei Dieterich (l. c., S. 105) zitierten Kreterfragment des Euripides deutlich hervorgeht:

„ἁγνὸν δὲ βίον τείνων, ἐξ οὗ
Διὸς Ἰδαίου μύστης γενόμην
καὶ νυκτιπόλου Ζαγρέως βούτας
τοὺς ὠμοφάγους δαίτας τελέσας."

Durch das Essen des rohen Fleisches des Opfertieres nahmen die Mysten, der Kultlegende entsprechend, den Gott in sich auf.

führte: „Speise ging von dem Fresser und Süßigkeit von dem Starken[1])". Auch in den Eleusinischen Mysterien scheinen diese Gedanken eine Rolle gespielt zu haben. Außer Demeter und Persephone ist Iakchos ein Hauptgott des eleusinischen Kultes; er war der puer aeternus, der ewig junge, den Ovid (Met. 1, IV, 18 ff.) folgendermaßen anruft:

„Tu puer aeternus, tu formosissimus alto
Conspiceris coelo tibi, cum sine cornibus astas,
Virgineum caput est, etc."

Im großen eleusinischen Festzug wurde des Iakchos Bild vorangetragen. Es ist nicht leicht zu sagen, welcher Gott Iakchos sei, wohl ein Knabe oder ein neugeborener Sohn, vergleichbar dem etrurischen Tages, der den Zunamen „der frischausgeackerte Knabe" führt, da er nach der Sage aus der Ackerfurche hinter dem Bauer, der den Pflug durchzog, entstanden sei. Dieses Bild zeigt unverkennbar das Mondaminmotiv: Der Pflug ist von bekannter phallischer Bedeutung, die Ackerfurche ist im Indischen als Weib personifiziert. Die Psychologie dieses Bildes ist ein auf vorsexuelle Stufe (Ernährungsstufe) zurückversetzter Koitus; der Sohn ist die eßbare Ackerfrucht. Iakchos geht teils als Sohn der Demeter oder der Persephone, ebenso als Gemahl der Demeter passenderweise. (Held als sein eigener Erzeuger.) Er heißt auch *τῆς Δήμητρος δαίμων* (*Δαίμων* = Libido, also Mutterlibido). Er wurde mit Dionysos, besonders mit dem thrakischen Dionysos-Zagreus identifiziert, dem ein typisches Wiedergeburtsschicksal nachgesagt wird: Hera hatte die Titanen aufgestachelt gegen Zagreus, der, in viele Gestalten sich verwandelnd, ihnen zu entkommen suchte, bis sie ihn schließlich erreichten, als er Stiergestalt angenommen hatte. In dieser Gestalt töteten (Mithrasopfer) und zerstückelten sie ihn und warfen die Stücke in einen Kochkessel, aber Zeus tötete die Titanen mit dem Blitz und verschluckte das noch zuckende Herz des Zagreus. Durch diesen Akt gab er ihm wieder das Dasein und Zagreus trat als Iakchos wieder an den Tag.

Iakchos trägt die Fackel, das phallische Symbol der Zeugung, wie Plato (de leg. 6, 776) bezeugt. Im Festzug wurde auch die Getreideschwinge, die Wiege des Iakchos mitgeführt (*λῖκνον*, mystica vannus Iacchi). Der orphischen Legende nach[2]) wurde Iakchos bei Persephone aufgezogen, wo er nach 3jährigem Schlummer im *λῖκνον*

[1]) Richter 14, 14.

[2]) Orph. Hymn. 46. Vgl. Roscher: Lex. S. Iakchos.

erwachte. Diese Angabe weist deutlich auf unser Mondaminmotiv hin. Der 20. Boedromion (der Monat Boedromion dauerte zirka vom 5. September bis 5. Oktober) hieß dem Heros zu Ehren Iakchos. Am Abend dieses Tages fand am Meeresufer das große Fakelfest statt, wobei das Suchen und das Klagen der Demeter aufgeführt wurde. Die Rolle der Demeter, die, ohne Speise und Trank zu genießen, auf der ganzen Erde, ihre Tochter suchend, herumirrt, hat Hiawatha im indianischen Epos übernommen; er wendet sich auch an alle Geschöpfe, ohne Antwort zu bekommen. Wie Demeter erst bei der unterirdischen Hekate von ihrer Tochter erfährt, so findet auch Hiawatha erst in tiefster Introversion (Abstieg zu den Müttern) das Gesuchte, den Mondamin[1]). Hiawatha erzeugt wie eine Mutter den Sohn Mondamin aus sich selber. Die Sehnsucht nach der Mutter ist auch gebärende Mutter (zuerst verschlingend, dann gebärend). Über den eigentlichen Inhalt der Mysterien erfahren wir durch das Zeugnis des Bischof Asterius (um 390 p. Chr. n.) folgendes: „Ist dort (in Eleusis) nicht der finstere Abstieg und das feierliche Zusammensein des Hierophanten und der Priesterin, zwischen ihm und ihr allein? werden nicht die Fackeln ausgelöscht, und hält nicht die unzählbare Menge für ihr Heil, was in der Finsternis von den beiden vollzogen wird[2])?" Das deutet unzweifelhaft auf eine Hierosgamosfeier, die unterirdisch, in der Mutter Erde, gefeiert wurde. Die Priesterin der Demeter scheint dabei die Vertreterin der Erdgöttin zu sein, also etwa die Ackerfurche[3]). Der Abstieg in das Erdinnere ist auch Mutterleibsymbolik und war als Höhlenkult weitverbreitet. Plutarch erzählt von den Magiern, daß sie dem Ahriman opferten *εἰς τόπον ἀνήλιον*. Lukian läßt den Magier Mithrobarzanes *εἰς χωρίον ἔρημον καὶ ὑλῶδες καὶ ἀνήλιον* hinuntersteigen. Nach dem Zeugnis des Moses von Khoren verehrte man in Armenien Schwester Feuer und Bruder Quelle in einer Höhle. Julian (Or. V) berichtet aus der Attislegende eine *κατάβασις εἰς ἄντρον*,

[1]) Eine genaue Parallele hierzu ist die japanische Mythe von Izanagi, der seiner toten Gattin in die Unterwelt folgend, sie bittet, zurückzukehren. Sie ist bereit, bittet ihn aber: „Mögest du nicht auf mich blicken!" Izanagi entzündet dann mit seinem Kamm, d. h. mit einem männlichen Balken desselben (feuerbohrender Phallus), Licht und verliert so seine Gattin. (Frobenius: l. c., S. 343.) Für Gattin ist Mutter zu setzen. Anstatt der Mutter bringt der Held das Feuer, Hiawatha den Mais, Odin die Runen, als er qualvoll am Baume hing.

[2]) Zitiert De Jong: Das antike Mysterienwesen. Leiden, 1910, S. 22.

[3]) Ein Sohngeliebter aus dem Demetermythus ist Iasion, der die Demeter auf dreimal geackertem Saatfeld umarmt. (Brautlager auf dem Acker.) Iasion wurde dafür von Zeus mit dem Blitz erschlagen. (Ovid. Metam. IX.)

24*

von wo Kybele ihren Sohngeliebten wieder heraufholt, d. h. gebiert[1]). Die Geburtshöhle Christi in Bethlehem („Haus des Brotes") soll ein Attisspelaeum gewesen sein.

Eine weitere Symbolik der Eleusinien gehört in die Hierosgamosfeier, nämlich die mystischen Kisten, die nach dem Zeugnis des Clemens von Alexandrien Backwerk, Salzspenden und Früchte enthalten haben sollen. Das von Clemens überlieferte Synthema (Bekenntnis) des Mysten aber weist noch auf anderes hin:

„Ich habe gefastet, ich habe den Kykeon getrunken, ich habe aus der Kiste genommen und nachdem ich gearbeitet, habe ich es in den Korb zurückgelegt uud aus dem Korb in die Kiste[2])." Die Frage, was in der Kiste lag, beleuchtet Dieterich[3]) des näheren. Das „Arbeiten" bezieht er auf eine phallische Tätigkeit, die der Myste vorzunehmen hatte. Tatsächlich gibt es Darstellungen des mystischen Korbes, wo, umgeben von Früchten, ein Phallus drin liegt[4]). Auf der sogenannten Lovatellinischen Grabvase, deren Reliefbilder als eleusinische Zeremonien aufgefaßt werden, ist dargestellt, wie ein Myste die um Demeter sich windende Schlange liebkost. Die Liebkosung des Angsttieres deutet auf die kultische Inzestüberwindung[5]). Nach dem Zeugnis des Clemens von Alexandrien war auch in der mystischen Lade eine Schlange[6]). Diese Schlange ist natürlich in diesem Zusammenhang phallischer Natur (der der Mutter gegenüber verbotene Phallus) Rohde (Hermes XXI, 124) erwähnt, daß bei den Arrhetophorien Backwerk in Form von Phalli und Schlangen in den Schlund beim Thesmophorion geworfen wurde; die Feier betraf Kinder- und Erntesegen[7]). So spielte auch die Schlange

[1]) Siehe Cumont: Text. et Mon., I, S. 56.

[2]) *„Ἐνήστευσα, ἔπιον τὸν κυκεῶνα, ἔλαβον ἐκ κίστης, ἐργασάμενος ἀπεθέμην εἰς κάλαθον καὶ ἐκ καλάθου εἰς κίστην."* Statt *ἐργασάμενος* wird auf Lobecks Vorschlag *ἐγγευσάμενος* „nachdem ich gekostet", gelesen. Dieterich: Mithraslit., S. 125, hält aber am überlieferten Textlaut fest.

[3]) Mithraslit., S. 123 ff.

[4]) Z. B. auf einem Campanarelief bei Lovatelli (Antichi monumenti, Roma, 1889, I, IV, Fig. 5. Ähnlich hat der Veroneser Priap einen Korb mit Phalli gefüllt.

[5]) Vgl. Grimm: II, IV, S. 899: Durch Liebkosung respektive Küssen des Drachens oder der Schlange wird das Angsttier in ein schönes Weib verwandelt, das sich der Held auf diese Weise gewinnt.

[6]) De Jong: l. c., S. 21.

[7]) Die Mutter, die Erde, ist die nahrungsspendende. Die Mutter steht auf vorsexueller Stufe in dieser Bedeutung. Daher St. Dominikus von den Brüsten

in den Einweihungen eine große Rolle unter dem bemerkenswerten Titel: *ὁ διὰ κόλπου θεός* (der Gott durch Vagina oder Busen). Clemens[1]) erwähnt, das Symbol der Sabaziosmysterien sei: *ὁ διὰ κόλπων θεός, δράκων δέ ἐστι καὶ οὗτος διελκόμενος τοῦ κόλπου τῶν τελουμένων*. Ebenso erfahren wir durch Arnobius[2]) folgendes: „aureus coluber in sinum demittitur consecratis et eximitur rursus ab inferioribus partibus atque imis." Im orphischen Hymnus 52 wird Bakcheus angerufen: *ὑποκόλπιε*, was darauf hinweist, daß der Gott (die Libido) in den Menschen eintritt wie durch ein weibliches Genitale[3]). Nach dem Zeugnis des Hippolyt[4]) rief der Hierophant im Mysterium: *ἱερὸν ἔτεκε πότνια κοῦρον, Βριμὼ βριμόν*. („Einen heiligen Knaben hat die Erhabene geboren, Brimo den Brimos.") Dieses Weihnachtsevangelium („Euch ist heute ein Sohn geboren") wird ganz besonders beleuchtet durch die Überlieferung[5]), daß die Athener „den an der Epoptie Beteiligten das große und wunderbare und vollkommenste epoptische Geheimnis im Stillen zeigen — eine gemähte Ähre"[6]).

Die Parallele zum Motiv des Sterbens und Auferstehens ist das Motiv des Verlorengehens und Wiederfindens. Das Motiv tritt kultisch auch genau an derselben Stelle auf, nämlich in hierosgamosähnlichen Frühlingsfeiern, wobei das Götterbild versteckt und wiederaufgefunden wurde. Es ist eine außerkanonische Tradition, daß Moses als Zwölfjähriger das Vaterhaus verlassen habe, um die Menschen zu lehren. In ähnlicher Weise geht auch Christus den Eltern verloren, und sie finden ihn wieder als Weisheitslehrer; wie in der mohammedanischen Legende Moses und Josua den Fisch verlieren und an seiner Statt den Weisheitslehrer

der Gottesmutter gelabt wird. Das Sonnenweib der Namaqua besteht aus Speck. Vgl. dazu die Größenideen meiner Patientin, welche versicherte: „Ich bin Germania und Helvetia aus ausschließlich süßer Butter." (Psych. d. Dem. praec.)

[1]) Ref. omn. haeret., V, 8. Zitiert Roscher: Lex. II, 1, 2, 24.

[2]) Zitiert Dieterich, l. c., S. 123.

[3]) Vgl. die Bilder bei Nietzsche: „eingebohrt, im eigenen Schachte" usw. In einem Gebete an Hermes in einem Londoner Papyrus heißt es: *ἐλθέ μοι, κύριε Ἑρμῆ, ὡς τὰ βρέφη εἰς τὰς κοιλίας τῶν γυναικῶν*. Kenyon: Greek Papyr. in the Brit. Mus., 1893, S. 116, Pap. CXXII, Z. 2 ff. Zitiert Dieterich: l. c., S. 97.

[4]) Zitiert Dieterich: l. c., S. 123.

[5]) Vgl. De Jong: l. c., S. 22.

[6]) Der typische Korngott des Altertums war Adonis, dessen Sterben und Wiedererstehen jährlich gefeiert wurde. Er war der Sohngeliebte der Mutter, denn das Korn ist der Sohn und Befruchter des Erdschoßes, wie Robertson Evang. Myth. p. 36 sehr richtig bemerkt.

Chidher (der Jesusknabe im Tempel) erscheint, so taucht auch der verloren und tot geglaubte Korngott in neuer Jugend plötzlich aus der Mutter auf. (Daß Christos in die Krippe gelegt wird, deutet auf das Futter. Robertson setzt daher die Krippe dem Liknon parallel. Evang. Myth. S. 46.)

Wir verstehen aus diesen Berichten auch, wie die eleusinischen Mysterien so trostreich für die Jenseitshoffnungen des Mysten waren, wie ein schönes eleusinisches Epitaph uns zeigt:

„Wahrlich, ein schönes Geheimnis verkünden die seligen Götter!
Sterblichen nicht ist ein Fluch, sondern ein Segen der Tod!"

Dasselbe sagt auch der Demeterhymnus[1]) von den Mysterien:

„Selig, wer diese geschaut hat, der erdbewohnenden Menschen!
Wer an den Handlungen aber, den heiligen, nicht sich beteiligt,
Ungleiches Los hat er auch in des Todes umnebelndem Dunkel!"

Dem eleusinischen Symbol wohnt Unsterblichkeit inne: in einem Kirchenliede des 19. Jahrhunderts von Samuel Preiswerk finden wir es wieder:

„Die Sach' ist dein, Herr Jesu Christ,
Die Sach', an der wir stehn;
Und weil es deine Sache ist,
Kann sie nicht untergehn.
Allein das Weizenkorn, bevor
Es fruchtbar sproßt zum Licht empor,
Muß sterben in der Erde Schoß,
Zuvor vom eignen Wesen los.

Du gingst, o Jesu, unser Haupt,
Durch Leiden himmelan,
Und führest jeden, der da glaubt,
Mit dir die gleiche Bahn.
Wohlan, so führ uns allzugleich
Zum Teil am Leiden und am Reich;
Führ uns durch deines Todes Tor
Samt deiner Sach' zum Licht empor."

Firmicus (de err. prof. rel. XXII, I, p. 111) berichtet aus dem Attismysterium: nocte quadam simulacrum in lectica supinum ponitur et per numeros digestis fletibus plangitur; deinde cum se ficta lamentatione satiaverint, lumen infertur: tunc a sacerdote omnium qui flebant

[1]) De Jong: l. c., S. 14.

fauces unguentur, quibus perunctis sacerdos hoc lento murmure susurrat: *Θαρρεῖτε μύσται τοῦ θεοῦ σεσωσμένου· ἔσται γὰρ ἡμῖν ἐκ πόνων σωτηρία.*

Das sogenannte Hl. Grab in S. Stefano zu Bologna.

Derartige Parallelen zeigen, wie wenig Menschlich-Persönliches und wieviel Göttliches, d. h. Allgemein-Menschliches am Christusmysterium ist. Kein Mensch ist oder war je ein Heros, denn der Heros ist ein Gott und daher unpersönlich und allgemein gültig. Christus ist ein „Geist", wie frühchristliche Interpretation aus erster Hand lautet. An vielerlei Stellen der Erde und in mannigfaltigster Form und Zeitfärbung tritt der Heiland-Heros auf als eine Frucht des Eingehens

Matuta, eine etruskische Pietà.

der Libido in die eigene mütterliche Tiefe. Die auf dem Stuckrelief des Farnesina dargestellten bakchischen Weihen enthalten eine Szene, wo ein Myste, verhüllt durch den über den Kopf gezogenen Mantel, zu Silen geführt wird, der das mit einem Tuch bedeckte λῖκνον hält.

Die Verhüllung des Hauptes bedeutet Tod. Der Myste stirbt figürlich wie das Saatkorn, wächst wieder empor und kommt in die Getreideschwinge. Proclus berichtet auch, daß die Mysten bis zum Halse begraben wurden. (Cf. Dieterich: l. c. S. 167.) Die christliche Kirche als Kultstätte ist wohl überhaupt nichts anderes als ein Heroengrab. (Katakomben.) Der Gläubige steigt in das Grab hinunter, um mit dem Heros zu auferstehen. Daß der der Kirche unterliegende Sinn der des Mutterleibes ist, kann kaum bezweifelt werden. Die Symbole der Messe sind zu deutlich, als daß man die Mythologie der heiligen Handlung nicht überall könnte hervorleuchten sehen; es ist Wiedergeburtszauber. Am deutlichsten ist wohl die Verehrung des Hl. Grabes in dieser Hinsicht. Ein treffendes Beispiel ist das Hl. Grab von S. Stefano in Bologna. Die Kirche selber, ein sehr alter vieleckiger Rundbau, besteht aus Resten eines Isistempels. Im Innern befindet sich ein künstliches Spelaeum, ein sog. Hl. Grab, in das man durch eine ganz kleine Tür hineinkriecht. Nach längerem Verweilen kommt der Gläubige wiedergeboren aus diesem Mutterleib heraus. Ein etruskisches Ossuarium im archäologischen Museum in Florenz ist zugleich Statue der Matuta, der Totengöttin, d. h. die Tonfigur der Göttin ist innen hohl zur Aufnahme der Asche. Die beigegebene Abbildung läßt erkennen, daß Matuta die Mutter ist. Ihr Sitz ist mit Sphinggen geziert, wie dies der Todesmutter zukommt.

Von den weiteren Taten Hiawathas können uns nur wenige interessieren; darunter findet sich im VIII. Gesang der Kampf mit Mishe-Nahma, dem Fischkönig; als typischer Sonnenheldenkampf verdient er erwähnt zu werden. Mishe-Nahma ist ein Fischungeheuer, das auf dem Grunde der Gewässer haust. Von Hiawatha zum Kampf herausgefordert, verschlingt es den Helden samt Schiff.

„In his wrath he darted upward,
Flashing leaped into the sunshine,
Opened his great jaws, and swallowed
Both canoe and Hiawatha.

Down into that darksome cavern
Plunged the headlong Hiawatha,
As a log on some black river
Shoots and plunges down the rapids,
Found himself in utter darkness,
Groped about in helpless wonder,
Till he felt a great heart beating,
Throbbing in that utter darkness.

And he smote it in his anger,
With his fist, the heart of Nahma,
Felt the mighty king of Fishes
Shudder through each nerve and fibre.
Crosswise then did Hiawatha
Drag his birch-canoe for safety,
Lest from out the jaws of Nahma,
In the turmoil and confusion,
Forth he might be hurled and perish."

Es ist der sozusagen über die ganze Welt verbreitete typische Mythus von der Tat des Helden. Er fährt zu Schiff, bekämpft das Meerungeheuer, wird verschluckt, stemmt sich gegen das Zerbissen- oder Zerdrücktwerden[1]) (Stemm- oder Stampfmotiv), sucht, im Innern des „Walfischdrachen" angelangt, das lebenswichtige Organ, das er abschneidet oder sonst zerstört. Öfter geschieht die Tötung des Monstrums dadurch, daß der Held heimlich **Feuer** macht im Innern, er erzeugt im Leibe des Todes heimlich das Leben, die aufgehende Sonne. Dadurch wird der Fisch getötet, treibt ans Land, wo mittels „Vogelhilfe" der Held wieder ans Tageslicht gelangt[2]). Der Vogel an dieser Stelle

[1]) Faust: „Wie Wolkenzüge schlingt sich das Getreibe,
Den Schlüssel schwinge! Halte sie vom Leibe!"

[2]) Ich erwähne hier als ein Beispiel für viele: Die polynesische Ratamythe (Zitiert bei Frobenius: l. c., S. 61—66.) „Unter günstigem Winde segelte das Boot behaglich über den Ozean hin, als Nganaoa eines Tages ausrief: „O Rata, hier ist ein fürchterlicher Feind, der aus dem Ozean emporsteigt!" Es war eine offene Muschel von riesigen Dimensionen. Die eine Schale war vor, die andere hinter dem Bote, und das Schiff lag direkt dazwischen. Im nächsten Augenblicke konnte die fürchterliche Muschel zusammenklappen und das Boot und sie alle in ihrem Maule zermalmen. Aber Nganaoa war auf diese Möglichkeit vorbereitet. Er ergriff seinen langen Speer und stieß ihn schnell in den Leib des Tieres, so daß das zweischalige Geschöpf, statt zuzuschnappen, sofort auf den Grund des Meeres hinabsank. Nachdem sie dieser Gefahr entronnen waren, setzten sie ihren Weg fort. Doch nach einiger Zeit war die Stimme des immer wachenden Nganaoa abermals zu hören: „O Rata, es taucht wieder ein fürchterlicher Feind aus den Tiefen des Ozeans hervor." Diesmal war es ein mächtiger Oktopus, dessen riesige Tentakeln das Boot schon umschlangen, um es zu zerstören. In diesem kritischen Augenblick ergriff Nganaoa seinen Speer und stieß ihn durch das Haupt des Oktopus. Schlaff sanken die Tentakeln herab, und das tote Ungeheuer trieb auf der Oberfläche des Ozeans von dannen. Abermals setzten sie ihre Reise fort, aber eine noch größere Gefahr harrte ihrer. Eines Tages rief der tapfere Nganaoa aus: „O Rata, hier ist ein großer Walfisch!" Das ungeheure Maul desselben war weit offen, der Unterkiefer war schon unter dem Boote und der andere über dem-

dürfte das erneute Auffliegen der Sonne, der Sehnsucht der Libido bedeuten, die Wiedergeburt des Phoenix. (Die Sehnsucht wird sehr häufig durch Schwebesymbole dargestellt.) Das Sonnensymbol des vom Wasser auffliegenden Vogels ist (etymologisch) im singenden Schwan erhalten. „Schwan" stammt von der Wurzel sven wie die Sonne und die Töne. (Vgl. oben.) Diese Tat bedeutet Wiedergeburt und Herausholen des Lebens aus der Mutter[1]) und dadurch endgültige Zerstörung des Todes, der, wie ein Negermythus berichtet, in die Welt gekommen war, durch das Versehen einer alten Frau, die bei der allgemeinen Häutung (denn die Menschen verjüngten sich durch Häutung wie die Schlangen) aus Zerstreutheit anstatt der neuen ihre alte Haut wieder anzog, infolgedessen sie starb. Aber die Wirkung solcher Tat pflegt nicht von Dauer zu sein. Immer und immer wieder erneuern sich die Mühen des Helden,

---

selben. Ein Augenblick und der Walfisch hatte sie verschlungen. Nunmehr brach Nganaoa „der Drachentöter" (the slayer of monstres) seinen Speer in zwei Stücke und in dem Augenblicke, als der Walfisch sie zermalmen wollte, richtete er die beiden Stäbe in dem Rachen des Feindes auf, so daß er seine Kiefer nicht zu schließen vermochte. Nganaoa sprang schnell in das Maul des großen Walfisches (Heldenverschlingen) und blickte in dessen Bauch und was sah er? Da saßen seine beiden Eltern, sein Vater Tairitokerau und seine Mutter Vaiaroa, welche beim Fischen von diesem Ungeheuer in der Tiefe verschlungen worden waren. Das Orakel hatte sich erfüllt. Die Reise hatte ihr Ziel erreicht. Groß war die Freude der Eltern Nganaoas, als sie ihren Sohn erblickten. Waren sie doch jetzt davon überzeugt, daß ihre Befreiung bevorstände. Und Nganaoa beschloß auch die Rache. Er nahm einen von den beiden Stöcken aus dem Maule des Tieres — ein einzelner genügte, um dem Walfisch das Schließen des Rachens unmöglich zu machen und somit Nganaoa und seinen Eltern den Weg frei zu halten. Diesen einen Teil des Speeres zerbrach er also in zwei Teile, um sie als Feuerreibhölzer zu verwenden. Er bat seinen Vater, den einen unten festzuhalten, während er selbst den oberen Teil handhabte, bis das Feuer zu glimmen begann (Feuerentzünden). Indem er es nun zur Flamme anblies, beeilte er sich, die fettigen Teile in dem Bauche mit dem Feuer zu erhitzen (Herz). Das Ungeheuer, im Schmerze sich windend, suchte Hilfe, indem es an das nahe Land schwamm (Meerfahrt). Sobald es die Sandbank erreichte (Landen), traten Vater, Mutter und Sohn durch das offene Maul des sterbenden Walfisches an das Land (Heldenausschlüpfen)."

[1]) In der neuseeländischen Mauimythe (zitiert bei Frobenius: l. c., S. 66 ff.) ist das zu überwindende Ungeheuer die Ahnfrau Hine-nui-te-po. Maui, der Held, sagt zu den Vögeln, die ihm beistehen: „Meine kleinen Freunde, wenn ich jetzt in den Rachen der alten Frau krieche, dürft ihr nicht lachen, aber wenn ich darin gewesen bin und wieder herauskomme aus ihrem Munde, dann dürft ihr mich mit jubelndem Lachen begrüßen." Maui kriecht dann tatsächlich der schlafenden Alten in den Mund.

immer unter dem Symbol der Befreiung von der Mutter: Wie Hera (als die verfolgende Mutter) die eigentliche Quelle der großen Taten des Herakles ist, so läßt auch Nokomis den Hiawatha nicht rasten und türmt ihm neue Schwierigkeiten in den Weg, und zwar tödliche Abenteuer, worin der Held vielleicht siegen mag, vielleicht aber auch den Untergang findet. Immer ist der Mensch mit seinem Bewußtsein hinter der Libido zurück; er versinkt in faule Tatenlosigkeit, bis ihn seine Libido zu neuen Gefahren herausruft, oder auf den Höhen seines Daseins befällt ihn kindische Sehnsucht nach der Muttter und er läßt sich jämmerlich lähmen, ohne mit Todesmut nach dem Höchsten zu streben. So ist die Mutter der Dämon, der den Helden zu Taten herausruft und ihm auch die giftige Schlange auf den Weg legt, die ihn fällen wird. So ruft nun Nokomis im IX. Gesang den Hiawatha heraus, deutet mit der Hand nach Westen, wo die Sonne purpurn untergeht, und spricht zu ihm:

„Yonder dwells the great Pearl-Feather,
Megissogwon, the Magician,
Manito of Wealth and Wampum,
Guarded by his fiery serpents,
Guarded by the black pitch-water.
You can see his fiery serpents,
The Kenabeek, the great serpents,
Coiling, playing in the water."

Diese Gefahr, die im Westen lauert, ist, wie bereits genugsam bekannt, der Tod, dem keiner, auch der Mächtigste nicht, entrinnt. Dieser Zauberer hat auch, wie wir erfahren, den Vater der Nokomis getötet. Jetzt sendet sie ihren Sohn aus, den Vater zu rächen. (Horus.) Durch die dem Zauberer beigegebenen Symbole läßt sich leicht erkennen, wen er symbolisiert. Schlange und Wasser gehören zur Mutter. Die Schlange, als ein Symbol der verdrängten Sehnsucht nach der Mutter oder, mit anderen Worten, als ein Symbol des Widerstandes, umringelt schützend und verteidigend den mütterlichen Fels, bewohnt die Höhle, windet sich am Mutterbaum empor, hütet den Hort, den geheimen „Schatz". Das schwarze stygische Gewässer ist, wie der schwarze Schlammbrunnen des Dhulqarnein, der Ort, wo die Sonne erlischt und zur Wiedergeburt eingeht, das mütterliche Todes- und Nachtmeer. Auf die Fahrt dorthin nimmt Hiawatha das magische Öl des Mishe-Nahma mit, das seinem Boot durch das Todeswasser hilft (also eine Art Unsterblichkeitszauber, wie das Drachenblut für Siegfried usw.).

Zuerst erschlägt Hiawatha die große Schlange. Von der „Nachtmeerfahrt" über das stygische Gewässer heißt es:

„All night long he sailed upon it,
Sailed upon that sluggish water,
Covered with its mould of ages,
Black with rotting water-rushes,
Rank with flags and leaves of lilies,
Stagnant, lifeless, dreary, dismal,
Lighted by the shimmering moonlight,
And by will-o'-the-wisps illumined,
Fires by ghosts of dead men kindled,
In their weary night-encampments."

Diese Beschreibung zeigt deutlich den Charakter eines Todeswassers. Der Inhalt des Wassers weist auf ein bereits erwähntes Motiv, auf die Um- und Verschlingung hin. So heißt es im „Traumschlüssel des Jagaddeva[1]) (S. 177). „Wer mit Bast, Schlingpflanzen oder Stricken, mit Schlangenhaut, Fäden oder Geweben im Traume seinen Körper umschlingt, stirbt ebenfalls." Ich verweise auf die früheren Belege in dieser Hinsicht. Im Westlande angekommen, fordert der Held den Zauberer zum Kampfe. Ein furchtbares Ringen hebt an. Hiawatha ist machtlos, denn Megissogwon ist unverwundbar. Am Abend zieht sich Hiawatha verwundet, verzweifelt für eine Weile zurück, um auszuruhen:

„Paused to rest beneath a pine-tree,
From whose branches trailed the mosses,
And whose trunk was coated over
With the Dead-man's Moccason-leather,
With the fungus white and yellow."

Dieser schützende Baum ist geschildert als **bekleidet** (mit dem Moccasonleder der Toten, dem Pilz). Diese Anthropomorphisierung des Baumes ist auch ein wichtiger Ritus überall da, wo Baumkultus herrscht, wie z. B. in Indien, wo jedes Dorf seinen heiligen Baum hat, der bekleidet und überhaupt als ein menschliches Wesen behandelt wird. Die Bäume werden gesalbt mit wohlriechendem Wasser, mit Pulvern besprengt, mit Kränzen und Gewändern geschmückt. Wie bei Menschen als apotropäischer Zauber gegen Todesfall die **Ohrdurchbohrung vollzogen wird, so geschieht dies auch am**

[1]) Herausgegeben und bearbeitet von Julius v. Negelein, in Relig. gesch. Vers. u. Vorarb. von Dieterich und Wünsch, Bd. XI, Gießen, 1912.

heiligen Baume. „Of all the trees in India there is nonmore sacred to the Hindus than the Aswatha (Ficus religiosa). It is known to them as Vriksha Raja (king of trees). Brahma, Vishnu and Mahesvar live in it, and the worship of it, is the worship of the Triad. Almost every Indian village has an Aswatha etc. (Anthrop. Soc. Bombay, VII, 88[1]). Diese „Dorflinde", die auch uns wohlbekannt ist, ist hier deutlich als Muttersymbol charakterisiert: sie enthält die drei Götter.

Wenn also Hiawatha sich unter den Pine-tree[2]) zur Rast zurückzieht, so ist das ein bedenklicher Schritt, denn er begibt sich in die Mutter, deren Kleid ein Totenkleid ist. (Verschlingende Mutter.) Wie im Walfischdrachen, so bedarf der Held auch in dieser Situation der „Vogelhilfe", d. h. der hilfreichen Tiere, welche die helfenden Eltern repräsentieren:

„Suddenly from the boughs above him
Sang the Mama, the woodpecker:
Aim your arrows, Hiawatha,
At the head of Megissogwon,
Strike the tuft of hair upon it,
At their roots the long black tresses;
There alone can he be wounded!"

Nun eilt, komischerweise, muß man sagen, Mama ihm zu Hilfe. Seltsamerweise ist der Specht auch „Mama" von Romulus und Remus gewesen, der den Zwillingen mit seinem Schnabel die Nahrung in den Mund steckte[3]). (Vgl. dazu die Rolle des Geiers im Traum des Lionardo[4]). Der Geier ist dem Mars heilig, wie der Specht.) Mit dieser Mutterbedeutung des Spechtes steht der antike italische Volksaberglaube in Übereinstimmung, daß aus dem Baume, auf dem dieser Vogel niste, nach kurzer Zeit Nägel, die man hineingeschlagen, wiederherausfielen[5]). Der Specht verdankt seine besondere Bedeutung dem Umstand, daß er Löcher in die Bäume hämmert („Nägel hineinschlagen"! vgl. oben!). Es ist daher verständlich, daß er in der römischen Legende als ein alter Landeskönig gefeiert wurde, ein Besitzer oder Beherrscher des heiligen Baumes, das Urbild des Pater familias.

[1]) Zitiert J. v. Negelein: Der Traumschlüssel des Jagaddeva, S. 256 f.

[2]) Der Pine-tree sagte bekanntlich das bedeutsame Wort: „Minne-wawa!"

[3]) Im Aschenbrödelmärchen kommt auch das Vöglein auf dem Baume, der auf der Mutter Grab wächst, zu Hilfe.

[4]) Freud: Eine Kindheitserinnerung des Lionardo da Vinci.

[5]) Roscher: s. v. Picus, Sp. 2494, 62. Vermutlich ein Wiedergeburtssymbol.

Eine alte Fabel erzählt, daß Circe, die Gemahlin des Königs Picus, ihn in den Picus martius verwandelt habe. Die Zauberin ist die „neugebärende Mutter". die den „magischen Einfluß" auf den Sohn-Gatten hat. Sie tötet ihn, verwandelt ihn in den Seelenvogel, den unerfüllten Wunsch. Picus wird auch aufgefaßt als Walddämon und Incubus[1]), ebenso als weissagend, also reichlich auf die Mutterlibido hindeutend[2]). Picus wird bei den Alten öfter mit Picumnus gleichgestellt. Picumnus ist der unzertrennliche Gefährte des Pilumnus und beide heißen geradezu „infantium dii", Götter der Kinder. Speziell von Pilumnus wird berichtet, daß er die neugeborenen Kinder gegen die verderblichen Angriffe des Waldschrates Silvanus verteidige. (Gute und böse Mutter. Zweimüttermotiv.)

Der hilfreiche Vogel, ein errettender Wunschgedanke, der sich aus der Introversion[3]) ergibt, rät dem Helden, den Zauberer unters Haar zu schießen, wo sich die einzig verwundbare Stelle befindet. Diese Stelle ist der „phallische" Punkt[4]), wenn man so sagen darf; er ist auf der Höhe des Kopfes, an dem Ort, wo die mythische Kopfgeburt stattfindet, die auch heutzutage noch in den Sexualtheorien der Kinder vorkommt. Dorthin schießt Hiawatha (natürlich, möchte man sagen.) 3 Pfeile[5]) (die bekannten phallischen Symbole) hinein

---

[1]) Roscher: s. Picus, Sp. 2496, 30.

[2]) Der Vater des Picus soll Sterculus oder Sterculius heißen, welcher Name sich deutlich von stercus: Kot, excrementum herleitet; er soll auch der Erfinder des Düngers sein. Der Urschöpfer, der auch die Mutter geschaffen hat, tut es auf dem Wege des infantilen Schaffens, das wir früher kennen lernten. Der oberste Gott legt sein Ei, seine Mutter, aus der er sich wieder gebiert — auch dies ist ein verwandter Gedankengang.

[3]) Introversion = Eingehen in die Mutter, versinken in die eigene Innenwelt oder Libidoquelle, symbolisiert durch Hineinkriechen, Durchziehen, Bohren, (hinter den Ohren kratzen = Feuer machen). Ohrdurchbohrung, Nägeleinschlagen. Schlangenverschlucken. So ist auch die buddhistische Legende verständlich: Als Gautama den langen Tag in tiefem Nachsinnen unter dem heiligen Baume sitzend verbracht hatte, war er am Abend Buddha, ein Erleuchteter, geworden.

[4]) Vgl. oben φαλλός und seine etymologischen Zusammenhänge.

[5]) Spielreins Kranke erhält von Gott drei Schüsse durch Kopf, Brust und Auge, „dann kam eine Auferstehung des Geistes". (Jahrbuch III, S. 376.)

In der tibetanischen Mythe des Bogda Gesser Khan schießt der Sonnenheld der dämonischen Alten, die ihn verschlingt und wieder ausspeit, den Pfeil auch in die Stirn. In einer kalmückischen Mythe schießt der Held den Pfeil in das „Strahlenauge", das sich auf der Stirn des Stieres befindet. (Genitale Be-

und erlegt so Megissogwon. Darauf raubt er den magischen Wampumpanzer, der unverwundbar macht (Unsterblichkeitsmittel), den Toten läßt er am Wasser liegen; charakteristischerweise — weil der Zauberer die furchtbare Mutter ist:

„On the shore he left the body,
Half on land and half in water,
In the sand his feet were buried,
And his face was in the water."

So ist die Situation dieselbe wie beim Fischkönig, denn das Ungeheuer ist die Personifikation des Totenwassers, welches seinerseits die verschlingende Mutter darstellt. Auf diese größte Tat Hiawathas, wo er die Mutter als den totbringenden Dämon[1]) überwunden hat, folgt die Hochzeit mit Minnehaha.

Aus dem Späteren (XII. Gesang) ist eine kleine Fabel zu erwähnen, die der Dichter eingeschaltet hat: Ein Greis verwandelt sich in einen Jüngling, indem er durch eine hohle Eiche hindurchkriecht.

Im XIV. Gesang ist geschildert, wie Hiawatha die Schrift erfindet. Ich beschränke mich auf die Schilderung von zwei hieroglyphischen Zeichen:

„Gitche Manito the Mighty,
He, the Master of Life, was painted
As an egg, with points projecting
To the four winds of the heavens.
Everywhere is the Great Spirit,
Was the meaning of this symbol."

Die Welt liegt im Ei, das allerorten sie umhüllt; es ist die Weltgebärerin, deren Symbol Plato sowohl wie die Vedas benutzt haben. Diese Mutter ist wie die Luft, die auch überall ist. Luft aber ist Geist: Die Mutter der Welt ist ein Geist.

„Mitche Manito the Mighty,
He the dreadful Spirit of Evil,
As a serpent was depicted,
As Kenabeek, the great serpent."

---

deutung des Auges, vgl. oben.) Vgl. dazu die Überwältigung Polyphems, deren sakraler Charakter auf einer attischen Vase dadurch gekennzeichnet ist, daß sich dabei eine Schlange befindet (als Muttersymbol. Siehe die Erklärung des sacrificium mithriacum).

[1]) In Vatergestalt, denn Megissogwon ist, wie Mudjekeewis, Westdämon.

Der Geist des Bösen aber ist die Angst, ist der verbotene Wunsch, der Widersacher, der dem nach ewiger Dauer ringenden Leben sowohl wie jeder einzelnen großen Tat hindernd in den Weg tritt, der das Gift der Schwäche und des Alters durch meuchlerischen Schlangenbiß in unseren Körper bringt; er ist alles Zurückstrebende, und da uns erste Welt, das Modell der Welt, die Mutter ist, so geht alles Rückstreben zur Mutter und verkleidet sich deshalb unter dem Bilde des Inzestes.

In diesen beiden Bildern hat der Dichter in mythologischen Symbolen die aus der Mutter quellende und die zur Mutter zurückstrebende Libido dargestellt.

Im XV. Gesang wird geschildert, wie Chibiabos, Hiawathas bester Freund, der liebenswürdige Spieler und Sänger, die Verkörperung der Lebensfreude, von den bösen Geistern in den Hinterhalt gelockt, mit dem Eis einbricht und ertrinkt. Hiawatha beklagt ihn so lange, bis es mit Hilfe der Zauberer gelingt, ihn wieder zurückzurufen. Aber der Wiederbelebte ist bloß ein Geist und er wird Herr des Geisterlandes. (Osiris Herr der Unterwelt, die beiden Dioskuren.) Es folgen wieder Kämpfe und dann kommt der Verlust eines zweiten Freundes, Kwasind, der Verkörperung der Leibeskraft.

Im XX. Gesang kommt die Hungersnot und der Tod der Minnehaha, angekündigt durch zwei schweigsame Gäste aus dem Totenland; und im XXII. Gesang bereitet sich Hiawatha zur endgültigen Fahrt nach dem Westland:

„J am going, O Nokomis,
On a long and distant journey
To the portals of the Sunset,
To the regions of the home-wind,
Of the Northwestwind, Keewaydin."

„One long track and trail of splendor,
Down whose stream, as down a river,
Westward, westward, Hiawatha
Sailed into the fiery sunset,
Sailed into the purple vapors,
Sailed into the dusk of evening."

„Thus departed Hiawatha,
Hiawatha the Beloved,
In the glory of the sunset,
In the purple mists of evening,
To the regions of the home-wind,

Of the Northwestwind, Keewaydin,
To the Islands of the Blessed,
To the kingdom of Ponemah,
To the land of the Hereafter!“

Aus der Umarmung und Umschlingung, dem einhüllenden Schoße des Meeres, entreißt sich die Sonne, siegreich emporsteigend, und sinkt, die Mittagshöhe und all ihr glorreiches Werk hinter sich lassend, wieder ins mütterliche Meer, in die alles verhüllende und alles wiedergebärende Nacht. Dieses Bild war das erste, das tiefste Berechtigung hat, zum symbolischen Träger menschlichen Schicksals zu werden: Am Morgen des Lebens reißt sich der Mensch schmerzvoll los von der Mutter, dem heimatlichen Herde, um kämpfend zu seiner Höhe emporzusteigen, seinen schlimmsten Feind nicht vor sich sehend, sondern in sich tragend, jene tötliche Sehnsucht nach dem eigenen Abgrund, nach dem Ertrinken in der eigenen Quelle, nach der Verschlingung in die Mutter. Sein Leben ist ein beständiges Ringen mit dem Tode, eine gewaltsame und vorübergehende Befreiung von der stets lauernden Nacht. Dieser Tod ist kein äußerer Feind, sondern ein eigenes und inneres Sehnen nach der Stille und der tiefen Ruhe des Nichtseins, dem traumlosen Schlafe im Meere des Werdens und Vergehens. Selbst in seinem höchsten Streben nach Harmonie und Ausgeglichenheit, nach philosophischer Vertiefung und künstlerischer „Ergriffenheit“ sucht er den Tod, die Bewegungslosigkeit, die Sättigung und die Ruhe. Verweilt er wie Peirithoos zu lange an diese Stätte der Ruhe und des Friedens, so faßt ihn Erstarrung und das Gift der Schlange hat ihn für immer gelähmt. Soll er leben, so hat er zu kämpfen und *seine Sehnsucht nach Rückwärts zu opfern*, um zu seiner eigenen Höhe emporzusteigen. Und ist er zur Mittagshöhe gekommen, so hat er auch die *Liebe zu seiner eigenen Höhe zu opfern*, denn es darf für ihn kein Verweilen geben. Auch die Sonne opfert ihre größte Kraft, um vorwärts zu eilen zu den Früchten der Herbstes, welche Samen der Unsterblichkeit sind; in Kindern, in Werken, in Nachruhm, in einer neuen Ordnung der Dinge, die ihrerseits wieder den Sonnenlauf beginnen und vollenden.

Der „Song of Hiawatha“ enthält, wie diese Ausführungen zeigen, ein Material, das sehr geeignet ist, die Fülle uralter Symbolmöglichkeiten, die der menschliche Geist beherbergt, in Fluß zu bringen und zu mythologischer Gestaltenbildung anzuregen. Immer enthalten die Produkte aber die gleichen alten Menschheitsprobleme, die immer wieder in neuen Symbolverkleidungen aus der Schattenwelt des Unbewußten emporsteigen. So wird Miß Miller durch die Sehnsucht Chiwantopels an einen andern Sagenkreis erinnert, welcher in der Form des Wagnerschen Siegfried auf die Bühne kam. Es ist besonders die Stelle des Monologs von Chiwantopel, wo er ausruft: „Es ist nicht eine, die mich versteht, die mir ähnlich wäre oder die eine Seele besäße, Schwester meiner Seele." Miller erwähnt, daß der Gefühlston dieser Stelle die größte Analogie hätte mit den Gefühlen, die Siegfried für Brünhilde empfindet.

Diese Analogie veranlaßt uns, einen Blick auf die Siegfriedsage, besonders auf die Beziehung von Siegfried zu Brünhilde zu werfen. Bekannte Tatsache ist, daß Brünhilde, die Walküre, die (inzestuöse) Geburt des Siegfried begünstigt. Während Sieglinde die menschliche Mutter ist, ist Brünhilde in der Rolle der „Geistmutter" (Mutterimago,) aber nicht verfolgend wie Hera gegenüber Herakles, sondern hilfreich. Diese Sünde, an der sie durch ihre Hilfe mitschuldig wird, ist auch der Grund zur Verstoßung durch Wotan. Die besondere Geburt des Siegfried aus der Schwestergattin kennzeichnet ihn als den Horus, als die wiedergeborne Sonne, eine Reïnkarnation des abtretenden Osiris-Wotan. Die Geburt der jungen Sonne, des Heros, erfolgt zwar aus Menschen, die aber bloß die menschlichen Träger kosmischer Symbole sind. So wird die Geburt von der Geistmutter (Hera, Lilith) beschützt; sie sendet Sieglinde mit dem Kinde im Schoß (Marias Flucht) auf die „Nachtmeerfahrt" nach Osten":

„Fort denn, eile
Nach Osten gewandt!
— — — — — — — — —
Den hehrsten Helden der Welt
Hegst du, o Weib,
Im schirmenden Schoß!" —

Das Zerstückelungsmotiv findet sich im zerstückelten Schwert Siegmunds wieder, welches für Siegfried aufbewahrt wird. Aus der Zerstückelung setzt sich das Leben wieder zusammen. (Medeawunder.) Wie ein Schmied die Stücke aneinander fügt, so wird der zerstückelte Tote wieder zusammengesetzt. (Dieses Gleichnis findet sich auch im Timaios des Platon: Die Weltteile sind mit Stiften aneinandergeheftet.) Rigveda 10, 72 (Deussen) ist auch der Weltschöpfer Brahmanaspati ein Schmied:

„Zusammen schweißte diese Welt
Als Grobschmied Brahmaṇaspati —."

Das Schwert hat die Bedeutung der phallischen Sonnenkraft, daher aus dem Munde des apokalyptischen Christos ein Schwert geht, nämlich das zeugende Feuer, die Rede, oder der zeugende Logos. Im Rigveda ist Brahmaṇaspati auch das Gebetswort[1]), dem vorweltliche, schöpferische Bedeutung zukommt. Rigveda 10, 31 (Deussen):

„Und dies Gebet des Sängers, aus sich breitend,
Ward eine Kuh, die vor der Welt schon da war;
In dieses Gottes Schoß zusammen wohnend,
Pfleglinge gleicher Hegung sind die Götter."

Der Logos wird zur Kuh, d. h. zur Mutter, die schwanger ist mit den Göttern. (In christlichen, nicht kanonischen Phantasien, wo der Hl. Geist weibliche Bedeutung hat, haben wir das bekannte Zweimüttermotiv, die irdische Mutter Maria und die Geistmutter, den Hl. Geist.) Die Verwandlung des Logos in die Mutter hat insofern nichts Wunderbares an sich, als der Ursprung des Phänomens Feuer-Rede ja die Mutterlibido zu sein scheint nach den Erörterungen der früheren Kapitel. Das Geistige ist die Mutterlibido. Die Bedeutung des Schwertes ist wohl mitdeterminiert durch die Schärfe im Sanskritbegriff têjas, wie oben gezeigt, in seiner Verbindung mit dem Libidobegriff. Das Verfolgungsmotiv (die verfolgte Sieglinde analog der Leto) ist hier nicht an die Geistmutter geknüpft, sondern an Wotan, also entsprechend der Linossage, wo auch der Vater des Weibes der Verfolger ist. Wotan ist auch der Vater Brünhildes. Brünhilde steht in einem eigenartigen Verhältnis zu Wotan. (Walk. S. 36 ed. Burghold) sagt Brünhilde zu Wotan:

„Zu Wotans Willen sprichst du,
Sagst du mir, was du willst.
Wer — bin ich,
Wär' ich dein Wille nicht?"
Wotan: — Mit mir nur rat ich,
Red ich mit dir . . . . ."

Brünhilde ist also etwa zu vergleichen dem „Engel des Antlitzes", jenem von Gott ausgehenden schöpferischen Willen oder Wort[2]), eben

[1]) Vgl. Deussen: Geschichte der Philosophie, Bd. I, S. 14 f.

[2]) Ein Analogon ist Zeus und Athene. Rigveda, 10, 31, wird das Gebetswort zur trächtigen Kuh. Im Persischen ist es das „Auge Ahura's"; babylonisch Nabu: das Schicksalswort; persisch vohu mano: der gute Gedanke des Schöpfer-

dem Logos, der zum gebärenden Weibe wird. Der Gott schafft durch das Wort die Welt, d. h. seine Mutter, das Weib, das ihn wiedergebären wird. (Er legt sein eigenes Ei.) Diese seltsame Vorstellung scheint mir dadurch erklärt werden zu können, daß man annimmt, daß die in die Rede (das Denken) überfließende Libido noch in außerordentlichem Maße ihren Sexualcharakter bewahrt hat (infolge der ihr innewohnenden Inertie). Auf diese Weise hatte nun das „Wort" alles das auszuführen und zu erfüllen, was dem Sexualwunsch versagt blieb, nämlich das Zurückgehen in die Mutter, um ewige Dauer zu erlangen. Das „Wort" erfüllt diesen Wunsch, indem es selber zur Tochter, zum Weibe wird, zu der Mutter des Gottes, die ihn wiedergebärt[1]).

Dieses Bild schwebt Wagner entschieden vor (Walk. S. 73 ed. Burghold):

Klage Wotans über Brünhilde:

„Keine wie sie
Kannte mein innerstes Sinnen;
Keine wie sie
Wußte den Quell meines Willens;
Sie selbst war
Meines Wunsches schaffender Schoß;
Und so nun brach sie
Den seligen Bund —!"

---

gottes; stoisch ist Hermes der Logos oder die Weltvernunft; alexandrinisch die Σοφία, alttestamentlich der „Engel Jahwes" oder das „Angesicht" Gottes. Mit diesem Engel rang Jakob während der Nacht an der Furt des Jabbok, nachdem er mit allem, was er besaß, das Wasser überschritten hatte. (Nachtmeerfahrt, Kampf mit der Nachtschlange, Kampf an der Furt wie Hiawatha.) Bei diesem Kampfe verrenkte sich Jakob die Hüfte. (Motiv des Armausdrehens! Kastration wegen Mutterüberwältigung.) Dieses „Antlitz" Gottes wird in der rabbinischen Philosophie dem mystischen Metatron, dem Fürsten des Angesichtes (Jos. 5, 14), gleichgesetzt, der „die Gebete vor Gott bringt" und „in dem der Name Gottes ist". Die Naassener (Ophiten) nannten den Hl. Geist das „erste Wort", die „Mutter aller Lebendigen"; die Valentinianer faßten die niedersteigende Taube des Pneuma als das „Wort der Mutter von oben, der Sophia". (Drews: Christ. M. I, S. 16, 22, 80.) Assyrisch hat Gibil, der Feuergott die Logosrolle. (Tiele: Assyr. Gesch.) Bei Ephrem, dem syrischen Hymnendichter, sagt Johannes der Täufer zu Christus: „Ein Funke Feuer in der Luft wartet deiner über dem Jordan. Wenn du ihm folgst und getauft sein willst, so übernimm du selbst, dich abzuwaschen, denn wer vermag brennendes Feuer mit den Händen anzufassen? Du, der ganz Feuer ist, erbarme dich meiner!" (Usener: Religionsgeschichtliche Untersuchungen, I, 64. Zitiert Drews: l. c., S. 81.)

[1]) Vielleicht stammt die große Bedeutung des Namens von dieser Phantasie ab.

Die Sünde Brünhildens ist die Begünstigung Siegmunds, dahinter liegt aber der Inzest: dieser ist in das Bruder-Schwesterverhältnis von Siegmund und Sieglinde projiziert: in Wirklichkeit und archaisch ausgedrückt ist Wotan, der Vater, in seine selbstgeschaffene Tochter eingegangen, um sich zu verjüngen. Diese Tatsache muß selbstverständlich verschleiert werden. Mit Recht aber ist Wotan über Brünhilde empört, denn sie hat die Isisrolle übernommen und durch die Geburt des Sohnes dem Alten die Macht aus der Hand gewunden. Den ersten Anfall der Todesschlange in Gestalt des Sohnes, Siegmund, hat Wotan abgeschlagen und Siegmunds Schwert zerbrochen, aber Siegmund erhebt sich wieder im Enkel. Und zu diesem unvermeidlichen Verhängnis hilft immer das Weib; daher der Zorn des Wotan.

Bei Siegfrieds Geburt stirbt Sieglinde, wie sich's gebührt. Die Pflegemutter[1]) ist nun allerdings kein Weib (anscheinend), sondern ein chthonischer Gott, ein krüppelhafter Zwerg, der zu jenem Geschlecht gehört, das der Liebe entsagt[2]). Der Unterweltsgott der Ägypter, der verkrüppelte Schatten des Osiris (der eine traurige Auferstehung im geschlechtslosen Halbaffen Harpokrates feierte), ist der Erzieher des Horus, der den Tod seines Vaters zu rächen hat.

Unterdessen schläft Brünhilde den zauberischen Schlaf nach dem Hierosgamos auf dem Berge, wo Wotan sie mit dem Schlafdorn (Edda) in Schlaf versenkt hat[3]), umbrannt von Wotans Feuer

---

[1]) Bei Grimm ist die Sage erwähnt, daß Siegfried von einer Hirschkuh (vgl. Hiawathas erste Tat) gesäugt wurde.

[2]) Vgl. Grimm, Myth., I, S. 314 f. Mime oder Mimir ist ein riesiges Wesen von großer Weisheit, ein „älterer Naturgott", mit dem die Asen umgehen. Spätere Fabeln machen aus ihm einen Waldgeist und kunstreichen Schmied (nächste Beziehung zu Wieland). Wie Wotan sich bei der weisen Frau Rates erholt (vgl. die oben erwähnte Stelle aus Julius Cäsar über die germanischen Matronen), so geht Odin zum Brunnen Mimirs, in dem Weisheit und kluger Sinn verborgen liegt, zur Geistmutter (Mutterimago). Er begehrt dort eines Trankes (Unsterblichkeitstrank), den er aber nicht eher empfängt, als bis er sein Auge dem Brunnen opfert (Sonnentod im Meer). Der Brunnen Mimirs weist unzweideutig auf die Mutterbedeutung Mimirs hin. So besitzt Mimir Odins anderes Auge. In Mimir verdichtet sich Mutter (weiser Riese) und Embryo (Zwerg, unterirdische Sonne, Harpokrates); zugleich ist er als Mutter die Quelle der Weisheit und Kunst. („Mutterimago" kann daher unter Umständen auch als „Phantasie" übersetzt werden.)

[3]) Auch bei der homerischen Hierosgamosfeier sitzt der zauberische Schlaf dabei. (Vgl. oben.)

(= Libido[1]), das jedem den Zutritt wehrt. Mime wird aber zum Feind Siegfrieds und wünscht ihm den Tod durch Fafner. Hier enthüllt sich die dynamische Natur Mimes: er ist ein männlicher Repräsentant der furchtbaren Mutter, also doch auch eine Pflegemutter dämonischer Natur, die ihrem Sohne (Horus) den giftigen Wurm (Typhon) in den Weg legt. Siegfrieds Sehnsucht nach der Mutter treibt ihn fort von Mime, und seine Wanderschaft beginnt bei der Todesmutter und führt durch Überwindung der furchtbaren[2]) Mutter zum Weibe.

Siegfried S. 55, ed. Burghold.

Siegfried: „Fort mit dem Alp!
Ich mag ihn nicht mehr seh'n.
Aber wie sah meine Mutter wohl aus?
Das kann ich nun gar nicht mir denken! —
Der Rehhindin gleich
Glänzten gewiß
Ihr hellschimmernde Augen." —

Siegfried will sich trennen vom „Alp", der ihm Mutter war in der Vergangenheit, und tastet vorwärts mit der Sehnsucht, die der Mutter gilt. Auch für ihn gewinnt die Natur eine versteckte mütterliche Bedeutung („Rehhindin"), auch er entdeckt in den Tönen der Natur eine Ahnung der Mutterstimme und Muttersprache: l. c. S. 56.

---

[1]) Dies ist belegt durch die Worte Siegfrieds:

„Durch brennendes Feuer
fuhr ich zu dir;
nicht Brünne, noch Panzer
barg meinen Leib:
nun brach die Lohe
mir in die Brust;
es braust mein Blut
in blühender Brunst;
ein zehrendes Feuer
ist mir entzündet."

[2]) Der Höhlendrache ist die furchtbare Mutter. Öfter erscheint in der deutschen Sage die zu erlösende Jungfrau als Schlange oder Drache und muß in dieser Gestalt geküßt werden, dadurch verwandelt sich der Drache in ein schönes Weib. Gewissen weisen Frauen wird ein Fisch- oder Schlangenschwanz beigelegt. In den „goldenen Berg" war eine Königstochter als Schlange verwünscht. Im Oselberg bei Dinkelsbühl haust eine Schlange mit Frauenkopf und Schlüsselbund am Halse. (Grimm, II. IV, S. 809 f.)

Siegfried: „Du holdes Vöglein!
Dich hört ich wohl nie;
Bist du im Wald hier daheim? —
Verstünd ich sein süßes Stammeln!
Gewiß sagt es mir was —
Vielleicht — von der lieben Mutter?" —

Dieser Psychologie sind wir bereits bei Hiawatha begegnet. Durch seine Zwiesprache mit dem Vogel (Vogel ein Bild des Wunsches, der beflügelten Sehnsucht, wie Wind und Pfeil) lockt sich Siegfried aber **Fafner** aus der Höhle. Seine Wünsche kehrten zurück nach der Mutter und der chthonische Dämon, der höhlenbewohnende Waldschrecken, kommt hervor. Fafner ist der Schatzhüter, in seiner Höhle liegt der Hort, die Quelle des Lebens und der Macht. Die Mutter besitzt die Libido des Sohnes und neidisch bewacht sie sie. In psychologische Sprache übersetzt, heißt es: Die positive Übertragung gelingt nur durch Ablösung der Libido von der Mutterimago, dem inzestuösen Objekt überhaupt. Auf diese Weise allein gewinnt man seine Libido, den unermeßlichen Schatz und dazu bedarf es eines gewaltigen Kampfes, des ganzen Anpassungskampfes[1]). Den Gewinn dieses Kampfes mit Fafner hat die Siegfriedsage reichlich ausgemalt: Nach der Edda ißt Siegfried Fafners Herz, den Sitz des Lebens. Er gewinnt die Tarnkappe, durch deren Zauber sich Alberich in eine Schlange verwandelt hat. Das deutet auf das Häutungsmotiv, die Verjüngung. Mit der Tarnkappe kann man bewirken, daß man verschwindet und sich verwandelt. Das Verschwinden bezieht sich wohl auf Sterben und das unsichtbare Zugegensein wohl auf die unsichtbare Gegenwart im Mutterleib. Eine glückverheißende Kappe ist auch die Amnionhülle, die das Neugeborene gelegentlich über dem Kopf trägt („Glückshaube"). Außerdem trinkt Siegfried das Drachenblut, wodurch er die Vogelsprache versteht und so in eine eigenartige Beziehung zur Natur, in eine durch Wissen beherrschende Stellung kommt. Auch gewinnt er nicht zuletzt den Hort.

Hort ist ein mittel- und althochdeutsches Wort mit der Bedeutung von „gesammelter und verwahrter Schatz". got. huzd, altnord. hodd, germ. hozda, aus vorgerm. kuzdhó — für kudtho — das Ver-

---

[1]) **Faust** (II. Teil):

„Doch im Erstarren such ich nicht mein Heil,
Das Schaudern ist der Menschheit bestes Teil;
Wie auch die Welt ihm das Gefühl verteure,
Ergriffen, fühlt er tief das Ungeheure.

borgene. Kluge[1]) stellt dazu gr. κεύθω, ἔκυθον = bergen, verbergen, ebenso Hütte, (Hut, hüten, engl. hide), germ. Wurzel hud aus idg. kuth (fraglich) zu κεύθω und κύσθος, Höhlung, weibliche Scham. Auch Prellwitz[2]) stellt goth. huzd, angels. hyde, engl. hide und Hort zu κεύθω. Whitley Stokes[3]) stellt engl. hide, ags. hydan, nhd. Hütte, lat. cûdo = Helm, sanskr. kuhara (Höhle?) zu urkelt. koudo = Verhehlung, lat. occultatio.

Die Vermutung von Kluge wird zunächst auch von anderer Seite gestützt, nämlich von der Seite des urtümlichen Bildes:

„Es bestand in Athen[4]) ein heiliger Raum (ein Temenos) der Ge mit dem Beinamen Olympia. Hier ist der Boden etwa eine Elle breit gerissen; und sie erzählen, nach der Überschwemmung zur Zeit des Deukalion sei hier das Wasser abgeflossen; und sie werfen jährlich in den Spalt mit Honig geknetetes Weizenmehl."

Wir haben bereits oben erwähnt, daß bei den Arrhetophorien Gebäck in Form von Schlangen und Phallen in einen Erdschlund geworfen wird. Wir erwähnten dies im Zusammenhang von Erdbefruchtungszeremonien. Die Opferung in den Erdspalt haben wir schon bei den Watschandies gestreift. Die Todesflut hat sich bezeichnenderweise in den Erdspalt, also wieder in die Mutter verlaufen, denn aus der Mutter ist das allgemeine große Sterben einstmals gekommen. Die Sintflut ist das bloße Gegenstück des allbelebenden und gebärenden Wassers: Ὠκεανοῦ, ὅς περ γένεσις πάντεσσι τέτυκται (Il. XIV, 246). Man opfert der Mutter den Honigkuchen, damit sie uns mit dem Tode verschone. So wurde auch in Rom jährlich ein Geldopfer in den lacus Curtius geworfen, in den ehemaligen Erdschlund, der nur durch den Opfertod des Curtius geschlossen werden konnte. Curtius war der typische Held, der zur Unterwelt gefahren ist, um die aus der Öffnung des Erdschlundes den römischen Staat bedrohende Gefahr zu überwinden. (Kaineus, Amphiaraos.) Im Amphiaraion von Oropos warfen die durch Tempelinkubation Geheilten ihre Geldspende in die heilige Quelle, von der Pausanias (I, 34, 4) sagt:

„Wenn aber jemand durch einen Orakelspruch von einer Krankheit geheilt ist, dann ist es üblich, eine silberne oder goldene Münze in die Quelle zu werfen; denn hier soll Amphiaraos schon als Gott emporgestiegen sein."

---

1) Etymol. Wörterbuch der deutschen Sprache, s. Hort.

2) Griechische Etymologie, siehe κεύθω.

3) Urkeltischer Sprachschatz. Fick II.

4) Pausanias: I, 18, 7.

Vermutlich ist diese oropische Quelle auch der Ort seiner Katabasis. Hadeseingänge gab es im Altertum mehrere. So fand sich bei Eleusis ein Schlund, durch den Aïdoneus herauf- und herunterfuhr, als er Kore raubte. (Drache und Jungfrau: die Libido vom Widerstand überwältigt, Leben durch den Tod ersetzt.) Es gab Felsschluchten, durch die die Seelen zur Oberwelt emporsteigen konnten. Hinter dem Tempel der Chthonia in Hermione lag ein heiliger Bezirk des Pluton mit einer Schlucht, durch die Herakles den Kerberos heraufgebracht hatte, ebenso befand sich dort ein „Acherusischer" See[1]). Diese Schlucht ist also der Eingang zu der Stätte, wo der Tod überwunden wird. Der See gehört dazu als ein weiteres Muttersymbol, denn Symbole kommen meist gehäuft vor, da sie Surrogate sind, deshalb nicht diejenige Sättigung des Begehrens mit sich führen, welche die Realität gewährte, daher der nicht befriedigte Libidorest noch weitere Symbolauslässe suchen muß. Die Schlucht am Areopag in Athen galt als Sitz der Unterirdischen[2]). Auf ähnliche Vorstellungen weist eine alte griechische Sitte hin[3]): Die Mädchen wurden zur Jungfrauenprobe in eine Höhle geschickt, wo eine giftige Schlange hauste. Wurden sie von der Schlange gebissen, so war das ein Zeichen, daß sie nicht mehr keusch waren. Dasselbe Motiv finden wir wieder in der aus dem Ende des V. Jahrhunderts stammenden römischen St. Silvesterlegende:

„Erat draco immanissimus in monte Tarpeio, in quo est Capitolium collocatum. Ad hunc draconem per CCCLXV gradus, quasi ad infernum, magi cum virginibus sacrilegis descendebant semel in mense cum sacrificiis et lustris, ex quibus esca poterat tanto draconi inferri. Hic draco subito ex improviso ascendebat et licet non egrederetur vicinos tamen aeres flatu suo vitiabat. Ex quo mortalitas hominum et maxima luctus de morte veniebat infantum. (Lilithmotiv.) Sanctus itaque Silvester cum haberet cum paganis pro defensione veritatis conflictum, ad hoc venit ut dicerent ei pagani: „Silvester descende ad draconem et fac eum in nomine Dei tui vel uno anno ab interfectione generis humani cessare"[4]). —

St. Peter erschien dem Silvester im Traum und riet ihm, dieses Tor der Unterwelt mit Ketten zu schließen, nach dem apokalyptischen Vorbild:

---

[1]) Rohde: Psyche, IV. Aufl., Bd., I, S. 214.

[2]) Rohde: Psyche, Bd. I, S. 214.

[3]) J. Maehly: Die Schlange im Mythus und Kultus der klassischen Völker, 1867.

[4]) Duchesne: Lib. pontifical., I, S. CIX. Zitiert Cumont: Text. et Mon., T, I, S. 351.

„Und ich sah einen Engel herabkommen vom Himmel, mit dem Schlüssel des Abgrundes und einer großen Kette auf seiner Hand. Und er griff den Drachen, die alte Schlange, das ist der Teufel und Satan, und band ihn auf tausend Jahre, und warf ihn in den Abgrund, und schloß zu und legte Siegel darauf[1]).“

Aus dem Anfang des V. Jahrhunderts erwähnt der anonyme Autor einer Schrift „de promissionibus“[2]) folgende sehr ähnliche Legende:

„Apud urbem Romam specus quidam fuit in quo draco mirae magnitudinis mechanica arte formatus, gladium ore gestans[3]), oculis rutilantibus gemmis[4]) metuendus ac terribilis apparebat. Hinc annuae devotae virgines floribus exornatae, eo modo in sacrificio dabantur, quatenus inscias munera deferentes gradum scalae, quo certe ille arte diaboli draco pendebat, contingentes impetus venientis gladii perimeret, ut sanguinem funderet innocentem. Et hunc quidam monachus, bene ob meritum cognitus Stiliconi tunc patricio, eo modo subvertit; baculo, manu, singulos gradus palpandos inspiciens, statim ut illum tangens fraudem diabolicam repperit, eo transgresso descendens, draconem scidit, misitque in partes; ostendens et hic deos non esse qui manu fiunt.“

Der den Drachen bekämpfende Held hat vieles mit dem Drachen gemeinsam, respektive er übernimmt Eigentümlichkeiten von ihm, z. B. die Unverwundbarkeit. Wie die Fußnoten zeigen, geht die Ähnlichkeit noch weiter (funkelnde Augen, Schwert im Munde). Als Psychologem übersetzt, ist der Drache auch nur die nach der Mutter strebende verdrängte Libido des Sohnes, also sozusagen der Sohn selber. So ist der Sohn der Drache, wie auch Christus sich selbst mit der Schlange identifiziert, die einstmals — similia similibus —, die Schlangennot in der Wüste bekämpft hat. (Joh. 3, 14.) Als

---

[1]) Apokal, 20, 1 ff.

[2]) Zitiert Cumont: Text. et Mon., t., I, S. 351.

[3]) Wie sein Gegenstück, der apokalyptische „Menschensohn“, aus dessen Munde ein „scharfes zweischneidiges Schwert“ geht. Apokal, 1, 16. Vgl. Christus als Schlange und der die Völker verführende Antichrist. (Vgl. dazu Apokal. 20, 3.) Demselben Motiv des bewehrten Drachens, der die Weiber ersticht, begegnen wir in einer Mythe des Oysterbaistammes auf Vandiemensland: „Ein Stachelroche lag in der Höhlung eines Felsens, ein großer Stachelroche! Der Stachelroche war groß, er hatte einen sehr langen Speer. Aus seinem Loche erspähte er die Frauen, er sah sie tauchen; er durchbohrte sie mit seinem Spieß, er tötete sie, er brachte sie weg. Eine Zeitlang waren sie nicht mehr zu sehen.“ — Das Ungeheuer wurde dann von den beiden Helden getötet. Sie machten Feuer (!) und belebten die Frauen wieder. (Zitiert bei Frobenius: l. c., S. 77.)

[4]) Die Augen des Menschensohnes sind wie Feuerflamme“. Apokal, I, 15.

Schlange soll er ans Kreuz geschlagen werden, d. h. als zur Mutter Zurückstrebender soll er an der Mutter hängend sterben. Christus und der Drache des Antichristen haben ja nächste Berührung in der Geschichte ihres Auftretens und ihrer kosmischen Bedeutung. (Vgl. Bousset: Der Antichrist.) Die im Antichristmythus sich bergende Drachensage gehört zum Leben des Helden und ist deshalb unsterblich. Nirgends in neueren Mythenformen sind die Gegensatzpaare so fühlbar einander nahe wie in Christ und Antichrist. (Ich verweise auf die bewundernswerte psychologische Schilderung dieses Problems in Mereschkowskis Roman: Leonardo da Vinci.) Daß der Drache nur künstlich sei, ist ein hilfreicher und köstlicher rationalistischer Einfall, der für jene Zeit bedeutungsvoll ist. Damit wurden die unheimlichen Götter wirksam banalisiert. Die schizophrenen Geisteskranken bedienen sich gern dieses Mechanismus, um wirksame Persönlichkeiten zu depotenzieren, man hört öfter stereotype Klagen: „Es ist alles gespielt, alles künstlich, gemacht" usw. Ein Traum eines Schizophrenen ist sehr bezeichnend: Er sitzt in einem dunkeln Raum, der nur ein einziges kleines Fenster hat, durch das er den Himmel sehen kann. Dort erscheinen Sonne und Mond, aber sie sind nur aus Ölpapier künstlich gemacht. (Ableugnung der deletären Inzesteinflüsse.)

Der Abstieg von 365 Stufen weist auf einen Sonnenlauf, also wiederum auf die Höhle des Todes und der Wiedergeburt hin. Daß diese Höhle tatsächlich in Beziehung zur unterirdischen Todesmutter steht, dürfte aus einer Notiz bei Malalas, dem Historiker von Antiochia[1]), hervorgehen, welcher berichtet, daß Diocletian dort eine Krypte der Hekate geweiht habe, zu der man auf 365 Stufen hinabstieg. Auch in Samothrake scheinen ihr Höhlenmysterien gefeiert worden zu sein. Ebenso spielte im Dienste der Hekate die Schlange als regelmäßiges Symbolattribut eine große Rolle. Die Hekatemysterien blühten in Rom gegen das Ende des IV. Jahrhunderts, so daß sich die beiden obigen Legenden wohl auf ihren Kult beziehen könnten. Hekate[2]) ist eine richtige gespenstische Nacht- und Spukgöttin, ein Mar; sie wird auch reitend dargestellt und gilt bei Hesiod als Patronin der Reiter. Sie sendet das scheußliche nächtliche Angstgespenst, die Empusa, von der Aristophanes sagt, sie erschiene in eine blut-

[1]) Zitiert Cumont: Text. et Mon., I. S. 352.

[2]) Vgl. Roscher: Lex. I, 2, 1885 ff.

geschwellte Blase gehüllt. Nach Libanius hieß auch die Mutter des Aischines Empusa, und zwar darum, weil sie ἐκ σκοτεινῶν τόπων τοῖς παισὶν καὶ ταῖς γυναιξὶν ὡρμᾶτο. Empusa hat, wie Hekate, sonderbare Füße: ein Fuß besteht aus Erz, der andere aus Eselsmist. Hekate hat Schlangenfüße, was, wie die der Hekate zugeschriebene Dreigestalt, auf ihre (auch) phallische Libidonatur hindeutet[1]). In Tralles kommt Hekate neben Priapos vor, auch gibt es eine Hekate Aphrodisias. Ihre Symbole sind Schlüssel[2]), Geißel[3]), Schlange[4]), Dolch[5]) und Fackel[6]). Als der Todesmutter sind ihr Hunde beigegeben, deren Bedeutung wir oben ausführlich erörtert haben. Als Türhüterin des Hades, als Hundegöttin von dreifacher Gestalt ist sie eigentlich mit Kerberos identisch. So bringt Herakles in Kerberos die Todesmutter überwältigt zur Oberwelt empor. Als die Geistmutter (Mond!) sendet sie auch den Wahnsinn, die Mondsucht. (Diese mythische Bemerkung sagt aus, daß die „Mutter" den Wahnsinn sende; weitaus die meisten Geisteskrankheiten bestehen auch tatsächlich in der Domination des Individuums durch Materialien der Inzestphantasie.) In ihren Mysterien wurde eine Rute, λευκόφυλλος genannt, gebrochen. Diese Rute schützt die Reinheit der Jungfrauen und macht den wahnsinnig, der die Pflanze berührte. Wir erkennen darin das Motiv des heiligen Baumes, der als Mutter nicht berührt werden durfte (was nur ein Wahnsinniger sich erlauben dürfte). Als Alp erscheint Hekate in der Form der Empusa in einer Vampyrrolle oder als Lamia, als Menschenfresserin, etwa auch in jener schöneren Weise der „Braut von Korinth". Sie ist die Mutter alles Zaubers und aller Zauberinnen, die Schutzheilige der Medea, denn die Macht der furchtbaren Mutter ist magisch und unwiderstehlich (vom Unbewußten

[1]) Die Dreigestalt wird auch auf den Mond bezogen (zunehmender, voller und abnehmender Mond), jedoch sind dergleichen kosmische Beziehungen in erster Linie projizierte Metapsychologie.

[2]) Faust, II. Teil. Mütterszene: Der Schlüssel kommt der Hekate προθυραία zu als Türhüterin des Hades und psychopompischer Gottheit. Vgl. Janus, Petrus und Aion.

[3]) Attribut der furchtbaren Mutter: Ishtar hat „das Roß mit Stachel und Geißel gequält und zu Tode gemartert." (Jensen: Gilgamesh Epos, S. 18.) Auch Attribut des Helios.

[4]) Phallisches Angstsymbol.

[5]) Tötende Waffe als Symbol des befruchtenden Phallus.

[6]) Wird schon von Platon als phallisches Symbol bezeugt, wie oben erwähnt.

her wirkend). Im griechischen Synkretismus spielt sie eine bedeutende Rolle: Sie vermischt sich mit Artemis, die auch den Beinamen ἑκάτη, die „ferntreffende" oder „nach ihrem Willen treffende" führt, worin wir wieder ihre überlegene Kraft erkennen. Artemis ist die Jägerin mit Hunden, und so wurde auch Hekate durch Vermischung mit ihr die κυνηγετική, die nächtliche wilde Jägerin. (Gott als Jäger vgl. oben.) Ihren Namen hat sie auch mit Apollon gemeinsam (ἕκατος, ἑκάεργος). Vom Standpunkte der Libidotheorie aus ist diese Beziehung leicht verständlich, indem Apollo einfach die mehr positive Seite desselben Libidobetrages symbolisiert. Die Vermischung der Hekate mit Brimo als unterirdischer Mutter ist verständlich, ebenso mit Persephone und Rhea, der uralten Allmutter. Aus der Mutterbedeutung verständlich ist auch die Vermischung mit Ilithyia, der Geburtshelferin. Hekate ist auch direkt Geburtsgöttin (κουροτρόφος), Mehrerin des Viehstandes und Hochzeitsgöttin. Orphisch tritt Hekate gar in den Mittelpunkt der Welt als Aphrodite und Gaia, sogar als Weltseele überhaupt. Auf einer Gemme[1]) trägt sie auf dem Kopfe das Kreuz. Der Balken, an dem die Verbrecher gezüchtigt wurden, hieß ἑκάτη. Ihr war (als der römischen Trivia) der Dreiweg oder Scheideweg oder Kreuzweg geweiht. Und dort, wo die Wege sich spalten oder vereinigen, wurden ihr Hundeopfer gebracht, dorthin warf man die Leichen der Hingerichteten; das Opfer geschieht an der Vereinigungsstelle. (Vgl. oben.) Etymologisch ist auch Scheide (z. B. Schwertscheide), Scheide als Wasserscheide und Scheide als Vagina mit scheiden ([spalten] σχίζω) dasselbe Wort. Die Bedeutung eines Opfers an dieser Stelle wäre also: der Mutter an der Vereinigungsstelle oder an der Spalte etwas darbieten. (Vgl. die Opfer an die chthonischen Götter in den Erdspalten.) Unschwer sind der Temenos der Ge, der Erdspalt und die Quelle als jene Pforten des Todes und Lebens aufzufassen[2]), „an denen jeder gern vorüberschleicht" (Faust) und seinen Obolus oder seine πελανοί dreinopfert, statt seines Leibes, wie Herakles den

---

[1]) Arch. Zeitung, 1857, Taf. 99. Zitiert Roscher, I, 2, Sp. 1909.

[2]) Vgl. die Symbolik des Melker Marienliedes (XII. Jahrh.):

„Sancta Maria,
Verschloßne Pforte
Aufgetan Gott's Worte —
Brunnen versiegelter,
Garten verriegelter,
Pforte vom Paradies."

Kerberos mit dem Honigkuchen beschwichtigte. (Vgl. auch die mythische Bedeutung des Hundes!) So war auch die Spalte von Delphi mit der Quelle Kastalia der Sitz des chthonischen Drachen Python, der vom Sonnenhelden Apollo überwunden wurde. (Python hat, durch Hera gehetzt, die mit Apollo schwangere Leto verfolgt; sie aber gebar auf der bis anhin schwimmenden Insel Delos [„Nachtmeerfahrt"] ihr Kind, das später den Python erschlug, d. h. in ihm die Geistmutter überwand.) In Hierapolis (Edessa) war der Tempel über dem Erdspalt errichtet, in den sich die Sintflut verlaufen hat, und in Jerusalem bedeckte der Grundstein des Tempels die große Tiefe[1]), wie auch christliche Kirchen nicht selten über Höhlen, Grotten, Quellen usw. errichtet sind. In der Mithrasgrotte[2]) und all den anderen Höhlendiensten bis zu den christlichen Katakomben, die ihre Bedeutung nicht den legendären Verfolgungen, sondern dem Totenkult verdanken[3]), begegnen wir demselben Grundmotiv. Auch das Begraben der Toten im heiligen Bezirke (im „Totengarten", in Kreuzgängen, Krypten usw.) ist die Zurückgabe an die Mutter mit der gewissen Auferstehungshoffnung, durch welche solche Bestattung rechtmäßigerweise belohnt wird. Das Todestier, das in der Höhle haust, mußte früher durch Menschenopfer, später durch Naturalgaben beschwichtigt werden[4]). Daher der attische Gebrauch den Toten die μελιτοῦττα mitgab zur Beschwichtigung des Höllenhundes, des dreiköpfigen Ungeheuers

Dieselbe Symbolik im Erotischen:

„Jungfräulen, soll ich mit euch gehn
In euren Rosengarten,
Dort, wo die roten Röslein stehn,
Die feinen und die zarten,
Und auch ein Baum daneben,
Der seine Läublein wiegt,
Und auch ein kühler Brunnen,
Der grad darunter liegt."

[1]) Herzog: Aus dem Asklepieion von Kos. Archiv für Religionswissenschaft, Bd. X, H. 2, S. 219 ff.

[2]) Ein Mithrasheiligtum war, wenn irgend möglich, eine unterirdische Grotte, öfter wurde die Höhle auch bloß nachgeahmt. Es ist denkbar, daß die christlichen Krypten und Unterkirchen von ähnlicher Bedeutung sind.

[3]) Vgl. Schultze: Die Katakomben, 1882, S. 9 ff.

[4]) In den Taurobolien wurde ein Stier über einer Grube geopfert, in welcher sich der Consecrand befand. Seine Initiation bestand darin, daß er vom Blute des Opfers übergossen wurde. Also eine Wiedererzeugung und Wiedergeburt, Taufe. Der Täufling hieß dann Renatus.

am Tore der Unterwelt; eine jüngere Ablösung der Naturalmitgaben scheint der Obolus für den Charon zu sein, daher ihn **Rohde** als den zweiten Kerberos bezeichnete, entsprechend dem ägyptischen Hundsgott Anubis[1]). Hund und Unterweltschlange (Drache) sind ebenfalls identisch. Bei den Tragikern sind Erinnyen sowohl Schlangen wie Hunde; die Schlangen Tychon und Echidna sind Eltern der Schlangen: Hydra, des Hesperidendrachen und Gorgo und der Hunde: Kerberos, Orthros, Skylla[2]). Schlangen und Hunde sind auch Schatzhüter. Der chthonische Gott war wohl immer eine in einer Höhle wohnende Schlange und wurde mit *πελανοί* gefüttert. In den Asklepieia der späteren Zeit waren die heiligen Schlangen wohl kaum mehr sichtbar, d. h. sie waren vielleicht nur noch figürlich vorhanden[3]). Es war nur noch das Loch da, in dem die Schlange wohnen sollte. Dort wurden die *πελανοί* hineingelegt, später wurde dort der Obolus hineingeworfen. Die heilige Höhle im Tempel von Kos bestand in einer rechteckigen Grube, darauf lag ein steinerner Deckel mit einem viereckigen Loch; diese Einrichtung entspricht den Zwecken eines Thesaurus: Aus dem Schlangenloch war ein Geldeinwurf, ein „Opferstock" entstanden und aus der Höhle ein „Hort". Daß diese Entwicklung, die **Herzog** sehr schön durchführt, mit den Funden trefflich übereinstimmt, zeigt ein Fund aus dem Tempel des Asklepios und der Hygieia in Ptolemais:

„Es ist eine zusammengeringelte, den Hals hochaufrichtende Schlange von Granit. — In der Mitte der Windungen ist ein schmaler, durch den Gebrauch abgeschliffener Schlitz, gerade groß genug, um eine Münze von höchstens 4 *cm* Durchmesser durchfallen zu lassen. An den Seiten sind Löcher für Griffe zum Heben des schweren Stückes, dessen untere Hälfte als Deckel zum Einsetzen gearbeitet ist." (**Herzog** l. c., S. 212.)

Die Schlange liegt jetzt als Hüter des Hortes auf dem Thesaurus. Die Angst vor dem Mutterschoß des Todes ist zur Hüterin des Lebensschatzes geworden. Daß die Schlange in diesem Zusammenhang wirklich ein Todessymbol ist, d. h. ein Symbol der gestorbenen Libido (ein negativer Phallus), geht auch aus dem Umstand hervor, daß die Seelen der Verstorbenen, den chthonischen Göttern gleich, als **Schlangen** erscheinen, als Bewohner des Reiches der Todesmutter. (**Rohde**: Psyche I, S. 244, IV. Aufl.) Diese Symbolentwicklung läßt den Über-

[1]) Weitere Nachweise bei **Herzog**: l. c., S. 224.

[2]) Weitere Nachweise bei **Herzog**: l. c., S. 225.

[3]) Allerdings wurden heilige Schlangen gehalten zur Schaustellung und anderen Zwecken.

ang der ursprünglich sehr primitiven Erdspaltbedeutung als Mutter zur Bedeutung des Thesaurus wohl erkennen und dürfte daher die Etymologie von „Hort", wie sie Kluge vorschlägt, wohl stützen. Das zu κεύθω gehörige κεῦθος bedeutet innerster Erdschoß (Hades), κύσθος, das Kluge dazustellt, ist von ähnlicher Bedeutung: Höhlung, Schoß. Prellwitz erwähnt diesen Zusammenhang allerdings nicht. Dagegen stellt Fick[1]) nhd. hort, goth. huzd zu armen. kust (venter) kirchenslaw. čista, ved. koṣṭha = Unterleib von der idg. Wurzel koustho-s = Eingeweide, Unterleib, Kammer, Vorratskammer[2]). Prellwitz stellt zu κύσθος κύστις = Harnblase, Beutel, altind.: kustha-s = Lendenhöhle; sodann κύτος = Höhlung, Wölbung; κυτίς = kleiner Kasten von κυέω = bin schwanger. Davon κύτος = Höhle, κύαρ = Loch, κύαθος = Becher, κύλα = Vertiefung unter dem Auge, κῦμα, das Anschwellen, Woge, Welle, κῦρος = Gewalt, Macht. κύριος = Herr, altiran. caur, cur = Held, altind. çura-s = stark, Held. Die zugrunde liegenden indog. Wurzeln sind:[3]) kevo = schwellen, stark sein. Davon die oben erwähnten κυέω, κύαρ, κῦρος und lat. cavus = (hohl, gewölbt, Höhlung, Loch) cavea = (Höhlung, Gehege, Käfig, Schauplatz und Versammlung); caulae = (Höhlung, Öffnung, Einhegung, Stall[4]); kuéyô = schwelle part. kueyonts = schwellend. en-kueyonts = schwanger. ἐγκυέων = lat. inciens = trächtig, vgl. sanskr. vi-çváyan = anschwellend; kûro-s (kevaro-s) stark, kräftig, Held.

Der Schatz, den der Held aus der dunkeln Höhle herausholt, ist das schwellende Leben, ist er selber, der Held, neugeboren aus

[1]) Band I, S. 28.

[2]) Außerdem lat. cuturnium = vas quo in sacrificiis vinum fundebatur.

[3]) Fick: Vgl. Wörterbuch, I, S. 424.

[4]) Vgl. die Stallreinigung des Herakles. Der Stall ist wie die Höhle ein Geburtsort. Wir finden Stall und Höhle im Mithraismus verbunden mit der Stiersymbolik, ebenso im Christianismus. (Siehe Robertson: Christ and Krishna.) In einer Basutomythe kommt die Stallgeburt ebenfalls vor. (Frobenius l. c.) Die Stallgeburt gehört zur mythologischen Tierfabel; daher auch die Legende der Conceptio immaculata, verbunden mit der Schwängerungsgeschichte der unfruchtbaren Sarah schon uralt ägyptisch als Tierfabel vorgebildet ist. Herodot, III, 28, heißt es: „Dieser Apis nun oder Epaphos ist ein Kalb von einer Kuh, die nicht mehr in den Fall kommen kann, noch eine Leibesfrucht zu bekommen. Und die Ägypter sagen, ein Strahl vom Himmel komme auf die Kuh und davon gebäre sie den Apis." Der Apis ist die Sonne, daher seine Abzeichen: auf der Stirn weißer Fleck, auf dem Rücken die Zeichnung eines Adlers, auf der Zunge ein Käfer.

Der Drache im Abendmahlskelch.

den Ängsten der Schwangerschaft und des Geburtskampfes. So heißt der indische Feuerholer Mataricvan = der in der Mutter Schwellende. Der Held ist als zur Mutter Strebender der Drache und als aus der Mutter Hervorgehender der den Drachen überwindende Held[1]). Dieser Gedankengang, den wir bereits oben bei Christ und Antichrist andeuteten, läßt sich bis in die Details christlicher Phantasie verfolgen: Es gibt eine Reihe von mittelalterlichen Darstellungen[2]), auf denen der Inhalt des Abendmahlskelches ein Drache, eine Schlange oder sogar sonst ein kleines Ungeziefer ist[3]). (Vgl. die Abbildung.)

---

[1]) Nach Philo ist die Schlange von allen Tieren das geistigste, ihre Natur ist die des Feuers, ihre Schnelligkeit gewaltig und ohne Bedarf der Beihilfe irgend eines besonderen Gliedes. Sie hat langes Leben und streift mit der Haut das Alter ab. Darum wird sie in die Mysterien aufgenommen, denn sie ist unsterblich. (Maehly: Die Schlange in Mythologie und Kultus der klassischen Völker, 1867. S. 7.)

[2]) Z. B. der hl. Johannes von Quinten Matsys (siehe Abbildung), sodann zwei Darstellungen von einem unbekannten Straßburger Meister in der Straßburger Galerie.

[3]) „Und das Weib — hatte einen goldenen Becher in der Hand voll Greuel und Unsauberkeit ihrer Unzucht.“ Apokal. 17. 4.)

Das Weib ist trunken vom Blute der Heiligen und der „Zeugen Jesu“, ein treffliches Bild der furchtbaren Mutter (wobei Becher = Genitale). In der thibetanischen Mythe von Bogda-Gesser Khan

Der Becher ist das Gefäß, der Mutterleib des im Wein wiedererstehenden Gottes, der Becher ist die Höhle, wo die Schlange, der sich häutende Gott im Stadium der Verwandlung, wohnt; denn Christus ist auch die Schlange. Diese Symbolismen werden I Kor. 10, 1 ff. in dunkle Zusammenhänge gebracht: Paulus schreibt dort von den Juden, die „alle die Taufe auf Moses empfingen in der Wolke und im Meer" (also wiedergeboren seien) und „den gleichen Trank" getrunken hätten, „denn sie tranken aus einem mitgehenden geistlichen Felsen, der Fels aber war der Christus". Sie tranken bei der Mutter (dem gebärenden Felsen, Felsgeburt) die Milch der Verjüngung, das Heilmittel der Unsterblichkeit, und dieser Fels war der Christus, hier identisch mit der Mutter; denn er ist der Symbolrepräsentant der Mutterlibido. Wenn wir aus dem Becher trinken, so trinken wir Unsterblichkeit und ewiges Heil aus der Mutterbrust. Wie die Juden, so schreibt Paulus, aßen und danach aufstanden, zu tanzen und Unzucht zu treiben, wurden ihrer 23.000 von der Schlangenplage weggerafft. Das Heilmittel der Überlebenden aber war der Anblick der am Pfahl hängenden Schlange. Vor ihr aus ging das Heilmittel.

„Den Becher des Segens, den wir segnen, ist er nicht Gemeinschaft des Blutes des Christus? Das Brot, das wir brechen, ist es nicht Gemeinschaft des Leibes des Christus? Denn ein Brot ist es, so sind wir viele ein Leib; denn alle teilen wir uns in das eine Brot."

Brot und Wein sind Leib und Blut Christi, die Nahrung der Unsterblichen, die mit Christus Brüder sind, ἀδελφοί, solche, „die aus dem gleichen Schoße stammen". Mit Christus sind wir alle Heroen, die durch die Mutter wiedergeboren sind und unsterbliche Nahrung genießen. Wie bei den Juden, so ist auch beim Christen die Gefahr des unwürdigen Genusses nahe, denn bei diesem Mysterium, dessen psychologischer Zusammenhang mit dem unterirdischen Hierosgamos von Eleusis ein sehr intimer ist, handelt es sich um eine geheime Vereinigung der Menschen in einem geistigen Sinne[1]), der immer noch vom Profanen mißverstanden

ist die schwer erreichbare Kostbarkeit, welche die dämonische Alte hütet, ein Käfer. Gesser sagt zu ihr: „Schwester, seit ich geboren bin, hast du mir meine Seele, einen Käfer noch nicht gezeigt." Die Mutterlibido ist auch die Seele. Bezeichnend ist, daß die Alte den Helden auch zum Mann begehrt. (Frobenius l. c., S. 291.)

[1]) Dies ist auch der Sinn des Mysteriums. Es soll die nutzlos brachliegende inzestuöse Libido auf Symbolbrücken zu sinnvoller Betätigung überleiten und dadurch den vom Unbewußten her wirkenden dunkeln Zwang der Libido in soziale Gemeinschaft und höheres sittliches Streben übersetzen.

26*

und zurückübersetzt wurde in seine Sprache, wo das Mysterium Orgie ist und das Geheimnis Laster[1]). So hat ein interessanter Gotteslästerer und Sektierer aus dem Anfang des 19. Jahrhunderst vom Abendmahl folgendes gesagt:

„In denen Hurenhäusern ist die Gemeinschaft der Teufel. Alles, was sie da opfern, das haben sie den Teufeln geopfert und nicht Gott; da haben sie der Teufel Kelch und der Teufel Tisch, da haben sie am Kopfe der Schlangen gesogen[2]), da haben sie sich mit dem gottlosen Brot genährt und den Wein des Frevels getrunken."

Unternährer, wie dieser Mann heißt[3]), ist eben ein Anhänger oder Verkünder der „Auslebetheorie". Er selber träumt sich als eine Art priapischer Gottheit; er sagt von sich selber:

„Mit schwarzen Haaren und gar lieblich und schön von Angesicht, und jedermann hört dich gern wegen der holdseligen Reden, die aus deinem Munde gehen; darum lieben dich die Mägde.

---

[1]) Ein trefflicher Beleg dafür ist die Beschreibung der Orgien russischer Sektierer bei Mereschkowski: Peter der Große und Alexei. Im Kult der asiatischen Liebesgöttin (Anaïtis, Mylitta usw.) war die Tempelprostitution eine organisierte Institution. Der orgiastische Kult der Anâhita (Anaïtis) hat sich in neueren Sekten erhalten, bei den Ali Illâhîja, den sogenannten „Lichtauslöschern", bei den Yezîden und Dushikkurden, welche nächtliche religiöse Orgien feiern, die in einem wilden sexuellen Durcheinander enden, wobei auch inzestuöse Vermischungen vorkommen. (Spiegel: Erân. Altertumskunde, II, S. 64.) Weitere Nachweise finden sich in dem wertvollen Werke von Stoll: Das Sexualleben in der Völkerpsychologie, Leipzig, 1908.

[2]) Vgl. zum Schlangenkuß Grimm II, S. 809 f. Dadurch wird ein schönes Weib erlöst. Das Saugen deutet auf die mütterliche Bedeutung der Schlange, die neben der phallischen existiert. Es ist Koitus auf vorsexueller Stufe. Spielreins Kranke (Jahrbuch III, S. 344 f.) sagt folgendes: „Wein ist das Blut Jesu. — Das Wasser muß gesegnet werden und wird auch gesegnet von ihm. — Der lebendig Begrabene wird zum Weinberge. Jener Wein wird zum Blute. — Das Wasser wird von Kindlichkeit durchsetzt, weil Gott sagt, werdet wie Kinder. Es gibt auch ein spermatisches Wasser, das mit Blut durchtränkt werden kann. Das ist vielleicht das Wasser Jesu." Hier finden wir ein Zusammenfließen aller verschiedenen Bedeutungen des im Abendmahle gewonnenen Unsterblichkeitsmittels. Wiedemann (Der alte Orient, II, 2, S. 18, zitiert Dieterich: l. c., S. 101) bezeugt, daß es ein ägyptischer Gedanke ist, daß man durch das Saugen an der Brust einer Göttin mit der Milch die Unsterblichkeit einsauge. Vgl. dazu den Heraklesmythus, wo der Held durch einen einzigen Zug an der Brust der Hera die Unsterblichkeit gewinnt.

[3]) Aus den Schriften des Sektierers Anton Unternährer. Geheimes Reskript der bernischen Regierung an die Pfarr- und Statthalterämter, 1821. Ich verdanke die Kenntnis dieses Stückes Herrn Pfarrer Dr. O. Pfister.

Er predigt „Nacktkultur“:

„Ihr Narren und Blinde sehet, Gott hat den Menschen zu seinem Bilde geschaffen als ein Männlein und Fräulein und hat sie gesegnet und gesprochen: Seid fruchtbar und mehret euch und füllet die Erde und macht sie euch untertan. Dazu hat er den dürftigen Gliedern am meisten Ehre gegeben und hat sie nackend in den Garten gesetzt usw.“

„Nun sind die Feigenblätter und die Decke abgetan, weil ihr euch zum Herrn bekehrt habt, denn der Herr ist der Geist, und wo der Geist des Herrn ist, da ist Freiheit[1]), da spiegelt sich des Herrn Klarheit mit aufgedecktem Angesicht. Das ist köstlich vor Gott und ist die Herrlichkeit des Herrn und der Schmuck unseres Gottes, wenn ihr in Gottes Bild und Ehre stehet, wie euch Gott geschaffen hat, nackend und euch nicht schämet.“

„Wer will den Söhnen und Töchtern des lebendigen Gottes die Glieder des Leibes, die zum Gebären gesetzt sind, nach Würde loben können?“

„In dem Schoß der Töchter Jerusalems, da ist das Tor des Herrn, die Gerechten werden da hineingehen in den Tempel, zu dem Altar[2]). Und in dem Schoß der Söhne des lebendigen Gottes ist die Wasserröhre des oberen Teiles, das ist ein Rohr, einem Stecken gleich, den Tempel und den Altar zu messen. Und unter der Wasserröhren sind die heiligen Steine aufgerichtet, zum Zeichen und Zeugen[3]) des Herrn, der den Samen Abrahams an sich genommen hat.“

„Durch den Samen in der Mutterkammer schafft Gott mit seiner Hand einen Menschen, ihm zum Bilde. Da wird den Töchtern des lebendigen Gottes ihr Mutterhaus und ihre Mutterkammer geöffnet und Gott selbst gebiert durch sie das Kind. Also tut Gott aus denen Steinen Kinder erwecken, denn aus den Steinen kommt der Samen.“[4])

---

[1]) Nietzsche Zarathustra: „Und auch dieses Gleichnis gebe ich euch: Nicht wenige, die ihren Teufel austreiben wollten, fuhren dabei selber in die Säue.“

[2]) Vgl. die Zosimosvision.

[3]) In ursprünglicher Zweideutigkeit cf. Testis = Hoden und Zeuge.

[4]) Die Bedeutung des Abendmahles als einer Unio mystica mit dem Gotte ist im Grunde sexuell und sehr körperlich. Die Urbedeutung des Abendmahles ist wohl die eines Hierosgamos. Daher heißt es in dem von Firmicus überlieferten Fragment aus dem Attismysterium, daß der Myste aus dem Tympanon esse, aus dem Kymbalon trinke, und er bekennt: *ὑπὸ τὸν παστὸν ὑπέδυον*, was soviel bedeutet als: „Ich bin ins Brautgemach eingegangen“. Usener weist (bei Dieterich: l. c., S. 126) noch eine Reihe von Stellen aus der patristischen Literatur nach, wovon ich bloß einen Satz aus den Reden des Proclus von Konstantinopel erwähne: „*ἡ παστὰς ἐν ᾗ ὁ λόγος ἐνυμφεύσατο τὴν σάρκα.*“

Die Kirche ist also etwa das Brautgemach, wo der Geist das Fleisch begattet, recht eigentlich das Cömeterium. Irenäus berichtet ein Mehreres von den Einweihungsgebräuchen gewisser gnostischer Sekten, die nichts wie zweifelhaft geistige Hochzeiten waren. (Vgl. Dieterich: l. c., S. 127 ff.) In der katholischen Kirche wird noch jetzt ein Hierosgamos gefeiert bei der Einsetzung eines Priesters. Ein junges Mädchen hat dabei die Braut Kirche darzustellen.

Die Geschichte lehrt aus mannigfachen Beispielen, wie das religiöse Mysterium leicht genug in die sexuelle Orgie umschlagen kann, indem es eben auch aus der Umwertung der Orgie entstanden ist. Es ist bezeichnend, wie dieser priapische Heiland[1]) wieder zurückkehrt zum alten Symbol der Schlange, die im Mysterium in den Gläubigen eintritt, ihn befruchtend und vergeistigend, die ursprünglich aber phallische Bedeutung besaß. In den Mysterien der Ophiten wurde die Feier wirklich mit Schlangen abgehalten, wobei die Tiere sogar geküßt wurden. (Vgl. die Liebkosung der Demeterschlange im Eleusinischen Mysterium.) In den sexuellen Orgien moderner christlicher Sekten spielt der phallische Kuß eine große Rolle. Unternährer war ein ungebildeter verrückter Bauer, und es ist nicht anzunehmen, daß ihm die ophitischen Kultgebräuche bekannt waren.

Die phallische Bedeutung ist durch die Schlange allerdings negativ respektive geheimnisvoll ausgedrückt, was, wie immer, auf einen geheimen Nebengedanken deutet. Der Nebengedanke bezieht sich auf die Mutter; so fand ich in einem Traum bei einem Patienten folgendes Bild: „Eine Schlange schießt aus einer feuchten Höhlung hervor und beißt den Träumer in die Genitalgegend." Dieser Traum fand statt in dem Moment, wo sich der Patient von der Richtigkeit der Analyse überzeugte und anfing, sich aus dem Banne seines Mutterkomplexes zu befreien. Der Sinn ist: Ich bin überzeugt, begeistert und von der Mutter vergiftet. Die gegensätzliche Ausdrucksweise ist für den Traum charakteristisch. Im Moment, wo er die Bewegung nach vorwärts fühlt, empfindet er auch die Bindung an die Mutter. Eine Patientin hatte zur Zeit eines Rezidivs, wo sie die Libido wieder für eine Weile ganz introvertierte, folgenden Traum: „Sie war von einer großen Schlange innen ganz ausgefüllt. Nur ein Ende des Schwanzes sah noch zum Arm heraus. Das wollte sie fassen, aber es entwischte ihr auch." Eine Patientin mit stärkster Introversion (katatonischer Zustand) klagte mir darüber, daß ihr eine Schlange im Halse stecke[2]). Dieser Symbolismus wird auch von Nietzsche verwendet in jenem „Gesicht" vom Hirten und der Schlange[3]):

„Und wahrlich, was ich sah, desgleichen sah ich nie. Einen jungen Hirten sah ich, sich windend, würgend, zuckend, verzerrten Antlitzes, dem eine schwarze, schwere Schlange aus dem Munde hing.

[1]) Vgl. auch die Phantasien von Felicien Rops: Der gekreuzigte Priap.

[2]) Vgl. dazu auch die Symbolik in Nietzsches Gedicht: „Was locktest du dich ins Paradies der alten Schlange?" usw.

[3]) Also sprach Zarathustra. Werke, Bd. VI. S. 233.

Sah ich je so viel Ekel und bleiches Grauen auf einem Antlitze[1])? Er hatte wohl geschlafen? Da kroch ihm die Schlange in den Mund — da biß sie sich fest.

Meine Hand riß die Schlange und riß: — umsonst! — — — Den Kopf ab! Beiß zu! — So schrie es aus mir, mein Grauen, mein Haß, mein Ekel, mein Erbarmen, all mein Gutes und Schlimmes schrie mit einem Schrei aus mir.

Ihr Kühnen um mich — So ratet mir doch das Rätsel, das ich damals schaute, so deutet mir doch das Gesicht des Einsamsten!

Denn ein Gesicht war es, und ein Vorhersehen: — Was sah ich damals im Gleichnisse? Und wer ist, der einst noch kommen muß?

Wer ist der Hirt, dem also die Schlange in den Mund kroch? Wer ist der Mensch, dem alles Sschwerste, Schwärzeste in den Schlund kriechen wird?[2])

— Der Hirt aber biß, wie mein Schrei ihm riet; er biß mit gutem Bisse! Weit weg spie er den Kopf der Schlange und sprang empor.

Nicht mehr Hirt, nicht mehr Mensch, ein Verwandelter, ein Umleuchteter, welcher lachte! Niemals noch auf Erden lachte je ein Mensch wie er lachte!

Oh, meine Brüder, ich hörte ein Lachen, das keines Menschen Lachen war, — und nun frißt ein Durst an mir, eine Sehnsucht, die nimmer stille wird.

Meine Sehnsucht nach diesem Lachen frißt an mir: oh, wie ertrage ich noch zu leben! Und wie ertrüge ich's, jetzt zu sterben[3])!"

Die Schlange repräsentiert die sich introvertierende Libido. Durch die Introversion wird man vom Gotte befruchtet, begeistert, wieder erzeugt und wieder geboren. Dieses Bild schöpferischer geistiger Tätigkeit hat in der indischen Philosophie sogar kosmogonische Bedeutung. Der unbekannte Urschöpfer aller Dinge ist nach Rigveda 10, 121 Prajâpati, der „Herr der Geschöpfe". In den verschiedenen Brâhmanas wird seine kosmogonische Tätigkeit folgendermaßen geschildert:

„Prajâpati begehrte: ich will mich fortpflanzen, will vielfach sein. Er übte Tapas, nachdem er Tapas geübt, schuf er diese Welten."

Der sonderbare Begriff des Tapas ist nach Deussen[4]) zu übersetzen als: „er erhitzte sich in Erhitzung"[5]) mit dem Sinne: „er brütete

[1]) Nietzsche soll selber gelegentlich eine gewisse Vorliebe für ekelhafte Tiere gezeigt haben. Vgl. C. A. Bernoulli: Franz Oberbeck und Friedrich Nietzsche, Bd. I, S. 166.

[2]) Ich erinnere an den Traum Nietzsches, der im I. Teil dieser Arbeit zitiert ist (Abschnitt III).

[3]) Zu diesem Bilde gehört der germanische Mythus von Dietrich von Bern, der Feueratem hat: Er wird mit einem Pfeile an der Stirne verwundet und ein Stück bleibt stecken, eben davon heißt er der Unsterbliche. Ähnlich haftet in Thors Haupt die Hälfte von Hrûngnirs Steinkeil. Vgl. Grimm, Mythol., I, S. 309.

[4]) Geschichte der Philosophie, Bd. I, S. 181 f.

[5]) sa tapo atapyata.

Bebrütung", wobei Brütendes und Bebrütetes nicht zwei, sondern ein und dasselbe Wesen sind. Als Hiranyagarbha ist Prajâpati das aus ihm selber erzeugte Ei, das Weltei, in dem er sich selber bebrütet: Er kriecht also in sich selber hinein, wird zu seinem eigenen Uterus, geht schwanger mit sich selbst, um die Welt des Vielfachen zu gebären. So verwandelt sich Prajâpati auf dem Wege der Introversion in ein Neues, das Vielfache der Welt. Von besonderem Interesse ist, zu bemerken, wie sich Entlegenstes berührt. Deussen[1]) bemerkt: „In dem Maße, wie der Begriff tapas (Hitze) im heißen Indien zum Symbol der Anstrengung und Qual wurde, spielte auch jenes tapo atapyata über in den Begriff der Selbstkasteiung und trat dadurch in Zusammenhang mit der Vorstellung, daß die Schöpfung von seiten des Schöpfers ein Akt der Selbstentäußerung ist."

Selbstbebrütung[2]) und Selbstkasteiung und Introversion sind ganz nah zusammenhängende Begriffe. Denselben Gedankengang verrät die oben erwähnte Zosimosvision, wo es vom Orte der Verwandlung heißt: *ὁ τόπος τῆς ἀσκήσεως*. Wir haben damals bemerkt, daß der Ort der Verwandlung eigentlich der Uterus ist. Die Vertiefung in sich selbst (Introversion) ist ein Eingehen in den eigenen Uterus und zugleich Askese. Aus dieser Handlung entsteht für die Philosophie der Brâhmanas die Welt, für die nachchristlichen Gnostiker die Erneuerung und geistige Wiedergeburt des Individuums, das in eine neue geistige Welt geboren wird. Die indische Philosophie ist nur bedeutend kühner und konsequenter, sie nimmt auch an, daß aus der Introversion überhaupt die Schöpfung entstehe; wie es in dem wunderbaren Hymnus Rigveda 10, 129 heißt:

„Da ward, was in der Schale war versteckt,
Das Eine, durch der Glutpein Kraft geboren.
Aus diesem ging hervor zuerst entstanden:
Als der Erkenntnis Samenkeim, die Liebe[3]); —
Des Daseins Wurzelung im Nichtsein fanden
Die Weisen, forschend, in des Herzens Triebe[4]).

---

[1]) l. c., S. 182.

[2]) Die stoische Vorstellung von der schaffenden Urwärme, in der wir (Teil I, Kapitel IV) bereits die Libido erkannt haben, gehört in diesen Zusammenhang, ebenso die Steingeburt des Mithras, die „solo aestu libidinis" erfolgt.

[3]) kâma = *ἔρος*.

[4]) In der genauen Prosaübersetzung heißt dieser Passus: „Da entwickelte sich aus ihm zu Anfang Kâma." (Deussen: Gesch. d. Phil., Bd. I, S. 123.) Kâma ist die Libido. „Die Wurzelung des Seienden im Nichtseienden fanden die Weisen, indem sie mit Einsicht forschten, im Herzen."

Diese philosophische Ansicht erfaßt die Welt als eine Libidoemanation, was auch vom erkenntnistheoretischen und psychologischen Standpunkt aus weitgehend akzeptiert werden muß, denn die Realitätsfunktion ist, wie wir früher ausführten, eine Triebfunktion mit dem Charakter der biologischen Anpassung. Wenn nun der geisteskranke Schreber den Weltuntergang herbeiführt durch seine Libidointroversion, so ist das eine durchaus konsequente psychologische Ansicht, so gut wie Schopenhauer durch die Verneinung (Heiligkeit, Askese) den Fehltritt des Urwillens, wodurch diese Welt geschah, annullieren wollte. Sagt nicht auch Goethe:

„Ihr folget falscher Spur,
Denkt nicht, wir scherzen!
Ist nicht der Kern der Natur
Menschen im Herzen?"

Der Held, der die Erneuerung der Welt, die Besiegung des Todes zu leisten hat, ist die Libido, die, sich selber in der Introversion bebrütend, als Schlange das eigene Ei umschlingend, anscheinend mit giftigem Biß das Leben bedroht, um es in den Tod zu führen, und aus jener Nacht, sich selber überwindend, wieder gebiert. Nietzsche[1]) kennt dieses Bild:

„Wie lange sitzest du schon auf deinem Mißgeschick
Gib acht! Du brütest mir noch
Ein Ei
Ein Basilisken-Ei
Aus deinem langen Jammer aus."

Der Held ist sich selber Schlange, sich selber Opferer und Geopfertes. Der Held ist selber von Schlangennatur, daher sich Christus mit der Schlange vergleicht; daher das erlösende Weltprinzip jener gnostischen Sekten, die sich Ophiten nannten, die Schlange war. Die Schlange ist der Agatho- und Kakodämon. Es ist daher begreiflich, wenn es in der germanischen Sage heißt, daß die Helden Schlangenaugen[2]) hätten. Ich erinnere auch an die oben gezogene Parallele zwischen den Augen des Menschensohnes und denen des tarpeischen Drachen. Auf den bereits erwähnten mittelalterlichen Bildern erscheint an Stelle des Herrn im Kelche der Drache, der mit

[1]) Ruhm und Ewigkeit. Werke VIII, I, S. 425.

[2]) Grimm: Mythologie, III, S. 111. Die Helden haben Schlangenaugen wie die Könige: ormr î auga. Sigurdr heißt Ormr î Auga.

schillerndem Schlangenblick[1]) das göttliche Geheimnis im mütterlichen Schoße der erneuernden Wiedergeburt hütet: Wiederum bei Nietzsche belebt sich das alte, anscheinend längst erstorbene Bild[2]):

„Krank heute vor Zärtlichkeit ein Tauwind
Sitzt Zarathustra wartend, wartend auf seinen Bergen,
Im eigenen Safte süß geworden und gekocht,
Unterhalb seines Gipfels,
Unterhalb seines Eises,
Müde und selig,
Ein Schaffender an seinem siebenten Tag.
Still!
Meine Wahrheit ist's! —
Aus zögernden Augen,
Aus sammtenen Schaudern
Trifft mich ihr Blick,
Lieblich, bös, ein Mädchenblick . . .
Sie erriet meines Glückes Grund,
Sie erriet mich — ha! was sinnt sie aus? —
Purpurn lauert ein Drache
Im Abgrunde ihres Mädchenblickes[3]).
Wehe dir, Zarathustra!
Du siehst aus wie einer,
Der Gold verschluckt hat:
Man wird dir noch den Bauch aufschlitzen[4])!

In diesem Gedicht ist so ziemlich alles an Symbolik zusammengebracht, was wir oben aus anderen Zusammenhängen elaboriert haben. Im Mythus des Kekrops sind noch deutliche Spuren vorhanden

[1]) Nietzsches Werke, Bd. VIII, I, S. 419.

„In grünen Lichtern
Spielt Glück noch der braune Abgrund herauf."

S. 393. „Seine Stimme versauert sich,
Sein Auge blickt Grünspan!"

[2]) Von der Armut des Reichsten. Werke, Bd. VIII, I, 431.

[3]) Nietzsche: Werke, Bd. VIII, I, S. 393:

„Langsame Augen,
Welche selten lieben:
Aber wenn sie lieben, blitzt es herauf
Wie aus Goldschächten,
Wo ein Drache am Hort der Liebe wacht."

[4]) Er ist mit der Sonne schwanger.

von der ursprünglichen Identität von Schlange und Heros: Kekrops ist selber halb Schlange halb Mann. Er wird wohl primitiv die atheniensische Burgschlange selber gewesen sein. Als begrabener Gott ist er wie Erechtheus ein chthonischer Schlangengott. Über seiner unterirdischen Wohnstätte erhebt sich das Parthenon, der Tempel der Jungfraugöttin. (Vgl. die analoge Idee der christlichen Kirche.) Die Abhäutung des Gottes, die wir bereits flüchtig erwähnten, steht mit der Schlangennatur des Helden in nächster Beziehung. Wir haben schon von den mexikanischen Gotteshäutungen gesprochen. Von Mânî, dem Stifter der Manichaersekte, wird ebenfalls berichtet, daß er getötet, abgehäutet und ausgestopft aufgehängt wurde[1]). Es ist ein Christustod, bloß in einer andern mythologischen Form[2]).

---

[1]) Galat. 3, 27 spielt auf dieses Urbild an: „So viel euer auf Christus getauft sind, habt ihr Christus angezogen."

[2]) Wie Mânî ist auch Marsyas ein Gekreuzigter. (Vgl. dazu Robertson Evang. Myth., S. 66.) Beide wurden aufgehängt, welche Strafe einen unverkennbaren Symbolwert hat, indem das Schweben („Langen und Bangen in schwebender Pein") Symbol unerfüllten Wunsches ist (vgl. Freud: Traumdeutung, II. Auflage, S. 196), daher Christus, Odin, Attis an Bäumen (= Mutter) hängen. Ähnlichen Tod erlitt der talmudische Jesus ben Pandira (wie es scheint, der am ehesten historische Jesus) am Vorabend eines Passahfestes in der Regierungszeit des Alexander Jannaeus (106—79 a. Chr. n.). Dieser Jesus soll der Stifter der essenischen Sekte gewesen sein (vgl. Robertson: Evang. Myth., S. 123), die in gewisser Beziehung stand zu dem nachmaligen Christentum. Der mit dem vorigen Jesus identifizierte, aber ins zweite nachchristliche Jahrhundert verlegte Jesus ben Stada wurde ebenfalls gehängt. Beide wurden vorher gesteinigt, welche Strafe sozusagen eine unblutige war, wie das Hängen. (Die christliche Kirche, die kein Blut vergießt, verbrennt dafür.) Dieses dürfte nicht ohne Belang sein, indem aus Uganda eine seltsame Zeremonie berichtet wird: „When a king of Uganda whished to live for ever, he went to a place in Busiro, where a feast was given by the chiefs. At the feast the Mamba Clan was especially held in honour, and during the festivities a member of this clan was secretly chosen by his fellows, caught by them, and beaten to death whith their fists; no stick or other weapon might be used by the men appointed to do the deed. After death the victims body was flayed and the skin made into a special whip etc. After the ceremony of the feast in Busiro, with its strange sacrifice, the king of Uganda was supposed to live for ever, but from that day he was never allowed to see his mother again. (Zitiert Frazer: Golden Bough. Part. IV, S. 415.) Das Opfer, das auserkoren ist, einem andern das ewige Leben zu erkaufen, wird hier unblutig zu Tode gebracht und nachher abgehäutet. Daß dieses Opfer eine ganz unmißverständliche Beziehung auf die Mutter hat — welche, wissen wir bereits — geht aus dem Frazerschen Bericht klar hervor.

Marsyas, der ein Ersatz für Attis, den Sohngeliebten der Cybele, zu sein scheint, wurde auch abgehäutet[1]). Wenn ein Skythenkönig starb, so wurden seine Sklaven und Pferde geschlachtet, abgehäutet und ausgestopft wieder aufgestellt[2]). Wie in Phrygien die Darsteller des Vater-Gottes geschlachtet und abgehäutet wurden, so geschah es in Athen mit einem Ochsen, der abgehäutet und ausgestopft wieder vor den Pflug gespannt wurde. Auf diese Weise wurde die Auferstehung der Ackerfruchtbarkeit gefeiert[3]).

So erklärt sich unschwer der von Firmicus[4]) überlieferte Spruch aus den Sabaziosmysterien:

Ταῦρος δράκοντος καὶ πατὴρ ταύρου δράκων[5]).

Die aktive befruchtende (aufwärtsstrebende) Form der Libido verwandelt sich in die negative, nach dem Tode strebende Kraft. Der Held als Frühlingszodion (Widder, Stier) überwindet den Tiefstand im Winter und wird jenseits der Sommerhöhe von unbewußter Sehnsucht nach dem Tode befallen, von der Schlange gebissen; er selber aber ist die Schlange. Er ist aber uneins mit sich selbst, daher erscheint ihm der Abstieg und das Ende als boshafte Erfindung der Todesmutter, die ihn dadurch an sich ziehen möchte. Das Mysterium verkündet aber tröstend, daß kein Widerspruch[6]) und keine Disharmonie darin liege, wenn Leben sich auch in Tod verwandle; *ταῦρος δράκοντος καὶ πατὴρ ταύρου δράκων*.

---

1) Frazer: Adonis, Attis, Osiris, S. 242.

2) Frazer: l. c., S. 246.

3) Frazer: l. c., S. 249.

4) De err. prof. rel. XXVI, I, ff. (Zitiert Dieterich: Mithrasliturgie, S. 215.)

5) Der Stier der Schlange und die Schlange des Stieres Vater.

6) Ein anderer Lösungsversuch scheint das Dioskurenmotiv zu sein: Die Sonne besteht aus zwei einander ähnlichen Brüdern, der eine sterblich, der andere unsterblich. Dieses Motiv findet sich bekanntlich auch im Indischen, in den beiden Açvins, die aber weiter nicht unterschieden sind. In der Mithraslehre ist Mithras der Vater, Sol der Sohn, und doch sind beide Eins als *ὁ μέγας θεὸς Ἥλιος Μίθρας*. (Vgl. Dieterich: l. c., S. 68.) Das Zwillingsmotiv taucht in Träumen nicht selten auf. In einem Traume, wo es hieß, eine Frau habe Zwillinge geboren, fand die Träumerin statt der erwarteten Kinder eine Schachtel und ein flaschenartiges Objekt. Hier hatten die Zwillinge also männliche und weibliche Bedeutung. Diese Beobachtung weist auf eine mögliche Bedeutung der Dioskuren als der Sonne und ihrer wiedergebärenden Mutter — Tochter hin (?).

Auch **Nietzsche**[1]) spricht dieses Geheimnis aus:

„Da sitze ich nun
— — — — — — — — — — — — — — — —
Nämlich hinabgeschluckt
Von dieser kleinsten Oasis.
— Sie sperrte gerade gähnend
Ihr liebliches Maul auf —
Heil, Heil jenem Walfische
Wenn er es also seinem Gaste
Wohl sein ließ! — — —
— — — — — — — — — — — — — — — —
Heil seinem Bauche,
Wenn es also
Ein so lieblicher Oasis-Bauch war.“ —

„Die Wüste wächst; weh dem, der Wüsten birgt!
Stein knirscht an Stein, die Wüste schlingt und würgt.
Der ungeheure Tod blickt glühend braun
Und *kaut* .... sein Leben ist sein Kau'n ....
Vergiß nicht, Mensch, den Wollust ausgeloht:
Du bist der Stein, die Wüste, bist der Tod ...“

Die Schlangensymbolik des Abendmahls erklärt sich aus der Identität des Heros mit der Schlange: Der Gott ist in der Mutter begraben; als Feldfrucht, als von der Mutter kommende Nahrung und zugleich als Unsterblichkeitstrank wird er vom Mysten aufgenommen, oder als Schlange begattet er den Mysten. Alle diese Symbole stellen das Zurückholen der Libido aus der inzestuösen Bindung dar, woraus neues Leben gewonnen wird. Die Zurückholung geschieht unter Symbolen, welche die Betätigung des Inzestwunsches darstellen.

Es dürfte sich wohl rechtfertigen, an dieser Stelle einen Blick auf die Psychoanalyse als Behandlungsmethode zu werfen; denn in der praktischen Analyse handelt es sich zunächst darum, die der Herrschaft des Bewußtseins verloren gegangene Libido wieder aufzufinden. (Der Libido geht es öfter wie dem Fisch des Moses in der mohammedanischen Legende: sie nimmt bisweilen „auf eine wunderliche Weise ihren Weg ins Meer“.) **Freud** sagt in seiner bedeutenden Arbeit „Zur Dynamik der Übertragung“[2]) wörtlich folgendes:

„Die Libido hat sich in die Regression begeben und die infantilen Imagines wieder belebt.“

[1]) Unter Töchtern der Wüste. Werke, Bd. VIII, I, S. 407.

[2]) Zentralblatt für Psychoanalyse, Bd. II. S. 169.

Mythologisch hieße es, die Sonne sei von der Nachtschlange verschlungen, der Hort versteckt und vom Drachen bewacht: Ersetzung eines rezenten Anpassungsmodus durch einen infantilen Modus, der durch entsprechende neurotische Symptome repräsentiert ist. Freud fährt fort:

„Dorthin folgt ihr nun die analytische Kur nach, welche die Libido aufsuchen, wieder dem Bewußtsein zugänglich und endlich der Realität dienstbar machen will. Wo die analytische Forschung auf die in ihre Verstecke zurückgezogene Libido stößt, muß ein Kampf ausbrechen; alle die Kräfte, welche die Regression der Libido verursacht haben, werden sich als Widerstände[1]) gegen die Arbeit erheben, um diesen neuen Zustand zu konservieren."

Mythologisch heißt dies: Der Held sucht die verlorene Sonne, das Feuer, das Jungfrauopfer oder den Hort und kämpft den typischen Kampf mit dem Drachen, mit der Libido im Widerstand. Wie diese Parallelen zeigen, wird in der Psychoanalyse ein Stück Lebensprozeß in Bewegung gesetzt, dessen fundamentale Wichtigkeit die Bedeutung der Psychoanalyse ins richtige Licht setzt.

Nachdem Siegfried den Drachen erschlagen hat, begegnet er dem Vater Wotan, den finstere Sorgen plagen, denn ihm hat die Urmutter Erda die Schlange in den Weg gelegt, um seine Sonne zu entkräften; er sagt zu Erda:

Wanderer: Urwissend
Stachest du einst
Der Sorge Stachel
In Wotans wagendes Herz:
Mit Furcht vor schmachvoll
Feindlichem Ende
Füllt ihn dein Wissen,
das Bangen band seinen Mut.
Bist du der Welt weisestes Weib,
Sage mir nun:
Wie besiegt die Sorge der Gott?
Erda: Du bist — nicht
Was du dich nennst!"

Es ist dasselbe uralte Motiv, dem wir auch bei Wagner begegnen: Die Mutter hat dem Sohne, dem Sonnengott, mit giftigem Stachel die Lebensfreude genommen und raubt ihm die Macht, die mit dem Namen zusammenhängt: Isis verlangt den Namen des Gottes, Erda

[1]) Die Stellen sind von mir gesperrt.

sagt: „Du bist nicht, was du dich nennst.“ Der „Wanderer“ hat aber den Weg gefunden, wie man den tödlichen Zauber der Mutter, die Todesangst, überwinden kann:

„Um der Götter Ende
Grämt mich die Angst nicht,
Seit mein Wunsch es — will!“

„Dem wonnigsten Wälsung
Weis ich mein Erbe nun an.“

„Dem ewig Jungen
Weicht in Wonne der Gott.“ —

Diese weisen Worte enthalten in der Tat den rettenden Gedanken: Nicht die Mutter hat uns den giftigen Wurm in den Weg gelegt, sondern unsere Libido will es selber, daß sie den Sonnenlauf vollbringe, daß sie vom Morgen zum Mittag emporsteige und, den Mittag überschreitend, dem Abend zueile, nicht mit sich selber uneins, sondern auch den Abstieg und das Ende wollend[1]).

---

[1]) Dieses Problem hat auch den antiken Sonnenmythos sehr beschäftigt. Es ist zunächst auffallend, daß die löwentötenden Helden Simson und Herakles im Kampfe waffenlos sind. Der Löwe ist das Symbol höchster Sommerhitze, astrologisch ist er das Domicilium solis. Steinthal (Zeitschrift für Völkerpsychologie, Bd. II, S. 133) macht darüber folgendes sehr interessante Raisonnement, das ich wörtlich anführe. „Wenn also der Sonnengott gegen die Sommerhitze kämpft, so kämpft er gegen sich; tötet er sie, so tötet er sich. — Allerdings! Der Phöniker und Assyrer und Lyder schrieb seinem Sonnengotte einen Selbstmord zu. Denn nur als Selbstmord begriff er es, daß die Sonne ihre Hitze mindere. Steht also, glaubte er, die Sonne im Sommer am höchsten und sengt ihr Strahl mit verzehrender Glut: so verbrennt sich der Gott selbst, stirbt aber nicht, sondern verjüngt sich nur . . . . . Auch Herakles verbrennt sich, steigt aber in den Flammen zum Olymp. Dies ist der Widerspruch in den heidnischen Göttern. Sie sind als Naturkräfte dem Menschen sowohl heilsam als auch schädlich. Um also wohlzutun und zu retten, müssen sie gegen sich selbst wirken. Der Widerspruch wird abgestumpft, wenn jede der beiden Seiten der Naturkraft in einem besondern Gotte personifiziert wird oder wenn sie zwar nur in einer göttlichen Person gedacht wird, ihre zweiseitige Wirkungsweise aber, die wohltätige und die unheilvolle, jede ein besonderes Symbol erhält. Das Symbol wird immer selbständiger, wird endlich selbst Gott; und während ursprünglich der Gott gegen sich selbst wirkte, sich selbst vernichtete, kämpft nun Symbol gegen Symbol, Gott gegen Gott oder der Gott mit dem Symbol.“ Gewiß kämpft der Gott mit sich selbst, mit seinem andern Selbst, das wir unter dem Symbol der Mutter begriffen haben. Der Kampf scheint immer Überwindung des Vaters und Überwältigung der Mutter zu sein.

Nietzsches Zarathustra lehrt:

„Meinen Tod lobe ich euch, den freien Tod, der mir kommt, weil ich will.

Und wann werde ich wollen? —

Wer ein Ziel hat und einen Erben, der will den Tod zur rechten Zeit für Ziel und Erben[1]).

‚Und das ist der große Mittag, da der Mensch auf der Mitte seiner Bahn steht zwischen Mensch und Übermensch und seinen Weg zum Abende als seine höchste Hoffnung feiert: denn es ist der Weg zu einem neuen Morgen.

Alsda wird sich der Untergehende selber segnen, daß er ein Hinübergehender sei; und die Sonne seiner Erkenntnis wird ihm im Mittage stehen."

Siegfried überwindet den Vater Wotan und bemächtigt sich Brünnhildens. Das erste, was er von ihr erblickt, ist das Roß, dann glaubt er in ihr einen gerüsteten Mann zu sehen. Er zerschneidet der Schlafenden den schützenden Panzer. (Überwältigung.) Wie er sieht, daß es ein Weib ist, faßt ihn die Furcht.

„Mir schwankt und schwindelt der Sinn! —
Wen ruf ich zum Heil,
Daß er mir helfe? —
Mutter! Mutter!
Gedenke mein!" —
„Ist dies das Fürchten? —
O Mutter, Mutter!
Dein mutiges Kind!
Im Schlaf liegt eine Frau: —
Die hat ihn das Fürchten gelehrt!" —
„Erwache! erwache!
Heiliges Weib!" —
„So saug ich mir Leben
Aus süßesten Lippen —
Sollt ich auch sterbend vergehn!"

Im darauffolgenden Duett wird die Mutter angerufen:

„O Heil der Mutter
Die mich gebar." usw.

Besonders bezeichnend ist das Geständnis Brünnhildens:

---

[1]) Nietzsche: Werke, Bd. VI, S. 106.

„O wüßtest du, Lust der Welt,
Wie ich dich je geliebt!
Du warst mein Sinnen,
Mein Sorgen du!
Dich Zarten nährt ich
Noch eh' du gezeugt,
Noch eh' du geboren
Barg dich mein Schild[1]).“

Die Präexistenz des Helden und die Präexistenz Brünnhildens als seiner Gattin-Mutter geht aus dieser Stelle mit Evidenz hervor.

Siegfried sagt darauf bestätigend:

„So starb nicht meine Mutter?
Schlief die Minnige nur?“

Die Mutterimago, welche das Symbol der sterbenden und auferstehenwollenden Libido ist, wird von Brünnhilde dem Helden als sein eigenes Wollen erklärt:

„Du selbst bin ich,
Wenn du mich Selige liebst.“

Das große Geheimnis des in die Mutter zur Wiedergeburt eingegangenen Logos verkündet Brünnhilde mit folgenden Worten:

„O Siegfried, Siegfried!
Siegendes Licht!
Dich liebt ich immer;
Denn mir allein
Erdünkte Wotans Gedanke.
Der Gedanke, den ich nie
Nennen durfte[2]);
Den ich nicht dachte,
Sondern nur fühlte;
Für den ich focht,
Kämpfte und stritt;
Für den ich trotzte
Dem, der ihn dachte[2]);
Für den ich büßte[2]),
Strafe mich band,
Weil ich nicht ihn dachte,
Und nur empfand!
Denn der Gedanke —
Dürftest du's lösen! —
Mir war er nur Liebe zu dir?“

---

[1]) Der sogenannte Zufall will es, daß es alte etruskische Sitte war, die Aschenurne, also den Toten, in der Erde mit dem Schilde zuzudecken.

[2]) Inzestmotiv.

Die nunmehr folgenden erotischen Gleichnisse lassen das Wiedergeburtsmotiv deutlich erkennen:

Siegfried: „Ein herrlich Gewässer
wogt vor mir;
Mit allen Sinnen
Seh ich nur sie,
Die wonnig wogende Welle:
Brach sie mein Bild,
So brenn ich nun selbst,
Sengende Glut
In der Flut zu kühlen
Ich selbst, wie ich bin
Springe in den Bach[1]): —
O daß seine Wogen
Mich selig verschlängen“ usw.

Dar Motiv der Untertauchens im mütterlichen Wasser der Wiedergeburt (Taufe) ist hier voll entwickelt. Eine Anspielung auf die schreckliche Mutterimago, die Mutter der Helden, die sie das Fürchten lehrt, findet sich in den Worten Brünnhildens (des Pferdeweibes, das die Toten ins Jenseitsland entführt).

„Fürchtest du, Siegfried,
Fürchtest du nicht
Das wild wütende Weib?“

Das orgiastische „Occide moriturus“ tönt uns entgegen in Brünnhildes Worten:

„Lachend laß uns verderben —
Lachend zugrunde geh'n!“ —

Und in den Worten

„Leuchtende Liebe,
Lachender Tod!“

findet sich derselbe bedeutsame Gegensatz.

Die weiteren Schicksale Siegfrieds sind die des Invictus: Der Speer des einäugigen Hagen, des Finstern, trifft Siegfrieds verwundbare Stelle. Die zum Todesgott gewordene alte Sonne, der einäugige Wotan, fällt den Sohn und aufs neue steigt die Sonne empor in ewiger Selbsterneuerung. Dem Mysterium des menschlichen Lebens hat der Lauf der unbesieglichen Sonne zu schönen und unvergänglichen Symbolen

[1]) Vgl. das Bild des Phönix der Baruchapokalypse, I. Teil dieser Arbeit.

verholfen, er wurde dem Lebensdurste der Sterblichen zu einer tröstenden Erfüllung aller Ewigkeitswünsche.

Die Mutter, die Quelle der Libido, verläßt der Mensch, getrieben vom ewigen Durste, sie wieder zu finden und Erneuerung aus ihr zu trinken und so vollendet er seinen Kreislauf, um wieder in den Schoß der Mutter zurückzukehren. Jedes Hindernis, das sich auf seinem Lebenspfade türmt und seinen Aufstieg bedroht, trägt schattenhaft die Züge der schrecklichen Mutter, die mit zehrendem Gifte der heimlichen rückschauenden Sehnsucht seinen Lebensmut lähmt, und in jeder Überwindung gewinnt er die lächelnde liebe- und lebenspendende Mutter wieder — Bilder, die der ahnungsvollen Tiefe menschlichen Gefühles angehören, deren Züge aber weiterschreitende Entwicklung der Oberfläche des menschlichen Geistes bis zur Unkenntlichkeit entstellt hat. Die harte Notwendigkeit der Anpassung arbeitet unablässig daran, die letzten Spuren jener urtümlichen Denkmale der Entstehungszeit menschlichen Geistes auszutilgen und durch Linien zu ersetzen, welche deutlicher und immer deutlicher die Natur realer Objekte bezeichnen sollen.

Kehren wir nach diesem weiten Umweg wieder zu den Visionen von Miß Miller zurück, so bringen wir nunmehr die Antwort mit auf die Frage, was die Sehnsucht von Siegfried nach Brünnhilde bedeute: es ist das Streben der Libido von der Mutter zur Mutter. Dieser paradoxe Satz läßt sich übersetzen: Solange die Libido sich nur mit Phantasien sättigt, bewegt sie sich in sich selbst, in ihrer eigenen Tiefe, in der Mutter[1]). Wenn sich die Sehnsucht unserer Autorin erhebt, um dem Bannkreis des inzestuösen und daher verderblichen Objektes zu entfliehen, und es gelingt ihr nicht, Realität zu finden, so ist und bleibt das Objekt unweigerlich die Mutter. Nur die Überwindung der Realitätshindernisse bedeutet die Befreiung von der Mutter, welche dauernde und unversiegliche Lebensquelle ist für den Schaffenden, Tod aber für den Feigen und Ängstlichen und Bequemen.

Wer die Psychoanalyse kennt, weiß, wie oft die Neurotischen Klagen gegen ihre Eltern erheben. Gewiß sind solche Klagen und Vorwürfe gemäß der allgemeinen menschlichen Unvollkommenheit öfter berechtigt, aber noch öfter sind es Vorwürfe, die eigentlich an die eigene Adresse gerichtet zu werden verdienen. Immer aber sind Vorwurf und Haß ohnmächtige Versuche, sich anscheinend von den Eltern, in Wirklichkeit aber, von der eigenen hinderlichen Sehnsucht nach den Eltern zu

[1]) Das Reich der Mutter ist das Reich der (unbewußten) Phantasie.

befreien. Unsere Autorin verkündet durch den Mund ihres Infantilhelden Chiwantopel eine Reihe von Beschimpfungen gegen ihr eigenes Geschlecht. Wir müssen annehmen, daß sie sich von all diesen Tendenzen loszusagen hat, denn es liegt zu viel nicht anerkannter Wunsch darin. Dieser Held, der viele Worte macht, wenig Taten zeigt und ohnmächtige Sehnsüchte spielen läßt, ist die ihrer Bestimmung nicht zugeführte Libido, die sich im Reich der Mütter um und um dreht und trotz aller Sehnsucht nicht zu Taten kommt. Diesen Zauberkreis bricht nur der, der den Mut des Lebenwollens besitzt und den Heroismus, es auszuführen. Könnte dieser sehnsüchtige Heldenjüngling Chiwantopel seinem Dasein ein Ende machen, würde er wohl als ein tapferer Mann im wirklichen Leben wiedererstehen. Diese Notwendigkeit drängt sich als ein weiser Rat und Wink des Unbewußten der Träumerin auf im folgenden Monolog Chiwantopels:

„Il s'écrie douloureusement: ‚Dans ce monde entier, il n'y en a pas une seule! J'ai cherché dans cent tribus. J'ai vieilli de cent lunes depuis que j'ai commencé. Est-ce qu'il n'y en aura jamais une qui connaîtra mon âme? — Oui, par le Dieu souverain, oui! — Mais dix mille lunes croîtront et décroîtront avant que naisse son âme pure. Et c'est d'un autre monde que ses pères arriveront à celui-ci. Elle aura la peau pâle et pâles les cheveux. Elle connaîtra la douleur avant même que sa mère l'ait enfantée. La souffrance l'accompagnera, elle aussi cherchera et ne trouvera personne qui la comprenne. Bien des prétendents voudront lui faire la cour, mais il n'y en aura pas un qui saura la comprendre. La tentation souvent assaillira son âme — mais elle ne faiblira pas. Dans ces rêves, je viendrai à elle, et elle comprendra. J'ai conservé mon corps inviolé. Je suis venu dix mille lunes avant son époque et elle viendra dix mille lunes trop tard. Mais elle comprendra! Ce n'est qu'une fois, toutes les dix mille lunes qu'il naît une âme comme celle-là!" (Une lacune) — Une vipère verte sort des broussailles, se glisse vers lui et le pique au bras, puis s'attaque au cheval, qui succombe le premier. Alors Chiwantopel au cheval: „Adieu, frère fidèle! entre dans ton repos! Je t'ai aimé et tu m'as bien servi. Adieu, je te rejoins bientôt!' Puis au serpent: „Merci, petite soeur, tu as mis fin à mes pérégrinations!" Puis il crie de douleur et clame sa prière: „Dieu souverain, prends-moi bientôt! J'ai cherché à te connaître et à garder ta loi! Oh ne permets pas que mon corps tombe dans la pourriture et la puanteur, et serve de pâture aux aigles!" Un volcan fumant s'aperçoit à distance, on entend le grondement d'un tremblement de terre, suivi par un glissement de terrain. Chiwantopel s'écrie dans le délire de la souffrance, tandis que la terre recouvre son corps: „J'ai conservé mon corps inviolé. — Ah! elle comprendra! — Ja-ni-wa-ma, Ja-ni-wa-ma, toi, tu me comprends!"

Die Prophezeiung Chiwantopels ist eine Wiederholung aus Longfellows Hiawatha, wo der Dichter die Sentimentalität nicht umgehen konnte, am Schluß der Laufbahn des Helden Hiawatha noch den Heiland der Weißen hereinzubringen in Form der Ankunft der erhabenen Vertreter christlicher Religion und Sitte. (Man denke an das Heilandswerk der Spanier in Mexico und Peru!) Mit dieser Prophezeiung Chiwantopels ist die Persönlichkeit der Autorin wieder in nächste Beziehung zum Helden gesetzt, und zwar als das eigentliche Objekt der Sehnsucht Chiwantopels. Gewiß hätte der Held sie geheiratet, wenn sie schon zu seinen Zeiten gelebt hätte; aber leider kommt sie zu spät. Dieser Zusammenhang beweist unsere obige Konstatierung, daß sich die Libido im Kreis herumbewegt: die Autorin liebt sich selbst, d. h. sie als Held ist gesucht von einer, die zu spät kommt. Dieses Moment des Zuspätkommens ist charakteristisch für die Infantilverliebungen: der Vater und die Mutter können nicht mehr eingeholt werden. Die Trennung der beiden Persönlichkeiten durch „10.000 Monde" ist eine Wunscherfüllung: damit wird die Inzestbeziehung in wirksamer Weise aufgehoben. Diese weiße Heldin wird auch unverstanden suchen (sie ist unverstanden, weil sie sich selber nicht recht verstehen mag) und nicht finden. Aber im Traum wenigstens werden sie sich finden, „et elle comprendra". Der nächste Satz des Textes lautet: „J'ai conservé mon corps inviolé." Dieser stolze Satz, den natürlich nur eine Frau aussprechen kann — denn ein Mann pflegt damit nicht zu prahlen — bestätigt nochmals, daß alle Unternehmungen nur Träume geblieben seien, daß der Körper aber „inviolé" unverletzt geblieben sei. Wenn der Held die Heldin im Traum besucht, dann weiß jedermann, was damit gemeint ist. Diese Behauptung des Helden, daß er unverletzt geblieben sei, weist zurück auf das mißglückte Attentat im vorigen Kapitel (Pfeilschütze) und erklärt uns nachträglich, wie eigentlich jenes Attentat gemeint war, nämlich als Ablehnung einer Koitusphantasie. Hier drängt sich nun der Wunsch des Unbewußten wieder mehr hervor, nachdem der Held sich das erstemal gedrückt hat und darauf schmerzvoll und hysterisch monologisierte: „La tentation souvent assaillira son âme — mais elle ne faiblira pas." Diese sehr kühne Behauptung verführt — noblesse oblige — das Unbewußte zu einer gewaltigen Aufschwellung infantilen Größenwahns; was immer der Fall ist, wenn die Libido durch dergleichen Sprüche zur Regression gezwungen wird: „Ce n'est qu'une fois toutes les dix mille lunes qu'il naît une âme comme celle-la!" Hier macht sich der kleine Gernegroß des Unbewußten furchtbar breit, offenbar, um mit seiner Aufgeblasenheit ein gutes Stück versäumter Lebenspflicht zuzudecken. Jedoch folgt die Strafe auf dem Fuße nach. Wer zu viel Stolz darein setzt, keine Wunde im Lebenskampf davongetragen zu haben, der ist verdächtig, daß er wohl nur mit Worten gefochten und dabei hinter dem Ofen gesessen hat. Diese Geste ist nur eine Umkehrung des Stolzes jener Buschmännerfrauen, welche mit Genugtuung auf die zahlreichen Narben hinweisen, die ihnen von den Männern im Überwältigungskampfe geschlagen wurden. Gemäß dieser Verehrung und in konsequenter Weiterführung derselben drückt sich nun alles Folgende in uneigentlicher Sprache aus: Das orgiastische „occide moriturus" in seiner Vermischung mit dem ausgelassenen Gelächter dionysischen Taumels tritt uns hier in jämmerlicher Verkleidung entgegen — sentimentaler Theaterzauber, würdig unserer posthumen Edition „christlicher" Moral. Statt des positiven Phallus tritt der negative auf und führt das Pferd des Helden, seine Libido animalis statt zur Befriedigung in den ewigen Frieden, ebenso den Helden. Dieses Ende will bedeuten, daß die Mutter als Todesrachen die Libido der Tochter wieder in sich hinunterschlingt, daher statt Leben und zeugendes Wachstum phantastische Selbstversunkenheit. Das schlaffe und unrühmliche Ende wirkt nicht erhebend und erleuchtend, solange wir es nur als Lösung eines individuellen erotischen Konfliktes betrachten. Die Tatsache, daß die Symbole, unter denen die Lösung erfolgt, einen bedeutenden Aspekt haben, verrät es uns, daß hinter der individuellen Maske, hinter dem Schleier der „Individuation" ein urtümliches Bild steht, dessen strenge und ernsthafte Züge uns den Mut nehmen, die sexuelle Deutung der Millerschen Symbole für genügend zu erachten.

Es ist nie zu vergessen, daß die sexuellen Phantasien der Neurotiker und die exquisit sexuelle Sprache des Traumes Regressivphänomene sind. Die Sexualität des Unbewußten ist nicht das, was sie zu sein scheint, sie ist bloß Symbol; sie ist ein tagwacher sonnenklarer Gedanke, ein Entschluß, ein Schritt vorwärts zu jeglichem Lebensziel — aber ausgedrückt in der uneigentlichen Sexualsprache des Unbewußten und des Denkens früherer Stufe; sozusagen eine Wiederbelebung früherer Anpassungsmodi. Wenn daher das Unbewußte den Koituswunsch, negativ ausgedrückt, in den Vordergrund schiebt, so heißt das etwa: unter diesen Umständen handelte der primitive Mensch so. (Von dem Neger wird ja heutzutage noch dieser für uns unbewußt gewordene Anpassungsmodus durchgeführt:

die über die Ernährung hinausgehenden Unternehmungen sind für ihn Sexualität, Gewalttat und Grausamkeit.) Wir sind daher in Ansehung der archaischen Ausdrucksweise des Millerschen Phantasiegebildes nur berechtigt, die Richtigkeit unserer Deutungen für die zunächstliegende Schicht anzunehmen. Eine tiefere Bedeutungsschicht geht von der früheren Feststellung aus, daß die Figur des Chiwantopel den Charakter des Cassius hat, dem „ein Lamm gesellt" ist. Daher ist Chiwantopel der mit der Mutter verbundene (und darum männliche) Anteil der Libido der Träumerin, also ihre infantile Persönlichkeit, das Kindische in ihrem Charakter, das noch nicht einsehen will, daß ein Mensch Vater und Mutter verlassen muß, wenn seine Zeit gekommen ist, um der Bestimmung seiner Gesamtpersönlichkeit zu dienen. Die Einschränkung dazu gibt Nietzsches Wort[1]):

„Frei nennst du dich? Deinen herrschenden Gedanken will ich hören und nicht, daß du einem Joch entronnen bist. Bist du ein solcher, der einem Joch entrinnen durfte? Es gibt manchen, der seinen letzten Wert wegwarf, als er seine Dienstbarkeit wegwarf."

Wenn daher Chiwantopel stirbt, so heißt dies, es sei eine Erfüllung des Wunsches, daß dieser Infantilheld, der der Mutter nicht von der Schürze gehen kann, sterben möge. Und ist damit das Band zwischen Mutter und Tochter zerschnitten, so bedeutet dies einen größten Fortschritt an innerer und äußerer Freiheit. Aber zu lange möchte man Kind sein, man möchte in die Speichen des Rades greifen, das die Jahre rollend vorüberträgt, man möchte sich Kindheit und ewige Jugend bewahren, nicht sterben und im Grab verfaulen („Oh, ne permets pas que mon corps tombe dans la pourriture et la puanteur") — und wir denken nicht daran, da nichts uns die eilende Zeit und die grausame Vergänglichkeit aller Blüten schmerzhafter zum Bewußtsein bringt als Tatenlosigkeit und Inhaltlosigkeit des Lebens. Das faule Träumen ist die Mutter der Todesangst, der sentimentalen Beklagung des Gewesenen und der vergeblichen Zurückstellung der Uhr. Wenn man es auch im lange, vielleicht zu lange bewahrten Jugendgefühl, im Traumzustand der hartnäckig festgehaltenen Erinnerungen vergessen kann, daß das Rad rollt, so melden es unbarmherzig das graue Haar, die Erschlaffung der Haut und die Furchen des Gesichtes, daß auch, ohne daß wir den Körper den zerstörenden Gewalten des vollen Lebensringens aussetzen, das Gift der heimlich schleichenden

[1]) Werke: Bd. VI, S. 92.

Zeitschlange an unserem Körper (dem, ach, so heißgeliebten) zehrt. Es hilft nichts, wenn wir auch mit dem traurigen Helden Chiwantopel ausrufen: „J'ai conservé mons corps inviolé", die Flucht vor dem Leben befreit uns nicht von dem Gesetz des Alterns und des Todes. Der Neurotiker, der sich der Notwendigkeit des Lebens zu entschlagen sucht, gewinnt nichts und lädt sich nur die furchtbare Bürde eines vorausgenossenen Alterns und Sterbens auf, das bei der gänzlichen Inhalts- und Sinnlosigkeit seines Lebens besonders grausam ausfallen muß. Wird der Libido ein vorwärtsstrebendes Leben, das alle Gefahr und alles Untergehen auch will, nicht ermöglicht, dann schlägt sie den andern Weg ein und wühlt sich in die eigene Tiefe, hinuntergrabend zu der alten Ahnung der Unsterblichkeit alles Lebens, zur Sehnsucht nach der Wiedergeburt.

Diesen Weg zeigt uns Hölderlin in seiner Dichtung und seinem Leben. Ich lasse den Dichter in seinen Liedern sprechen:

An die Rose.

Ewig trägt im Mutterschoße,
Süße Königin der Flur,
Dich und mich die stille, große,
Allbelebende Natur.

Röschen! unser Schmuck veraltet,
Sturm entblättert dich und mich,
Doch der ew'ge Keim entfaltet
Bald zu neuer Blüte sich.

Zum Gleichnis dieses Gedichtes ist folgendes zu bemerken: Die Rose ist das Symbol des geliebten Weibes („Haidenröslein" Goethe.) Die Rose blüht auch im „Rosengarten" des Mädchens, demnach ist sie also auch einfach direktes Libidosymbol. Wenn der Dichter sich mit der Rose im Mutterschoße der Natur träumt, dann heißt der psychologische Tatbestand, daß er mit seiner Libido bei der Mutter ist. Dort ist ein ewiges Keimen und Wiedererneuern. Wir sind diesem Motiv beim Hierosgamoshymnus (Ilias XIV, 292 ff.) bereits begegnet: Das Beilager im seligen Westland, d. h. die Vereinigung in und mit der Mutter. In naiver Form zeigt uns Plutarch in seiner Tradition des Osirismythus dieses Motiv: Osiris und Isis im Mutterleib sich begattend. Dies empfindet Hölderlin auch als das neidenswerte Vorrecht der Götter, ewig früheste Kindheit zu genießen; so sagt er im Hyperion:

„Schicksallos, wie der schlafende
Säugling, atmen die Himmlischen;
Keusch bewahrt in bescheidener Knospe,
Blühet ewig ihnen der Geist,
Und die stillen Augen
Blicken in stiller
Ewiger Klarheit.“

Dieser Passus zeigt, was himmlische Seligkeit bedeutet. Hölderlin hat es nie mehr vermocht, diese erste und höchste Seligkeit zu vergessen, deren traumhaftes Bild ihn dem wirklichen Leben entfremdete. Es ist zudem in diesem Gedichte das altertümliche Motiv der Zwillinge im Mutterleib angedeutet. (Isis und Osiris im Mutterleib.) Das Motiv ist archaisch. Bei Frobenius (l. c. S. 68) findet sich eine Sage, wo die große Schlange (hervorgegangen aus einer kleinen Schlange in einem hohlen Baum durch das sogenannte „Schlangengroßziehen“) schließlich alle Menschen aufgefressen hat (verschlingende Mutter = Tod), nur eine schwangere Frau überlebt, sie gräbt eine Grube, bedeckt sie mit einem Stein (Grab = Mutterleib) und, darin lebend, gebiert sie Zwillinge, die nachmaligen Drachentöter (der Held in Doppelgestalt, Mann und Phallus, Mann und Weib, Mensch mit seiner Libido, sterbende und auferstehende Sonne). Das Zusammensein in der Mutter findet sich auch sehr schön in einer afrikanischen Mythe (Frobenius l. c. S. 269.): „Im Anfang liegt Obatala der Himmel und Odudua die Erde, sein Weib in einer Kalabasse fest aufeinander gepreßt.“ Das Bewahrtsein „in bescheidener Knospe“ ist ein Bild, das bei Plutarch schon vorkommt, wo es heißt, daß die Sonne aus einer Blütenknospe am Morgen geboren werde. Auch Brahma kommt aus der Knospe, in Assam wird das erste Menschenpaar daraus geboren.

Der Mensch.

Kaum sproßten aus den Wassern, o Erde, dir
Der alten Berge Gipfel; und dufteten,
Voll junger Wälder, durch die Mailuft,
Über den Ozean hin, lustatmend,

Die ersten grünen Inseln; und freudig sah
Des Sonnengottes Aug' die Erstlinge,
Die Bäum' und Blumen, seiner Jugend
Lächelnde Kinder, aus dir geboren:
Da auf der Inseln schönster, ...
— — — — — — — — — — — — — — — — — —

Lag unter Trauben einst, nach lauer
Nacht, in der dämmernden Morgenstunde,
Geboren dir, o Erde, dein schönstes Kind.
Und auf zum Vater Helios sieht bekannt
Der Knab' und weiht und wählt, die süßen
Beeren versuchend, die heilige Rebe
Zur Amme sich. Und bald ist er groß; ihn scheun
Die Tiere, denn ein andrer ist, wie sie,
Der Mensch; nicht dir und nicht dem Vater
Gleicht er, denn kühn ist in ihm und einzig
Des Vaters hohe Seele mit deiner Lust,
O Erd', und deiner Trauer von je vereint,
Der ewigen Natur, der Göttermutter,
Der furchtbaren möcht er gleichen.

Ach! darum treibt ihn, Erde! vom Herzen dir
Sein Übermut, und deine Geschenke sind
Umsonst, die zärtlichen; zu hoch schlägt
Immer und immer der stolze Busen.

Von seines Ufers duftender Wiese muß
Ins blütenlose Wasser hinaus der Mensch,
Und glänzt auch, wie die Sternennacht, von
Goldenen Früchten sein Hain, doch gräbt er

Sich Höhlen in den Bergen und späht im Schacht,
Von seines Vaters heil'gem Strahle fern,
Dem Sonnengott auch ungetreu, der
Knechte nicht liebt und der Sorgen spottet.

Ach! freier atmen die Vögel des Waldes, wenn schon
Der Menschen Brust sich wilder und stolzer hebt,
Sein Trotz wird Angst, und seines Friedens
Blume, die zärtliche, blüht nicht lange.

Dieses Gedicht verrät uns den beginnenden Zwiespalt zwischen dem Dichter und der Natur; er fängt an, sich der Realität, der natürlichen Wirklichkeit zu entfremden. Ein bemerkenswertes Bild ist, wie das kleine Menschenkind sich die „Rebe zur Amme" wählt. Diese dionysische Anspielung ist überhaupt sehr alt: In dem bedeutsamen Jakobssegen heißt es von Juda: (1. Mose 49): „Er wird sein Füllen an den Weinstock binden und seiner Eselin Sohn an die edle Rebe." Es ist eine gnostische Gemme erhalten, auf der eine ihr Füllen säugende Eselin dargestellt ist, darüber die Figur des Cancer und die Umschrift:

D. N. I. H. Y. X. P. S.: Dominus noster Jesus Christus, mit dem Zusatz: Dei filius[1]). Wie schon Justinus Martyr mit Entrüstung durchblicken läßt, sind die Beziehungen der christlichen Legende zu der des Dionysos unverkennbar. (Vgl. z. B. das Weinwunder.) In letzterer Legende spielt der Esel eine große Rolle. Überhaupt hat der Esel für die Mittelmeerländer wirtschaftlich eine ganz andere Bedeutung als bei uns. Daher es ein Segen ist, wenn Jakob sagt (1. Mose 49, 14): „Isaschar wird ein knochiger Esel sein und sich lagern zwischen den Hürden.“ Der oben angeregte Gedanke ist durchaus echt orientalisch gedacht: Wie in Ägypten die neugeborne Sonne ein Stierkalb ist, so kann sie im übrigen Orient auch leicht ein Eselsfüllen sein, dem der Weinstock Amme ist. (Daher das Bild im Jakobssegen, wo es V. 12 von Juda heißt: „Seine Augen sind trübe von Wein und seine Zähne weiß von Milch.“) Der eselköpfige Spottkruzifixus vom Palatin spielt, wie ersichtlich, auf sehr sinnvolle Hintergründe an.

An die Natur.

Da ich noch um deinen Schleier spielte,
Noch an dir wie eine Blüte hing[2]),
Noch dein Herz in jedem Laute fühlte,
Der mein zärtlich bebend Herz umfing,
Da ich noch mit Glauben und mit Sehnen
Reich, wie du, vor deinem Bilde stand,
Eine Stelle noch für meine Tränen,
Eine Welt für meine Liebe fand,

Da zur Sonne noch mein Herz sich wandte,
Als vernähme seine Töne sie,
Und die Sterne seine Brüder nannte[3])
Und den Frühling Gottes Melodie,
Da im Hauche, der den Hain bewegte,
Noch dein Geist, dein Geist der Freude sich
In des Herzens stiller Welle regte,
Da umfingen goldne Tage mich.

---

[1]) Robertson: Evang. Myth., S. 92.

[2]) Unter der Natur ist im Anschlusse an unsere früheren Erörterungen und an das vorangehende Gedicht Hölderlins die Mutter zu verstehen. Hier schwebt dem Dichter die Mutter als Baum vor, an dem das Kind wie eine Blüte hängt.

[3]) Er nannte einst die „Sterne seine Brüder“. Ich muß hier an die Ausführungen des ersten Teiles dieser Arbeit erinnern, besonders an jene mystische Identifikation mit den Gestirnen: ἐγώ εἰμι σύμπλανος ὑμῖν ἀστήρ usw. Die

Wenn im Tale, wo der Quell mich kühlte[1]),
Wo der jugendlichen Sträuche Grün
Um die stillen Felsenwände spielte
Und der Äther durch die Zweige schien,
Wenn ich da, von Blüten übergossen,
Still und trunken ihren Odem trank
Und zu mir, von Licht und Glanz umflossen,
Aus den Höh'n die goldne Wolke sank[2]),

— — — — — — — — — — — — — — —

Oft verlor ich da mit trunknen Tränen
Liebend, wie nach langer Irre sich
In den Ozean die Ströme sehnen,
Schöne Welt! in deiner Fülle mich;
Ach! da stürzt' ich mit den Wesen allen
Freudig aus der Einsamkeit der Zeit,
Wie ein Pilger in des Vaters Hallen,
In die Arme der Unendlichkeit. —

Seid gesegnet, goldne Kinderträume,
Ihr verbargt des Lebens Armut mir,
Ihr erzogt des Herzens gute Keime,
Was ich nie erringe, — schenktet ihr!

Abtrennung und Unterscheidung von der Mutter, die „Individuation" schafft jenes Gegenübertreten von Subjekt und Objekt, jene Grundlage des Bewußtseins. Was vorher war, war Einssein mit der Mutter, d. h. mit dem Weltganzen. Nicht damals schon kannte man die Sonne als Bruder, sondern erst nachmals; als nach erfolgter Abtrennung und Objektsetzung die Libido auf Infantiles regredierend ihre Möglichkeiten in jenem ersten Zustand wahrnimmt, drängt sich dem Ahnungsvollen seine Verwandtschaft mit den Gestirnen auf. Ein Vorgang, der bei der Introversionspsychose nicht allzu selten vorzukommen scheint: Ein junger Bursche, ein gewöhnlicher Handwerker, erkrankt an einer Introversionspsychose (Dem. praec.), seine ersten krankhaften Gefühle beziehen sich darauf, daß er ein besonderes Verhältnis zur Sonne und den Gestirnen wahrnimmt. Die Sterne sind ihm bedeutungsvoll geworden, er denkt, sie hätten irgend etwas mit ihm zu tun, und die Sonne gibt ihm Gedanken ein. Man trifft dieses anscheinend ganz neue Empfinden der Natur ziemlich oft bei dieser Krankheit. (Ein anderer Patient fing an die Sprache der Vögel zu verstehen, welche ihm Botschaft von seiner Geliebten (Mutter) brachten.) (Vgl. Siegfried.)

[1]) Die Quelle gehört zum Ganzen des Bildes.

[2]) Dieses Bild drückt die göttlich-infantile Seligkeit aus, wie in Hyperions Schicksalslied:

„Ihr wandelt droben im Licht
Auf weichem Boden, selige Genien!
Glänzende Götterlüfte
Rühren euch leicht." —

O Natur, an deiner Schönheit Lichte,
Ohne Müh' und Zwang entfalteten
Sich der Liebe königliche Früchte[1]),
Wie die Ernten in Arkadien.

Tot ist nun, die mich erzog und stillte,
Tot ist nun die jugendliche Welt,
Diese Brust, die einst ein Himmel füllte,
Tot und dürftig, wie ein Stoppelfeld;
Ach! es singt der Frühling meinen Sorgen
Noch, wie einst, ein freundlich tröstend Lied,
Aber hin ist meines Lebens Morgen,
Meines Herzens Frühling ist verblüht.

Ewig muß die liebste Liebe darben,
Was wir lieben ist ein Schatten nur,
Da der Jugend goldne Träume starben,
Starb für mich die freundliche Natur;
Das erfuhrst du nicht in frohen Tagen,
Daß so ferne dir die Heimat liegt,
Armes Herz, du wirst sie nie erfragen,
Wenn dir nicht ein Traum von ihr genügt.

Palinodie.

Was dämmert um mich, Erde, dein freundlich Grün?
Was wehst du wieder, Lüftchen, wie einst mich an?
In allen Wipfeln rauscht's . . . . .

— — — — — — — — — — — — — — — — — — — —

Was weckt ihr mir die Seele? was regt ihr mir
Vergangenes auf, ihr Guten, o schonet mein
Und laßt sie ruhn, die Asche meiner
Freuden, ihr spottet nur, o wandelt,

[1]) Diese Stelle ist besonders bezeichnend: In der Kindheit war ihm alles geschenkt und der Mann ist unfähig, es sich wieder zu erringen, denn es geht nicht anders als mit „Mühe und Zwang", sogar die Liebe kostet Mühe. In der Kindheit strömte der Quell der Libido in sprudelnder Fülle. Im späteren Leben kostet es sogar harte Arbeit, die Quelle strömend zu erhalten für das vorwärtsstrebende Leben, denn mit steigendem Alter hat die Quelle wachsende Neigung zurückzufließen zum Ursprung, wenn nicht wirksame Mechanismen geschaffen sind, dieses Rückströmen zu verhindern. In diesen Zusammenhang gehört das allgemein verbreitete Vorurteil, die Liebe sei etwas ganz Spontanes; nur der infantile Liebestypus ist etwas ganz Spontanes. Die Liebe eines erwachsenen Menschen läßt sich mit Entschlüssen leiten. Man kann auch sagen: „Ich will lieben." Die Kulturhöhe ist bedingt durch die Verlagerungsfähigkeit der Libido.

Ihr schicksallosen Götter, vorbei und blüht
In eurer Jugend über den Alternden
Und wollt ihr zu den Sterblichen euch
Gern gesellen, so blühn der Jungfraun

Euch viel, der jungen Helden, und schöner spielt
Der Morgen um die Wangen der Glücklichen,
Und lieblich tönen . . . .
Euch die Gesänge der Mühelosen.

Ach! vormals rauschte leicht des Gesanges Well'
Auch mir vom Busen, da noch Freude mir,
Die himmlische vom Auge glänzte. . . . .
— — — — — — — — — — — — — — — — — — —

Die Trennung von der Kinderseligkeit, von der Jugend, hat sogar von der Natur den goldenen Glanz hinweggenommen und hoffnungslose Leere ist die Zukunft. Was der Natur aber den Glanz raubt und dem Leben die Freude, das ist das Gift der rückschauenden Sehnsucht, die zurückstrebt, um in die eigene Tiefe zu versinken.

Empedokles.

Das Leben suchst du, suchst, und es quillt und glänzt
Ein göttlich Feuer tief aus der Erde dir,
Und in schauderndem Verlangen
Wirfst dich hinab in des Ätna Flammen.

So schmelzt im Weine Perlen der Übermut
Der Königin; und mochte sie! Hättest du
Nur deinen Reichtum nicht, o Dichter,
Hin in den gährenden Kelch geopfert!

Doch heilig bist du mir, wie der Erde Macht,
Die dich hinwegnahm, kühner Getöteter!
Und folgen möcht ich in die Tiefe,
Hielte Liebe mich nicht, dem Helden.

Dieses Gedicht verrät die heimliche Sehnsucht nach der mütterlichen Tiefe[1]).

Im Weine möchte er wie Perlen gelöst, im Kelche geopfert sein. (Der „Krater" der Wiedergeburt.) Doch ihn hält die Liebe noch im Lichte

[1]) Motiv der Unsterblichkeit in der Fabel vom Tode des Empedokles. Horat. A. poet., 464 f. — Deus immmortalis haberi — Dum cupit Empedocles ardentem frigidus Aetnam — Insiluit.

des Tages zurück. Noch hat die Libido ein Objekt, um dessentwillen das Leben lebenswert ist. Wird dieses Objekt aber aufgegeben, dann wird die Libido versinken in das Reich der unterirdischen, der wiedergebärenden Mutter.

Nachruf.

Wohl geh ich täglich andre Pfade, bald
Ins Grün im Walde, bald zu der Quelle Bad,
Zum Felsen, wo die Rosen blühen,
Blicke vom Hügel ins Land, doch nirgend,

Du Holde, nirgend find ich im Lichte dich
Und in die Lüfte schwinden die Worte mir,
Die frommen, die bei dir ich ehemals
— — — — — — — — — — — — — —

Ja, ferne bist du, seliges Angesicht!
Und deines Lebens Wohllaut verhallt vor mir
Nicht mehr belauscht, und ach! wo seid ihr
Zaubergesänge, die einst das Herz mir

Besänftiget mit Ruhe der Himmlischen?
Wie lang ist's! o wie lange! der Jüngling ist
Gealtert, selbst die Erde, die mir
Damals gelächelt, ist anders worden.

O lebe wohl! es scheidet und kehrt zu dir
Die Seele jeden Tag und es weint um dich
Das Auge, daß es heller wieder
Dort, wo du säumest, hinüberblicke.

Deutlich klingt hier schon der Verzicht ans Ohr, ein Neid auf die eigene Jugend, auf jene Zeit der „Mühelosigkeit", die man so gern festhalten möchte aus tiefster Abneigung gegen alle Pflichttätigkeit, welcher unmittelbare Lustbelohnung versagt ist. Das mühevolle Arbeiten auf lange Frist und nach fernen Zielen ist nicht Sache des Kindes und des primitiven Menschen. Es ist schwer zu sagen, ob solches auch Faulheit genannt werden könnte; es scheint aber nicht wenig damit zu tun zu haben, indem das Gefühlsleben auf primitiver Stufe, sei sie infantiler oder archaischer Art, eine ungemeine Inertie und Spontaneität in Produktion und Nichtproduktion besitzt.

Die letzte Strophe verkündet Schlimmes: Ein Hinüberblicken nach dem andern Lande, der fernen Küste des Sonnenunterganges oder -aufganges. Die Liebe hält den Dichter nicht mehr, die Bande mit der Welt sind zerrissen und laut tönt nun sein Hilferuf an die Mutter:

Achill.

Herrlicher Göttersohn! Da du die Geliebte verloren,
Gingst du ans Meersgestad, weintest hinaus in die Flut,
Weheklagend hinab verlangt in den heiligen Abgrund
In die Stille dein Herz, wo, von der Schiffe Gelärm
Fern, tief unter den Wogen, in friedlicher Grotte die schöne
Thetis wohnet, die dich schützte, die Göttin des Meeres.
Mutter war dem Jünglinge sie, die mächtige Göttin,
Hatte den Knaben einst liebend am Felsengestad
Seiner Insel gesäugt, mit dem kräftigen Liede der Welle
Und im stärkenden Bad ihn zum Heroen gemacht.
Und die Mutter vernahm die Wehklage des Jünglings,
Stieg vom Grunde der See trauernd, wie Wölkchen herauf,
Stillte mit zärtlichem Umfangen die Schmerzen des Lieblings,
Und er hörte, wie sie schmeichelnd zu helfen versprach.
Göttersohn! o wär ich, wie du, so könnt ich vertraulich
Einem der Himmlischen klagen mein heimliches Leid.
Sehen soll ich es nicht, soll tragen die Schmach, als gehört ich
Nimmer zu ihr, die doch meiner in Tränen gedenkt.
Gute Götter! doch hört ihr jegliches Flehen der Menschen,
Ach, und innig und fromm liebt ich dich, heiliges Licht,
Seit ich lebe, die Erd' und deine Quellen und Wälder,
Vater Äther, und dich fühlte zu sehnend und rein
Dieses Herz — o sänftiget mir, ihr Guten, mein Leiden,
Daß die Seele mir nicht früh, ach! zu früh verstummt,
Daß ich lebe und euch, ihr hohen, himmlischen Mächte,
Noch am fliehenden Tage danke mit frohem Gesang,
Danke für voriges Gut, für Freuden vergangener Jugend,
Und dann nehmet zu euch gütig den Einsamen auf.

Diese Lieder schildern deutlicher, als man es mit dürren Worten zu schildern vermöchte, das stete Zurückbleiben und die immer größer werdende Entfremdung vom Leben, das allmählich tiefere Versinken in den mütterlichen Abgrund des eigenen Wesens. Zu diesen Liedern rückschauender Sehnsucht tritt befremdlich als ein unheimlicher Gast der apokalyptische Gesang Patmos, umschleiert von den Nebeln der Tiefe, den umschlingenden „Wolkenzügen" der wahnsinnspendenden Mutter. In ihm leuchten die uralten Gedanken des Mythos wieder auf, die in Symbole gekleidete Ahnung des sonnenhaften Sterbens und Wiedererstehens des Lebens. Man wird Ähnliches noch in Menge bei Kranken dieser Art finden.

Ich gebe einzelne bedeutsame Stücke aus „Patmos" wieder:

„Nah ist
Und schwer zu fassen der Gott.
Wo aber Gefahr ist, wächst
Das Rettende auch."

Diese Worte zeigen an, daß die Libido nun auf den tiefsten Grund gelangt ist, wo „die Gefahr groß" ist. (Faust, II. Teil, Mütterszene.) Dort ist „der Gott nahe": dort fände der Mensch die innere Sonne, seine eigene sonnenhafte und sich wieder erneuernde Natur, verborgen im Mutterschoße wie die Sonne zur Nachtzeit:

„In Klüften,
Im Finstern wohnen
Die Adler und furchtlos gehen
Die Söhne der Alpen über den Abgrund weg
Auf leicht gebaueten Brücken."

Mit diesen Worten schreitet das dunkelphantastische Gedicht weiter. Der Adler, der Sonnenvogel wohnt im Dunkeln — die Libido hat sich verborgen, hoch hinüber aber schreiten die Bewohner der Berge, wohl die Götter („Ihr wandelt droben im Licht"), Bilder der über den Himmel wandernden Sonne, die wie ein Adler die Tiefe überfliegt.

„Drum, da gehäuft sind rings
Die Gipfel der Zeit
Und die Liebsten nahe wohnen auf
Getrenntesten Bergen,
So gib unschuldig Wasser,
O Fittige gib uns treuesten Sinnes
Hinüber zu gehn und wieder zu kehren!"

Das erste ist ein dunkles Bild von Bergen und von Zeit — (wohl durch die über die Berge wandernde Sonne veranlaßt); das folgende Bild, ein Nahesein und im selben Getrenntsein der Liebsten, scheint auf das Leben in der Unterwelt zu deuten[1]), wo man mit allem, was

[1]) Vgl. die schöne Stelle in der Hadesfahrt des Odysseus, wo der Held seine Mutter umarmen will:

„Ich aber, durchbebt von inniger Sehnsucht,
Wollte umarmen die Seele der abgeschiedenen Mutter
Dreimal strebt' ich hinan, voll heißer Begier der Umarmung;
Dreimal hinweg aus den Händen, wie nichtige Schatten und Traumbild,
Flog sie; und heftiger ward in meinem Herzen die Wehmut."
(Odyss. XI, 204 ff.)

Die Unterwelt, die Hölle, ist ja der Ort unerfüllter Sehnsucht. Das Tantalusmotiv gilt durch die ganze Hölle.

einem einst lieb war, vereinigt ist und doch das Glück der Vereinigung nicht genießen kann, denn es ist alles Schatten und wesenlos und des Lebens bar. Dort trinkt der Hinuntersteigende das „unschuldige", wohl „kindliche" Wasser, den Trank der Erneuerung[1]), daß ihm Flügel wachsen und beflügelt sich wiederum emporwende zum Leben, wie die beschwingte Sonnenscheibe, die wie ein Schwan vom Wasser auffliegt. („Fittige, hinüber zu gehn und wieder zu kehren".)

„So sprach ich, da entführte
Mich schneller, denn ich vermutet,
Und weit, wohin ich nimmer
Zu kommen gedacht, ein Genius mich
Vom eigenen Haus! Es dämmerten
Im Zwielicht, da ich ging,
Der schattige Wald
Und die sehnsüchtigen Bäche
Der Heimat, nimmer kannt ich die Länder."

Nach den dunklen Rätselworten des Einganges, worin der Dichter die Ahnung des Kommenden ausspricht, beginnt die Sonnenfahrt („Nachtmeerfahrt") nach Osten, zum Aufgang, zum Geheimnis der Ewigkeit und Wiedergeburt, von der auch Nietzsche träumt und in bedeutenden Worten spricht:

„Oh, wie sollte ich nicht nach der Ewigkeit brünstig sein und nach dem hochzeitlichen Ring der Ringe, — dem Ring der Wiederkunft! Nie noch fand ich das Weib, von dem ich Kinder mochte, es sei denn dieses Weib, das ich liebe: denn ich liebe dich, oh Ewigkeit[2])."

Hölderlin faßt dieselbe Sehnsucht in ein herrliches Bild, dessen einzelne Züge uns bereits vertraut sind:

„Doch bald in frischem Glanze
Geheimnisvoll
Im goldnen Rauche blühte,
Schnell aufgewachsen
Mit Schritten der Sonne,
Mit tausend Gipfeln duftend,

[1]) Spielreins Kranke (Jahrbuch, III, S. 345) spricht im Zusammenhange der Abendmahlsbedeutung von „mit Kindlichkeit durchsetztem Wasser", „spermatischem Wasser", „Blut und Wein". S. 368 sagt sie: „Die ins Wasser gefallenen Seelen werden von Gott gerettet: sie fallen auf den tiefern Grund. — Die Seelen werden vom Sonnengotte gerettet."

[2]) Nietzsche: Werke, Bd. VI, S. 334 ff.

Mir Asia auf, und geblendet suchte
Ich Eines, das ich kannte, denn ungewohnt,
War ich der breiten Gassen, wo herab
Vom Tmolus fährt
Der goldgeschmückte Paktol
Und Taurus steht und Messagis,
Und voll von Blumen der Garten,
Ein stilles Feuer aber im Lichte
Blüht hoch der silberne Schnee,
Und unsterblichen Lebens Zeug',
An ungangbaren Wänden
Uralt der Epheu[1]) wächst und getragen sind
Von lebenden Zedern und Lorbeersäulen,
Die feierlichen,
Die göttlich gebauten Paläste."

Das Bild ist apokalyptisch: Die mütterliche Stadt im Lande der ewigen Jugend, umgrünt und umblüht von unvergänglichem Frühling[2]). Der Dichter identifiziert sich hier mit Johannes, der auf Patmos lebte, der einst dem „Sohne des Höchsten" gesellt war und ihn von Angesicht sah:

---

[1]) Das φάρμακον ἀθανασίας, der Somatrank, der Haoma der Perser, soll aus Ephedra vulgaris gemacht werden. Spiegel: Erân. Altertumskunde, I. Bd. S. 433.

[2]) Wie die himmlische Stadt in Hauptmanns Hannele:

„Die Seligkeit ist eine wunderbare Stadt,
Wo Friede und Freude kein Ende mehr hat,
Ihre Häuser sind Marmel, ihre Dächer sind Gold,
Roter Wein in den silbernen Brünnlein rollt,
Auf den weißen, weißen Straßen sind Blumen gestreut,
Von den Türmen klingt ewiges Hochzeitsgeläut.
Maigrün sind die Zinnen, vom Frühlicht beglänzt,
Von Faltern umtaumelt, mit Rosen bekränzt.
— — — — — — — — — — — — — — — — — —
Dort unten wandeln Hand in Hand:
Die festlichen Menschen durchs himmlische Land.
Das weite, weite Meer füllt rot roter Wein,
Sie tauchen mit strahlenden Leibern hinein!
Sie tauchen hinein in den Schaum und den Glanz,
Der klare Purpur verschüttet sie ganz,
Und steigen sie jauchzend hervor aus der Flut,
So sind sie gewaschen durch Jesu Blut."

28*

„Da beim Geheimnisse des Weinstocks sie
Zusammensaßen zu der Stunde des Gastmahls,
Und — in der großen Seele ruhig ahnend den Tod
Aussprach der Herr die letzte Liebe — — —
— Darauf starb er. Vieles wäre
Zu sagen davon. Und es sahn, wie er **siegend** blickte,
Den Freudigsten, die Freunde noch zuletzt.
— — — — — — — — — — — — — —
Drum sandt' er ihnen
Den Geist und feierlich bebte
Das Haus und die Wetter Gottes rollten
Ferndonnernd über
Die ahnenden Häupter, da schwer sinnend
Versammelt waren die Todeshelden,
Jetzt, da er, scheidend,
Noch einmal ihnen erschienen.
Denn jetzt erlosch der Sonne Tag,
Der königliche und zerbrach
Den geradestrahlenden
Den Scepter, göttlich leidend, von selbst,
Denn wiederkommen sollt' es
Zu rechter Zeit.

Die grundliegenden Bilder sind Opfertod und Auferstehung Christi, als das Selbstopfer der Sonne, die freiwillig ihr befruchtendes Strahlenscepter zerbricht, in gewisser Hoffnung der Auferstehung. Zur Substanz des „Strahlenscepters" ist folgendes anzumerken: Spielreins Kranke (l. c. S. 375) sagt, daß „Gott mit dem Strahle die Erde durchbohre". Die Erde hat bei Pat. die Bedeutung eines Weibes. Sie faßt auch den Sonnenstrahl in mythologischer Weise als etwas **Festes** auf: „Jesus Christus hat mir seine Liebe gezeigt, indem er mit einem Strahle an das Fenster schlug." (S. 383.) Auch bei einem andern Geisteskranken habe ich dieselbe Idee der festen Substanz des Sonnenstrahles angetroffen. Hier ist auch auf die phallische Natur des Instrumentes, das dem Helden beigegeben ist, hinzuweisen. Thôrs Hammer, der, die Erde spaltend, tief in sie eindringt, ist zu vergleichen dem Fuße des Kaineus. Der Hammer verhält sich im Innern der Erde auch wie der Hort, indem er im Laufe der Zeit allmählich wieder an die Oberfläche kommt („der Schatz blüht"), d. h. er wird aus der Erde wieder herausgeboren. (Vgl. das oben über die Etymologie des „Schwellens" Gesagte.) Mithras hält auf vielen Monumenten ein eigentümliches Objekt in Händen, das Cumont einem halbgefüllten Schlauch vergleicht. Dieterich weist an Hand seines Papyrustextes nach, daß das Instrument die

Rindsschulter, das Bärengestirn, ist. Die Schulter hat eine indirekt phallische Bedeutung, indem sie der Bestandteil ist, der bei Pelops fehlte. Pelops war von seinem Vater Tantalus zur Göttermahlzeit geschlachtet, zerstückelt und im Kessel gekocht worden. Demeter hatte ahnungslos von diesem Schmause die Schulter verzehrt, als Zeus den Frevel entdeckte. Er ließ die Stücke wieder in den Kessel werfen und mit Hilfe der lebenspendenden Clotho wurde Pelops wieder erzeugt, wobei die fehlende Schulter durch eine elfenbeinerne ersetzt wurde. Diese Ersetzung ist eine genaue Parallele zur Ersetzung des fehlenden Phallus des Osiris. Mithras wird dargestellt, wie er in einem besonderen Akte die Rindsschulter über Sol, seinen Sohn und Statthalter, hält. Diese Szene dürfte einer Art Weihung, einem Ritterschlag zu vergleichen sein (etwa dem Firmelungsschlag). Das Schlagen als zeugende (befruchtende, begeisternde) Funktion ist als Volksgebrauch im Schlagen mit der Lebensrute erhalten, was die Bedeutung eines Fruchtbarkeitszaubers hat. In den Neurosen spielt die sexuelle Bedeutung der Züchtigung eine große Rolle, indem bei nicht wenigen Kindern die Züchtigung einen sexuellen Orgasmus auslösen kann. Die sakrale Handlung des Schlagens hat dieselbe Bedeutung des „Überzeugens" (Befruchtens) und ist wohl bloß eine Variante des ursprünglichen Phallusdurchziehens. Von ähnlicher Beschaffenheit wie die Rindsschulter ist die Pferdekeule des Teufels, der ebenfalls sexuelle Bedeutung zukommt. Ebenso zu werten ist der Eselskinnbacken des Simson. In der polynesischen Mauimythe stammt der Kinnbacken, die Waffe des Helden, von der Menschenfresserin Muri-ranga-whenua, deren Leib vom Wittern nach Menschenfleisch gewaltig aufschwillt. (Frobenius l. c.) Herakles hat seine Keule vom Holze des mütterlichen Ölbaumes. Auch Fausts Schlüssel kennt die Mütter. Die Libido stammt von der Mutter und einzig mit dieser Waffe überwindet man den Tod.

Es entspricht der phallischen Natur des Eselskinnbackens des Simson, daß an der Stelle, wo er ihn hinwarf, Gott eine Quelle aufsprudeln ließ[1]). (Quellen aus der Roßtrappe, Fußstapfen, Pferdehuf.) In diesem Bedeutungszusammenhang gehört der Zauberstab, das Scepter überhaupt. Griech. *σκῆπτρον* = Scepter gehört zu *σκᾶπος*, *σκηπάνιον*, *σκήπων* = Stab, *σκηπτός* = Sturmwind, lat. scapus, Schaft, Stengel, scapula, Schulterblatt, ahd. scaft: Speer, Lanze[2]).

[1]) Richter: 15, 17 ff.

[2]) Prellwitz: Griech. Etym. s. *σκήπτω*.

Wir begegnen in dieser Zusammenstellung wieder jenem Zusammenhängen die uns bereits bekannt sind: Sonnenphallus als Windröhre, Lanze und Schulterblatt.

Die Überleitung von der Asia über Patmos auf das christliche Mysterium im Gedichte Hölderlins ist anscheinend eine oberflächliche Verknüpfung, im Grunde genommen aber ein höchst sinnvoller Gedankengang: Das Eingehen in Tod und Jenseitsland als ein Selbstopfer des Helden zur Erlangung der Unsterblichkeit. In dieser Zeit, wo die Sonne untergegangen, wo die Liebe anscheinend tot ist, erwarten die Menschen in heimlicher Freude die Wiedererneuerung alles Lebens:

— „Und Freude war es
Von nun an,
Zu wohnen in liebender Nacht und bewahren
Die einfältigen Augen, unverwandt
Abgründe der Weisheit."

In der Tiefe wohnt die Weisheit, die Weisheit der Mutter; eins seiend mit ihr ist dem Sinne Ahnung gegeben von den tieferen Dingen, von all den Niederschlägen uralter Zeit, deren Schichten sich der Geist bewahrt hat. Auch der Dichter in seiner kranken Ekstase fühlt ein mehreres von der Größe des Geschauten, aber ihm liegt wenig mehr daran, es heraufzubringen zum lichten Tage, was er in der Tiefe erschürft hat — im Gegensatz zu Faust.

„Und nicht ein Übel ist's, wenn Einiges
Verloren geht und wenn der Rede
Verhallt der lebendige Laut,
Denn göttliches Werk auch gleicht dem unsern,
Nicht alles will der Höchste zumal,
Zwei Eisen trägt der Schacht,
Und glühende Harze der Ätna.
So hätt' ich Reichtum,
Ein Bild zu bilden und ähnlich
Zu schauen, wie er gewesen, der Geist."

Nur eine Hoffnung läßt er heraufblinken, in spärliche Worte geformt:

— „Die Toten wecket
Er auf, die nicht gefangen, nicht
Vom Rohen sind."
„Und wenn die Himmlischen jetzt,

So wie ich glaube, mich lieben" —
— „Still ist sein[1]) Zeichen
Am dämmernden Himmel. Und einer steht darunter
Sein Leben lang. Denn noch lebt Christus."

Aber wie einst Gilgamesh, das Wunderkraut aus dem seligen Westland zurückbringend, von der dämonischen Schlange seines Gutes beraubt wird, so klingt auch Hölderlins Gedicht in einen schmerzlichen Klagelaut aus, der uns verrät, daß seinem Niedersteigen zu den Schatten kein sieghaftes Auferstehen mehr folgen wird:

— „Schmählich
Entreißt das Herz uns eine Gewalt,
Denn Opfer will der Himmlischen jedes!"

Diese Erkenntnis, daß man die rückschauende Sehnsucht (die inzestuöse Libido) opfern sollte, bevor die „Himmlischen" uns die Opfer „entreißen", wobei sie aber auch die ganze Libido mitnehmen, kam dem Dichter zu spät. Daher nenne ich es einen weisen Rat, den das Unbewußte unserer Autorin gibt, den Infantilhelden zu opfern. Dieses Opfer geschieht am besten, wie die erste Bedeutungsschicht ergeben hat, in einer völligen Hingabe an das Leben, wobei auch alle die unbewußt in familiären Banden gebundene Libido nach außen in die menschliche Gesellschaft gebracht werden muß, denn es ist für das Wohlbefinden des einzelnen erforderlich, daß er, nachdem er in seiner Kindheit bloß mitdrehendes Partikel in einem rotierenden System gewesen war, nunmehr erwachsen selber Zentrum eines neuen Systems werde. Daß ein derartiger Schritt auch die Lösung oder wenigstens die angestrengte Bearbeitung des eigenen sexuellen Problems impliziert, ist ohneweiters klar; denn, geschieht dies nicht, dann bleibt die nicht verwendete Libido unweigerlich im Inzestverhältnis stecken und macht das Individuum in wesentlichen Stücken unfrei. Wir erinnern uns hier daran, daß die Predigt Christi mit Rücksichtslosigkeit den Menschen von seiner Familie trennen möchte, und im Nikodemusgespräch sahen wir die besondere Bemühung Christi, der Inzestlibido Betätigung zu verschaffen. Beide Tendenzen dienen demselben Ziele, nämlich den Menschen zu befreien, einerseits den Juden aus seiner außerordentlichen Bindung an die Familie, die nicht höherer Einsicht, sondern größerer Weichheit und Unbeherrschbarkeit des inzestuösen Gefühles entspricht, daher die Kompensation dafür das Zwangszeremoniell des

[1]) Des Vaters.

Kultus und die religiöse Angst vor dem unzurechnungsfähigen Jahwe ist. Wenn durch kein Gesetz und durch keine wütenden Fanatiker und Propheten geschreckt der Mensch seine inzestuöse Libido gewähren läßt und nicht zu höheren Zwecken befreit, dann ist er unter dem Einfluß unbewußten Zwanges. Denn Zwang ist unbewußter Wunsch. (Freud.) Dann steht er unter Libidozwang (*εἱμαρμένη*) und seine Schicksale gehen nicht durch seine Hand; seine *Τύχαι καὶ Μοῖραι* fallen ihm von den Sternen. Seine unbewußt inzestuöse Libido, die so in primitivster Form angewandt ist, hält den Menschen, was seinen Liebestypus anbelangt, auf entsprechend primitiver Stufe, der Stufe der Unbeherrschbarkeit und des Ausgeliefertseins an die Affekte. Das war die psychologische Lage der ausgehenden Antike, und der Heiland und Arzt jener Zeit war der, der die Menschen zur Sublimierung ihrer inzestuösen Libido erziehen wollte[1]). Die Zerstörung der Sklaverei war dazu Postulat und Bedingung; denn das Altertum hatte die Arbeitspflicht und die Pflichtarbeit als soziale Bedingung prinzipiellster Bedeutung noch nicht erkannt. Sklavenarbeit war Zwangsarbeit, das Gegenstück zum ebenso unheilvollen Libidozwang der Besitzenden. Nur die Arbeitspflicht des Einzelnen war es, welche auf die Dauer jene regelmäßige „Drainage" des Unbewußten, das durch beständige Libidoregressionen überschwemmt wurde, ermöglichte. Die Faulheit ist aller Laster Anfang, weil im Zustande faulen Träumens die Libido reichlich Gelegenheit hat, in sich selber zu versinken, um durch regressiv wiederbelebte inzestuöse Bindungen zwingende Verpflichtungen zu schaffen. Davon befreit am besten regelmäßige Arbeit[2]). Die Arbeit ist aber nur dann Erlösung, wenn sie eine freie Tat ist und nichts mehr von infantilem Zwang an sich hat. Unter diesem Aspekt erscheint die religiöse Zeremonie zu gutem Teil als organisierte Untätigkeit und zugleich als Vorstufe des modernen Arbeitens.

Wenn die Vision von Miß Miller das Problem der Opferung

---

[1]) Diesen Zweck verfolgten eigentlich alle Mysterien. Sie schaffen Symbole von Tod und Wiedergeburt zur Betätigung und Erziehung der Infantillibido. Wie Frazer: The golden Bough. I, III, S. 442 ff. zeigt, haben auch exotische und barbarische Völker in ihren Mysterien dieselben Symbole des initiatorischen Sterbens und Wiedergeborenwerdens, genau wie auch Apulejus: (Metam. XI, 23) von der Einweihung des Lucius in die Isismysterien sagt: „Accessi confinium mortis et calcato Proserpinae limine per omnia vectus elementa remeavi." Lucius starb figürlich (ad instar voluntariae mortis) und wurde wiedergeboren (renatus).

[2]) Das hindert aber den modernen Neurotiker nicht daran, seine Arbeitspflicht zu einem Verdrängungsmittel zu machen und sich daran aufzureiben.

infantiler Sehnsüchte behandelt, so ist dies zwar zunächst ein individuelles Problem, wenn wir aber einen Blick werfen auf die Form, in der diese Bearbeitung geschicht, dann werden wir inne, daß es sich hier um etwas handeln muß, was auch der Menschheit im allgemeinen Problem sein muß. Denn die Symbole, die Schlange, die das Pferd tötet[1]), und der sich freiwillig opfernde Held sind uralte Figuren der aus dem Unbewußten strömenden Phantasien und religiösen Mythen.

Insofern die Welt und alles Seiende ein Gedachtes in erster Linie ist (dem wir auf dem Weg empirischer Nötigung auch eine transzendente „Substantialität" zuerkennen), so geht aus dem Opfer der nach allem Vergangenen zurückschauenden Libido die Schaffung der Welt und, psychologisch gesprochen, überhaupt die Welt hervor. Für den Rückschauenden ist die Welt, selbst der unendliche gestirnte Himmel, die über ihn gebeugte und ihn von allen Seiten umfassende Mutter[2]) und aus dem Verzichte auf dieses Bild und auf die Sehnsucht nach diesem Bild entsteht das Weltbild. Aus diesem höchst einfachen Grundgedanken, der vielleicht nur darum uns fremdartig erscheint, weil er ausschließlich dem Lust- und nicht dem Realitätsprinzip[3]) entsprechend gedacht ist, ergibt sich die Bedeutung des kosmischen Opfers. Ein gutes Beispiel dafür ist die Tötung der babylonischen Urmutter Tiâmat, des Drachen, dessen Leichnam bestimmt ist, Himmel und Erde zu bilden. Am vollendetsten wohl treffen wir diesen Gedanken in der indischen Philosophie ältesten Datums, nämlich in den Liedern des Rigveda. Rigv. 10, 81, 4 fragt das Lied:

„Was ist das Holz, was ist der Baum gewesen,
Aus dem sie Erd' und Himmel ausgehauen?
Ihr Weisen, forscht im Geiste diesem nach." —

Viçvakarman, der Allschöpfer, der aus dem unbekannten Baume die Welt schuf, tat es folgendermaßen:

„Der, opfernd, sich in alle diese Wesen
Als weiser Opferer senkte, unser Vater,
Der ging, nach Gütern durch Gebet verlangend,

---

[1]) Vgl. 1 Mose, 49, 17: „Dan wird eine Schlange werden auf dem Wege und eine Otter auf dem Steige und das Pferd in die Fersen beißen, daß sein Reiter zurückfalle."

[2]) Vgl. dazu die ägyptische Darstellung des Himmels als Weib und Kuh.

[3]) Freud: Formulierungen über die zwei Prinzipien des psychischen Geschehens. Dieses Jahrbuch, S. 1 ff.

Ursprungverhüllend in die niedre Welt ein.
Doch was hat wohl als Standort ihm . . . . .
Was hat und wie als Stützpunkt[1]) ihm gedient?"

Rigveda 10, 90 gibt Antwort auf diese Fragen:
Der Purusha ist das Urwesen, das

„Bedeckt ringsum die Erde allerorten
Zehn Finger hoch noch drüber hinzufließen."

Man sieht, Purusha ist eine Art platonischer Weltseele, die die Welt auch von außen umgibt: (von Purusha)

„Geboren überragte er die Welt
Nach vorn, nach hinten und an allen Orten."

Die Muttersymbolik im Bilde des Purusha ist, wie mir scheint, deutlich. Er repräsentiert die Mutterimago und die an ihr haftende Libido des Kindes. Aus dieser Annahme erklärt sich alles Folgende sehr einfach:

„Als Opfertier ward auf der Streu geweiht
Der Purusha, der auf der Streu entstanden,
Den opferten die Götter, Selige
Und Weise, die sich da zusammenfanden."

Dieser Vers ist sehr merkwürdig; wenn man dies Mythologem in das Prokrustesbett der Logik spannen wollte, so müßte ihm wohl übel Gewalt angetan werden. Wie außer den Göttern noch gewöhnliche „Weise" dazukommen, das Urwesen zu „opfern", ist eine unerhört phantastische Vorstellung, ganz abgesehen von dem Umstande, daß außer dem Urwesen nichts anfänglich existiert hat (d. h. vor dem Opfer), wie wir noch sehen werden. Wenn nun damit jenes große Geheimnis der Mutteropferung gemeint sein sollte, dann wird alles klar.

„Aus ihm als ganz verbranntem Opfertier
Floß ab mit Schmalz gemischter Opferseim,
Daraus schuf man die Tiere in der Luft
Und die im Walde leben und daheim.

[1]) Diese Form der Frage erinnert an das bekannte indische Symbol des welttragenden Tieres: Ein Elefant auf einer Schildkröte stehend. Der Elefant hat, wie bekannt, hauptsächlich männlich-phallische und die Schildkröte, wie jedes Schalentier, hauptsächlich weibliche Bedeutung.

Aus ihm als ganz verbranntem Opfertier
Die Hymnen und Gesänge sind entstanden,
Aus ihm auch die Prunklieder allesamt,
Und was an Opfersprüchen ist vorhanden.
— — — — — — — — — — — — — —

Aus seinem Manas ist der Mond geworden,
Das Auge ist als Sonne jetzt zu sehen,
Aus seinem Mund entstand Indra und Agni,
Vâju, der Wind, aus seines Odems Wehen.
Das Reich des Luftraums ward aus seinem Nabel,
Der Himmel aus dem Haupt hervorgebracht,
Die Erde aus den Füßen, aus dem Ohre
Die Pole. So die Welten sind gemacht."

Es ist evident, daß damit keine physische, sondern eine psychologische Kosmogonie gemeint ist. Die Welt entsteht, wenn der Mensch sie entdeckt. Er entdeckt sie, wenn er die Mutter opfert, d. h. wenn er sich aus den Nebeln seines Unbewußtseins in der Mutter befreit hat. Was ihn vorwärts zu dieser Entdeckung treibt, läßt sich psychologisch als die von Freud so genannte „Inzestschranke" auffassen. Das Inzestverbot setzt dem kindlichen Sehnen nach der nahrungsspendenden Mutter ein Ziel und zwingt die allmählich sexuell werdende Libido auf die Bahn des biologischen Ziels. Die durch das Inzestverbot von der Mutter abgedrängte Libido, die „Mutterlibido", sucht nach dem Sexualobjekt an Stelle der verbotenen Mutter. In diesem weiten psychologischen Sinne, der in der Gleichnissprache von „Inzestverbot", „Mutter" usw. sich ausdrückt, ist auch Freuds paradoxer Satz zu verstehen: „Ursprünglich haben wir nur Sexualobjekte gekannt[1])." Ein Satz, der durchaus psychologisch zu verstehen ist, im Sinne eines von innen nach außen geschaffenen Weltbildes, das zunächst nichts mit dem sogenannten „objektiven" Weltbild zu tun hat, als welches eine durch die Realitätskorrektur gegangene Neuauflage des subjektiven Weltbildes zu verstehen ist. Die Biologie als eine objektive Erfahrungswissenschaft hätte Freuds Satz unbedingt zu verwerfen, indem wie wir eingangs klargelegt haben, die Wirklichkeitsfunktion nur zum Teil sexuell sein kann; zu einem andern, ebenso wichtigen Teil ist sie auch Selbsterhaltung. Anders erscheint die Sache für das, die biologische Funktion als Epiphänomenon begleitende Denken. Soweit unser Wissen reicht, ist der individuelle Denkakt

[1]) Zentralblatt für Psychoanalyse, Bd. II, S. 171.

wohl ganz oder zum allergrößten Teil an die Existenz eines hochdifferenzierten Gehirns gebunden, während Wirklichkeitsfunktion (Anpassung an Realität) etwas ist, das ganz unabhängig vom Denkakt in der ganzen belebten Natur vorkommt. Nur für den Denkakt gilt dieser wichtige Satz Freuds, indem das Denken, wie alle Spuren erkennen lassen, dynamisch aus der Libido abstammt, welche an der „Inzestschranke" vom ursprünglichen Objekt abgespalten wurde. Die „Inzestschranke" aber tritt in Tätigkeit, wenn die ersten keimenden Sexualregungen im Strom der Libido, die zur Mutter geht, mitzufließen beginnen. Durch die Inzestschranke wird die Sexuallibido aus der libidinösen Identifizierung mit den Eltern abgedrängt und introvertiert aus Mangel an adäquater Betätigung. Die Sexuallibido ist es, welche den wachsenden Menschen langsam aus der Familie herausführt. (Existierte diese Notwendigkeit nicht, so bliebe die Familie wohl immer zu festem Klumpen geballt zusammen. Daher der Neurotiker immer auf volles erotisches Erleben verzichtet[1]), um Kind bleiben zu können.) Aus der Introversion der Sexuallibido scheinen die Phantasien hervorzugehen. Da nun die ersten kindlichen Phantasien wohl sicher nicht die Qualität eines bewußten Plans erreichen und die Phantasien sowieso (auch beim Erwachsenen) fast immer die direkten Abkömmlinge des Unbewußten sind, so ist höchstwahrscheinlich, daß die ersten Phantasieleistungen einem Regressionsakt entspringen. Wie wir früher erläuterten, geht die Regression auf vorsexuelle Stufe zurück, worauf viele Spuren hingewiesen haben. Hier erhält die Sexuallibido gewissermaßen wieder jene universelle Anwendungsfähigkeit oder Verlagerungsfähigkeit, welche sie tatsächlich auf jener Stufe besaß, wo die sexuelle Anwendung noch nicht aufgefunden war. Für die regredierende Sexuallibido findet sich natürlich auf vorsexueller Stufe kein adäquates Objekt, sondern bloß Surrogate, welche immer noch einen Wunsch übrig lassen, nämlich den Wunsch, das Surrogat dem Sexualziel möglichst ähnlich zu haben. Dieser Wunsch ist aber geheim, denn er ist eigentlich ein Inzestwunsch. Das unbefriedigte unbewußte Wünschen schafft nun unzählige Sekundärobjekte, Symbole für das Urobjekt, die Mutter. (Wie der Rigveda sagt, geht der Weltschöpfer „ursprungverhüllend" in die Dinge ein.) Daraus geht das Denken respektive das Phantasieren hervor als eine nunmehr

[1]) Der neurotische Don Juan ist kein Beweis; was der „Habitué" unter Liebe versteht, ist bloß eine Schwächlichkeit und weit entfernt von dem, was Liebe heißt!

desexualisierte Betätigung einer ursprünglich sexuellen Libido.

Was nun den Ausdruck „Inzestschranke" betrifft, so entspricht er einer Anschauung vom Standpunkt der Libido aus. Es läßt sich jedoch auch eine andere Betrachtungsweise auf die gleiche Frage anwenden.

Jene Zeit der keimenden Sexualität (etwa 3. bis 4. Jahr) ist zugleich, von außen betrachtet, die Zeit, wo das Kind erhöhten Wirklichkeitsanforderungen gegenübersteht. Es kann gehen, reden und eine Menge sonstiger Dinge selbständig besorgen; so sieht es sich schon der Welt der unbeschränkten Möglichkeiten gegenüber, in der es aber noch wenig oder nichts zu tun wagt, weil es auf der andern Seite doch noch zu sehr Säugling ist, der ohne die Mutter nicht sein kann. Auf dieser Stufe sollte Mutter mit Welt vertauscht werden. Dagegen erhebt sich die Vergangenheit als größter Widerstand; wie immer, wenn der Mensch eine Neuanpassung leisten soll. Aller Evidenz und aller bewußten Entschließung zum Trotz bringt das Unbewußte (die Vergangenheit) immer und immer wieder seinen Standpunkt als Widerstand zur Geltung. In dieser schwierigen Lage, eben in dieser Zeit der erwachenden Sexualität, sehen wir das Keimen des Geistes. Die Aufgabe des Kindes dieser Stufe ist die Entdeckung der Welt und der großen transsubjektiven Wirklichkeit. Daran soll es die Mutter verlieren; jeder Schritt in die Welt hinein bedeutet einen Schritt weiter von der Mutter weg. Begreiflicherweise sträubt sich alles Retrospektive im Menschen gegen diesen Schritt und es werden energische Versuche unternommen, zunächst diese Anpassung nicht zu leisten. Daher ist diese Altersstufe auch die Zeit der ersten deutlich ausgebildeten Neurosen. Die Tendenz dieses Alters ist eine der Tendenz der Dementia praecox direkt entgegengesetzte. Das Kind sucht die Welt zu gewinnen und die Mutter zu lassen (dies als notwendige Folge), die Dementia praecox aber sucht die Welt zu lassen und den Subjektivismus der Kindheit wieder zu gewinnen. Wir sahen, daß die Dementia praecox rezente Wirklichkeitsanpassung ersetzt durch einen archaischen Anpassungsmodus, d. h. rezentes Weltbild durch archaisches Weltbild. Wenn nun das Kind auf seine Aufgabe der Realitätsanpassung verzichtet, d. h. erhebliche Schwierigkeiten in dieser Leistung hat, dann dürfen wir erwarten, daß die rezente Anpassung auch wieder durch archaische Anpassungsmodi ersetzt werde. Es wäre daher denkbar, daß durch die Regression beim Kinde normalerweise archaische Produkte gefördert würden, d. h. alte Funktionsweisen des Denksystems, das mit der

Gehirndifferenzierung angeboren ist, aufgeweckt würden. Nach dem mir vorliegenden (noch nicht publizierten) Material scheint allerdings der infantilen Phantasie ein merkwürdig archaischer und zugleich allgemeingültiger Charakter anzuhaften, der sich durchaus mit den Produkten der Dementia praecox vergleichen läßt. Es erscheint nicht unwahrscheinlich, daß durch die Regression in diesem Alter jene selben Elemente- und Analogieassoziationen wieder geweckt werden, welche ehemals auch die Elemente des archaischen Weltbildes bildeten. Wenn wir nun untersuchen, welches die Elemente des archaischen Weltbildes sind, so genügt ein Blick auf die Mythenpsychologie, um zu sehen, daß das archaische Weltbild vorzugsweise ein sexueller Anthropomorphismus war. Es scheint, daß diese Dinge in der unbewußten kindlichen Phantasie eine außerordentliche Rolle spielen, wie Stichproben erkennen lassen. Wie nun der Sexualismus der Neurose auch nicht buchstäblich zu nehmen ist, sondern als regressives Phantasma und symbolischer Ersatz einer nicht geleisteten rezenten Anpassung, so ist auch der Sexualismus der frühinfantilen Phantasie, insbesondere das Inzestproblem, ein die Tatsächlichkeit weit überwiegendes regressives Produkt der Wiederbelebung archaischer Funktionsweisen. Ich habe deshalb in dieser Arbeit mich zunächst sehr unbestimmt über das Inzestproblem ausgedrückt, um die Meinung nicht aufkommen zu lassen, daß ich darunter in Bausch und Bogen eine grobsexuelle Neigung zu den Eltern verstehe. Die wirkliche Sachlage ist, wie meine Überlegung zeigt, sehr viel komplizierter. Auch ursprünglich dürfte dem Inzest als solchem nie eine besonders große Bedeutung zugekommen sein, indem die Paarung mit einem alten Weibe aus allen möglichen Gründen wohl kaum der Paarung mit einem jungen Weibe vorgezogen wurde. Es scheint, daß die Mutter erst psychologisch inzestuös bedeutsam geworden ist. So sind z. B. die Inzestehen im Altertum wohl nicht Folge einer Liebesneigung, sondern eines besonderen Aberglaubens, der mit den hier behandelten mythischen Vorstellungen aufs nächste verbunden ist. Ein Pharao der II. Dynastie soll seine Schwester, seine Tochter und seine Enkelin geheiratet haben, die Ptolemäer pflegten ebenfalls der Schwesterehe, Kambyses heiratete seine Schwestern, Artaxerxes seine beiden Töchter, Qobad I. (VI. Jahrh. p. Chr. n.!) seine Tochter. Der Satrap Sysimithres heiratete sogar seine Mutter. Diese Inzestehen erklären sich aus dem Umstand, daß im Zend Avesta die Verwandtenehe direkt empfohlen wird[1]); sie diente der Gott-

[1]) Spiegel: Erân. Altertumskunde, II, 667 ff.

ähnlichkeit des Herrschers und war daher ein mehr künstliches als natürliches Gebilde, indem sie wohl mehr theoretischer wie biologischer Neigung entsprang. (Eine praktische Nötigung dazu lag auch öfter in den aus dem Mutterrecht restierenden, eigenartigen Erbrechtsverhältnissen.) Die Mißverständnisse, die dem Urzeitbarbaren gewiß öfter in der Wahl seines Sexualobjektes passierten, können nicht gut am Maßstab heutiger Liebespsychologie gemessen werden. Jedenfalls steht der Inzest der halbtierischen Vorzeit in keinem Verhältnis zu der enormen Bedeutung der Inzestphantasie bei den Kulturvölkern. Dieses Mißverhältnis nötigt uns zur Annahme, daß auch das Inzestverbot, das wir bei relativ niederen Völkerstämmen schon antreffen, eher mit mythischen Vorstellungen zu tun hat als mit der biologischen Schädlichkeit, daher auch die ethnischen Verbote fast immer die Mutter und selten den Vater betreffen. Das Inzestverbot wäre demnach eher als die Folge einer Regression aufzufassen, und zwar als Folge einer libidinösen Angst, die sich regressiv auf die Mutter warf. Es ist natürlich schwer oder unmöglich zu sagen, woher diese Angst gekommen sein dürfte. Ich wage nur anzudeuten, daß es sich um eine ursprüngliche Trennung von Gegensatzpaaren gehandelt haben mag, welche im Lebenswillen verborgen sind, das Leben- und das Sterbenwollen. Welches die Anpassungsleistung war, der sich der Urmensch durch Introversion und Regression auf die Eltern entziehen wollte, bleibt dunkel; aber nach Analogie des seelischen Lebens überhaupt ist anzunehmen, daß die Libido, welche das anfängliche Gleichgewicht des Werdens und Vergehens störte, an einer besonders schwierigen Anpassungsleistung sich aufgestaut hat, und vor der sie bis heute zurückweicht.

Nach dieser längeren Abschweifung kehren wir zu dem Rigvedaliede zurück. Ich hielt es nicht für überflüssig, noch ein Weiteres zu sagen über die phantastische Natur der zu opfernden Libidoanwendung. Denken und Weltbild entstand aus dem Zurückschrecken vor der harten Wirklichkeit, und erst nachdem der Mensch regressiv sich der schützenden Elternmacht wieder versichert hat[1]), betritt er, befangen

[1]) Freud: Eine Kindheitserinnerung des Leonardo da Vinci, S. 57: „Der allmächtige, gerechte Gott und die gütige Natur erscheinen uns als großartige Sublimierungen von Vater und Mutter, vielmehr als Erneuerungen und Wiederherstellungen der frühkindlichen Vorstellungen von beiden. Die Religiosität führt sich biologisch auf die lang anhaltende Hilflosigkeit und Hilfsbedürftigkeit des kleinen Menschenkindes zurück, welches, wenn es später seine wirkliche Ver-

in einem Kindheitstraum, umhüllt von magischen Superstitionen, d. h. „denkend“[1]), die Welt, indem er, ängstlich sein Bestes opfernd und sich der Gunst der Unsichtbaren versichernd, Schritt um Schritt zu immer größerer Macht emporwächst, in dem Maße, als er sich von seiner rückschauenden Sehnsucht und der anfänglichen Uneinigkeit seines Wesens befreit.

Rigveda 10, 90 schließt mit dem überaus bedeutsamen Vers, der auch für das christliche Mysterium von größter Wichtigkeit ist:

„Die Götter opfernd, huldigten dem Opfer,
Und dieses war der Opferwerke erstes;
Sie drangen mächt'gen Wesens auf zum Himmel,
Da wo die alten, seligen Götter weilen.“

Durch das Opfer wird eine Fülle der Macht erlangt, die an die Macht der „Eltern“ heranreicht. So hat das Opfer auch die Bedeutung des psychologischen Reifungsprozesses.

In der gleichen Weise, wie die Welt entstand durch das Opfer, durch den Verzicht auf die rückschauende Mutterlibido, so wird nach der Lehre der Upanishaden auch der neue Zustand der Menschen — erzeugt, den man als den unsterblichen bezeichnen kann. Dieser neue Zustand nach dem menschlichen Dasein wird wieder durch ein Opfer erreicht, nämlich durch das Roßopfer, dem in der Lehre der Upanishaden eine kosmische Bedeutung zukommt. Was das geopferte Pferd bedeutet, sagt Brihadâranyka-Upanishad 1, 1[2]).

„Om!

1. Die Morgenröte wahrlich ist des Opferrosses Haupt, die Sonne sein Auge, der Wind sein Odem, sein Rachen das allverbreitete Feuer, das Jahr ist der Leib des Opferrosses. Der Himmel ist sein Rücken, der Luftraum seine Bauchhöhle, die Erde seines Bauches Wölbung; die Pole sind seine Seiten, die Zwischenpole seine Rippen, die Jahreszeiten seine

lassenheit und Schwäche gegen die großen Mächte des Lebens erkannt hat, seine Lage ähnlich wie in der Kindheit empfindet und deren Trostlosigkeit durch die regressive Erneuerung der infantilen Schutzmächte zu verleugnen sucht.“

[1]) Nietzsche: Fröhliche Wissensch. Aph. 157: „Mentiri — gib acht! — er sinnt nach: sofort wird er eine Lüge bereit haben. Dies ist eine Stufe der Kultur, auf der ganze Völker gestanden haben. Man erwäge doch, was die Römer mit mentiri ausdrückten!“ Tatsächlich ist die indogerm. Wurzel méntis, men- dieselbe für mentiri, memini und mens. Vgl. Walde: Lat. Etym. s. mendax, memini und mens.

[2]) Übersetzt von Deussen: Geheimlehre d. Veda, S. 21.

Glieder, die Monate und Halbmonate seine Gelenke, Tage und Nächte seine Füße, die Gestirne seine Gebeine, das Gewölk sein Fleisch. Das Futter, das es verdaut, sind die Sandwüsten, die Flüsse seine Adern, Leber und Lungen die Gebirge, die Kräuter und Bäume seine Haare. Die aufgehende Sonne ist sein Vorderteil, die niedergehende sein Hinterteil. Was es bleckt, das ist Blitz, was es schauert, ist Donner, was es wässert, Regen, seine Stimme ist Rede.

2. Der Tag fürwahr ist entstanden für das Roß als die Opferschale, die vor ihm stehet: seine Wiege ist in dem Weltmeere gen Morgen; die Nacht ist für es entstanden als die Opferschale, die hinter ihm stehet: ihre Wiege ist in dem Weltmeere gen Abend; diese beiden Schalen entstanden, das Roß zu umgeben. Als Roß zog es die Götter, als Kämpfer die Gandharven, als Renner die Dämonen, als Pferd die Menschen. Der Ozean ist sein Verwandter, der Ozean seine Wiege."

Wie Deussen bemerkt, hat das Roßopfer die Bedeutung einer Entsagung auf das Weltall. Wenn das Roß geopfert wird, so wird gewissermaßen die Welt geopfert und zerstört — ein Gedankengang, der auch Schopenhauer vorgeschwebt hat und der als geisteskrankes Produkt bei Schreber[1]) wiederkehrt. Das Roß steht im obigen Text zwischen zwei Opferschalen, von der einen kommt es und zur andern geht es, wie die Sonne vom Morgen zum Abend geht. Das Roß bedeutet daher die Libido, die in die Welt gegangen ist. Oben sahen wir, daß die Libido zur Mutter geopfert werden mußte, um die Welt zu erzeugen, hier wird die Welt aufgehoben durch die erneute Opferung derselben Libido, die erstmals der Mutter gehörte. Das Pferd kann daher füglich als Symbol für diese Libido eingesetzt werden, indem es, wie wir sahen, vielfache Beziehung zur Mutter hat[2]). Durch die Opferung des Rosses kann also nur wieder ein Introversionszustand erzeugt werden, der dem vor der Weltschöpfung gleicht. Die Stellung des Rosses zwischen den beiden Schalen, welche die gebärende und die verschlingende Mutter darstellen, weist auch auf das Bild des im Ei eingeschlossenen Lebens hin, daher die Schalen die Bestimmung haben, das Roß zu „umgeben". Daß dem tatsächlich so ist, beweist Brihadâranyaka-Upanishad 3, 3:

---

[1]) Vgl. dazu Freud: Dieses Jahrbuch, Bd. III, S. 60.

[2]) Bundehesh, XV, 27, wird der Stier Sarsaok beim Weltuntergang geopfert. Sarsaok aber war der Ausbreiter des Menschengeschlechtes; er hat 9 von 15 Menschenrassen auf seinem Rücken durch das Meer nach fernen Weltgegenden gebracht. Der Urstier des Gayomart hat, wie wir oben sahen, unzweifelhaft weibliche und wegen seiner Fruchtbarkeit mütterliche Bedeutung.

1. „Wohin die Nachkommen des Parikshit kamen, das frage ich dich, Yâjñavalkya! Wohin kamen die Nachkommen des Parikshit?" —

2. Yâjñavalkya sprach: „Er hat euch gesagt, sie gelangten dorthin, wohin (alle) kommen, die das Roßopfer darbringen. Nämlich diese Welt erstreckt sich so weit, wie zweiunddreißig Tage des Götterwagens (der Sonne) reichen. Diese (Welt) umgibt ringsum die Erde zweimal so weit. Diese Erde umgibt ringsum der Ozean zweimal so weit. Daselbst ist, so breit wie die Schneide eines Schermessers oder wie der Flügel einer Fliege, ein Raum zwischen (den beiden Schalen des Welteies). Jene nun brachte Indra als Falke zum Winde; und der Wind nahm sie in sich auf und führte sie dorthin, wo die Darbringer des Roßopfers waren. So etwa sprach er (der Gandharva zu euch) und pries den Wind." —

Darum ist der Wind die Besonderheit (vyashṭi) und der Wind die Allgemeinheit (samashṭi). Der wehrt dem Wiedertode, wer solches weiß! —"

Wie uns dieser Text sagt, kommen die Darbringer des Roßopfers in jene engste Spalte zwischen den Schalen des Welteies, an jene Stelle, wo sich die Schalen vereinigen und wo sie geschieden sind. Die Spalte (Scheide) in der mütterlichen Weltseele ist bei Plato (Timaeus) durch das X bezeichnet, durch das Kreuzsymbol. Indra, der als Falke auch den Soma (die schwer erreichbare Kostbarkeit) geraubt hat, bringt als Psychopompos die Seelen zum Winde, zum zeugenden Pneuma, das sie weiterführt zur Spalte oder Scheide, zum Vereinigungspunkt, zum Eingang in das mütterliche Ei. Dieser Gedankengang der indischen Philosophie resümiert kurz und bündig den Sinn unzähliger Mythen; zugleich ist er ein treffliches Beispiel dafür, wie Philosophie innerlich nichts anderes als verfeinerte und sublimierte Mythologie ist. Zu dieser Verfeinerung wurde sie gebracht durch die Einwirkung der Realitätskorrektur[1]). Wir haben hervorzuheben, daß im Millerschen Drama zuerst das Pferd fällt als der tierische Bruder des Heros. (Entsprechend dem frühen Tode des halbtierischen Eabani, des Bruderfreundes des Gilgamesh.) Dieser Opfertod erinnert an die ganze Kategorie der mythologischen Tieropfer. Man könnte mit Parallelen Bände füllen, weshalb wir uns hier auf Andeutungen beschränken müssen. Das Tieropfer, wo es die primitive Bedeutung des einfachen Opfergeschenkes verlassen und eine höhere religiöse Bedeutung angenommen hat, steht in innerer Beziehung zum Heros

---

[1]) Wenn für Silberer die mythologische Symbolik ein Erkenntnisprozeß auf mythologischer Stufe ist (dieses Jahrbuch, Bd. III, S. 664 ff.), so besteht zwischen dieser Ansicht und der meinigen lediglich ein Unterschied des Standpunktes, welcher eine ganz andere Ausdrucksweise im Gefolge hat.

respektive zur Gottheit. Das Tier repräsentiert den Gott selbst[1]), so der Stier[2]) den Zagreus-Dionysos und den Mithras, das Lamm den Christos[3]) usw. Wie wir wissen, repräsentiert das Tiersymbol die tierische Libido. Die Opferung der Tieres bedeutet daher Opferung der tierischen Sexuallibido. d. h. der Tiernatur. Am deutlichsten drückt sich dies aus in der Kultlegende des Attis. Attis ist der Sohngeliebte der Göttermutter, der Agdistis-Kybele. (Agdistis war bezeichnenderweise androgyn[4]), als Symbol der Mutterlibido wie der Baum; eigentlich ein klarer Hinweis, daß die Mutterimago neben der Bedeutung des Abbildes der wirklichen Mutter noch die Bedeutung der Menschheitsmutter, der Libido überhaupt hat.) Von der in ihn verliebten wahnsinnspendenden Mutter rasend gemacht, entmannt er sich selbst, und zwar unter einer Fichte. (Die Fichte spielt in seinem Kult eine große Rolle. Alljährlich wird eine Fichte bekränzt und an ihr ein Bild des Attis aufgehängt und dann gefällt, was die Kastration darstellt.) Das Blut, das auf die Erde spritzte, verwandelte sich in aufsprießende Veilchen. Kybele nahm nun diese Fichte, trug sie in ihre Höhle und beweinte sie dort. (Pietà.) Die chthonische Mutter nimmt ihren

[1]) Diese Vorstellungsreihe beginnt mit der Totemmahlzeit.

[2]) Taurus ist astrologisch das Domicilium Veneris.

[3]) Aus der Bibliothek Asurbanipals stammt ein interessantes sumerisch-assyrisches Fragment (Cuneiform. Inscr., I, IV, 26, 6. Zitiert bei Greßmann: Altorient. Text. und Bild. I, S. 101.)

„Zu den Weisen sprach er:
Ein Lamm ist Ersatz für einen Menschen.
Das Lamm gibt er für sein Leben,
Den Kopf des Lammes gibt er für den Kopf des Menschen usw."

[4]) Vgl. den bemerkenswerten Bericht bei Pausanias: VI, 17, 9 ff.: „Zeus habe im Schlaf seinen Samen auf die Erde fließen lassen; mit der Zeit sei aus diesem ein Dämon entsproßt mit doppelten Schamteilen, denen eines Mannes und denen einer Frau. Sie gaben ihm den Namen Agdistis. Die Götter aber fesselten den Agdistis und schnitten ihm die Schamteile des Mannes ab. Als nun der daraus erwachsende Mandelbaum reife Früchte trug, soll die Tochter des Flusses Sangarios von der Frucht genommen haben: da sie dieselbe in ihren Busen steckte, war die Frucht augenblicklich verschwunden, sie selbst aber schwanger. Nachdem sie geboren, schützte ein Bock das ausgesetzte Kind; als es groß geworden, war es von übermenschlicher Schönheit, so daß Agdistis sich in den Knaben verliebte. Den erwachsenen Attis schickten seine Angehörigen nach Pessinus, um die Königstochter zu heiraten. Es wurde der Hochzeitsgesang angestimmt, als Agdistis erschien, und in der Raserei schnitt sich Attis die Scham ab."

Sohn — denn nach anderer Version wurde Attis eben in die Fichte verwandelt — mit sich in ihre Höhle, d. h. in den Mutterleib. Der Baum ist hier wesentlich phallisch gefaßt; hingegen weist die Aufhängung des Attisbildes daran auch auf die Mutterbedeutung. („An der Mutter hängen.") Bei Ovid (Metam. lib. X) heißt die Fichte:

> Grata deum matri, siquidem Cybeleïus Attys
> Exuit hac hominem, truncoque induruit illo.

Die Verwandlung in die Fichte ist offenbar vielmehr eine Bestattung in der Mutter, wie auch Osiris von der Erika umwachsen wurde. Auf dem Koblenzer Attisrelief[1]) scheint Attis aus einem Baum hervorzuwachsen, worin Mannhardt das dem Baum innewohnende Numen der Vegetation erblicken möchte. Es ist wohl einfach eine Baumgeburt[2]), wie bei Mithras. (Heddernheimer Relief.) Wie Firmicus berichtet, hat auch Baum und Bild im Isis- und Osiriskult und ebenso im Kult der Jungfrau Persephone eine Rolle gespielt[3]). Dionysos hatte den Beinamen Dendrites und in Böotien soll er ἔνδενδρος geheißen haben, also „im Baum"[4]). (Bei der Geburt des Dionysos pflanzt Megaira die Fichte auf dem Kithairon.) Die mit der Dionysossage verbundene Pentheusmythe bringt das bemerkenswerte und ergänzende Gegenstück zum Tode des Attis und der nachherigen Beweinung: Pentheus[5]), neugierig, die Orgien der Mänaden zu erspähen, klettert auf eine Fichte, er wird aber bemerkt von seiner Mutter, die Mänaden fällen den Baum und Pentheus wird, für ein Tier gehalten, von ihnen in der Raserei zerrissen[6]), als erste stürzt sich die eigene Mutter auf ihn[7]). In dieser Mythe ist die phallische Bedeutung des Baumes (Fällen = Kastration) und seine Mutterbedeutung (Besteigung und Opfertod des Sohnes) vorhanden, zugleich zeigt sich hier das ergänzende Gegenstück zur Pietà, die furchtbare Mutter. Das Fest des Attis wurde als Beklagung und dann als Freude im Frühling ge-

[1]) Vgl. Roscher: Lex. s. Attis, Sp. 722, 10.

[2]) Vgl. auch oben: Baumgeburt.

[3]) Firmicus: De error. prof. rel. XXVIII. Zitiert Robertson: Evang. Myth., S. 136 und Creuzer, Symbolik, II, 332.

[4]) Preller: I, 555. Zitiert Robertson: l. c., S. 137.

[5]) Pentheus, als Heros von Schlangennatur, sein Vater war Echion, die Natter.

[6]) Der typische Opfertod im Dionysoskult.

[7]) Roscher: Siehe Dionysos, Sp. 1054, 56 ff.

feiert. (Karfreitag und Ostern.) Die Priester des Attis-Kybelekultus waren öfter Kastraten und hießen Galloi[1]). Der Archigallos hieß Atys (Attis)[2]). Statt der jährlichen Kastration ritzten sich die Priester bloß die Arme blutig. (Arm statt Phallus. „Armausdrehen".) Eine ähnliche Symbolik der Triebopferung treffen wir in der Religion des Mithras, wo wesentliche Stücke des Mysteriums die Einfangung und Bändigung des Stieres sind. Eine Parallelfigur zu Mithras ist der Urmensch Gayomard. Er wurde zusammen mit seinem Stier geschaffen und die beiden lebten in seligem Zustande 6000 Jahre lang. Als aber die Welt ins Zeitalter der Wage (libra) kam, brach das böse Prinzip herein. Libra ist astrologisch das sogenannte positive Domizil der Venus, das böse Prinzip kam also unter der Herrschaft der Liebesgöttin. (Vernichtung des Sonnenhelden durch Mutterweib [Schlange, Hure usw.].) Infolgedessen starben schon nach 30 Jahren Gayomard und sein Stier. (Auch die Prüfungen Zartushts dauern bis zum 30. Jahr. Vgl. den Lebenslauf Christi.) Aus dem toten Stier kamen 55 Getreidearten, 12 Arten heilsamer Pflanzen usw. Der Same des Stieres kam in den Mond zur Reinigung, der Same des Gayomard aber in die Sonne. Dieser Umstand dürfte auf die eher weibliche Bedeutung des Stieres hinweisen. Gosh oder Drvâçpa ist die Seele des Stieres und wird als weibliche Gottheit verehrt. Sie wollte zuerst aus Kleinmut nicht Göttin der Viehherden werden, bis ihr das Kommen des Zarathustra tröstend verkündet wurde. Dies hat seine Parallele im indischen Purâna, wo der Erde das Kommen des Krishna (ein völliges Analogon Christi) versprochen wird. (Spiegel: Erân. Altertumsk. II, 76.) Sie fährt auch wie Ardvîçûra, die Liebesgöttin, auf einem Wagen. Die Stierseele ist daher entschieden weiblich. Dieser Mythus von Gayomard wiederholt nur in veränderter Form die Urvorstellung des in sich geschlossenen Ringes einer sich selber begattenden und wiedergebärenden mannweiblichen Gottheit.

Wie der geopferte Stier, so hat auch das Feuer, dessen Opferung wir in Kap. III bereits besprochen haben, im Chinesischen weibliche

[1]) An den Festzügen trugen sie Weiberkleider.

[2]) In Bithynien hieß Attis *πάπας* (Papa, Papst) und Kybele *Μᾶ*. Ich erwähne, daß in den vorderasiatischen Kulten dieser Muttergöttin Fischverehrung und Verbot des Fischessens für die Priester bestand. Für das Christliche ist wichtig, daß der Sohn der mit Astarte, Kybele usw. identischen Atargatis *Ἰχθύς* hieß (Creuzer: Symbolik. II, 60), daher wohl das Anagramm des Namens Christi: *ΙΗΣΟΥΣ ΧΡΙΣΤΟΣ ΘΕΟΥ ΥΙΟΣ ΣΩΤΗΡ = ΙΧΘΥΣ*.

Natur, wie der Kommentator[1]) des Philosophen Tschwang-Tse (350 a. Chr. n.) erwähnt: „Der Herdgeist heißt Ki. Er ist in helles Rot gekleidet, welches dem Feuer gleicht, und ist anzusehen wie eine hübsche, liebliche Jungfrau.“ Im „Buch der Riten“ heißt es: „Holz wird in den Flammen verbrannt für den Au-Geist. Dieses Opfer für Au ist ein Opfer an alte (abgeschiedene) Frauen.“ Diese Herd- und Feuergeister sind die Seelen der abgeschiedenen Köche und heißen daher „alte Frauen“. Der Küchengott entwickelt sich aus dieser vorbuddhistischen Überlieferung und wurde später (männlichen Geschlechtes) der Herrscher der Familie und der Mittler zwischen Familie und Gott. So wurde der alte weibliche Feuergeist eine Art von Logos. (Vgl. dazu die Ausführungen in Kap. III.)

Aus dem Stiersamen gingen die Stammeltern der Rinder hervor, sowie 272 Arten nützlicher Tiere. (Spiegel: Erân. Altertumsk. I, 510.) Nach Mînôkhired[2]) hat Gayomard den Dév Azûr, welcher als der Dämon der bösen Begierde angesehen wird, vernichtet. Azî, der Dämon der bösen Begierde, hält sich trotz des Wirkens Zarathustras am längsten auf Erden. Er wird aber als letzter bei der Auferstehung vernichtet (wie der Satan der Apokalypse des Johannes); in anderer Fassung heißt es, daß Angromainyus und die Schlange bis zuletzt übrig bleiben, um von Ahuramazda selber vernichtet zu werden. (Spiegel, l. c. II, S. 164.) Nach einer Vermutung von Kern soll Zarathustra „Goldstern“ heißen und mit Mithra identisch sein. (Spiegel, Erân. Altertumsk. I, 708.) Mithras Name hängt zusammen mit neupers. mihr, was Sonne und Liebe bedeutet.

Bei Zagreus sehen wir, daß der Stier aber auch identisch ist mit dem Gotte, daher das Stieropfer ein Gottesopfer ist, aber auf primitiver Stufe. Das Tiersymbol ist gewissermaßen nur ein Teil des Heros, er opfert nur sein Tier, gibt also symbolisch nur seine Tiernatur auf. Die innere Teilnahme am Opfer[3]) drückt sich im schmerzlich-ekstatischen Gesichte des stiertötenden Mithras trefflich aus. Er tut es freiwillig und unfreiwillig[4]), daher der etwas hysterische Ausdruck,

---

[1]) A. Nagel: Der chinesische Küchengott Tsau-kyun. Archiv für Religionswissenschaft, XI, 23 ff.

[2]) In Spiegels Parsigrammatik, S. 135, 166.

[3]) Porphyrius sagt: *ὡς καὶ ὁ ταῦρος δημιουργὸς ὢν ὁ Μίθρας καὶ γενέσεως δεσπότης.* Zitiert Dieterich: Mithraslit., S. 72.

[4]) Der Stiertod selber ist gewollt und ungewollt. Indem Mithras den Stier ersticht, kneift ein Skorpion den Stier in die Hoden (Herbstäquinoktium).

der einige Ähnlichkeit hat mit dem bekannten süßlichen Gesicht des Kruzifixus von Guido Reni. Benndorf[1]) sagt:

„Die Gesichtszüge, welche doch besonders in den oberen Partien einen durchaus idealen Charakter tragen, haben einen in hohem Grade krankhaften Ausdruck."

Cumont[2]) selber sagt über den Gesichtsausdruck des Taurocktonos:

„Ce visage, tel qu'on peut l'observer dans les meilleures répliques, est celui d'un jeune homme d'une beauté presque féminine; une abondante chevelure bouclée qui se dresse sur le front, l'entoure d'auréole, la tête est légèrement penchée en arrière de façon que le regard se dirige vers le ciel, et la contraction des sourcils et des lèvres donne à la physiognomie une étrange expression de douleur[3])."

Der bei Cumont abgebildete Kopf von Ostia (Mithras taurocktonus?) hat allerdings einen Ausdruck, wie wir ihn als den eines sentimentalen Verzichtens bei unseren Patienten wohl kennen. Sentimentalität ist verdrängte Brutalität, daher die überaus sentimentale Pose, welche in der Hirten- und Lämmchensymbolik des gleichzeitigen Christentums ihr Gegenstück hatte, mit der Zugabe des Infantilismus[4]).

Immerhin opfert der Gott nur seine Tiernatur, d. h. seine Sexualität[5]), immer in naher Analogie mit dem Sonnenlauf. Wir haben im Verlaufe dieser Untersuchung erfahren, daß der Libidobetrag, der religiöse Gebilde aufbaut, in letzter Linie bei der Mutter fixiert ist und eigentlich jenes Band darstellt, durch das wir dauernd mit unserem Ursprung zusammenhängen. (Religio?) Wir dürfen daher diesen Libido-

---

1) Bildwerke d. Later. Mus., Nr. 547.

2) Text. et Mon., I, 182.

3) An einer andern Stelle (S. 183) spricht Cumont von der „grâce douloureuse et presque morbide des traits du héros".

4) Der Infantilismus ist bloß die Folge der viel höheren Introversion des Christen gegenüber den Andersgläubigen.

5) Die Libidonatur des Geopferten ist unzweifelhaft. In Persien verhilft ein Widder den ersten Menschen zur ersten Sünde, zur Kohabitation, er ist auch das erste Tier, das sie opfern. (Spiegel: Erân. Alterkumskunde, Bd. I, S. 511.) Der Widder ist also gleich der Paradiesesschlange, die nach manichäischer Deutung Christus war. Auch der alte Meliton von Sardes lehrte, daß Christus ein Lamm war, vergleichbar dem Widder, den Abraham im Busche an Stelle seines Sohnes opferte. Dabei stelle der Busch das Kreuz vor. (Fragment V, zitiert Robertson: l. c.)

betrag wohl abgekürzt als „Mutterlibido" bezeichnen. Wie wir sahen, verbirgt sich diese Libido in zahlreichen und recht verschiedenartigen Symbolen, auch in Tiersymbolen, gleichviel, ob männlicher oder weiblicher Natur — auch die Geschlechtsunterschiede sind im Grunde genommen sekundärer Natur und spielen psychologisch nicht die Rolle, wie man etwa bei oberflächlicher Betrachtung vermuten könnte.

Das jährliche Jungfrauopfer an den Drachen stellte wohl den symbolischen Idealfall dar. Um den Zorn der furchtbaren Mutter zu stillen, opferte man das schönste Weib als das Symbol seiner Libido. Mildere Formen sind das Opfer der Erstgeburt und verschiedener wertvoller Haustiere. Ein zweiter Idealfall ist die Selbstentmannung im Dienste der Mutter (Dea Syria usw.), eine mildere Form davon ist die Beschneidung. Dabei wird wenigstens ein Stück geopfert[1]). Mit diesen Opfern, deren Gegenstände in den Idealfällen die von der Mutter wegführende Libido symbolisieren, wird symbolisch das Leben aufgegeben, um es wieder zu gewinnen. Im Opfer kauft man sich von der Todesangst los und versöhnt die tötende Mutter. In jenen späten Kulten, wo der Heros, der seit Alters in seinen Taten alles Übel und den Tod überwindet, zur göttlichen Hauptfigur geworden ist, wird er zum priesterlichen Opferer und zum Wiedererzeuger des Lebens. Da nun der Heros eine imaginäre Figur und auch sein Opfer ein überweltliches Mysterium ist, dessen Bedeutung weit über den Wert einer gewöhnlichen Opfergabe hinausgeht, so hat diese Vertiefung der Opfersymbolik regressiv den Gedanken des Menschenopfers wieder aufgenommen, einmal infolge Überwiegens phantastischer Beigaben, die ihren Stoff immer aus größerer Tiefe schöpfen, sodann auch infolge der höheren religiösen Libidobesetzung, die einen vollständigen und äquivalenten Ausdruck verlangte. So sind die Beziehungen zwischen Mithras und seinem Stier schon sehr nahe. Im Christusmysterium ist es der Heros selbst, der sich freiwillig opfert. Der Heros selbst ist, wie wir zur Genüge sahen, die sich nach der Mutter sehnende Infantilpersönlichkeit, die als Mithras den Wunsch (die Libido) opfert, als Christus sich aber selber den Tod gibt, freiwillig und unfreiwillig Beide. Auf Monumenten des mithrischen Kultes

---

[1]) Vgl. oben: „Blutbräutigam der Mutter." Jos. 5, 2 ff. erfahren wir, daß Josua die Beschneidung und die Loskaufung der Erstgeburt wieder einführte. „Damit soll er auch das Kinderopfer, wie es früher dem Jahwe dargebracht zu werden pflegte, durch die Opferung der männlichen Vorhaut ersetzt haben." (Drews: Christusmythe, I, 47.)

begegnen wir öfter einem sonderbaren Symbol: Ein Krater[1]) (Mischkrug) umwunden von der Schlange, dabei etwa ein Löwe, der antagonistisch der Schlange gegenübersteht[2]). Es sieht aus, wie wenn sich die beiden um den Krater stritten. Der Krater symbolisiert, wie wir sahen, die Mutter; die Schlange der sie verteidigende Widerstand, und der Löwe höchste Kraft und höchstes Wollen[3]). Der Kampf geht um die Mutter. Die Schlange assistiert fast regelmäßig dem mithrischen Stieropfer, indem sie sich gegen das aus der Wunde fließende Blut hinbewegt. Es scheint daraus hervorzugehen, daß das Leben des Stieres (das Blut) der Schlange geopfert wird. Wir haben oben bereits auf die Wechselbeziehung von Schlange und Stier hingedeutet und dort gefunden, daß der Stier den lebenden Heros, die leuchtende Sonne symbolisiert, die Schlange aber den toten, begrabenen oder chthonischen Heros, die unsichtbare Sonne. Da im Zustande des Todes der Heros sich in der Mutter befindet, so ist die Schlange auch als Symbol der Todesangst das Symbol der verschlingenden Mutter. Die Opferung des Stieres an die Schlange bedeutet also ein freiwilliges Aufgeben des Lebens, um es dem Tode so abzugewinnen. Daher auch nach dem Stieropfer die wunderbare Fruchtbarkeit eintritt. Der Antagonismus von Schlange und Löwe um den Mischkrug ist daher wohl als ein Kampf um den gebärenden Mutterleib aufzufassen, etwa vergleichbar dem einfacheren Symbolismus des Tishtriyaliedes, wo der Dämon Apaosha, das schwarze Pferd, den Regensee, besetzt hält und das weiße Pferd Tishtriya ihn davon vertreiben muß. Der Tod legt von Zeit zu Zeit seine Hand vernichtend auf das Leben und die Fruchtbarkeit, und die Libido verschwindet, indem sie zur Mutter eingeht, aus deren Schoß sie erneut wiedergeboren wird. Es scheint daher sehr wahrscheinlich, daß die Bedeutung des mithrischen Stieropfers auch die eines Opfers an die Todesangst sendende Mutter ist. Da auch hier der Gegensinn des Occide moriturus gilt, so ist der Akt des Opfers eine Befruchtung der Mutter; der chthonische Schlangendämon trinkt das Blut, d. h. die Libido (Samen) des den Inzest begehenden Helden. Dadurch wird das Leben unsterblich erhalten, denn, wie die Sonne, erzeugt sich auch

[1]) Aus einem Berichte des Porphyrius ist folgendes zu entnehmen: *Παρά τῷ Μίθρᾳ ὁ κρατὴρ ἀντὶ τῆς πηγῆς τέτακται* (zitiert Cumont: l. c.), was für die Deutung des Kraters von Belang ist. (Vgl. auch den Krater des Zosimos.)

[2]) Vgl. Cumont: l. c., I, S. 100.

[3]) Als Zodion höchster Sonnenhitze.

der Heros wieder. Nach allen früheren Materialien dürfte es nicht mehr schwierig sein, auch im christlichen Mysterium das Menschenopfer oder Sohnesopfer an die Mutter zu erkennen[1]. Wie Attis sich um seiner Mutter willen entmannte, so hängt[2] sich Christus an den Lebensbaum, das Marterholz, die ἑκάτη, die chthonische Mutter und kauft die Schöpfung dadurch los vom Tode. Indem er wieder eingeht in den Schoß der Mutter (Matuta, Pietà des Michelangelo), betätigt er im Tode, was der Urmensch Adam im Leben gesündigt hat, um durch seine Tat[3] symbolisch der innersten und geheimsten Bedeutung der religiösen Libido zur höchsten Sättigung und zum uneigentlichsten Ausdruck zu verhelfen. Der Martertod Christi hat auch bei Augustin (Serm. app. 120, 8, zit. Dieterich l. c. S. 131) tatsächlich die Bedeutung eines Hierosgamos mit der Mutter (entsprechend der Adonisfeier, wo Venus und Adonis aufs Brautlager gelegt wurden).

„Procedit Christus quasi sponsus de thalamo suo, praesagio nuptiarum exiit ad campum saeculi; pervenit usque ad crucis torum (torus hat die Bedeutung von Bett, Pfühl, Beischläferin, Leichenbahre) et ibi firmavit ascendendo conjugium; ubi cum sentiret an-

---

[1] Diese Auflösung berücksichtigt anscheinend nur die dogmatische Symbolik. Ich erwähne nur andeutend, daß dieser Opfertod auch ein Vegetations- respektive Frühlingsfest war, aus welchem die Kultlegende erst entstanden ist. Auch die grundliegenden Volksgebräuche enthalten in Variationen dieselben Grundgedanken. (Vgl. dazu Drews: Christusmythe, I, S. 37 ff.)

[2] Ein ähnlicher Opfertod ist das Ende des Prometheus. Er wird an den Fels gefesselt. In anderer Version sind seine Ketten durch eine Säule gezogen, was auf die Fesselung an einen Baum hindeutet. Ihm geschieht zur Strafe, was Christus freiwillig auf sich nimmt. Das Schicksal des Prometheus erinnert daher an das Mißgeschick von Theseus und Peirithoos, die am Felsen, der chthonischen Mutter, hängen blieben. Nach Athenaeus gebot Jupiter dem Prometheus, nachdem er ihn befreit hatte, eine Weidenkrone und einen eisernen Ring zu tragen, womit symbolisch seine Unfreiheit und Gebundenheit dargestellt war. (Phoroneus, der in Argos als Feuerbringer verehrt wurde, war der Sohn der Melia, der Esche, daher Baumfesselung.) Robertson vergleicht die Krone des Prometheus mit der Dornenkrone Christi. Die Andächtigen tragen zu Ehren des Prometheus ebenfalls Kronen, um die Gebundenheit darzustellen. (Evang. Myth., S. 126.) In diesem Zusammenhange bedeutet daher die Krone dasselbe wie der Ring des Verlöbnisses — es sind die Requisiten des alten Hierosgamos mit der Mutter, die Dornenkrone (die nach Athenaeus ägyptischer Herkunft ist) hat die Bedeutung des schmerzhaften asketischen Verlöbnisses.

[3] Der Lanzenstich des Longinus ersetzt den Dolchstich im mithrischen Stieropfer. Auch dem gefesselten und geopferten Prometheus wird des „ehernen Keiles geschärfter Zahn" durch die Brust getrieben. (Aischylos: Prometheus.)

helantem in suspiriis creaturam commercio pietatis se pro conjuge dedit ad poenam; et copulavit sibi perpetuo iure matronam."

Dieser Passus läßt an Deutlichkeit nichts zu wünschen übrig. Ähnlichen Tod stirbt der syrische Melkarth, der auf einem Seepferd reitend jährlich verbrannt wurde. Bei den Griechen hieß er Melicertes und wurde auf einem Delphin reitend dargestellt. Der Delphin ist auch das Reitpferd des Arion. Wir haben oben die Mutterbedeutung des Delphin kennen gelernt, so daß wir im Tode Melkarths wieder den negativ ausgedrückten Hierosgamos mit der Mutter erkennen können. (Vgl. Frazer: Gold. Bough. IV, S. 87). Dieser uneigentliche Ausdruck ist von größter teleologischer Bedeutung; er führt durch sein Symbol jene rückwärts, ins Anfängliche, Primitive, Triebhafte strebende Libido empor ins Geistige, indem er ihr dort zu einer geheimnisvollen, aber fruchtbaren Tätigkeit verhilft. Von der Wirkung dieses Symbols auf das Unbewußte der abendländischen Menschheit zu reden, ist überflüssig. Ein Blick auf die Geschichte zeigt, welche schöpferischen Kräfte in diesem Zeichen entbunden wurden[1]).

Die Vergleichung des mithrischen und des christlichen Opfers dürfte klar zeigen, worin eigentlich die Überlegenheit des christlichen Symbols besteht: es ist die unumwundene Einsicht, daß nicht nur die niederen Wünsche zu opfern sind, sondern die ganze Persönlichkeit. Das christliche Symbol verlangt die totale Hingabe; es zwingt zu einem wirklichen Selbstopfer an höhere Zwecke, während das Sacrificium mithriacum, auf einer primitiveren Symbolstufe stehen bleibend, sich mit einem Tieropfer begnügt. Die religiöse Wirkung dieser Symbole ist als eine Orientierung des Unbewußten auf dem Wege der Imitation zu denken.

So liegt auch in der Phantasie von Miß Miller eine innere Nötigung vor, daß sie vom Pferdeopfer zum Selbstopfer des Helden übergeht. Während ersteres das Aufgeben der Sexualwünsche symbolisiert, hat letzteres den tieferen und ethisch wertvolleren Sinn des Opfers der Infantilpersönlichkeit. Wir haben auch in der Psychoanalyse das Mißverständnis erlebt, daß es sich um das Aufgeben oder Ausleben der gewöhnlichen Sexualwünsche handle, während in Wirklichkeit das Problem die Sublimierung der Infantilpersönlichkeit ist, also mythologisch ausgedrückt — eine Opferung und Wiedergeburt des Infantil-

[1]) Es ist auch zu erwähnen, daß die nordische Mythologie denselben Gedanken der Fruchtbarkeit des Opfertodes an der Mutter kennt: Durch das Hängen am Lebensbaume gewann Odin die Kenntnis der Runen und den begeisternden Rauschtrank, der ihm Unsterblichkeit verlieh.

helden[1]). Im christlichen Mysterium wird der Auferstandene aber zum überweltlichen Geiste und seine Gläubigen erringen sein durch Selbstopfer an die Mutter das unsichtbare Gottesreich mit seinen geheimnisvollen Gaben. In der Psychoanalyse wird die Infantilpersönlichkeit auf rationale Weise ihrer Libidobesetzungen beraubt; die daraus sich erübrigende Libido dient zum Aufbau einer gereiften und der Wirklichkeit angepaßten Persönlichkeit, die all das freiwillig tut, und ohne Murren, was die Notwendigkeit sowieso befiehlt. (Es ist nämlich das hauptsächliche Streben der infantilen Persönlichkeit, sich gegen alle Notwendigkeiten zu sträuben und sich Nötigungen zu schaffen, wo in Wirklichkeit keine sind.)

Die Schlange als Opferinstrument fanden wir bereits reichlich belegt. (St. Silvesterlegende, Jungfrauenprobe, Verwundung des Rê und des Philoktet, Lanzen- und Pfeilsymbolik.) Sie ist das tötende Messer,

---

[1]) Ich habe es unterlassen, im Laufe dieser bloß orientierenden Untersuchung auf die zahlreichen Anwendungsmöglichkeiten der hier erforschten Zusammenhänge mit der Traumsymbolik hinzuweisen. Das ist Sache gesonderter Untersuchung. Ich kann es aber an dieser Stelle nicht unterlassen, auf einen einfachen Traum hinzuweisen, den mir eine jugendliche Patientin als ersten in die Analyse mitbrachte: „Sie steht zwischen hohen Schneemauern auf einem Eisenbahngeleise mit ihrem kleinen Bruder. Ein Zug kommt heran, sie läuft voll Todesangst davon und läßt ihr Brüderchen auf dem Geleise zurück. Sie sieht, wie er überfahren wird, hinter dem Zuge aber steht der Kleine unversehrt wieder auf." Der Sinn des Traumes ist klar: das unausweichliche Herankommen des „Triebes" (to drive = fahren). Das Zurücklassen des Brüderchens ist die verdrängte Bereitwilligkeit, sich zu unterwerfen. Die Unterwerfung wird symbolisiert durch die Opferung des Brüderchens (der infantilen Persönlichkeit), der scheinbar sichere Tod ist aber ein Wiederauferstehen. Eine andere Patientin bevorzugt klassischere Formen: Sie träumt von einem mächtigen Adler, der durch Pfeilschüsse in Schnabel und Hals verwundet ist. Wenn wir über die aktuelle Übertragungsphantasie (Adler = Arzt, Pfeile = erotische Wünsche der Patientin) hinweggehen, so führt uns das Material zu Adler (beschwingter Löwe von St. Marco, die vergangene Herrlichkeit Venedigs; Schnabel = Erinnerungen an gewisse perverse Handlungen der Kindheit), auf die Einsicht, daß der Adler eine Komposition von Infantilerinnerungen ist, die sich zum Teil um den Vater gruppieren. Er ist also ein Infantilheros, der in charakteristischer Weise am phallischen Punkt (Schnabel) verwundet ist. Der Traum heißt also: Ich verzichte auf infantile Wünsche, ich opfere meine Infantilpersönlichkeit (synonym ist: ich lähme sie, entmanne den Vater oder den Arzt). Im Mithrasmysterium wird in der Introversion der Myste selber zum ἀετός, zum Adler, als dem höchsten Einweihungsgrad. Dort geht die Identifikation mit dem unbewußten Libidotier sehr weit: wie Augustin (?) berichtet: alii autem sicut aves alas percutiunt vocem coracis imitantes, alii vero leonum more fremunt. (Zitiert Dieterich: l. c., S. 69.)

aber nach dem Prinzip des „Occide moriturus“ auch der Phallus, so daß die Opferhandlung auch zugleich eine Begattung darstellt[1]). Die kultische Bedeutung der Schlange als eines höhlenbewohnenden, chthonischen Tieres weist auf einen weiteren Gedanken hin: nämlich auf das Hineinkriechen (in den Mutterleib) in Schlangenform[2]). Wie das Pferd der Bruder, so ist die Schlange die Schwester des Chiwantopel („ma petite soeur“). Diese nahe Verwandtschaft deutet auf eine Zusammengehörigkeit dieser Tiere und ihrer Charaktere mit dem Helden hin. Vom Pferd wissen wir, daß es in der Regel kein Angsttier ist. (Mythologisch kann es zwar gelegentlich diese Bedeutung haben); es bedeutet daher mehr den lebendigen, positiven Teil der Libido, das Streben nach beständiger Erneuerung, während die Schlange in der Regel die Angst, die Todesangst repräsentiert[3]) und als gegensätzlich zum Phallus gedacht wird. Dieser Gegensatz zwischen Pferd und Schlange, mythologisch zwischen Stier und Schlange, stellt einen Gegensatz der Libido in sich selbst dar, ein Vorwärtsstreben und ein Zurückstreben in einem[4]). Es ist nicht nur so, daß die Libido ein unaufhaltsames Vorwärtsstreben, ein endloses Leben und Aufbauenwollen wäre, als welches Schopenhauer seinen Weltwillen formuliert hat, wobei der Tod und jegliches Ende eine von außen herantretende Tücke oder Fatalität ist; sondern die Libido will, dem Sonnengleichnis entsprechend, auch den Untergang ihrer Bildung. In der ersten Lebenshälfte will sie Wachstum, in der zweiten Lebenshälfte deutet sie erst

[1]) Die Schlange bei Miß Miller ist grün. Grün ist auch die Schlange meiner Patientin (in meiner „Psych. der Dementia praecox“, S. 161), von der sie sagt: „Da kam ein grünes Schlänglein mir bis zum Munde, das hatte den feinsten, lieblichsten Sinn, wie wenn es Menschenverstand hätte, mir etwas sagen wollte, gerade, wie wenn es mich hätte küssen wollen.“ Spielreins Patientin sagt von der Schlange: „Es ist ein Gottestier, das so wunderbare Farben hat: grüne, blaue, weiße. Grün ist die Klapperschlange; sie ist sehr gefährlich. Die Schlange kann Menschengeist haben, kann Gottesurteil haben; sie ist eine Kinderfreundin. Sie würde diejenigen Kinder retten, die zur Erhaltung des Menschenlebens notwendig sind.“ (Dieses Jahrbuch, Bd. III, S. 366.) Hier ist die phallische Bedeutung unverkennbar. Die Schlange als verwandelter Prinz im Märchen hat dieselbe Bedeutung. (Vgl. Riklin: Wunscherfüllung und Symbolik im Märchen, S. 40 f.)

[2]) Eine Patientin hatte die Phantasie, sie sei eine Schlange, die sich um die Mutter ringle und schließlich ganz in sie hineinkrieche.

[3]) Die epidaurische Schlange ist im Gegensatze heilend — similia similibus.

[4]) Dies hat Bleuler als Ambivalenz oder -tendenz bezeichnet, Stekel als „Bipolarität aller psychischen Phänomene“. (Sprache des Traumes, S. 535.)

leise, dann vernehmlich ihren Todeswillen an. Und wie in der Jugend der Trieb zu ungemessenem Wachstum öfters unter der verhüllenden Schicht eines Widerstandes gegen das Leben liegt, so liegt auch der Todeswille des Alters häufig unter der Schicht eines eigensinnigen Widerstandes gegen das Ende.

Dieser anscheinende Gegensatz im Wesen der Libido ist trefflich illustriert durch eine Priapstatuette in der Veroneser Antikensammlung[1]). Priap deutet lächelnd mit dem Finger darauf, wie eine Schlange sein Membrum abbeißt. Er trägt einen Korb am Arm, gefüllt mit länglichen Objekten, wohl Phalli, offenbar zum Ersatz bereit.

Priap und Schlange.

Ein ähnliches Motiv findet sich in der Sintflut von **Rubens** (München, a. Pinakothek), wo eine Schlange einen Mann entmannt. Dieses Motiv erklärt den Sinn der Sintflut: das mütterliche Meer ist auch die verschlingende Mutter[2]). Die Phantasie vom Weltbrande, überhaupt vom katastrophalen Weltende ist nichts als eine mythologische Projektion eines eigenen, individuellen Willens zum Tode; daher **Rubens** die Quintessenz der Sintflutphantasie in der Entmannung durch die Schlange darstellen konnte, denn die Schlange ist der eigene (verdrängte) Willen zum Ende, mit dem wir uns so schwer einig erklären können. Was die Symbolik der Schlange im weitern anbelangt, so ist ihre Deutung wohl sehr von Lebensalter und Umständen abhängig. Der Jugend ist die verdrängte Sexualität in der Schlange symbolisiert, denn die Ankunft der Sexualität setzt der Kindheit ein Ende. Dem Alter dagegen bedeutet die Schlange den verdrängten Todesgedanken. Bei unserer Autorin ist es die ungenügend zu Worte gekommene Sexualität,

---

[1]) Ich verdanke die Erlaubnis zur Publikation dieser unedierten Statuette dem liebenswürdigen Entgegenkommen der Direktion der Veroneser Antikensammlung.

[2]) Die Sintflut ist mit der Schlange eines Wesens. In der Wöluspa heißt es, daß sich die **Flut** erhebe, wenn die Midgardschlange sich zur allgemeinen Vernichtung erhebt. Sie heißt Jörmungandr, was wörtlich „allgemeiner Wolf“ bedeutet. Der vernichtende Fenriswolf hat wiederum Beziehung zum Meere. Fen findet sich in Fensalir (Meersäle), der Wohnung der Frigg, und bedeutet ursprünglich Meer. (**Frobenius**: l. c., S. 179.) Im Märchen von Rotkäppchen ist ebenfalls statt Schlange oder Fisch Wolf gesetzt.

welche als Schlange die Rolle des Opferers übernimmt und den Helden dem Tode und der Wiedergeburt überantwortet.

Wie am Anfang unserer Untersuchung der Name des Helden uns nötigte, von der Symbolik des Popocatepetl, als des schaffenden Teiles des menschlichen Körpers, zu reden, so gibt uns das Ende des Millerschen Dramas nochmals Gelegenheit, zu sehen, wie der Vulkan auch dem Tode des Helden assistiert und durch ein Erdbeben ihn in die Erdtiefe verschlingen läßt. Wie der Vulkan dem Helden Namen und Geburt gegeben, so verschluckt er ihn am Ende der Tage wieder[1]). Aus den letzten Worten des Helden erfahren wir, daß seine ersehnte Geliebte, die einzig ihn versteht, Ja-ni-wa-ma heißt. Wir finden in diesem Namen jene aus Longfellows Hiawatha uns bekannten Lallworte aus der ersten Kindheit des Helden: Wawa, wama, mama. Die Einzige, die uns wirklich versteht, ist die Mutter. Denn verstehen (althochdeutsch firstân) leitet sich wahrscheinlich ab aus einer urgermanischen Vorsilbe fri, die mit *περί*, um, herum, identisch wäre; ahd. antfristôn = verdolmetschen wird mit firstân als identisch zusammengestellt. Daraus ergäbe sich eine Grundbedeutung von verstehen als „sich um etwas herumstellen[2])." Comprehendere und *κατασυλλαμβάνειν* drücken ein ähnliches Bild aus, wie das deutsche „erfassen". Das Gemeinsame dieser Ausdrücke ist das „Umgeben" und „Umfassen". Und es ist kein Zweifel, daß nichts in der Welt uns je so gänzlich umfaßt wie die Mutter. Wenn der Neurotiker klagt, daß die Welt „verständnislos" sei, sagt er damit indirekt, daß ihm die Mutter fehle. Paul Verlaine hat in seinem Gedicht „Mon rêve familier" diesen Gedanken in schönster Weise ausgesprochen:

Je fais souvent ce rêve étrange et pénétrant
D'une femme inconnue et que j'aime et qui m'aime
Et qui n'est chaque fois ni tout à fait la même,
Ni tout à fait une autre, et qui m'aime et me comprend.

---

[1]) Vgl. die empedokleische Sehnsucht Hölderlins. Ebenso die Höllenfahrt Zarathustras durch die Hadesöffnung des Vulkans. Der Tod ist das Wiedereingehen in die Mutter. Daher auch der ägyptische König Mykerinos seine Tochter in einer hölzernen und vergoldeten Kuh beisetzen ließ. Das war die Garantie der Wiedergeburt. Die Kuh stand in einem Prunkgemache und es wurden ihr Opfer gebracht. In einem andern Gemach nahe bei dieser Kuh standen die Bildnisse der Kebsweiber des Mykerinos (Herodot, II, S. 129 f.).

[2]) Kluge: Deutsche Etymologie.

Car elle me comprend et mon coeur transparent
Pour elle seule, hélas! cesse d'être un problème;
Pour elle seule, et les moiteurs de mon front blême,
Elle seule les sait rafraîchir en pleurant.

Est-elle brune, blonde ou rousse? Je l'ignore —
Son nom? Je me souviens qu'il est doux et sonore
Comme ceux des aimés que la vie exila.

Son regard est pareil au regard des statues,
Et pour sa voix, lointaine et calme et grave, elle a
L'inflexion des voix chères qui se sont tues.

Mit diesen Bemerkungen haben wir das Ende unseres Programms erreicht. Wir haben uns vorgenommen, ein individuelles Phantasiesystem auf die Zusammenhänge mit seinen Quellen zu untersuchen, und sind bei dieser Gelegenheit auf Probleme gestoßen, deren Proportionen so gewaltige sind, daß unsere Versuche, sie in ihrem ganzen Umfange zu begreifen, notwendigerweise nicht mehr als eine oberflächliche Orientierung bedeuten über die möglichen Wege, die die zukünftige Forschung vielleicht mit Erfolg einschlagen könnte. Ich kann mich nicht mit dem Standpunkt befreunden, gewisse mögliche Arbeitshypothesen deshalb zu unterdrücken, weil sie möglicherweise keine ewige Gültigkeit besitzen, weil sie vielleicht auch irrtümlich sind. Gewiß suchte ich mich tunlichst vor Irrtum zu schützen, der einem auf diesen schwindligen Pfaden besonders verderblich werden könnte, indem ich mir der Gefahren dieser Untersuchung wohl bewußt bin. Ich betrachte aber den Betrieb der Wissenschaft nicht als einen Wettkampf ums Rechthaben, sondern als eine Arbeit an der Mehrung und Vertiefung der Erkenntnis. An Menschen, die ähnlich über Wissenschaft denken wie ich, wendet sich diese Arbeit.

Zum Schlusse möchte ich Denen Dank sagen, die meine Bemühungen mit wertvoller Hilfe unterstützt haben, meiner lieben Frau besonders und meinen Freunden, deren uneigennützigem Beistand ich für vieles verpflichtet bin.

Die Destruktion als Ursache des Werdens.

Von Dr. Sabina Spielrein (Wien).

Bei meiner Beschäftigung mit sexuellen Problemen hat mich eine Frage besonders interessiert: warum dieser mächtigste Trieb, der Fortpflanzungstrieb, neben den a priori zu erwartenden positiven Gefühlen negative, wie Angst, Ekel, in sich beherbergt, welch letztere eigentlich überwunden werden müssen, damit man zur positiven Betätigung gelangen kann. Die negative Stellung des Individuums zur Sexualbetätigung ist natürlich bei Neurotikern besonders aufgefallen. Soweit es mir bekannt ist, haben einzelne Forscher die Erklärung dieses Widerstandes in unseren Sitten, in der Erziehung gesucht, welche bestrebt ist, den Trieb in Schranken zu halten und deshalb jedes Kind belehrt, die Realisierung des sexuellen Wunsches als etwas Schlechtes, Verbotenes zu betrachten. Manchen ist die Häufigkeit der mit sexuellen Wünschen verknüpften Todesvorstellungen aufgefallen, jedoch wurde der Tod als Symbol des moralischen Falles aufgefaßt (Stekel[1]), Gross leitet das Ekelgefühl vor den Sexualprodukten von der räumlichen Koexistenz mit den toten Exkreten ab. Freud führt die Widerstände, die Angst auf Verdrängung der sonst positiv gefühlsbetonten Wünsche zurück. Bleuler sieht in der Abwehr das notwendige Negativ, welches bei der positiv gefühlsbetonten Vorstellung auch vorhanden sein muß. Bei Jung fand ich folgende Stelle:

„Die leidenschaftliche Sehnsucht, d. h. die Libido hat zwei Seiten: sie ist die Kraft, die alles verschönt und unter Umständen alles zerstört. Man gibt sich öfter den Anschein, als ob man nicht recht verstehen könne, worin denn die zerstörende Eigenschaft der schaffenden Kraft bestehen könne. Eine Frau, die sich, zumal unter heutigen Kulturumständen, der Leidenschaft überläßt, erfährt das Zerstörende nur zu bald. Man muß sich um ein Weniges aus bürgerlich gesitteten Umständen herausdenken,

[1]) Zur Zeit, da ich diese Arbeit geschrieben habe, war Dr. Stekels „Die Sprache des Traumes" noch nicht erschienen. In seinem Werke weist Verfasser an zahlreichen Träumen nach, daß wir neben dem Wunsche zu leben, den Wunsch zu sterben haben. Letzteren faßt er als Gegensatz zu dem im Wesen des Sexualinstinktes liegenden Wunsch zu leben auf.

um zu verstehen, welch ein Gefühl grenzenloser Unsicherheit den Menschen befällt, der sich bedingungslos dem Schicksal übergibt. Selbst fruchtbar sein — heißt sich selber zerstören, denn mit dem Entstehen der folgenden Generation hat die vorausgehende ihren Höhepunkt überschritten: So werden unsere Nachkommen unsere gefährlichsten Feinde, mit denen wir nicht fertig werden, denn sie werden überleben und uns die Macht aus den entkräfteten Händen nehmen. Die Angst vor dem erotischen Schicksal ist ganz begreiflich, denn es ist etwas Unabsehbares daran; überhaupt birgt das Schicksal unbekannte Gefahren, und das beständige Zögern des Neurotischen, das Leben zu wagen, erklärt sich aus dem Wunsche, abseits stehen zu dürfen, um nicht im gefährlichen Kampfe des Lebens mitringen zu müssen. Wer auf das Wagnis, zu erleben, verzichtet, muß den Wunsch dazu in sich ersticken, eine Art Selbstmord begehen. Daraus erklären sich die Todesphantasien, die den Verzicht auf den erotischen Wunsch gerne begleiten[1]."

Ich führe absichtlich so ausführlich die Worte Jung's an, weil seine Bemerkung den von mir gewonnenen Resultaten am meisten entspricht, indem er auf eine unbekannte Gefahr, welche in der erotischen Betätigung liegt, hinweist; außerdem ist es für mich sehr wichtig, daß auch ein männliches Individuum sich einer nicht nur sozialen Gefahr bewußt ist. Die Todesvorstellungen bringt Jung freilich nicht in Einklang, sondern in Gegensatz zu sexuellen Vorstellungen. Aus meinen Erfahrungen an Mädchen kann ich sagen, daß es normaliter das Gefühl der Angst ist, welches in den Vordergrund der Verdrängungsgefühle tritt, wenn zum ersten Male die Wunschrealisierungsmöglichkeit in Frage kommt, und zwar ist es eine ganz bestimmte Form der Angst: man fühlt den Feind in sich selbst, es ist die eigene Liebesglut, die einen mit der eisernen Notwendigkeit zu dem zwingt, was man nicht will; man fühlt das Ende, das Vergängliche, vor dem man vergebens in unbekannte Fernen die Flucht ergreifen möchte. Ist das alles? möchte man fragen. Ist das der Höhepunkt und nichts mehr außerhalb? Was geschieht mit dem Individuum bei der Sexualbetätigung, das solche Stimmung rechtfertigte?

I.
Biologische Tatsachen.

Es findet in der Zeugung eine Vereinigung der weiblichen und männlichen Zelle statt. Jede Zelle wird dabei als Einheit vernichtet und aus diesem Vernichtungsprodukt entsteht das neue Leben. Manche niedere Lebewesen, z. B. die Eintagsfliege, haben mit der Produktion

[1]) Wandlungen und Symbole der Libido. Dieses Jahrbuch, Bd. III.

der neuen Generation ihr Leben eingebüßt und sterben ab. Die Schöpfung ist für diese Wesen zugleich Untergang, welch letzterer, für sich allein genommen, das dem Lebenden Schrecklichste ist. Stellt sich dieser eigene Untergang in den Dienst der neuen Schöpfung, dann wird er vom Individuum ersehnt. Beim höher organisierten Individuum, welches nicht mehr aus einer einzigen Zelle besteht, wird selbstverständlich nicht das ganze Individuum im Sexualakte vernichtet, aber die als Einheit schwindenden Sexualzellen sind nicht etwa für den Organismus gleichgültige Elemente, sondern sie stehen mit dem ganzen Leben des Individuums in innigstem Zusammenhange; sie enthalten in konzentrierter Form den ganzen Erzeuger, von dem sie beständig in der Entwicklung beeinflußt werden und den sie ebenfalls in seiner Entwicklung beständig beeinflussen. Diese wichtigsten Extrakte des Individuums werden bei der Befruchtung vernichtet. Entsprechend der Vereinigung von Sexualzellen findet während des Begattungsaktes die innigste Vereinigung von zwei Individuen statt: eins drängt in das andere hinein. Der Unterschied ist nur ein quantitativer: es wird nicht das ganze Individuum eingesogen, sondern nur ein Teil desselben, welcher aber in diesem Augenblicke den Wert des ganzen Organismus repräsentiert. Der männliche Teil löst sich im weiblichen auf, der weibliche gerät in Unruhe, bekommt eine neue Form durch den fremden Eindringling. Die Umgestaltung trifft den ganzen Organismus; Destruktion und Wiederaufbau, welche auch unter gewöhnlichen Umständen immer vor sich gehen, vollziehen sich brüsk. Der Organismus entlädt sich der Sexualprodukte wie eines jeden Exkretes. Es wäre unwahrscheinlich, daß das Individuum diese Destruktions- und Rekonstruktions-Vorgänge in seinem Organismus nicht wenigstens in entsprechenden Gefühlen ahnte. Wie die dem Werden entsprechenden Wonnegefühle im Fortpflanzungstriebe selbst gegeben sind, so sind auch die Abwehrgefühle, wie Angst und Ekel nicht die Folgen einer falschen Verknüpfung mit den räumlich koexistierenden Exkreten, nicht das Negativ, welches einen Verzicht auf die sexuelle Tätigkeit bedeutet, sondern es sind Gefühle, welche der destruktiven Komponente des Sexualinstinktes entsprechen.

II.

Individualpsychologische Betrachtungen.

Recht paradox klingt die Behauptung, daß wir psychisch überhaupt nichts in der Gegenwart erleben und doch ist es richtig. Ein Ereignis ist für uns nur insofern gefühlsbetont, als es früher erlebte gefühlsbetonte Inhalte (Erleben) anregen kann, welche im Unbewußten verborgen liegen. Dies sieht man am besten an einem Beispiel: Ein Mädchen liest mit großer Freude Hexengeschichten; es stellt sich heraus, daß sie als Kind gern eine Hexe nachahmte, und die Analyse ergibt, daß die Hexe in der Phantasie des Mädchens die Mutter vertritt, mit welcher sich erstere identifiziert. Die Hexengeschichten sind demnach für das Mädchen nur insofern lustbetont, als das Leben der Mutter, welches das Mädchen auch durchmachen möchte, für sie lustbetont ist; die Hexengeschichten sind bloß Gleichnisse, welche die Stelle des Gewünschten, der bei der Mutter bereits stattgehabten Lebensgeschichte vertreten, auf welche Gleichnisse der Gefühlston bloß verschoben wird. Ohne das mütterliche Erlebnis wären die Hexengeschichten für das Mädchen nicht lustbetont. In diesem Sinne ist „alles Vergängliche" nur ein Gleichnis irgend eines uns unbekannten Urereignisses, das sich in der Gegenwart Analoga sucht; in diesem Sinn erleben wir nichts in der Gegenwart, obgleich wir den Gefühlston auf die gegenwärtige Vorstellung projizieren. Bewußt war in meinem Beispiele die gegenwärtige Hexenvorstellung, im Unbewußten fand die Assimilation an die Vergangenheit statt (Hexenerlebnis = mütterliches Erlebnis), aus welcher sich die Gegenwart herausdifferenziert. Jeder bewußte Gedanken- oder Vorstellungsinhalt wird vom gleichen unbewußten begleitet, welcher die Ergebnisse des bewußten Denkens in die dem Unbewußten eigentümliche Sprache umsetzt, und dieser parallele Gedankengang läßt sich am besten in dem von Silberer beschriebenen Ermüdungszustande nachweisen. Zwei Beispiele von Silberer mögen dies klarmachen.

Beispiel Nr. 1: „Ich denke daran, daß ich vorhabe, eine holprige Stelle auszubessern." Symbol: „Ich sehe mich ein Stück Holz glatt hobeln." Beispiel Nr. 2: „Ich denke an das Vordringen des menschlichen Geistes in das schwierige dunkle Gebiet des Mütterproblems" (Faust II. Teil).

Symbol: „Ich stehe auf einer einsamen, in ein dunkles Meer weit vorgeschobenen Steinestrade. Die Wasser des Meeres verschmelzen am Horizont fast mit der ebenso tief getönten geheimnisvoll schwarzen Luft."

Deutung: Das Vorgeschobensein in das dunkle Meer entspricht dem Vordringen in das dunkle Problem. Das Verschmelzen von Luft und Wasser, das Verwischtsein von Oben und Unten dürfte symbolisieren, daß bei den Müttern (wie Mephistopheles schildert) alle Zeiten und alle Orte miteinander verschmelzen, daß es dort keine Grenzen zwischen „Oben" und „Unten" gibt und daß daher Mephistopheles zu dem reisefertigen Faust sagen kann: „Versinke denn — ich könnt auch sagen: steige!"

Die Beispiele sind sehr lehrreich: man sieht, wie der der Gegenwart angepaßte Gedankengang im Unbewußten den in vielen Generationen stattgehabten „Erlebnissen" assimiliert wird. Der Ausdruck „holperige Stelle" in der Arbeit (Beisp. 1) wird als Gleichnis einem andern Vorstellungsinhalt entnommen, dem des Holzhobelns. Im Bewußtsein wird der Ausdruck dem Sinne nach der Gegenwart angepaßt, er wird demnach in bezug auf seinen Ursprung differenziert. Das Unbewußte hingegen verleiht den Worten wieder die ursprüngliche Bedeutung der holperigen Stelle beim Holzhobeln; auf diese Art verwandelt es die gegenwärtige Handlung der Ausbesserung der Arbeit in eine bereits öfter stattgehabte Handlung des Holzhobelns.

Das zweite Beispiel ist noch insofern interessant, als es, wie die alten Völker, im Meere die Mutter (das mütterliche schaffende Wasser, aus dem alles Leben entstanden ist) sieht. Das Meer („die Mutter"), in das man vordringt, ist das dunkle Problem, der Zustand, in welchem es keine Zeit, keinen Ort, keine Gegensätze (oben und unten) gibt, weil es noch ein Undifferenziertes, kein Neuschaffendes und deshalb ein ewig seiendes Etwas ist. Das Bild des Meeres (Mutter) ist auch zugleich das Bild der Tiefe des Unbewußten, welches zugleich in Gegenwart, Vergangenheit und Zukunft, also außerhalb der Zeit lebt[1]), für welches alle Orte miteinander verschmelzen (zum Ursprungsorte) und für welches die Gegensätze das gleiche bedeuten[2]). In dieser Urmutter (dem Unbewußten) will jede aus ihr differenzierte Vorstellung aufgelöst werden, d. h. sie will sich in den nicht differenzierten Zustand verwandeln. Wenn die von mir analysierte Kranke[3]) z. B. sagt „Die Erde wurde durchbohrt" statt zu sagen „ich wurde befruchtet", so ist die Erde die Urmutter in der bewußten oder unbewußten Vorstellung eines jeden Volkes. In diese Urmutter verwandelt sich die aus ihr differenzierte Mutter = Patientin. Nicht umsonst haben griechische Philosophen, wie z. B. Anaxagoras, den Ursprung des Weltschmerzes in der Differenzierung des Seienden aus dem Urelemente gesucht. Dieser Schmerz besteht eben darin, daß jedes Partikel unseres Wesens sich nach der Rückverwandlung in seinen Ursprunge sehnt, woraus dann wieder das neue Werden hervorgeht.

Freud führt unsere späteren direkten oder sublimierten Liebes-

[1]) Nach Freud ist das Unbewußte insofern zeitlos, als es nur aus Wünschen besteht, welche es für die Gegenwart realisiert darstellt. Freud: Traumdeutung.

[2]) Freud: „Über den Gegensinn der Urworte."

[3]) Über den psychologischen Inhalt eines Falles von Schizophrenie. Dieses Jahrbuch, Bd. III, S. 329 ff.

regungen auf das infantile Alter zurück, in welchem wir durch die pflegenden Personen die ersten Lustempfindungen verspürten. Diese Lustempfindungen suchen wir immer von neuem zu erleben, und wenn das Bewußtsein sich längst ein normales Sexualziel ausgearbeitet hat, beschäftigt sich das Unbewußte mit Vorstellungen, die uns in frühester Kindheit lustbetont waren. Die Gegner Freuds wehren sich meist entrüstet gegen die Sexualisierung unschuldiger kindlicher Lustempfindungen. Wer einmal selbst Analysen gemacht hat, der zweifelt nicht daran, daß die erogenen Zonen des unschuldigen Kindes beim Erwachsenen bewußt oder unbewußt zur Quelle des sexuellen Lustgewinnes werden. Es mag ja in der Konstitution des Individuums begründet sein, warum man dabei der einen oder der andern Zone den Vorzug gibt, jedenfalls aber sehen wir es bei Neurotikern besonders deutlich, daß die in der Kindheit lustbetonte Zone zur Quelle der sexuellen Erregung den pflegenden Personen gegenüber mit entsprechender unbewußter Symbolik wird. Das gibt uns das Recht, mit Freud zu behaupten, daß in den infantilen Lustquellen wir die Keime der sexuellen Lust beim Erwachsenen finden. Es wurde mir zu den Auseinandersetzungen über die Rolle der Sexualität bemerkt, man könne ebensogut alles vom Nahrungstriebe ableiten, wenn man nur den guten Willen dazu habe. Ich möchte hier die Ansichten eines französischen Autors nicht unerwähnt lassen, welcher alle seelischen Regungen vom Selbsterhaltungstriebe ableitet. Er meint nämlich, die Mutter liebe das Kind, weil es beim Saugen die Brustdrüse erleichtert, man liebe einen Mann oder eine Frau, weil durch den Koitus die den Organismus belästigenden Exkrete entfernt beziehungsweise unschädlich werden. Die Lustempfindung wird dann auf das die Erleichterung bringende Objekt übertragen. Diese Einwände sagen nichts gegen die Freudschen Lehren: Freud untersucht gar nicht, was das Lustgefühl ist und wie es entsteht. Er beginnt mit dem Stadium, in welchem das Lustgefühl bereits da ist, und da sehen wir tatsächlich, daß infantile Lustempfindungen Vorstufen der späteren sexuellen Lustempfindungen sind. Es ist genau so, wie wenn man die wohltuende Hand der Krankenschwester liebgewinnt, die das Nahrungsbedürfnis in uns befriedigt. Die Beziehung des Nahrungs- respektive Selbsterhaltungstriebes zum Arterhaltungstriebe (also auch zum Sexualinstinkte) ist zweifellos eine sehr innige. Es sind Erfahrungstatsachen, daß bei sexueller Erregung das Essen manchmal den Koitus ersetzen kann. Dabei sind zwei Faktoren wirksam: einerseits die Lust am Vorgange des Essens und anderseits der infolge der allgemeinen Erregung oft gesteigerte Appetit. Auch das Gegenteil wird beobachtet: freilich kann das Nahrungsbedürfnis nicht durch den Koitus ganz ersetzt werden, aber wir sehen oft den übermächtigen Geschlechtstrieb gerade bei körperlich geschwächten Individuen.

Insofern als wir nach der Causa movens unseres bewußten und unbewußten Ich forschen, glaube ich, daß Freud Recht hat, wenn er das Streben nach Erlangung der Lust und Unterdrückung der Unlust als die Grundlage aller psychischen Produktionen annimmt. Die Lust geht auf infantile Quellen zurück. Nun ist aber die Frage, ob unser ganzes psychisches Leben aus diesem Ichleben besteht; gibt es nicht Triebkräfte in uns, welche unseren psychischen Inhalt in Bewegung setzen unbekümmert um das Wohl und Wehe des Ich? Bedeuten die bekannten Grundtriebe, der Selbst- und Arterhaltungstrieb auch für das gesamte psychische Leben das, was sie für das Ichleben bedeuten, nämlich die Quelle der Lust oder Unlust? Ich muß entschieden die Anschauung vertreten, daß die Ichpsyche, auch die unbewußte, von Regungen geleitet wird, welche noch tiefer liegen und sich um unsere Gefühlsreaktionen auf die von ihnen gestellten Forderungen gar nicht kümmern. Die Lust ist bloß die Bejahungsreaktion des Ich auf diese aus der Tiefe quellenden Forderungen und wir können direkt Lust an der Unlust haben und Lust am Schmerze, der, an sich genommen, schwer unlustbetont ist, denn der Schmerz entspricht ja einer Schädigung des Individuums, wogegen sich der Selbsterhaltungsinstinkt in uns sträubt. Also ist in unserer Tiefe etwas da, was, so paradox es a priori klingen mag, diese Selbstschädigung will, denn das Ich reagiert ja darauf mit Lust. Der Wunsch der Selbstschädigung, die Freude am Schmerze ist aber durchaus unverständlich, wenn wir nur das Ichleben berücksichtigen, welches nur Lust haben will. Die Idee, das Ich sei etwas ganz Unwesentliches, beständig Wechselndes, nur eine gewisse momentane Gruppierung der ewig seienden Elementeempfindungen, wird von Mach vertreten. Als Philosoph begnügt sich Mach mit diesem Schema. Mit dem Namen Mach ist in mir der Name Jung innig verknüpft, denn dieser letztere Forscher ist es auch, welcher sich die Psyche aus vielen Einzelwesen bestehend denkt. Jung ist es ja, der von der Komplexautonomie spricht, so daß wir nach ihm nicht ein ungeteiltes Ich, sondern verschiedene Komplexe in uns haben, welche miteinander um die Priorität streiten. Die schönste Bestätigung seiner Ansichten liefern uns die Dementia-praecox-Kranken, welche so stark die Macht einzelner vom Ich getrennter Komplexe über sich empfinden, daß sie ihre eigenen unbewußten Wünsche (meine Patientin nennt die Wünsche „Vermutungen") gleichsam als lebensfähige feindliche Wesen betrachten. „Die Vermutung könnte zur Wirklichkeit werden, um ihre Existenzrechte darzutun", sagt die von mir analysierte Kranke.

Ich mußte zur Einsicht gelangen, das Hauptcharakteristikum des Individuums bestehe darin, daß es ein Dividuum ist. Je mehr wir uns dem bewußten Denken nähern, desto differenzierter werden unsere Vorstellungen, je tiefer wir ins Unbewußte gelangen, desto allgemeiner, typischer werden die Vorstellungen. Die Tiefe unserer Psyche kennt kein „Ich", sondern bloß dessen Summation, das „Wir"[1]), oder das gegenwärtige Ich wird, als Objekt betrachtet, anderen ähnlichen Objekten untergeordnet. Ein Kranker wurde trepaniert, in der Narkose schwand ihm allmählich das Ichbewußtsein, somit auch der Schmerz, dabei vernahm er aber die Eindrücke der Außenwelt so weit, daß er beim Meißeln an seinem Schädel „herein" rief. Dies zeigt, daß er den Schädel zwar wahrgenommen hat, aber in Form eines vom Ich getrennten Objektes, offenbar in Form eines Zimmers. So werden die einzelnen Teile der Persönlichkeit objektiviert. Im nächsten Beispiele sehen wir die Objektivation der ganzen Persönlichkeit. Meine Patientin[2]) berichtet von einem ihrer Zustände während der Narkose, in welchem sie den ihr durch die Operation zugefügten Schmerz nicht mehr spürte; dabei sah sie statt ihrer selbst verwundete Soldaten, mit welchen sie Mitleid hatte. Darauf beruht auch die schmerzstillende Wirkung des Kindersprüchleins, es möge dem Hunde, der Katze usw. weh tun, nur nicht dem Kinde selbst. Statt das verletzte Fingerchen bei sich zu sehen, sieht das Kind es bei anderen, statt „mein Finger" haben wir die allgemeinere Vorstellung irgend eines Fingers eingesetzt. Wie oft tröstet man sich bei einem persönlichen Unglück durch den Gedanken, es gehe vielen oder gar allen so, wie wenn uns der Schmerz durch den Gedanken an die Gesetzmäßigkeit seines Auftretens, an die Eliminierung des persönlich-zufälligen erleichtert wäre. Was allgemein geschah und geschieht, ist kein Unglück mehr, sondern eine objektive Tatsache. Der Schmerz beruht auf der Differenzierung der getrennten Ichvorstellung. Darunter verstehe ich eine Vorstellung, welche mit dem „Ich"-Bewußtsein verknüpft ist. Bekanntlich entsteht das Mitleid, wenn man sich in den Zustand des Leidens versetzt. Bei Dementia-praecox-Kranken,

[1]) Vgl. Spielrein: Schizophrenie. Jahrbuch III, T. I. Schlußbetrachtungen.
[2]) l. c.

welche die Ichvorstellungen in objektive oder Artvorstellungen umwandeln, fällt der inadäquate Affekt, die Gleichgültigkeit, auf: diese schwindet sofort, wenn es uns gelingt, eine Ichbeziehung herzustellen, wenn z. B. Patient statt „Die Erde wurde mit Urin verunreinigt" „Ich wurde beim Sexualakte verunreinigt" sagt[1]). Darin liegt meiner Meinung nach der Sinn der symbolischen Ausdrucksweise. Das Symbol bedeutet ja das gleiche wie die peinliche Vorstellung, ist aber weniger als Ichvorstellung differenziert: Unter einer „Frau" kann man sich wohl mehr Inhalte denken, da sie nur im Wesentlichen einander zu gleichen brauchen, als unter der viel schärfer determinierten Ichvorstellung einer Martha N. Man könnte darauf erwidern: Wenn der Träumende statt seiner selbst eine andere Person nimmt, so ist die andere Person nicht weniger scharf differenziert wie die Person des Träumers selbst. Dies ist nur objektiv richtig: für jeden Menschen existieren andere Leute überhaupt nur, insoweit sie seiner Psyche zugänglich sind, von anderem existiert für uns nur das uns Entsprechende. Wenn der Träumer sich durch eine andere Person substituiert, so sorgt er nicht im geringsten dafür, die betreffende Person möglichst deutlich darzustellen, es findet ja geradezu eine Verdichtung von verschiedenen Personen zu einer statt; dem Träumer kommt es nur darauf an, die Eigenschaft in der substituierenden Person darzustellen, welche seiner Wunschrealisierung entspricht: will der Träumer z. B. wegen schöner Augen beneidet werden, dann verdichtet er verschiedene Personen mit schönen Augen zu einer Mischperson, so daß auch hier ein Typus statt des Individuums resultiert, ein Typus, der, wie Untersuchungen an Träumen und Dementia-praecox-Kranken zeigen, archaischen Denkweisen entspricht.

Bei der Hysterie, welche eine „Ichhypertrophie" hat, ist auch eine entsprechend gesteigerte Empfindsamkeit vorhanden. Es wäre aber ganz unrichtig zu behaupten, das psychische Leben der Hysterie sei reichhaltiger als das der Dementia praecox: die bedeutendsten Gedanken finden wir bei Dementia-praecox-Kranken. Der Mangel der Ichaktivität bewirkt es nur, daß wir es hier mit den typischen, den archaischen, analogen Denkweisen zu tun haben. Freud meint, es handle sich bei Dementia praecox um Libidoentziehung, Wiederkehr der Libido und dann um den Kampf zwischen Libidoentziehung und Libidobesetzung.

---

[1]) Sie kann auch bei der Vorstellung der verunreinigten Erde einen starken negativen Affekt haben, wenn sie dabei das Gefühl hat, also die Verbindung Erde = Ich.

Meiner Auffassung nach ist es ein Kampf zwischen den zwei antagonistischen Strömungen der Art- und der Ichpsyche. Die Artpsyche will die Ichvorstellung zu einer unpersönlich typischen machen, die Ichpsyche wehrt sich gegen diese Auflösung dadurch, daß die Kranken ängstlich den Gefühlston des verschwindenden Komplexes an irgend eine Seitenassoziation verlegen und an diese das „Ich“ fixieren (inadäquater Affekt). Die Kranken sehen aber selbst, daß der Gefühlston nicht der Vorstellung entspricht, auf welche er verlegt wird, daß sie den ehemals vorhandenen Affekt „machen“. So erklärt es sich, daß sie oft gleichzeitig über ihr eigenes Pathos lachen und alles als Komödie betrachten. Im Beginne der Krankheit sehen wir oft schwere Angst und Depressionszustände, weil der Kranke die Tendenz zur Nivellierung der gefühlsbetonten Ichteile als antagonistische Strömung zum Bedürfnisse nach Ichbeziehung, Anpassung an die Gegenwart empfindet. Es ist, wie wenn der früher erregte Gefühlston noch nicht abgeklungen wäre, während die Objekte bereits in keiner Ichbeziehung mehr stehen. Die herrschende Empfindung dabei ist: Die Welt ist verändert, unheimlich fremd, es ist wie ein Theaterspiel; gleichzeitig damit drängt sich die Erkenntnis auf: „Ich bin mir ganz fremd“. Die Gedanken werden depersonalisiert, sie werden den Kranken „gemacht“, weil sie eben aus den Tiefen außerhalb des Ich kommen, aus Tiefen, die bereits „wir“ oder vielmehr „sie“ aus dem „ich“ machten. Das noch vorhandene Gefühl wird pathetisch geäußert, weil es keine Objekte mehr findet, ebenso wie ein Redner übertrieben pathetisch ist, der statt der entsprechenden Vorstellungen das Gefühl selbst darstellt. Die Angst ist da, solange das noch vorhandene Gefühl, also das Bedürfnis nach Ichbeziehung, den Kranken den Ichzerfall (fremde Macht) wahrnehmen läßt, mit dem Fortschreiten der Krankheit stellt sich die bekannte Gleichgültigkeit ein: die Kranken nehmen nichts mehr persönlich; wenn sie auch „ich“ sagen, so sind sie doch dabei Objekte, welche doch nicht Ich bedeuten und nicht dem Ichwollen gehorchen. So kann eine Frau, die sich viele Kinder wünscht, lächelnd von ihren 22 tausend Buben erzählen, wie wenn es gar nicht ihre wirkliche Sehnsucht wäre. Aber die Kranken können bisweilen auch echte adäquate Gefühle haben und dies habe ich bei der Herstellung der nichtsymbolischen direkten Ichbeziehung gesehen. Bei Fällen, welche in die Anstalt kommen, ist die Störung offenbar so weit vorgeschritten, daß der Kranke gleich wieder in seine inadäquate Einstellung verfällt; ob die Analyse da viel zu bessern vermag, bleibt die Frage der Zukunft.

Mit der Herabsetzung der Lust- und Unlustgefühle erlischt also das psychische Leben nicht in gleichem Maß, freilich erlischt das Bedürfnis nach Differenzierung und Realisieruug persönlicher Wünsche, es findet im Gegenteil die Assimilation (also Auflösung) der ichdifferenzierten Vorstellungen an die Vorstellungen statt, welche ganze Völker gebildet haben, also Verwandlung in typische uralte Artvorstellungen. Diese affektlosen Vorstellungen, welche ganze Völker gebildet haben, belehren uns über den Inhalt, der unsere Triebe begleitet. Die Ichpsyche kann nur Lustgefühle wünschen, aber die Artpsyche belehrt uns darüber, was wir dabei wünschen, was uns positiv oder negativ gefühlsbetont ist, und da sehen wir, daß die in uns lebenden Artwünsche den Ichwünschen durchaus nicht entsprechen, daß die Artpsyche sich die rezente Ichpsyche assimilieren will, während das Ich, ja, jedes Teilchen des Ich das Bestreben nach Selbsterhaltung in der gegenwärtigen Form besitzt (Beharrungsvermögen). Die Artpsyche, welche das gegenwärtige Ich demnach verneint, schafft es aber geradezu durch diese Verneinung von neuem, denn das versunkene Ichteilchen taucht in neue Vorstellungen gekleidet reicher als je wieder empor. Dies sehen wir am schönsten an künstlerischen Produktionen. Freilich besteht die Regression innerhalb des Ich darin, daß man lustbetonte infantile Erlebnisse wiedererleben möchte, aber warum sind uns die infantilen Erlebnisse so lustbetont? Warum haben wir die „Freude am Wiedererkennen des Bekannten?“[1]) Warum besteht die strenge Zensur, welche uns die Erlebnisse zu modifizieren sucht, noch lange, nachdem wir die elterliche Macht über uns nicht mehr spüren? Warum erleben wir nicht eher immer dasselbe und reproduzieren dasselbe[2])? Es besteht also neben dem Beharrungswunsche ein Transformationswunsch in uns, welch letzterer bedeutet, daß ein individueller Vorstellungsinhalt in einem ihm ähnlichen, aus vergangenen Zeiten stammenden Material aufgelöst und so auf Kosten des Individuellen ein typischer, also Artwunsch werden soll, der vom Individuum als Kunstwerk nach außen projiziert wird. Man sucht das einem selber Ähnliche (die Eltern, Ahnen), in dem das eigene Ichpartikel sich auflösen kann, weil die Auflösung im Ähnlichen nicht brüsk zerstörend, sondern unbemerkt vor sich geht. Und doch, was bedeutet diese Auflösung für die Ich-

[1]) Vgl. Freud: Der Witz und seine Beziehung zum Unbewußten.

[2]) Warum malt der Künstler z. B. nicht stets das Bild seiner geliebten Mutter, sondern schafft eventuell ein Renaissancebild? Die „Zensur“ verbietet uns ja nicht, die Mutter in „sublimierter“ Form zu lieben.

partikel, wenn nicht den Tod? Freilich kommt es wieder in einer neuen, vielleicht schöneren Form zum Vorschein, aber es ist doch nicht das gleiche Ichpartikel, sondern ein auf Kosten dieses Partikels entstandenes Anderes, ebenso wie ein aus dem Samen emporwachsender Baum zwar der gleiche in bezug auf die Art, aber nicht der gleiche in bezug auf das Individuum ist, und es ist eigentlich mehr Geschmackssache, ob wir im auf Kosten des alten entstandenen neuen Produkte die Existenz oder das Schwinden des alten Lebens betont sehen wollen. Dem entspricht auch die Lust oder Unlust beim Gedanken an die Auflösung des ganzen Ichkomplexes. Es gibt ja Beispiele von Neurotikern, welche es direkt sagen, daß sie vor dem geschlechtlichen Verkehr Angst haben, weil mit der Samenentleerung auch ein Stück des Individuums verloren geht.

Alles, was uns bewegt, will mitgeteilt und verstanden respektive empfunden werden: jede Vorstellung, die wir den Mitmenschen direkt oder in Form eines Kunstwerkes übergeben, ist ein Differenzierungsprodukt der Urerlebnisse, aus welchen unsere Psyche besteht. Nehmen wir als Beispiel ein bereits differenziertes Erlebnis, z. B. einen sonnigen Frühlingstag, der unendliche Generationen vor uns viele Male erfreute. Reproduzieren wir dieses Erlebnis, so müssen wir differenzieren, indem wir die Bäume, das Gras, den Himmel auch entsprechend dem gegenwärtigen Bewußtseinsinhalte gestalten. Wir haben es nicht mehr mit einem Frühlingstage, sondern mit dem speziellen, persönlich gefärbten Frühlingstage zu tun. Und umgekehrt: gelangt dieses Differenzierungsprodukt in die Psyche eines andern Individuums, so findet die Rückverwandlung statt: bei der bewußten Verarbeitung seitens des andern Individuums erhält der Frühlingstag ein anderes individuelles Gepräge; neben der bewußten Verarbeitung fällt die Vorstellung der unbewußten Verarbeitung anheim, welche ihr das gegenwärtige individuelle Gepräge nimmt, sie bis zu den „Müttern" hinabbringt und auflöst. Im Unbewußten finden wir vielleicht den Frühlingstag in seine Bestandteile, der Sonne, des Himmels, der Pflanzen, zerlegt, und letztere zu den uns aus der Völkerpsychologie bekannten mythologischen Gebilden umgestaltet oder vielleicht richtiger „rückgestaltet". Schon bei jedem Aussprechen eines Gedankens respektive Schilderung einer Vorstellung begehen wir eine Verallgemeinerung, denn Worte sind ja Symbole, welche geradezu dazu dienen, um das Persönliche allgemein menschlich und verständlich zu gestalten, i. e. es des persönlichen Gepräges zu berauben. Das rein Persönliche kann von anderen nie verstanden werden und es wundert uns nicht, wenn Nietzsche, ein Mensch mit einem mächtigen Ichbewußtsein, zu dem Schlusse kommt: Die Sprache sei dazu da, um sich und andere zu verwirren. Und doch empfinden wir eine Erleichterung beim Aussprechen, wenn wir auf Kosten unserer Ichvorstellung eine Artvorstellung bilden, und auch der Künstler hat Freude an seinen „Sublimationsprodukten", wenn er statt des Individuellen das Typische schafft. Jede Vorstellung sucht gleichsam ein nicht identisches, sondern ähnliches Material, darin sie aufgelöst und transformiert werden kann. Dieses ähnliche Material ist das auf gleichen Vorstellungsinhalten beruhende Verständnis, mit welchem die andere Person unsere Vorstellungen empfängt. Dieses Verständnis ruft in uns ein Sympathiegefühl hervor, was nichts anderes bedeutet, als daß man noch mehr von sich geben möchte, bis die Zuneigung, zumal wenn man es mit Individuen verschiedenen Geschlechtes zu tun hat, sich so weit steigert, daß man sich im Ganzen (das ganze Ich) hingeben möchte. Diese für das Ich gefährlichste Phase des Fortpflanzungs- (Transformations-) Triebes geht aber mit Wonnegefühlen einher, weil die Auflösung im ähnlichen Geliebten (= in der Liebe) stattfindet.

Weil man im Geliebten die einem ähnlichen Eltern liebt, so ist es begreiflich, daß man dabei auch in Wirklichkeit das Schicksal der Vorfahren, speziell der Eltern, zu erleben sucht[1]) (vgl. Jung, Bedeutung des Vaters für das Schicksal des Einzelnen). Der Zufall spielt nur insofern eine Rolle im Leben, als das in der Psyche bereits prädestinierte sexuelle Erlebnis aktiviert wird oder als Erlebnismöglichkeit in der Psyche fortbesteht. Im ersten Falle ist der Komplex befriedigt, im andern Falle dagegen ist das spannungerregende Element nicht beseitigt und muß sich beständig durch Abfließenlassen der immer von neuem ergänzten analogen Vorstellungsinhalte befreien. Für das psychische Leben hat demnach die Aktivierung des Erlebnisses nur eine negative, den Vorstellungsinhalt samt der zugehörigen Spannung beseitigende Bedeutung. Nehmen wir z. B. an, man hätte die ersehnte Vereinigung mit dem Liebesobjekt erreicht; sobald die Wirklichkeit in ihre Rechte tritt, sobald das Wort zur Tat wird, löst sich die entsprechende Vorstellungsgruppe, beglückendes Entspannungsgefühl erzeugend, auf; in diesem Momente ist man psychisch gänzlich unproduktiv.

[1]) Wir erleben ja oder vielmehr wir beachten nur und nennen erleben nur das, was wir in unseren Ahnen bereits erlebten.

Jede Vorstellung erreicht ihr Lebensmaximum, wenn sie am intensivsten auf ihre Umgestaltung zur Wirklichkeit wartet; mit der Realisierung wird sie zugleich vernichtet. Das will nicht heißen, daß mit der Realisierung eines mächtigen Komplexes das ganze psychische Leben still steht, denn ein Komplex ist ja nur ein verschwindend kleines Teilchen, das sich aus dem Urerlebnis herausdifferenziert. Dieses eigentliche Ereignis schafft immer neue Differenzierungsprodukte, welche bald in Form des Abreagierens, bald als Kunstwerk psychisch transformiert werden. Es ist sehr wichtig zu betonen, daß alle Sublimierungsprodukte dem Inhalte nach keine Gegensätze zu dem der Wirklichkeit angepaßten Fortpflanzungswunsche sind. Sie scheinen nur etwas Entgegengesetztes zu sein, weil sie weniger der Gegenwart angepaßt, weniger differenziert sind. Sie sind mehr typisch in der Form, wie etwa Vorstellungen der „höheren" Liebe zur Natur oder zu Christus. Jung zeigt, daß man in der Sonne die eigene Libido, den in Einem wohnenden Vater verehrt[1]). Weil diese Vorstellungen nicht durch Aktivierung vernichtet werden, so bleiben sie in der Psyche bestehen als höchst gespannte Sehnsucht nach der Rückkehr zum Ursprunge, speziell nach Auflösung in den Erzeugern (was unten belegt werden soll). So erklärt es sich, warum die Religion als das Höchste so gern zum Symbol des Niedersten, i. e. der Sexualbetätigung wird, wie z. B. bei dem von Pfister analysierten Grafen von Zinzendorf oder bei der von mir analysierten Frau M. Durch die vollständige Verneinung des außerhalb des Ich stehenden Liebesobjektes erreicht man nur, daß man selbst Objekt der eigenen Libido wird mit der daraus erfolgenden Selbstdestruktion.

Stekel sagt in seinen „Beiträgen" zur Traumdeutung:

„Gerade wie der Traum eine Verneinung im allgemeinen nicht kennt, kennt er auch keine Verneinung des Lebens. Sterben — bedeutet im Traume soviel als Leben und gerade die höchste Lebenslust drückt sich oft in einem Todeswunsche aus. Ähnliche psychologische Gesichtspunkte gelten übrigens auch für den Selbstmord und auch die Wahl der Todesart wird von bestimmten erotischen Phantasien beeinflußt. Diese Gedanken wurden von Dichtern wiederholt ausgesprochen und auch die Philosophen haben diese Zusammenhänge zwischen Eros und Tantalos wiederholt beleuchtet. Selbst der Mord im Traume ist, wie so häufig im Leben, nur ein Lustmord und stellt oft nichts anderes als einen stark sadistisch gefärbten Sexualakt dar."

Bis hierher kann ich mich Stekel anschließen. Nun meint er aber weiter:

[1]) Jung, Symbole und Wandlungen der Libido. Jahrbuch, III, I. Hälfte.

„Ein typischer Traum junger Mädchen handelt davon, daß sie nackt auf der Straße stehen, daß sich ein großer Mann auf sie stürzt und ihnen ein Messer in den Bauch stößt. In diesem Falle dient der Mord zur Illustration einer Defloration durch Gewalt, es ist die Ehre, die unwiderbringlich umgebracht wird; es ist der Tod der Virginität, welcher wieder das Leben des Weibes bedeutet."

Nun sehe ich absolut keinen Anhaltspunkt, der uns in diesen Träumen den Tod als einen moralischen Tod aufzufassen erlaubte. Hat doch Stekel selbst sogar im wirklichen Tode einen bloß stark sadistisch gefärbten Sexualakt gesehen. Gemäß der Tatsache, daß die Frau beim Sexualakte durchbohrt wird, sieht sich das Mädchen, aber auch die Frau, im Traume als Opfer des sadistisch gefärbten Sexualaktes. Deshalb sind Kriegsereignisse für den Ausbruch der Neurose, welche ja ihren Grund in den Störungen des sexuellen Lebens hat, so geeignet. Der Krieg ist es, welcher mit Vorstellungen der Destruktion einhergeht. Weil nun eine Vorstellung andere ihr verwandte hervorruft, so werden mit den Vorstellungen der Destruktion im Kriege die mit der destruierenden Komponente des Fortpflanzungsinstinktes verknüpften Vorstellungen angeregt. Letztere Vorstellungen können auch dem Normalen das Dasein, als etwas durchaus Vergängliches und Zweckloses, verleiden und erst recht dem Neurotiker, bei welchem auch sonst die Vorstellungen der Destruktion die des Werdens überwiegen und der nur auf geeignete Symbole zur Darstellung dieser Destruktionsphantasie wartet. Jugendliche Individuen und besonders Mädchen haben oft im Traume Phantasien vom Liegen im Sarge. Freud lehrt, das Verweilen im Sarge sei ein Symbol des Verweilens im Mutterleibe (Sarg = Mutterleib). Stekel ergänzt die Lehre ganz richtig dahin, daß auch das Grab die gleiche Bedeutung wie Sarg hat, „wobei ‚graben' eine unverkennbare Bedeutung hat, ähnlich wie bohren und geboren sein (graben und begraben). So wird das Grab zum Himmel, wie ja die Vorstellung der Menschen dahin geht, daß man aus dem Grabe (durch den Tod) in den Himmel komme". Die kranke Frau M.[1]) hat eine umfangreiche Symbolik: Sie kommt zum neuen Leben dadurch, daß sie, wie es dem christlichen Glauben entspricht, in Christo stirbt. Ist der Tod als sexuelle Vereinigung gedacht, was Patientin übrigens durch zahlreiche sich auf Christus beziehende Phantasien beweist, so müßte sie sich, wie früher auseinandergesetzt, mit Christus (dem Geliebten) identifizieren, sich in Christus verwandeln. Sie wird auch zu Christus, liegt

[1]) Vgl. meine oben zitierte Arbeit.

ausgestreckt am Boden und behauptet, sie sei gekreuzigt, sie will alle Kranken erlösen; schließlich ist sie, wie Christus, das lebenspendende Grab. Prof. Forel = Dr. J., auf den sie „übertragen" hat, kommt wie Christus zu ihr in die Totenkammer (ihr Zimmer); er wird „lebendig begraben" und kommt wieder zur Welt in Form eines Weinstockes. Dieser Weinstock, welcher das neue Leben bedeutet, ist dem Sinne nach das Kind. Zuweilen sagt auch Patientin, sie hätte sich in eine kleine Forel verwandelt. Sie wird, sagt sie, zu einer kleinen Forel dadurch, daß sie grob behandelt, geschlagen wird, also wiederum durch Zerstörung. Ein ander Mal ist ihr kinderproduzierender Organismus (Organ) ein Glassarg oder eine zerbrochene Porzellanschale. Hier liegen die Knochen ihres totgeborenen Kindes; die Porzellanstückchen müssen mit den kindlichen Knochen und anderen befruchtenden Substanzen fein zerrieben, gekocht usw. werden, damit ein Kind zustande kommt. Wesentlich ist, das zum Zustandekommen des Lebens der Tod erforderlich ist und, entsprechend dem christlichen Glauben, wird das Tote durch den Tod lebendig gemacht. Begraben ist in der mythologischen Vorstellung = Befruchtung. Die Richtigkeit dieser Behauptung drängt sich einem förmlich auf, wenn man sich mit Mythologie beschäftigt.

„Zur Erzeugung der neuen Generation", sagt Patientin, „muß der ganze Körper präpariert werden, aus dem Kopfe (Psyche) und aus der spermatischen Entwicklung im Tier entsteht die neue Generation." „Novozoon (= Sperma) ist ein Totenstoff."

Letzterer Satz zeigt auch, daß Sperma als ein totes Exkret aufgefaßt wird. Die von Binswanger analysierte Irma ekelt sich vor dem Koitus und vor dem Leichenfraße. Ist das Essen bei ihr gleich dem Koitieren, so ist die Leiche = Sperma, welches dabei aufgenommen wird. Irma hat auch eine ausgedehnte Sargsymbolik, aber im Gegensatz zu einem normalen Individuum graut es ihr dauernd vor diesen Vorstellungen: für ein normales Mädchen wird die Begrabungsvorstellung zur Wonne, sobald sie sich das Vergehen im Geliebten denkt. Ein junges Mädchen sagte Binswanger, „das höchste Glück wäre für sie im Leibe des Geliebten zu verweilen". Irma denkt sich auch bisweilen „Der Tod ist ein schöner Mann", aber dies nur kurze Augenblicke, denn bald überwiegen die Vorstellungen der reinen Destruktion mit der dabei begreiflichen Angst. Das Gefühl schildert Irma als

„das Gefühl der Wildheit, des Sichaustobens, Sichhingebens und des Übermanntwerdens, bei dem man nicht weiß, was man tut und was aus einem wird."

Man wird vergiftet (deshalb paßt die in der Form längliche Schlange so gut zu einem Sexualtiere), wird gefährlich krank, wie die Symbolik der Frau M. und anderer Kranken lautet. Dann wird man in der Schwangerschaft durch das Kind destruiert, welches auf Kosten der Mutter sich entwickelt, wie eine bösartige Geschwulst. Meinen medizinischen Kolleginnen stand das Material zur entsprechenden Symbolbildung reichlich zur Verfügung und das Unbewußte verstand es auch zu gebrauchen. So träumte Eine, ihr kleiner Bruder (Wunschpersönlichkeit) hätte eine „Taubengeschwulst" im Magen (Taube Symbol der Unschuld); es kommt ihm dann eine Taube zum Munde heraus. Die andere Kollegin bekommt Eiterbeulen am Halse, wie Frau M. Wieder eine andere bekommt einige Male im Traume Krebsgeschwülste an den Fingern, oder irgend ein Dozent, auf den sie „übertragen" hat, fragt sie im Traume über Krebsgeschwulst (Exhibitionstraum), andere wieder werden scharlachkrank usw. Jedes sexuelle Symbol hat im Traume wie in der Mythologie die Bedeutung des leben- und todbringenden Gottes: ein Beispiel für alle: das Pferd, eines der bekannten Sexualtiere, ist das lebenbringende Tier des Sonnengottes, das Pferd ist aber auch das Totentier, ja, Symbol des Todes.[1])

Sehr lehrreich sind die Destruktionsvorstellungen bei verschiedenen Formen der Selbstbefriedigung. Der psychische Autoerotismus läßt sich sehr gut an Nietzsche studieren. Bei Nietzsche, welcher sein ganzes Leben lang einsam blieb, wandte sich die ganze Libido seiner eigenen Person zu. Wie faßte Nietzsche die Liebe auf oder richtiger, wie hat er die Liebe empfunden? Die Einsamkeit quälte den Dichter so sehr, daß er sich einen ideellen Freund, Zarathustra, schuf, mit dem er sich identifizierte. Die Sehnsucht nach einem Liebesobjekt machte es, daß Nietzsche in sich selbst Mann und Frau wurde und dieses beides in der Gestalt von Zarathustra.

„Denn schon kommt sie, die glühende, ihre Liebe zur Erde kommt. Unschuld und Schöpferbegier ist alle Sonnenliebe! Seht doch hin, wie sie ungeduldig über das Meer kommt! Fühlt ihr den Durst und den heißen Atem ihrer Liebe nicht? Am Meere will sie saugen und seine Tiefe zu sich in die Höhe trinken: Da hebt sich die Begierde des Meeres mit tausend Brüsten. Geküßt und gesaugt will es sein vom Durste der Sonne. Lust will es werden und Höhe und Fußpfad des Lichtes und selber Licht. Wahrlich, der Sonne gleich liebe ich das Leben und alle tiefen Meere. Und dies heißt mir Erkenntnis: alles Tiefe soll hinauf zu meiner Höhe. Also sprach Zarathustra."

[1]) Vgl. Negelein: Das Pferd im Seelenglauben und Totenkult.

Wie die Liebe für Nietzsche darin besteht, daß er, gleich der Sonne, das tiefe Meer in sich hineinsaugt, so auch die Erkenntnis. Demnach ist für Nietzsche die Erkenntnis nichts anderes als eine Begierde nach Liebe, nach Schöpfung. Die glühende Sonne saugt am Meere wie ein Liebender, und das wild bewegte Meer hebt sich mit tausend Brüsten der Sonne entgegen, nach Küssen lechzend, wie ein liebeberauschtes Weib. Die Phantasie des Brustsaugens deutet darauf hin, daß die Sonne sich zugleich als Kind dem Meere gegenüber verhält. Ich erinnere daran, wie auch Silberer in seinem zweiten Beispiele des hypnagogischen Phänomens das Land der Mütter als ein Meer darstellt. Wie die Sonne das Meer in sich hineinsaugt, so saugt der erkennende Zarathustra die Tiefe in sich hinein (das tiefe Meer). Die Sehnsucht nach der Erkenntnis ist demnach für den Dichter nichts anderes als die Sehnsucht nach der in seiner Tiefe lebenden Mutter. Wenn die Mutter seine eigene Tiefe ist, so ist die Vereinigung mit der Mutter zugleich autoerotisch aufzufassen, also eine Vereinigung mit sich selber. An anderer Stelle spottet Nietzsche über die Prediger der sogenannten „reinen Liebe", der unbefleckten Erkenntnis ohne jegliche Begierde, welche sich selbst durch Verkleidung der Schlange in die Larve eines Gottes betrügen (vgl. Jung: Gottheit — eigene Libido — Schlange).

„Wahrlich, nicht als Schaffende, Zeugende, Werdende liebt ihr die Erde!" ruft er daselbst. „Wo ist Unschuld? — Wo der Wille zur Zeugung ist und wer über sich hinaus schaffen will, der hat nur den reinsten Willen. Wo ist Schönheit? Wo ich mit allem Willen wollen muß; wo ich lieben und untergehen will, daß ein Bild nicht nur Bild bleibe." (Vgl. die frühere Erörterung: mit der Aktivierung wird ein psychischer Inhalt — „Bild" vernichtet oder durch Vernichtung wird er aktiviert.) „Lieben und Untergehen, das reimt sich seit Ewigkeiten. Wille zur Liebe: das ist willig auch sein zum Tode!"

Durch die Liebesvereinigung mit der Mutter wird Nietzsche selbst zur zeugenden, schaffenden, werdenden Mutter. Dieses Muttersein drückt sich noch deutlicher in folgender Rede aus:

„Ihr Schaffenden, ihr höheren Menschen! Wer gebären muß — ist krank; wer aber geboren hat, ist unrein. Fragt die Weiber: man gebiert nicht, weil es Vergnügen macht: der Schmerz macht Hühner und Dichter gackern. Ihr Schaffenden, an euch ist viel Unreines! Das macht, ihr müßtet Mütter sein."

Damit haben wir, wie es scheint, Vieles an Nietzsche verstehen gelernt, und ich glaube, daß dieser Vorgang einiges Licht darauf zu werfen vermag, warum wir bei den in autoerotischer Isolierung lebenden Dementia-praecox-Kranken so oft, wenn nicht beständig, die homosexuelle Komponente antreffen[1]). Nietzsche wird zur Frau, indem er sich mit der Mutter identifiziert, wobei er letztere in sich hineinsaugt. Dazu trägt bei, daß Nietzsche, infolge der autoerotischen Isolierung, auch im Bewußtsein nicht in der Gegenwart lebt, sondern in seiner eigenen Tiefe, welche noch der Zeit angehört, da das Kind in seinem Geschlechtsleben ungenügend differenziert sich beim Brustsaugen der Mutter gegenüber passiv weiblich verhält. Ist Nietzsche weiblich, so verhält sich seine Mutter ihm gegenüber als Mann, ebenso die später die Stelle der Mutter annehmende Tiefe oder sein „abgründlicher Gedanke" von welchem bald die Rede sein wird, mit welchem er wie mit sich selbst kämpfte. Die Mutter ist für Nietzsche er selbst und er selbst — seine Mutter.

Bei jeder Liebe muß man zwei Vorstellungsrichtungen unterscheiden: die eine — wie man liebt, und die andere — wie man geliebt wird. Bei der ersten Richtung ist man selbst Subjekt und liebt das nach außen projizierte Objekt, bei der zweiten ist man in den Geliebten verwandelt und liebt sich, als sein Objekt. Beim Manne, welcher die aktive Aufgabe hat, das Weib zu erobern, herrschen die Subjektvorstellungen vor, bei der Frau hingegen, welche den Mann zu verlocken hat, gewinnen auch normaliter die rückläufigen Vorstellungen die Oberhand. Damit hängt die bekannte weibliche Koketterie zusammen: die Frau denkt, wie sie „ihm" gefallen wird, damit hängt auch die stärkere Homosexualität und Autoerotik der Frau zusammen[2]); in ihren Geliebten verwandelt, muß sich die Frau bis zu einem gewissen Grade männlich fühlen, als Objekt des Mannes kann sie sich selbst oder ein anderes Mädchen lieben, welches ihre „Wunschpersönlichkeit" ist, i. e. so ist, wie die Liebende sich selbst sehen möchte, natürlich immer schön. Einmal traf ich eine Kollegin in großer Entrüstung über einer Reihe von ihr beschriebener Briefkouverts; an keinem gelang ihr die schöne Schrift, die sie am ersten Kuvert vollbrachte. Die Schrift war mir bekannt. Auf meine Frage, was die gewünschte Schrift ihr sage, fiel ihr plötzlich ganz richtig ein, ihr Geliebter schreibe so. Das Bedürfnis nach Identifikation mit dem Geliebten war demnach so groß,

[1]) Vgl. Otto Rank: Beiträge zum Narzissismus. Jahrbuch III, 1. Hälfte.

[2]) Man denke nur an die leidenschaftlichen Küsse und Umarmungen bei jungen Mädchen. Diese für die Frau nicht auffallende Art der Freundschaft würde beim Manne sehr sonderbar anmuten.

daß sie sich nur als ihn dulden konnte. Bei „Tristan und Isolde" sehen wir das gleiche. Tristan: „Tristan, du — nicht mehr Tristan Ich-Isolde" Isolde: „Isolde, du — nicht mehr Isolde Ich-Tristan" Auch das Kind ist autoerotisch, weil es den Eltern gegenüber eine passive Rolle spielt; es muß um die Liebe der Eltern ringen und daran denken, ihr Gefallen zu erregen: es muß sich vorstellen, wie es geliebt wird und sich demnach in die Rolle seiner Eltern versetzen. In späteren Jahren sieht das Mädchen in der Mutter ihre Rivalin, aber auch ihre „Wunschpersönlichkeit" die sie als solche liebt, ebenso der Knabe im Vater. Wenn das Kind von den Eltern geärgert wird, so wäre die normale Reaktion ein Racheakt; dies darf das Kind nicht wagen, deshalb wird der Zorn entweder an irgend einem Gegenstande ausgelassen oder weiß das Kind in der ersten Wut nichts Gescheiteres zu tun als sich selbst z. B. bei den Haaren zu raufen, wobei es sich an die Stelle der ihn ärgernden Eltern versetzt. In Gogols „Revisor" z. B. wird ein Statthalter geschildert, der riesig eingebildet ist und seine Untertanen schamlos ausbeutet. Zum Schlusse wird er jedoch selbst von einem jungen Hochstapler betrogen, den er für den erwarteten Revisor hält. Als der Hochstapler sich über alle, den Statthalter nicht ausgenommen, in einem Briefe, den alle zu lesen bekommen, lustig macht, wendet sich der Hohn des Statthalters gegen sich selbst: „Seht den alten Narren" usw. ruft er. Auch in diesem Falle ruft die mißlungene Aggression die rückläufige Vorstellungsreihe, die Verwandlung in das höhnende Subjekt mit der Betätigung an sich selbst, als am Objekte, hervor. Entsprechend der im Sexualinstinkt enthaltenen destruktiven Komponente hat der mehr aktiv veranlagte Mann auch mehr sadistische Wünsche: er will die Geliebte zerstören, die Frau, welche sich mehr als Objekt der Liebe vorstellt, will destruiert werden. Natürlich läßt sich die Grenze nicht so scharf ziehen, weil jeder Mensch bisexuell ist, ferner, weil bei der Frau Subjektvorstellungen, wie beim Manne Objektvorstellungen ebenfalls vorhanden sind; deshalb ist die Frau sadistisch, der Mann — auch masochistisch. Gewinnen durch das Sichhineinversetzen in das geliebte Individuum die Objektvorstellungen an Intensität, dann führt die gegen sich selbst gerichtete Liebe zu Selbstdestruktion, wie etwa Selbstkasteiung, Märtyrertum, ja, zur vollkommenen Vernichtung der eigenen Sexualität, wie bei der Kastration. Dies sind nur verschiedene Formen und Grade der Selbstvernichtung.

Der Zeugungsakt selbst besteht in der Selbstvernichtung. Nietzsches Worte weisen darauf hin:

„Der Mensch ist etwas, das überwunden werden muß," lehrt Zarathustra „damit der Übermensch zustande kommt." „Und wenn dir nunmehr alle Leitern fehlen, so mußt du verstehen, noch auf deinen eigenen Kopf zu steigen: wie wolltest du anders aufwärts steigen?"

Der Sinn dieses Satzes ist: Du mußt verstehen, dich selbst zu überwinden (destruieren). Wie könntest du sonst das Höhere, das Kind schaffen? Im Kapitel „Seligkeit wider Willen" klagt Zarathustra:

„Ich lag angekettet an die Liebe zu meinen Kindern: das Begehren legte mir diese Schlinge, das Begehren, daß ich meiner Kinder Beute würde und mich an sie verlöre."

Das Kind Zarathustras, der „abgründliche Gedanke" von der ewigen Wiederkunft der Dinge droht in Zarathustra ungeboren zu sterben, jedoch ruft ihn Zarathustra ins Leben.

„Du regst dich, dehnst dich, röchelst? Auf, auf! Nicht röcheln — reden sollst du zu mir! Zarathustra ruft dich, der Gottlose! Zarathustra, der Fürsprecher des Lebens, Fürsprecher des Leidens, Fürsprecher des Kreises!" „Heil mir! Du kommst, ich höre dich! Mein Abgrund redet, meine letzte Tiefe habe ich ans Licht gestülpt! Heil mir! Heran! Gib die Hand! — Ha! laß! Ha-ha! — Ekel, Ekel, Ekel — wehe mir!"

Wie Zarathustra als Sonne (das Höchste) das tiefe Meer in sich einsaugt, so stülpt er jetzt das Tiefste aus sich heraus ans Licht (Analogon der Sonne = Liebe). Wir wissen, daß Nietzsche selbst das Licht ist (die Höhe), welches seine Mutter = das tiefe Meer in sich hineinsaugt. Durch diese Vereinigung mit der Mutter wurde Nietzsche zur gebärenden Mutter. Auch hier stülpt er seine Tiefe in sein Licht hinein und befördert sie auf die Welt, wie sein Kind. Dies erinnert an die Kinderbrunnen in der Mythologie: die Verstorbenen werden hier in Kinder zurückverwandelt und als solche wiedergeboren[1]). Wünsche[2]), welcher zahlreiche Belege dafür liefert, bemerkt ausdrücklich an einer Stelle: „Die zum Himmel in Holdas Reich emporsteigenden Seelen der Verstorbenen können aber nicht ohneweiters wieder zurückkehren, sondern müssen in ihrem Brunnen zuerst erneuert werden". Wünsche meint, es liege der Vorstellung von dem Hervorholen der Neugeborenen aus Brunnen und Teichen der Gedanke zugrunde, daß das vegetative und animalische Leben aus der Unterwelt hervorkeime. Das ist ja ganz richtig, aber wenn das Unbewußte die Symbolik aus der Pflanzenwelt

---

[1]) Vgl. Otto Rank: Lohengrinsage. Schriften zur angewandten Seelenkunde, herausgegeben von Freud.

[2]) Ex oriente lux, Die Sagen vom Lebensbaum und Lebenswasser, altorient. Mythen von A. Wünsche. Leipzig 1905.

zur Schilderung der Geburt beim Menschen nimmt, so muß etwas wesentlich Analoges bei der Menschengeburt vorgehen: die Kinder entstehen aus Teichen, weil sie auch tatsächlich im Mutterleib im Teiche (= Fruchtwasser) sind, aus welchem sie an die Außenwelt kommen sollen. So zeigt Jung in seiner Arbeit „Über Konflikte der kindlichen Seele", wie die kleine Anna, welche sich mit der Kinderentstehungsfrage lebhaft beschäftigt, die Lösung des Problems im Pflanzenreiche sucht. Sie interessiert sich, wie ihr die Augen, Mund und Haare gewachsen sind, schließlich, wie ihr Brüderchen Fritzchen aus der Mama gewachsen ist. (Mama = Erde) und fragt den Vater: „Aber wie ist denn Fritzchen in die Mama hineingekommen? Hat man ihn denn gesetzt (gepflanzt), hat man denn Sämlein gesetzt?" Sie sieht auch andere analoge Vorgänge in der Pflanzenwelt, auf die ihr Unbewußtes ihre Aufmerksamkeit lenkt, weil sie zu Symbolen des sie beschäftigenden Geheimnisses geeignet sind. Im Alter von 3 Jahren hörte Anna, die Kinder seien Engelchen, welche im Himmel wohnen und vom Storche auf die Erde gebracht werden. Eines Tages fragt sie ihre Großmutter:

Anna: „Großmutter, warum hast du so verwelkte Augen?

Großmutter: „Weil ich halt schon alt bin."

Anna: „Aber gelt, du wirst dann wieder jung?"

Großmutter: „Nein, weißt du, ich werde immer älter und dann werde ich sterben."

Anna: „Und dann wirst du wieder ein kleines Kindchen?"

Es ist höchst interessant, daß der kleinen Anna die Vorstellung, ihre alte Großmama könnte sich in ein Kindchen zurückverwandeln, ganz natürlich erscheint. Bevor die Großmama noch vom Tode und von Engelchen spricht (welche, wie Anna hörte, auf die Erde kommen), fragt sie von selbst die Großmama, ob sie denn auch wieder jung wird; deshalb wundert sie sich nicht, daß die Großmama ein Engel wird, vielmehr ergänzt sie sofort die Antwort im Sinne der Rückverwandlung. Es sind wohl Beispiele genug bekannt, daß Kranke, welche Kinder haben wollen, sich in Kinder verwandelt sehen. Ein schönes Beispiel ist die Nonne im Tempel von Amida[1]) bei Riklin. Frau M. wird durch den Sexualakt mit Prof. Forel zu einer kleinen Forel. Rank macht auf Träume aufmerksam, in welchen die Geburtssymbolik umgekehrt dargestellt wird; statt daß man ein Kind aus dem Wasser zieht, bringt man es z. B. ins Wasser hinein.

[1]) Riklin: „Wunscherfüllung und Symbolik im Märchen". Schriften zur angewandten Seelenkunde.

Dieses Symbol entsteht auf dem Wege der Identifikation. Eines Abends erzählte mir eine Kollegin (Medizinerin), wie gern sie ein Kind haben möchte. In der folgenden Nacht träumt sie, sie müsse in einen engen Gang hineinkriechen, der keine Durchgangsöffnung hat, sondern im Gebäude endigt (wie der Geburtskanal im Mutterleibe). Ich lasse sie mir zeigen, wie sie gekrochen ist, und sie erinnert sich, daß sie genau die Bewegungen eines Kindes bei der Geburt in erster oder zweiter Schädellage nachmachte. Dabei hatte sie Angst, sie könne nicht mehr hinein, der Gang sei zu eng und wird immer enger, so daß sie fast zerdrückt wird. Patientin Frau M. (Dementia praecox) sieht sich mit den Kindern ins Wasser ausgesetzt und die Seelen werden dann durch Christus gerettet, i. e. kommen als Kinder wieder auf die Welt (da ja die Destruktion zum Werden führt). Auch Nietzsche liefert eine ähnliche Destruktionssymbolik bei der Geburt seines Gedankens, der bei ihm die Stelle des Kindes vertritt. Zarathustra wehrt sich gegen den Schöpfungsakt mit Ausdrücken des Ekels, wie wenn die Schöpfung etwas Unreines wäre. Das erinnert an seine Worte: „Wer gebären muß — ist krank, wer aber geboren hat — ist unrein." Selbstverständlich muß der die Stelle des Kindes vertretende Gedanke so gestaltet sein, daß er neben dem Wünschenswertesten auch das Grauenhafteste enthält, damit er der Sehnsucht Zarathustras, sich an seine Kinder zu verlieren, gerecht werden kann. Dieses ist auch der Fall: der Gedanke sagt das Höchste, daß der Übermensch immer wiederkehren wird, und das Niederste, daß der kleinste Mensch immer wiederkehren wird. Da nun Nietzsche sich beständig mit der höchsten Lebensbejahung beschäftigt, so sagt ihm zugleich sein Wunschgedanke, daß diese Bejahung ohne Verneinung nicht vorkommen kann, im Höchsten auch das Niederste enthalten ist. Diese grauenhafte Komponente ist auch tatsächlich imstande, Zarathustra zu überwältigen: 7 Tage liegt er wie tot regungslos da; er kämpft dabei mit einem schrecklichen Tiere, welches seine eigene Tiefe ist, also seine eigene Sexualpersönlichkeit. Diesem beißt er den Kopf ab, also mordet er seine eigene Sexualität und indem er sich selbst mordet, erlangt sein abgründlicher Gedanke die höchste Lebenskraft und mit ihm der auferstandene Nietzsche.

Interessant ist die Sage vom russischen Fürsten Oleg. Diesem wird prophezeiht, er werde von seinem geliebtesten Pferde den Tod erhalten. Um diesem Spruche zu entrinnen, übergibt er sein Pferd den Dienern und läßt es besonders gut behandeln. Nach einiger Zeit erfährt er, sein Pferd wäre tot. Klagend steht er an dessen Grabe und schimpft über den betrügerischen Wahrsager. Während er so jammert, kommt aus dem Schädel des Pferdes eine Schlange und bringt dem Helden den tödlichen Biß bei. Das Pferd ist die Sexualität von Oleg. Diese stirbt und mit ihr Oleg, weil die Schlange = die sexuelle Begierde sich gegen ihn richtet.

Aus der Destruktion wird hier nicht, wie etwa bei Nietzsche, die Schöpfung, im Gegenteil, es wird gezeigt, daß das Liebste, das lebenbringende Sexualtier zur Todesquelle werden kann. Es ist auffallend, wie die leidenschaftlichen Dichter so gern in ihren Werken sterben. Nehmen wir z. B. Romeo und Julia von Shakespeare. Lehrreich ist schon das Motiv der Entstehung der Liebe bei den Nachkommen der sich hassenden Eltern. In einem gewissen psychologischen Sinne ist Haß das gleiche wie Liebe; die gleichen Handlungen werden aus Haß wie aus stürmischer Liebe begangen. Der Haß ist in bezug auf die bewußte Gegenwart, in bezug auf die Aktivierung eine negative Liebe. Weil sich aber der Haß am stärksten gegen die Vernichtung des Vorstellungsinhaltes durch Aktivierung sträubt, so sind die Liebesvorstellungen im Unbewußten des Hassenden außergewöhnlich lebenskräftig. Geht die gewöhnliche gezähmte Libido mit schwachen Vernichtungsvorstellungen einher, wie z. B. mit Necken, Wehetun, was zur Bildung des Sprichwortes „Was sich liebt, das neckt sich" Veranlassung gegeben hat, so entlädt sich die wilde Leidenschaft eines Sadisten in gräßlichen Szenen, die sich bis zum Lustmorde steigern können. Entsteht bei Wegfall der die positive Betonung der Libidovorstellungen hemmenden Ursachen aus der leichten Abneigung eine leichte Sympathie, so kommt es bei Entfesselung der durch den Haß nicht zur Aktivierung zugelassenen Vorstellungen zu einer glühenden Leidenschaft. Diese Leidenschaft muß zerstören, weil sie zu stark ist, um sich an irgend welche Selbsterhaltungsschranken halten zu können. Dies schildert Shakespeare: seine heftig liebenden Helden können sich nicht mit der Aktivierung eines kleinen Teiles der Libido begnügen, welcher zu einer gewöhnlichen Liebesvereinigung notwendig wäre. Sie müssen immer mehr Hindernisse haben, an welchen sie den Zerstörungsdrang entladen, aber kein Hindernis ist groß genug, die Leidenschaft zu befriedigen, welche nur mit der vollkommenen Destruktion, mit dem Tode der Persönlichkeit Ruhe findet. Wie einerseits die zu starke Fixierung der Libido an die Eltern eine Übertragung auf die Außenwelt unmöglich macht, weil kein Objekt den Eltern vollkommen entspricht[1]),

[1]) Vgl. Imago von Spitteler.

so fixiert sich auch die unbefriedigte Libido wieder an die Eltern; es entstehen auf die Wirklichkeit gerichtete Inzestphantasien oder mehr sublimierte Phantasiesymptome, z. B. in Form der Naturverehrung oder des Religionssymptomes. Hand in Hand nimmt der unbefriedigte im Fortpflanzungstrieb enthaltene Destruktionsdrang an Spannkraft zu, ebenfalls mehr konkrete oder mehr sublimierte Todesphantasien erzeugend. Die mit dem Inzestwunsche verknüpfte Todesvorstellung bedeutet aber nicht: „Ich sterbe, weil ich die Sünde nicht begehen möchte, sondern: ‚Ich bin tot' heißt „Ich habe die ersehnte Rückversetzung in den Erzeuger erreicht, ich vergehe in ihm". Der stärker ausgeprägte Destruktionswunsch entspricht dem stärkeren Werdewunsche bei der weniger differenzierten inzestuösen Liebe. Daß nicht im Inzestgedanken an sich die Quelle der Todesvorstellungen zu suchen ist, beweisen zur Genüge Träume und Mythen, in welchen man von den Eltern und Geschwistern Kinder bekommt, welche demnach Werdephantasien sind. Freud zeigte, daß jedes Traumbild zugleich auch sein Negativ bedeutet, Freud zeigt auch, daß die Linguistik einen „Gegensinn der Urworte" kennt. Bleuler mit dem Ambivalenzbegriff und Stekel mit seinem Begriff der Bipolarität sagen, daß neben dem positiven Antriebe stets auch ein negativer in uns vorhanden ist. Jung meint, die beiden Antriebe sind gleich stark, wenn wir sie nicht bemerken; es genügt aber ein kleines Übergewicht eines Antriebes, eines Wunsches und es kommt uns vor, wie wenn wir nur dieses wünschten. Diese Lehre ist sehr wohl geeignet zu erklären, warum man im Sexualinstinkte den Todesinstinkt übersieht. Unter normalen Umständen müssen die Werdevorstellungen etwas überwiegen, schon deshalb, weil das Werden Resultat der Destruktion ist, durch die Destruktion bedingt ist; nun ist es viel einfacher an die Enderfolge zu denken, statt immer die Ursache zu suchen. Es gehört aber nicht viel dazu, um besonders bei Kindern oder emotiven Menschen den Destruktionsvorstellungen das Übergewicht zu verleihen. In der Neurose überwiegt die Destruktionskomponente und äußert sich in allen Symptomen des Widerstandes gegen das Leben und das natürliche Schicksal.

Zusammenfassung.

Jeder im Bewußtsein erscheinende Inhalt ist ein Differenzierungsprodukt aus anderen psychologisch älteren Inhalten. Dieser Inhalt wird der Gegenwart angepaßt und erhält eine spezifische unmittelbare Färbung, welche ihm den Charakter der Ich-Beziehung verleiht. Es besteht demnach in uns eine Differenzierungstendenz. Wenn wir diesen spezifischen, nur uns zugänglichen Inhalt begreiflich, d. h. anderen zugänglich machen wollen, dann machen wir eine Rückdifferenzierung: wir entkleiden den Inhalt des spezifisch Persönlichen und drücken ihn in der allgemein für die Art gültigen, der symbolischen Form aus. Damit folgen wir der zweiten Tendenz in uns, welche zu der ersten im Gegensatz steht, der Assimilations- oder Auflösungstendenz. Die Assimilation bewirkt es, daß aus einer dem „Ich" geltenden Einheit die Einheit gebildet wird, welche dem „Wir" gilt. Die Auflösung und Assimilation eines persönlichen Erlebnisses in Form eines Kunstwerkes, eines Traumes oder einer pathologischen Symbolik verwandelt dieses in ein Arterlebnis und macht aus dem „Ich" ein „Wir"[1]). Das Auftreten der Lust oder Unlust ist an die Herstellung oder den Schwund der Ichbeziehung geknüpft. Ist das persönliche Erlebnis bereits in ein Arterlebnis umgewandelt, dann verhalten wir uns ihm gegenüber wie Zuschauer, die nur dann mit empfinden, wenn sie sich in die Vorstellung hineinversetzen können. Solche Zuschauer sind die Dementia-praecox-Kranken und wir in unseren Träumen. Dem Selbsterhaltungstriebe in uns entspricht die Differenzierungstendenz und das Beharrungsvermögen eines herauskristallisierten Ichpartikels oder der ganzen Ichpersönlichkeit. Der Arterhaltungstrieb ist ein Fortpflanzungstrieb und auch psychisch äußert er sich in der Auflösung und Assimilationstendenz (Umwandlung des Ich in ein Wir) mit der folgenden Neudifferenzierung aus dem „Urstoffe". „Wo die Liebe waltet, stirbt das Ich, der finstere Despot." Bei der Liebe ist die Auflösung des Ich im Geliebten zugleich die stärkste Selbstbejahung, ein neues Ichleben in der Person des Geliebten. Fehlt die Liebe, dann ist die Vorstellung einer Veränderung des psychischen oder körperlichen Individuums unter dem Einflusse fremder Macht wie beim Sexualakte eine Vernichtungs- oder Todesvorstellung.

Der Selbsterhaltungstrieb ist ein einfacher Trieb, der nur aus einem Positiv besteht, der Arterhaltungstrieb, welcher das Alte auflösen muß, damit das Neue zustande kommt, besteht aus einer positiven und einer negativen Komponente, der Arterhaltungstrieb ist seinem Wesen nach ambivalent; deshalb ruft die Erregung der positiven Komponente zugleich die Erregung der negativen Komponente und umgekehrt hervor. Der Selbsterhaltungstrieb ist ein „statischer" Trieb, insofern

[1]) Über den psychologischen Inhalt eines Falles von Schizophrenie.

er das bereits bestehende Individuum gegen fremde Einflüsse zu schützen hat, der Arterhaltungstrieb ist ein „dynamischer" Trieb, der die Veränderung, die „Auferstehung" des Individuums in neuer Form anstrebt. Keine Veränderung kann ohne Vernichtung des alten Zustandes vor sich gehen.

III.
Leben und Tod in der Mythologie.

Die Erfahrungen an Träumen und Dementia-praecox-Kranken belehren uns, daß unsere Psyche in ihrer Tiefe Ideen beherbergt, wie sie unserer jetzigen bewußten Denkarbeit nicht mehr entsprechen, und die wir direkt nicht verstehen können; wir finden aber diese Vorstellungen im Bewußtsein unserer Ahnen, worauf wir aus den mythologischen und anderen Geisteserzeugnissen schließen können. Demnach entspricht die Denkweise unseres Unbewußten der bewußten Denkweise unserer Ahnen. Statt zu sagen vererbte „Denkweisen, welche zur Bildung entsprechender Vorstellungen führen", rede ich der Kürze wegen von ererbten „Vorstellungen".

Die Vorstellung der Entstehung des Lebens aus den vier Elementen (Erde, Wasser, Feuer, Luft) ist bereits in der orientalischen Symbolik vertreten. Für meine Zwecke will ich Leben und Tod in Erd- und Wassersymbolik verfolgen. Dabei bediene ich mich hauptsächlich des von Wünsche und Kohler gesammelten historischen Materials.

Bekannt sind die zwei Bäume (der Erkenntnis und des Lebens), welche nach der Bibel im Paradiese wachsen. In älteren Kulten gibt es allerdings nur einen Lebensbaum[1]). Dem Baume des Lebens fällt eine doppelte Rolle zu: Dem Toten oder Schwerkranken gibt der Baum oder dessen Frucht Leben, dem Gesunden und Kräftigen hingegen ist der Baum todbringend. Will man von der verbotenen Frucht genießen, das heißt, will man sich dem Zeugungsakte hingeben, dann ist man dem Tode geweiht, aus welchem man aber zu neuem Leben auferstehen wird. Adam und Eva, welche der Sünde zum Opfer gefallen sind, sollen vom Tod erlöst werden, wenn der Gottessohn Christus für sie den Tod erleidet. Christus nimmt die Sünden der Menschheit auf sich, er leidet

[1]) Wünsche bemerkt, daß der Tod zwar nicht vom Baume des Lebens, sondern vom Baume der Erkenntnis stammt, aber viele Legenden unterscheiden nicht zwischen dem Erkenntnis- und dem Lebensbaume. Ursprünglich gibt es nur einen Baum des Lebens.

so, wie die Menschheit leiden sollte, und kommt zum neuen Leben, wie es auch den Verstorbenen beschieden ist. Demnach ist Christus ein Symbol der Menschheit. Wie für die Menschen, so auch für Christus wird der Lebensbaum zur Todesquelle. Wünsche führt reichlich Material an, aus welchem hervorgeht, daß zum Kreuzholze Jesu der Lebensbaum genommen wurde. Unter anderem führt er ein mittelhochdeutsches Rätsel an. Dieses lautet: „Ein edler Baum ist im Garten gewachsen, der mit großer Kunst angelegt ist. Seine Wurzel reicht bis zum Grunde der Hölle (in dem angelsächsischen Gedicht heißt die Hölle Wurmsaal und ist mit Schlangen und Drachen angefüllt), sein Gipfel berührt den Thron Gottes, seine breiten Zweige halten die ganze Welt umfaßt. Der Baum steht in voller Pracht und herrlich im Laub." Dieses ist die Beschreibung des Erkenntnisbaumes (= Lebensbaumes). Der Form nach ist der Baum als Kreuz beschrieben.

Als Adam schwer krank wird, schickt er seinen Sohn Seth ins Paradies, um das Öl der Barmherzigkeit für ihn zu holen. Statt dessen gibt ihm der Engel drei Zweige, nach anderen Legenden drei Apfelkerne. Diese soll er Adam in den Mund unter die Zunge pflanzen. Adam wird jetzt sterben, aber aus den Zweigen entwickeln sich Bäume, deren einer (in manchen Fällen wird überhaupt nur ein Zweig gepflanzt, die Verdreifachung deutet auf die Beziehung des Baumes zur Schöpfung) später die Menschheit, also auch Adam erlösen wird. ‚Als Adam über den bald kommenden Tod erfährt, lacht er zum erstenmal in seinem Leben[1]). Jetzt, da er tot ist, braucht er nicht mehr zu sterben, sondern kommt durch die Befruchtung als neues Wesen zur Welt. Der Zweig wird in den Mund gepflanzt (Freudsche Verlegung nach oben). Der Zweig hat, wie Riklin[2]) dies für die Märchen zeigt, die Bedeutung des Phallus und als solcher ist er Symbol der höchsten Macht[3]). In Mosis Händen schafft er Wunder. Der Zweig wird in den Garten des Herrschers verpflanzt, welcher Vater der späteren Braut Mosis ist; nur der-

[1]) Nach einer Legende ruft Adam, nachdem er die Botschaft von Gott vernimmt: „Dort entsprießt neben meinem Grabe ein Baum. Dieses hat bedeutet, wehe, daß du sahst den Baum des Todes. Doch wenn es des Himmels Milde will, dann wird aus meinem Staube er als Baum des Lebens sprießen."

[2]) Riklin: Wunscherfüllung und Symbolik in Märchenschriften zur angewandten Seelenkunde.

[3]) Der Zweig oder Baum figuriert hier als ein männliches Sexualsymbol, in Otto Ranks Lohengrinsage sind zahlreiche Beispiele gesammelt, in welchen der Baum weiblich gedacht wird. Dies spricht für die Stekelsche Annahme der Bisexualität der Symbole.

jenige darf die Tochter freien, wer den aus dem Zweige gewordenen Baum beherrschen kann. Es ist gleichsam eine Probe auf sexuelle Potenz: Moses, der den Baum vom Vater des Mädchens erhält, vertritt bei ihr von nun an als Mann die Stelle des Vaters. Auch das königliche Scepter stammt nach Wünsche vom Lebensbaume; die königliche Macht ist demnach im Grunde Symbol der sexuellen Macht. Der lebenspendende Baum (aus dem Zweige gewachsen) wird nach den meisten Legenden als Brücke über ein Wasser verwendet. Denken wir dabei an Nietzsche, nach welchem der Mensch als Brücke für den Übermenschen dienen soll; „der Mensch ist etwas, das überwunden werden muß," sagt Nietzsche. So muß auch der alte Baum, als Brücke, über welche die neue Generation schreitet, überwunden werden. Da nun der Baum Symbol der Sexualität, des lebenspendenden Phallus ist, so überwinden wir uns selbst, wenn wir über den Baum schreiten. Nachdem der Baum eine Zeitlang gedient hat, wird er von Gott zum Versinken ins Wasser gebracht. Das Wasser ist ebenfalls eine zeugende Urkraft, wie Adam, in welchen der abgerissene Zweig versetzt wurde; aus dieser Zurückversetzung kommt die Neugeburt zustande. Der versunkene Baum wurde von allen vergessen und erst, als die Zeit für die Kreuzigung Christi kam, erinnerte sich einer seiner Feinde des Baumes.

„Ei, dacht er sich, dieser Baumstamm paßt
Zum Kreuzstamm Jesu als beste Last.
So vollgesogen, schon halb wie Stein,
So mag er als Bürde recht drückend sein."
„Es wuchs auf des ersten Menschen Grab
Der Stamm, der der Menschheit das Leben gab
Und so wie der Tod, so ward auch das Heil
Uns wieder vom Baume des Lebens zuteil."

Welche Rolle spielt dabei der Gottessohn Christus? Wie erlöst er die Menschheit? Wünsche erwähnt verschiedene germanische Märchen, welche den Inhalt haben, daß ein kranker Vater oder eine kranke Mutter durch heiliges Wasser beziehungsweise paradiesische Früchte vom Tod erlöst werden. Vom Wasser wird noch später die Rede sein, die Früchte sind Abkömmlinge des Lebensbaumes. Wünsche sieht in diesen Märchen Frühlingsmythen: die Früchte des Lebensbaumes beziehungsweise des Lebenswassers sind Sinnbilder der Lebenskraft, durch welche sich die Natur jedes Jahr verjüngt. Der kranke Vater oder die kranke Mutter repräsentieren nach ihm die unter der Macht des Winters leidende Natur. In den nordischen Sagen finden sich viele Frühlingsmythen, in welchen der Sonnengott die Erde erlöst, indem er sie durch seine Strahlen befruchtet. Statt Sonne und Erde figurieren im Nibelungenliede Siegfried und Brünhilde[1]). Die sich im Winterschlafe befindende Brünhilde (Erde) wird vom siegenden Lichte (Sonne) Siegfrieds erlöst, indem er ihr den Panzer (Eiskruste) mit seinem Schwerte durchschneidet und sie auf diese Weise alsbald befruchtet. Hier wird der Vorgang nicht Befruchtung genannt, wie bei Sonne und Erde, statt dessen wird der Befruchtungsakt realer als Durchschneidung dargestellt und durch einen Kuß in seiner erotischen Bedeutung hervorgehoben. Wichtig ist, daß Siegfried in Brünhilde seine Mutter befruchtet. Siegfrieds Mutter ist freilich Sieglinde, aber Brünhilde ist ihre Schwester, sie liebt das, was Sieglinde liebt, nämlich den Siegmund. Sie fühlt sich dementsprechend in Sieglindens Rolle hinein, Sieglinde wird auf diese Art zu ihrer „Wunschpersönlichkeit" respektive Sexualpersönlichkeit. Indem sie Siegfried rettet, rettet sie ihren eigenen Wunsch, ihr Kind. Die Richtigkeit dieser Behauptung, Brünhilde sei Siegfrieds Mutter, wird durch die Arbeit von Dr. Graf erwiesen. Wie Eva, handelt Brünhilde gegen das Gebot des Vaters und, wie Eva aus dem Paradiese wird sie aus dem Götterreiche vertrieben; das Überschreiten des Gebotes (Verteidigung ihrer Wunschpersönlichkeit, deren Sünden sie gleichsam auf sich nimmt) bringt auch Brünhilde den todähnlichen Schlaf, aus dem sie durch die Frühlingssonne Siegfried erlöst wird[2]). Die Todessehnsucht ist öfter Sehnsucht nach Sterben in der Liebe, so auch bei Wagner. Brünhilde stirbt im Feuer (Liebesfeuer) mit dem Rosse vereint und ruft im Sterben aus:

„Nicht Gut, nicht Gold,
Noch göttliche Pracht,
Nicht Haus, nicht Hof,
Noch herrischer Prunk,
Nicht trüber Verträge
Trügender Bund,
Noch heuchelnder Sitte
Hartes Gesetz:
Selig in Lust und Leid
Läßt — die Liebe nur sein!"
„Grane, mein Roß
Sei mir gegrüßt
Weißt du, Freund,
Wohin ich dich führe?
Im Feuer leuchtend

[1]) Vgl. Das Nibelungenlied, Max Burkhard, herausgegeben von Brandis.
[2]) Schriften zur angewandten Seelenkunde.

Liegt dort dein Herz
Siegfried, mein seliger Held,
Dem Freunde zu folgen,
Wieherst du freudig?
Lockt dich zu ihm
Die lachende Lohe?
Fühl meine Brust auch,
Wie sie entbrennt;
Helles Feuer
Faßt mir das Herz
Ihn zu umschlingen,
Umschlossen von ihm
In mächtigster Minne
Vermählt ihm zu sein
Heioho, Grane!
Grüße den Freund
Siegfried, Siegfried!
Selig gilt dir mein Gruß!"

Der Tod ist hier ein Siegeslied der Liebe! Brünhilde vergeht gleichsam in Siegfried: Siegfried ist das Feuer, die erlösende Sonnenglut. In diesem Urerzeuger wird Brünhilde aufgelöst, selbst zu Feuer werdend. Bei Wagner ist der Tod öfters nichts anderes als die destruierende Komponente des Werdeinstinktes. Wir sehen dies deutlich im Fliegenden Holländer dargestellt. Letzterer kann nur dann erlöst werden, wenn er eine Frau findet, die ihm treu sein kann. Und Senta kann es; der höchste Grad ihrer Treue zeigt sich darin, daß sie einverstanden ist, in der Liebe zum Holländer vollkommen destruiert zu werden, das heißt mit ihm den Tod zu erlangen. Sie liebt nach dem von Freud erwähnten „Rettertypus". Freud macht darauf aufmerksam, daß es eine typische Phantasie der Rettung aus dem Wasser gibt, wobei es beim Manne heißt, er macht die Frau, die er rettet, zur Mutter „wenn die Frau einen anderen (ein Kind) rettet, so bekennt sie sich wie die Königstochter in der Mosessage (Rank) als seine Mutter, die ihn geboren hat." Wir haben schon bei Nietzsche gesehen, wie er durch Einsaugen des Meeres (Mutter) zur Mutter wird. Auch in Geburtsträumen haben wir den gleichen Vorgang kennen gelernt. Ebenso kann Senta zur Mutter werden, wenn sie sich in der Mutter (Meer) auflöst und ebenso wird der Holländer durch den Rückbau (Tod) im Erzeuger zum Erzeuger. Wie neugeboren steigen Senta und der Holländer umschlungen aus dem Wasser empor[1]).

[1]) Vgl. Rank: Lohengrinsage, Schriften zur angewandten Seelenkunde. Herausgegeben von Freud.

Das Gemeinsame bei den Wagnerschen Helden ist, daß sie, wie Siegfried und Brünhilde, nach dem Rettertypus lieben, daß sie sich ihrer Liebe opfern und sterben. Die Ähnlichkeit zwischen dem nordischen Siegfried und dem orientalischen Christus ist auffallend. Auch Christus ist ein Rettertypus, der sich für die Menschheit opfert. Siegfried ist der Sonnengott und seine Geliebte — die Mutter Erde, auch Christus ist ein Sonnengott. Christus stirbt am Lebensbaume; er wird an ihn geheftet und hängt daran gleichsam wie dessen Frucht. Wie die Frucht, stirbt Christus ab und gelangt als Same in die Mutter Erde. Diese Befruchtung führt zur Bildung des neuen Lebens, zur Auferstehung der Toten. Durch Tod und Auferstehung Christi wurde Adams Schuld beglichen. Wenden wir uns nun der Frage zu, worin Adams und Evas Strafe bestand. Sie wollten die verbotene Frucht des Paradieses haben, aber dies wurde ihnen versagt, weil man die Frucht nur nach dem Tode kosten durfte. Wenn Gott demnach Adam und Eva dem Tode geweiht hatte, so gewährte er ihnen damit den verbotenen Genuß. Das gleiche bedeutet die andere Strafe, welche darin besteht, daß Adam verurteilt wird, im Schweiße des Angesichts die Erde (Mutter) zu bearbeiten und Eva — in Schmerzen Kinder zu gebären. Was ist die Strafe dem Wesen nach? Sie ist eine Schädigung des Individuums; weil der Fortpflanzungstrieb die Destruktion vom Individuum fordert; so ist es ganz natürlich, daß die Vorstellungen der Strafe so gern sexuelle Färbung erhalten.

Um die Strafe des Gottes von sich abzuwenden, bringt man ihm ein Opfer, das heißt, man gibt ihm statt sich selber ein anderes Wesen zum Destruieren, damit man selbst werden kann. Das ursprünglich Wertvollste wird durch immer weniger bedeutende Symbole ersetzt, welche dem Unbewußten den gleichen Dienst leisten, weil Symbol für das Unbewußte den Wert der Wirklichkeit hat. Das wertvollste Opfer war Christus selbst, welcher die Sünden der Menschheit auf sich nahm und durch seinen Tod die Menschen erlöste. Christus braucht aber nicht jedesmal von neuem wirklich für die Menschheit zu sterben: es genügt, wenn man seine Handlung in der Erinnerung wieder zum Aufleben bringt: man identifiziert sich mit Christus, indem man in Gestalt von Brot und Wein seinen Körper und sein Blut in sich aufnimmt. Damit sagt man: Ich, der ich jetzt eins mit Christus bin, habe das erforderliche Todesopfer geleistet, welches mich nun zur Auferstehung bringen wird. Auf welche Art man sich die Identifizierung mit dem Opfer (hier Christus, dessen Fleisch und Blut man in sich aufnimmt) denkt, geht aus den interessanten Mitteilungen von Eysen hervor[1]), die ich hier anführen will. An den Votivtafeln in der Marienkirche zu Groß-Gmain finden sich viele Darstellungen von Unglücksfällen mit Angaben des Motivs der Opfernden, der Wunschtätigkeit und des geliebten Opfers. Eine davon lautet:

„Ein Kind war ertrunken in einem Bade, da das die muetter vernam mit betriebtem Herzen, hat sie das Kind her verlobt mit einem lebendigen Opfer und ward wieder lebendig" oder „Ein saw hat ein Kind das Häuptl erpissen und zerrissen und ward her versprochen mit einem lebendigen Opfer und ward gesund."

Dabei kommt dem Opfertiere das Vergehen und dem Verunglückten das Werden zu. So auch im nächsten Beispiele: „Ein Kind von einer todt muetter gebracht ist zur Tauf kommen, alspald der Vater sich verlobt hat mit einem lebendigen Opfer." Hier wird wiederum statt des Kindes ein lebendiges Opfer gebracht. Christus, das Kind, welches für den Vater stirbt, ist „pars pro toto", wozu der Vater im Augenblicke der Zeugung all seiner Gesinnung nach wird: der Vater ist es immer, welcher im Kinde stirbt, und der Vater ist es wiederum, der im Kind erneuert wird. Die lebendigen Tieropfer werden schließlich durch leblose Symbole ersetzt. Eysn berichtet im gleichen Werke von Vasen, welche wie menschliche Köpfe aussehen. Die Vasen werden mit Getreide gefüllt und dienen als Mittel gegen Kopfweh. Mit diesen Töpfen („Köpfl" genannt) wird man gesegnet, denn man nimmt sie vom Altar und setzt sie auf den Kopf des Leidenden auf, wie man sonst durch Händeauflegen segnet. Die Bedeutung der „Köpfl" wird noch klarer, wenn wir von Köpfen erfahren, die den Heiligen nachgebildet sind, welche Heilige ja, wie Christus, den Tod empfangen haben für die Liebe, also wie Christus als Opfer starben. Solche Opferköpfe, dem St. Johanniskopfe nachgebildet, finden sich im Museum von Reichenhall (Eysn). Dem Sinne nach sind es mit Samen gefüllte Früchte, als welche demnach, wie früher vermutet, Christus gedacht wurde. Sie sollten durch Befruchtung heilen und dies ist auch der Fall: ein Fund von J. Arnold berichtet von hölzernen Köpfen, die von ihm als Opfer gegen Kopfweh und für das Heiraten erklärt wurden. Die Nebeneinanderstellung von zwei Übeln: Kopfweh und unverheiratet sein, zeigt, daß das Kopfweh im Sinne der Freudschen „Verlegung nach oben" aufzufassen ist, ebenso die Wahl der Kopfform zum Samen-

[1]) Zeitschr. des Vereins für Volkskunde, 1901. Über einige Votivgaben im Salzburger Flachgau.

behälter. In anderen Gegenden wurden Tonköpfe als Mittel gegen Kinderlosigkeit gebraucht, diese Köpfe enthalten drei Getreidearten — 3 ist ja Symbol der Zeugung! Statt der Kopfform ahmen andere Opfersymbole die Form der inneren Eingeweide nach. In der Eingeweidefigur wird das kranke Organ besonders groß dargestellt: die von der Gottheit für das Leben verlangte Destruktion wird hier auch auf ein anderes, weniger wertvolles abgelenkt. Schön sagt dies ein Kindersprüchlein: man hält dabei das geschädigte Fingerchen des weinenden Kleinen und flüstert: „Es möge der Katze weh tun, dem Hunde, dem Hasen usw. und bei X. X. soll der Schmerz vergehen." Dabei spukt man 3 mal auf die Seite aus Furcht vor dem bösen Blick. 3 ist Symbol der Zeugung und das Ausspucken ist ein Äquivalent der Bespritzung mit heiligem Wasser, welches den Dämon verscheucht. Dem Opfer wesensverwandt sind die ehrfurchtsvollen Abbitten und Begrüßungen; fällt man dabei auf die Knie oder stürzt man gar vor dem Herrscher zu Boden, so will es heißen: „Siehe, mein Leben ist in deiner Hand, ich liege bereits zerstört vor dir (Tod in der Vorstellung), nun schenke mir das Leben (Wiedergeburt). Als Seth in das Paradies kommt, um Barmherzigkeit für seinen Vater Adam zu bitten, bestreut er sein Haupt mit Erde „Staub bist du und zum Staub wirst du werden" sagte Gott zum Menschen. Durch Bestreuung des Hauptes mit Erde zeigt Seth, daß er bereits zum Staube geworden ist (in die Erde kam, weil ja die Erde über seinem Haupte liegt). Aus der Rückkehr zum Ursprunge (Erde) entsteht aber das neue Leben.

Eine interessante Symbolik der Entstehung des Menschen aus der Erde liefert uns das Werk von K. Kohler[1]), an welches ich mich nun halten will. Die rabbinischen Schriften kennen Feld- und Waldmenschen, welche bis zum Nabel in der Erde stecken und durch diesen ihre Nahrung aus der Erde beziehen; diese menschenähnlichen Wesen besitzen auch, wie Maimonides in seinem Mischnahkommentar sagt, eine menschenähnliche Stimme. Im Arabischen heißen sie „Menschlein" oder „Zwergmensch". „Nach Salomon Buber ist dieses Fabelwesen eine menschengestaltige Pflanze, deren menschenähnlicher Kopf erst nach deren Herausreißen aus der Erde zutage kommt." Simeon aus Sims[2]) meint, das Tier sei identisch mit Jadua, wie ein

[1]) Ein Vortrag zur vergleichenden Sagenkunde von K. Kohler in Cincinnati. Seltsame Vorstellungen und Gebräuche in der biblischen und rabbinischen Literatur. Archiv. f. Religionswissenschaft, XIII. Bd., I. Heft.

[2]) Kohler: l. c.

Kürbis geformt und durch einen aus der Wurzel hervorgewachsenen langen Strick mit der Erde verbunden. Es darf sich keiner auf die Länge des Strickes dem Tiere nähern, da es sonst zerfleischt wird. Durch Zerreißen des Strickes kann man das Tier töten: es schreit dann laut auf und stirbt. Es ist klar, daß dieses Pflanzenmenschlein in der Erde steckt, wie ein Kind im Mutterleib, durch eine Nabelschnur mit seiner Ursprungsstätte verbunden. Wie in der Algebra sich das Wesentliche nicht ändert, ob wir eine Größe mit α oder β bezeichnen, so ist es auch dem Unbewußten gleich, ob es das Wesentliche, hier die Entstehung des Kindes, in Pflanzen- oder Menschensymbolik darstellt. Wie wir z. B. durch die Benennung der Atemwellen „Traube-Heringsche" den gleichen Anteil beider Forscher an der Entdeckung hervorheben, so tut es das Unbewußte mit seinen Pflanzen-Tiermenschen und ähnlichen zusammengesetzten Gebilden (vgl. Freud, Traumdeutung). Die Pflanze schreit, wie ein Kind bei der Geburt. Dieser Schrei ist ein Todesschrei. Solange das Kind in der Mutter verbleibt, hat es kein selbständiges Leben; der Zustand heißt oft in der Mythologie „Scheintod" oder „Schattendasein", wie z. B. im Reiche der Proserpina, wo man einen Abglanz vom Leben oder eine Ahnung vom Leben hat, alles nur wie ein Schatten angedeutet ist. Bei den „Müttern" gibt es kein Hell und Dunkel, kein Oben und Unten, keine Gegensätze, weil man noch nicht aus dem Urstoffe, aus der Urmutter. differenziert ist. Erst mit der Differenzierung zum selbständigen Organismus ist man dem Leben und dem Tode (der Rückdifferenzierung) geweiht. Im Leben selbst liegt die Quelle des Todes, wie im Tode die des Lebens. Die Entwicklung und Entstehung des Kindes geschicht auf Kosten der Mutter, am meisten ist die Mutter bei der Geburt gefährdet. Die Mutter wird geschädigt. Damit sie nicht ganz vernichtet wird, muß man der Todeskomponente einen Ersatz geben: es muß geopfert werden. Man reißt das Gewächs aus (gebiert es) unter Begießung mit Blut von Opfertieren oder mit Urin. Dies sind alles Todesprodukte (Urin-Exkret). Im jüdischen Altertum gibt es eine Pflanze baarah von feurigem Glanze und ihre Wurzel hat die Kraft, Dämonen und Geister der Verstorbenen auszutreiben. Die Ausreißung der Wurzel bringt augenblicklichen Tod und wird daher nachts von einem Hunde unter Aufgießung von Urin oder Menstrualblut vollzogen. Die Gleichstellung von Urin und Menstrualblut zeigt, daß beide Produkte sozusagen Geschlechtsprodukte[1]) sind, welche die heilende und befruchtende Kraft in sich bergen. Das analoge persische Haomakraut

[1]) Sie stammen anscheinend aus dem gleichen Organ.

(nach Kohler ein als Gott angebeteter Pflanzen- oder Baummensch von göttlicher Zauberkraft, eine Art Lebensbaum, statt dessen so oft Lebenskräuter figurieren) wird nachts unter Anrufung des Hades und der Finsternis im Mörser zerstampft und mit dem Blute eines geschlachteten Wolfes übergossen. Das Haomakraut diente zum Töten der Dämonen. Haomatrank verleiht Unsterblichkeit und Fruchtbarkeit. Wie Jesus, die Frucht des Lebensbaumes, sterben mußte, damit er selbst zur Auferstehung komme und anderen, die sich mit ihm identifizieren, Leben verleihe, so muß auch das göttliche Haomakraut, ebenfalls ein „Baummensch", vernichtet werden, damit es wie Jesus zum befruchtenden Samen, zum befruchtenden Tranke wird. Der Gefährlichkeit dieser Pflanze entsprechend, wird bei den Arabern der Ackerbau als gefährlich angesehen[1]). Nach arabischem Glauben muß jedes Jahr einer der Arbeiter zur Erntezeit sterben. Die todbringende Eigenschaft des Erdbodens wird auch den „Erdleuten" zugeschrieben. Daher pflegen die Leute das Land mit dem Blute eines Friedensopfers zu begießen. Einerseits spielt die Erde die Rolle der Mutter, welche das Männlein durch den Nabelstrang ernährt; demnach ist die Ausreißung des Kindes eine Geburt, anderseits trägt die Erde Früchte (Kinder) wie der oft männlich gedachte Baum. Bei der Baumsymbolik habe ich auseinandergesetzt, wie sich Kind und Genitale decken[2]), daher der Gebärakt auch ein Koitus sein kann.

Ich verdanke Herrn Prof. Freud die Mitteilung, daß die Beschneidung ein Symbol der Kastration sei. Gewisse Australneger haben die Zeremonie der Kastration, während benachbarte Stämme die Zeremonie des Ausschlagens von zwei Inzisiven haben. — Es sind Opferzeremonien: man entmannt sich, i. e. tötet symbolisch die Sexualität in sich, damit man nicht in Wirklichkeit destruiert wird; ohne Destruktion ist ja das Werden unmöglich! Eine Frau erzählte mir, sie habe, während ihr in der Narkose ein Zahn gezogen wurde, von ihrer Entbindung geträumt. Es wundert uns nicht, wenn in Träumen das Zahnausziehen als Symbol für die Entbindung eintritt. Nun ist Entbindung = Zahnausziehen = Kastration, d. h. die Zeugung wird als Kastration aufgefaßt. Tausk teilte mir einen Fall mit, in welchem

[1]) Curtis: Ursemit. Religion im Volksleben des heutigen Orients. Deutsche Ausgabe, 1903. Zitiert Kohler: l. c.

[2]) Entsprechend den Behauptungen Stekels. Das Volk wird sich wohl den Vorgang der Kindsbildung nach einem Koitus so zu erklären suchen, daß der Mann in die Frau das Kind hineinbringt.

der Kranke den Koitus direkt als Kastration auffaßte: dabei werde der Penis in der Vagina abgeschnitten. Namentlich die Selbstbefriedigung wird (in Träumen) als Zahnausreißen = Kastration dargestellt. Danach kann man die Gleichung aufstellen

$$\text{Zeugung} < {\text{Koitus} \atop \text{Geburt}} > = \text{Kastration}$$

Die Selbstdestruktion läßt sich durch Destruktion eines Opfers ersetzen. In der christlichen Anschauungsweise erleidet Christus den Opfertod und stirbt, anstatt der Menschen, die in der religiösen Betrachtung den Tod figürlich mit ihm erleiden. Durch diese figürliche Selbstdestruktion wird sozusagen dasselbe erreicht, was Christus durch seine Selbstdestruktion erreichte, nämlich die Auferstehung. Die Selbstdestruktion erfolgt in der christlichen Anschauungsweise im Bilde der Grablegung, einer Rückversetzung in die Mutter Erde. Die Auferstehung ist Wiedergeburt.

Plinius spricht von einem griechischen Brauche: „daß der für tot Gehaltene so lange für unrein galt, bis er eine symbolische Wiedergeburt durchgemacht hatte" (Kohler). Wie Liebrecht nachweist, geschieht der Wiedergeburtsakt durch eine dem Mutterschoße ähnliche runde Dachöffnung. In Indien ist das Wiedergeburtsinstrument eine goldene Kuh; in diese Kuh bringt man den Wiederzugebärenden hinein und zieht ihn durch die Geburtsteile der Kuh wieder heraus. In Jerusalem oder in Mekka darf der Wiederkehrende schon hinein, aber statt daß man ihn der Zurückversetzung in die Mutter preisgibt, opfert man für ihn ein Schaf oder eine Ziege. Das beweist, daß das Opfer als ein Analogon der Versetzung in den Mutterleib aufgefaßt wird. Die Prozedur des Opferns geschieht folgendermaßen, wie Kohler anführt: „Ehe er in die Haustür eintritt, stellt er sich mit gespreizten Beinen hin, so daß das Opfer dazwischen liegen kann. Dann legt man es auf die linke Seite, der Moslem richtet ihm dann den Kopf nach Süden beziehungsweise nach Mekka, der Christ dagegen — nach Osten beziehungsweise nach Jerusalem und man durchschneidet ihm die Kehle unmittelbar vor oder auf der Schwelle. Wenn der Wiederkehrende Christ ist, wird hierauf seine Stirn übers Kreuz mit etwas Blut bestrichen. Dann schreitet er über Opfer und Blut in das Haus hinein und bringt die Kleidungsstücke, die er tragen soll in die Kirche, wo sie der Priester segnet." Die Lage des Opfers zwischen den gespreizten Beinen des Heimkehrenden entspricht der Lage des Kindes bei der

Geburt. Auf die Beziehung zu Christi Tod deutet das blutige Kreuz, das man auf die Stirn des Rückkehrenden zeichnet. Er stirbt und wird wiedergeboren wie Christus.

Auch dieses Kapitel zeigte uns, daß das Werden aus der Destruktion hervorgeht; auch hier verwandelt sich der Erzeuger = der lebensspendende Gott in ein Kind, welches in den Mutterleib zurückversetzt wird. Der Tod an sich ist grauenhaft, der Tod im Dienste des Sexualinstinktes, also als dessen destruierende Komponente, die zum Werden führt, ist heilbringend. Das ewige Leben bringt aber dem Menschen kein Heil; das sehen wir auch in der Legende vom Lebensquell. Ich führe eine entsprechende Stelle aus der Alexandersage (nach Friedländer) an: Alexanders Koch hat zufällig den gesuchten Quell erreicht; er wollte nämlich einen Salzfisch im Wasser abspülen, als plötzlich der Fisch lebendig wurde und ihm entschlüpfte. Der Koch selbst badet im gleichen Wasser und erreicht dadurch Unsterblichkeit, aber diese Unsterblichkeit bringt ihm nichts Gutes: der König, welchem er das Wunder erzählt, gerät in Wut, daß er dies nicht früher erfahren hat, und läßt den Koch, welchen man nicht umbringen kann, in die See werfen. Der Koch wird zu einem gefährlichen Seedämon, dem man (nach anderen Legenden) auch Opfer bringt. Der Koch, welcher es erreichen wollte, wird bestraft und diese Strafe besteht darin, daß er wieder ins Wasser, also in das Urelement (Mutterleib)[1]) versetzt wird, und seine keine Destruktion findende Lebenskraft wirkt gefährlich destruierend. Das Analogon zum Koch haben wir in der Alraunpflanze kennen gelernt oder in den gefährlichen Erdmännlein, welche noch nicht zur Geburt gekommen sind. Durch Töten des gefährlichen Krautes macht man es heilbringend (töten = Geburt). Ein weiteres Analogon zu dem ruhelos im Wasser wütenden Koch ist der Fliegende Holländer. Auch Friedländer ist diese Analogie aufgefallen. Nach Graf drückt dieses rastlose Umhersegeln des Holländers seinen seelischen Zustand aus, in welchem er sich vergebens nach einem entsprechenden Objekte sehnt. Der Koch sehnt sich nach dem Tode und der Fliegende Holländer zeigt uns, daß es ein erotischer Tod ist, nach welchem man sich sehnt, d. h. ein Tod, der zum neuen Werden führt, denn Senta und der Holländer tauchen aus den Wellen umschlungen empor.

„Nach einer alten Überlieferung erhielt Adam bei seinem Aus-

---

[1]) Vgl. Rank: Der Mythus von der Geburt des Helden. Schriften zur angewandten Seelenkunde.

zuge aus dem Paradiese nicht einen Stab (= Lebensbaum nach Wünsche), sondern einen geomantischen Ring mit dem Weltkreuze (⊚ ♁), welchen er seinen Nachkommen überlieferte; durch diese kam er nach Ägypten und wurde als Geheimnis aller Wissenschaft betrachtet"[1]). An die Stelle des Lebensbaumes tritt nach Wünsche der Ring. Der Ring ist also wie der Baum ein Genesissymbol. Wünsche macht hier auf die Stelle in Göthes „Reineke Fuchs" aufmerksam (Gesang 10, V, 7 ff.), wo es von dem goldenen Ringe mit drei eingegrabenen hebräischen Worten, den der Fuchs vorgibt, dem Könige zugedacht zu haben, heißt: Die drei eingegrabenen Namen brachte Seth, der fromme, vom Paradiese hernieder, als er das Öl der Barmherzigkeit suchte. Wie wir wissen, bringt Seth drei Apfelkerne oder drei Reiser aus dem Paradiese, aus welchen sich dann der Lebensbaum entwickelt[1]), die drei im Ringe eingegrabenen Worte sind demnach Sinnbilder der lebenspendenden Kraft des Ringes. So tritt uns der Ring im Nibelungenliede näher in seiner Bedeutung als Symbol der Zeugung und Neuschöpfung, der Lebenskraft, welche den Untergang brachte.

Die Welt kann nur dann erlöst werden, wenn das Leben zum Ursprunge zurückkehrt, was symbolisch so dargestellt wird, daß der Ring (Leben) an seine Ursprungstätte, aus der er geholt wurde, zurückgegeben wird.

Ich habe mich in diesem zweiten Teil auf einige Proben beschränkt, in der Absicht, an recht heterogenen Beispielen die Verwendbarkeit der im ersten Teil entwickelten Anschauungen auf die Mythologie zu illustrieren. Es muß einer umfangreicheren und tiefer gehenden Forschung vorbehalten bleiben, auch im einzelnen rezent-psychologischen oder mythologischen Gebilde die Destruktionskomponente der Sexualität nachzuweisen. Ich glaube aber, meine Beispiele zeigen genügend deutlich, daß, entsprechend den biologischen Tatsachen, der Fortpflanzungstrieb auch psychologisch aus zwei antagonistischen Komponenten besteht und demnach ebensogut ein Werde- als ein Zerstörungstrieb ist.

[1]) Wünsche: Vom Lebensbaum und Lebenswasser. Nach Wünsche ist in manchen Legenden der Lebensbaum = dem Erkenntnisbaume. Vgl. Nietzsche, für welchen Erkenntnis = Liebe ist und andere.

Aus der psychiatrischen Universitätsklinik in Zürich.

Analytische Beobachtungen über Phantasien eines Schizophrenen.

Von Dr. **Jan Nelken**, gew. I. Assistenzarzt.

A. Einleitung.

Seit der kurzen Notiz Freuds[1]) über einen Fall von Paranoia (Dementia paranoides) und der Arbeit Jungs[2]) über die Psychologie der Dementia praecox wurde die Komplexpsychologie dieser Psychose weiter ausgebaut, und zwar nach beiden Richtungen hin: in der Richtung der psychischen Mechanismen und in der der Symbolik. Zwar sind die bis jetzt publizierten vollständigen Analysen der Dementia praecox noch nicht zahlreich, es bietet sich aber jedem Anstaltsarzt immerhin oft genug die Gelegenheit, bei seiner alltäglichen Tätigkeit auf die Freudschen Mechanismen zu stoßen. Auch die Forschung der individuellen Symbolik erlebte eine fruchtbare Erweiterung durch die psychoanalytischen Untersuchungen der folkloristischen und mythologischen Bildungen. Durch die Forschungen Jungs besonders angeregt, entschließe ich mich, eine ausführliche Psychoanalyse eines Schizophrenen dem Druck zu übergeben. Der Fall ist insofern nicht ohne Interesse, als der Kranke, ein chronischer Paranoider, gerade in der Zeit der Beobachtung mehrere katatonische Anfälle durchgemacht hat, bei denen er sich seinen tiefsten Phantasien hingab. Der Analyse gelang es, diese Phantasien in statu nascendi aufzudecken und die allmähliche Entwicklung der grundliegenden Komplexe zu beobachten.

[1]) Freud, Die Abwehr-Neuropsychosen. Sammlung kleiner Schriften zur Neurosenlehre, I. Folge.

[2]) Jung, Über die Psychologie der Dementia praecox.

Die Analyse nahm die Zeit von 8 Monaten (Nov. 1910 bis Juli 1911) in Anspruch. In dieser Zeit war der Patient nicht immer der Analyse zugänglich: die reichste Produktivität fiel meistens auf die Stadien unmittelbar vor und nach den katatonischen Anfällen. Während der Anfälle selbst war er meistens sehr stark introvertiert und negativistisch; das klinische Bild allein (z. B. motorisch-sprachliche Stereotypien) erschien besonders in den ersten Zeiten der Analyse ganz rätselhaft. Auch während der längeren Intervalle zwischen einzelnen katatonischen Anfällen zog sich der Kranke in das Paranoide zurück und produzierte nichts Neues. Da ich anderseits bald bemerkte, daß sich die Phantasien des Patienten zu einem Komplexsystem entwickelten, wollte ich mit den Deutungen nicht vorauseilen; ich zog es vor abzuwarten, bis der nächste katatonische Anfall selbst die Deutung brachte. Alle diese Umstände übten einen Einfluß auf die Zeit und den Umfang der Analyse aus. Nachfolgend wird das Material meiner Arbeit in einer abgekürzten und geordneten Form wiedergegeben. Alle Familiennamen sind pseudonym.

B. Krankengeschichte.

Der Patient ist 1865 geboren. Seine Eltern sind gestorben. Sein Vater war ein einfacher Seidenarbeiter, der sich emporgearbeitet hat und zur Zeit der Geburt des Patienten schon eine kleine Seidenweberei in Pacht hatte. Seine Mutter[1]) stammte aus einer besseren Familie. Bald nach der Heirat erkrankte sie an Nervenfieber, infolgedessen sich eine dauernde Nervenkrankheit entwickelte: „es hat sie ins Religiöse geworfen" und sie wurde bald eine eifrige Anhängerin einer religiösen Sekte. — Einer von ihren Brüdern starb in einer Irrenanstalt. Ein anderer Bruder der Mutter war ein reicher Fabrikbesitzer, welcher in der Familie des Patienten als die Verkörperung des Wohlstandes und der Vornehmheit galt. — Die einzige Schwester[2]) des Patienten ist seit zirka 11 Jahren verheiratet.

Die geistige Entwicklung des Patienten zeigte bis zu den Pubertätsjahren nichts Abnormes: er galt überall als ein gesundes, ruhiges, gutes Kind, welches sich niemals etwas Unanständiges, weder im Wort noch im Handeln erlaubte. In der Primarschule und in einem Institut, in dem er sich weiter ausbildete, machte er gute Fortschritte.

In dem Alter von ungefähr 14 Jahren trat eine Charakteränderung ein: der Patient, welcher bis dahin ziemlich fröhlich war, wurde außerordentlich schüchtern und vermied die Gesellschaft. Gleichzeitig erkrankte er an Gelenkrheumatismus und wählte sich den Vegetarismus als Hilfs-

[1]) Mit dem Vornamen Elisabeth.

[2]) Mit dem Vornamen Mathilde.

mittel. Trotz des außerordentlichen Fleißes machte ihm nun das Lernen Schwierigkeiten: bei der Aufnahmeprüfung in das Lehrerseminar fiel er z. B. zweimal durch, bis er schließlich die Prüfung doch bestand. Im Seminar war er als ein Musterschüler bekannt: ruhig, fleißig, pedantisch, sich gegenüber sehr streng. Nach Beendigung der Seminarstudien trat er noch auf einige Zeit in ein Institut in der französischen Schweiz ein, um sich in den fremden Sprachen auszubilden. Dort aber fastete er zu viel, einmal hörte er sogar überhaupt auf zu essen, war deprimiert, fühlte sich krank und ging schließlich weg. Nachdem er die kantonale Lehrerprüfung bestanden hatte, war er an mehreren Stellen meistens als Vikar tätig. Als Lehrer war er ernst, gewissenhaft, gegenüber den Kindern gut, fand aber trotzdem keine definitive Anstellung. Anlaß dazu gab seine sonderbare Lebensweise: nach dem mehrmaligen Auftreten des Rheumatismus setzte er alle Hebel in Bewegung, um wieder gesund zu werden; zu diesem Zwecke wandte er sich, als begeisterter Vegetarianer der Naturheilkunde, dem Heilmagnetismus und Spiritismus zu: er machte lange Märsche, hantelte und badete mehrere Stunden alltäglich, manchmal auch in der Nacht; er ließ sogar einen Heilmagnetiseur zu sich kommen. Allmählich zog er sich von dem Verkehr mit anderen Leuten ganz zurück, sogar seinem Berufe gegenüber wurde er ganz gleichgültig; schließlich mußte er von seinem Lehramte abgesetzt werden, weil er seine Lebensweise auch seinen Schülern aufzudrängen versuchte. Seit ungefähr 8 Jahren lebte er ganz allein mit seiner 80jährigen, geistig nicht normalen Mutter. Er war in seiner Gegend als komischer, unschädlicher Kauz bekannt. In der letzten Zeit vor der Aufnahme wurde er aber aufgeregt, wollte die Nachbarn zu seiner Weltanschauung überreden, hörte Stimmen, beabsichtigte als Apostel in die Welt hinauszugehen und kündigte das Gottesgericht an. Er wurde lästig. Seine Mutter mußte wegen Altersschwäche bei seiner Schwester versorgt werden. Der Patient wurde interniert.

In der Anstalt fiel zunächst sein Äußeres sehr auf. Die kleine, sich stets mit kurzen Schritten bewegende Gestalt mit dem stark nach vorne gebeugten Kopf und kleinem wie zusammengeschrumpftem Gesichte, mit einer hervorstehenden großen Brille und einem kleinen, nach allen Richtungen wachsenden Schnurrbart machte einen überaus unscheinbaren und doch komischen Eindruck. Die zweite Tatsache, welche schon damals dem untersuchenden Arzt auffiel, war der stark verunstaltete Penis des Patienten. Das Organ war stark in die Länge gezogen, schlaff, in seinem vordern Teil wie angeschwollen; die Vorhaut war zurückgezogen, und zwar so, daß sie nicht leicht nach vorne gebracht werden konnte; das Präputium war außerdem verdickt und ganz derb, an einigen Stellen strangartig; die Schleimhaut der Glans war ebenso verdickt und zum Teil wie verhornt. Diese Deformation sollte von besonderen Bademanipulationen, welche der Patient mit seinem Penis vorgenommen hat, stammen.

Was das Psychische anbelangt, so war der Patient verschlossen und vollständig ruhig. Er war einer von denen, welche sich in der Anstalt unauffällig zu machen wissen. Gegen den Arzt steif freundlich, saß der Patient immer auf demselben Platz in der Abteilung, meistens mit Lesen oder mit Durchblättern illustrierter Zeitungen beschäftigt. Nur auf direktes Befragen hin äußerte er Bruchstücke von Verfolgungsideen, welche in dem nächsten Abschnitt näher betrachtet werden sollen. Nach drei Monaten wurde er mit der Diagnose Paranoid zu seiner Schwester entlassen.

Ein paar Monate später wurde an einem Abende von einem Polizeiposten gemeldet, es befinde sich auf dem Posten ein Paul S., welcher behaupte, er sei in Burghölzli gewesen, und verwirrtes Zeug spreche. Zum zweiten Male in die Anstalt gebracht (30. August 1910), erzählt der Patient etwas aufgeregt, er sei bei seiner Schwester durchgebrannt, welche ihn bestahl, plagte und vergiften wollte, indem sie ihm auf einer Untertasse weiße Creme mit Rattengift aufzwingen wollte. Er sei dann davongelaufen und habe die Sache bei der Polizei gemeldet. Es gehe nämlich alle Regionen an, was mit ihm geschehe. Sein Benehmen war wie das erstemal scheinbar gleich: er war verschlossen, ruhig, arbeitete fleißig und half einige Zeit hindurch das Essen aus der Hauptküche auf seine Abteilung bringen. Bei näherer Beobachtung war es aber deutlich, daß der Patient innerlich etwas bearbeitete. Er begann auch bald merkwürdige Handlungen vorzunehmen: machte sich kalte Kompressen auf die Genitalien, zog sich einmal aus, ein anderes Mal wollte er den ganzen Tag kein Wasser lösen; in der Nacht sprach er etwas zu sich, rief manchmal zum Fenster hinaus. Die Aufregung steigerte sich allmählich, bis der Patient schließlich in den Zustand eines katatonischen Stupors verfiel. Die Diagnose Paranoid wurde auf Katatonie geändert. Seit dieser Zeit verfällt der Patient je auf ein paar Monate in einen stuporösen Zustand, welcher nach 7 bis 10 Tagen gewöhnlich abklingt, um einem verhältnismäßig ruhigeren Intervall Platz zu machen.

Wir wollen im weiteren auf eine ausführliche klinische Darstellung verzichten. Sie steht im folgenden in engem Zusammenhange mit dem Inhalte der Wahnphantasien des Patienten und wird bei der Psychoanalyse an entsprechenden Orten angegeben werden.

C. Die Psychoanalyse.

I. Das paranoide Stadium.

Das Abtöten der Sexualität. Der Kampf mit den Geistern. Die Samentheorie.

Von seiner merkwürdigen Lebensweise erzählt Patient folgendes:

Er gibt zu, daß daran eigentlich „das Geschlechtliche" Schuld trage. Mit 14 Jahren begann er zu onanieren, hörte aber bald auf. Er sei auch 6mal „gefallen", 6mal in schlechten Häusern gewesen. Bei dem ersten geschlechtlichen Verkehr zog er sich einen Tripper zu. Ein anderes Mal kam er in der Nacht zu einem Mädchen. Sie habe seinen Geschlechtsteil in ihre Scheide hineingesteckt, er sei aber plötzlich fortgesprungen und habe das Mädchen nie mehr in seinem Leben gesehen. Darauf verzichtete er auf den sexuellen Verkehr. Es stellten sich aber bald Pollutionen ein und er bekam allmählich Angst, daß die starken Samenergüsse seine Gesundheit ruinieren werden. Nach jeder Pollution habe er Durst und „Freßgier" gefühlt. Die vegetarische Lebensweise, die Naturheilmethode, die vollständige Abstinenz, zu der er griff, beseitigten die Pollutionen nicht. Er wandte sich dann den Geheimwissenschaften zu, um dort Hilfe zu suchen, begann sich mit Spiritismus, Heilmagnetismus und überhaupt mit der Konzentration des Geistes zu beschäftigen. Er fing an Experimente zu machen, und es kam bald wirklich zu merkwürdigen Erscheinungen. Er versuchte z. B. zu „zitieren": pflegte stundenlang am Rand eines Fenstergesimses zu sitzen, ohne einzuschlafen, um nicht auf den Boden zu rutschen; die Hände habe er sich in der Form einer Rohrbildung gehalten; und siehe da: er habe einen wundervollen Geruch im Zimmer gespürt, in der Hand habe er die Kühle eines Straußes und beim Druck auch die Stengel gespürt. Ein anderes Mal begann es an verschiedenen Orten zu krachen; dann habe sich die Zeitung, welche er las, leicht vom Tisch aufgehoben. Beim Klavierspielen habe er nur die Hände auf der Klaviatur gehalten, die Geister haben selbst gespielt. Auch beim Geigenspielen[1]) erschien ein dichter Nebel, welcher Bewegungen des Geigenbogens verursachte. Als er einmal im Zimmer stand und eine Gestalt zitierte, kam etwas Nebeliges, wie ein kühler Rauch, nach und nach immer näher. Diese Nebelmasse drückte sich gegen seinen Körper, besonders gegen seine „Geschlechtsrute"; sie brachte dieselbe in einen wollüstigen Zustand und dann wurde der Samen von den Geistern herausgezogen, „damit sie selbst Genuß haben". Dieser Nebel formte sich einmal zu einer weiblichen Gestalt[2]), einem Mädchen mit einem wunderschönen Gesicht, das bloß im Hemd vor ihm stand. Sie erschien vor ihm auf Fußweite entfernt und verschwand dann plötzlich. Es erschienen auch Gerüche von bekannten Frauenspersonen, die nach ihrer Natur und Konstitution eine bestimmte Ausdünstung haben müssen. Er hatte

[1]) Der Patient lernte einmal Geige spielen, hatte aber kein Talent und gab das Spielen bald auf.

[2]) Diese Halluzination bildet den Ausgangspunkt aller weiteren weiblichen Gestalten.

auch Gerüche von Männern gespürt, „gleich und gleich gesellt sich nämlich und man zieht durch böse Gedanken gleiche Geister an".

„Bei solchen Experimenten strengt man das Gehirn an und bekommt dann eine Wärme im Kopfe; die Augen werden müde, dann kommt ein sammetartiges Gefühl durch die Kleider hindurch und eine Erektion; das Gefühl wird immer stärker und stärker; der Körper bewegt sich hin und her, es kommt zu einem Wollustgefühle und zum Schlusse zu einem Ausflusse. Je öfter man das treibt, desto öfter kommen auch die Erscheinungen vor und desto heftiger sind sie."

Bei diesen Experimenten kam der Patient zum Schluß, daß es unbedingt ein Jenseits und eine Geisterwelt gibt. Er bekam auch die Überzeugung, daß er auf diese Art von den Samenergüssen sich nicht befreien werde. Und nun beschloß er, keine Experimente mehr zu machen und nur auf die völlige Herstellung der Gesundheit hinzuarbeiten. Er wandte sich dann zur körperlichen Arbeit und zu den Bädern. Er aß nur einmal am Tage, und zwar: 2 Stück Mittelbrot, ein Stück Roggenbrot und womöglich noch einige Äpfel; dazu trank er einen Liter Milch. Er arbeitete dabei bei einer schweren Pumpe, machte lange Märsche und Hantelübungen: seine Hantel von 20 kg trug er z. B. auf einen Berg. Die Wangen und die Augen fielen ihm ein; er wurde mager und blaß.

Das Hauptmittel sind aber „die Reibesitzbäder" gewesen. Er machte sie nach der Vorschrift von Kuhne: „Man stellt zwischen die Beine ein Gefäß voll kaltes Wasser, unter die Hinterschenkel legt man ein Brettchen, auf welchem man sitzt; man zieht dann an der Scham die Haut an die Eichel vor, die Eichel darf dabei nicht gedrückt werden; man faßt die Vorhaut mit dem Daumen und dem Mittelfinger der linken Hand an und zieht sie nach links, damit keine Runzeln entstehen; dann reibt man sie unter dem Wasser mit einem Tuche ab, welches man in der rechten Hand hat."

Bei einem solchen Bad entsteht aber niemals ein Reiz, wenn man nur mit Geistern nichts zu tun hat. Der Patient versuchte schon 6 Stunden lang zu baden, bekam manchmal Schmerzen, die kaum auszuhalten waren; hantelte zuerst 80 bis 120 mal, badete dann eine Stunde, hantelte dann wieder usw. Er fing sogar an noch angreifendere Reibesitzbäder — nach Justh — zu machen, wo man das Präputium nicht mit einem Tuch, sondern mit der flachen Hand reibt. Im Winter mußte er zuerst 1 bis 2 *cm* dickes Eis einschlagen, bekam beim Baden Krämpfe in den Händen, welche von der Kälte ganz blau waren. Fürchterliche Schmerzen verbeißend, badete er, hantelte und marschierte, um nur die innere Hitze zu beseitigen, um „das Haltbestreben" der Natur zu unterstützen. Dabei durfte er den ganzen Tag hindurch keinen Gedanken über etwas Geschlechtliches oder Weibliches haben. Während des Badens führte er eine strenge Gedankenkontrolle durch: um sich abzulenken, legte er ein Bild zu sich, zuerst das Bild Jesu, welches er aber bald verwarf[1]), dann aber eins: eine lagernde arabische Karawane darstellend, wo besonders deutlich ein Kameel gezeichnet war. Er hatte eine fürchterliche Angst vor einem Samenerguß gehabt; der Samenerguß war für ihn das Schrecklichste von allem, was überhaupt existieren könnte. Er dürfe auch nur Morgens und Abends den Harn abgeben, weil er zu der Überzeugung kam, daß, wenn er dem Harndrang nachgab, er dann einen wollüstigen Reiz durch die Geister bekomme[2]). Das war aber für ihn auch eine fürchterliche Qual, er rannte manchmal in dem Zimmer umher und rieb die Beine, um nur das Blut von den Geschlechtsteilen abzulenken. Die Geister aber ließen ihn nicht in Ruhe, es kam zu Kämpfen und heftigen Angriffen: wenn er z. B. trotzdem urinieren mußte, bewegte sich sein Körper nach vorn und rückwärts, wie wenn die Geister an der Scham arbeiteten; es kam vor, daß er sogar während des Badens von dem Brettchen gestoßen oder am Penis gezogen wurde: man zog ihm ganz einfach den Samen und den Harn aus. Dann mußte er wieder hanteln und wieder baden, um sein Inneres wieder abzukühlen, das Blut von den Geschlechtsteilen abzutreiben und zu einem gewöhnlichen Blutlauf zu gestalten.

Das Geschlechtliche geht nämlich durch die ganze Menschheit; die Liebe haben alle Menschen gern. Wenn man anfängt zu experimentieren, experimentiert man immer gern in der Richtung der Liebe. Solche Gedanken haben durch Konzentration eine Anziehungskraft: es kommt immer alles, wie man es wünscht. Wenn man aber die Gefahr nicht kennt, kommt der unsichtbare Geist und reizt die Geschlechtsteile bis zum Samenerguß. Dann kann man öfters nicht mehr aufhören und man wird zuletzt durch eine Luftmasse so eingeschlossen, daß man niemals mehr frei wird[3])."

---

[1]) Aus ganz bestimmten Gründen.

[2]) Die Urinabgabe tritt hier als Ersatz für den Samenerguß ein.

[3]) Die Libidoqualen des Patienten erinnern lebhaft an die Askese und Selbstzüchtigung der Frommen, welche an mißglückter Sexualverdrängung litten. Dabei werden bei ihm die Qualen direkt auf den Penis appliziert. Über die Verbreitung der Phallusmartyrien bei den Urvölkern und in den Phantasien der Kinder und Psychoneurotiker findet sich ein reiches Material in dem auf dem III. Ps. An. Kongreß in Weimar von Jung gehaltenen Vortrag: „Über Symbolik".

Der Patient badete weiter und je mehr er badete, desto mehr überzeugte er sich, daß seine körperliche Kraft und Klarheit seines Geistes besser wurden und die Pollutionen aussetzten. Durch die Kämpfe wurde er Herr über die Geister. Als er an seine Leiden und seine Kämpfe dachte, kam er zur Überzeugung, daß eigentlich das ganze Leiden Jesu nichts dagegen sei. Da kamen ihm gewisse Bibelstellen in den Sinn, wo eigentlich Wahrheit und Lüge furchtbar untereinander gemischt seien, z. B.: „Führe uns nicht in Versuchung", „der Geist ist's, der lebendig macht, das Fleisch ist kein Nutze". Am meisten aber ärgerte ihn der Spruch:

„Wer ein Weib ansieht, ihrer zu begehren, der hat schon mit ihr die Ehe gebrochen in seinem Herzen[1])."

Der Patient kommt nun zum Schlusse, daß Jesus der Inbegriff aller Lügen, der Begründer des Unterganges der ganzen Menschheit, der eigentliche Treiber zu allem Unheil, der Teufel sei. Nun habe er sogar den Sinn seines falschen Namens entdeckt. Jesus braucht als erste Silbe den deutschen Abscheuausdruck „Je"! Die zweite Silbe „Sus" ist als Verdeckung gebraucht, aus einer fremden Sprache geschöpft, die nur Gelehrte kennen und die recht alt ist. Wenn man sie ins Deutsche übersetzt, dann kommt man auf den richtigen Sinn, der im Deutschen „Schwein" bedeutet[2]).

Es gibt drei Darstellungen des Teufels: 1. die Schlange — als lebende Darstellung, 2. die Sphinx — als leblose, und 3. Jesus — als unsichtbare Darstellung.

Die Symbolik der Schlange erklärt der Patient ausführlich unten[3]): sie sei das Symbol der sündigen Sexualität.

---

[1]) Matth. 5, 27: Ihr habt gehört, daß zu den Alten gesagt ist: Du sollst nicht die Ehe brechen.

28: Ich aber sage euch: Wer ein Weib ansieht, ihrer zu begehren, der hat schon mit ihr die Ehe gebrochen in seinem Herzen.

29: Ärgert dich aber dein rechtes Auge, so reiße es aus und wirf's von dir. Es ist dir besser, daß eines deiner Glieder verderbe und nicht der ganze Leib in die Hölle geworfen werde.

In Analogie mit dieser Stelle steht bei dem Patienten die direkte Applikation der Qualen auf den Penis.

[2]) Ein anderer Schizophrener versuchte den Patienten zu überzeugen, daß Jesus eigentlich „Je!" — „süß" heiße, unser Patient aber hat nur gelacht dazu.

[3]) S. Ab. II, 2.

„Die Sphinx besteht aus zwei Teilen, einem vorderen und einem hinteren, einem Menschen und einem Löwenleib: der vordere Teil repräsentiert die Versuchung respektive die Verführung, der hintere Teil stellt die Vernichtung, die Gewalt dar. Der menschliche Teil des Bildes besteht aus einem freundlichen, verführerischen, lockenden Frauenantlitz und schönen weiblichen Brüsten. Der Löwenleib enthält die Kraft und endigt in den Krallen, wie sie ja das Katzengeschlecht[1]) besitzt und die für gewöhnlich versteckt sind, aber ganz nach dem Willen der Sphinx vorgestreckt werden können, um den Zweck zu erfüllen. An der Spitze der Stirn befindet sich ein Band und eine Kappe daran, welche die Augen beschattet, also den wahren Blick, die wahre Absicht des Tiermenschen verbirgt. Der Verführer hat eine Krone aus einem unsichtbaren, leicht zerreißbaren Bande. Wenn das Band, die Fessel des Schleiers oder die Kappe, welche den wahren Blick verbirgt, weggenommen wird, dann ist das ganze Rätsel gelöst, dann ist man wieder beim Ursprunge von allem, was besteht, angelangt, man ist wieder zum Gott, dem Vater zurückgelangt[2])."

In dieser Periode traten auch sonstige merkwürdige Dinge ein. Der Patient begann Stimmen aus der vierten Dimension, aus dem Jenseits zu hören, Männer-, Frauen- und Kinderchöre, fröhliche Lieder und viele Tröstungen: „Rettung", „der Vater ist so gut und lieb", „Paul S. ist unser Erlöser" und „nur nicht heiraten!" Er habe auch Tiere singen hören, einen Frosch, dessen Unterleib zitterte, ja, einen ganzen Chor von Tieren: „Preis und Anbetung an dir"[3]), „er deckt dich mit seinen Fittichen zu", „du allein wirst Sieger sein". Auch die Gipfel der Bäume flüsterten: „er ist so lieb und gut". Es schien ihm, daß die Naturgewalten jetzt in Verbindung mit seinem Geist waren: die Bäume wackelten seinen Gedanken entsprechend; es begann zu stürmen auf dem See, wie wenn der Wind von seinem Geist abhängig wäre; ebenso spiegelten sich seine Trauer und Freude sofort in der Natur ab[4]). Es war auch eigentümlich, daß bei gewissen Gedanken die Vögel

---

[1]) S. im Ab. V einen Traum von den Katzen, wo eine Katze die Mutter des Patienten darstellt.

[2]) S. die Phantasie von Gott, dem Vater, Ab. II, 2.

[3]) Die Anbetung der Tiere ist ein Motiv aus der Apokalypse.

[4]) Das Einbeziehen der Elemente gehört zum Problem des Weltunterganges bei Schreber. Jung macht mich auf die ganz archaische Auffassung des unmittelbaren Zusammenhanges zwischen dem Schicksal des Menschen und den Naturvorgängen bei dem Patienten aufmerksam. Die archaische Denkart macht keine scharfen Unterschiede zwischen dem Natürlichen und Unnatürlichen. Man versetzte die irdischen Ereignisse an den Himmel und las aus den himmlischen Vorgängen die Zukunft ab.

herbei oder wieder wegflogen: einmal, als er im Bett lag, flogen Tauben herbei, wie wenn sie in das Zimmer hineinwollten, um sich dort in einen Geist, in eine weibliche Gestalt umzuwandeln[1]).

Er selbst mußte dann annehmen, er sei der Vermittler, das Werkzeug Gottes, von Gott aus anderen Menschen herausgegriffen, um die Menschen von einer schrecklichen Zukunft zu erlösen[2]). Als die Klarheit und die Erkenntnis bei ihm eintrat, verstand er viele Zeichen, welche seit seiner Geburt erschienen. Seine Geburt war schon ungemein leicht; seine Mutter hat fast gar nicht bemerkt, daß sie ihn geboren hat. Die Hebamme sagte, er habe ein Glückskrönchen auf dem Haupt. Die Zeit seiner Geburt war eine unruhige Zeit, es sind verschiedene Zeichen aufgetreten: Kometen, Waldbrände, Erdbeben, Aufstände der Arbeiter gegen die Arbeitgeber[3]). Die Daten seiner Geburt und der Geburt seiner Mutter sind auch nicht ohne Bedeutung[4]).

Durch seine Kämpfe kam der Patient zu einer eigenen Weltanschauung, zu einer Samentheorie, welche ungefähr folgendermaßen lautet:

Der Gott ist unser Vater. Er hat den Samen geschaffen. Der Samen ist heilig, der Samen ist der Urgrund der ganzen Welt und schließt alles in sich ein. Der Gott hat dem Menschen den Samen geschenkt, damit der Mensch den Samen zum Zweck einer immer größeren und größeren Vollkommenheit behält. Die erste und größte Sünde war die Abgabe des Samens[5]). Nur der Gott war der Besitzer des Samens, der Teufel nicht. Dann hat der Teufel die Menschen verführt, um ihnen den Samen zu seinem Genusse zu entziehen, um mit dem Samen Kraft zu gewinnen. Die Menschheit ist unsterblich durch den Samen[6]). Es gibt keinen Tod. Der Tod ist nur ein Schwächezustand, durch die Abgabe des Samens verursacht, eine Ohnmacht. Durch das Sterben wird der Mensch zum Geiste, zum

[1]) Vgl. die Symbolik der Taube im Ab. II, 1.

[2]) Ich verweise auf die uralte Idee des Mittlers (Marduk, Agni, Mithra usw.).

[3]) Ich verweise auf die kosmischen Ereignisse und die besonderen Zeichen bei der Geburt der Götter und der Helden.

[4]) S. die Zahlensymbolik im Ab. IV.

[5]) Das recht autoerotische Nicht-abgeben des Samens wird aus dem Weiteren verständlich (Ab. II, 2), wo sich der Patient mit einem Urgott identifiziert, welchem der Samen zu Inzestzwecken geraubt wird.

[6]) Ich verweise auf die Mythen von dem Samentrank, dem Trank der Unsterblichkeit, in der indischen, griechischen und germanischen Mythologie, an welche sich wieder der Prometheische Mythus von dem Feuerraub anschließt. Abraham, Traum und Mythus. Schriften zur ang. Seelenkunde. Auch in unserem Fall raubt der Teufel den Samen dem Gott, welcher zuerst allein der Besitzer des Samens war.

unsichtbaren Wesen. Nach einer gewissen Zeit, vielleicht sofort, kommt der verschiedene Mensch wieder zum Bewußtsein und lebt weiter im Jenseits unter der Gestalt einer gewissen Stoffdichtigkeit, welche aber leichter als die Luft ist. Die Geister suchen ihre Triebe und Leidenschaften zu befriedigen, sie haben selber Genuß, wenn sie die Menschen in die Leidenschaften treiben. Durch den Trieb der Leidenschaft[1]) werden die Geister immer mehr geschwächt. Sie haben keine Mittel, um sich wieder herzustellen: kein Wasser, um Reibesitzbäder zu machen und keine Speisen, um den Körper wieder aufwachsen zu lassen. Die wenigen Geister, welche bei der Wiedergeburt ohne Leidenschaft erwachen, entwickeln sich wieder schneller, weil sie weniger geschwächt sind. Je größer die Lebensfähigkeit ist, desto höher ist auch das Wesen, welches wieder entsteht, bis es wieder zum Menschen wird. Die Menschen sinken nämlich durch den Samenerguß immer tiefer zu Tieren[2]), Pflanzen, Mineralien und verschiedenen Luft- und Gasarten herab; es gibt also eine Seelenwanderung. Der geschlechtliche Verkehr auf der Erde führt zu einem Ruin. Wenn die Menschen den Samen nicht mehr verlieren, werden sie überhaupt nicht sterben, sie werden alle ohne Ausnahme zu Göttern. Durch seine Kämpfe hat er das Unsichtbare überwunden, eine gewaltige Vorstellungskraft gewonnen. Durch die Vorstellung könne er Elemente beherrschen und Weltkatastrophen verursachen. Er sei schon der „völligen Vollkommenheit" ganz nahe gekommen.

Bemerkungen zu dem paranoiden Stadium.

In der Vorgeschichte des Patienten verdient besondere Aufmerksamkeit die Entwicklung der Introversion, deren erste deutliche Zeichen in den Pubertätsjahren auftreten. Als Folge davon erscheint die mangelhafte gemütliche und intellektuelle Anpassung an die Außenwelt (das Sich-zurückziehen, der Durchfall beim Examen). Die introvertierten Gedanken des Patienten konzentrieren sich zuerst auf seine Gesundheit aus Anlaß einer rheumatischen Erkrankung. Wir erfahren aber bald, daß im Zentrum aller Sorgen des Patienten damals die häufigen Pollutionen standen. Die häufigen Pollutionen, als nächtliche, meistens mit Träumen verbundene Samenergüsse, sind das Zeichen einer in-

[1]) Nach der buddhistischen Vorstellung führen Liebe und Begierde den Menschen stets zum Leben zurück und somit von Neuem in den Tod („Marah"). Açragoshas Buddha-Carita. Buddhas Leben und Wirken, deutsche Übersetzung von Th. Schultze.

[2]) Das Sinken des „untugendhaften" Menschen nach dem Tod zur Tierwelt herab gehört zu den uralten animistischen Vorstellungen. (Tylor, Anfänge der Kultur.) In der indischen Mythologie wird die Lehre von der Seelenwanderung zu einem System ausgebildet. Auch der sich stets erneuernde Kreislauf von Tod und Wiedergeburt ist eine buddhistische Vorstellung. Açragoshas Buddha-Carita, l. c.

tensiven Libidoverdrängung. Sie bilden oft die Klagen der Psychoneurotiker und sind immer im psychoanalytischen Sinn verdächtig: sie sind nämlich öfters nur ein Decksymptom für alle möglichen Phantasien, meistens Inzestphantasien. Ich verweise auf die weiteren Ergebnisse der Analyse, wo sich bei dem Patienten hinter den Pollutionen ganz deutlich Inzestphantasien verbergen[1]). Die Fixierung der Libido bei der Mutter stört den Patienten bei den ersten Versuchen einer normalen Übertragung seiner Sexualität, das Fortlaufen von dem Mädchen unmittelbar vor dem Koitus ist geradezu typisch. Die Inzestphantasien verursachen die psychische Impotenz.

Die stets sich vermehrende Introversion führt bei dem Patienten zu zwei Kategorien von Erscheinungen: 1. die Neigung zum Vegetarismus[2]) und allerlei Geheimwissenschaften (Spiritismus, Heilmagnetismus usw.) als Wahrnehmung der immer wachsenden Innenwelt, und 2. zu intensiven Libidoqualen, als Abwehr gegen die Pollutionen (= Inzestphantasien). Es folgt die für das Paranoide typische Projektion des Komplexes in die Außenwelt, die Verfolgung durch meistens heterosexuelle Geister, welche dem Patienten den Samen entziehen; hierzu gehört der sehr reell beschriebene Koitus mit den Geistern und die Verwandlung der „zitierten" Luftmasse in eine Mädchengestalt, das Prototyp aller weiteren Muttersurrogate. Die Größenideeen des Patienten weichen nicht ab von dem schon bekannten Mechanismus der Entstehung des Größenwahns auf dem Boden der Introversion[3]). Sie geben dabei dem Patienten ein neues Material zu dem Weiterspinnen seiner Inzestphantasien. Der Patient identifiziert sich mit dem Gott seiner Religion und tritt selbst an dessen Stelle. Die schizophrene Zerlegung des Wortes „Jesus" weist dabei auf eine unbewußte Selbstschätzung hin: der Patient will damit sagen, daß er trotz der ganzen Sublimierung bis zum Erlöser der Menschheit doch ein Tier und gerade nicht das sauberste sei.

Im Gegensatz zu der reellen Welt des Inzestes kommen Phantasien aus dem Jenseits, der Welt der Wunscherfüllung, der Welt der inzest-

---

[1]) S. das infantile Material im Ab. III.

[2]) Der Vegetarismus hat öfter bei den Neurotikern und Schizophrenen symbolische Wurzeln durch die assoziative Verbindung von Fleisch und Genitalien. Ein Patient Bleulers assoziiert z. B. zum Reizwort „Lieben" — „d. h. Fleischopfer". Bleuler, Dementia praecox. Handbuch der Psychiatrie, herausg. von Aschaffenburg, IV, 1, S. 342.

[3]) Maeder. Psychologische Untersuchungen an Dementia-praecox-Kranken. Jahrbuch für psych. Forsch. II. B. 1. H.

freien Liebe. Die Samentheorie, die Umwandlung der verdrängten Libido in die intellektuelle Arbeit, ein bei den Paranoiden oft vorkommender Sublimierungsversuch, ist nur eine rationalisierte Abwehr gegen den Inzest: da die Abgabe des Samens zum Inzest, zu dem darauffolgenden individuellen Ruin und zum Untergang der ganzen Welt führe, muß man das Nichtabgeben des Samens zu einem religiösen Gesetz machen, trotz dem Inzest zu Gott werden und die Unsterblichkeit gewinnen.

II. Das katatonische Stadium.

1. Der erste katatonische Anfall.

Die Verzweiflung.

Klinische Darstellung. Ungefähr 2 Monate nach seiner zweiten Internierung begann Patient plötzlich eines Tages Fleisch zu essen. Am nächsten Nachmittag urinierte er auf den Zimmerboden und wurde deswegen ins Bett versetzt. Er lag im Bette regungslos mit weit geöffneten Augen und starrem Blicke, das Gesicht mit Schweiß bedeckt, der Mund in schnauzenförmiger Stellung. Auf Fragen antwortete er nicht und sprach auch spontan nichts. Während einer ärztlichen Visite warf er plötzlich die Bettdecke weg: man sah ihn völlig aufgedeckt und nackt im Bette liegen, mit der linken Hand fest das Glied umfassend, die rechte hinter dem Kopfe, das Gesicht gerötet und mit Schweiß bedeckt, die Atmung beschleunigt, die Augen fest geschlossen. Keine Reaktion auf Anruf oder Berührung. Einige Tage später findet ihn der Arzt in derselben Stellung, der Daumen der linken Hand ist fest an die Mündung des Gliedes gepreßt. Nach 11 Tagen verschwand der Anfall allmählich.

Psychischer Inhalt. Über diesen katatonischen Anfall berichtet der Patient folgendes: Es schien ihm zuerst, als ob man ihn mit Kohlengerüchen beseitigen wollte, man tat ihm auch Kot in das Essen und machte alles mögliche, um ihn zu beseitigen. Dann bekam er den Eindruck, daß alle Menschen in ein besseres Dasein übersiedeln wollten, auf den Mond, auf die Sonne. Alle Tiere und Pflanzen sollten zu Menschenwesen berufen werden. Er allein war zu schwer wegen der zurückgehaltenen Samenmengen. Er bekam Angst, daß er zu schwer, zu lebensfähig sei, um in das Sommerland hinauf zu gelangen, daß er auf der dunkeln, leeren Erde allein bleiben werde. Darauf begann er in der Verzweiflung heftig zu onanieren, um nur den Samen herauszubringen. Dann mußte er den Auswurf[1]) hinunterschlucken, den Urin und den Kot behalten, überhaupt kein Geräusch machen, um die umgebende Stille

[1]) Über die Bedeutung des Auswurfes s. die Urgeschichte Ab. II, 2.

nicht zu stören. Alle Stoffe sollten mitgenommen werden; es sollte gar nichts unten, im Dunklen zurückbleiben. Wenn er nicht Ausdauer genug hatte, dann kamen Vögel, Tauben und Raben, um ihn zu mahnen. Er hatte auch den Eindruck, daß der ganzen Welt eine Überschwemmung[1]) drohe: es kommen Mäuse und Ratten[2]) und nagen an seinen Geschlechtsteilen.

In dieser Zeit erschien vor ihm auch der schwarze Mann: ein schlanker, 6 Fuß hoher Mann in einem schwarzen Maskenkostüm, mit einem schwarzen Überzug auf dem Gesicht mit tiefen Löchern für die Augen und einer Kegelkappe auf dem Kopfe. Alle Leute waren an einer Seite schwarz gekleidet, an der andern weiß[3]). Es entstand ein furchtbares Durcheinander im Zimmer, alle Patienten klapperten mit den Zähnen, wie bei dem Jüngsten Gericht. Es schien ihm, der schwarze Mann sei der Vollstrecker des gerichtlichen Urteils.

Bemerkungen zu dem ersten katatonischen Anfall.

Der Inhalt dieses Anfalles stellt den Kampf zwischen der Introversion und der Übertragung dar. Das ist eine Geschichte der Verzweiflung unter der Samenlast: der Samen, das Symbol der Libido, wird infolge der Aufstauung zu Gift. Während einer zurückkehrenden Welle des Übertragungsbedürfnisses entsteht die Angst vor dem Libidotod, die nächtlichen Angsttiere nagen an den Geschlechtsteilen des Patienten, um ihm die Libido gewissermaßen zu rauben.

Die ganze Vision wurde nach dem Anfalle vollständig verdrängt,

---

[1]) Die Bedeutung der Überschwemmung erklärt Patient selbst folgendermaßen: „Es drohe der ganzen Welt eine Überschwemmung, wobei alle Menschen ertrinken werden. Das Meer enthält ja Salzwasser, das Salz erzeugt Hitze. Wenn man den Durst nicht löschen kann, dann muß man furchtbare Folterqualen ausstehen und je mehr man trinkt, desto größer wird der Durst; das ist eine Art Weltgericht, bis die Erlösung zustande kommt. Mit dem Süßwasser ist es noch schlimmer als mit dem Salzwasser, nämlich wegen des Sauerwerdens und des Todes der Menschen, Tiere, Pflanzen, Mineralien, Luft und Gasarten, denn Sauer ist eine Vermischung von Feuerglut und Todeskälte."

Die Sintflut ist ein uraltes Motiv, welches sich in allen möglichen Mythologien und Kulten wiederholt. Jung erklärt sie als Introversionssymbol. (W. u. s. d. Lib., II. Teil.) Dazu gehört das Kastrationsmotiv (vgl. Jung: l. c.).

[2]) Jung verdanke ich den Hinweis, daß Mäuse und Ratten nächtliche Angsttiere sind, wie die Schlange oder der Skorpion. (Vgl. Jung: Wandl. u. Symb. d. Lib., II. Teil).

[3]) Dies könnte (nach mythologischem Muster) Anspielung auf Tag- und Nachtseite, Leben und Tod sein.

es gelang nicht, von dem Patienten nähere Erklärungen zu bekommen. Besonders wurde die Gestalt des schwarzen Mannes für den Patienten eine Art Tabu, der Analyse vollständig unzugänglich.

Es blieb also nichts anderes übrig, als in den mythologischen Analogien die Deutung zu suchen. Der schwarze Mann ist nämlich gewissen Gottheiten und Amuletten in der griechischen und römischen Mythologie sehr ähnlich. Bei den Ausgrabungen in Frankreich entdeckte man in einem Grabe bei Amiens eine Bronzestatue, welche eine ganze menschliche Gestalt darstellt; sie ist mit einem Mantel und einer Kapuze auf dem Kopf (Bardocucullus) bekleidet und setzt sich aus zwei Stücken zusammen; wenn man den oberen Teil abhebt, so sieht man einen auf den Beinen liegenden Phallus. Auch die sogenannten Telesphorusfiguren sind als verkappte Phalli zu betrachten, welche man bekanntlich als schützende Amulette trug[1]). Der Kapuze ähnlich ist die Kegelmütze. Jung macht mich auf die Darstellung der Götter Vorderasiens (Attis, Mithra), die eine solche Mütze (Pileus) tragen, aufmerksam. Jung hat in einem Vortrag in der psychoanalytischen Vereinigung in Zürich die phallische Natur der Kegelmützen und Kapuzen nachgewiesen. Anderseits macht die ganze Vision den Eindruck eines Begräbniszeremoniells. Bei dem altrömischen Begräbniszeremoniell war es noch zur Kaiserzeit eine alt bewährte Sitte, mit einem schwarzen Hut pileatus (Kappe) zu erscheinen[2]). Aus der späteren Zeit erwähne ich z. B. die florentinischen Totengräber.

Der schwarze Mann, ein Vollstrecker des gerichtlichen Urteiles, scheint also nach diesen Analogien nichts anderes als ein personifizierter, eine Trauerzeremonie exekutierender Phallus zu sein. („Negativer Phallus", Jung W. u. S. d. Libido, II. Teil.)

Es bleibt noch in der Vision des Patienten das Bild der mahnenden Vögel rätselhaft. Ich verdanke Jung die Mitteilung, daß die Vögel in der Mythologie öfter die Seelen der verstorbenen Ahnen darstellen[3]). Es ist auffallend, wie diese mythologische Deutung in unserem

---

[1]) Dulaure, Die Zeugung in Glauben, Sitten und Bräuchen der Völker. Beiwerke zum Studium der Anthropophyteia, herausg. von F. S. Krauß, B. I.

[2]) Diese Mitteilung verdanke ich Herrn Dr. I. Kinkel in Zürich.

[3]) Ich erwähne hier einige Analogien aus der Mythologie des Raben und der Taube: Im Mithraskultus übergibt der Rabe, als Bote des Sonnengottes, dem Mithras den Befehl den Stier zu töten, welchen Auftrag Mithras „mit widerstrebenden Herzen" erfüllt. — Neben dem Haupt Odins sitzen zwei Raben, Munin-Gedanke und Hugin-Erinnerung, welche ihm Geheimnisse zuraunen. Vgl. auch „die ge-

Falle mit der individuellen Deutung des Patienten übereinstimmt. Die Taube und der Rabe sind für ihn Symbole seiner verstorbenen Eltern. Patient berichtet: „es flog einmal in sein Zimmer eine Taube, welche sich in eine Weibsgestalt verwandelte"! Diese Weibsgestalt ist dem Jugendbild seiner Mutter ähnlich und ist, wie übrigens alle weibliche Gestalten in dieser Analyse, bloß ein Muttersurrogat. Der Rabe ist für ihn das Symbol der rohen Sexualität. Der Rabe sei der Teufel. In einem andern Zusammenhang[1]) identifiziert ihn der Patient direkt mit seinem Vater.

Es bleibt noch die Frage offen, was eigentlich die Abweichung von dem Wege der Introversion in diesem katatonischen Anfall verursachte? Es bestehen dazu zwei Gründe: 1. auf dem Höhepunkt der Introversion kann dem Patienten die Abspaltung von der Realität mehr oder weniger bewußt werden. Er macht dann einen (mißlungenen) kompensierenden Übertragungsversuch[2]). 2. Durch seine Samentheorie hat sich der Patient in eine Sackgasse hineingetrieben, er hat sich den Weg zum Ausleben seines psychischen Konfliktes in der Krankheit versperrt. Seine Krankheit verlangt eine Übertragung auf die Außenwelt, um Anknüpfungspunkte in der Realität für seinen Mutterkomplex zu finden und dieselben wieder in die Welt der Phantasien zu introvertieren. In diesem Sinn ist der katatonische Anfall ein mißlungener Heilungsversuch.

2. Der zweite katatonische Anfall.

Die Himmelskönigin. Die sexuellen Orgien. Der Kampf mit dem Vater. Die Urgeschichte. Die irdischen Gestalten der Himmelskönigin.

Klinische Darstellung. Der Anfall entwickelte sich allmählich: es gingen ihm zahlreiche Stereotypien voraus. Am Anfange wendet sich der noch ruhige und verschlossene Patient mit vielen unmotivierten Redensarten und Handlungen an seine Umgebung. Am 25. Jänner z. B. unterbricht der Patient den Abteilungsarzt, während sich dieser mit

wunderten Vögel" — „Reste selig gewesener Menschenseelen" in Schrebers Denkwürdigkeiten eines Nervenkranken. Die Taube ist der Vogel der Wollust. In ganz Vorderasien stand der Taubenkultus mit dem der Muttergöttin im Zusammenhang.

[1]) S. Ab. II, 2. Die irdischen Gestalten der Himmelskönigin, die Beschreibung des Bildes der Alfsonne.

[2]) Vgl. Jung. Wandlungen und Symbole der Libido. Jahrb. f. psych. Forsch., B. III, H. 1, S. 160 und Freud, Psychoanal. Bemerkungen über einen Fall von Paranoia. Ebenda S. 62.

anderen Patienten unterhält, zum ersten Male mit den Worten: „Herr Doktor, ich habe in der letzten Nacht meine Verheiratung mit meiner lieben Fee, der Himmelskönigin, angezeigt, ich bin deshalb vom Bette aufgestanden und habe es dem Wärter und den Patienten gesagt.“ Seitdem fragt Patient öfter, ob noch kein Bescheid von seiner lieben Fee, der Himmelskönigin, eingetroffen sei. Er müsse einen Heiratsvertrag unterschreiben und bittet um Erlaubnis, den Beischlaf mit seiner lieben Fee, der Himmelskönigin, in Anwesenheit von zwei Zeugen ausüben zu dürfen. Seit dieser Zeit schläft Patient viel unruhiger, steht öfter auf, geht zum Fenster und belästigt andere mit seinen Mitteilungen. Er räumt auch manchmal alles bis auf die Matratze aus dem Bette weg, führt in entsprechender Stellung den Koitus mit der „unsichtbaren Fee“, welche sich im Bette befindet, aus. Am Tage macht er geheimnisvolle und für die Umgebung unverständliche Handlungen: er fällt z. B. auf die Kniee, faltet die Hände und spricht: „Amen, Amen. Amen . . . 6 mal gesagt“, dann legt er sich auf den Boden und onaniert öffentlich. Zuletzt betet er und verbigeriert dabei mehrmals den Segen: „Der Herr segne dich und behüte dich und lasse sein heiliges Angesicht über dich leuchten und gebe dir seinen Frieden.“ Einmal sprang der Patient bei der Rückkehr von der Arbeit plötzlich beim Vorübergehen in die Küche und verkündigte dort: „Ich will mit der schweren Hure, der geschlechtskranken Hure, einen Beischlaf ausüben und mit ihr zusammenleben.“ Solche Mitteilungen macht er massenhaft im Unterhaltungssaale und springt dabei öfter auf den Tisch. „Ich bin der Herr Gott Zebaoth, der erste, wahrste und heiligste Gott in Eva.“ „Eva ist der erste, wahrste und heiligste Gott, wir sind unzertrennlich.“ „Ich bin der oberste Gott in Eva, meiner unsichtbaren, treuesten, edelsten Freundin und Hure, dem wahren Gott.“ „Die Himmelskönigin, der wahre Gott, ist furchtbar, furchtbar, furchtbar in mich verliebt.“ Einmal verlangt der Patient am Wochentage plötzlich zum Morgengottesdienste[1]) geführt zu werden. — Er onaniert öffentlich, reibt sich mit dem Samen ein, uriniert auf den Boden im Unterhaltungssaale. Allmählich wird er sehr gesprächig und belästigt alle mit seinen Mitteilungen. Er äußert auch manchmal Verfolgungs- und Vergiftungsideen.

Bald darauf kommt er in den Zustand eines katatonischen Stupors: er liegt starr, wie schlaftrunken im Bette, mutazistisch und negativistisch, mit einer ausgesprochenen Flexibilitas cerea und weigert sich, die Nahrung zu sich zu nehmen. Manchmal liegt er stundenlang in einer Kreuzigungsstellung, mit ausgebreiteten Armen und übereinander geschlagenen Füßen. Ein paarmal setzt er sich im Bette auf und springt über das Bettende in die Mitte des Wachsaales, bleibt dort einen Augenblick, wie schlaftrunken, still stehen, spricht etwas leise zu sich und geht dann steif wieder zurück ins Bett. Nach einigen Tagen traten zahlreiche motorische Stereotypien auf, welche wieder wie im Schlafe ausgeführt wurden: es war dabei

[1]) s. Nelken. Über schizophrene Wortzerlegungen. Centrbl. für Psychoanalyse II, 1; Wortzerlegung II.

auffallend, daß der Patient mit besonderer Vorliebe die unbequemsten Stellungen einnahm: er blieb z. B. stundenlang in der Stellung des arc de cercle, nur auf den Hinterkopf, die Spitzen der Finger und die Zehen gestützt; er pflegte auch stundenlang im Kreise herumzulaufen, Purzelbäume zu schlagen, über den Bettrand zu springen usw. Dann lief er öfter in den Abtritt, um zu harnen, urinierte manchmal ins Bett, onanierte ostentativ und exhibierte.

Bei diesem Anfall erlebt der Patient eine tiefgehende Spaltung der Persönlichkeit in das „subjektive" und „objektive Ich". Sein objektives Ich liegt starr im katatonischen Stupor im Bette, sein subjektives Ich hingegen nimmt an seinen phantastischen Erlebnissen Anteil. Gegen das Ende des Anfalles beginnt das objektive Ich von dem subjektiven Ich Beweise der erlebten Phantasien zu verlangen. Der Patient kehrt dann zur Realität zurück. Ungefähr nach einer Woche beginnt der Patient wieder ordentliche Mitteilungen zu machen und berichtet, es seien ihm von der Himmelskönigin verschiedene Befehle und Proben aufgegeben worden. Es kommt dabei die Übertragung auf den analysierenden Arzt zum Vorscheine, indem er demselben zuerst Grüße und dann einen Kuß von der Himmelskönigin übermittelt.

Nach dem Abklingen des Anfalles war es möglich, in die Phantasien des Patienten Einsicht zu bekommen. Wenn er bei der Analyse Einzelheiten vergaß, flüsterte ihm dieselben die Himmelskönigin ein. Bei den Sperrungen hörte sie plötzlich auf zu sprechen.

Psychischer Inhalt. In die neuen Ideenkreise des Patienten führt uns eine Formel ein, welche er öfter in seinen Schriftstücken und Redensarten gebraucht:

„Ich, Paul S., Lehrer von Z., Kt. Zürich, Schweiz, Europa, Welt, Welten, der Herr Gott Zebaoth, der Erlöser aller Menschen und Welten in meiner lieben Eva, dem lieben Gott, meiner heiß und innigst geliebten Ehegemahlin, Anna-Alice-Seemann-Euler-Negro, meiner unsichtbaren treuesten Freundin, der Hure, doch nicht geschändeten, der Himmelskönigin, der Himmelskaiserin, der Himmelsgottheiten bis in die höchsten Potenzen, fortgesetzt bis in alle Himmelsunendlichkeiten und Himmelsunermeßlichkeiten, meiner lieben guten Fee, der Comtesse de Valorbes, der Alice Negro, der Anna Euler.

Wir haben noch einige schriftliche Dokumente, welche diese Umwandlung der Weltanschauung des Patienten näher behandeln: es sind die sogenannten 8 Punkte, ein Brief an den Papst und der Kontrakt mit der Himmelskönigin.

Die acht Punkte:

Sehr geehrter Herr Doktor!

Ersuche Sie hiermit Herrn Direktor folgende Punkte mitzuteilen:

1. Ich will mit der Hure, meiner Frau Gemahlin, der Anna-Alice-Seemann-Euler-Negro zusammenleben.

2. Ich bin katholisch und anerkenne den „heiligen Vater" in Rom. als Stellvertreter Gottes, der Jungfrau Maria, Mutter Gottes.

3. Ich bin katholisch geboren, da mich die Mutter Gottes in die Welt gesandt, um die Menschen, alle Welten zu erlösen.

4. Ich habe Nachts „onaniert", um den Beischlaf mit der Himmelskönigin, meiner Frau Gemahlin herbeizuführen und

5. habe ich mich mit dem „Samen" eingerieben zum Zeichen der Unzertrennlichkeit von mir und meiner Ehegemahlin.

6. Ich habe mich am Morgen nicht gewaschen, als Zeichen der Buße für meine Sünden.

7. Man hat mich im Burghölzli zu einem Beischlaf mit Anna Euler gezwungen resp. benützt.

8. Heute Morgen hatte 2 Visionen (Träume?): von einem großen Hund (Zeichen, Symbol der Treue aber auch der Gefahr) und von einem Rind (dem Zeichen, Sinnbild von Nutzen oder Schaden).

Ihnen für Ihre Freundlichkeit zum voraus Bestens dankend zeichnet hochachtungsvoll Paul Seemann-Euler-Negro, Lehrer.

Gleichzeitig mit diesem Briefe schrieb der Patient einen Brief an Seine Majestät, den Heiligen Vater, in Rom. In diesem Briefe teilt er mit, er sei zum katholischen Glauben übergetreten und teilt auch der heiligen Majestät, als dem Stellvertreter Gottes und der Jungfrau Maria, Mutter Gottes mit, daß er zur Erlösung der Menschheit sich mit der Himmelskönigin vermählen werde. In dem Kontrakte behauptet er, Paul S. usw. — folgt die übliche Formel —, daß alles, was er durch das Fernrohr und den Gedankenapparat seiner lieben Ehegemahlin zum Wohle und Glück für alle Menschen und Welten versprochen habe, als heilig und unwiderruflich gelte.

Wie kam es zu dieser Vermählung? Er hörte zuerst einzelne geheimnisvolle Stimmen: „Hure", „Mädchen", „Märchenprinz", „heiraten". Dann hörte er anfangs 1911 plötzlich eine „liebe, freundliche, herzliche" Stimme, „wie aus der IV. Dimension", welche sich ihm als eine gute Fee und Himmelskönigin entdeckte und ihm mitteilte, daß er durch seine Vermählung mit ihr und durch die Ausübung des geschlechtlichen Umganges zuerst die völlige körperliche und geistige Gesundheit erreichen und dann die ganze Menschheit von einer schrecklichen Zukunft erlösen werde. Dann fand eine Art Ankündigung statt.

Er wurde einmal in der Nacht geweckt und mußte aufsitzen. Eine Stimme aus der vierten Dimension hat geredet: es kommen drei

Männer und bringen ein Mädchen, eine Dirne, eine geschlechtskranke Hure. Er müsse mit ihr einen Beischlaf ausüben und dieser Beischlaf soll ein Sühnopfer darstellen für die begangenen Sünden aller Menschen und Welten. Nach einer Stunde sollte man ihm — nach der Ankündigung — ein anderes wunderschönes gesundes Mädchen bringen, ebenfalls zum Beischlaf. Dieses Mädchen bedeute eine Einweihung und ein Geschenk für die bessere Zukunft. Wenn er diesen Beischlaf ausführe, werde man ihn wie einen Prinzen bedienen; er werde keine Sorgen und keinen Kummer mehr haben. Nach einiger Zeit kommen drei Ärzte, drei Männer. Sie kamen bis zu der Türe des Zimmers heran, zauderten, kamen näher, gingen wieder weg, schauten durch das Schlüsselloch und lachten. Schließlich gingen sie ganz weg. Das kam davon, daß er seit Herbst 1901 dem geschlechtlichen Verkehr vollständig entsagt hatte. Der Geschlechtstrieb sollte bei ihm wieder geweckt werden, weil er durch die Bäder abgekühlt worden sei. Als Zusage und Liebeszeichen will er von der Anna Euler, Waschfrau im Burghölzli, welche die Himmelskönigin auf der Erde vertritt, einen Kamm bekommen haben. Diesen Kamm behielt er immer bei sich und in der Nacht bewahrte er ihn zwischen den Geschlechtsteilen und dem Oberschenkel auf. Er habe seit vielen Jahren nicht mehr so leidenschaftlich onaniert und müsse sich das Gesicht und die Hände mit dem Samen einreiben. Wenn er zum Beischlaf mit seiner lieben Frau Ehegemahlin nicht zugelassen werde, dann seien alle Menschen und Welten verflucht. Und Gott, der Gott Israels werde ihn rächen.

Folgende Phantasien bildeten den Inhalt des katatonischen Anfalles:

„Ich selbst", berichtet der Patient, „lag wie im hypnotischen Zustand unbeweglich im Bett. Aber im Wachsaal kam es zu merkwürdigen Vorkommnissen, an welchen auch mein subjektives Ich teilnahm. Das subjektive Ich entsprang aus dem Nabel des objektiven Ich: es war ein muskulöser wunderschöner Mann mit den Fähigkeiten und Eigenschaften e i n e s G o t t e s ausgerüstet. Als subjektives Ich mußte ich zuerst mit meinem einzigen Feind R. (für diesen Feind hält Patient die Nachtwache) einen Kampf ausstehen. Der R. war ein Stuttgarter Arzt, welcher mit vielen Frauen, Mädchen, Männern und Knaben alle möglichen Schandtaten begangen hat."

Diese Schandtaten beschreibt der Patient in folgender Weise:

„Es ist fürchterlich gewesen, was bei Herrn R. in geschlechtlicher Beziehung vorgekommen ist: er hat Säuglinge zerschnitten, zertrümmert und zu geschlechtlichen Experimenten verwendet; er hat den Säuglingen Brustzitzen herausgeschnitten und mit glühenden Zangen gebrannt, er hat glühende Nägel durch Brustzitzen und Geschlechtsteile durchgestoßen; seine Geschlechtsteile setzte er in den Mund von Knaben und Mädchen, um sie lecken zu lassen. Er führte auch seine Geschlechtsteile in die Scheiden der Damen, Mädchen und weiblichen Säuglinge ein; dann marterte er die Damen mit brennenden Vogelfedern an den Brustzitzen, Schamlippen und am Innern des Venusberges, wodurch furchtbare Erregung und glühende Röte der äußeren und inneren Schamlippen entstanden. Er steckte schließlich seine Brustzitzen den Mädchen, Knaben und Säuglingen in den Mund, die daran saugen mußten und furchtbare Wollust empfanden. Dieser R. sei von den Stuttgarter Gerichten furchtbar bestraft worden und sei dann nach Zürich geflohen, wo er eine ungeheure Besoldung von der Regierung — für jede Minute 5 Fr. — bekommen hat, weil er stark wie ein Stier ist.

In der Anwesenheit von 150 Personen, Ärzten, Advokaten, Pfarrern, Fürsten, Königen und Kaisern, in der Anwesenheit von 550 Damen, Mädchen, Knaben und Säuglingen beschrieb ich im Bett stehend die Schandtaten dieses R. so lebhaft, daß alle Anwesenden furchtbar jammerten und fluchten. Dann sprang der R. auf mein Bett, um mir die Gurgel mit einem Rasiermesser abzuschneiden. Ich ergriff dann die kleine Warze hinter meinem Ohr, welche sich sofort in meiner Hand und meinem ganzen Körper gleichmäßig verteilte; dadurch erhielt ich eine ungeheure Körper- und Geisteskraft und schlug mit geballter Hand den R. auf die Nasenwurzel — das ist eben der Punkt der Weisheit und der körperlichen und geistigen Stärke. Durch den Schlag verletzt, stürzte der R. in einem großen Bogen auf den Boden. Ich sprang ihm mit einem merkwürdigen Sprung nach und schlug ihm das Haupt vom Körper weg. Den Rumpf hob ich mit meinem kleinen Finger an der Ferse mit einer wunderbaren Leichtigkeit in die Höhe. Dann setzte ich den Rumpf und das Haupt wieder zusammen, wodurch der R. wieder lebendig wurde. Er hatte nur eine furchtbare Beule hinten am Kopf an der Stelle, wo an meinem Kopf die Warze war. Dann heilte die Himmelskönigin diese Beule, so daß nur ein Pünktchen zurückblieb, und das ist jetzt die schwächste Stelle des Herrn R., seine Achillesferse. Alle Anwesenden waren über die Wundermacht des Paul S., Lehrer, furchtbar überrascht. Der R. wußte von alledem nichts und war sogar gegen mich höflich, als ich in den Abtritt ging."

„In diesen Nächten seien auch andere Sachen passiert. Es kamen zu mir Milliarden von Knaben und Mädchen, aus allen Ländern und Welten delegiert, mit allen möglichen Krankheiten behaftet. Die Mädchen haben blitzschnell einen Beischlaf über meinen Geschlechtsteilen ausgeführt, welche speziell zu diesem Zweck mit Hilfe eines Apparates gehalten wurden. Die Knaben bissen mir mit Zähnen hinter die Eichel, wodurch bei mir eine rasende Wollust, eine Wollust zum Sterben, entstanden ist. Sie wurden alle sofort vollständig gesund. Die Männer wollten meine Geschlechtsteile lecken und mich beschlafen. Ich wurde gebunden und mußte eine Menge von Samen abgeben. Der Samen wurde von den Männern herausgesogen und dann wieder herausgespuckt, was mir furchtbare Schmerzen verursachte. Wenn die Männer den Samen nicht herausgespuckt hätten, würden sie schwangere Brüste bekommen haben, und wenn sie dann die Frauen beschliefen, würden diese wunderschöne Kinder gebären, groß, gebildet, mit allen möglichen Eigenschaften und Fähigkeiten ausgerüstet. Die Knaben und Mädchen mußten auch miteinander v . . . . . und kämpften miteinander wie wilde Tiere. Die Säuglinge kämpften mit den Erwachsenen und wurden Sieger; sie verkehrten dann geschlechtlich mit erwachsenen Personen.

Die Himmelskönigin erschien auch in einer wunderschönen Gestalt; plötzlich ist aus ihren Geschlechtsteilen ein Ziegenbock herausgesprungen, der sie sofort zu einem geschlechtlichen Umgang benutzen wollte. Ich schoß dann wieder als subjektives Ich aus meinem Körper aus und schlug furchtbar gegen die Geschlechtsteile dieses Ziegenbockes, mit der rechten Hand in die Rute, mit der linken in die Hoden, worauf der Ziegenbock ein entsetzliches Geschrei ausstieß und in der Luft verschwand. Alle Anwesenden verachteten nun die Fee wegen dieses Ereignisses, einige wollten sie sogar betasten und beschlafen: dann schoß wieder das subjektive Ich heraus, um die Fee mit Fäusten, Zähnen und Beinen zu verteidigen, so daß alle Anwesenden sich in die äußersten Ecken des Zimmers zurückdrängten, aber doch furchtbare Schläge von mir erhielten. Dann wurde zu meiner Ehre ein Lied gesungen: ‚Wo findet die Seele die Heimat, die Ruhe' und der älteste Arzt hielt eine Predigt über den Paul S., Lehrer, den Menschengestalter, Völkerüberwinder, Erden erscheinen und verschwindenlassenden, zu Welten-sich-entwickelnden, Samenkörner-Mineralien-Pflanzen-Tieren-entstehen-und-gebären-lassenden, den Gott- hinzusteller."

Aus den vielen Phantasien des Patienten geben wir noch eine wieder, welche beweist, wie die sublimierten Kompensationsversuche des Patienten doch schließlich ins Sexuelle überschlagen. Sein subjektives Ich sei plötzlich in der Tonhalle mit einer eigenen Geige, einem richtigen Stradivarius erschienen. Er habe so entsetzlich wunderschön rührend und herzzerreißend gespielt, daß viele Damen ohnmächtig weggetragen werden mußten. Er sei im königlichen Gewand und doch nackt gewesen, mit einem wundervoll farbenreichen Körper. Dann sei er über der Tonhalle in der Luft erschienen mit männlichen, weiblichen oder sächlichen[1]) Geschlechtsteilen oder auch ganz ohne Geschlechtsteile, wie ihm beliebig war. Er habe wieder wunderschön gespielt, gesungen und gejodelt. Ungeheure Massen Volkes seien zusammengelaufen. Zuerst seien Männer gekommen, um ihn zu v . . . . ., weil er gerade weibliche Geschlechtsteile gehabt habe. Dann seien Frauen näher getreten, um dasselbe Spiel zu treiben, weil er dann gerade männliche Geschlechtsteile gehabt habe. Dann seien Scharen von Mädchen und Knaben mit derselben Absicht gekommen. Die Männer schlug er fürchterlich, die Frauen blickte er nur strafend an, die Kinder jagte er mit einer Peitsche fort. Schließlich sei auch Herr Pfarrer X.[2]) aus einer Betstunde gekommen und habe ihn bemitleidet. Er sei aber plötzlich in der Richtung von Burghölzli verschwunden, wo aus dem Turm eine Feuergarbe mit teuflischen Farben und Zickzackstreifen entstanden sei.

Die Hauptphantasie dieser Zeit ist die Phantasie des Kampfes mit dem Vater.

„Zwischen den Anwesenden", berichtet der Patient „befand sich auch der Patient Y., welcher meinem Vater ganz ähnlich ist. Aus Entsetzen über das Vorausgegangene fiel er auf dem Boden um. Durch das Zitieren der Fee kam plötzlich aus dem Unterleib[3]) des Patienten Y. mein Vater heraus. Er stand nackt auf dem Sonnengeflecht[4]) des Patienten Y. Er hatte einen ungeheuren muskulösen Stierkopf[5]) mit

[1]) Ich war zuerst geneigt, die Phantasie von den sächlichen Geschlechtsteilen dem grammatischen Eifer des Primarlehrers zuzuschreiben. Einmal aber lokalisierte sie der Pat. „zwischen den beiden Hinterbacken".

[2]) Eine Rachephantasie über den Seelsorger der Mutter.

[3]) Nach indischer Vorstellung steigt der Brahma aus einer Lotosblume hervor, welche in dem Unterleib Wischnus wurzelt. Göll. Illustrierte Mythologie S. 380.

[4]) Analogie mit Ganglion solare. Vgl. unten die Phantasie von dem göttlichen Körper.

[5]) Die Darstellung der Götter mit einem tierischen Kopf und einem menschlichen Körper ist der ägyptischen Mythologie eigen. Brugsch. Religion und My-

3 Hörnern[1]): je eines rechts und links abwärts gehend und das dritte hinten in der geraden Richtung mit einer furchtbar vergifteten Spitze. Seine Haare waren schwarz, dunkelrot und grauviolett, strahlten ein furchtbares dunkelrot-schwarzgrünes Feuer aus und verbreiteten eine furchtbare Glühitze, so daß alle Anwesenden an die Wände sich zurückdrängten, verschiedene Frauen bewußtlos und verschiedene Knaben und Mädchen sterbend weggetragen werden mußten. Der Körper des Vaters war mit Haaren eines Ziegenbockes[2]) bedeckt. Die Geschlechtsteile waren mit einem furchtbaren Hodensack versehen, welcher drei furchtbar schwere Geschlechtsteine, den männlichen, weiblichen und sächlichen, enthielt. Die Rute war schwarz, dunkelrot, violett, groß und wulstig und wegen des kolossalen Blutandranges kugelig. An den Händen und Füßen hatte er doppelt gespaltene Krallen und

---

thologie der alten Ägypter. Erman, Ägypten. Über die Verehrung des Stieres, als Symbols der zeugenden Kraft s. Dulaure l. c. Im Zusammenhang mit dem Stier als einem Symbol des phallischen Kultus verweise ich noch auf eine Ausgrabung, ein Stierkopf mit doppeltem Phallus und einer obszönen Hand. Dulaure, l. c. Fig. 44, auch 132.

[1]) Zur Verehrung der Hörner als Pars pro toto vgl. die ägyptischen Darstellungen der Götter mit Hörnen mit oder ohne Sonnenscheibe (Osiris, Apis). Ebenso auch in anderen Mythologien, wie etwa: Zeus, Bacchus Tauricornis, Pan.

[2]) Der Ziegenbock war ebenso verehrt wie der Stier. In Ägypten war er in verschiedenen Städten angebetet. Nach den Zeugnissen von Herodot und Plutarch entblößten sich die Frauen vor dem heiligen Bock und trieben ihre Frömmigkeit noch viel weiter. Die griechischen und römischen Feldgötter Pan, Faunus, Sylvanus, Satyrus tragen Abzeichen des Bockkultus. — Nach dem Zeugnis von Plutarch nahm an dem Feste der Dionysien der Bock neben dem Phallus und den Erstlingen der Natur stets Anteil. — In Italien ließen sich die unfruchtbaren Sabinerinnen nach einer Wahrsagung des Orakels den Rücken und den Unterleib mit Bockriemen schlagen. Dieser Brauch wurde während der Lupercalia geübt: während dieses Festes hüllten sich nach dem Festmahl die Jünglinge in die Fälle der geopferten Böcke und liefen durch die Stadt. Die Frauen stellten sich ihnen in den Weg und ließen sich von ihnen mit Riemen, die aus den Fellen der Böcke geschnitten waren, schlagen, um fruchtbar zu werden. — Die Juden brachten alljährlich 2 Böcke vor die Stifthütte: den einen opferte man dem Herrn, den andern jagte man mit den Flüchen des Oberpriesters und mit den Sünden des Volkes beladen in die Wüste. Die Samaritersekte sollte den Böck Asima als Weltschöpfer angebetet haben. — Ich erwähne schließlich die Rolle des Bockes bei dem Hexensabbat und verweise auf verschiedene Volksbräuche. Dulaure l. c., Lehmann, Aberglaube und Zauberei.

Was die pathologische Symbolik anbetrifft, vgl. Bertschinger, Illustr. Halluzinationen. Dieses Jahrb., B. III, N. 1, Fig. 1.

Klauen. Der untere Körperteil[1]) verbreitete einen scheußlichen bestialischen Gestank. Vom oberen Körperteil hingegen ging ein Wohlgeruch, ein stark anziehender erotischer Geruch aus. Seine Nase war ein Vogelschnabel[2]), nach vier Seiten fürchterlich gekrümmt, mit furchtbar vergifteten Schnabelpfeilspitzen. Die Zunge war eine lebendige Schlange[3]) mit 9 Schlangenköpfen, welche Feuerglut und Flammen ausströmten. Die Augen waren furchtbare dunkelschwarze Kugeln mit einem Megärenstern in der Mitte[4]).

Paul Seemann stürzte sich in einem furchtbaren Sprung, mit einer ungeheuren Kraft auf seinen Vater und versetzte ihm einen Faustetoß mit der rechten Hand auf die Nasenwurzel[5]); dann richtete er schneller als der Blitz einen Schlag mit der linken Hand gegen den Hodensack und die Geschlechtsrute[6]), worauf der Vater mit seinem Stierkopf

---

[1]) Die Darstellung des Menschen mit einem tierischen Unterkörper war ein beliebtes Motiv der Antike (Sphinx, babylonische Cheruben) und des Christentums (der Teufel; gotische Ornamente, Malerei). Es handelte sich um die Darstellung des Gegensatzes der geistigen und tierischen Natur des Menschen. Rab-Abin behauptet im Talmud (Shabbat 119 b), Moses sei deshalb der Mann Gottes gewesen, weil er von der Mitte des Körpers nach unten ein Mensch und von der Mitte des Körpers nach oben ein Gott war. Unser Patient unterscheidet in demselben Sinne die Gerüche, welche aus den beiden Körperteilen herausströmen. Die Patientin von Bertschinger (l. c. S. 72) erklärt ihr Bild (Fig. 1) folgendermaßen: „Das Tier ist grau, ist ein Bock, ein Tier, Satyr und bezeichnet die Gesinnung des Menschen, von welchem es ein Teil ist."

[2]) Vögel — als Wollusttiere. Vgl. den Ausdruck „v . . . . .".

[3]) Ich verweise auf die uralte Bedeutung der Schlange als Libidosymbol; vgl. Jung, Wandlungen und Symbole der Libido. Es sei hier nur an das ägyptische Symbol der belebten Sonnenscheibe mit zwei Uräusschlangen (Brugsch l. c.), an die Rolle der Schlangen bei den Sonnenfesten (Dionysien z. B.), wo gezähmte Schlangen und mit Blumen geschmückte Phalli in Körben mit den Erstlingen der Natur herumgetragen wurden, an den Lingam zwischen zwei Schlangen bei dem Schlangengottesdienst der Indier (Dulaure l. c.). Auch in den illustrierten Halluzinationen Bertschingers (l. c.) spielt die Schlange eine große Rolle. Vgl. auch unten in der Urgeschichte die Phantasie von der Eva und der Schlange. Auch Märchen, z. B. Oda und die Schlange, Bechsteinsche Märchensammlung, zit. nach Riklin, Wunscherfüllung und Symbolik in den Märchen.

[4]) Megäre „die Scheelsüchtige", war eine von den drei Erinnyen, welche, wie bekannt, die Rächerinnen der Blutschande waren. Göll: Illustrierte Mythologie.

[5]) Der Schlag auf die Nasenwurzel ist mit dem Schlag auf die Genitalien identisch. Die Erklärung dieser Verlegung nach oben s. unten in der Urgeschichte.

[6]) Wie oft die Entmannung der Götter in den Mythen von verschiedenen Völkern vorkommt, zeigt folgendes von Dulaure (l. c.) zusammengestellte Verzeichnis: Osiris, der Sonnengott Ägyptens, wird in einen Koffer eingeschlossen

zerplatzte und von sechs[1]) starken Männern weggetragen werden mußte.

Die Alice Negro, meine liebe Ehegemahlin wurde einmal von einem solchen Ziegenbock furchtbar geschändet[2])."

Dieser Phantasie schließt der Patient noch zwei Phantasien von den Schlangen und von dem Skorpion an:

In der Nacht machte man auch Versuche mit den gefährlichsten Schlangen und Vipern. Man hetzte zuerst eine Brillenschlange auf seine Schamlippen; dann ließ man eine Menge Giftschlangen seinen Körper beißen: den Mund, die Zunge und die Lippen, dann die Augenlider und die Pupillen; dann in die Nasenwurzel und die Nasenspitze, in das Kinn, in die beiden Ohren und in das Trommelfell, in die Hodensteine, in die Hinterbacken und in den After, in die Eichel und in den Aufschnitt hinter der Eichel, dann in die Mitte und in die beiden Enden der Leistengegend, in die Oberschenkel, Kniescheiben und Unterschenkel, zwischen die Zehen und in die Spitzen derselben, unter die Nägel und in die Innen- und Außenflächen der Hände. Durch das Gift der Schlange treten nämlich vor dem Tode furchtbare Wollusttobsuchtsanfälle in dem ganzen Körper und besonders in den Geschlechtsteilen auf[3]).

Die Schlangen sind nämlich von furchtbarer sinnlicher, geschlechtlicher Bedeutung; denn bei ihnen weisen schon die Knochenlosigkeit,

---

und hierauf durch seinen Bruder Typhon zerstückelt, der den Geschlechtsteil in den Nil warf. Attis, der phrygische Sonnengott, verstümmelt sich selbst oder wird durch andere verstümmelt. Adonis, die phönizische Sonnengottheit, wird durch einen Eber am Geschlechtsteil verwundet. Bacchus oder Dionysos will in die Unterwelt hinabsteigen, um dort seine Mutter zu suchen; ein Jüngling bietet sich ihm an, ihn dorthin zu geleiten; aber der Jüngling stirbt und der unfruchtbare Phallus spielt in der Fabel eine sehr anstößige Rolle. Saturn schneidet seinem Vater, dem Uranos, dem Himmelsgott, die Geschlechtsteile aus. Jupiter macht dasselbe mit seinem Vater Saturn. Brahma und Wischnu, die indischen Hauptgottheiten, erdulden dieselbe Demütigung und sind zeitweilig zu derselben Unfruchtbarkeit gezwungen. Odin, der skandinavische Sonnengott, der im Gewölbe einschläft, wird durch den Fang eines Ebers seiner Geschlechtsteile beraubt; nach anderen beraubt er sich ihrer mit seinen eigenen Händen; er erlangt sie wieder durch die Pflege seines Weibes.

[1]) Die Zahl „6" bedeutet bei dem Patienten das Sexuelle, vgl. Ab. IV.

[2]) S. die irdischen Gestalten der Himmelskönigin.

[3]) Es handelt sich in dieser Phantasie um die phallische Vergiftung. Die Schlange wird hier zum phallischen Symbol der Zerstörung.

die enorme Muskelstärke bei den Umarmungen und mehrere tausend Ruten auf die Geschlechtsbegierde deutlich hin. Die Weibchen haben viele tausend Gebärmütter und Venusberge. Während der Begattung drängen sich die Ruten in die entsprechenden Gebärmütter ein; die Geschlechtsteile vervielfachen sich furchtbar schnell und in einer ungeheuren Zahl, was kein Arzt wisse. Die Schlange bedeutet den Übergang vom diesseitigen irdischen Leben zum jenseitigen Geisterleben; im Jenseits bildet sich die Schlange zu einem Geist von einem Menschen (Mann, Weib, Tier, Pflanze, Luftart oder Sache). Selbst Teufel können aus der Schlange entstehen, selbst furchtbar scheußliche Teufelswesen, welche nur Kniegelenke und Kniescheiben sind, was nichts anderes als geschlechtliche Dinge bedeutet[1]). Es gebe wirklich ganze Welten, welche nur Kniegelenke enthalten. Diese Welten führen nach oben zu den oberen Höllen, wo verhältnismäßig gute Teufel sind und nach unten zu Welten mit Staub und Moder und gräßlich entstellten Wesen, schließlich zu einem Chaos, wo nichts anderes als geschlechtlicher Umgang unter furchtbaren ungeheuren Schmerzen betrieben wird, indem die Wollust selbst dabei wie erloschen ist. Im besseren Dasein dagegen werden Wollust und alle möglichen Genüsse vorhanden sein, die sich noch immer vermehren und vervollkommnen und doch in bester Harmonie verbleiben werden. Diese Verwandlung wird durch die Himmelskönigin mit meiner Hilfe ausgeführt werden."

„Auch ein furchtbarer Skorpion[2]) wurde in den Mund[3]) des objektiven Ich gelegt. Der Skorpion hat die Gestalt eines Krebses gehabt

[1]) „Das Zusammenstoßen von zwei Kniegelenken erregt nämlich furchtbare Wollust."

[2]) Auch der Skorpion spielt eine gewisse Rolle in der Symbolik des Altertums, wie es u. a. folgende Legende zeigt: Vor dem Tempel der syrischen Stadt Hieropolis erhoben sich angeblich zwei gewaltige Phalli, je 55 m hoch, auf denen folgende Inschrift angebracht war: „Bacchus hat der Juno, seiner Stiefmutter, diese Phalli errichtet." Alljährlich sollte ein Mann den Gipfel eines von diesen Phalli erklimmen, Opfergaben für den Gott empfangen und Gebete an ihn richten und dort sieben Tage und Nächte wach bleiben. Wenn er etwa einschlafen sollte, würde ihn ein Skorpion empfindlich stechen (Dulaure l. c.). In dieser Legende spielt also der Skorpion die Rolle der Strafe für das Versagen der männlichen Kraft. In dem babylonischen Epos des Gilgamesch bewachen die Skorpionmenschen den Toreingang zu dem Berge Maschu: durch dieses Tor geht die Sonne ein und aus (Jensen, Das Gilgameschepos in der Weltliteratur). In den Illustrierten Halluzinationen (Bertschinger, l. c.) kämpft der „große rote Krebs" mit der Schlange, die zusammengerollt auf dem Herzen der Patientin liegt.

[3]) Nach einer anderen Fassung in den After.

mit 32 furchtbaren Stacheln am äußeren Rand der Augen und einem geraden Stachel zwischen denselben. Seine Füße hatten auch ganz krumme Stacheln. Einen Schwanz hatte er, wie ein Salamander, der Schwanz war aber unzerbrechlich. Auch sein Unterleib war furchtbar wollüstig und die Wolluststelle war durch die Zeichnung eines Lebensbaumes angegeben, wie ich ihn auf der Brust stehen habe[1]), diese Stelle war furchtbar feuerrot und schwarzgrau mit gelben Querstreifen. Der Skorpion hatte auch drei Geschlechtsteile[2]) wie ein Mensch. Er hatte einen Mund, wie ein Frosch ihn besitzt, und in dem Mund eine große Klapperzunge mit einem furchtbar widrigen Gestank und Gekreisch. Sein ganzer Körper war furchtbar wollüstig. Aus dem Mund und dem Unterleib des Skorpions, aus der Drüse, welche er auf dem Grund des Schwanzes hatte, floß Gift. Dieser Skorpion lebt im Wasser, auf dem Land und in der Luft als Vampir und kann sich in einen Menschen (Mann, Weib oder Kind) verwandeln, der ein fürchterlicher Teufel ist, aber ein Gesicht mit furchtbar wollüstigen Lippen und einen wunderschönen Körper mit furchtbar wollüstigen Geschlechtsteilen besitzt. Er ist ein Äthioper, ein vollblütiger Neger. Dieser Skorpion hat mich furchtbar mit den vorderen Stacheln in den Mund, in den Gaumen, in die Zunge und unter die Zunge gebissen. Als ich erwachte, hatte ich im Körper ein heißes Gefühl, wie beim Schwitzen."

Es ist auffallend, wie deutlich die Gestalt des Vaters des Patienten mit mythologischen Attributen versehen ist. Der Stier, der Ziegenbock und die Schlange sind nämlich Symbole aus der Mythologie der Sonne, der wiederbelebenden, verjüngenden und befruchtenden Kraft der Natur. Die ursprünglichen Ahnentiere — Totems — wurden in der weiteren Entwicklung der Kulte an den Himmel projiziert. Die grundliegende Vorstellung blieb auf den beiden Entwicklungsstufen dieselbe: die Vorstellung von der zeugenden Kraft der Sonne war mit der Vorstellung von der zeugenden Kraft des Menschen identisch, die Verehrung der männlichen Genitalien in den phallischen Kulten war mit der Anbetung der Sonne gleichbedeutend. Neben den Genitalien nahmen an der symbolischen Verehrung der Männlichkeit auch andere tierische Körperteile Anteil, wie z. B. die Hörner und der Fuß. Bei der Anthropomorphisierung der Götter blieben diese tierischen Anzeichen am menschlichen

---

[1]) Vgl. unten die Phantasien von der Urgeschichte und dem göttlichen Körper.

[2]) Männliche, weibliche und sächliche.

Körper als charakteristische Rudimente der durchgemachten Entwicklungsstufe zurück.

Auch der Skorpion steht in nahen Beziehungen zu der Sonne. In den Jahren 200 bis 700 vor unserer Ära trat die Sonne im Herbstäquinoktium in das Zeichen des Skorpions: der Skorpion stürzte nach den altertümlichen Begriffen die Sonne in die Unterwelt und tötete ihre befruchtende Macht. Es sei auch hier erwähnt, daß in derselben Zeitperiode die Sonne während des Frühlingsäquinoktium in das Zeichen des Stieres trat.

Halten wir uns jetzt einen Augenblick bei dem Opfer des vorderasiatischen Sonnengottes Mithra auf. Nach den Monumenten erfaßt der jugendliche Gott mit der einen Hand den gefallenen Stier bei den Nüstern, mit der andern stößt er ihm ein Messer in die Flanke... ein Hund[1]) leckt das aus der Wunde herausfließende Blut; eine Schlange befindet sich bei dem vorderen Fuß des Tieres, ein Skorpion beißt in seine Geschlechtsteile[2]). Nach der Legende entsteht aus dem Körper des sterbenden Tieres eine reiche Vegetation[3]). In einer auffallenden Analogie finden sich in dem aus der individuellen Phantasie des Patienten stammenden Bild des Kampfes mit dem Vater die meisten Symbole des den Stier tötenden Mithras wieder.

Folgende Phantasien behandeln die göttliche Abstammung und die Urgeschichte: Er war schon dreimal gekreuzigt[4]). Einmal unter den Juden, einem furchtbaren Hurenvolk, wo er die Keuschheit und den reinen Lebenswandel gepredigt hat. Bei der zweiten Kreuzigung lag er auf dem Rücken, auf dem Kreuz, die Füße übereinander, so daß die linke Ferse auf der rechten Fußwurzel ruhte. Dann habe ihm eine unsichtbare Hand einen langen Nagel durch die Füße langsam hindurchgestoßen und dann wieder langsam herausgezogen. Dieses grausame Verfahren dauerte drei Stunden. Dann wurde ihm durch die Mitte der linken Hand auch ein Nagel langsam gestoßen und wieder

---

[1]) Der Hund kommt auch unten (Ab. V) in einem Traum des Patienten (und auch in Verbindung mit einem „Rind") hervor.

[2]) Er „tötet die befruchtende Macht" des Stieres.

[3]) „So war der stiertötende Heros durch das Opfer, zu dem er sich entschlossen hatte, der Schöpfer aller heilbringenden Wesen geworden und aus dem Tode, den er herbeigeführt hatte, war ein neues reicheres und fruchtbareres Leben geboren." Cumont, Die Mysterien des Mithras.

[4]) Am Anfang des nächsten katatonischen Anfalles kommt in den Phantasien des Patienten neben der Kreuzigung das Aufhängen mit den entsprechenden Körperhalluzinationen vor.

ganz langsam herausgezogen, ebenso durch die Mitte der rechten Hand. Er bekam eine Weisung von der Fee, es sei furchtbar wichtig, daß er keine Bewegung mache — „nicht die Nase reinigen[1])!" — und darum lag er so lange trotz den starken Schmerzen in den Fersen und im Sitz, die er zuletzt beinahe nicht mehr aushalten konnte. Während des Ausharrens in dieser Stellung mußte er sich das Glück vorstellen, welches er allen Menschen wünsche, das Glück der Menschheit ohne Sorge, Kummer und schlimme Gedanken zu leben. Nach jedem Abschnitt der Kreuzigung habe er den Urin zum Abschluß lösen müssen.

Die Bruchstücke der eigentlichen Urgeschichte des Patienten lassen sich in drei Phantasien zusammenfassen. Ich gebe zuerst die Grundphantasie wieder, in welcher der Urinzest am deutlichsten zum Vorschein kommt: Er ist der Urgott, er ist der Urvater, er ist der Anfang. Durch den Atem seines Mundes hat der Urvater zwei Töchter geschaffen[2]): die Mathilde[3]) und die Hulda[4]). Die Mathilde ist der Teufel aus der schwarzen Kugel, der Hurengeist. Er mußte immer allein stehen und wachen[5]). Die Mathilde betäubte[6]) ihn mit einer Nieswurz[7]),

[1]) Vgl. die folgenden Phantasien von der Urgeschichte.

[2]) Der Hauch erscheint hier als das Gestaltungsprinzip der Welt. Der Zusammenhang zwischen Hauch — Geist — Seele ist eine uralte animistische Vorstellung. Das hebräische Nephesch bedeutet Atem-Seele-Gedanke-Geschöpf. Ebenso die hebräischen Worte ruach und neschameh, arabisch nefs und ruh, sanskrit âtman und prâna, griechisch psyche und pneuma, lateinisch animus, anima, spiritus, slawisch duch (duscha). — Tylor: Anfänge der Kultur. — Auch Analogien mit dem befruchtenden Windhauch sind in der Mythologie zu finden. Vgl. Jung, Wandlungen und Symbole der Libido, l. c. S. 165—166, 211—212. — Nach der über 5000 Jahre alten ägyptischen Königssage wurde die Mutter Amenophis III durch den himmlischen Feuerhauch befruchtet. Malvert, Science et Religion, zit. nach Rank. Der Mythus von der Geburt des Helden. Vgl. auch das biblische Motiv von der Beseelung Adams. Wünsche, Schöpfung und Sündenfall des ersten Menschenpaares.

[3]) Mathilde ist der Vorname der Schwester des Patienten.

[4]) Nach einer andern Fassung entstand die Hulda durch den Urin des Vaters und erhielt durch das Essen des Kotes vom Vater noch einen kleinen Teil der Eigenschaften desselben.

[5]) Vgl. die oben erwähnte Legende von dem Tempel in Hierapolis.

[6]) Der Kampf des Gottes mit dem Satan findet mannigfaltige Analogien in der Mythologie (Marduk-Tiamat, Osiris-Set, Indra-Drache, Herakles-Hydra, Perseus-Gorgona, Zeus-Prometheus, Adonis-Eber, Armuzd-Ahriman, Krischna-Jama). — Ich verweise auch auf den Samenraub (oder Feuerraub) als zentrales Motiv der Kämpfe der Helden.

[7]) Die schwarze Nieswurz (Helleborus niger) ist als Abortivum bekannt. Aigremont, Volkserotik und Pflanzenwelt.

durch deren Geruch die stärksten Menschen und Tiere blitzschnell getötet werden. Diese Nieswurz stand im Himmel auf einem Gestell von Quadersteinen und Gold und ragte in die Höhe bis in alle Unendlichkeiten[1]). Die Mathilde brach den Schaft entzwei, schlich sich an ihn von hinten heran, hielt ihm plötzlich den furchtbar betäubenden Nieszweig mit Blüten unter die Nase[2]) und schlug[3]) damit seine Geschlechtsteile. Sein Nabel[4]) wurde dadurch entzweigeschnitten, wodurch

[1]) Die Vorstellung von dem Baum des Lebens ist verschiedenen Mythologien nicht fremd: ich verweise auf den assyrischen und babylonischen Wunderbaum, auf den Haomabaum der iranischen Mythologie, auf den Boddhibaum der Inder, auf den Baum des Lebens und den Baum des Erkenntnis des Guten und Bösen in Eden, auf den Fichtenbaum des Attis, den Feigenbaum des Mithra, die Weltesche in der Prometheussage und die Esche Yggdrasil in der germanischen Mythologie. Vgl. Wünsche, Die Sagen von Lebensbaum und Lebenswasser. Die Idee des Weltbaumes hat nähere Beziehungen zur Vorstellung von der Herabkunft des Feuers und des Soma, auch im Alten Testament zu der ersten Sünde.

[2]) Die Nase als bisexuelles Symbol, s. Bleuler, l. c. S. 345.

[3]) In der iranischen Mythologie erlegt Rostahm den unverwundbaren Spandatata durch einen Pfeil, welcher aus dem Zweige eines Wunderbaumes geschnitten ist. Der auch unverwundbare Balder wurde durch die List von Loki mit einem aus dem Mistelstrauch geformten Ger getötet. Dieses Motiv ist öfter mit dem Motiv der einzig verwundbaren Stelle bei den Göttern und Helden vereinigt (Achilles, Adonis, Osiris, Balder). Anderseits ist das Schlagen mit einem Baumzweig, als Brauch zur Beseitigung der Impotenz und der Unfruchtbarkeit, bei verschiedenen Völkern verbreitet. Ich zitiere als Beispiel folgende Vorschrift bei den Südslawen: „Ist der Ehemann unfruchtbar, so nehme sein Weib von Ahorn Blüten und wedle damit den Zumpft und die Hoden ihres Mannes dahin." ‚O du Ahorn, grüner Baum, so wie du blütenreich bist, so möge auch meines Mannes Zumpft erblühen." Kraus, Beiwerke zum Studium der Anthropophyteia, B. I, Kap. XX. Auch der besonders in Deutschland verbreitete Brauch, die Frauen an gewissen Tagen über die verborgenen Körperteile mit Gerten zu schlagen („der Schlag mit der Lebensrute") erinnert lebhaft an die antiken Vorstellungen. Unter den verschiedenen Namen dieses Brauches ist besonders die Benennung: „kindeln" charakteristisch. Ein analoger Brauch existiert auch in Bezug auf die Tiere: man peitscht die Tiere, besonders die Kühe mit der Lebensgerte der Eberesche auf Hüfte, Kreuz und Euter, also auf die Fruchtbarkeits- und Geschlechtsgegend. Erst in späteren Zeiten schlug man die Frauen auf andere Körperteile, auf die Schenkel, die Waden, den Rücken, auf die Füße, die Hände, die Finger. Ebenda, Kap. XXI. Ich verweise auf dasselbe Motiv in den Märchen, z. B. in dem Märchen von dem Nußzweiglein. Bechsteinsche Märchensammlung, zit. nach Riklin, l. c. Über die weitere Entwicklung der Lebensgerte zum Zauberstab (Dionysos, Moses) vgl. Abraham, Traum und Mythus, S. 65.

[4]) Der Nabel ist bei dem Patienten die zentrale Stelle des Körpers, unter

drei Geschlechter entstanden — Männer, Frauen und Sachen — welche die Erde bildeten und sofort feste Gestalten annahmen[1]). Durch die Nieswurz betäubt, mußte der Urgott niesen, wodurch der Donner entstand[2]). Durch den Tropfen, welcher aus seiner Nase herunterfiel, wurde ein Durchgang zu einer schwarzen Höllenwelt gebildet. Es wurde ihm so schwindelig, daß er auf sie, die Hure, fiel. Mathilde begann sofort, ihn zu onanieren und steckte seine Geschlechtsteile ganz in ihre Brustzitzen; das waren furchtbar tiefe Löcher, schwarz und rot mit gelben Querstreifen umgeben, aus welchen dunkelrote und graugelbe Flammen und Ofenglühhitze von furchtbarer Intensität aufstiegen mit ungeheurem wollüstigem Behagen und einer fiebrigen Wollust, die immer gräßlicher wurde. Aus dem Mund der Mathilde kam infolge eines schrecklichen Unbehagens, was die Strafe für den Raub des Samens war, der Blitz, die Ursache ihres Todes[3]).

Die zweite Fassung derselben Phantasie:

Vor vielen Tausenden von Jahren lebte er schon. Einmal ist er auch der Nebelkönig[4]) Nebukadnezar, „der Gebenedeiete"[5]), gewesen. Dieser Nebelkönig hatte zwei Töchter, Wundergottheiten von Schönheit und höheren Eigenschaften: die ältere hieß Mathilde, die mächtige Streiterin; die jüngere Hulda, die holde, eine sanftmütige, liebe Tochter.

---

welcher sich ein sexuelles Gehirn, „ein Sonnensystem im verkleinerten Maßstabe", befindet. Verschiedene Gestalten, welche in seinen Phantasien auftreten (die Himmelskönigin, der schwarze Mann), entstehen bei ihm aus dem Nabel. Ich verweise auf die uralten Vorstellungen von dem Nabel der Erde. In Moskau zeigt man bis heute auf dem Kreml einen solchen Nabel. In der Brahmanenlehre ist dieser Nabel goldstrahlend. Nach persischen Vorstellungen brennt in dem Nabel der Könige das Feuer. Die Nabelgeburt kommt als infantile Sexualtheorie öfter vor.

[1]) Nach der indischen Vorstellung wurde der Urmensch Purusha zerstückelt. Aus seinen Teilen soll die Welt gebildet worden sein.

[2]) Ich verweise auf die uralte animistische Belebungstendenz der Naturvorgänge.

[3]) Das Motiv des Loth im Alten Testament.

[4]) Der vernichtende Gifthauch, der Pesthauch, ist besonders oft das Attribut einer Schlange oder eines Drachen, mit welchem ein junger Gott oder Held kämpft. Vgl. den Kampf Krishnas mit der tausendköpfigen Schlange Kaliyanaga, des Herakles mit der Hydra, Apollos mit Python. Vgl. auch in dieser Analyse den Kampf mit dem Vater und mit dem Teufel Mathilde. (Die Mathilde verwandelt sich in einer der nächsten Phantasien in eine Schlange.)

[5]) „Nebel = Nibel-ungen = nie belangen".

[6]) s. Nelken, l. c., Wortzerlegung III.

Dieser Nebelkönig hatte eine sehr große und schwere Aufgabe: er mußte immer stehen und wachen, weil er alle Welten zu regieren hatte. Wenn er einschliefe, müßte er dem Teufel, dem Mann der Finsternis, seine Macht abtreten. Der Teufel existierte zwar nicht, sollte aber in einer dicken, schwarzen, zu einem festen Körper gewordenen Weltkugel, welche sich durch furchtbare Hurerei der Menschen, Tiere und Pflanzen entwickeln werde, entstehen. Wenn sich der Nebelkönig einen Augenblick vom Schlaf übermannen ließe, also nicht wachsam genug wäre, so daß man ihn „belangen" könne, dann werde er den Anlaß zur Bildung des Teufels geben. Der Nebelkönig wurde aber einmal durch die Müdigkeit doch gezwungen, sich hinzulegen und wurde dann von der Mathilde durch Onanieren zum Beischlaf gezwungen, indem sie sich auf den Körper des Paul Seemann legte. Diese Mathilde hat seinen Körper viele Milliarden von Jahren zum Huren benutzt, ohne ein einziger Mal auszusetzen, wodurch sie aber selber wunderschön und mächtig wurde und bis auf die „kleine Büchse" alle seine Eigenschaften und seine Macht an sich gerissen habe. Dieser Leberfleck, die „Büchse", welche er hinter dem Ohr hat, wurde von ihr übersehen und ist gerade in einer der letzten Nächte zum Fallstrick des Teufels oder der Hure oder der Mathilde geworden. Er selbst wurde durch die beständige Abgabe des Samens furchtbar geschwächt.

Die Identifizierung des Patienten mit seinem Vater ist in diesen zwei Varianten ohneweiters klar. Schließlich kommt noch eine autoerotische Fassung derselben Phantasie zustande:

Als Urvater habe er immer Wache gehalten. Da kam über ihn ein Zweifel[1]) wegen seiner unscheinbaren Gestalt, seines eigentlich nicht schönen Gesichtes und seiner großen Schüchternheit und da mußte er lachen; er besaß jedoch eine ungeheure Macht, Weisheit und Stärke, um die Welten zu regieren, um dieselben nach seinem Willen ins Dasein ohne Mithilfe eines andern Wesens zu rufen. Nach dem ersten Lachen sei er furchtbar erschrocken gewesen, habe aber nicht recht gewußt, warum. Um nicht auf die Ursache des Lachens zu kommen, brach er aus Ärger und Verdruß einen Nieszweig und schlug mit ihm die linke und rechte Wade, dann die linke und rechte Hinterbacke, dann den Rücken, das Gesicht, die Brust. Durch die Schmerzen wurde er veranlaßt, Thränen zu vergießen, welche herunterliefen und auf diese

[1]) Nach der Anschauung der mazdäischen Sekte Gajomarthija entstand Ahriman durch den Zweifel des Gottes Jazdans.

Weise einen Durchgang zu einer furchtbar schwarzen Höllenwelt bildeten. Die Thränen seien Blut[1]) gewesen, darum sei das Blut so wichtig, darum mußten sich die Zauberer dem Teufel mit ihrem Blut verschreiben, um Kunststücke ausführen zu können. Das Blut[2]) mischte sich mit der dicken festen Finsternis[3]) zusammen und verwandelte sich sofort in einen wirklichen furchtbaren Teufel, in die Welthure, die Mathilde[4]). Dieser Teufel habe dann eine Welt mit ganz furchtbaren Wesen geschaffen, welche so gräßlich dem Geschlechtstrieb frönten, daß sie immer kleiner und gräßlicher wurden. Es seien wirkliche Teufel gewesen und doch wunderschön anzuschauen. Diese Teufel seien durch ihn, den Urvater, durch den Einfluß, welcher von ihm ausging, verhältnismäßig gut geworden, denn er sei ungemein gut und milde, liebevoll, barmherzig, demütig, bescheiden, durchaus nicht stolz, voll liebevoller Vater-Mutter-Kinderliebe, Sohnes-Tochter-Braut- und Bräutigamliebe. Er sei ein wirklicher Glücks- und Liebesgott gewesen ohne jeden Schatten von Sünde, schlechten Eigenschaften und Fähigkeiten. Er sei aber immer trauriger geworden, denn er habe immer allein gestanden und habe zusehen müssen, wie die Menschen doch nach und nach immer schlimmer geworden seien.

Die weiteren Schicksale des Urgottes schildert der Patient folgendermaßen:

---

[1]) Nach der persischen Vorstellung soll der Weltstier Abudad oder der Stiermensch Gajomart bei Beginn der Schöpfung sein Blut vergossen haben, um in Mithra wieder aufzuleben.

[2]) Nach allen drei Fassungen der Urgeschichte kann die Gleichung aufgestellt werden: Tränen-Nasenauswurf-Blut-Urin-Samen. Vgl. Stekel, Die Sprache des Traumes.

[3]) Die Vorstellung, daß die Welt einst Finsternis und Wasser gewesen ist, findet sich in den meisten Schöpfungsmythen. In dem von Alexander Polyhistor überlieferten Bericht von Berossus, Belpriester in Babylon um 300 Jahre v. Chr. heißt es: „Vorzeiten war das All Finsternis und Wasser und wunderbare Wesen von eigentümlicher Gestalt entstanden darin. Über sie alle herrschte ein Weib Namens Om'orqua (je) — (Mutter der Tiefe, Mutter der Unterirdischen — Übersetzung Gunkels) ... Bei diesem Zustand der Welt kam Bel (Marduk) darüber, spaltete das Weib mitten durch, machte aus der einen Hälfte die Erde, aus der andern den Himmel. Als nun Bel die Erde ohne Bewohner und Frucht sah, befahl er einem der Götter, ihm den Kopf abzuhauen, mit dem herabfließenden Blute die Erde zu vermischen und so Menschen und Tiere zu bilden ... Gunkel, Schöpfung und Chaos in Urzeit und Endzeit.

[4]) Nach einer anderen Fassung entstand Mathilde aus einem schwarzen See.

Die Mathilde wurde schwanger, bekam Zwillinge, Adam und Eva, und setzte sie ins Paradies. Dann verwandelte sie sich in eine Schlange. Die Schlange stach die Eva mit der Zunge in die Geschlechtsteile und steckte ihr die Zunge in die Scheide und den Schwanz in den Mund[1]), wodurch Eva furchtbar wolllüstige Lippen, Zunge, Gaumen und Zähne, auch Nase, Ohren und Haare bekam. Darauf entstanden auch die Brustwarzzitzen, welche einen furchtbar wollüstigen Reiz beim Weibe hervorbringen, wodurch die kolossale Geschlechtslust des Weibes entstand. Auch die weiblichen Exkremente sind furchtbar erotisch, ebenso der Urin, dann die Oberschenkel, die Waden, die Schienbeine, dann die Fersen, die Fußballen und endlich die Zehen mit furchtbar wollüstigen Nägeln; dann die Schultern, die Vorderarme, die Hände, die Finger, die Fingerspitzen; auch die Haupthaare und die Haare der Geschlechtsteile... (Hier unterbricht die Himmelskönigin diese Darstellung mit den Worten: „chaibe Züg, du saischt Sache"[2]), d. h. „Verfluchtes Zeug, du sagst merkwürdige Dinge".

So floß fortwährend aus dem Urvater der Samen viele Milliarden von Jahrtausenden hindurch, bis er schließlich zu einem Pünktchen zusammengeschmolzen ist. Er ist aber doch nicht verschwunden, weil er 550 Geschlechter gehabt habe; alle diese Geschlechtsteile verschwanden, bis auf drei. Das ganze Universum wurde von vielen Welten entleert, welche schon bestanden haben. Es entstanden immer wieder gute und schöne Welten; aber durch diesen Beischlaf wurden sie vernichtet, bis die jetzige Welt aufkam: die Nachkommen aus dem gestohlenen Samen sterben nämlich verhältnismäßig schnell. Die Mathilde verschwand in der Erde, wodurch die Erde — (voll Hurerei) — wohlriechend wurde. Nach einer andern Fassung hat die Hulda den ganzen Körper der Mathilde, nachdem sich diese der Gaben des Vaters be-

---

[1]) Eine Darstellung des Sündenfalles, in Koitussymbolik. Die Schlange spielt hier eine befruchtende Rolle.

[2]) Solche Bemerkungen wurden öfter während der Analyse von der Himmelskönigin gemacht. Während der Besprechung des Stammbaumes (s. u.) sagt sie z. B. dem Patienten: „du bist ein Lappi". Es ist übrigens zu bemerken, daß die Himmelskönigin stets Schweizerdeutsch spricht. In ihren Bemerkungen spielt sie die Rolle eines ironisch korrigierenden Zuhörers. Dieselbe Rolle spielt z. B. das Telephon bei der Patientin (B. S.) Jungs. Es handelt sich hier um eine personifizierte Selbstironie, um abgespaltene normale Reste des Ichkomplexes. Jung, Über die Psychologie der Dementia praecox.

mächtigt, mit Kot und Urin von ihr selbst überstrichen, insbesondere die Augen, die Lippen, den Busen und die Geschlechtsteile und hat einen furchtbaren Fluch über die Mathilde ausgesprochen, wodurch dieselbe niemals mehr ihre Stellung gegenüber Gott, dem Vater, erringen könne. Dann sei Hulda von der Mathilde furchtbar mißhandelt worden, so daß sich dieselbe in ein Büchschen zurückziehen mußte, zuerst eine Zeitlang am Halse des Vaters unsichtbar verblieben sei und sich dann ganz tief in dem Körper des Vaters, in der Milz, verborgen habe. Hulda ist eigentlich die Himmelskönigin. Nach der furchtbaren Schwächung durch die Mathilde sei der Urvater als ein kleines Überbleibsel von 50 Zentnern Gewicht in einer Kluft, an den Felsen gekettet[1]), gefunden worden. Dann kam der schwarze Zwerg und wollte ihn zu Hurereizwecken herausziehen. Der Oberpriester von Tibet, der Dalai Lama, zog sich in eine Zelle zurück, wo er Millionen von Jahren eingemauert, ohne Nahrung, Getränke und ungewaschen, im hypnotischen Zustand[2]) auf ihn, den Himmelskönig Paul Seeman, wartete, weil er in den Sternen gelesen hatte, daß er, Paul Seemann, als Gott Vater, Gott Sohn und Gott Heiliger Geist, der wahre Gott, nach vielen vielen Jahrtausenden auf demselben Weg wieder zu seinem Ursprung zurückkehren werde. Während des Schlafens des Priesters entdeckte ein schwarzer Zwerg die ganze Genealogie des Urvaters und nahm sie mit. Er wollte sich auch seiner Person bemächtigen, wurde aber von dem Priester daran verhindert, welcher plötzlich, durch sein subjektives Ich geweckt, erwachte. Dann machte der Dalai Lama den Paul Seemann zum Kaiser der jetzigen Welt und der Welten überhaupt. Der schwarze Zwerg war der Sohn der Mathilde, welche ihn durch den Beischlaf mit einem Gott, welcher sich Paul nannte, erzeugt hat.

Die Genealogie der Urvaters lautet folgendermaßen:

---

[1]) Eine Menge von Göttern waren in Felsen geboren (Zeus, Apollo, Osiris, Tammuz, Adonis, Mithra, Agni, Manu). Prometheus wurde zur Strafe für den Feuerraub an den Felsen gekettet. Auch Loki wird in der germanischen Mythologie an einen dreikantigen Felsen gekettet. Eine Schlange wurde über seinem Haupt aufgehängt, deren Gift über sein Gesicht träufelte.

[2]) Kala Naga, der König der Schlangengeister, hatte die ganze Zeit zwischen der Existenz des zunächst voraufgegangenen Buddha und der Erscheinung des neuen verschlafen. Naga sind eine Art von Dämonen mit Schlangenleibern und Menschenköpfen.

Urvater,
Besitzer aller Weltteile und Welten durch die Mathilde.

|

Himmelskönig,
Kaiser von Tibet und Mongolei, Besitzer aller Erdteile der Alten Welt.

|

Lhassa,
Dalai Lama von Tibet.

|

Der große Karl der Große.

|

Der kleine Karl der Große.

|

Peter der Große.

|

Alexander I. von Rußland.

|

Alexander von Humboldt.

|

Herr Nolz aus Hamburg.

|

Dr. Reding in Zürich.

|

Seine angeblichen Eltern.

Seine angeblichen Eltern haben ihn von dem Dr. Reding geraubt, wo er sich zur Erholung befand. Durch Millionen von Jahrtausenden hat er sich wieder erhoben und ist wieder gesunken[1]). Einmal z. B., als er, König der Gallier, Namens Hahn[2]) oder Attila, der Eroberer der Welt, gewesen, wurden die Eier, die Stammgenossen des Hahnes, durch einen Kondor, den größten Vogel, welcher überhaupt existiert, furchtbar dezimiert. Sie seien in eine Schlucht von Tibet gelockt und dort zusammengehauen und verkrüppelt worden. Der Kondor war der schwarze Zwerg, der Sohn der Mathilde. Er hat den Erlöser zu einem furchtbaren Krüppel gemacht.

Zum Schlusse der Urgeschichte kommt eine Phantasie, in welcher die Gestalt des Urgottes ausführlich beschrieben wird. Er habe einen wunderschönen kraftvollen Körper gehabt. Sein Gesicht war dasselbe wie jetzt, nur jugendlich und verschönert. Seine Haare seien seidenweich gewesen. Er habe himmelblaue Augen gehabt; die Pupillen seien ganz

[1]) Ich verweise auf eine vatikanische Bronzefigur, die den erigierten Phallus auf dem Kopfe eines Hahnes, der einem Menschentorso aufgesetzt ist, darstellt. Die Unterschrift lautet: *ΣΩΤΗΡ ΚΟΣΜΟΥ*. Dulaure l. c. Fig. 162.

[2]) Die unermeßlich großen Zeiträume zwischen den sich periodisch wiederholenden Weltentstehungen und -untergängen sind in Buddhismus unter dem Namen „Kalpa“ bekannt.

weiß mit roten Lederchen gewesen, die Iris hellrot mit weißer und blauer Inschrift in deutscher Kurrentschrift versehen: „Paul S., Lehrer von Z., ist der Erlöser aller Menschen und Welten. Seine Gesichtslippen sollen von einer besonderen Süßigkeit sein, wie sie in keinen Welten mehr gefunden werden könne. Unter seiner Nase und an seiner Rute soll sich ein Bogen befinden, wovon sich die wunderbarsten Gerüche entwickeln können. Im Halse habe er eine Milz, ein Samenorgan, welches sich durch den Kopf und den ganzen Körper verbreite. Sein Körper sei mit wunderschöner, seidenweicher Haut bedeckt. Auf dem Unterleibe, um den Nabel herum, habe er ein Sonnengeflecht: unter diesem Sonnengeflechte befinde sich ein zweites Gehirn, ein Sonnensystem in verkleinertem Maßstabe[1]), ungeheuer wollüstig und reizbar. An den Geschlechtsteilen habe er wunderschöne Reizhaare. (Hier fragt die Himmelskönigin: „und sonst nichts mehr?") Er habe auch wundervolle Geschlechtsteile: 3 je halbmeterlange Geschlechtsruten[2]), 2 Hodensäcke mit je 3 Hodensteinen. Unter seinen Hoden befinde sich eine Geschlechtsrose, welche sich durch einen roten Kreis auszeichne: in der Nacht kommen Tausende von Männern und Frauen; die Frauen küssen[3]) seine Rute, die Männer die Geschlechtsrose[4]). Diese Rose, das Organ der höchsten Wollust, sei durch seinen ganzen Körper, durch den Mund, herausgezogen worden. Die Himmelskönigin habe sie in ihrem Munde zu einem schwarzen Brei zerkaut und verschluckt. Diese Masse kam wie ein Pfeil aus ihrem Bauchnabel zum Vorscheine und glitt dann durch seinen Bauchnabel in seinen Körper wieder hinein, wodurch er, Paul Seemann, Lehrer von Z., der Gott Zebaoth mit dem lieben Gott Eva, seiner innigst geliebten Frau Ehegemahlin, seiner unsichtbaren, edelsten und treuesten Freundin, der Himmelskönigin und Hure unzertrennlich verbunden worden sei. Auf der Brust habe er einen wunderschönen Lebensbaum mit wundervollen roten und weißen Früchten. Diese Früchte oder Kugeln bedeuten die Welten. Der Baum endet in einer Halbkugel, wo sich eine Taube befindet, alles überschattend, einfassend und erfüllend. Noch höher oben befindet sich ein Adler[5]), dessen Flügel sich in der Ferne verlieren und welcher das Aufwärtssteigen bedeutet. Über dem Baume befinde sich eine Decke, wie ein Pelz. Sein Samen sei milchweiß, wie Ziegen- und Wolfmilch zusammen, sein Kot — wie Ziegen- und Wolfskot. Sein Urin sei wie hellgelbes Stroh, mit einer kolossalen zerstörenden Kraft und einem nicht unangenehmen Geruch. Seine Kleidung

[1]) Die alte medizinische Auffassung des Ganglion solare.

[2]) Die dreifache Darstellung des Phallus ist der Mythologie durchaus nicht fremd: die während der Pamylien herumgetragene Figur des Osiris war nach Plutarch mit drei Phalli versehen: die Zahl „3" sollte die unbestimmte Mehrheit bedeuten. Dulaure l. c.

[3]) Vgl. den Priapuskuß bei den Hellenen und Indern. Dulaure, l. c.

[4]) Geschlechtsrose = weibliche Genitalien.

[5]) In den Mythen von der Herabkunft des Feuers und des Somatranks nistet angeblich auf dem Lebensbaum ein Vogel, manchmal ein Adler. Vgl. auch Abraham, Traum und Mythus.

sei auch wunderschön: er besitze einen Mantel, welcher eigentlich mit seiner Haut verwachsen sei; es sei eine besondere Art von Haut, etwas Eigentümliches; sie gehe vom Bauchnabel über die Geschlechtsteile nach unten aus; darüber habe er einen roten Mantel, wieder eine eigentümliche Haut[1]). Dieser Mantel fällt zuerst unter den beiden Armen herunter und dann von dem Hals wieder herunter über den ganzen Körper sich ausbreitend.

Auf dem Kopfe habe er eine Krone[2]) von zweimal 13 wunderschönen Damen und Frauen, darüber ebensoviel Mädchen und Knaben. Darüber stehe noch eine einzelne Dame mit wunderschönen Eigenschaften und Fähigkeiten, mit männlichen, weiblichen und sächlichen Geschlechtsteilen. Ihr Urin sei von allen Regenbogenfarben, ihr Kot von quecksilberner Beweglichkeit, ihr Samen von weißer und schwarzer Farbe.

Er selbst stehe auf einer kolossalen Säule, welche von vielen tausend Kreisen gebildet sei. Die Kreise bestehen aus je zwei Männern und Frauen, Mädchen und Knaben. An der Spitze stehe seine erste Ehegemahlin, seine liebe Eva, mit ihm zusammen einen Körper bildend, wie zusammen gewachsen[3]). Über diese zwei Gestalten erhöhe sich noch eine dritte, er selbst, in seiner ganzen Wunderkraft.

Gegen das Ende des Anfalles begann das objektive Ich von dem subjektiven Ich Beweise zu verlangen, daß er wirklich der Urvater sei. Wenn das subjektive Ich es ihm nicht beweisen könne, dann sei es ein Lump. Der Patient beruhigte sich allmächlich und sperrte schließlich die ganze Urgeschichte und die sexuellen Orgien ab. Auch die Himmelskönigin nahm wieder viel modernere Gestalten an.

Wen repräsentiert die Himmelskönigin in den mehr oberflächlichen

---

[1]) Diese besonderen Kleider erinnern an die mythologischen Tierhüllen. Es gehörte zu den Bräuchen verschiedener Kulte, sich in die blutigen Tierhüllen zu kleiden. Jung, Wandlungen und Symbole der Libido, l. c. Vgl. auch die Schilderung des Helios in der Mithrasliturgie: der Myste soll „einen Gott sehen, jugendlich, schön, mit feurigen Locken, im weißen Gewande und im scharlachroten Mantel mit einem feurigen Kranze". Dieterich, Eine Mithrasliturgie.

[2]) Nach einer andern Fassung hat er noch eine Aura, einen magnetischen Schein, wie eine Strahlung, die seinen ganzen Körper umgibt. Strahlung = Sonnenbild, vgl. Jung, Wadlungen und Symbole der Libido. l. c., S. 201. Fußn. l.

[3]) Die zusammengewachsene zweigeschlechtige Figur, welche auf der Spitze der Säule steht, ist uralten Ursprungs und besonders als Motiv in der indischen Mythologie beliebt. Nach dem obenerwähnten babylonischen Bericht des Berossus entstanden aus dem Chaos unter anderen Wesen auch solche, die einen Leib und zwei Köpfe hatten, einen männlichen und einen weiblichen und ebenso doppelte Geschlechtsglieder vom Mann und Weib. (Gunkel, l. c.). Die Gnostiker und die Kaballa schrieben auch dem ersten Menschen zwei Gesichter und eine mannweibliche Gestalt zu, bevor Gott die Geschlechter getrennt hat. Schultz, Dokumente der Gnosis.

Schichten des Unbewußten bei dem Patienten? Die Himmelskönigin selbst ist, wie gesagt, die Vertreterin der unsichtbaren Welt; er sei der Vertreter der sichtbaren, der irdischen Welt. Durch die Vermählung der beiden komme eine Verschmelzung zustande, welche in einer Umwandlung aller Menschen und Welten bestehe. Auf der Erde ist die Himmelskönigin durch verschiedene Frauengestalten und Bilder vertreten. Die erste Verkörperung, die Anna Euler, soll eine Waschfrau in Burghölzli sein. Das ist übrigens eine Imago für noch vier oder fünf weibliche Personen, Wasch- und Küchenmädchen, welche der Patient gesehen hat, als er behilflich war, die Speisen auf die Abteilung zu tragen. Die Comtesse de Valorbes sei eine frühere Schülerin von ihm. Sie war in jeder Beziehung ein sehr nettes Mädchen, gut gestaltet, hatte ein schönes Gesicht. Sie sei die Tochter eines Malers gewesen. Das Mädchen war überaus anhänglich und wollte hie und da in der Schule an ihm emporklettern, solche Freude habe sie an ihm gehabt. Sie hatte ihn lieb „wie ein Teufel"; sie konnte alles mögliche tun, sogar ein Verbrechen aus Liebe zu ihm begehen, sogar Kot essen und Urin trinken. Sie sei wahrscheinlich mütterlicherseits vornehmer Geburt, vielleicht eine Kaiserin von Japan und China und stamme auch aus der berühmten Malerfamilie Holbein in Holland. Durch die Heirat im Kanton Waadt sei sie Comtesse geworden. Mit ihrem Gemahl, welcher durch verfehlte Spekulationen sein ganzes Vermögen verloren hat, habe sie geschlechtlich nicht verkehren wollen. Alice Negro, die Hauptdarstellerin der Himmelskönigin, sei eine flüchtige Bekanntschaft aus seinem 14. Lebensjahr: sie sollte seine Begleiterin bei einer Hochzeit sein. Sie sei aber nicht gekommen, und so habe der Patient allein hinter allen Gästen herstolpern müssen. Einmal will er sie auch im Römerhof[1]) getroffen haben, sie habe ihm freundlich zugelächelt.

„Die Alice Negro", erzählt der Patient weiter, „mußte auf Betreiben ihres Vaters einen reichen Marquis heiraten, welcher aber kurz nachher an einer Lungen- und Geschlechtskrankheit starb. Sie wollte aus Liebe zu mir keinen geschlechtlichen Umgang mit ihrem Manne haben. Sie zitierte dann meinen Samen. Darauf erschien vor ihr ein wunderschöner Mann, welcher sich aber sofort in einen Ziegenbock verwandelte und sie geschlechtlich mißbrauchte. Während des geschlechtlichen Aktes mußte der Ziegenbock von ihr weggerissen werden: der Geschlechtstrieb sei nämlich bei einem Ziegenbocke so ungeheuer groß, daß ein erwachsener Mensch von der Wollust zerspringen könnte. Alice wurde dann von ihren

[1]) Römerhof ist ein Platz in Zürich. Ich verweise auf die Symbolik der Namen in den Phantasien des Patienten (Hohlbein, Römerhof, Innozenz).

Verwandten verstoßen. Sie wurde klein, mißgestaltet, körperlich häßlich und geistig anormal und wurde dann in eine Irrenanstalt gebracht. Der Direktor der Anstalt habe sie gezwungen, ihn zu heiraten: sie habe aber verlangt, daß sie in geschlechtlicher Beziehung von ihm unberührt bleibe. Durch die Anwendung der Reibesitzbäder nach seiner Art (mit dem Zurückziehen der Geschlechtsteile und unter der strengen Gedankenkontrolle) wurde sie wieder schön und gesund. Es sei einmal auch ein Hurer in der Gestalt eines Mönches, eines furchtbaren Frauen- und Mädchenschänders, des Papstes Innozenz III. gekommen. Er war ganz nackt und wollte sie mißbrauchen. Sie hat dann furchtbar geschrien und der Hurer verschwand, indem er mit einem Kreuzzeichen bezeichnet wurde. Sein Abteilungswärter habe aus dem Zimmer der Alice eine Seife stehlen wollen, welche sie aus seinem Samen hergestellt habe. Diese Seife mache wunderschön, kräftig und akademisch gebildet; es sind eben in seinem Samen alle möglichen herrlichen Eigenschaften und Fähigkeiten enthalten. Die Himmelskönigin habe gegen den Wärter nur einen scheußlichen Geruch ausströmen lassen, dann sei er wie tot auf den Boden gestürzt.

Eine weitere Himmelskönigin, die in der Einführungsformel des Patienten nicht enthalten ist, ist die Marie Peter. Das ist ein Mädchen, das im Hause seiner Eltern erzogen wurde. „Sie ist", wie der Patient behauptet, „unehelich und verwahrlost gewesen. Sie war keine Schustertochter, wie man sagte, sondern stammte aus einer vornehmen Familie und war der Kaiserin Elisabeth ähnlich. Das Mädchen gefiel mir und ich habe ihr einmal trotz meiner Schüchternheit den Hals mit meinem Arm umschlingen und sie küssen wollen. Im letzten Augenblick habe ich es aber doch nicht gewagt ihr einen Kuß zu geben. Diese Marie Peter wurde schon als Kind von meinem Vater verhurt und fing nachher an weiter zu huren. Mit 10 Jahren hatte sie schon ein Verhältnis. In Z. führte sie ein Hurenleben; einmal zeigte sie mir ein Mädchen, welches ihr sehr ähnlich sah: das sollte ihr uneheliches Kind sein." Eine weitere Gestalt der Himmelskönigin ist ein Mädchen, welches ihn auf der Straße über den Weg nach einem Dorf gefragt habe. Er habe von ihr einen Kuß bekommen. Sein Vater habe es bemerkt und habe ihn seither geschlagen und mißhandelt. Noch eine Gestalt der Himmelskönigin ist die Prostituierte, mit der er seinerzeit verkehrt hat. Nun kommen bei ihm auch die Bilder von Mädchen, welche er in Büchern gesehen hat. Er habe noch in Z. verschiedene Photographien von schönen Mädchen gekauft. Im Graphic habe er einmal das Bild eines schönen Mädchens gesehen mit wunderschönem Gesicht, roten Wangen und aufgelösten Haaren. Schließlich habe ihn die Himmelskönigin auf ein Bild in der Gartenlaube aufmerksam gemacht: Die „Alfsonne", ein schönes Mädchen mit aschblonden aufgelösten Haaren habe einen Wasserkrug in der Hand. Neben dem Mädchen stehe ein starker Mann, Sigurd. Auf ihrer Schulter sitze ein Rabe, welcher mit dem Schnabel ihren Mund berühre. Alfsonne schaut etwas träumerisch abwärts. Er habe das Gefühl, Sigurd selbst wisse von dem Geschlechtstrieb nichts[1]). Das Mädchen habe ihm gefallen, er habe sie zitiert, indem er auf ihre Lippen und ihre entblößten Arme und Füße geschaut habe. Sie stamme warscheinlich aus einer reichen vornehmen Familie Esterhazy. Sigurd sei vielleicht sein Ich gewesen. Der Rabe sei der Teufel; er müsse dabei an seinen Vater denken. Die Raben seien nämlich die verfluchtesten Vögel; sie seien verflucht wegen ihrer wollüstigen Triebe. Von ihnen stammt der Ausdruck „v . . . . .". Bei dem geschlechtlichen Umgang seien sie so heftig, daß sie innerhalb von ¼ bis ½ Stunde zugrunde gehen. Alle Mädchen, welche die Himmelskönigin repräsentieren, seien einer Photographie seiner Mutter aus ihren Jugendjahren, wo sie als eine Schönheit dargestellt ist, „furchtbar ähnlich". Es fällt auf, daß die meisten Gestalten der Himmelskönigin den Liebesbedingungen bei der Objektwahl der Psychoneurotiker entsprechen[2]). Es finden sich in der Darstellung „der geschädigte Dritte", die Dirnenliebe, die Erhöhung des zur Dirne herabgesetzten Liebesobjektes und die Rettungsphantasien. Alle diese Bedingungen lassen sich auch in unserem Fall auf die stark ausgesprochene Elternkonstellation zurückführen[3]).

In der Zeit, in welcher der Patient zum Katholizismus übertreten wollte, schildert er die Himmelskönigin in ganz besonderer Weise.

[1]) Die Alfsonne ist eine Gestalt aus der nordischen Ballade „König Sigurds Brautfahrt" von Emanuel Geibel mit Originalzeichnungen von E. Weißer.

Der greise König Sigurd hat auf einer Maifahrt ein Königskind Alfsonne getroffen und um einen Trunk Wasser gebeten. Der Anblick der Jungfrau weckt heiße Gefühle in des alten Königs Brust, aber die Jugendliche spottet seiner Werbung. Der Zurückgewiesene schwört Rache für die Schmach. In einer Schlacht fallen die Verteidiger der Alfsonne, sie selbst nimmt sich durch Gift das Leben. Der Seekönig läßt den Leichnam der Braut auf sein Hochzeitsschiff tragen, besteigt selber das Schiff und während dasselbe ins Meer stößt, setzt er es zur eigenen Feuerbestattung in Flammen. Gartenlaube 1902—1903, S. 393.

[2]) Freud, Beiträge zur Psychologie des Liebeslebens. Dieses Jahrbuch, II. B., 2.

[3]) Es muß hier erwähnt werden, daß der Begriff der Himmelskönigin der Mythologie und insbesondere den vorderasiatischen Sonnenkulten nicht fremd war. Es handelt sich dabei immer um eine Muttergöttin, welche in einem erotischen Verhältnis zu ihrem Sohn steht, um eine Mutter und Geliebte eines Gottes zugleich. (Isis-Horus, Aphrodite-Hermes, Maja-Agni, Istar-Tammuz, Astarte-Adonis, Kybele-Attis, Tanit-Mithra).

Er selbst sei katholisch geboren, weil er von der Jungfrau Maria auf die Welt gesetzt sei: er sei in die Welt geschickt worden, um alle Menschen und Welten zu erlösen. Der Papst, der Vertreter der Himmelskönigin auf Erden, habe sie beide verflucht und verdammt, nachdem er seinen Brief mit der Anzeige der Vermählung bekommen habe. Sie sind dann beide zum Protestantismus übergetreten. Die Himmelskönigin, als unsichtbare Fee, stellte sich der Patient als eine Welthure, eine Walze mit allen möglichen Geschlechtsteilen und Genüssen vor, welche in der Zukunft noch mannigfaltiger sein sollen. Sie habe einen großen, ungeheuer schönen Körper[1]). Die unsichtbare Himmelskönigin sei aus seinem Körper, wie sein subjektives Ich, durch den Nabel entsprungen. Die Alice Negro habe sich, um eine innige Verbindung mit ihm herzustellen, durch Wille und Vorstellung in seinen Körper versetzt und dann sei sie wieder durch den Nabel herausgegangen. Sofort nach dem Herausgehen sei sie von anderen Menschen vergewaltigt worden. Sie habe auch mit ihm als Hure verkehrt.

Einmal bemerkte er beim Erwachen, daß sechs Männer bei seinem Bett standen, die sich sofort, als er die Augen öffnete, schnell hinunterbückten, als wollten sie sich verbergen und nachher die Hände beim Brunnen wuschen. Hinter der Türe hörte er ein Frauenzimmer heftig weinen, wie wenn es sich nur mit größtem Schmerz von ihm getrennt hätte. Er selbst hatte ein starkes Wollustgefühl in den Geschlechtsteilen gespürt, wie sonst niemals in seinem Leben. Die Himmelskönigin mußte also mit ihm einen Beischlaf ausgeübt haben. Weil sie damals mit ihm noch nicht vermählt war, ist sie zur Hure geworden. Von diesem Beischlaf habe sie von ihm fünf Kinder bekommen. Die Himmelskönigin sei mit ihm unzertrennlich verbunden. Um das anzudeuten und zu verwirklichen, müsse er nach dem Onanieren sich mit dem Samen einreiben[2]). Er stellte sich dabei ihren Körper und ihre Geschlechtsteile vor. Sein Samen soll in die Geschlechtsteile der Himmelskönigin gelangen und von dort in seinen Körper zurückkehren und eindringen. So vereinige er sich mit der Himmelskönigin und befruchte sich selbst durch die Onanie. Durch seine rechtmäßige Vermählung und dauernde

[1]) Jung verdanke ich die mündliche Mitteilung, daß der ganze Körper Indras zur Strafe mit weiblichen Genitalien bedeckt worden ist, diese wurden nachher in Augen verwandelt.

[2]) Jung verdanke ich den Hinweis auf die Analogie dieser Handlung mit der Salbung und Übergießung des Lingams und Phallus in den phallischen Kulten. Ich verweise auch auf das Übergießen des neugeborenen Agni in Rigveda mit Milch, Butter und Somatrank.

Vereinigung mit der Himmelskönigin soll die ganze Menschheit erlöst werden. Sein Streben sei eigentlich dem Streben der Himmelskönigin ganz entgegengesetzt. Er wolle keinen Samen mehr abgeben und strebe danach, durch völlige Enthaltsamkeit, ungeheure Kämpfe und Qualen zur Gesundheit und Vollkommenheit zu gelangen. Die Himmelskönigin will ihn zum geschlechtlichen Umgang und zur Vermählung bewegen. Sie sei das Weibliche, der wahre Gott, die Eva. Durch die Vermählung mit ihm, einem Wesen, das einen so wundervollen, unerschöpflichen Samen hatte, werden sie beide zu einem ganzen Gott: die Menschheit wird erlöst, damit sie alle möglichen Genüsse ohne Schwächung und Schmerzen in der vollen Harmonie erlange. Die Vermählung mit der Himmelskönigin ist aber nicht so einfach und sie spielt öfter ihm gegenüber eine zweideutige Rolle. Manchmal kann er sogar die Lüge von der Wahrheit nicht unterscheiden. Es sind nämlich verschiedene Kontrakte vorhanden und sie dient verschiedenen Parteien. Der Zweck der Gegenpartei ist, ihn von der Himmelskönigin wegzudrängen, aus dem zukünftigen Reich und den zukünftigen Genüssen ihn zu beseitigen. Er soll doch in dem neuen Reich allein über alle Welten herrschen. Das Haupt der feindlichen Partei ist der Direktor der Anstalt, der Hausvater, welcher in dem zukünftigen Reich Majordomus sein und die Himmelskönigin wiedererwerben wolle.

Seine Feinde wollen ihn durch Gift und Gasgerüche[1]) beseitigen. Man menge ihm ungeheure Dosen Gift, Arsenik und Paraffin in das Essen. Man macht zu diesem Zweck auch Versuche mit Tausenden von Zuchttieren, Pferden und Hunden. Man habe den Tieren durch Einschnitte an den Ruten, an der Zunge, im Mund und an den Waden Gift in die Geschlechtsteile getan: Belladonna, Paraffin, das furchtbare Pfeilgift der Inder, Atropin, Arsenik, Blausäure und Salmiakgeist. Die Tiere seien plötzlich unter fürchterlichen Schmerzen und Zuckungen, wollüstigen Erregungen und Erektionen tot hingefallen und seien sofort nach dem Tode gräßlich entstellt und verfault gewesen[2]).

3. Der dritte katatonische Anfall.

Die Fortsetzung des Inzestes.

Klinische Darstellung. Seit Ende April ist der Patient wieder unruhig, schläft schlecht in der Nacht, will beständig zu der Tür, begeht

[1]) Patient will einmal in der Nacht eine Sägemühle gehört haben und macht dabei folgende schizophrene Umkehrung: Säge = Sag = Gas.

[2]) Es handelt sich wieder um ein Bild der libidinösen Vergiftung, welche diesmal direkt auf „die Tiere", auf „das Tierische" appliziert wird.

merkwürdige Handlungen, uriniert z. B. in den Pantoffel oder wirft sein Taschentuch in den Abtritt und bleibt sehr zurückgezogen und niedergedrückt. An einem Tage ist er sehr stuporös, will mit dem Abteilungsarzte nicht sprechen und wendet sich von ihm ab. „Alles sei verloren, er wolle mit dieser Erde nichts mehr zu tun haben, nur mit der Himmelskönigin möchte er weiter verkehren." In den Wachsaal versetzt, liegt er dort starr im Bette, verbigeriert stets: Merci, Merci, Merci — 3 mal gesagt", „Messer, Messer, Messer, Messer — 4 mal gesagt" usw. Gegen Abend stieg er vielmal aus dem Bette, sprach von Kohlendunst und Gift, wurde immer lauter und aggressiv gegen andere Patienten. Er wird darauf in den unruhigen Wachsaal versetzt. Dort liegt Patient am folgenden Tag absolut negativistisch im Bette. Der Mund ist in Schnauzkrampf verzogen, die Augen sind geschlossen. Er wendet sich sofort ab, wenn man ihn anspricht; sogar mit dem Verfasser, auf den er sonst gewöhnlich eine deutliche Übertragung hatte, will er nicht sprechen. Unrein, schmiert. Am Abende sitzt der Patient im Bette gebeugt und bewegt sich langsam nach vorne und nach hinten; plötzlich beginnt er freudig auf- und abzuschnellen. — Auf Fragen gibt er keine Antwort, spricht aber manchmal monoton vor sich hin. Er spüre Schmerzen in der rechten Ferse, wie bei der Kreuzigung . . . die Himmelskönigin werde von den Menschen geschändet . . . er sei keinen Augenblick sicher, vergiftet zu werden . . . er sei allein mit der Himmelskönigin auf der ganzen Erde geblieben. Dieser Zustand dauerte noch einige Tage. Der Patient kam nach und nach zum Sprechen, beruhigte sich allmählich und konnte wieder auf die halbunruhige Abteilung versetzt werden.

Psychischer Inhalt. Die Zeit zwischen dem zweiten und dritten katatonischen Anfall ist eigentlich die Zeit der Erwartung der Himmelskönigin und auch der Angriffe seitens der feindlichen Partei. Patient bleibt ganze Nächte im Bette wach oder steht bei der Türe, bereitet sich zum Abgeholtwerden oder zum Beischlafe vor: er geht z. B. in den Kleidern ins Bett, will einmal auch den Hut ins Bett mitnehmen, oder zieht sein Hemd aus und macht in seinem Bette Platz für die Gemahlin. Es scheint ihm, daß die Himmelskönigin in der Nähe sei, sie verkehrt geschlechtlich mit seinen Feinden: er lauscht und schaut zu. Manchmal hört er draußen die Himmelskönigin wie in Verzweiflung flüstern und vernimmt gleichzeitig das unheimliche Gemurr eines Stieres. Gegen Morgen versinkt er ganz erschöpft in Schlaf. Gegen Anfang des Anfalles ändert sich dieses Bild in charakteristischer Weise. Patient bemerkt z. B. in der Nacht, daß sich eine Luftmasse an seine Genitalien drückt: er glaubt, daß sich diese Luftmasse zur Himmelskönigin „materialisieren" werde, es treten aber andere Erscheinungen ein. In der Nacht sah er, als er bei der Tür stand, plötzlich den untern Teil eines Gesichtes, den Mund eines Weibes, so daß er den Eindruck bekam, es könne seine Schwester sein: das Gesicht hat die gleichen Lippen gehabt wie seine Schwester; es ekelte ihn vor diesem Gesichte. Dann rief er sich das Bild eines schönen Mädchens zurück, das er in einem grünen Heft gesehen hat. Die ganze Nacht hatte er starke Erektionen und mußte onanieren; im Bette lag er zwischen sammetweichen Körpern, wie in Flammen, beim Erwachen onanierte er wieder. In der folgenden Nacht schien ihm das Zimmer ganz fremd. Er wurde geweckt und die Himmelskönigin sagte ihm, daß seine vermutliche Schwester Mathilde im Zimmer sei und ihn küssen wolle. Es schien ihm, als hätte sie ihn in ihre Gewalt bringen wollen. Wenn er im Bette gewesen wäre und geschlafen hätte, dann hätte sie sich seines Körpers bemächtigt, dann wäre er verloren gewesen, im Körper und im Geiste wäre er zu seiner Schwester hinübergezogen, dann wäre er zum Teufel geworden. Er blieb dann bei der Tür, damit sie sich nicht „dematerialisieren" könne. Bei der Tür muß er das Bewußtsein verloren haben, und dann fühlte er wie einen Schlag auf die Stirn und die Nasenwurzel. Er hatte den Eindruck bekommen, er habe furchtbar mit der Schwester gekämpft und furchtbar mit den Fäusten dreingeschlagen. Im Bette neben ihm sei ein Mann, wie der Majordomus, gewesen. Dieser Mann hat ihm seine Rute über die Augen gehalten und Urin darauf abgelassen. Nachher habe sich in diesem Bette seine Mutter befunden „mit dem Inhalte von allen Verwandten der Mutter". Auf sein Bett sei wieder die Luftmasse gekommen. Er glaubte wieder, es sei die Luftmasse von seiner Ehegemahlin, es habe sich aber ein Brandgeruch verbreitet, die Masse stammte wahrscheinlich von seiner Mutter, welche ihn benutzen wollte. Um sich gegen die Angriffe der Mutter zu wehren, habe er mit Fäusten gegen seine Geschlechtsteile geschlagen. Am nächsten Morgen habe im Bett eine ganz fremde Gestalt gelegen. Er hatte überhaupt den Eindruck, daß der Samen aus seinem Körper durch höllische Mächte herausgepumpt werden könne. In verschiedenen Körperteilen habe er die Gifte gespürt, welche in seinen Körper eingeführt worden seien, gegenwärtig und in der früheren Zeit. In verschiedenen Teilen seines Körpers haben sich Giftmischungen gesammelt; es kam ihm vor, als habe er einen ungeheuer starken Körper, welchen man durch nichts umbringen kann. In den Unterschenkeln hatte er einen besonderen Schmerz — sie seien wie gebrochen gewesen — er hatte das Gefühl, wie wenn er mit schweren Eisenstangen Schläge auf die Beine bekommen hätte. Durch alles, was er beobachtet hat, bekam er den Eindruck, daß es eine wunderbare Nacht gewesen sei und daß er doch Gott sein müsse. Es war wie ein Zurückgehen zum Urgotte; es schien ihm, daß er wieder von Menschen gekreuzigt, gehängt[1]) worden sei: es sei ihm so gewesen, wie wenn ihm die Knochen im Halse auseinandergegangen wären, und er könne tatsächlich nicht schlucken. Es kam ihm auch vor, wie wenn die Himmelskönigin eine Urgöttin gewesen wäre, als sei sie in die Vergangenheit noch weiter zurückgegangen als er, wie wenn sie die Mutter Gottes wäre. Es kam ihm vor, als ob er die ganze Zurückentwicklung der Menschheit, seiner Ehegemahlin, auch

[1]) Das Motiv des Aufhängens der Götter findet sich in der Antike (z. B. Apollo und Marsyas) und tritt besonders stark bei den Sonnengöttern Vorderasiens hervor. Nach den Worten des eddischen Havamal hing auch Odin neun Nächte hindurch an einem vom Wind bewegten Baum, „verwundet von Speer, geweiht dem Odin, er selber, sich selbst."

seiner vermeintlichen Mutter und anderer Personen durchlebe — alle Verwandlungen, die sie in früheren Zeiten durchgemacht haben bis zu seinem Anfange sozusagen. Dann hörte er die Welten wie einen fortwährenden Entwicklungsstrom rauschen. Die Verwandlungen reihten sich aneinander bis in die große Vergangenheit zurück und dann wieder vorwärts. Sein Körper wurde wie von einer mächtigen Kraft heruntergedrückt, als ob die Wiederholung eines früheren Angriffes stattfände. Dann kam ihm durch den Tränenkanal wie ein Tropfen in die Nase, ein ziemlich schwerer Tropfen . . . Er habe zweimal Auswurf aus der Nase gehabt. — Die Stimme der Himmelskönigin wurde furchtbar ernst. Eine ganze Anzahl Himmelsköniginnen klagte ihm, daß ihre Körper unter furchtbaren Schmerzen ohne jede Freude oder Wollust von einem Wurm, einer Schlange, einem Ungeheuer durchfressen werden, wie sie dabei schön seien und immer mehr Genüsse und Geschlechtsteile entwickeln, die sie furchtbar mißgestalteten Teufeln abgeben müssen. Er habe sie aber erlöst: sie erzählten, wie sie durch ihr ganzes Leben und ihre Liebe zu ihm zu allen möglichen Genüssen gekommen seien und eine große Lust haben, ihm das Leben in jeder Beziehung zu verschönern. Schließlich hörte er wieder singen: „Paul Seemann ist unser Herrgott, unser Erlöser", er hatte das Gefühl, wie wenn es eine große Engelschaar wäre — (Patient weint dabei) — er spürte einen merkwürdigen Blumenduft — er wurde wieder in einen andern Zustand versetzt, er hörte wieder seine Kinder rufen.

Der Inhalt des Anfalles selbst ist folgender: Seine Söhne, welche er mit der Himmelskönigin gezeugt hat, haben seine Mutter geschändet. Der R., die Wärter seien seine Söhne, sie sind nur wenige Monate alt und schon so groß und stark[1]). Die Himmelskönigin müsse furchtbar mit ihren Söhnen kämpfen. Sie habe Schmerzen in den Geschlechtsteilen, er spüre auch Schmerzen und ein Hinaufsteigen in den After, weil sie doch aus seinem Körper entstanden sei und mit demselben in Verbindung stehe. Man habe ihm einen Skorpion in den After gelegt. 35 Knaben seien gewarnt worden, sie sollen die Mutter nicht berühren. Sie haben sie trotzdem überfallen und haben sie viele, viele Male geschändet. Auf der Abteilung befinde sich ein Knabe Namens Paul, er benehme sich gegen den Vater frech, unanständig und spöttisch; mit der Mutter führe er einen Beischlaf aus. Er könne es mit den Söhnen nicht mehr aushalten. Er werde einem einen Faustschlag unter das Kinn oder auf die Nasenwurzel geben; er müsse einfach durch das Blut ein Zeichen zur Besiegelung dessen geben, daß dieser Kampf für die Erlösung von furchtbarer Wichtigkeit sei. Er habe alle seine

[1]) Das Aufwachsen in wenigen Stunden ist ein beliebtes Motiv vieler Märchen. Vgl. Aphanassjew, Russische Volksmärchen, deutsch von Anna Mayer, Nr. 26, 28, zit. bei Riklin, l. c.

Söhne verstoßen; wenn man ein Ehegemahl ist, lasse man sich doch von den Söhnen nicht gefallen, daß sie die Mutter schänden; die Frau sei doch das heilige Eigentum des Mannes. Um die Leidenschaft der Menschen zu der Schönheit der Himmelskönigin abzutöten, müsse er Urin und Kot in den Mund nehmen und seinen Körper damit einreiben und abtrocknen lassen, weil Urin und Kot auf den Körper verunstaltend wirke. Da die Himmelskönigin aus ihm herausgekommen sei, werde damit auch ihr Körper unschön gemacht. Nach der Schändung durch die Kinder habe die Himmelskönigin ihren Namen geändert, sie heiße jetzt Aline Amanda[1]). Nach jeder Schändung lasse die Himmelskönigin ihren Körper zerschmettern und zermalmen und die Lippen verbrennen, um für ihn wieder rein zu sein. Er spüre dann heftige Schmerzen und in der ganzen Atmosphäre einen Blutgeruch. Die Erlösung wurde trotz vieler Warnungen aufs Spiel gesetzt. Die Himmelskönigin sei während des Schlafes zu ihm gekommen, um mit ihm noch ein paarmal einen Beischlaf auszuführen, mit der Absicht, von ihm möglichst viel Samen zu bekommen, für den Fall, daß sie voneinander getrennt werden. In den Nachkommen dieses Samens wolle sie ein Andenken an seine Liebe haben.

In diesem Anfall tritt die Himmelskönigin hauptsächlich in der Gestalt der Marie Peter auf. Sie kommt fast jede Nacht zu ihm, um ihm den Samen zu entziehen, und dann bekommt sie eine kolossale Kraft zum Huren. Von dem kolossalen „Zug" des Samens bekomme er einen heftigen Schnupfen. Sie habe zwar Reibesitzbäder gemacht, um sich zu reinigen, aber nachher zwei Eier zu sich genommen und Wein getrunken, habe dann einen kolossalen Reiz bekommen und darauf weiter gehurt. Sie hure nachts als Frau auf der Männerabteilung und als Mann auf der Frauenabteilung. Es sei furchtbar leichtsinnig gewesen von der Marie Peter, von seiner Schwester Mathilde und seiner Mutter, ihn zu verhuren, weil im Falle seines Unterganges auch die ganze Menschheit zugrunde gehen werde. Seine Mutter sei wieder neben ihm im Bett wie ein Gespenst erschienen; doch sei sie gestorben, und wenn sie wiederkomme, dann seien sicher „Sauereien" im Spiel. Es ist zwischen der Marie Peter und der Alice Negro zu einem Kampf um den Rang der Himmelskönigin gekommen. Marie Peter habe ihm aus Eifersucht auf die Alice schaden wollen. Sie habe die Geheimnisse von Alice geraubt und habe sie schließlich siebenmal mit einem Dolch ermordet. Alice habe sich aber nachher materialisieren können

[1]) „d. h. die zu Liebende".

und es sei zu einer Verschmelzung zwischen der Marie und der Alice gekommen. Er habe auf die Geschlechtsteile, das Gehirn und die Augen der Marie Peter beständig tropfenweise urinieren müssen, um die Geschlechtsteile, das Gehirn und die Augen der Marie Peter, seiner Schwester Mathilde und seiner Mutter zu zerstören, damit sie keine Macht über ihn haben.

Zu diesem Anfalle gehört auch folgende Phantasie: In einer ungeheuren Höhle Xa-Xa in Chile, in welcher sich eine kolossale Menge von Schätzen und Kostbarkeiten befand, wurde von zwei Indianerhäuptlingen eine ungeheure Pergamentrolle gefunden. Diese Pergamentrolle war von einem Höllenhunde bewacht. Sie enthielt seine ganze Genealogie: es stand dort, daß von dem Urgotte wieder ein Paul Seemann abstammen werde, welchem unter den furchtbaren Zauberformeln und Flüchen alle diese Kostbarkeiten und Schätze, die ganze Erde und alle Welten verschrieben werden müssen. Wenn das nicht geschehe, werden die ganze Erde und alle Welten von einem furchtbaren, schrecklichen Unheil und Unglück heimgesucht. Und das werde sich unter allen Umständen erfüllen. Zur Ergänzung dieser Phantasie muß hier kurz erwähnt werden, daß in einigen Phantasien des Patienten, welche aus der letzten Zeit stammen, der Reichtumskomplex eine gewisse Rolle spielt. Den Reichtum habe er gewonnen durch die Pariser Lose und südamerikanischen Aktien, welche er seinerzeit gekauft habe. Er besitze jetzt Millionen mal Milliarden mal Milliarden Dublonen, so daß die ganze Erde ihm allein ganz und gar gehöre. In seinem Testamente bestimmt er diesen ganzen Reichtum für Wohltätigkeitszwecke. Unter anderen figurieren dort folgende zwei Posten:

1. Für die Marie X., wegen unanständiger Griffe im Spassen, wobei ich ihr unter den Rock langte, 555 Franken.

2. Für die Marie Y., die ich einmal am Unterleibe auf dem warmen Ofen kitzelte, 10.000 Franken.

Auf der Höhe des letzten Anfalles kam dem Patienten wieder der schwarze Mann in den Sinn. Er sei für ihn ein Rätsel. Er weiß nur, daß er auch aus seinem Körper durch den Nabel herausgekommen sei. Der schwarze Mann habe das höchste Richteramt über alle Welten übernommen.

Nach dem Abklingen dieses Anfalles ist der Patient mehr abgesperrt wie sonst. Er hört sogar die Himmelskönigin fast gar nicht mehr, sie spreche immer leiser und leiser. Er wünsche nur aus dem Burghölzli sobald als möglich entlassen zu werden, um seine frühere Lebensweise zu führen und die Reibesitzbäder wieder aufnehmen zu können. Da der Patient seit dieser Zeit nichts wesentlich Neues produziert, wird damit die Besprechung seiner Phantasien abgeschlossen.

III. Infantile Materialien.

Unter diesem Titel sollen einige infantile Reminiszenzen, welche für den Familienroman des Patienten nicht ohne Belang sind, erwähnt werden. Diesen Reminiszenzen schließen wir die Charakteristik seiner Verwandten so an, wie sie der Patient selbst jetzt angibt.

Der Vater.

Sein Vater war streng, aber immer gut gegen ihn, bis er gesehen hatte, daß er einmal, zirka 15 Jahre alt, auf der Dorfstraße ein Mädchen traf, welches durch ihre Kleidung, kurzen Rock und ihre dicken sinnlichen Lippen einen Eindruck auf ihn gemacht hat. — Auf seinem Sterbebette sagte er dem Patienten, wie er seine Gedanken immer „richten" müsse: Es ist klar, daß der Vater die sinnlichen, geschlechtlichen, ihm aufgezwungenen Gedanken wegdrängen mußte . . . .

Sein Vater sei nämlich ein furchtbar starker Mensch gewesen, ein furchtbarer und arger Hurer, durch seine Stärke und Wildheit bekannt, ein fürchterlicher Raufbold, mit allen möglichen Künsten und Geheimwissenschaften schlechtester Art ausgestattet.

Die Mutter.

Mit der Mutter kam es einmal „zu einer ganz bösen Geschichte". Sie fror einmal in der Stube. Der Patient hat sie umarmt und an sich gedrückt, um sie zu erwärmen. Was weiter geschah, ob er eingeschlafen ist oder das Bewußtsein verloren hat, weiß er nicht mehr. Er erwachte in der Stube auf dem Boden, allein, weit von dem Bette der Mutter liegend... Er meint jetzt, sie habe ihn damals einfach an sich gezogen, um mit ihm zu huren. Seine vermeintliche Mutter soll nämlich eine „furchtbare" Hure gewesen sein. Sie habe eine Zauberbibliothek in ihrem Schranke für ihn unsichtbar aufbewahrt und dieselbe alltäglich gebraucht. Durch Zauberei habe sie ihn und andere Leute (Männer und Frauen, Knaben und Mädchen) zur Hurerei herangezogen. Sie konnte sich, wie übrigens auch die Schwester, in andere Personen verwandeln.

Die Schwester.

Als er ungefähr 10 Jahre alt war, sah er einmal seine Schwester Mathilde im Abtritte mit aufgehobenem Rocke, so daß er ihre Geschlechtsteile sehen konnte. 2 Jahre später gab er einmal der Schwester zwei Küsse auf die Lippen: nachher hat er sich geschämt und konnte keine Ruhe mehr finden, — es sei in den Küssen Sinnlichkeit gewesen. — Übrigens wurde er immer von der Schwester zurückgestoßen, er sei für sie wegen seiner Unscheinbarkeit zu wenig gewesen, sie suchte immer vornehme Gesellschaft auf. — Die Symbolik des Urins, seiner zerstörenden Kraft nämlich, wurzelt auch in den infantilen Reminiszenzen: Die Schärfe und die Ausdünstung des Urins wirke auf die Kopfnerven; es sei ein penetranter Geruch dabei, er habe ihn manchmal bei seiner Schwester bemerkt — in dem Nachttische — es sei ein ruinierender Geruch, welcher die Nerven abtöten könne, gewesen. Durch die Hurerei der Eheleute Seemann und von noch 25 Verwandten sei er körperlich und geistig zurückgeblieben und habe daher immer noch diesen unscheinbaren Körper. Er habe im ganzen 22 Pollutionen gehabt, wovon 18 durch seine Schwester verursacht waren.

IV. Die Zahlensymbolik.

Die Zahlen spielen eine gewisse Rolle in den Phantasien des Patienten. Schon beim Beginne der Analyse deutet er selbst seine Geburtszahl und die Geburtszahl seiner Mutter folgendermaßen: Er ist am 22. März 1865 geboren: 22 = Marschordnung. März = Mars = Kriegsgott. 1 + 8 + 6 + + 5 = 20; es stand aber in der Zeitung, daß der Komet am 20. Mai am höchsten stehen werde. Seine Mutter ist am 22. März 1831 geboren: 1 + 8 + 3 + 1 = 13; 13 ist eine Unglückszahl. Die Zahl „2" sei natürlich eine Zweiheit: Alles habe 2 Seiten. Sie könne auch Mann und Frau oder Vater und Sohn bedeuten[1]). Bei den sexuellen Orgien bei dem zweiten katatonischen Anfall waren 150 vornehme Männer und 550 wunderschöne Frauen anwesend. Auch in der Urgeschichte hat der Patient ursprünglich 550 Geschlechter gehabt. Diese Zahlen wurden von ihm folgendermaßen gedeutet: 150 = 6. 550 = 10.

Die Zahl „6" sei das Sex — uelle. Sie spiele in seinem Leben eine große Rolle. Sein Vater hat ein Vermögen von 60 Tausend Franken gehabt; er selbst versuchte 6mal Umgang mit Frauenspersonen zu haben; die letzten 6 Jahre hat er furchtbar für die Erholung der Gesundheit gekämpft; im Burghölzli kam er zuerst in das Zimmer Nr. 6; es sind 6 Ärzte im Burghölzli. — Auch sind ihm 6 Himmelsköniginnen rechtmäßig angetraut; sie besitzen 6 Zimmer auf der Frauenabteilung. Schließlich mußte der vom Patienten totgeschlagene Vater von 6 starken Männern weggetragen werden. Die Zahl „10": 10 = 1 + 0.

„1", deutet der Patient, „ist ein Aufwärtsstreben, ein Stamm; ‚0' bedeutet einen Kreis, das Äußere, eine Umgebung. Die Zahl ‚10' entspricht einem Kern und einer Schale, dem Manne und der Frau." Die Zahl „12" schließlich sei 2 × 6: das sei die Zahl der Vollkommenheit — Er und seine Gemahlin, — das sei seine Zahl.

V. Visionen und Träume.

Außerhalb der großen phantastischen Visionen, welche der Patient bei seinen katatonischen Anfällen erlebte, erzählt er noch von einer ganzen Anzahl von einzelnen Visionen „von Bildern", welche er bei verschiedenen Gelegenheiten gesehen hat. Diese Bilder unterscheiden sich von den übrigen Gesichtshalluzinationen durch ihre mangelhafte Realität: Patient betrachtet sie nicht als reale, wirkliche Ereignisse, sondern als Visionen, als „Bilder". Sie treten öfter als eine Begleiterscheinung während der eigentlichen Phantasien des Patienten auf.

[1]) Nach den ägyptischen Hieroglyphen wird die Zahl Eins nicht selten durch die Sonne oder durch den Mond bezeichnet, die Zweiheit durch Sonne und Mond. Brugsch, l. c., S. 73.

und haben meistens einen allgemeinen Sinn. In ihrer Form sind sie öfter wechselnd, sie haben meistens einen kinematographischen Charakter. Man könnte sie als kinematographische Pseudohalluzinationen[1]) bezeichnen.

Wir geben zuerst einige Bilder wieder, welche aus der Zeit der ersten Kreuzigung stammen.

I. Ein Turm in einem Moor. — Das Moor bedeutet einen Brennstoff in einem grundlosen Boden. Wenn er nicht alle Prüfungen ausgehalten hätte, wäre die Menschheit zugrunde gegangen, wie der Turm ins Moor versunken ist, oder alle Welten wären verbrannt.

II. Er sah ein Gebäude wie eine Kirche in einem weiten Feld stehen und an ein Meer angrenzen. — Ein Feld, wie Ackerland, mag Getreide oder Hungersnot bedeuten; das Meer — die Überschwemmung — ein Verschlingen aller Welten, und die Kirche bedeute Religion oder Gottlosigkeit. Das ganze Bild deute auf den Untergang aller Menschen und Welten hin.

III. Eine hohe Brücke über einem tiefen Abgrund bei hellem Sonnenscheine. Auf den Rändern der Brücke — hohe Steine, um sie herum — ein unbebautes Gebiet, ein Gemüseland mit Bäumen und Büschen. Die Straße ging allmählich abwärts. Bedeutung: Der Abgrund bedeute die Gefahr, die Brücke und die schöne sichere Landstraße seien ein gutes Zeichen. Das Abwärtsgehen bedeute die Erholung nach der Anstrengung beim Heimgehen.

IV. Eine schöne Straße steigt ganz langsam dem Himmel entgegen aufwärts, so daß am Ende die Erde mit dem Himmel sich vereinigt. Zu beiden Seiten der Straße befindet sich ein weißes Feld, ein Schneefeld. Das Zusammenfließen von Erde und Himmel bedeute das Schicksal der Erde und der Himmelsbewohner, die entweder zu einem schrecklichen Untergang oder zu einem herrlichen Dasein bestimmt werden.

Zur Zeit des ersten katatonischen Anfalles sah der Patient folgendes Bild:

Ich sah in einem Flußbette einen Elefanten liegen, welcher auf den Rücken gefallen war. Auf den Elefanten[2]) schritt ein blinder Mann, der Geheimrat X., zu. Es schien mir, daß, währenddem der Mann dahinschritt, lange Zeitperioden vergingen. Als der Mann beim Elefanten angelangt war, zerrte er den Rüssel[3]) des Tieres von der Unterlippe herunter.

---

[1]) Im Sinne Kandinskis.

[2]) Der Elefant galt den Indern als Symbol der Geduld und Selbstbezwingung. Buddha hieß Mahanaga, der große Elefant. Açragoshas Buddha Carita, l. c.

[3]) Der Elefantenrüssel ist öfter in den Phantasien der Schizophrenen ein durchsichtiges Symbol. Vgl. Bertschinger, Illustrierte Halluzinationen, dieses Jahrbuch III. 1, S. 84 und 85, Fig. 12.

Von seinem Heilmagnetiseur, dem „Geheimrat“ Prof. X., erzählt der Patient folgendes: Der Heilmagnetiseur X. war blind und hinfällig. Er habe unter seinem Einflusse gestanden, aber von seiner Behandlung keinen Nutzen gehabt. Er las nachher in einer Zeitung, der X. habe sich in einem Anfalle von Geisteskrankheit aus einem Fenster gestürzt: durch Hurerei sei er in einen solchen Zustand gekommen. Die Himmelskönigin sagt, er sei der Teufel und wolle Jesum Christum, den Herrn, vernichten. Durch die Lösung des Urins wird jetzt der Teufel verbrannt und vernichtet. — Dieses Bild steht in engem Zusammenhange mit der Angst vor dem Libidotod, welche den ersten katatonischen Anfall erfüllt.

Beim zweiten katatonischen Anfall, meistens in der Zeit der Erwartung der Himmelskönigin, treten wieder Bilder auf, welche der damaligen Stimmung des Patienten entsprachen: Er habe vor sich Bilder von Landschaften gesehen, die unheimlich leer waren: ganz steile Abhänge, Schneefelder, Wasserwüsten, Flüsse, dann wieder Eis. Er sah dort keine Tiere oder Menschen und es schien ihm, daß alle diese Steine, Steinkohlen, Baumstämme usw. verwandelte Menschen waren. Unterdessen kamen die Landschaften dicht an seinen Körper heran. Er sah sich selbst und die Fee auf einem Felsabhange, sie streckte ihm die rechte Hand entgegen, er ihr die linke; es verging längere Zeit, bis er den Eindruck bekommen hat, daß sie den Boden berührt hatte. Da sah er sie und sich beieinander wie auf der Erde liegen. Die Hände beider waren verschlungen, wie wenn sie schließlich vereinigt wären. Dann sah er wieder etwas wie einen Grabhügel mit zwei weißen spitzigen Grabsteinen und rings umher waren Wälder und Wiesen.

Von diesen Bildern lenkt eins insbesondere unsere Aufmerksamkeit auf sich. Patient berichtet folgendes: Zur Zeit der ersten Kreuzigung[1]) mußte ich einsteigen in eine Art von Kamin oder Wasserleitung, in einen engen Raum, immer aufwärts gegen den Himmel hinauf. Schließlich kam ich durch diesen Kamin auf eine Erdebene, wo gar nichts anderes als die Sonne war. Auf einer Seite der Ebene befand sich ein Meer und darauf ein Dampfschiff. Ich sank aber herunter, um den Kampf wieder aufzunehmen, um wieder zu steigen.

Aus der Traumdeutung Freuds[2]) ist es bekannt, daß das Steigen in einem engen Raum oder das Verweilen im Wasser eine Phantasie vom Intrauterinleben ist. Die Erde — (Erdebene) — ist ein bekanntes mythologisches Symbol für die Mutter (*γῆ παμμήτειρα*, Terra mater). Patient versetzt sich also in dieser Phantasie in den Mutterleib, wo nur die Sonne — der Vater[3]) — leuchtet. Die Bedeutung des Meeres gibt Patient folgender-

[1]) Die Kreuzigung hat bei Patienten 2 Bedeutungen, 1. das auf dem Kreuzliegen, 2. die Wiedergeburt.

[2]) Vgl. Freud, Traumdeutung, II. Aufl., S. 198 und Stekel, Die Sprache des Traumes, Kap. XXVI bis XXVII.

[3]) Vgl. Freud, Psychoanalytische Bemerkungen über einen autobiographisch beschriebenen Fall von Paranoia, dieses Jahrbuch B. III.

maßen an: „Das Meer ist die Scheide des Weibes, ein Raum, wohin der männliche Samen (auch ein Tierchen) hineinkommt. Tier = Papa". Die Deutung des Dampfschiffes macht keine Schwierigkeiten. Das Ganze ist eine Kombination von Geburt und Mutterleibsphantasie und läßt sich wohl folgendermaßen deuten: Der Patient steigt in den Schoß seiner Mutter, um dort die Sonne = Libido zu finden[1]).

Die Übersicht der Träume des Patienten fangen wir mit einem Traum an, den der Patient noch vor seiner Internierung hatte. Er bezieht sich auf seine Mutter:

Er saß in der Küche auf dem Herd. Eine Katze drückte er von der linken Seite liebkosend an sich. Eine zweite ebenso große Katze befand sich hinter seinem Rücken mit einem ledernen schlangenförmigen Gürtel umschlungen. Als er den Traum seiner Mutter erzählte, habe sie ihm gesagt: „Sind etwa nicht Sund und ich diese beiden Katzen?" Sein Freund und Nachbar Sund habe nämlich mit seiner Mutter Unaufrichtigkeiten getrieben. Die Mutter habe sich gegen ihn (den Patienten) wie ein Teufel verhalten.

Der Traum von der Himmelskönigin:

Er bekam von der Himmelskönigin das Bild eines etwa zweijährigen Mädchens. Das war das Bild von ihr selbst; ein zweijähriges Mädchen kann sich nämlich nicht wehren und muß von seinem Vater alles erdulden, was auch derselbe mit ihm treiben möge (schlagen, mißhandeln, töten). Er könne mit ihr machen, was er wolle: sie werde sich aus Liebe zu ihm zerstampfen und zerquetschen lassen.

Noch zwei Träume aus dem katatonischen Stadium:

In der Nacht hat er einen Traum von einem großen Hund und einem Rind gehabt. Er sah sich wie tot daliegen und den Hund über ihm stehen. Von dem Rind erinnert er sich nur des Namens. Der Hund bedeute Treue oder Gefahr, das Rind — Nutzen oder Schaden. Wenn er bei der Wahrheit bleibt, wird alles für ihn ein gutes Ende nehmen, im andern Fall wird er dagegen zugrunde gehen. Das Rind bedeute den Übergang zur Kuh (Nutzen) oder zum Stier (Gefahr).

2. Sein Kopf war zwischen lebendigen Stierköpfen eingeklemmt. Der Stier sei nämlich das Geschlechtliche, die höchste Potenz. Er sei immer ein Hauptfeind von ihm gewesen. Er sah auch einmal einen Stier auf einer Wiese liegen wie tot, es waren viele Leute um ihn herum. Dann habe er den Eindruck bekommen, als ob der Stier wieder lebendig werden könnte.

[1]) Jung, Wandlungen und Symbole der Libido.

Eine vollständige Analyse der Bilder und Träume wurde leider in der entsprechenden Zeit nicht gemacht. Wir geben sie hier wieder, um zu zeigen, wie sich schon in dem manifesten Inhalt die Komplexe des Patienten widerspiegeln.

VI. „Über den Gegensinn der Urworte."

Im Anschluß an den gleichnamigen Aufsatz von Freud[1]) und den Begriff der Ambivalenz von Bleuler[2]) will ich hervorheben, wie sich dieser Begriff in den Phantasien des Patienten, besonders aber in den Wortzerlegungen[3]) und Visionen abspiegelt. Ich beschränke mich auf einige Beispiele:

Mor (gen) (Wz. II) = 1) Rom (Umkehrung). Assoziationsreihe: Himmelskönigin — Jungfrau Maria — Katholizismus — Papst.

2. Mohr = Teufel. Assoziationsreihe: Himmelskönigin, Mutter Gottes, Katholizismus, Papst, Vater.

T (Wz. II) = Pfeil = Amor = Liebe oder Tod.

Elisa(beth) (Wz. IV) = bête oder beten. Ambivalente Schätzung der Mutter.

Ich stelle noch Worte zusammen, die der Patient im direkten Sinn und im Gegensinn braucht:

Hund = Treue oder Gefahr.

Rind = Nutzen oden Schaden.

Kirche = Religion oder Gottlosigkeit.

Feld = Getreide oder Hungersnot.

Meer = Feuerglut und Todeskälte.

„Jede Sache hat nämlich zwei Seiten," behauptet der Patient. Diese Tendenz zu zwei gegenteiligen Gefühlsbetonungen entspricht vollständig dem psychischen Konflikt des Patienten, dem Kampf zwischen der inzestuösen und der nichtinzestuösen Liebe.

VII. Schlußbemerkungen.

A. Zum klinischen Teil. Unser Fall zeigt auch vom klinischen Standpunkt ein gewisses Interesse, und zwar in bezug auf das In-

[1]) Dieses Jahrbuch, II. B.

[2]) „Zur Theorie des schizophrenen Negativismus" Psych. Neur. Wochenschrift, XII. Jahrg., Nr. 18 bis 21. Vgl. auch Jung, Zur Theorie des schizophrenen Negativismus und Bleuler, Antwort auf die Bemerkungen Jungs zur Theorie des Negativismus. Dieses Jahrbuch, B. III, 1.

[3]) Als Ergänzung zu dieser Analyse s. Nelken. Über schizophrene Wortzerlegungen. Zentralblatt für Psychoanalyse II, 1.

einanderübergehen der verschiedenen Unterformen der Dementia praecox, des Paranoids und der Katatonie. Wir haben es nämlich im gegebenen Falle mit einem Paranoid zu tun, das nach Jahren in einen akuten Ausbruch der Katatonie übergeht oder mit einer Katatonie, welche mit chronischen paranoiden Symptomen anfing, ein paarmal in akuten Schüben auftrat und nach jedem akuten Schub sich wieder dem Paranoid annäherte. Wir wollen damit gewiß nicht sagen, daß der Patient in der anfallsfreien Zeit, besonders in den Übergangsstadien keine einzelnen katatonen Symptome äußerte, jedoch deutete das ganze Krankheitsbild auf der Höhe der anfallsfreien Zeit viel eher auf das Paranoid. Der ganze Verlauf der Psychose läßt sich folgendermaßen darstellen: ein langdauerndes paranoides Stadium — katatonischer Anfall — Abklingen in das Paranoide — paranoide Latenzzeit — allmähliches Auftreten des katatonischen Anfalles usw. Nach dem III. katatonischen Anfall besonders schien das Zurückziehen wieder ins Paranoide chronisch zu werden. Es ist vom psychoanalytischen Standpunkt aus ersichtlich, wie die Unterschiede zwischen dem paranoiden und katatonischen Stadium rein quantitativ und von der Stärke der Verdrängung abhängig sind. Das heißt, daß auf dem Wege der Regression vom normalen Zustand bei der Schizophrenie zuerst das Paranoide und dann das Katatonische folgt. In dem paranoiden Stadium findet zuerst noch eine intensive Applikation auf die Außenwelt und eine Rationalisation der Komplexe in einer intellektuellen Arbeit statt. Im Zentralpunkt dieses Stadiums befindet sich bei unserem Patienten außerhalb der nach dem paranoiden Mechanismus der Projektion gebildeten Verfolgungsideen das krankhafte Streben nach Gesundheit, die Weltverbesserungsideen, die Bildung der Samentheorie und die ersten Anfänge des Größenwahns. Der Grundkomplex liegt noch in der Tiefe verdrängt. Im katatonischen Anfall findet dann eine solche Verstärkung der Introversion statt, daß schon keine Applikation auf die Außenwelt mehr möglich ist. Das reiche Material zur Bearbeitung seines Kernkomplexes schöpft Patient fast ausschließlich aus dem individuellen infantilen Material und den historischen Schichten seines Unbewußten. Es kommt zu einer gewaltigen halluzinatorischen Entladung in den Phantasien und zu einer körperlichen in den Stereotypien. Wenn das paranoide Stadium noch einen mißglückten Sublimationsversuch darstellt, so ist der katatonische Anfall eine völlige Ersetzung der Realität durch das Unbewußte. In diesem Sinn führt auch der katatonische Anfall bei dem Patienten zu einer tiefgehenden Dissoziation. Am Anfang des zweiten Anfalles geht die Dissoziation allmählich in die Tiefe (vom Primarlehrer bis zum Urgott). Ebenso am Anfang des dritten Anfalles. In dieser allmählichen Entwicklung des Anfalles lebt der Patient die phylogenetische Entwicklung der Regression im Sinne der ganzen Krankheit und des Symptomenkomplexes durch. Es kommen allmählich Bruchstücke von Vater-Mutter-Schwester-Inzest zum Vorschein.

Beim zweiten katatonischen Anfall erlebt der Patient eine tiefe Spaltung der Persönlichkeit in das objektive Ich (das bewußte Ich) und das subjektive Ich (das unbewußte Ich). Gegen das Ende dieses Anfalles taucht er zur Realität wieder auf: das objektive Ich verlangt von dem subjektiven Ich energisch Beweise für die erlebten Phantasien, es kommt zu einem Kampf zwischen dem verdrängten und dem halluzinatorischen Ich. Die Verdrängung siegt, der Patient kehrt in das Paranoide zurück. Die ganze Psychose und insbesondere das katatonische Stadium erscheint als ein Heilungsversuch des psychischen Konfliktes. In der Flucht in die Krankheit lebt der Patient diesen Konflikt aus. Dieser Heilungsversuch ist direkt dem objektiven Krankheitsverlauf entgegengesetzt: jedem neuen Durchbruch des den Patienten drückenden Komplexinhaltes gesellt sich sofort eine objektive Verschlimmerung des Krankheitszustandes, und zwar in der katatonischen Richtung hinzu.

B. Zum psychischen Inhalt. Vom psychoanalytischen Standpunkt aus stellt sich die Psychose des Patienten als eine Flucht in die Krankheit dar, die ihm die Kompensation für die von der Realität nicht befriedigten Wünsche bringt. In den Phantasien kommen verschiedene Komplexe zum Vorschein-Kompensationen der körperlichen Unscheinbarkeit, Zurücksetzung, Versagung, der niedrigen sozialen Stellung, der Armut, der künstlerischen Aspirationen (Geigenspiel) usw. Alle diese Nebenkomplexe sind aber durch einen mächtigen Komplex vollständig assimiliert. Dieser zentrale Komplex — der Inzest — zieht sich wie ein roter Faden durch die ganze Psychose hindurch und irradiiert in allen möglichen Richtungen. Es ist ein Inzest ohne Schranken, der sich jedoch stets in der heterosexuellen Richtung[1]) abspielt. Mutter und Schwester verführen ihn, er entmannt und tötet seinen Vater. Sein Vater verführt ihm seine Frau und will ihn beseitigen.

[1]) Dem Leser sind wahrscheinlich während der psychoanalytischen Darstellung die homosexuellen Phantasien des Patienten aufgefallen, sie sind aber im Vergleich zur ganzen Konstruktion des heterosexuellen Inzestes sehr blaß.

Seine Frau, die Himmelskönigin, wird zu seiner Mutter. Er selbst wird von seiner Tochter vergewaltigt. Sein Sohn, der schwarze Zwerg, entmannt in der Urgeschichte seinen Vater. Seine Söhne, die er mit der Himmelskönigin erzeugt hat, vergewaltigen ihre eigene Mutter und wollen ihn, den Vater, beseitigen.

Dieser zentrale Komplex drückt alle anderen auf die Seite und dringt in jeder Phantasie durch. Seine äußeren Manifestationen, die zahlreichen Phantasien unterliegen einem bunten Wechsel, der Komplex dagegen bleibt stets stabil. In diesem Sinne ist der Inhalt der äußerst reichen Phantasien des Patienten sehr verarmt, er reduziert sich auf einen einzigen nicht überwundenen psychischen Konflikt, welcher in dem infantilen Leben des Patienten wurzelt.

Die Entwicklung dieses psychischen Konfliktes in der Krankheit ist chronologisch dargestellt. Die Verdrängung des Inzestes führt zu der sich allmählich vermehrenden Introversion und äußert sich in den phantastischen Projektionen und der sekundären Rationalisierung des paranoiden Stadiums. Auf der Höhe der Verdrängung kommt es zu einer Weltkatastrophe[1]), zur Projektion der inneren Weltkatastrophe nach außen, der totalen Entziehung der Libidobesetzung von der Außenwelt. Es folgt ein Durchbruch des Verdrängten, ein mißlungener halluzinatorischer Entladungsversuch, der jedoch wieder mit der Verdrängung endigt.

C. Zur Symbolik. Die Symbolik, welcher sich der Patient zur Darstellung seines Kernkomplexes bedient, weist zahlreiche archaische Wurzeln auf. Ich habe deshalb in den Fußnoten einige mythologische und völkerpsychologische Analogien wiedergegeben, weit von dem Gedanken entfernt, das Thema in dieser Richtung erschöpft zu haben. Unser Fall scheint die Auffassung Jungs[2]) zu bestätigen, daß die psychopathologische Symbolik nichts anderes als die Symbolik der Prähistorie und der Antike ist. Nach den Worten Jungs läßt sich schließen, daß die Seele gewissermaßen eine historische Schichtung besitzt, wobei die ältesten Schichten dem Unbewußten entsprechen würden.

Es müßte daher gefolgert werden, daß die Introversion „regressiv individuelle Reminiszenzen (aus der individuellen Vorgangenheit) aufgreift, woran zuerst spurweise, bei stärkerer Introversion jedoch

[1]) Freud, Psychoanalytische Bemerkungen über einen autobiographisch beschriebenen Fall von Paranoia (Dem. paranoides). Dieses Jahrbuch, B. III.

[2]) Jung. Wandlungen und Symbole der Libido, dieses Jahrbuch, B. III.

ausgesprochene Züge arschaischer Geistesartung auftreten, die unter Umständen bis zur Wiederbelebung einmal manifest gewesener Geistesprodukte gehen könnte". Man sieht wie die mythologischen Gebilde tatsächlich mit den individuellen Symbolismen des Patienten stimmen. Dabei ist es ausgeschlossen, daß sich der Patient, trotzden er eine gewisse Bildung besitzt, dieser Symbolik bewußt bediene[1]).

Der Kernkomplex in toto wurzelt ja auch nicht in den Bedingungen der modernen Kultur, sondern entspricht dem uralten im Ödipusdrama dargestellten Konflikt. Der unüberwundene Inzest des Patienten wird auch nach seiner Darstellung zu einem nicht überwundenen Inzest der ganzen Menschheit: er projiziert seinen Inzest auf das ganze Universum und versetzt sich durch eine Regression in die tiefsten historischen Schichten seines Unbewußten, in eine ganze Reihe von vergangenen Epochen bis zur Urgeschichte der Menschheit hinein. Die Symbolik schließlich, welche der Patient zur Darstellung seiner Inzestphantasien benutzt, ist vorwiegend die Symbolik der Sonnenkulte. Nach den mythologischen Analogien sind die Phantasien des Patienten nichts anderes als die Sage von einem Gott, der seinen Vater, den alten Sonnengott, entmannt und tötet, um sich selbst mit ihm zu identifizieren und dann als Gott Vater wieder unter den Fluch des Inzestes zu fallen.

---

[1]) In meinen zahlreichen Unterredungen habe ich gegen Ende der Analyse den Patienten geprüft, was er über die Sonnenkulte und insbesondere über den Mithraskultus wisse. Die Kenntnisse des Patienten in dieser Richtung haben sich aber mehr als oberflächlich erwiesen.

Einige Fälle von Zwangsneurose.[1])

Von Ernst Jones M.Dr. (London) University of Toronto, Canada.

Der Zweck der folgenden Mitteilungen ist ein rein kasuistischer. In bezug auf die Psychoanalyse bei Zwangsneurosen hat Freud einmal bemerkt[2]): „Man muß auch bald zugestehen, daß bisher nicht einmal die Phänomenologie des Zwangsdenkens entsprechend gewürdigt werden konnte." Es ist daher wünschenswert, daß ausführliches, analytisches Material veröffentlicht wird, so daß mit der Zeit das Bild der detaillierten Symptomatologie abgegrenzt werden kann. Durch vergleichende Erfahrungen mag vielleicht die Frage aufgeworfen werden, ob es verschiedene Typen der Krankheit gibt und, wenn das der Fall ist, welches ihre individuellen Charakteristica sind. Auch mögen Analysen aus verschiedenen Ländern interessante Unterschiede im Reaktionstypus, Verschiedenheit oder Gleichartigkeit der Symbole usw. ergeben. Die folgenden Analysen werden jedenfalls von einem Standpunkte aus interessieren, nämlich als Widerlegung des von Löwenfeld, Friedländer u. a. gemachten Einwandes, daß die von Freud erlangten sexuellen Anamnesen Produkte des genius loci wären. Keiner meiner Patienten kam mit dem Gedanken an sein Sexualleben zu mir und der Einfluß von Schriften, wie die Krafft-Ebings oder Havelock Ellis' usw. kann als absolut ausgeschlossen betrachtet werden. In Canada dürfen solche Bücher nicht verkauft werden und alle Literatur, wo auch nur auf Erotik angespielt wird, wird mit strengstem Beschlag belegt[3]). Bei meinen Patienten ist also der Sexualismus gewiß nicht das

[1]) Deutsche Übersetzung besorgt durch die Redaktion.

[2]) Freud: Dieses Jahrbuch. 1909. S. 403.

[3]) In Toronto allein sind im letzten Jahre mehrere Buchhändler eingesperrt worden, weil sie Bücher hielten, wie Tausend und eine Nacht, Boccaccio (offiziell beschrieben als ein „moderner degenerierter Franzose") usw.

Produkt der Lektüre von Sexualliteratur, eine Tatsache, die darauf schließen läßt, daß sie auch in Wien nicht allein aus dieser Quelle stammt.

Fall I.

Der Patient, ein 30jähriger Mann, war Couponkollekteur in einem Restaurant. Sein Hauptsymptom und das einzige, wovon er Befreiung suchte, war die Idee, es entwischten ihm verschiedenartige Gedanken, die von selbst auf andere Leute übergingen, welche davon belästigt wurden und ihn deshalb mieden. Den wirklichen Inhalt der Gedanken konnte ich vorerst nicht herausfinden, aber gewöhnlich war er obszöner Natur. Er hatte diese Obsession 5 Jahre lang gehabt und war fest überzeugt, daß der Prozeß der Gedankenübertragung wirklich stattfand. Er glaubte, dies sei das Resultat seiner Bemühungen, Anderer Gedanken zu lesen und ihnen seine eigenen zu übermitteln. Dies hatte ihm natürlich ein angenehmes Machtgefühl verliehen, aber mit der Zeit wurde der Vorgang mehr und mehr unwillkürlich und unkontrollierbar, besonders darin, daß seine eigenen Gedanken gegen seinen Willen anderen übermittelt wurden. Oft stellten die Gedanken nur eine vage, obszöne Atmosphäre dar, ohne bestimmten Wortlaut. Der Vorgang war folgender: Die Gedanken pflegten von seinem Kopfe auszugehen, dann nach dem Unterleibe zu wandern, wo sie eine Vibration des Plexus solaris hervorriefen, und dadurch wurden sie nach außen in die gegebene Person projiziert; diese Vibration erzeugte auch Elektrizität, die ihn mit einer großen Machtfülle ausstattete. Damit war aufs engste verbunden ein starker Glaube an die Allmacht seiner Gedanken. Er hatte die Macht, durch bloßes an sie Denken die Aufmerksamkeit anderer auf sich zu lenken, so konnte er z. B. auf diese Weise Hunde zu sich rufen. Seine Wünsche gingen oft in Erfüllung, z. B. hatte er zu verschiedenen Malen die Entlassung von 30 bis 40 Mitangestellten, die ihm unsympathisch waren, gewünscht, und jedesmal war sie erfolgt.

Der Prozeß schien sich in einer Art Zyklus abzuwickeln. Er pflegte mit einer allmählichen Erzeugung von Elektrizität zu beginnen, was er noch unterstützte, indem er sich „Autosuggestionen" gab. Dann fühlte er sich aktiv, ruhelos, stark und fähig Allem und Jedem entgegenzutreten. In solchen Zeiten war es schwierig, ihm zu widerstehen; eines Tages z. B. machte er durch die Heftigkeit seines persönlichen Einflusses seinen Chef stolpern, so daß dieser beinahe zu Boden fiel. Zu anderen Zeiten kam es auf den Grad des Widerstandes an, den ihm die anderen entgegensetzten. Wenn sie nachgaben, so strömten seine Gedanken frei dahin, jedoch konnte ein hartnäckiger Widerstand auf ihrer Seite die Gedankenübertragung unmöglich machen. Ein Mißlingen machte ihn zurückschrecken, wie wenn die Anderen ihn verletzen wollten, und er mußte sich dann gegen sie schützen, indem er sich die Worte wiederholte: „Ich bin die Unerschrockenheit und Furchtlosigkeit in Person." Er mißdeutete alle möglichen kleinen Vorkommnisse als Beweise für die Übertragung seiner Gedanken und sein Triumph war vollkommen, als er eine scherzhafte Bestätigung erhielt von zwei

Kellnern, die behaupteten, sich beeinflußt zu fühlen. Er war sehr unglücklich, daß ich nicht dafür empfänglich war und wandte alle seine Überredungskunst auf, um mich von der Wirklichkeit der Vorfälle zu überzeugen. Jede Sitzung begann mit der Erzählung eines neuen Beweises, und, entmutigt durch den unerschütterlichen Gleichmut, mit dem ich zuhörte, pflegte er seufzend und widerwillig zur Analyse zurückzukehren, nach den Worten: „Es hat keinen Sinn, mit Ihnen zu streiten, wenn Sie es doch nicht sehen können, aber ich will nur sagen, daß an der Wahrheit dieser Dinge gar nicht zu zweifeln ist; so, die Sache ist erledigt, nun können wir zu einer andern Angelegenheit übergehen." Nachdem dieser Zustand erhöhter Macht vorüber war, pflegte er sich matt, schwach und nachgiebig zu fühlen, war unfähig, andere zu beeinflussen und gänzlich wehrlos gegen Spott und Quälereien. Die Stärke war von ihm gewichen und er mußte eine Menge nahrhafter Speisen essen, um sich wieder zu erholen. Manchmal war es eine nächtliche Pollution, die der starken Phase ein Ende machte, aber noch häufiger wurde dies herbeigeführt, durch ein halb absichtliches Sichgehenlassen in passiven masochistischen Phantasien, welche er den „weiblichen Zustand" nannte. In der schwachen Phase hatte er das Gefühl, von anderen anmaßend behandelt zu werden, wie wenn er im Unrecht wäre, also augenscheinlich ein Schuldgefühl. Die zwei Phasen entsprechen ganz einfach der männlichen und der weiblichen Seite seines Wesens und er war sich dessen auch ganz bewußt, da hetero- oder homosexuelle Phantasien jeweils in den respektiven Phasen vorherrschten. Er verband damit auch gewisse okkulte Ideen: die Schöpfung der Welt wäre eine zyklische Evolution, so daß mit jedem Zyklus eine höhere Lebensstufe erreicht würde usw.

Die Analyse dieses Symptoms, welches nicht so sehr eine Reihe von Wahnideen als, um Freuds treffenden Ausdruck zu gebrauchen, eine Reihe von Delirien ausmachte, zeigte, daß sein gesamtes inneres Leben darin konzentriert und symbolisch ausgedrückt war. Wie wir gleich sehen werden, war fast jede seiner Komponenten auf sexuelle Wurzeln zurückzuführen. Andere weniger starke Obsessionen werde ich später erwähnen, auf zahlreiche unbedeutendere, wie z. B. Gedächtnisschwäche, die Manie, unnötigerweise alles zu zählen usw., gar nicht näher eingehen. Von der Lebensgeschichte des Patienten ist folgendes zu bemerken: Er wurde in England geboren und erzogen und kam erst vor fünf Jahren nach Canada, also unmittelbar vor dem Ausbruche der gegenwärtigen Symptome. Er war inmitten einer zahlreichen Familie aufgewachsen; seine Eltern und alle seine Geschwister sind noch am Leben. Als Kind bildete er sich stets ein, ihnen überlegen zu sein, meinte stets, daß sie ihn über alle möglichen Dinge um Rat fragten, und hielt sich fern von ihnen. Bis zu seinem 10. Jahre schlief er mit seiner jüngern Schwester zusammen in einem Bette, dann noch zwei Jahre lang im selben Zimmer, aber in getrennten Betten. In den ersten Jahren stand das Bett im elterlichen Schlafzimmer. Die sexuellen Erfahrungen dieser Zeit werden später zur Sprache kommen. Im Alter von 12 Jahren hatte er mit einem andern Knaben dreimal einen Koitus bei zwei Mädchen ausgeübt, das einzige Mal in seinem Leben. Als er 15 Jahre alt war, versuchte er es mit einem andern Mädchen, welches sich aber weigerte. Seit dieser

Zeit hat er nie mehr sexuelle Beziehungen zu Frauen gehabt. Mit 14 Jahren arbeitete er in einer Fabrik, die er aber nach zwei Jahren wieder verließ, um in einem Restaurant Stellung zu nehmen; seitdem arbeitete er als Aufwaschbursche, Koch, Kellner, oder in ähnlichen Stellungen. Mit 22 Jahren verlobte er sich, nach einem Jahre hob er die Verlobung aber wieder auf wegen des übelriechenden Atems seiner Braut. Er war immer sehr religiös gewesen und hatte bei verschiedenen christlichen Vereinen aktiv teilgenommen als Sekretär, Sonntagsschullehrer und Gelegenheitsprediger. In den letzten drei Jahren hatte er aber diese Tätigkeit seiner Symptome halber einstellen müssen. Zuletzt war er in verschiedene mystisch-orientalische Sekten und Bewegungen geraten, welche sein Denken stark beeinflußten. Er gab mir die entsprechenden Dokumente, die besonders im Hinblicke auf seine Obsessionen sehr interessant sind.

Infantile Neugier. Unter diesem Namen verstehen wir hauptsächlich den infantilen Wunsch nach sexuellem Wissen; der Schautrieb und die späteren Sublimierungen des Wissenstriebes werden später zur Sprache kommen. Schon sehr frühe zeigte er ein starkes neugieriges Interesse für die Sexualorgane und -akte und die Phänomene der Geburt. Er und seine jüngere Schwester verglichen bald gegenseitig ihre Organe und seine früheste Erinnerung ist die an seine Schwester, die nach seinem Penis greift, um damit zu spielen. Im Alter von 5 Jahren machte er seine Mutter, die ihn mit der Schwester zusammen badete, darauf aufmerksam, daß diese keinen Penis habe und „vermutete, derselbe sei abgeschnitten und die Stelle glattgefeilt worden". Seine primitive Ansicht, daß die Frau nach dem gleichen Muster wie der Mann gebaut sei, trug zweifellos viel zu seinen späteren homosexuellen Tendenzen bei[1]). Damit mag auch das tiefe Schwäche- und Inferioritätsgefühl, das seinen „weiblichen Zustand" charakterisierte, in Zusammenhang gebracht werden, obschon noch wichtigere Gründe dafür vorhanden waren. Dies war neben den väterlichen Drohungen auch eine der Quellen des stark betonten „Kastrationskomplexes". Dieser Komplex manifestierte sich folgendermaßen in einem seiner späteren Symptome: Jedesmal nämlich, wenn er den Koch Fleisch zerschneiden sah, mußte er ihm unwillkürlich den Gedanken übermitteln: „Schneide meinen Penis ab." Der nach Freud[2]) als für die Zwangsneurose charakteristische Vorwurf ist hier ganz klar; manchmal pflegten auch bei solchen Gelegenheiten Zwangsempfindungen im Penis aufzutreten. Er merkte schon

[1]) Beweise für die weite Verbreitung dieser kindlichen Ansicht und der Rolle, die sie in den Phantasien Erwachsener spielt, gibt Vorbergs „Museum Eroticum Napolitanum", 1910.

[2]) Freud: Sammlung kleiner Schriften, S. 118.

früh aus der Beobachtung seiner schwangeren Mutter, daß die Kinder im Leibe wachsen und bemühte sich eifrig zu erfahren, wie sie herauskommen. Zuerst sagte er mir, er habe gedacht, sie werden aus dem Nabel geboren, eine Idee, die mit den weiblichen Phantasien über seinen eigenen Nabel verknüpft war. Es zeigte sich aber bald, daß das wie gewöhnlich nur eine Verlegung von unten nach oben war. Er dachte auch, das Kind würde aus dem Mutterleibe herausgeschnitten, eine Meinung, die sich aus seiner sadistischen Auffassung des Koitus entwickelt hatte und eine Verschmelzung der Ideen über Koitus und Geburt, worin der Vater gleichzeitig als Accoucheur gedacht ist. Seine ursprüngliche Ansicht war jedoch die, daß die Geburt durch die Kloake stattfinde[1]). Diese Ansicht war teils durch seine eigenen analerotischen Sensationen, teils durch seine Beobachtungen an Tieren begründet; er hatte gesehen, wie junge Ziegen augenscheinlich durch die „back passage“ geboren wurden und wußte auch, daß die Hennen ihre Eier auf demselben Wege legen.

Eine interessante Kindheitserinnerung enthält die Idee, daß die Kinder aus irgend einem Stoffe modelliert werden. Er schilderte zwei gigantische Gestalten, die am Ende des Gartens zusammen diesem Geschäfte oblagen. Es waren vage Gestalten, weder menschlich noch göttlich, die er in unbestimmten Zusammenhang mit den Eltern brachte, denn er hatte bemerkt, daß bei einer Geburt die Mutter krank und der Vater ungewöhnlich verlegen war. Zum Formen wurden nicht die Hände gebraucht, sondern „zwei großen Fleischklumpen“, die mit den Figuren zusammenhingen. Wir sehen hier wieder die primitive Annahme des weiblichen Penis. Das Material, woraus das Kind gemacht wurde, war weder fest noch flüssig, sondern von teigiger[2]) Konsistenz; es stand in irgend einem Zusammenhange mit den Fleischklumpen. Nachdem die Gestalten es fertig geknetet hatten, warfen sie es in ein Gefäß(!). In der Analyse erinnerte ihn dies zuerst an Samen, dann an faeces; ersteres war ihm natürlich als kleines Kind unbekannt. Die Idee des Knetens rührte teils von der infantilen Gewohnheit, die faeces zu betasten, teils von derjenigen mit seinem Penis zu spielen her. Vater und Mutter hatten dies auch oft zum Scherze mit ihm getan. Später hatte er große Freude am Schnitzen und Kneten weichen Materials (wie z. B. Blei) und fand bald, daß dies durch Erhitzen erleichtert wurde. Daraus entsprang eine leidenschaftliche Freude am

[1]) Freud: Sammlung, Zweite Folge, S. 168.

[2]) Er ersann dazu das Wort „patty“ für Vulva.

Kochen, da ja die Assoziation von Essen zu dem Materiale, woraus die Kinder im Leibe wachsen, mit faeces anderseits eine sehr naheliegende ist. Nun blieb noch das Problem der Zeugung. Von frühester Kindheit an war er im gleichen Zimmer gewesen, wenn der elterliche Koitus stattfand, und obschon er natürlich die genaue Natur desselben nicht entdecken konnte, merkte er doch, daß es eine bedeutsame Handlung war, wobei der Vater der Mutter etwas tat. Seine Geburtstheorie und sein ausgesprochener Analerotismus führten ihn zu dem Glauben, daß der Anus die Hauptrolle bei dem Vorgange spiele. Überdies hatte der Flatus ein besonderes Interesse für ihn gewonnen. Sein Vater[1]), welcher an intestinalen Störungen litt, hatte die Gewohnheit, gewaltsam Flatus auszupressen und daraus wurde ein Familienscherz. Als Kind ergötzte er sich am Geruche des Flatus seines Vaters und daran, sie mit den seinen zu vergleichen, zu welchem Zwecke er stundenlang neben seinem Vater zu sitzen pflegte. Er beobachtete es auch oft, wenn sein Vater unbedeckt im Bette lag. Hatte es Erbsensuppe oder ähnliches zum Essen gegeben, so pflegte der Patient mit seinem Bruder zu wetten, welcher den andern an Stärke des Flatus übertreffe. So kam er als Alternative zur Penistheorie[2]) auf den Schluß, die Hauptsache beim Koitus sei das Einblasen eines Flatus in den Anus der Frau und dies führe zur Schwangerschaft. Wenn er den Koitus der Eltern behorchte oder seines Vaters Flatus, pflegte er es mit seiner Schwester nachzuahmen (die im gleichen Zimmer schlief). Dabei pflegte er auf dem Gesichte zu liegen und sie auf ihm, oder auch Rücken an Rücken, um in möglichster Nähe ihres Anus einen Flatus auszupressen. Auch nahm er sie zum selben Zweck mit in das W. C. Diese Dinge trieb er bis zum Alter von 10 Jahren. In diesem Alter sah er einmal einen Knaben, der einem Mädchen Kot an denHintern strich, ein Akt, dessen sexuelle Natur er deutlich herausfühlte und wovon er sich zuerst angezogen, gleich darauf aber abgestoßen fühlte. In einem seiner masochistischen Träume zur Zeit der Behandlung, sah er sich von einem verkommenen, schmutzigen Knaben, der wenig älter war als er selbst (scheinbar etwa 12 Jahre) verfolgt, und dieser versuchte ihm das Hemd hochzuheben und ihn mit Kot zu beschmieren[3]). Er hatte dabei ein unbeschreiblich intensives Ekelgefühl und die Szene endigte

[1]) Die Klangähnlichkeit zwischen den Wörtern father und farter (Farzer) trug mit bei, die väterlichen Attribute mit Flatus zu assoziieren.

[2]) Es ist bekannt, daß Kinder gewöhnlich zwei oder mehr Erklärungen für Sexualfragen annehmen, sei es zu verschiedenen Zeiten oder selbst gleichzeitig.

[3]) Adler: Zentralblatt für Psychoanalyse, S. 107 und 108.

mit einem heftigen Kampf mit dem Jungen (!). Wie wir gleich sehen werden, war die Neugier des Patienten in der Kindheit wie auch in späteren Jahren stark konstelliert durch analerotische Komplexe.

Exhibitionismus und Schautrieb. Von ganz besonderer Bedeutung war für den Patienten stets die Nacktheit gewesen. Eine seiner frühesten Erinnerungen war ein Gefühl der Verlegenheit und Scham, das er hatte, wenn sein Vater ihm als kleines Kind zum Spaß den nackten Unterleib oder sogar den Penis kniff. Er war immer besonders scheu gewesen beim Auskleiden, Baden oder Wasserlassen vor anderen Knaben usw. Dann hatte das Nacktsein auch wieder einen besonderen Reiz für ihn. Selbst als erwachsen, liebte er es noch, sich ganz auszuziehen und sich von der Idee, daß ihn jemand sehen könnte, ängstigen zu lassen. Unter gewissen Umständen bekam er ganz plötzlich den intensiven Wunsch, sich auszuziehen. Wie das oft der Fall ist, stand auch seine große Sympathie für das „einfache Leben" und die Idee „zurück zur Natur" im Zusammenhange mit den Nacktheitsgedanken. Auch nachts und besonders wenn es regnete, pflegte dieser Wunsch aufzutreten. Der letztere Zug ist doppelt bedingt durch den Urinkomplex und den Schautrieb. Bei schönem Wetter war er deprimiert und fühlte sich erleichtert, sobald es anfing zu regnen; nasses Wetter brachte ihm Glücksphantasien und poetische Gedanken. Er malte sich aus, wie es sein müßte, wenn er draußen im Sturme wäre und gewöhnlich endigte die Phantasie damit, daß er mit einem Mädchen zusammen Schutz suchte in einer Hütte, unter Bäumen in einem dunklen Wald, oder unter einem großen Schirm usw., wobei beide spitternackt waren. Er fühlte sich auch sehr glücklich, wenn er allein unter einem Schirme im Regen draußen war, denn dann war er in „seiner eigenen Welt", wo ihn niemand stören konnte. Diese Phantasie knüpft wahrscheinlich an die Gewohnheit an, als Kind mit seiner Schwester zusammen zu baden. Im Alter von 9 Jahren pflegte er zur Erbauung der anderen Knaben Geschichten zu erfinden, die stets darauf hinausliefen, daß er dieses oder jenes Mädchen mit nach Hause nahm und mit ihr badete; tatsächlich hatte er dies ein paarmal mit einer Cousine getan. Auch wenn er im Schnee draußen war, konnte ihn der Wunsch, sich auszuziehen, ergreifen: dies war auf verschiedene Art determiniert: I. durch die Reinheit und Nacktheit des Schnees: II. durch die Analsymbolik und III. durch die Ähnlichkeit mit dem Regen. Die Angst, nackt gesehen zu werden, war hauptsächlich mit dem Defäkationsakt verbunden, was dadurch bedingt ist, daß, wie wir sehen werden, sein Begriff der Sexualität sich hauptsächlich in Formen ausdrückte, die von analer Betätigung herstammten. In seinen stereotypen Nacktheitsträumen war die Szene entweder ein Badezimmer oder ein W. C. und das Schreckliche daran war, daß es ihm nie möglich war, allein dahin zu gelangen, da immer Leute da waren, die ihn sahen. In einem häufig vorkommenden Traumtypus begleitete ihn auch eine ältere Frau dahin und zog ihn aus. Der folgende Traum stellt eine Kombination der zwei Themen dar:

Er ist in einem Zimmer, durch einen Tisch vom Bad getrennt. Da er ungenügend bekleidet ist und Leute da sind, sieht er sich nach einem Nachthemd um, kann aber keines finden. Dann zeigt ihm jemand, halb Mann, halb Mädchen, eines. Er zieht es an, und es ist wie Gewürzkrämerpapier. Zu Gewürzhändlerpapier hat er folgende Assoziationen: „Die verschieden farbigen Papiere, die er in einem Spezereiladen gesehen hatte, wo er als kleiner Junge seiner Mutter Geld gestohlen hatte — Gewürzkuchen, nachdem er davon gegessen hatte, pflegte er die Rosinen im Stuhlgange zu suchen — Packpapier, welches sein Vater für etwaigen Gebrauch in einem Schranke aufbewahrte — seines Vaters Schuppen, der voll alten, geizig aufgestapelten Gerümpels war — Braucht der König Papier oder einen Schwamm nach der Defäkation? — wenn er als Kind nachts auf den Topf mußte, brauchte er Seidenpapier aus einer Putzschachtel. Grau brachte: Aschgrau — die Farbe der faeces nach einer Dosis Jalapa, Asche, Mist (Kinderausdruck für faeces)."

Seine exhibitionistischen Tendenzen manifestierten sich aber nicht nur in diesem Zusammenhange, sondern in allen möglichen Abarten der Sexualphantasie. Beliebt war diejenige von Sexualverkehr in der Öffentlichkeit (ein Gegenstück zu seinem Schautrieb beim Urinieren); diese stammte aus den Kindheitsszenen mit seiner Schwester und drückte auch seine Verachtung für den Vater aus, dessen Gegenwart — in der Phantasie — ihn nicht störte. Diese Tendenz bezog sich auch in verschiedener Weise auf seine aktuellen Symptome. Das Hauptsymptom, daß seine Gedanken von anderen gelesen werden könnten, war eine Art psychischen Exhibitionismus, ein imaginäres Enthüllen seiner Geheimnisse. Dann hatte er auch halb willkürliche Phantasien, wo eine Frau in sein Zimmer kam, sein Nachthemd aufhob und mit seinem Penis spielte; im Alter von 10 bis 15 Jahren war diese Phantasie zu einer Phobie geworden.

An der Nacktheit anderer hatte er ebenso viel Interesse wie an seiner eigenen. Er hatte stets ein besonderes Vergnügen daran gehabt, von nackten Frauen zu lesen und mußte sich alle ihm auf der Straße begegnenden Frauen nackt vorstellen. Das stärkste Schuldgefühl, das er je gehabt hatte, war, als er im Alter von 17 Jahren „zufällig“ in das Zimmer der Köchin trat und diese unbekleidet fand. Der Schautrieb war sehr früh geweckt worden. Als ganz kleines Kind pflegte er von seinem Bette aus die Mutter zu beobachten, wenn sie das Hemd fallen ließ, um das Nachtgewand anzuziehen. Er wurde nie müde, die Genitalien seiner Schwester zu untersuchen, sie anzusehen, zu berühren und zu küssen, und hatte uneingeschränkte Gelegenheit dazu. Später pflegte er ihr tief in die Augen zu sehen und bildete sich ein, er sehe eine Kammer dahinter (eine beliebte poetische Phantasie). Mit 7 Jahren ließ er seine kleine Spielgefährtin sich niederlegen, hob ihre Röcke auf, um ihre Genitalien zu untersuchen. Sein liebstes Spiel mit anderen Kindern war eines, wobei eine Anzahl unsinniger Worte ausgerufen wurden, bis das Wort „red skirt“[1]) vorkam und jedes der Mädchen der Reihe nach seine Röcke aufheben mußte. Dieses Spiel kam in seinen Träumen und Wachphantasien oft vor. Es war eine der Quellen für seinen Rotfetischismus; eine andere stammte aus verschiedenen Erfahrungen mit seines Brüderchens roten Unterröcken. Zu dem Mädchen, mit dem er sich verlobte, fühlte er sich besonders deshalb hingezogen, weil sie stets rote Kleider trug. In seiner „weiblichen Phase“ zog er immer ein rotes Morgenkleid an, um die Illusion, er sei eine Frau, zu erhöhen. Rot war ihm etwas spezifisch Weibliches oder eigentlich Kindliches. Eine noch tiefere Quelle für diesen Fetischismus bestand in seinem Interesse für die Menstruation und in seinen sadistischen Phantasien. Die Menses werden in England gewöhnlich „die Blume“ genannt und er entwickelte eine leidenschaftliche Vorliebe für rote Blumen aller Art.

Der Schautrieb des Patienten war eng verbunden mit einem ausgesprochenen Riechtrieb. So z. B. erregte es ihn, wenn er in ein W. C. kam, wo es noch vom Vorgänger roch; als Kind pflegte er auf solche Gelegenheiten zu warten. In seinen Träumen kombinierte er oft die beiden Phantasien, daß ein Mädchen die Kleider aufhob und einen Flatus ausließ. Die spätere Entwicklung seiner infantilen Neugier werde ich zusammen mit seinen Anal- und Flatuskomplexen betrachten, mit denen sie aufs engste verknüpft ist.

Zum Schlusse muß noch eine besondere Abart der Sexualneugier erwähnt werden. Es war ihm immer vom größten Interesse, irgend einen Sexualakt zu beobachten. Dies datierte von seinen Kindheitserfahrungen

[1]) Bezieht sich auf die roten Flanellhosen, die die kleinen Mädchen in England gewöhnlich tragen.

im Schlafzimmer seiner Eltern her. Natürlicherweise konnte er diese Neugier meistens bei Tieren, Katzen, Hunden, Vögeln befriedigen. Es hatte für ihn nicht nur heteroerotische, sondern auch autoerotische Bedeutung; z. B. ließ er seinen jüngern Bruder nachst aufstehen, nur um das Vergnügen zu haben, ihn aufs W. C. begleiten und ihn defaecieren sehen zu können, i. e. einem sexuellen Akte beizuwohnen.

Der folgende Traum wird einige der oben erwähnten Punkte illustrieren: Er ist in einem dunklen Zimmer, einem Teile der Fabrik. Er sieht ein Loch in der Mauer, weit unten, beugt sich nieder, um genauer zu sehen und findet, daß es eine versteckte Tür ist. Er sieht durch das Loch eine Anzahl kleiner Teufel. Dann kommt er in dieses andere Zimmer, das sehr dunkel und mysteriös und voll Maschinerien ist. Rings herum sind viel kleine Seitentüren. Er stößt auf einen Hundefuß, den er aufhebt und ans Licht nimmt. Hier verwandelt dieser sich in einen schlanken, etwa 16jährigen Jungen. Die kleinen Teufel stellen seine Geschwister dar, die die Mutter oft, wenn sie unartig waren, so zu nennen pflegte. Teufel gehören in mysteriöse, unterirdische Regionen. Der englische Ausdruck für Satan „Nick" wurde von den Kindern zur Bezeichnung der Spalte zwischen den Hinterbacken gebraucht. Die kleinen Türen bedeuten die roten Hosen seiner Schwester, welche er zu öffnen pflegte, indem er die beiden Hälften zur Seite zog. (Schiebetüren) [Panelled doors = flannel drawers Klang]. Er las gern Geschichten aus alter Zeit, wo versteckte Türen zu geheimen Gelassen und verborgenen, mit Schätzen angefüllten Gewölben führten. Herumgehen zum andern Zimmer — hinterer Eingang — Anus. Die rumpelnde Maschine erinnerte ihn an eine Episode aus Canada: Ein Farmer hatte[1]) ein Geräusch im Innern der Erde gehört und geglaubt, es sei der Teufel, der mit einer berühmten Hexe der Nachbarschaft verkehre. Weitere Assoziationen führten zu den Gedärmen (Zähne der Maschine, kauen, Produkte hervorbringen usw.). Hund — Erinnerung an einen Knaben, den er mit dem Penis eines Hundes spielen sah. Fuß (Penis) — der „elektrische Kontakt", wenn man jemandem unter dem Tische den Fuß drückt. Er stieß sich einst die Zehe am Bett an und ließ sie sich dann von seiner Schwester reiben, wobei er eine Erektion bekam. Ans Licht nehmen — Kleider aufheben, ansehen. Der schlanke Junge (= er selbst) ein Schulfreund, den er vor Masturbation gewarnt hatte. Die ganze Szenerie stammte aus der Fabrik, wo er als Junge gearbeitet hatte und Zeuge von vielen sexuellen Episoden gewesen war (Exhibition von Knaben und Mädchen usw.). Im Traum ist mehr als eine Tendenz ausgedrückt: Exhibition. Schaulust, Masturbation und Analerotismus.

Homosexualität und Inzest. Obschon die homosexuelle Komponente nicht ganz so stark hervortritt wie die heterosexuelle,

---

[1]) Häufiges Symbol für Vater.

so ist sie doch stark entwickelt und sicher mehr als normalerweise. Sie ist hauptsächlich passiver Natur, d. h. masochistisch. Während der „weiblichen Phase" des oben erwähnten Kreislaufes schwelgte der Patient in passiven Phantasien. Er pflegte z. B. nackt im Bette zu liegen und sich vorzustellen, es breche ein Mann ins Zimmer ein und vergewaltige ihn. Wie schon gesagt, fühlte er sich während dieser Phase schwach und machtlos den Aggressionen anderer Leute, besonders Männer, gegenüber. Diese Tendenz ist eng verbunden mit zwei anderen, dem Exhibitionismus[1]) und dem Analerotismus. Eine seiner Phantasien war auch: es kommt ein Mann ins Schlafzimmer und hebt die Bettücher in die Höhe, um seinen Penis zu entblößen.

Der folgende Traum zeigt eine Kombination der beiden Komplikationen. Ein Mann, der etwas seinem älteren Bruder gleicht, führt seinen Penis in den Anus des Patienten ein, was der Bruder auch wirklich getan hatte; dies versursachte einen akuten Defäkationsdrang und als er erwachte, fühlte er noch beides, den Fremdkörper und den Stuhldrang. Die Szene des Traumes war gegenüber einem Theater (= elterliches Haus), aber die Vorübergehenden beachteten sie nicht. Der Traum stellt also das Gegenteil des mixoskopischen Wunsches[2]) dar, Zeuge bei einem Koitus zu sein, d. h. den Wunsch, ihn öffentlich auszuführen. (Latent waren diese beiden sich entgegenstehenden Wünsche vorhanden.) In einem andern Traum sucht er in großer Verlegenheit nach einem W. C., als derselbe Mann kommt und ihm einen Stock ins Rektum stößt, der immer weiter hinaufsteigt (Erektion), bis er zuletzt nicht mehr defaecieren konnte. Viele von seinen stereotypen Träumen waren ausgesprochen masochistischer Natur, z. B. der, daß ihn ein Mann mit einem Messer oder Schwert überfiel und stach. Einer davon zeigt auch die Kombination von Masochismus und Analerotismus: ein Mann schießt mit einem Revolver nach ihm; dazu assoziiert er „schießen" und „abfeuern", beides Slang-Ausdrücke für Flatus. Viel seltener waren die homosexuellen Träume, in denen er eine aktive Rolle spielte; der hier folgende gibt ein Beispiel davon. „Er öffnete die Kleider eines etwa 16 Jahre alten Knaben und faßte seinen Penis an. Es floß Milch daraus hervor und er fürchtete, die Leute könnten es sehen. Glücklicherweise fiel Schnee, der es zudeckte. Die Schaulust- und exhibitionistischen Elemente sind evident, auch fehlt die analerotische Komponente nicht, denn der Schnee, der den Samen zudeckte, stellt die Faeces dar. Als Beispiel seines Aberglaubens[3]) erwähne

[1]) Es ist bekannt, daß, obschon dies häufig eine männliche Betätigung ist — eine Art psychischer Defloration — es auch zu Zeiten weiblich sein kann, d. h. eine widerstandslose Aufforderung zum Angriff.

[2]) μῖξις = coitus, σκοπεῖν = betrachten.

[3]) Der Patient maß gewöhnlich seinen Träumen große Bedeutung bei in bezug auf zukünftige Begebenheiten.

ich, daß er behauptete, der betreffende Junge habe ihm am Tage nach dem Traume bei der Arbeit schwach geschienen, aber zur großen Überraschung des Patienten tadelte er ihn nicht, noch zeigte er irgend einen Verdacht, daß Patient die Ursache seiner Erschöpfung sein könnte.

Der Unterschied zwischen rechts und links beschäftigte den Patienten stark, denn dies war ihm ein Symbol für den konstanten Konflikt zwischen der männlichen und weiblichen Seite seiner Natur; er stellte sich als aus zwei Persönlichkeiten bestehend vor, die eine männlich und stark, die andere weiblich und schwach. Darin wurde er noch bestärkt durch verschiedene okkulte Lehren, wonach die rechte Seite die starke, positive, gute, wäre und die linke die schwache, böse. Viele körperliche Symptome schrieb er dieser schwächern weiblichen Hälfte seiner Persönlichkeit zu und konsequenterweise waren diese alle auf der linken Seite lokalisiert. Er meinte, sein linker Hoden sei kleiner und hänge mehr herunter im Skrotum als der rechte; er habe ihn im Alter von 18 Jahren beim Radfahren verletzt; es war aber kein Grund da, anzunehmen, daß dies irgend etwas Ernstliches wäre. Er litt an linksseitigen Kopfschmerzen, Blutandrang zur linken Seite des Gesichtes, Schmerzen in der linken Seite des Halses und Verstopfung der linken Nasenhälfte. Das letztgenannte Symptom störte ihn sehr, bis zu seiner Auflösung in der Analyse. Es war basiert auf einer komplizierten Phantasie über Atem (= flatus), der vom rechten Nasenloch (männlich) zum linken (weiblich) ginge, welches dem Eindringen einen jungfräulichen Widerstand entgegensetzte. Früher hatte er sich auch vorgestellt, daß die Mittellinie seines Abdomens etwas nach rechts gebogen sei, so daß die linke Hälfte größer wäre als die rechte; damit war die Phantasie verbunden, daß die linke (weibliche) Hälfte gravid sei.

Obgleich ich nicht wage, in eine Diskussion über die letzten Ursachen dieses Typus von Homosexualität einzutreten, möchte ich versuchen, ihn mit drei anderen Faktoren in Beziehung zu bringen, die anscheinend von ätiologischer Bedeutung sind. Ich werde sie beschreiben in der Reihenfolge, wie sie mir wichtig zu sein scheinen.

Identifikation mit der Mutter (vgl. Sadger). Als Kind war er seiner Mutter leidenschaftlich ergeben und sie war das hauptsächlichste Ziel seiner Wünsche. Sie war das Zentrum seiner Neugier. In der Schule protestierte er energisch, wenn seine Kameraden Witze oder verächtliche Bemerkungen über sie machten. Einst erhielt er als Preis für fleißigen Besuch der Sonntagsschule ein Bild der heiligen Jungfrau mit dem Kinde auf dem Schoße (Zurückweisung des Vaters) und sogleich fing er an, sich mit dem Jesusknaben zu vergleichen, mit Vergnügen konstatierend, daß er einen größeren Penis hatte als jener; er nannte es einen Ehrenpreis, wobei er das Wort „honour" fälschlich als „on her" aussprach. Er wob auch alle möglichen Arten von Phantasien um die Königin-Mutter (Viktoria), die den Thron mit 18 Jahren bestieg und an seinem 18. Geburtstage starb; 18 war die Nummer des Hauses, darin er geboren wurde usw.

Ein weiteres Beispiel seiner Identifikation mit der Mutter gibt folgender Traum: Er sah seiner Mutter beim Auskleiden zu und war sehr gespannt auf ihre Genitalien, als sie diese entblößte, sah er an ihrer Stelle die 3. Zehe seines linken Fußes (Zehe = Penis, 3. Zehe = die Mittlere.) Der Fuß zog ihn an wegen des Schweißgeruchs, welcher ihn an den von faeces erinnerte. So bekleidete er seine Mutter mit seinen eigenen männlichen Attributen, wie er es in der Deckerinnerung mit den zwei großen Gestalten, die Kinder machten, getan hatte.

Daraus resultierte eine zweiseitige Einstellung gegen seinen Vater, die zwischen Haß und Liebe wechselte. Er wünschte seine Liebe und seinen Beifall, er ahmte ihn in allen möglichen kleinen Gewohnheiten nach und zeigte das lebhafteste Interesse für seine Sexualorgane und -akte (Urin, Flatus usw.). In diesen Gedanken herrschten die exhibitionistischen Tendenzen vor, gerade wie später in seinen homosexuellen Phantasien (siehe oben); dies wäre vielleicht darauf zurückzuführen, daß sein Vater ihn oft als Kind, wenn er nackt war, geplagt und in seinen Penis gekniffen hatte. Charakteristisch für seine masochistische Auffassung des Koitus ist auch, daß die Phantasien, wo er die weibliche Rolle spielte, immer ausgesprochen masochistisch waren; so z. B. wurde er mit Gewalt überfallen von dem Manne usw.

Diese Liebe zu seinen Eltern war kombiniert mit großer Eifersucht auf seine Brüder, was der folgende Traum gut illustriert: Es schien ihm, er hätte in der Zeitung von einem aeronautischen Meeting von Drachen oder Aeroplanen gelesen. Die Konkurrenz sollte entscheiden, welches Fahrzeug den Postdienst besorgen sollte. Der Gewinner sollte zum Zeichen seines Erfolges drei Knöpfe aus Gold oder Messing und 500 Dollars erhalten. Das mittlere Luftschiff war grau und englisch; die anderen zwei, je ein amerikanisches und canadisches, waren altmodische Ballons. Die Aufgabe war, ganz dicht zur Seite eines Pfahles zu gehen und unter (!) dem Kreuzungspunkt zu passieren. Dem Engländer allein gelang dies. Nachtrag: es waren zwei solcher Pfähle, nicht einer.

Luftschiff erinnerte ihn an kindliche Spiele mit Papierdrachen

(Toilettepapier), eine gerade Rute (Penis), eine Kurve (Rückgrat und perineale Kurve). Die Farbe „grey and white" erinnerte ihn an M. Graham White[1]), den ausgezeichneten englischen Aviatiker, welcher kurz zuvor in New York einen großen Preis gewonnen hatte. Grey war auch assoziiert mit aschgrau, Asche, faeces; das „bottom face" ist grau und weiß (obszöne Bilder usw.). Einer seiner Brüder war mehrere Jahre lang in Canada, der andere in Amerika, Patient ist noch Engländer. Die Pfähle („poles") waren Wiederholungen der formlosen Klumpen in seiner Infantilphantasie, welche Materie zu Kindern formten (männlicher und weiblicher Penis; zu bemerken ist die Verdrängung des letzteren, wie oben der Nachtrag zeigt). Er erinnert sich an unanständige Lieder wie „When father shows his pole" usw.

Post mitführen: Der Storch bringt die Knaben, der Postbote die Mädchen; vor kurzem war in England der Versuch eines Postdienstes durch Ballons gemacht worden. Preis: in der Sonntagsschule hatten seine Brüder immer die Preise gewonnen; hier rächt er sich. 500 Dollar: er nahm zu der Zeit an einer Preiskonkurrenz teil, wo von einer Zeitung 500 Dollars geboten worden waren für das beste Schlagwort zur Ankündigung eines automatischen Vakuumcleaners (Flatuscomplex). Knöpfe: Im Jahre 1897 hatte er messingene Jubiläumsknöpfe erhalten, auf die er sehr stolz war. Als Kind hatte er eine Geschichte gehört von einem Millionär, dessen Kleider ganz mit goldenen Knöpfen bedeckt waren. Mit 8 Jahren pflegte er mit Messingknöpfen zu würfeln und war sehr traurig, als er alle bis auf drei, die er aufbewahrte, verlor; in neuerer Zeit hatte er dreimal Geld angelegt und jedesmal verloren. Knöpfe waren auch eng verknüpft mit „dickem Bauch", „überessen" usw.; ihre Traumbedeutung geht zurück auf eine Knabengeschichte, „von einem Mann, der so dick war, daß er Knöpfe säte, wo er ging". Im Traume ist er also seinen Brüdern überlegen in der Ausführung sexueller (hauptsächlich analer) Akte mit beiden Eltern.

Neben der Liebe und Bewunderung für seinen Vater hegte er aber noch eine allerdings etwas verdrängte Feindschaft, zusammengesetzt aus Haß, Verachtung und Furcht. Diese stammte aus seiner frühesten Kindheit, der Zeit, wo er oft bei seiner Mutter schlief. Er empfand seines Vaters Dazwischentreten sehr peinlich und schlug wütend um sich, wenn er herausgenommen und in sein Bett gebracht wurde. Die Angst war mit seinen masochistischen Tendenzen und seinem Kastrationskomplex verknüpft, oft war auch ein Schuldgefühl damit verbunden.

Diese drei Züge werden im folgenden Traum dargestellt: Er sollte ohne Untersuchung gehängt werden und protestierte gegen diese Ungerechtigkeit, besonders da er unschuldig war. Es

[1]) Graham wird ausgesprochen „Grey-am". Dasselbe Wortspiel, das der Traum des Patienten bringt, erschien kürzlich im Witzblatt Punch.

war schrecklich, so jung sterben zu müssen. Eine anwesende Frau war sehr freundlich, sympathisch und bekümmert.

Er machte ein Testament, in dem er alle seine Schätze für seine Mutter bestimmte. Er legte seine Hand an den Hals und dachte, wie schrecklich es sei, daß ein so hübscher, weißer Hals nun aufgeknüpft werde. Dann fand er in seiner Tasche ein Papier, welches seine Unschuld bewies. Im ersten Teil des Traumes schien er an Crippens Stelle zu sein. (Crippen war zu dieser Zeit in Untersuchung wegen der Ermordung seiner Frau, deren Körper er zerschnitten und vergraben hatte) (unerlaubte Dinge mit der Mutter machen). Die Frau im Traum erinnerte ihn zuerst an Crippens Freundin, welche ihn auf der Flucht begleitet und verteidigt hatte, dann an seine Mutter. Später im Traum schien das Verbrechen wieder unbekannt zu sein, aber „gegen die Autoritäten" gerichtet. Das Testament zugunsten seiner Mutter: in Wirklichkeit hatte er ein Testament gemacht zugunsten einer Cousine, eines jungen Mädchens, das auffallend seiner Mutter glich. Dieser Satz erinnerte ihn daran, daß seine Mutter ihn oft fragte: „Was machst du so lang im W. C., machst du dein Testament?"[1]) Er pflegte auch als Umschreibung für Defäkation zu sagen: „Ich habe mein Testament gemacht." Das rettende Papier erinnerte ihn zuerst an okkultistische Papiere, die er in seiner Tasche trug, dann an Toilettepapier (das vor einem Unglücke schützt). Die Bemerkung über seinen Hals, auf dessen Weiße er besonders stolz war, erinnert ihn zunächst an eine Bemerkung seiner Mutter, daß er „einen hübschen Penis habe, der zu allem tauge".

Das Mißtrauen gegen seinen Vater spielte eine große Rolle in seinem Ödipuskomplex und wird im folgenden Traume dargestellt:

Er fand verschiedene Eier in einem Garten oder Feld. Auf einem derselben war das Gesicht eines Mannes gemalt. Er nahm sie mit und zeigte sie dem Bauer. Die Henne verwandelte sich dann in eine freundliche Katze. Das gemalte Gesicht war rot, lachend und faltig. Es erinnerte ihn an dasjenige seines Großvaters, der für sein ausschweifendes Leben bekannt war. Die Runzeln erinnerten ihn an die Falten am Skrotum und Anus. Das Ei mit dem Gesicht darauf erinnerte ihn an die Kindergummibälle[2]), wo ein Gesicht mit roter Nase darauf gemalt ist, das, wenn man drückt, die Zunge herausstreckt (Exhibitionismus). Die Eier bedeuten Testikel, Kinder, faeces. Eine Henne oder Katze war ihm immer symbolisch für Frau. Der Henne die Eier wegnehmen bezieht sich auf seine infantile Geburtstheorie von Vater-accoucheur. Der Farmer bedeutet Vater; ein Farmer macht die Dinge wachsen durch Düngen, seine Arbeit ist „husbandry"; dazu kommt noch die Klangassoziation (farmer-father-farter).

---

[1]) Zweifellos stammt der Ausdruck aus der Idee, daß man Schätze zurückläßt (wie im Traum), eine weitere Illustration der Verwandtschaft zwischen Reichtum und faeces.

[2]) Der gemeine englische Ausdruck für Testikel (balls).

So wird auch die Tatsache bedeutungsvoll, daß der erste Ausbruch seiner Hauptsymptome sich auf einen Farmer und dessen Frau, mit denen er einen Feiertag auf dem Lande zugebracht hatte, bezog. Die Frau war gravid, was ihm die obsedierende Idee verursachte: „Laß das Kind heraus.“ Als er mit dem Manne zusammen urinierte, kam ihm der Gedanke: „Sieh mich an, sieh mich nicht an.“ Da die Gedanken sich auf das Paar übertrugen, fühlte er sich in einer peinlichen Lage und ging weg.

In späteren Jahren war es seine besondere Leidenschaft, Frauen und Mädchen vor schlechter Behandlung zu schützen, womit er natürlich stets seine Mutter meinte, die vor den vermutlich grausamen Überfällen des Vaters verteidigt werden mußte. In seiner Kindheit zeigte sich die Verachtung für seinen Vater in einem schlecht unterdrückten Impuls ihm mit respektwidrigen oder sogar häßlichen Worten zu begegnen (Flatuskomplex). Als er erwachsen war, äußerte er sich folgendermaßen: Seine zwiespältige Stellung zum Vater — einerseits der Wunsch geliebt zu werden, anderseits die Angst vor Strafe — war genau wiederholt in seinem Verhältnisse zu Gott, dem himmlischen Vater. Er sagte mir einst: „Es gibt kein Entrinnen vor dem Einen, Großen, Allmächtigen.“ Nun wurde er auch von dem Impulse obsediert, beim Gebete unwürdige oder selbst blasphemische Worte zu brauchen, und er glaubte, die Leute, die solche Worte brauchen, kommen als Strafe dafür ins Irrenhaus (d. h. sie würden unzurechnungsfähig, so daß sie sagen können, was sie wollen). Nachdem wir eifrig am Vaterkomplex gearbeitet hatten, kam er eines Tages zu mir und kündigte mir an, daß er aufgehört habe, an Gott zu glauben (das natürlich ganz unabhängig von meinem Einflusse). Dadurch bekam er ein intensives Gefühl der Freiheit, Leichtigkeit und Fröhlichkeit, der Unabhängigkeit und des Selbstvertrauens; er ist seither bei diesem Unglauben geblieben. Dies wurde aber begleitet von dem sonderbaren Verlangen, beständig schlimme Reden zu führen, hauptsächlich blasphemische und obszöne Worte[1]). Es ist also ganz klar, daß sein früherer devoter Gottesglaube nichts anderes als eine Übertragung von verschiedenen seinen Vater betreffenden Affekten und Annahmen auf Gott war. Als Beispiel für das Verhältnis zwischen

[1]) In bezug auf die häufigen Einwände, daß die psychoanalytische Befreiung unangenehmer Gedanken gefährlich sei und zu verbrecherischem oder ausschweifendem Handeln führen könne, lohnte es sich vielleicht, daran zu erinnern, daß dies in meiner Erfahrung der einzige Fall mit solcher Wirkung ist. Überdies dauerte diese Phase, die keinerlei Schaden stiftete, nur 2 Wochen.

den beiden diene die Tatsache, daß er am Anfang der jetzigen Symptome das Kirchengehen aufgeben mußte, da er den Pfarrer durch Übermittlung obszöner Gedanken ärgerte. (Analerotischer Inhalt, Autoritätsverachtung durch respektwidrige Reden ausgedrückt, feindliche Stellung zu beruflichen Pflichten usw.)

Die Kloakenauffassung der Vulva. Aus der kindlichen Sexualauffassung, die bei allen Menschen Bisexualität und daher bei der Frau auch männliche Genitalien voraussetzt, entwickelte sich seine spätere Ansicht, daß die Männer auch weibliche Genitalien haben. Die Kloakenauffassung des weiblichen Genitales lieh dieser Ansicht besondere Wahrscheinlichkeit und der Patient machte in seinen Phantasien, Träumen und Symptomen ausgiebigen Gebrauch von der Idee, daß sein Anus ein der Vulva entsprechendes weibliches Organ sei. Er machte auch die gewöhnliche Verlegung von der Kloake zum Nabel. Als Kind untersuchte er seinen Nabel aufs genaueste, stellte sich vor, es sei eine Vulva, und schwelgte in Koitus- und Geburtsphantasien, wo er die Hauptrolle spielte; vielleicht hatte die Gewohnheit seines Vaters, den Knaben in den Leib zu kneifen und seinen Finger in den Nabel zu stecken, diese Phantasien entwickelt. Es ist wohl anzunehmen, daß sich diese passive Homosexualität besonders gut entwickeln kann bei einer Person mit außergewöhnlichem, Analerotismus wie es hier der Fall ist.

Homosexuelle Erfahrungen. Auf diesem Gebiete hatte Patient Verschiedenes mit seinem 10 Jahre ältern Bruder erlebt. Als kleines Kind liebte er es, seinen Kopf (symbolisch Penis) zwischen die Schenkel seines Bruders zu halten und so aufgehoben zu werden; von hauptsächlichem Interesse war ihm hierbei auch der Geruch.

Als er 8 Jahre alt war, ließ ihn sein Bruder Schamhaar und Penis anfühlen und küssen, was ihm ein eigentümliches Grauen verursachte. Er machte Einwände wegen des unangenehmen Geruches (beginnende Verdrängung). Als er 16 Jahre war, führte derselbe Bruder einen Koitus per anum an ihm aus, wobei er aber so stark widerstrebte, daß das Unternehmen nicht gelang. Mit 13 Jahren verleitete ihn ein Knabe zu gemeinsamer Masturbation. Sie taten es etwa neun- oder zehnmal, aber er weigerte sich, den Penis des Knaben zu berühren. Dies waren seine einzigen wirklichen homosexuellen Erlebnisse. Es ist klar, daß diese allein nie eine so starke Entwicklung der Homosexualität zustande gebracht hätten, obschon sie bis zu einem gewissen Grad dazu beigetragen und seinen späteren Phantasien ihr Gepräge verliehen hatten.

Analerotismus. Im geistigen Leben des Patienten spielte das Interesse an Defäkation und faeces direkt und indirekt eine besondere Rolle. Die Defäkation hatte ihm als Kind sehr angenehme Empfindungen ausgelöst und er pflegte so lange dabei zu verweilen, daß er von den anderen Kindern geneckt wurde, weil er sich so lange im W. C. aufhielt. Der Geruch von faeces und Flatus übte, wie schon bemerkt, auch einen großen Reiz auf ihn aus. Als erstes Anzeichen davon bemerkte ich eine Symptomhandlung, wo er unter dem Vorwande, sich die Nase zu reiben, ganz unbewußt an seinem Zeigefinger roch. Zuerst leugnete er es ab, als ich ihn darauf aufmerksam machte, aber später kam heraus, daß er als Kind die Gewohnheit hatte, den Finger in den Anus zu stecken und daran zu riechen. Später verfiel er in seiner Reaktion auf diese Neigungen ins andere Extrem. Er entsetzte sich bei dem Gedanken, daß jemand nach dem Urinieren oder Defaecieren die Hände nicht waschen könne, und pflegte bei solchen Gelegenheiten seine Hände lange zu fegen. Das tat er auch schon als Kind, nachdem er seinen kleinen Bruder angekleidet hatte. Sein eigener Körper kam ihm ganz besonders unrein und ekelhaft vor; so z. B. glaubte er, es könne sich niemand nach ihm waschen, ohne vorher die Schüssel ganz gründlich zu reinigen, oder die Hunde liefen ihm nach, weil sein Geruch sie anziehe usw. Er machte verzweifelte Anstrengungen, sich zu reinigen; badete jeweils dreimal täglich und, wenn er schwitzte, noch öfter; für die Analregion brauchte er eine ungewöhnliche Menge Seife. Er trank auch Unmengen von Wasser, um sein Inneres auszuwaschen. Seine Kleider hielt er fleckenlos rein. In allen seinen Gewohnheiten war er äußerst peinlich und ordentlich und haßte alle Unordnung. Natürlich hatte er daneben einen starken Reinheitskomplex[1]) in sexuellen Dingen; er glaubte fest an die „Theorie des reinen Mannes" und abhorrierte die Prostituierten.

Haar hatte denselben Gefühlston[2]). Es ekelte ihn bei dem Gedanken, daß man eine Haarbürste benutzen könne, die vorher jemand anderer gebraucht hatte, und er konnte nicht einmal einen Bleistift, den eine Frau vorher in ihrem Haare stecken hatte, gebrauchen, ohne ihn vorher sorgfältig zu waschen. Speise war ihm von größter psychischer Bedeutung. Seine Leidenschaft fürs Kochen und die Beziehung davon zur Vorstellung des Kinderbildens aus faeces wurde oben

[1]) Ich stimme ganz mit Sadger überein in bezug auf die Wichtigkeit, die er dem Analerotismus bei der Bildung dieses Komplexes beimißt.

[2]) In verschiedenen Fällen habe ich Analsymbole mit Haar assoziiert gefunden und halte diesen Punkt einer speziellen Aufmerksamkeit für würdig.

erläutert; sie hatte seine Berufswahl bestimmt. Der Gedanke, etwas zu essen, was andere zuvor berührt hatten, erfüllte ihn mit Ekel, und wenn andere es taten, wurde ihm ganz übel. Es war ihm selbst unangenehm, sein eigenes Essen in die Hand zu nehmen, vor Angst, es zu verunreinigen, da seine Hand den Anus berührt hatte. Er konnte nie im Bett essen, denn es schien ihm, wie wenn er in einem W. C. äße. Natürlich hatte er auch zahlreiche Idiosynkrasien für verschiedene Speisen; z. B. konnte er Lattichsauce oder dicke Fleischbrühe nicht essen, da ihm davon übel wurde. Einer seiner ehrgeizigsten Pläne war, Direktor eines ganz erstklassigen Restaurants zu sein, wo alle Speisen mit größtmöglicher Sauberkeit zubereitet wurden. Wie man sich leicht vorstellen kann, war sein Leben in einem gewöhnlichen Restaurant in dieser Hinsicht ein großes Martyrium. Jedoch war er in früheren Jahren nicht immer so sonderbar gewesen. Er erinnerte sich, daß er als Kind Kaninchenexkremente gekostet hatte und mit Genuß ein Stück Kuchen aß, das er aus den faeces im W. C. herausholen mußte, wohin er es aus Versehen fallen gelassen hatte. Dieser anale Speisekomplex war der Hauptgrund folgender Obsession: Wenn er Leute essen sah, glaubte er faeces riechen zu können, wenn sie tranken, roch er Urin. Wenn er kochen mußte und sonst mit Speise umzugehen hatte, war es ihm, wie wenn er faeces in Händen hätte, und er glaubte, der Geschmack davon ginge in die Speisen über, so daß die Kunden es merkten und das Restaurant verließen[1]). Seine Neugier war stark beeinflußt durch „Analkonstellationen". Dunkle geheimnisvolle Lokalitäten übten einen besonderen Reiz auf ihn aus. Seine Knabenphantasie beschäftigte sich stark mit unterirdischen Gängen[2]), Kanälen, Gräbern, Katakomben, Brunnen, Höhlen und Ähnlichem. Als Kind wollte er immer versuchen, in die Zisterne im hinteren Garten zu gelangen und seine Eltern konnten ihn nur dadurch davon abhalten, daß sie ihm sagten, es wären Skorpione dort unten, die ihn fingen. Er malte sich diese Skorpione aus als eine lebendige Masse, die auf dem Grunde (bottom)[3]) von allen Dingen zu finden sei, die Materie, aus der das Leben selbst gemacht ist, so daß dadurch seine Neugier nur noch

[1]) Er erzählte mir verschiedene konkrete Beispiele davon und glaubte fest an seine Erklärung; möglicherweise waren seine Bemerkungen richtig, aber da mir das Restaurant einigermaßen bekannt ist, glaube ich, daß es noch andere Erklärungen dafür gibt.

[2]) Gewöhnlicher Ausdruck für Vagina und Rektum.

[3]) Gewöhnlicher Ausdruck für Anus.

gesteigert wurde. Brunnen waren noch interessanter, da sie „tiefe Löcher mit Wasser waren, wo man den **Grund** nicht erreichen konnte". Kohlengruben kamen oft vor in seinen Träumen und er mußte entweder versuchen, ihren Grund zu erreichen, oder dann fürchtete er wieder, hineinzufallen. Sein Großvater, von dem er nichts wußte, als daß er ein sehr ausschweifendes Leben geführt hatte, besaß Kohlengruben. Kohle war bei ihm assoziiert mit Kohlensäcken, die zu Hause in einer dunklen Kellerecke aufbewahrt wurden, mit Unrat, Abgang und faeces. In der Nähe seines Wohnortes waren viel Kalksteinbrüche. Es waren endlose dunkle Regionen, in die man fallen konnte; einmal war auch ein Mann und ein Pferd hineingefallen und die Körper konnten nicht wieder gefunden werden. Es regte ihn immer sehr auf, wenn er von Höhlen las, in denen Leichen gefunden wurden. Ein Leichnam, der versteckt wurde, etwas das lebendig gewesen und nun tot war, bedeutet, wie dies oft der Fall ist, faeces.

Der folgende Traum zeigt die Assoziation zwischen Leichen, Speisen, faeces und Geburt, kombiniert mit dem Thema der ungerechten Beschuldigung: Ein formloser Körper, der ihn etwas an seine jüngere Schwester erinnerte, lag auf dem Fußboden. Er war in Verwesung und er hatte ein gemischtes Gefühl von Mitleid und Widerwillen. Dann saß er an einem Tische und aß Kuchen mit einem Manne und einer Frau. Der Körper lag auf dem Tische, und er war sehr ärgerlich, daß ihn die anderen nicht wegschafften. Er hatte ein Ekelgefühl beim Essen, denn die Kuchen kamen von dem Körper und er glaubte faeces zu essen. Es war ein Verbrechen begangen worden gegen den Toten oder gegen den Anstand, und er wollte es der Obrigkeit anzeigen, um zu vermeiden, daß er des Verbrechens beschuldigt würde.

Die Rückseite der Dinge zog ihn immer besonders an. Er sah sehr gerne, wie die Lokomotive Dampf ausließ und rückwärts ins Haus fuhr. Sein Vater hatte eine geheimnisvolle Werkstatt mit einem wundervollen Blasebalg, und, anstatt auf gewohnte Art hineinzugehen, kletterte der Patient immer hinten herauf, um durchs Fenster den Vater den Blasebalg handhaben zu sehen. Ein Lieblingstagtraum seiner Kindheit war, daß er in einem Wandschrank des Schlafzimmers war und daß ein Lift kam, der ihn „hinten unter das Haus" brachte (= Mutter) in einen unterirdischen Palast, eine Art heimlichen, wunderbaren Zauberlandes, wo inmitten von Blumen eine „Königin" auf ihn wartete. Er liebte Blumen außerordentlich und verknüpfte die Idee in verschiedener Weise mit faeces und Kindern. (Schönes, reines Leben, das aus Erde und Unrat aufwächst.) In der Nähe seines Wohnortes war ein Schloß mit einem unterirdischen Gang, in den ihm seine Eltern nie einzudringen erlaubten und dies regte ihn zur Produktion der folgenden Phantasie an, die er später in einer Novelle ausarbeitete. „Der Held (natürlich er selbst) verfolgt ein stets ausweichendes Etwas, das er nie erreicht und das ihm der wirkliche Sinn und Mittelpunkt des Lebens zu sein scheint. Nach jahrelangem Umherwandern kommt er wieder in die Nähe seiner alten Heimat, traumverloren in einen tiefen Teich starrend. Träumend malt er sich aus, wie er vor vielen hundert Jahren[1]) Maid Marion aus den Händen der Normannen befreite und zur Strafe eine große Anzahl derselben tötete. Er erwacht aus seinem Tagtraum und findet sich zur Seite seiner Cousine, von der er vor Jahren geschieden war, und weiß nun plötzlich, was er solange gesucht hat." Der Patient war als Kind sehr verliebt in eine erwachsene Cousine, natürlich als Ersatz für die Mutter.

Der stete Drang, immer wieder Neues zu erforschen, führte ihn zuerst nach Wales, dann nach Schottland und schließlich zur Auswanderung nach Canada. Seit er da ist, hatte er schon oft den Wunsch gehabt, nach Australien zu gehen; der Sinn davon ist leicht verständlich, wenn man bedenkt, daß in England von Australien als „down under" gesprochen wird. Bei allem im Leben, sei es konkret oder abstrakt, wollte er zum „Mittelpunkt" oder auf den „Grund" gelangen. Auf seinen Streifzügen machte er fortwährend Anstrengungen, zum Zentrum der Stadt zu gelangen und konnte nie herausfinden, wo dies eigentlich war. In derselben Weise wollte er die zentrale Bedeutung des Lebens, des Weltalls usw. herausfinden, war aber nie zufrieden mit dem, was er gefunden hatte. Diese Leidenschaft führte ihn dazu, einen religiösen Kultus nach dem andern anzunehmen, ganz besonders verschiedene Formen des Okkultismus. Er ließ sich von all den Ankündigungen über die „geheimnisvolle Weisheit des Ostens" betören, gab eine Menge Geld aus für Bücher über Yogiwesen usw., um dafür bei den zahlreichen amerikanischen Instituten, die ihre Blüte der Ausbeutung ähnlicher Liebhabereien verdanken, zweifelhafte Einweihungen zu erlangen. Auch als Kind schon hatte ihn sein Interesse am Geheimnisvollen veranlaßt, verschiedene Arten von Geheimschriften zu studieren. Geld war natürlich eine äußerst wichtige Sache. Gegenwärtig glaubt er, daß jedermann ihn für sehr reich halte. Als Kind versteckte er jeden

[1]) Die Heimat des Patienten war in der Nähe von Robin Hoods Wald.

Heller, besonders gern im Garten, wo er sich in Phantasien von Goldfeldern und Vermögenausgraben gefiel. Dies stimmte gut mit seiner Vorliebe für Mysteriöses, für Reisen und anderen ähnlichen Wünschen überein. Mit seiner Schwester spielte er am liebsten Verkaufen. Kleine Scherben waren Kupfermünzen und die verkauften Waren gewöhnlich Lebensmittel[1]).

Er war immer der Verkäufer, weil der Verkäufer der Eigentümer ist, der Mann. In diesem Zusammenhange möchte ich einige Mechanismen erwähnen, welche die Grundlage eines der Hauptsymptome bildeten; nämlich verschiedene geistige Vorgänge, die sich aufs Stehlen bezogen. Er litt viel an Selbstvorwürfen wegen Geldsachen und jedesmal, wenn er Geld ausgegeben hatte, quälte ihn der Gedanke, es könnte gefälscht sein. Als er einst (mit 17 Jahren) einen Wechsel einlöste, überkam ihn ein so intensives Schuldgefühl, daß er ohnmächtig wurde. Er hatte immer den Verdacht, man beschuldige ihn fälschlich des Stehlens. Als er 13 Jahre alt war, war zu Hause einst ein Sixpencestück verloren gegangen und ungerechterweise wurde ihm die Schuld zugeschrieben; dies verzieh er seiner Mutter nie. Er hatte wirklich, als 6jähriger Junge, seiner Mutter einmal einen Pfennig gestohlen, der einzige Diebstahl seines Lebens, wegen dessen er sich noch immer Vorwürfe machte. Es war ihm nie erlaubt, Geld auszugeben als Kind, und zu seinem großen Ärger wurde ihm alles, was er erhielt, weggenommen. Vermittels der Assoziation Geld-faeces war der Affekt aus der infantilen Erfahrung abgeleitet, daß man die faeces ihm weggenommen hatte. In seiner Phantasie waren faeces ein Kind, das er gemacht hatte, und es leuchtet ohne weiteres ein, daß es ungerecht war, ihm dasselbe wegzunehmen. Er hatte auch die Ansicht, daß der Vater, wenn die Mutter ein Kind bekam, dasselbe aus ihr herausnahm, d. h. ihr wegnahm, gleich wie der Henne die Eier weggenommen werden. Er fühlte sich mehr zur Mutter gehörig als zum Vater, welcher ihn von ihr weggenommen hatte. Er wurde auch aus dem Zimmer genommen, wenn ein jüngeres Kind geboren wurde. Der Ausdruck war auch mit seinem Kastrationskomplex verbunden, der Angst, seine Genitalien könnten ihm „weggenommen" werden. So bedeutete also die ganze Idee „von jemand etwas wegnehmen" (besonders Geld) 1. das Erzeugen eines Kindes durch diese Person und 2. eine Anzahl zusammengehöriger Gedanken betreffend die ungerechten Tendenzen seiner Eltern, besonders seines

[1]) Ich vermute, daß diese Idee die Quelle der von Eltern oft erzählten Geschichte, sie hätten die Kinder in einem Laden gekauft, ist.

Vaters. Die Feindschaft mit seinem Vater verursachte eine allgemeine Angst vor dem Gesetz, Angst, daß er von der Obrigkeit bestraft würde, weil er etwas genommen hatte, was ihm nicht gehöre (= von seiner Mutter). Als Kind hatte er den obsedierenden Wunsch, einem Schutzmanne auf den Fuß zu treten; dies ist folgendermaßen zu erklären: In England wird ein Schutzmann gewöhnlich „Copper" (to cop = fangen, [slang]) genannt; so stellte die Obsession den Wunsch nach homosexuellem Analverkehr mit seinem Vater dar und den Wunsch, ihn herauszufordern dadurch, daß er ihm seine Überlegenheit zeigte; der Fuß ist natürlich das männliche Genitale.

Seiner Mutter Geld stehlen heißt also, ein Kind von ihr haben. Falsches Geld ausgeben ist nur eine andere Art des Stehlens. Dann wird falsches Geld gewöhnlich „schlechtes" Geld genannt und schlecht heißt faul, zersetzt (faeces). Die Obsession war also aufgebaut auf infantilen Inzestwünschen, Geburtsphantasien und Analerotismus. Groß, Stekel und andere haben gezeigt, daß Diebstahl häufig an Stelle eines verbotenen Sexualaktes steht. Diese Feststellung muß noch vervollständigt werden durch nähere Beschreibung der fraglichen Akte; man wird mit wachsender Erfahrung finden, daß der oben gegebene Zusammenhang nicht selten ist; jedenfalls ist er in der Mythologie sehr häufig. Die Sache ist auch von kriminologischem Standpunkte aus von Wichtigkeit, da weitaus die meisten Verbrechen gegen das Eigentum gerichtet sind. Einst erhielt der Patient von einem Pfarrer, der eine der Sekten, zu denen der Patient gehörte, gegründet hatte, eine Liste von Formeln für „autosuggestive Behandlung" verschiedener Störungen. Eine davon, die sich auf Verstopfung bezog, an der Patient seit seiner Kindheit gelitten hatte, sagte ihm sehr zu; er sagte sich dieselbe täglich mehrmals vor und heilte damit seine Verstopfung. Sie hieß so: Das allmächtige, ewige, lebendige Feuer Jehovas reinigt mich durch und durch, hüllt mich ein und verwandelt mich, verzehrt die Schlacken, bewahrt das Gold. Bei dem darauffolgenden Defäkationsakt hatte er ein angenehmes Wärmegefühl. Im Laufe der Behandlung lernte er dies Mittel entbehren und die Analyse der Analkomplexe führte zur andauernden Heilung der Verstopfung. Dieselbe Komplexserie verband sich mit einem leidenschaftlichen Haß gegen die Ungerechtigkeit, der sich in verschiedener Weise äußerte.

Der folgende Traum zeigt, wie sich der Patient dazu verhielt. Er war mit Tolstoi und dem russischen Zaren zusammen; der letztere verurteilte eben eine Anzahl Gefangener. Der Zar wollte wissen, ob ihm zu trauen sei, und fragte deshalb, ob er in Newport gewesen sei. Der Patient antwortete zustimmend und fuhr fort, den Zaren zur Milde zu bestimmen. Die Gefangenen. meist kleine Mädchen, gingen vorbei und der Zar ließ sie frei. Als dies vorbei war, sah der Zar, daß er vom Patienten gefoppt worden war, aber er konnte ihm nichts tun. Daß die Szene in Rußland spielte, war mehrfach determiniert: 1. durch den Titel des Zaren (= Väterchen — er war stolz im Traume, festzustellen, daß er größer war als der Zar), 2. durch die Tatsache, daß sein eigener Vater dem Zaren glich, 3. durch den Gedanken an die russische Tyrannei und 5. durch einen Vorfall, der kurz zuvor passiert war, wo die canadische Regierung sich geweigert hatte, einen politischen Gefangenen, der des Mordes angeklagt war, an die russische Regierung auszuliefern. Am Abend vorher hatte er bei einer Massenversammlung zugunsten dieses Menschen teilgenommen. Er hatte auch vor kurzem gelesen, daß Tolstoi (ein Duplikat seiner selbst im Traum) von der Polizei eingesteckt wurde, weil er gegen die Tyrannei gepredigt hatte. Zu „rauben[1]) (kidnap) assoziierte er: „kidmaking" = Junge werfen (von Ziegen) — es passiert im Schlaf — als Kind hatte er Angst geraubt zu werden, besonders nachdem dies einem Kind aus seiner Nachbarschaft passiert war — er bekam immer eine furchtbare Wut, wenn er von geraubten oder grausam behandelten Kindern hörte, besonders wenn sexuelle Angriffe auf sie gemacht wurden."

Zu „Newport" gab er an: Hafen ist ein Zufluchtshafen — in britischen Häfen sind Sklaven und Refugiés sicher — Portwein — alter Portwein — Gegensatz zwischen alt und neu — Portwein wird aus Beeren gemacht — Newberry hieß der mystische Gründer seiner Lieblingssekte; Newport hieß also der Himmel, den er in diesem Okkultismus gefunden hatte im Gegensatze zu seinem früheren Leben — er war von dem neuen Leben erfüllt, wie „neuer Wein in alte Schläuche (bottle) gefüllt wird" — (Klangassoziationen bottle-body), neuer Wein in altem Gefäß schäumt über und macht es zerspringen (flatus).

Natürlich hatte sein Haß gegen die Ungerechtigkeit und seine Leidenschaft, zu retten[2]) (sein Wunsch, die Mutter zu beschützen ist oben erwähnt worden), noch tiefere Gründe als die bisher betrachteten Analkomplexe, welche aber doch zu den wichtigsten zu gehören scheinen. Ich erinnere daran, daß das Sexualobjekt des Patienten, das eine Verschmelzung von seiner Mutter mit seinem eigenen Kind war, verschiedene Attribute aufwies, die aus dieser Quelle stammten (jüngere Schwester abgeleitet aus faeces). Sein Ideal war gewöhnlich ein junges Mädchen,

---

[1]) Kid (= Slang) für Kind — Nap (= sleep). Kidnap = jemand stehlen. gewöhnlich ein Kind. Diese Assoziationen sind eine weitere Bestätigung der oben erwähnten Assoziation zwischen Kind zeugen = stehlen.

[2]) Otto Rank: Belege zur Rettungsphantasie. Zentralblatt für Psychoanalyse. S. 331.

vorzugsweise ein Kind, das ganz ihm gehörte; er „bevaterte" immer kleine Mädchen; hauptsächlich Waisen (Schwesterkomplex, Ablehnung der Eltern). Seine Haltung war ganz wie die einer Mutter zu dem Kinde, das sie geboren hat. Dies stammte natürlich aus der Idee, daß seine faeces ein Kind seien, das er gemacht habe und das man ihm nicht wegnehmen durfte. Tatsächlich zeigte er Kindern gegenüber eine auffallende Zärtlichkeit, ein Charakterzug, den ich schon bei anderen Patienten mit demselben Komplex fand[1]). Eines Tages erzählte er mir, daß er am Abende vorher ein 6jähriges Mädchen angetroffen hatte, das sich vertrauensvoll an ihn gehängt und das Gefühl, das er dabei hatte, war „besser als alle Reichtümer der Welt"; er ging die Nacht nicht zu Bette, sondern machte ein langes Gedicht über die Kleine. In gleicher Weise liebte er kleine Tiere, besonders Katzen; als Kind glaubte er, alle Katzen seien weiblich und die Hunde männlich. Ganz besonders gern mochte er junge Kätzchen und in seinen Träumen kamen sie oft als Symbol für junge Mädchen vor. Seine andächtige Verehrung für Blumen und Kinder war auch stark determiniert durch deren Unschuld und Reinheit, im Gegensatze zum Schmutz, daraus sie hervorgegangen waren. Zum Schlusse möchte ich noch eine Charakterreaktion erwähnen, die denselben Ursprung hat, nämlich die beständigen Anstrengungen des Patienten, mehr „Selbstbeherrschung" zu erlangen. Er führte in gewisser Hinsicht ein fast asketisches Leben und quälte sich damit, sich abzuhärten und jeder Schwachheit des Fleisches Herr zu werden. Bei einer Temperatur von — 15 C stand er jeden Morgen um 5 Uhr auf, nahm ein eiskaltes Bad und machte Turnübungen, von denen wir später noch sprechen werden, alles, um diesem Ideale zu entsprechen. Jahrelang war er Mitglied von Mäßigkeitsvereinen. Als Kind war ihm der Gedanke, „die Kontrolle über die Sphinkteren" zu verlieren, ganz unerträglich und wenn ihm oder seinem Bruder gelegentlich dies passierte, hatte er immer ein äußerst intensives Gefühl der Scham. Der nächste Abschnitt wird den Zusammenhang dieser Dinge mit seinen Symptomen behandeln.

Flatuskomplex. Die fundamentale Wichtigkeit des Flatus für die Infantilphantasien des Patienten ist oben erwähnt worden und

[1]) Ich vermute, daß die Vorliebe alter Leute für Kinder, welche bei Männern oft den Grad einer sexuellen Perversion erlangt, manchmal durch ein Zurückgreifen auf diesen infantilen Komplex zu erklären ist. Es ist bekannt, daß solche Vorkommnisse im Alter aus einem Wegfallen von Hemmungen resultieren: seniler Exhibitionismus ist ein Beispiel dafür.

es kann deshalb nicht wundernehmen, daß der Gegenstand in seinem späteren geistigen Leben direkt und indirekt von weitreichender Bedeutung war. In erster Linie hatte es zusammen mit den anderen analerotischen Komplexen den Effekt, einen Riechfetischisten, oder vielmehr Antifetischisten[1]) aus ihm zu machen. Als Kind fühlte er sich mächtig angezogen durch den Geruch von Flatus, dem der Genitalien seines älteren Bruders und der jüngeren Schwester, der Brust seiner Mutter und denjenigen von Katzen, Milch, Urin und Schweiß; der Geruch des Schweißes erinnerte ihn immer an denjenigen von Fäzes. Als er älter wurde, entwickelte sich ein starker Widerwille gegen alle persönlichen Gerüche, selbst gegen Parfüm. Als Kind zog er oft die Bettdecke über den Kopf, um den Geruch von Flatus und der körperlichen Ausdünstung zu genießen; später pflegte er hierauf seine Nase zu reinigen, indem er mehrmals frische Luft einatmete. Nach später entwickelte er eine fanatische Leidenschaft für frische Luft und beim kältesten Wetter quälte er seine Umgebung damit, daß er immer einen starken Durchzug haben wollte. Dies dehnte sich natürlich auch auf den Atem aus. Wenn er mit jemand zusammen schlief, konnte er nie entscheiden, ob es schlimmer sei, wenn ihm der andere das Gesicht zukehre und er seinen Atem einatmen müsse, oder seinen Flatus, wenn er ihm den Rücken zukehre. Wenn er Schnupfen hatte, war es ihm schrecklich, durch den Mund atmen zu müssen, den er als Kloake betrachtete. Wie schon erwähnt, löste er seine Verlobung auf wegen des übelriechenden Atems seiner Braut und er wandte alles mögliche an, um den seinen rein zu halten. Seine Schwester und er hatten als Kinder oft probiert, den Atem möglichst lang anzuhalten, um mehr „Selbstbeherrschung" zu gewinnen. Diese Gewohnheit fand später ein Echo in seinem Bestreben, das Herausströmen der obszönen Gedanken dadurch zu verhindern, daß er die Zähne fest zusammenbiß. Er pflegte auch den Kopf zu schütteln, um „die schmutzigen Gedanken herauszuschütteln". Zu der Bedeutung von „Atem" kam noch hinzu, daß nach der okkulten Lehre „der kosmische Atem" die Quelle alles Lebens ist; ohne Speise und Trank kann man leben, aber nicht ohne Atem.

Sprechen und Denken, als unsichtbare, flüssige Emanationen gedacht, wurden auch in diesen Komplex einbezogen, dessen Erforschung zur Aufklärung seiner Hauptsymptome führte. Diese Ver-

---

[1]) Ein von Freud geprägter Ausdruck, siehe die interessanten Artikel von Hirschfeld: Neurologisches Zentralblatt, 1911, Nr. 10, S. 530.

wicklung wurde noch begünstigt durch den Einfluß okkulter Lehren, von denen ich einige als Beispiel folgen lasse:

„Geh in die Stille, begib dich in eine bequeme Stellung, schließe die Augen und wende deine ganze Aufmerksamkeit nach innen, auf das große Ganze, den wunderbaren „Aum"[1]). Atme tief, harmonisch vom Unterleib aufwärts und sprich dazu den hohen, schrecklichen Namen Aum aus, langsam und mit starker Betonung. Dies tue siebenmal, jedesmal dabei tief Atem holend und zwischen jedem Atemzuge die folgende Formel aussprechend: „Jetzt atme ich den kosmischen Atem ein." Nun dringt wirklich der große Atem in dich ein, durchströmt und überwältigt dich; er dringt nicht nur durch die Nase ein, sondern auch durch das Gehirn, den wirklichen plexus solaris. Das Reich Gottes ist nahe herangekommen und das Kosmische umgibt dich."

„Senden Sie zwei Cents für 12 Exemplare unserer Zeitschrift „Vibration" und Sie erhalten einen mystischen Pergamenttalisman, Spiritualistisch und Psychometrisch geladen und magnetisch, durch den ersten Rat des Ordens vom weißen Teufel und der Chief Shriners des Circle of Glory. Für 4 Subskriptionen 5 Talismane."

Im folgenden (es bezieht sich auf den geheimen Namen Jesu) wird diesem Vorgange die Fähigkeit, die Libido zu befriedigen, nachgerühmt.

„Jetzt, da du die geheime Bedeutung des wunderbaren Namens Elsahm, der Verehrungswürdige, versteht, wie leicht und süß wird es dir sein, deinen eigenen Gott[2]) und deine eigene Göttin[3]) zu finden. Siehst du nicht, daß du einen Gott oder eine Göttin ganz allein für dich hast? Du teilst das Geheimnis deiner innern Seligkeit mit niemandem. Fortan wirst du nie mehr einsam sein in der Welt, zu keiner Zeit und unter keinen Umständen. Atme ihn in deinen Geist ein, Geliebter, iß und trinke ihn in deinen Körper, denke ihn in deine Seele; denn wirklich und wahrhaftig, er ist näher als der Nächste, teurer als der Teuerste. Werde eins mit ihm, und du wirst Ruhe haben. Liebe ist das ewige und schöne Gesetz deines Lebens. Du atmest, issest, trinkst und denkst Liebe, du schläfst im Arm der Liebe und erwachst mit Liebe. Gott ist Liebe und Gott ist Geist, also ist Geist Liebe, und du bist aus Liebe geboren, also Liebesgeist. Wiederhole bei dir selbst: „Ich bin Liebe, weil Gott Liebe ist und Gott und ich sind eins. Ich liebe meinen Gott von ganzem Herzen, von ganzer Seele und von ganzem Gemüte. Ich liebe meine Liebe, weil meine Liebe mich liebt. Ich liebe den ganzen Himmel, weil der ganze Himmel mich liebt. Ich liebe alle Engel, weil alle Engel mich lieben. Ich liebe alle Götter, weil alle Götter mich lieben. Ich liebe alle Göttinnen, weil alle Göttinnen mich lieben. Ich war stets Liebe, ich bin Liebe und werde stets Liebe sein. Brauche diese Formeln in tiefer, tiefer Stille, bis du den Gott oder die Göttin in dir sich regen hörst, bis dein Geist mit dir verschmilzt in der göttlichen Ekstase,

---

[1]) Heiliger Geist.

[2]) Alle Stellen im Original unterstrichen.

[3]) Der Billigkeit halber dient derselbe Talisman für beide Geschlechter.

die dem nahen schöpferischen (!) Atem folgt: so wirst du ins innerste Innere des Universums dringen und Vibration erzeugen in deinem plexus solaris, die zu Heiligkeit, Gesundheit, zu Macht, Reichtum und Ruhm führen."

Man erinnert sich daran, daß Patient glaubte, die häßlichen Gedanken würden durch die Kraft des plexus solaris aus dem Unterleib herausprojiziert; es schien ihm tatsächlich, als sei im hintern Teil seines Unterleibs ein böser Dämon verborgen. Ich fragte ihn, was er vom „plexus solaris" wisse und er brachte eine Menge okkulter Lehren hervor, die alle dessen Wichtigkeit betonten: „Es ist eine Art abdominalen Gehirns, das rückwärts im Leib hinter dem Magen liegt und die Leidenschaften beherrscht und kontrolliert. Er hatte jedoch schon früher davon gehört, als er in der Schule elementare Physiologie lernte. Als er davon sprach, brach er in ein unwiderstehliches Gelächter aus. „Ich muß immer lachen, wenn ich an unseren Physiologielehrer denke; wenn er lachte, hatte er das komischste Gesicht, das ich je gesehen habe, es war voll Runzeln, so daß es ganz aussah, wie ein Anus." Vom plexus solaris gehen Nerven nach den Eingeweiden, deren Bewegungen sie regieren; dadurch erlangt man Kontrolle über die letzteren. Atmen steht in wichtiger Beziehung zum plexus solaris: tiefes Atmen füllt ihn mit Blut, darum gibt tiefes Atmen „Selbstbeherrschung über beides", die intestinalen Bewegungen und die leidenschaftlichen Gedanken.

Das Symptom hatte damit begonnen, daß er laut Sätze vor sich her sagte, um die Gedankenübertragung zu üben. Als er nun glaubte, es gelinge ihm auf diese Weise, ließ er seine Stimme zum Flüstern herabsinken und fand schließlich, daß es gar nicht nötig sei, die Worte laut auszusprechen, sondern daß die Resultate ebenso gut waren, wenn man sie nur dachte. In dieser Zeit probierte er besonders, Dinge zu erhalten, die er nicht auf direkte Weise bekommen konnte; er wollte seinen Einfluß auf andere ausüben, sie in irgend einer von ihm gewünschten Richtung beeinflussen usw. Seine Gedanken fingen aber an, mehr und mehr von seinem Unterleibe, seinem niederen Gehirn auszugehen, statt von seinem Kopfgehirne, sie nahmen Zwangscharakter an und entwischten ihm wider seinen Willen. Eines der ersten Resultate der Behandlung war, daß die übermittelten Gedanken weniger deutlich waren; es war mehr nur eine „obszöne Atmosphäre". Dabei hatte er ein intensives Gefühl von elektrischer Vibration, hauptsächlich im Unterleibe. Die Elektrizität verursachte ihm auch einen Metallgeschmack im Munde. Er wollte die Elektrizität zerstreuen, indem er die eine Hand als Leiter an das Sakrum legte, die andere auf den Hinterkopf. Die Vibrationen, augenscheinlich sexuelle Spannungsgefühle, bestanden in einem angenehmen Summen „wie Telegraphendrähte". Sie erschütterten nicht nur seinen Körper, sondern auch das Bett und das ganze Zimmer. Natürlich wurde dies durch verschiedene pseudowissenschaftliche Prinzipien erklärt, wie Analogien mit Röntgenstrahlen oder drahtloser Telegraphie. So bemerkte er eines Tages, daß seine Gedanken auf unterirdischem Wege[1]) zu anderen Menschen gingen, wie ein unterirdisches Telephon durch Schwingungen die Übermittlung der Gedanken von einem Menschen zum andern ermöglicht. Gedankenübertragung bedeutete also die Projektion von sexuellem Materiale auf andere Menschen. Zuerst fand dies in einer, man könnte fast sagen, sublimierten Form statt, aber die enge Verknüpfung mit seinen verdrängten infantilen Wünschen und korrespondierenden Selbstvorwürfen liehen der Sache bald einen pathogenen Zwangscharakter.

Aus der großen Zahl von Träumen, die diesen Komplex behandelten, wähle ich als Beispiel die folgenden zwei: Es war an einem Vergnügungsort (Insel)[2]) bei Toronto, in einem Schlosse oder Fort. Die Wälle waren mit Kanonenkugeln bedeckt. Eine starke Armee schoß vom Festlande aus auf das Fort und die Gefahr einer Explosion war groß. Zur selben Zeit wurde das Fort vom Wasser unterminiert und er versuchte die Munition zu retten. Am vorhergehenden Tag war er auf der Esplanade spaziert, von der aus im Traume das Fort beschossen wurde und wo kurz vorher ein großer Brand stattgefunden hatte. Er brachte einige Zeit mit der Untersuchung der vom Feuer bloßgelegten, dunkeln Gewölbe zu und schwelgte in Phantasien von verborgenen Gängen, Katakomben und Mysterien im allgemeinen. Das Schloß oder Fort erinnerte ihn an die Ruinen eines alten Schlosses in der Nähe seiner Heimat, das von Oliver Cromwell (tötete den König und trat an dessen Stelle) in die Luft gesprengt worden war. Es führte ein unterirdischer Gang dazu, den er (Patient) nie betreten durfte. „Abfeuern" war der Ausdruck, den sein Bruder und er als Knaben brauchten bei ihren Flatuswettkämpfen; daher die Erscheinung der Kanonen im Traum, welche Notabene auf Distanz feuern. „Balls" (Kugeln) ist der englische Volksausdruck für Testikel. „Durch Wasser unterminiert" erinnerte ihn an seine langgehegten Befürchtungen, daß Samenverluste (nächtliche Pollutionen) seine Gesundheit und Potenz untergraben hätten, er hatte deswegen viel Ärzte und Quacksalber konsultiert.

Die homosexuellen Beziehungen des Komplexes sind im nächsten Traum noch klarer: Es rumpelte unten in den Eingeweiden der Erde. Der Direktor des Restaurants fragte ihn über den Lärm, aber er konnte das Geheimnis nicht preisgeben, da er dadurch Macht über andere besaß; es war eine Art Bündnis mit dunkeln Mächten. Ein junger Kellner fiel die Treppe hinunter, und zwar im Takt mit den Defäkationsbewegungen

[1]) Der gewöhnliche Ausdruck für den Akt des faeces, Flatus- und Urinausscheidens.

[2]) Eine Imitation von Coney Island, dem New Yorker Vergnügungsort, beliebter Ort für Rendezvous.

des Patienten. Wenn Patient defäcierte, rollte er hinunter, wenn er aufhörte, hörte der andere auch auf. Er konnte die „Bewegungen" des Kellners nach seinen eigenen kontrollieren. Der Direktor bedeutete natürlich seinen Vater, der ihn, wenn er zornig war, „Teufelsbub" nannte (Bündnis mit dunkeln Mächten). Der Kellner bedeutet seinen jüngeren Bruder, dem er stark ähnlich sah; er stolperte oft, wenn er die Treppe herabging, und fiel dabei in den Schmutz. Patient mußte für seinen kleinen Bruder sorgen, ihn rein halten, mit ihm ins W.C. gehen, ihn nach dem Akt abwischen usw.; eine seiner schwersten Kindersorgen war, seinem Bruder könne das Unglück passieren, seine Hosen zu beschmutzen, was auch wirklich einige Male vorkam. Er war also nicht nur für die Kontrolle seines eigenen Darmes verantwortlich, sondern auch für den seines Bruders. In derselben Nacht hatte er etwas später noch einen zweiten Traum, welcher die Folge zu dem eben erzählten bildet. Er lag mit einem schönen, kleinen Mädchen im Bette und wollte sie dazu bewegen, sich von ihm die Kleider aufheben zu lassen. Wenn er nur ihre Genitalien sehen könnte, würde das Treppehinunterkollern aufhören. Teilweise sollte dies den Gedanken ausdrücken, daß ein reines Mädchen ihn vor den unangenehmen Gedanken an „unterirdische Dinge" schützen könnte, indem sie sein Sexualleben in normale Bahnen leitete; teilweise bezog es sich auf tieferliegende autoerotische Tendenzen.

Die oben angedeutete Beziehung zwischen Körperbewegung und Darmbewegung (body-bowel) war keine zufällige, sondern hatte zahlreiche Verzweigungen. Wir werden gleich sehen, daß körperliche Bewegungen für den Patienten ganz bestimmte Sexualbedeutung hatten. Freud (Drei Abhandlungen) führt dies auf die mit Lustgefühlen verbundenen Bewegungen der Kindheit zurück (auf den Knien geschaukelt, aufgehoben, in die Luft geworfen werden usw.). Zweifellos ist dies die primäre Quelle, doch scheint es mir wahrscheinlich, daß im vorliegenden Fall analerotische Komponenten sekundär damit assoziiert worden sind. Die Tatsache, daß dieselben Worte „movement und motion" auf beides anzuwenden sind, legt das Vorhandensein dieser Assoziation nahe und hilft sie im gegebenen Falle möglich machen. Man beobachtet auch häufig, daß auf dem Höhepunkte der durch dergleichen körperliche Bewegungen erzeugten Erregung eine angenehm empfundene Relaxation der Sphinkteren (ein Pollutionsprozeß) stattfand. Die Projektion eines Exkrementes in die Entfernung gibt auch die Idee der Übersetzung in den Raum, i. e. Bewegung. Bei meinem Patienten fand ich noch weitere Beziehungen: Er liebte es, als Kind und auch noch als erwachsen, auf dem Gesichte im Bette zu liegen und dazu seine Glieder kräftig zu bewegen, wobei er sich vorstellte zu schwimmen, zu fliegen oder zu reisen. Dazu preßte er dann einen

Flatus heraus, der die Ursache der „Bewegung" darstellte, gleich wie der Lärm der Schraube bei einem Dampfer oder der Dampf, der untern zur Lokomotive herausströmt und dessen Geräusch ihn als Kind immer besonders interessiert hatte usw. Diese Züge kamen in Träumen wie in Wachphantasien immer und immer wieder vor. Als er älter wurde, trat das heteroerotische Element mehr hervor und die Erinnerungen an das im Bett umherturnen mit seiner Schwester, und das mit ihr im Bad herumpatschen bildeten den Ausgangspunkt für zahlreiche Phantasien. So stellte er sich vor, er fliege schneller als seine Brüder auf eine Gruppe junger Mädchen zu, die er, als er sie erreichte, mit einer Armbewegung verteilt, wie man beim Schwimmen mit den Armen das Wasser zerteilt; auf diese Weise „durchdrang" er sie. Im gewöhnlichen Leben manifestierten sich derartige Wünsche auch in der Form einer ungeheuren Leidenschaft für das Gehen. Er ging immer mit äußerster Geschwindigkeit und verbrachte alle seine freie Zeit mit Spazieren, manchmal lief er ganze Nächte hindurch. Er nahm gern arglose Bekannte zu solchen Expeditionen mit und erzählte mir dann triumphierend, wie sie bald müde geworden seien und welch wundervolle Tapferkeit er an den Tag gelegt habe. Wie ich oben bemerkte, waren ihm sich bewegende Fahrzeuge immer besonders interessant. Geschlossene Fahrzeuge, die Leute führten[1]) (carry), waren ein unbewußtes Symbol für die schwangere Mutter. Die Idee der intestinalen Herkunft der Kinder verband sich natürlich mit seinen Analkomplexen. Er spann oft im W. C. die Phantasie, dieses habe Räder und bewege sich wie ein Zigeunerwagen, so daß er von Ort zu Ort geführt wurde (Mutterleibphantasie).

Im folgenden Traum wird dies mit den Schaulusttendenzen kombiniert: E r f u h r a u f d e m D a c h e e i n e s E i s e n b a h n w a g e n s, f l a c h a u f d e m G e s i c h t e l i e g e n d, s o d a ß e r i n d a s d a r u n t e r l i e g e n d e W. C. s e h e n k o n n t e. E i n i g e L e u t e w a r e n i n e i n e m f a l s c h e n W a g e n u n d v e r s u c h t e n d e n r i c h t i g e n W a g e n z u f i n d e n, w o b e i s i e f a s t d e n Z u g v e r s ä u m t e n. Die Situation erinnerte ihn daran, daß er zu Hause oft mit seinen Geschwistern durch ein Loch ins W. C. gesehen hatte. Der falsche Wagen erinnerte ihn an „miscarriage" = Fehlgeburt — das Kind von der Mutter nehmen — leere Eier — schlechter Geruch (Klangassoziation zwischen „fowl" und „foul"). Am Abend vorher war er in einem Varietétheater gewesen, wo ein Mann und eine Frau in Trikots Purzelbäume machten. Das Kostüm der Frau war so eng, daß man die Spalte zwischen den „Hinterbacken" sah und jedesmal, wenn sie sich „bewegte", dachte

[1]) Carry = gewöhnlicher Ausdruck für schwanger sein.

er, es würde platzen (Schaulust). Jedesmal, wenn die beiden mit den Hintern zusammenstießen, spielte das Orchester stürmisch.

Unter den Versuchen des Patienten, den Flatuskomplex zu sublimieren, trat besonders das Sprechen und Schreiben hervor. Er schrieb zahlreiche Gedichte und Romanzen, lauter durchsichtige Bearbeitungen seiner verschiedenen Komplexe und mit besonderer Vorliebe Briefe sowohl an Leute, die er kannte, als auch an Zeitungen. Sein größter Ehrgeiz war, ein berühmter Autor zu werden. Schreiben bedeutete für ihn „seine eigenen Gedanken in eines andern Kopf setzen", wie er sich selbst ausdrückte. In der Tat war der Akt des Schreibens für ihn so eng mit Sexualgefühlen verknüpft, daß er behauptete, niemand eine Feder ergreifen sehen zu können, ohne an einen Penis zu denken. Das Schwelgen in Gedanken an das Idealschöne, Reine, Unschuldige und Zarte[1]) war ihm ein hauptsächliches Mittel, um sich aus dem Schmutze zu befreien. Wir sprachen oben von des Patienten Leidenschaft, zu predigen und andere zu lehren, was für ihn andere befruchten hieß. Schon als Kind erzählte er gerne selbsterfundene Geschichten und belehrte seine Geschwister unaufhörlich. Als „Durchdringung durch unsichtbare Emanation" dienten diese Akte speziell zum Ventil für seine Flatusphantasien. „Flatus" hat weiter die bedeutsame Fähigkeit, auf Distanz zu durchdringen, ohne körperlichen Kontakt. Das Durchdringen ist natürlich ein spezifisch männlicher Akt. Tatsächlich unterschied der Patient auch zwischen männlichem und weiblichem Flatus, der letztere war schwer und an die Person gebunden, während der erstere frei und durchdringend war.

Sadistische Tendenzen. Wie oben erwähnt, interpretierte Patient den elterlichen Koitus in sadistischer Weise. Sexualakt und Kampf gehörten zusammen, besonders bei Tieren, wie Katzen, Geflügel usw. Seine Schwester war sehr männlich in ihren Spielen (wie Klettern usw.), sie kämpften oft zusammen, besonders im Bett. In späteren Jahren bildete sich eine starke Abneigung gegen alle

---

[1]) Vermutlich gehen die ursprünglichen Quellen der Dichtkunst auf ein direktes Symbolisieren der verschiedenen Formen der Sexualität zurück (vgl. ποιέω = schöpfen). Die Mythologie gibt viele entsprechende Hinweise, von denen hier nur einer erwähnt sei. In der deutschen wie in der griechischen Mythologie wird die Gabe der Dichtkunst durch das Trinken eines besondern magischen Trankes erlangt. Dieser Trank, den Odin schenkte, war Odverir genannt und stammte von dem ursprünglichen Lebensmet, einem Äquivalent des indischen Soma = Semen.

Grausamkeit aus, und er war besonders empfindsam in bezug auf Tiere. Eine seiner beliebtesten Taten war, einem sein Pferd schlagenden Mann Einhalt zu gebieten nicht durch Vorstellungen, sondern durch Willensanstrengung und Gedankenübertragung; die Szene frischte augenscheinlich den infantilen Wunsch auf, die Mutter vor den grausamen Überfällen des Vaters zu schützen. Wenn er von Verbrechen, hauptsächlich Sexualüberfällen las, war er fasziniert und entsetzt zugleich; der Fall eines Mädchens, das in seiner Nachbarschaft auf diese Weise getötet wurde, als er noch ein Knabe war, machte ihm einen tiefen Eindruck. Die Phantasien, in denen er schwelgte, zeigten ausgesprochen sadistische und masochistische Tendenzen. Die letzteren habe ich im Zusammenhange mit der „weiblichen Phase" erwähnt. Zu den sadistischen gehört diejenige, wo ein Mädchen mit Gewalt von einer älteren Frau gehalten wird, während er oder ein anderer Mann sie entblößt und notzüchtigt.

Ein Symptom, das größtenteils auf diese Komplexe zurückzuführen ist, war die Zwangsidee, jedesmal, wenn er rasiert wurde, dem Barbier zu sagen, er solle ihm in die Kehle schneiden; manchmal hatte er auch Angst, der Mann könnte ihm die Kehle abschneiden. Dies stammte anscheinend aus einem Traume, in dem sich ihm ein Mann mit einem Rasiermesser näherte mit der Absicht, ihm in den Hals zu schneiden. Der Symbolismus ist doppelt bisexuell: In erster Linie stellt der Hals, wie aus dem oben analysierten Hängetraum ersichtlich ist, den Hauptteil des erigierten Penis dar; Kopf = glans. Diese Interpretation hat ihren Ursprung in seinem Kastrationskomplex; sein böses Gewissen, das die Strafe fürchtete, strafte ihn durch Hervorbringung eines Zwangsimpulses, dem Barbier zu sagen, es auszuführen. Die Richtigkeit dieser Auslegung wird bestätigt durch die Tatsache, daß die Obsession manchmal auch in der Form auftrat, daß er dem Barbier sagen wollte, ihm den Penis abzuschneiden. Eine weitere Quelle der Obsession bildete seine masochistische Einstellung zum Vater, welche sich durch die weibliche Auffassung des Symbols (Hals = Vulva) ausdrückte. Die letztere Form zeigte sich auch in dem Zwangsimpulse, sich unter einen Tramwagen zu werfen.

Primärer und sekundärer Autoerotismus. Nachdem die Bedeutung des Analkomplexes und der Darmtätigkeit oben besprochen wurden, haben wir noch die anderen Formen von Autoerotismus zu erwähnen. Der gewöhnliche Masturbationskomplex war ziemlich stark entwickelt und trug mit bei zu dem Schuldgefühl des Patienten, seiner Vorliebe für Heimlichkeiten und seinem Kastrationskomplex. Mit 6 Jahren fing er an zu masturbieren und setzte dies 2 Jahre lang fort. Zu dieser Zeit hatte er unangenehme Reizempfindungen (Zwangs-

38*

empfindungen) im Penis und hatte beständig den Drang, denselben zu kneten und seine Lage zu verändern. Mit 16 Jahren hatte er die Masturbation wieder aufgenommen und seither immer geübt, jedoch nie exzesisv; es war seine einzige direkte Sexualbetätigung. Zu den wichtigen Quellen sexuellen Interesses gehörten bei dem Patienten auch Miktion und Urin, was leicht aus der Tatsache geschlossen werden kann, daß er jahrelang an übertriebener Häufigkeit der Miktion litt und zu gleicher Zeit Schwierigkeiten hatte, den Akt zu vollführen. Das Interesse war, wie dies oft der Fall ist, mit Exhibitions- und Schaulusttendenzen verknüpft, besonders in bezug auf seine Mutter und Schwester; die Quellen dieses Zusammenhanges brauchen nicht näher erläutert zu werden. In einer seiner Erinnerungen, wahrscheinlich war es nur eine Wunschphantasie, sah er sich auf seiner Mutter Schoß sitzen und fühlte ihren Urin durch ihr Kleid dringen und seinen Arm nässen. Die Beziehung dieser ganzen Komplexgruppe zum Regenwetter usw. wurde oben in dem Abschnitte über Exhibitionismus besprochen. Obschon er einige Fellatioerlebnisse mit dem Bruder und hauptsächlich der Schwester gehat hatte, schien seine Lippen- und Mundregion als primäre erogene Zone nicht sehr aktiv, aber der Mund hatte sekundär große Bedeutung erlangt als untergeordnete Kloake. Er hatte beim Mund dasselbe Unreinlichkeitsgefühl wie beim ganzen übrigen Ernährungstraktus; er hatte beständig den Drang, ihn auszuspülen und tat dies mehrmals des Tages. Bei seiner Arbeit mußte er bisweilen einen Zeddel in den Mund nehmen, um ihn zu halten und war dann genötigt, sorgfältigst die Hände zu waschen, da dieselben mit Speichel befleckt waren. Speichel war ihm besonders schädlich und er hatte einmal die Phobie, ein Mann speie ihm ins Auge oder in den Mund. Dies hatte eine doppelte Bedeutung: eine homosexuell-masochistische Angst vor Samen und den analerotischen Ekel vor Exkretionen aus einer Ernährungszone. Interessanter aber als dies waren die Manifestationen des „sekundären Autoerotismus", wie Freud es nennt. Sadger[1]) beschreibt diesen Prozeß folgendermaßen: „Der Trieb ist noch immer autoerotisch und eines fremden Objektes entbehrend. Er knüpft des weiteren immer an erogene Zonen an, genau wie beim Kinde und bevorzugt dieselben Schleimhäute: Lippen und After. Insoweit läuft der sekundäre Autoerotismus dem primären parallel. Hingegen steht bei ersterem die Vorherrschaft der Geschlechtsorgane

[1]) Sadger: Dieses Jahrbuch, 1910, S. 105.

fest, so daß nur die einzige Aufgabe bleibt, das Membrum zur Schleimhaut der haupterogenen Zone zu führen, d. h. in den Mund oder Anus zu stecken.“ Diese beiden Wünsche waren bei unserem Patienten vorhanden. Er machte verzweifelte Versuche, seinen eigenen Penis zu küssen, natürlich vergebens; der Anblick eines seinen Penis leckenden Hundes oder einer Katze erregte ihn. Dann schwelgte er in Phantasien, in welchen er seinen Penis in seinen eigenen Anus einführte; darin wurde er noch bestärkt durch eine sonderbare Drohung seiner Mutter: „I'll make you get up your own hole.“ Die Sache wurde aber kompliziert durch die Tatsache, daß der Patient zwei haupterogene Zonen mit männlichen Attributen behalten oder entwickelt hatte. Der männliche Sexualakt konnte nicht nur ausgeführt werden, indem eine vom Penis ausgehende Substanz (Samen) in eine Öffnung projiziert wurde, sondern auch eine vom Anus ausgehende (Flatus). Da der Anus in diesem Falle die absondernde Öffnung war, konnten als rezeptive nur Mund oder Nase dienen. Daher seine frühzeitige Vorliebe für Flatusgeruch und die späteren Elaborationen und Reaktionen gegen diese Tendenz. Wir haben oben gesehen, daß für ihn der Gedanke ein unbewußtes Äquivalent für Flatus war, eine Tatsache, die weitere Elaborationen dieses Komplexes ermöglichte. Wenn ihn gegen seinen Willen obszöne Gedanken erfüllten, spürte er einen unangenehmen Geschmack im Munde (rezeptives Organ) und er versuchte sich durch ausspeien oder Mundspülen davon zu befreien, wie er zum selben Zweck auch den Kopf zu schütteln pflegte. Er bediente sich dieser Symbolik auch in den zahlreichen Autosuggestionen, die er sich gab, eine Prozedur, bei der sich sein sekundärer Autoerotismus prachtvoll befriedigen ließ[1]). Er hatte aus verschiedenen Kulten und von Quacksalbern eine große Anzahl von Formeln für diesen Zweck, einige davon habe ich oben wiedergegeben. Den ersten Hinweis auf die Bedeutung dieser Prozedur erhielt ich durch die folgende Symptomhandlung: Jedesmal, wenn er ein Beispiel der Autosuggestionen erzählte, was zuerst nur unter größten Widerständen geschah, wegen des magischen Geheimnisses, das damit verbunden war, bewegte er dazu die Hand von der Genital-

[1]) Soviel ich weiß, ist diese Symbolik noch nicht beschrieben worden, aber wenn meine Auslegung zutrifft, worüber im vorliegenden Fall kein Zweifel ist, ist sie jedenfalls gar nicht selten. Sie wirft ein Licht auf die Wirksamkeit verschiedener Rezepte für „Willensstärkung durch Autosuggestion“ und ist eine weitere Illustration zu der Tatsache, daß die Mittel, die zur Bekämpfung der Sexualität (c. s. Religion) gebraucht werden, selbst sexuell sind: Naturam expellas furca, tamen usque recurret.

zone zum Mund, auf diese Weise symbolisch andeutend, daß durch die Autosuggestion eine Emanation aus der Genitalzone (in gereinigter Form) in seinen Körper eingeführt wurde. Der Mund konnte ebensogut den Anus in der weiblichen Rolle (= Vulva) darstellen wie in der männlichen (Auswerfen von befruchtender Materie). Ich habe oben die sexuelle Bedeutung des Atems beim Sprechen und Predigen erwähnt. Dies ergab die Möglichkeit einer sekundärautoerotischen Darstellung, wobei der Atem als Äquivalent für Flatus männlich war und die Nasenlöcher die weibliche Rolle spielten. Dies erklärt auch die alte Gewohnheit des Patienten, den durch den Mund ausgehauchten Atem mit der Nase wieder einzuschnüffeln und sein späterer Ekel beim Geruche seines eigenen Atems.

Ein Zufall lehrte ihn, diese Prozedur auf alle Körperteile auszudehnen in einem Akte von höchst mystischer Bedeutung. Er las ein von einer okkulten Institution herausgegebenes Buch, „Das magnetische Yogirohr", und kaufte sofort das Rohr, das folgendermaßen gebraucht wird: Das eine Ende eines langen biegsamen Rohres wird zwischen die Lippen genommen und das andere wird auf irgend einen andern Körperteil gerichtet. Wenn die Atmung richtig und mit der nötigen Feierlichkeit vollzogen wird, entsteht nicht nur ein hypnotischer Schlaf, sondern es werden auch die Krankheiten des Körperteils, auf die das Rohr gerichtet ist, geheilt. Man kann sich vorstellen, wie vollkommen dieses Instrument den Phantasien des Patienten entsprach. Er brauchte dazu für jede Schwäche besondere Autosuggestionsformeln. Die folgende war dazu bestimmt, den etwas zu stark herabhängenden linken Testikel herauszuziehen: „Das allgenügende ewige Lebenswasser aus den Vorhöfen des Thrones Jehovas durchdringt und sättigt mich durch und durch, heilt mich und macht mich ganz in allen Teilen." Die Kombination dieser Formeln mit einem richtig dirigierten Hauch durch das magnetische Rohr war, wie man sich denken kann, der Aufgabe angemessen, die abweichenden Tendenzen des Testikels zu bekämpfen.

Selbst die Nasenlöcher funktionierten in männlicher und weiblicher Rolle. Als wir das Wesen von „rechts" und „links" behandelten, kam heraus, daß das rechte Nasenloch als männliches, das linke als weibliches Organ funktionierte. Die sekundärautoerotische Tätigkeit ist in folgender Liste zusammengefaßt:

Männliches Organ	Weibliches Organ
Penis	Anus
Penis	Mund
Anus	Nase
Anus	Mund
Mund	Nase
Rechtes Nasenloch	Linkes Nasenloch.

Ausdrucksweise der Hauptobsession. Der Gedanke, der am häufigsten auf andere übertragen wurde, war der Satz: Kiss my ass! (Anus). Dies war natürlich stark überdeterminiert. Er stellt die folgenden Wünsche dar: 1. Den Wunsch, den Akt bei anderen vorzunehmen, wie er in seiner Jugend mit Bruder und Schwester getan. Wenn er mit der anderen Person gute Beziehungen hatte, besonders in Momenten großer Dankbarkeit, nahm die Obsession die Form an: „Ich will deinen Anus küssen". 2. Der Wunsch, daß der Akt an ihm vollzogen werde. Diese beiden Wünsche entsprachen männlichen und weiblichen Phantasien. 3. Den Ausdruck seiner Verachtung für andere und darum seiner Überlegenheit über sie. Der Ausdruck wird oft in diesem Sinne gebraucht, was er auch von seinem Vater gehört hatte. 4. Den sekundärautoerotischen Wunsch, den Akt an sich selbst zu vollziehen. Der vollständige Satz lautete: „Ich will meinen Anus küssen". Dies ist ein Beispiel des Ellipsemechanismus, den Freud[1]) als typisch für die Bildung von Zwangsvorstellungen nachgewiesen hat. Die Quelle der fraglichen Wünsche wurde oben gezeigt. Die Worte waren so gewählt, daß sie sich als Ausdruck für eine Menge verdrängten Materials eigneten. Küssen bezog sich auf seine Munderotik; manchmal trat auch „lecken" an die Stelle von „küssen". In seinen Träumen kam es vor, daß er den Nabel oder Penis (!) seiner Mutter küßte. Letzteres ist auch eine Klangassoziation zu „piss"[2]). Die Beziehung zum Analerotismus ist klar; die Wahl der Worte war durch den Ausdruck seiner Mutter beeinflußt, daß der Hintere des kleinen Jungen „rein genug zum Küssen sei". Der Ausdruck bezog sich auch auf seine Riech- und Flatuskomplexe und hieß zeitweise: „Rieche meinen A.". Die Verbindung mit dem Flatuskomplex wird auch hergestellt durch die Klangassoziation Kiss-hiss (Gezische). Er konnte Zischlaute überhaupt nicht vertragen und wurde fast wahnsinnig bei dem Geräusche eines zischenden Teekessels in der Nähe seines Arbeitsplatzes; diese Idiosynkrasie hörte auf, als der Flatuskomplex gelöst war.

Das Phänomen, daß einem von anderen die Gedanken gelesen werden, ist ein deutliches Beispiel für das, was Freud[3]) „eine endopsychische Wahrnehmung des Verdrängten" genannt hat. Als es dem Patienten besser ging, wagte er es sogar, die obsedierenden Worte zum

[1]) Dieses Jahrbuch, 1909, S. 405, 406.

[2]) Urinieren.

[3]) Freud: Op. cit. S. 363.

Spaß einem Freunde zuzurufen, was sein Gefühl der Sicherheit und der Herrschaft über seine Komplexe bedeutend erhöhte.

Verlauf. Im ganzen hatte Patient etwa 56 Sitzungen mit etwa 45 Arbeitsstunden. Da der Patient nur 2- oder ausnahmsweise 3mal wöchentlich kommen konnte, dauerte die Behandlung fast 6 Monate. Das Resultat war, daß Patient vollständig von allen Symptomen befreit wurde, seither immer wohl blieb und sich einer Energie und Geistesfreiheit, eines Selbstvertrauens und allgemeinen Wohlbefindens erfreut, wie er früher nie für möglich gehalten hätte.

Es waren ungeheure Widerstände zu überwinden, da er von der Wirklichkeit seiner verschiedenen Obsessionen fest überzeugt war. Einen Teil der Einsicht erlangte er in einer Reihe von bemerkenswerten Fortschritten. Wenn er nach der Analyse einiger Komplexe angesichts gewaltiger Widerstände nach Hause ging, überkam ihn oft eine verwirrende Erleuchtung, in welcher er den wahren Sachverhalt realisieren konnte; zum ersten Male geschah dies am 33. Behandlungstage. Da sah er ein, daß er in einer eigenen imaginären Welt gelebt hatte, abgeschlossen von der Wirklichkeit, für die ihm seine Phantasie Ersatz schaffte. Die okkulten Überzeugungen verschwanden zuerst, dann der Reihe nach der Glaube an die Wichtigkeit des plexus solaris, an die der magischen Vibrationen und die Gedankenübertragung. Letztere hielt er über 4 Monate lang fest und gab nur nach und nach zu, daß vielleicht nicht konkrete Worte und Gedanken übertragen werden, sondern nur ein allgemeiner Einfluß auf die anderen. Schließlich ging dies in ein Gefühl von „Ziehen" im Unterleibe über, so wie wenn etwas von ihm gehen wollte; zuletzt verschwand auch dies. Zur selben Zeit entwickelten sich verschiedene Sublimationsversuche. So zum Beispiel regte er in in einer Zeitung die Gründung eines „Spazier- und Sprechklubs" für Einsame beider Geschlechter an. Nach langer Korrespondenz bekam er die Leute zusammen, wurde zum Führer gewählt und organisierte eine Anzahl von Ausflügen, in deren Verlauf er von seiner Überzeugung nach Herzenslust sprechen und den anderen predigen konnte. Er gab seine frühere Isolation auf, nahm ein Zimmer gemeinsam mit einem andern und macht jetzt eifrig einem der weiblichen Klubmitglieder den Hof.

Zu diesem glücklichen Resultat trugen zwei wichtige Faktoren bei. Erstens war die Neurose hauptsächlich das Resultat ungelöster Infantilkonflikte und der sekundäre Krankheitsgewinn spielte eine geringe Rolle; in solchen Fällen ist die Prognose eine viel bessere.

Zweitens trug der Patient mit seiner Intelligenz und Bestimmtheit und dem aktiven Interesse, das er der Behandlung entgegenbrachte, viel dazu bei. Den größten Teil der Analyse machte der Patient selbst; er brachte mir oft bei seinem Besuche das Resultat einer dreitägigen Arbeit, die nie erfolglos und oft äußerst wertvoll war. Sein vergangenes Leben kam ihm vor wie von zwei Persönlichkeiten gelebt, von denen die eine — seine Phantasiewelt — nach und nach die andere überwuchert und fast absorbiert hatte. Seine Genesung empfand er hauptsächlich als Vereinigung (Unifikation) seiner Persönlichkeit. Er hatte erfahren, daß die verschiedenen Obsessionen und trügerischen Überzeugungen in Wirklichkeit Produkte seines zweiten verborgenen Selbst waren. Die Analyse bestand darin, daß diese Produkte wie Häute abgeschält wurden. Als der Patient zuerst in meine Beobachtung kam, konnte die unerschütterliche Fähigkeit, mit der er an seinem Wahne[1]) festhielt, wohl den Verdacht auf Dementia praecox erwecken. Die Tatsache, daß er, um seinen Glauben an Gott, dem er seit seiner Kindheit treu geblieben war, aufzugeben, nur halb so lang brauchte, wie um den Glauben an seine Ideen aufzugeben, zeigt am besten, mit welcher Zähigkeit er an diesem festhielt. Unter diesen Umständen fragt es sich, ob irgend eine andere Methode als die Psychoanalyse den Patienten geheilt hätte. Ich kenne alle übrigen psychotherapeutischen Methoden sehr gut und bin überzeugt, daß keine derselben mit Erfolg in diesem Falle hätte angewandt werden können. In meiner Erfahrung haben sich „Persuasion", Suggestion und Hypnotismus gegen solche fixierte Ideen gänzlich machtlos erwiesen.

Als ich am letzten internationalen Kongreß für medizinische Psychologie anläßlich eines Vortrages über Suggestion bemerkte, daß die Suggestivbehandlung beim Vergleiche mit der Psychoanalyse den kürzeren ziehe, wies mich der Präsident Dr. Vogt, mit folgenden Worten zurecht[2]): ..... den angeblich viel bessern Heilerfolg der psychoanalytischen Heilmethode gegenüber anderen psychotherapeutischen Behandlungen. Ich muß auf Grund meiner Erfahrungen es entschieden zurückweisen, einerseits die psychoanalytischen Heilerfolge so herauszustreichen und die Wirkungen der übrigen Psychotherapie so herabzusetzen. Ich glaube, daß ich das Recht

---

[1]) Obschon der Inhalt seines Wahnes in mancher Hinsicht dem Wahne der Dem. praec. glich (Elektrizitätserzeugung, Vibrationen, Übermittlung geheimer Einflüsse usw.), unterschied er sich doch beträchtlich von diesem. Z. B. affizierte er immer die anderen, sie verfolgten oder affizierten ihn nie. Ich brauche kaum zu sagen, daß sonst keine Ähnlichkeit mehr mit der Dem. praec. vorhanden war.

[2]) Journal für Psychologie und Neurologie, Bd. 17, S. 432.

habe, zu behaupten, daß ich ebenso gute Heilerfolge habe, wie die Herren Psychoanalytiker und ich muß gestehen, daß ich — therapeutisch fast immer ohne eingehende Kausalanalyse auskomme. Und anderseits könnte ich eine ganze Reihe von Fällen namhaft machen, wo Psychoanalytiker nicht genützt, sondern sogar geschadet haben, wo aber hernach andere therapeutische Maßnahmen mit Nutzen angewendet werden konnten. Ich gebe ohne weiteres zu, daß eine wirkungsvolle Therapie die Einsicht in die Genese der zu behandelnden Symptome zur Voraussetzung hat.... Aber die dazu erforderliche Einsicht in die Psychogenese erfordert nur selten eingehende Analysen. Bestreiten muß ich aber nicht nur, daß das Vorgehen der Herren Psychoanalytiker immer der geeignete Weg ist, zu dieser Einsicht vorzudringen, bestreiten muß ich vor allem den direkten, großen therapeutischen Erfolg der Psychoanalyse." Wenn dies alles wahr wäre, wäre die Frage leicht zu entscheiden. Wenn ein Arzt behauptet, daß er ohne Psychoanalyse gleich gute Resultate erhält, hat er nur diese Resultate zu publizieren, um diese Behauptung zu beweisen. Solange ich nicht eine befriedigend ausführliche Darstellung eines Falles wie der obige habe, wo dieselben Resultate mit Methoden, die sich mir als unwirksam erwiesen haben, erzielt werden, werde ich natürlich fortfahren zu glauben, daß Psychoanalyse bis jetzt die beste Behandlungsmethode ist. Dasselbe gilt für die Frage der Einsicht in die Pathogenese. Indem die unbewußten Wurzeln der Symptome bloßgelegt wurden, wurden diese nicht nur ganz verständlich, sondern es konnte eine Einsicht in die Psychogenese gewonnen werden, der jede andere Untersuchungsmethode nicht im entferntesten gleichkommt.

Psychogenese der Krankheit. Zuerst will ich einige bei dem Falle vorkommende ungewöhnliche Züge besprechen. Da ist vor allem der vollständige und unerschütterliche Glaube des Patienten an die Wahrheit seiner Obsessionen. Darin ist der Fall eine Ausnahme von der Regel, die von Freud in seinem ersten Vortrag über dies Thema[1]) aufgestellt wurde: „Nur vorübergehend beim Auftreten neuer Zwangsvorstellungen und hie und da bei melancholischen Erschöpfungszuständen des Ichs erzwingen die krankhaften Symptome der Wiederkehr auch den Glauben." Löwenfeld[2]) hat die Bedingungen beschrieben, unter welchen die Wahrheit der Obsession vom Patienten angenommen wird, und der vorliegende Fall bestätigt seine Schlüsse. Das sehr langsame Fortschreiten des Krankheitszustandes ermöglichte es, daß, dank dem Bildungsmangel des Patienten, die Bildung derartiger Obsessionen sich ganz gut mit den übrigen bewußten Gedanken vertrug. Auch würden seine Hauptobsessionen, besonders der Glaube, daß von

[1]) Freud: Sammlung kleiner Schriften, S. 123.

[2]) Löwenfeld: Die psychischen Zwangserscheinungen.

seiner Persönlichkeit eine psychische Aura ausstrahle, die auf andere einwirke, und daß seine Gedanken auf sie übertragen werden, in manchen spiritistischen und okkultistischen Zirkeln gar nicht für ungewöhnlich oder pathologisch angesehen werden. Man erinnere sich an die allgemeine psychiatrische Regel, daß man bei dem Entscheide darüber, ob ein gegebener Glaube pathologisch, d. h. Wahn ist, stets das intellektuelle Milieu, unter dessen Einfluß der Patient gestanden hat, in Betracht ziehen muß. Mein Patient erkannte erst spät das Krankhafte in seinem Denkprozesse; selbst als er zur Behandlung kam, war es nur, weil er fand, daß gewisse geistige Gewohnheiten zu mächtig wurden und er die Herrschaft darüber verlor. Es ist bekannt, daß dies bei Zwangsneurotikern häufig vorkommt und daß es der Hauptgrund ist, warum man sie so selten in einem frühen Stadium der Krankheit zur Behandlung bekommt. Man könnte sagen, daß die Zwangsneurose einer befriedigenden Sublimierung der verdrängten Komplexe näher kommt, als die Hysterie. Es scheint mir, daß dies besonders der Fall ist, wenn, wie bei unserem Patienten, die Obsessionen mit dem übrigen Bewußtsein verschmolzen werden können; vom psychologischen, nicht aber vom sozialen Standpunkt aus, kommt der Prozeß einer Sublimierung gleich. Im ganzen stellten die Symptome ein ziemlich befriedigendes Ventil für seine verdrängten Wünsche dar, ebenso, wie die Masturbation für seine autoerotischen Tendenzen. Diesen Tatsachen mag es zugeschrieben werden, daß der Patient nicht an Angst litt; ich habe sogar selten einen Psychoneurotiker gesehen, der so frei von Angst war. Andere ungewöhnliche Züge waren die relative Abwesenheit von Haß, Todeswünschen und Zweifel. Seinem Hauptsexualobjekt gegenüber schwankte er nicht zwischen Liebe und Haß, wie dies sonst für den Zwangsneurotiker so charakteristisch ist. Selbst seine Reaktion auf das Homosexualobjekt, den Vater, äußerte sich mehr als Verachtung und darin, daß er sehr empfindlich gegen Ungerechtigkeit war, denn als reiner Haß; hier wechselte allerdings Liebe mit dem Gegenteil. Es ist schwer zu sagen, warum die Inzestkomplexe manchmal zum Hasse führen und manchmal wie hier zu anderen Reaktionen. In bezug auf die bekannte Assoziation zwischen Haß und Todeswünschen, ist es interessant, zu wissen, daß beim Patienten diese Wünsche nur in ganz geringem Maße auftraten — nicht mehr als bei vielen Normalen — und daß er nie das geringste Interesse für das nächste Leben zeigte. Wenn man bedenkt, mit welcher Intensität sich Patient mit religiösen und okkulten Dingen beschäftigte, so ist die letztere Tatsache wirklich bemerkenswert und ein Beweis für die Wichtigkeit des Hasses in diesem Zusammenhange. Seine Zweifelfreiheit war auch sehr auffallend; selbst in seinen schlechtesten Zeiten hätte ich ihn beschreiben müssen als einen Mann von ungewöhnlicher Sicherheit, entschlossen in allen seinen Handlungen, psychisch wie physisch. Dies spräche für die Ansicht Freuds, daß das Abwechseln von Liebe und Haß von großer Wichtigkeit ist für die Entwicklung des Zweifels[1]).

Nun will ich noch kurz in großen Zügen die Psychogenese des Falles beschreiben. Der Sexualtrieb des Patienten wurde in allen seinen Komponenten zu früh in Tätigkeit gesetzt, entweder durch angeborene Faktoren oder durch äußere Reize oder durch beides.

Intensive Verdrängung verursachte eine Anstauung der Energie und infolge ihrer Stärke und des Mangels an passenden Gelegenheiten konnte nur eine partielle Sublimierung stattfinden. So wurde seine soziale Entwicklung gehemmt, er war auf sich selbst angewiesen und zog sich in seine Phantasiewelt zurück. Dieses innere, der Wirklichkeit entzogene Leben entwickelte sich mit den Jahren mehr und mehr, besonders bei der zunehmenden Verdrängung zur Zeit der Pubertät. Sein ungezügelter Ehrgeiz, eine wichtige Rolle im Leben zu spielen, besonders indem er andere beeinflußte, konnte er nur durch seine autoerotischen Phantasien befriedigen. Die Bildung der Neurose erfolgte stufenweise und hielt Schritt mit seinen zunehmenden Mißerfolgen im Leben und in der Liebe, Mißerfolge, die hauptsächlich durch seine Hemmungen verschuldet waren. Die Neurose war nur ein verhüllter Ausdruck für seine früheren Wünsche und Phantasien und gab seiner Einbildung alles das, was ihm die Wirklichkeit versagte. Sein Hauptsymptom, z. B. die Übertragung obszöner Gedanken, befriedigte

---

[1]) Freud: Dieses Jahrbuch, 1909, S. 416: „Der Zweifel entspricht der inneren Wahrnehmung der Unentschlossenheit, welche, infolge der Hemmung der Liebe durch den Haß, bei jeder beabsichtigten Handlung sich des Kranken bemächtigt.“ Obschon Freud hier nur von Haß, als dem häufigsten und wichtigsten Faktor, spricht, denke ich, daß er in gewissen Fällen dasselbe Resultat irgend einer wirksamen Hemmung (als dem Hauptfaktor) zuschreiben würde. In unserem Falle kann man nicht behaupten, daß die Hemmungen den Patienten unfähig zur Liebe machten; sie hatten nur die Form und Richtung bestimmt, in der sein Lieben sich entwickelte. Es ist deshalb wohl richtiger zu sagen, daß das Fehlen des Zweifels weniger vom Fehlen des Hasses herrührte als von der Tatsache, daß seine Fähigkeit zu lieben nicht paralysiert war. Wahrscheinlich besorgt der Haßkomplex dies vollständiger als irgend ein anderer, was die Häufigkeit des gemeinsamen Auftretens von Haß und Zweifel erklärt.

seine exhibitionistischen Neigungen und die sadistischen Wünsche, hervorragender und mächtiger zu sein als andere, sie mit seiner Überlegenheit zu übertreffen und ihre feindlichen Akte und Äußerungen zu verachten. Die Intensität seines „Wissenstriebes" begünstigte die Regression von Taten zu Gedanken[1]); er sexualisierte selbst den Denkprozeß und empfand Vergnügen und ein Gefühl von Macht beim bloßen Denken. Das Symptom war eine Kompensation für das innere Gefühl der Schwäche und Inferiorität[2]), ein Komplex, welcher mit ausgesprochenen homosexuellen-masochistisch (femininen) Tendenzen verbunden war. Er fand es leichter, in der Phantasie die Außenwelt zu ändern als in Wirklichkeit (Flucht in die Neurose). Um dies imstande zu sein, mußte sein Gedanke jedoch ungewöhnlich mächtig sein, sozusagen „allmächtig" (Allmacht der Gedanken), eine Annahme, die dadurch erleichtert wurde, daß die fraglichen Obsessionen von Wünschen herrührten, die, obschon ihm selbst unbewußt, doch einen allmächtigen Einfluß auf sein bewußtes Geistesleben ausübten. Mit der Zeit erfuhr das Zwangsdenken und das Zwangshandeln eine Regression auf die infantil erotischen Betätigungsformen und zwar in so hohem Maße, daß bei der Analyse der Hauptsymptome autoerotisches, speziell analerotisches Material an den Tag kam. Kurz ausgedrückt könnte man sagen, daß, während die Motive der Symptome hauptsächlich heteroerotisch waren, das Material, woraus diesegebildet wurden, fast ausschließlich autoerotisch war. Zwei Züge besonders begünstigten die Regression. Erstens diente ein ausgesprochener Flatuskomplex als eine Art Mittelglied zwischen den beiden, indem er in merkwürdiger Weise autoerotische und heteroerotische Tendenzen verband. In zweiter Linie kam eine sehr ausgedehnte Entwicklung der sekundär autoerotischen Äußerungen, welche denselben Effekt hatte; dadurch wurde er ein wahrer Hermaphrodit, dem seine eigene Person genügte, für beinahe jede Komponente seines Sexuallebens.

---

[1]) Freud: Op. cit. S. 418.

[2]) Obwohl ich viele solcher Inferioritätskomplexe untersucht habe und die Rolle sah, die die weiblichen Züge dabei spielen, stimmt meine Erfahrung keineswegs ganz mit den Adlerschen Anschauungen über die fundamentale Wichtigkeit des männlichen Protestes und des psychischen Hermaphroditismus überein. Ich finde, daß der Konflikt zwischen männlichen und weiblichen Tendenzen nur einer (ein gewiß sehr wichtiger) der vielen Konflikte ist, die in der Neurose wirksam sind, und daß er nach Zeit und Wichtigkeit erst nach anderen, tiefer gelegenen auftritt.

Nachtrag zu Fall I.

Im April dieses Jahres (1912) bekam ich einen Brief von dem Patienten, der sich mir mit folgenden Worten in Erinnerung brachte: „Sie werden sich meiner erinnern als eines Patienten, der alle erdenklichen geistigen Unmöglichkeiten glaubte. Ich bin jetzt ein ganz anderer Mensch geworden. Sie wissen, daß ich glaubte, anderen Menschen meine Gedanken übermitteln zu können usw.“ Ich benutzte die Gelegenheit, um den Mann nochmals zu untersuchen und mich von der Richtigkeit seiner Angaben zu überzeugen. Es waren in der Tat keine seiner früheren Symptome oder wahnhaften Überzeugungen mehr vorhanden und auch die übermäßigen affektiven Reaktionen waren so gemildert, daß sie jetzt nur noch persönliche Eigentümlichkeiten waren, wie man sie mehr oder weniger bei jedem Normalen findet. Er lebt immer noch in sexueller Abstinenz, verkehrt aber mit Frauen in der bestimmten Absicht, eine passende Lebensgefährtin zu finden.

(Die Fortsetzung der Arbeit erscheint in der II. Hälfte dieses Jahrbuches.)

Druck von Rudolf M. Rohrer in Brünn.

Zeitfracht Medien GmbH
Ferdinand-Jühlke-Straße 7
99095 Erfurt, Deutschland
produktsicherheit@kolibri360.de